긍정심리학

Positive Psychology

긍정심리학

Steve R. Baumgardner, Marie K. Crothers 지음

안신호, 이진환, 신현정, 홍창희, 정영숙, 이재식, 서수균, 김비아 옮김

Σ시그마프레스

긍정심리학

발행일 | 2009년 9월 10일 1쇄 발행
　　　　 2010년 7월 10일 2쇄 발행
　　　　 2011년 7월 20일 3쇄 발행
　　　　 2013년 6월 10일 4쇄 발행

저자 | Steve R. Baumgardner, Marie K. Crothers
역자 | 안신호, 이진환, 신현정, 홍창희, 정영숙, 이재식, 서수균, 김비아
발행인 | 강학경
발행처 | (주) 시그마프레스
편집 | 강수경
교정·교열 | 김은실

등록번호 | 제10-2642호
주소 | 서울특별시 영등포구 양평로 22길 21 선유도코오롱디지털타워 A401~403호
전자우편 | sigma@spress.co.kr
홈페이지 | http://www.sigmapress.co.kr
전화 | (02)323-4845, (02)2062-5184~8
팩스 | (02)323-4197

ISBN | 978-89-5832-708-0

Positive Psychology, 1st edition

Authorized translation from the English language edition, entitled POSITIVE PSYCHOLOGY, 1st Edition, ISBN: 0131744410 by BAUMGARDNER, STEVE; CROTHERS, MARIE, published by Pearson Education, Inc, publishing as Prentice Hall, Copyright © 2009

KOREAN language edition published by SIGMA PRESS, INC., Copyright © 2010

* 책값은 뒤표지에 있습니다.

역자 서문

사람들에 따라 반쯤 차 있는 병을 보고 "이제 반밖에 남아 있지 않았구나"라고 생각하는 사람이 있는가 하면, "아직도 반이나 남았네"라고 생각하는 사람도 있다. 이 말은 동일한 대상이나 현상에 대해 사람들에 따라 완전히 다른 시각을 가질 수 있다는 것을 보여준다. 이러한 관점의 차이는 인간이 본래 어떠한 성품을 갖고 태어나 어떠한 삶을 살아가는지 이해하는 것에도 적용될 수 있을 것이다. 역사적으로는 선악설과 성선설이 있었고, 심리학에서는 '병든' 사람의 기본적 동기에 초점을 맞춘 Freud의 정신역동적 관점과 '건강한' 사람들의 자립과 자기실현을 강조한 Maslow나 Rogers 등의 인본주의적 관점도 있었다.

모든 학문이 그러하듯 심리학도 시대적 사명감을 갖고 이를 실천하고자 노력해 왔다. 심리학의 사명은 정신적 문제를 안고 있는 사람들을 찾아 이들이 제대로 적응할 수 있도록 도와줄 뿐만 아니라, 사람들이 갖고 있는 강점과 덕목을 이해하여 이것을 살릴 수 있도록 하며, 궁극적으로 사람들이 좀 더 행복한 삶을 영위할 수 있도록 돕는 것이다. 그러나 많은 긍정심리학 교재에서도 거의 빠짐없이 지적되듯이 세계대전과 같은 몇 가지의 커다란 사건을 경험한 이후, 심리학자들의 주된 관심은 앞에서 말한 심리학의 사명 중에서 전자에 주로 초점이 맞추어져 왔다.

물론 이전에도 인간의 긍정적 적응 능력과 동기를 강조한 연구들이 없지는 않았다. 그러나 인간 정신의 부정적 측면에 초점을 맞춘 심리학적 관심이 바뀔 때가 되었다는 주장이 구체적으로 표면화된 계기는 미국 펜실베니아 대학 Martin Seligman 교수의 1998년 미국 심리학회장 취임사였다. 그는 그 취임사에서 정신적으로 부정적 상황에 빠져있는 사람들을 진단하고 치료하기 보다는 개인이 갖는 긍정적인 특성이나 잠재적 강점을 부각시키는 것이 심리학자의 "잊혀진" 사명임을 상기시켰다. 심리학에 관심이 있는 사람이라면 우울증의 원인으로 학습된 무기력에 의한 통제감의 상실을 강조한 학자로서 Seligman을 기억할 것이다. Seligman이 무기력(helplessness)이나 무망감(hopelessness)과 같은 인간의 부정적 심리 현상에 대해 많은 연구를 수행하였을 뿐만 아니라 그 자신도 한때는 우울증 환자였다는 것을 생각하면, 심리학의 주된 학문적 관심에서의 거대한 변화뿐만 아니라 연구자 개인의 수준에서도 인간에 대한 관점이 변화될 수 있다는 것이 목격된다. 지금까지 인간의 부정적 문제들을 파악하여 이를 극복하도록 도와줌으로써 사람들이 좀 더 나은 삶을 살 수 있도록 하는데 심리학이 공헌하였다면, 이제는 좀 더 긍정적인 관점에서 인간의 잠재력과 강점을 이해하고, 이를 통해 더 높은 수준의 삶의 질이 가능하도록 하는데 심리학은 그 사명을 성공적으로 완수할 수 있을 것으로 기대된다.

국내에는 긍정심리학과 관련된 저서와 역서들이 이미 많이 출간되었다. 본 역서는 미국 위스콘신대학교의 Baumgardner 교수와 Crothers 교수가 쓴 『Positive Psychology』를 번역한 것이다. 다른 책들과 중복되는 내용도 있지만, 본 역서는 비교적 최근의 연구들을 좀 더 자세하게 기술함으로써 다양한 계층의 독자들이 긍정심리학에 대해 좀 더 폭넓고 깊이있게 이해할 수 있게 기술된 것으로 여겨진다. 마지막으로 이 책을 출판해 준 (주)시그마프레스에 감사드린다.

2009년 9월
역자 일동

저자 서문

긍정심리학이 세상에 나온 지는 이제 약 10년 남짓밖에 되지 않았다. Peterson(2006)은 긍정심리학의 역사는 길지만, 과거는 짧다고 하였다. 이 말은 철학자들과 심리학자들에게 인간 본성의 긍정적 측면은 오랜 관심의 대상이었지만, 인간 행동의 긍정적인 측면에 대해서 경험적으로 연구하기 시작한 것은 비로소 최근이라는 것을 의미한다. 현재, 긍정심리학은 많은 다양한 심리학 영역들의 연구와 이론들이 결합된 것으로 인간 행동의 긍정적인 측면에 대해 공통적으로 초점을 맞추고 있다. 최근 몇 년간 학부 수준의 긍정심리학 교재가 나오긴 했지만, 이 분야는 여전히 발달의 초기 단계에 있다. 긍정심리학에 대한 문헌은 주로 논문, 대학원생과 전문가 수준의 연구와 이론에 대한 자료, 그리고 특정한 주제를 심층적으로 다룬 저서들이다. 이러한 일은 빠르게 발달하고 있는 심리학의 새로운 분야에서는 전형적인 것이다.

이 책의 첫 번째 목적은 긍정심리학 주요 분야의 중요한 경험적 발견들과 이론들을 개관하고 요약함으로써 학부생들이 읽을 만한 긍정심리학 교재를 만드는 것이다. 특히, 우리는 학부생 독자들이 복잡한 전문 자료들에 쉽게 접근할 수 있기를 바란다. 두 번째 목적은 심리학의 새 영역인 긍정심리학의 많은 흥미로운 연구 결과들을 가지고 긍정심리학의 핵심 주제들을 제시하는 것이다. 긍정심리학은 어떻게 우리가 우리의 삶을 이끄는지에 대한 중요한 물음들을 다루고, 인생의 행복과 만족을 추구하며, 삶의 도전거리들을 다룬다. 따라서 긍정심리학의 주제는 인간이 가지는 대단히 본질적인 관심사이다. 우리는 독자들의 일상과 자주 소통함으로써 이런 관심이 계속 유지되기를 원한다.

세 번째 목표는 쉽고 간명하게 긍정심리학의 연구와 이론을 소개하는 것이다. 즉 있는 그대로의 긍정심리학 현재 모습을 소개하는 것이다. 또 다른 의미에서 이 책은 경험적인 연구와 이론에 주안점을 두고 실제적인 관점에서 긍정심리학을 보고 있다. 긍정심리학 지식에 충실한 이 책의 모든 장들이 개인의 행복을 증진시키는 데 사용될 수 있지만, 이것이 이 책의 가장 중요한 목적은 아니다. 우리의 가장 중요한 목적은 자기 향상이라는 소망에 의해 각색되기 이전의, 있는 그대로의 행태로 긍정심리학을 제시하는 것이다. 따라서 이 책에는 행복 증진 프로그램이나 책략을 평가하는 경험적 연구들이 거의 없다. 긍정심리학은 좋은 삶의 의미를 충실하게 다루고 있는 것이지, 어떤 시점에서 좋은 삶을 성취하기 위한 수단을 다루는 것과는 거리가 멀다.

가장 보편적인 수준에서, 긍정심리학은 미래를 약속하는 역동적인 새로운 분야로 생각될 수 있다. 미래에 알 수 있는 것들을 지금 알고 있는 사람은 없다. 이 책은 긍정심리학으로 떠나는 여행을 함께 하고, 긍정심리학이 다루는 물음들을 탐구하며, 그 물음에 대한 답을 구하기 위한 초대장이다.

독자

이 책은 학부 긍정심리학 교재로 기획되었다. 긍정심리학을 '실제적으로' 소개할 수 있도록, 우리는 다양한 연구들과 방법론적인 문제, 그리고 이론적 논쟁점들을 이 책 전반에서 자세히 다루고 있다. 따라서 학생들에게는 사회과학에 대한 소양이 있을 것이 수강요건으로 요구된다. 이 책은 학부 2학년 정도의 심리학개론 혹은 사회학개론 수업교재로 적당할 것으로 생각된다. 긍정심리학에 관한 전문 학술 논문을 읽고, 개관하고, 비판하고자 하는 학생들은 심리학이나 사회학 연구방법론 수업을 선수과목으로 듣기를 권한다.

주제별 구성

12장으로 구성된 각 장은 긍정심리학의 핵심 주제들을 다루고 있다. 우리는 각 주제들을 지난 10년간 전문 학술지에 개제된 논문들과 대학원 수준의 읽을거리들 중에서 다루어진 빈도를 고려하여 엄선하였다. 특정한 이슈, 이론, 그리고 연구들은 이 책과 전문 문헌들에서 반복적으로 다루어지고 있다. 긍정심리학을 규정하는 공식적인 목록은 없지만, 대부분의 전문가들은 학부 독자들에게 긍정심리학을 소개하기 위해 우리가 가장 중요하다고 선택한 영역들에 동의할 것이라고 믿는다.

학생들과 함께

이 책은 학생들이 쓴 책이다. 우리는 긍정심리학의 문제들에 대한 독자들의 내재적 흥미를 위해 열심히 작업하였다. 우리는 우리의 원고를 학부 학생들에게 주고 읽게 한 후, 흥미와 가독성에 대한 그들의 코멘트를 진지하게 수용하였다. 연구 결과, 개념 그리고 이론들의 의미와 중요성을 담기 위하여, 학부 학생 자신들의 인생 경험을 반영하는 구체적인 예시들을 제시하였다. 긍정심리학이 학생들에게 인기 있는 한 가지 이유는 바로 그들 자신들의 경험을 이해하는 데 긍정심리학을 적용하기가 쉽기 때문일 것이다. 학생 독자들의 보고서는 우리 교재가 학부생 교재로 적당하다는 데에 대한 우리의 자신감을 높여주었다.

초점 이론과 초점 연구

각 장마다 긍정심리학의 발달을 이끌어 온 연구, 방법 그리고 이론에 대한 클로즈업 섹션을 제시하고 있다. 초점 연구와 초점 이론에서 소개하고 있는 논문은 흥미로운 결과, 매우 영향력 있는 연구 혹은 새로운 연구 방법이나 이론을 담고 있는 것이다. 초점 연구나 초점 이론은 긍정심리학은 특정 주제를 구체적으로 소개하고 있는 것으로, 교재의 내용과 완전히 별도로 분리된 내용을 담고 있는 것은 아니다. 즉 교재 내용의 흐름을 방해하는 것이 아니라 더 확장하는 것이다.

이 장의 요약 문제

각 장의 마지막에 있는 요약 문제는 학생들로 하여금 각 장의 내용을 개관하도록 한다. 이 물음들의 교재 내용의 명확한 개관을 돕고자 각 장을 소제목들을 따르고 있다. 이 문제들의 목적은 실제적인 것이지 학생들에게 영감을 주고자 하는 것이 아니다. 긍정심리학에 대한 비판적인 검토와 적용을 위한 보다 창의적이고 개념적인 물음들은 분문 중에 제기하였다. 요약 문제에 답하기 위해서 학생들은 긍정심리학의 연구와 이론들에 대한 요점과 세부 사항들을 배워서 이해해야 한다. 학생들은 각 장의 요약 문제를 그들이 이해한 것을 확인하고 시험을 준비하는 데 이용할 수 있다. 즉, 요약 문제는 "시험을 치기 위해 내가 알 필요가 있는 것은 무엇인가?"라는 물음에 대한 적절한 답을 표상하고 있다.

핵심용어

긍정심리학자들은 그들이 연구하는 현상에 대한 용어들을 발전시켜 왔다. 핵심용어는 긍정심리학이라는 새로운 분야를 이해하는 데 중요한 부분이다. 중요한 용어와 개념은 분문 중에 볼드체로 표기되어 있고, 각 장의 마지막 부분에 핵심용어 목록으로 정리하였다.

관련 웹사이트

긍정심리학을 탐구하기 위한 많은 유용한 웹사이트가 인터넷상에 있다. 각 장의 마지막 부분에 관련 웹사이트 목록을 간단한 소개와 함께 수록하였다. 웹 주소는 자주 바뀌고 새로운 웹사이트도 지속적으로 추가되기 때문에, 학생들은 수록된 웹사이트 주소를 참고하여 검색해 보기를 바란다.

읽을거리

초점 연구와 초점 이론에서는 전문적인 학술 논문을 이해하는 데 어려움이 있는 학부생들을 위하여 주요한 논문을 자세하게 기술하고 있다. 읽을거리에서는 초점 섹션에서 요약한 논문을 강조하는 읽을거리를 강조하고, 긍정심리학 영역을 개관하는 책을 소개하며, 보다 수준이 높은 독자들을 위한 문헌을 소개하고 있다.

차 례

1

긍정심리학이란 무엇인가

전통심리학

나의 전공교수는 심리학 영역에서 유명해지고 싶으면, 우리가 생각하는 것보다 인간 본성이 훨씬 더 나쁘다는 것을 증명하는 연구 결과를 발표하라고 말하곤 하였다. 물론 이 말은 그러한 연구를 수행하는 사람의 인격을 비난하고자 한 것이 아니라, 인간 본성의 어두운 측면에 대한 사람들의 끌림을 강조한 것이었다. 아마도 여기에서 적절한 예를 하나 찾는다면, 심리학 개론 강의를 들은 학생들이라면 거의 다 기억할 수 있는 Stanley Milgram (1974)의 유명한 권위에 대한 복종 연구일 것이다. Milgram의 연구에서 평범한 사람들(실험참가자)은 중년의 한 남성이 단순한 학습 과제에서 틀릴 때마다 자신이 믿기로는 고통스러운 전기쇼크를 주었다. 전기쇼크를 받는 중년 남성의 '고통스러운 항변'에도 불구하고 사람들은 흰 실험복을 착용한 실험자의 지시에 따라 '전기쇼크'의 수준을 계속 증가시켰다. 그러한 항변에는 실험을 계속하는 것을 거부한다는 것, 괴로워하면서 내뱉는 비명, 실험에서 자신을 제외시켜 달라는 것, 그리고 심장에 통증을 느끼기 시작했다는 것 등이 포함되었다. 실험참가자들도 전기쇼크가 희생자에게 주는 효과에 대해 눈에 띄게 당황해 하였다. 그러나 실험참가자의 66%는 실험자의 명령에 따라 전기쇼크의 수준을 계속해서 증가시켰고, 심지어 제어판에 위험한 수준이라고 명시되어 있음에도 불구하고, 가장 높은 충격 수준인 450볼트까지 전기 충격을 주었다. 인간의 본성은 정말 나쁘지 않은가? Milgram의 고전적 연구는 평범한 사람들이라 할지라도 합법적 권위에 의한 압력이 조금만 있다면 자신의 판단이나 도덕적 가치와는 반대로 행동할 수 있음을 시사한다. 잔인한 행위로부터 사회를 보호하기에는 인간의 본성은 믿을 만한 것이 못 되는 것처럼 보인다.

Milgram의 연구 결과와 실제 세상에서 사람들이 명령에 따라 잔인한 행위를 범하는 것 사이에는 매우 밀접한 관계가 있다. 제2차 세계대전 중, 나치에 의해 자행된 유대인 대량 학살에 참여한 혐의로 재판을 받은 Adolph Eichman은 자신은 명령에 따랐을 뿐이라고 계속해서 자신을 변론하였다. 철학자 Hanna Arendt의 유명한 경구인 '악의 평범함(the banality of evil)' (1963)이 의미하는 것처럼, 유대인들에 대한 대량학살에서 극히 잔인함을 보였던 사람들은 미친 괴물이 아니라 평범한 사람들이었다. Milgram의 연구에서와 같이 그들도 명령에 따랐을 뿐이다.

긍정심리학자라면 인간이 악하다는 증거 외에 왜 인간의 본성이 착하다는 것을 보여주는 연구가 없는지 질문할 것이다. 분명 세상에는 선이 존재할 텐데 말이다. 역사를 훑어보면 인간의 선함을 보여주는 예는 수도 없이 많다. 제2차 세계대전 중 사람들은 나치 독일에서 유대인들이 탈출할 수 있도록 목숨 걸고 도왔고, 타이타닉 호가 침몰할 때도 성직자나 사제들은 다른 승객을 위해 구명보트에 자신이 오르는 것을 기꺼이 양보하였다. 9 · 11

사건이 발생했을 때 소방관, 경찰, 심지어 일반인들까지 그들이 보여준 헌신과 희생을 누가 잊겠는가? 긍정심리학의 가장 기본적인 생각은 심리학이 인간을 너무 부정적인 측면에서 보고 있다는 것이다. 물론 긍정심리학은 모든 심리학이 다 그렇다고 주장하는 것은 아니고, 또한 인간의 부정적인 측면을 완전히 도외시하는 것도 아니다. 그보다 긍정심리학은 인간의 악함과 약함과 함께 인간의 선함과 강함도 아울러 인간 본성에 대해서 좀 더 균형 있고 현실적인 시각을 가지려 한다. 우리 각자는 인생에서 슬픔과 괴로움을 맛보기도 하지만, 기쁨과 행복감을 느낀다. 역사적으로 심리학은 인간에 대해 긍정적인 측면보다는 부정적인 측면을 더 많이 이야기하였다. 많은 대학생들이 심리학 개론을 수강하는데, 한 연구에 따르면 이들은 정신질환이나 Milgram의 연구와 같은 부정적 내용을 더 잘 기억한다고 한다. 긍정심리학은 좀 더 균형 잡힌 시각에서 인간 본성에 관한 이러한 부정적 측면과 긍정적 측면을 모두 살펴보고자 한다.

왜 부정적인 측면에 초점을 맞추는가

더 근거 있고 '실제적인' 것으로 지각되는 부정적 측면 심리학이 인간 본성의 부정적 측면을 강조하는 것에 대해 비판할 때 가장 쉽게 표적이 되는 사람은 Sigmund Freud이다. 그러나 어찌되었건 그는 우리가 일상생활에서 보이는 공손함과 친절함 속에 자기위주적인 동기가 숨어 있다고 믿게 하는 데 영향을 미친 것만은 확실하다. 당신이 공부해야 하는 시간을 쪼개어 룸메이트의 어려운 학교 숙제를 도와준다고 가정해 보자. 겉으로 보기에는 이타적으로 보일지 모르지만, 이것은 실제로는 남을 지배하고 남에 비해 자신이 우월해지고 싶은 요구를 표현하는 것이다. 당신이 학교에 와 있는 헌혈버스에 올라가 헌혈한다고 하자. 하지만 이것의 밑바탕에는 채혈하는 간호사에 대한 성적인 욕구가 숨어 있을 수 있다. 누가 낮은 임금에도 불구하고 다른 사람을 돕는 일을 하는데 평생을 바친다 해도, Freud는 그 이유가 자신의 부족함 혹은 어린 시절을 괴로운 기억을 보상하기 위한 것이라고 주장할 것이다. Freud는 사람의 행동이 일차적으로는 자기 위함에 의해 유발된다고 믿었다(자기위주적임은 사회가 효과적으로 기능하는 방식으로 통제되어야 한다). Freud는 자기위주적 행동이 항상 나쁜 것은 아니라고 하였다. 그의 관점에서 본다면 자기위주적임은 단지 생물학적으로 타고난 요구나 충동을 표현한 것에 지나지 않는다. 그러나 심리학 안에서 Freud의 유산은 인간 본성에 관한 부정적 이미지를 고착화시켰다. 겉보기에 긍정적인 행동이나 특질도 때로 부정적 동기에 뿌리를 두고 있다. 그러나 긍정심리학은 항상 그러한 것은 아니라고 강조한다. 긍정심리학의 관점에서 보면, 긍정적인 자질이나 동기는 부정적인 것만큼 강하고, 이들은 인간 본성에서의 긍정적 측면을 확인시켜 준다.

긍정적인 행동의 밑바탕에는 부정적인 동기가 깔려 있다는 Freud 식의 관점뿐만 아니라 긍정심리학에서 연구된 주제들의 과학적 근거에 대한 회의적 관점도 있다. 즉 주제들이 대중심리학 문헌에나 나올 만한 것이라는 주장이다. 역사적으로 심리학자들은 인간 행동에 대한 비과학적이고 경험적인 근거가 없는 산출물로 대중심리학이나 자기계발 서적을 예로 들었다. 많은 심리학자들은 자기계발 산업이 성공하는 것은 일반 대중들의 어리석음을 보여주는 하나의 증거이고, 그럴수록 비판적인 과학적 태도가 중요하다고 말한다.

내 학생 중 한 명이 긍정심리학을 다음과 같이 정의하였다. "긍정심리학은 과학적 토대 위에 만들어진 대중심리학이다." 이것은 긍정심리학의 주제와 대중심리학의 오랜 버팀목을 연결 지었다는 점에서 통찰력 있는 정의라고 생각된다. 긍정심리학의 최근 연구 주제들은 행복, 사랑, 희망, 용서, 외상 이후의 긍정적 성장, 건강에 대한 긍정의 이점, 낙관적 태도 등이다. 이러한 주제들은 서점의 대중심리학 코너에 진열된 서적들의 제목을 나열한 것처럼 보이기도 한다. 요약하면, 심리학의 인간 본성의 긍정적 현상보다 부정적인 측면에 더 많은 초점을 두게 된 두 가지는 이유는, 인간성의 본질에 대한 부정적인 믿음과 대중심리학 주제들의 과학적 기초에 대한 회의적 시각 때문이다.

더 중요한 것으로서의 부정적인 측면 연구들에 따르면, 인간 행동에 대해 긍정적 측면보다 부정적 측면에 대해 더 많은 비중과 주의를 주는 것은 사람들의 보편적 경향(예를 들어, 인간 본성을 부정적으로 보는 경향은 원래 타고 난다는 것 등)을 반영하는 것이라고 한다. 일반적으로, 인간의 행동에서 **악은 선보다 더 강하다**(Baumeister, Bratslavsky, Finkenauer, & Vohs, 2001). 인상 형성 연구들을 보면, 타인의 특질이나 행동에 대한 긍정적인 정보보다는 부정적인 정보가 타인을 어떻게 생각하는지에 더 많은 영향을 미친다. 이것을 '특질 부정성 편파(trait negativity bias)' 라고 부른다(Covert & Reeder, 1990; Rozin & Royzman, 2001). 연구들은 또한 긍정적 행동보다는 갈등이나 부정적 행동이 관계 만족에 더 많이 기여한다는 것을 보여주었다(Reis & Gable, 2003). 연구들은, 단 하나의 부정적 평가로 많은 친절한 행동들이 묻혀 버리고, 하나의 나쁜 특질이 개인의 평판을 결정한다는 것을 강하게 시사하고 있다.

부정성이 이러한 힘을 갖게 되는 이유 중 하나는 사람들이 인생이라는 것을 최소한 괜찮게 흘러가는 좋은 것이라고 가정하기 때문인 것 같다. 이러한 가정은 우리의 일상생활에서 나쁜 일보다는 좋거나 중성적인 일들이 더 자주 발생한다는 것을 반영하여 만들어졌을 것이다. 그 결과, 나쁜 일이나 정보는 우리가 일반적으로 경험하는 것에 비해 훨씬 더 두드러져 보일 것이다. 연구들도 우리가 긍정적인 일들이 더 흔하게 경험하기 때문에 나쁜 일들은 우리의 기대에 어긋난 것이고, 이에 따라 더 많은 주의를 받게 된다는 생각을 지지한다(Gable & Haidt, 2005).

우리가 '좋은 것'에 비해 '나쁜 것'에 더 많은 주의를 보내는 것은 적응적으로 진화한 행동일 수 있다(Reis & Gable, 2003). 혐오적 사상이나 부정적 행동들은 우리의 생존에 대한 일종의 위협으로 받아들여져, 이러한 것들이 더 많은 주의를 받고 그 효과도 큰 것은 진화적 생존의 관점에서 자연스러운 것일 수 있는 것이다. 따라서 진화라는 관점에서도 Pratto와 John(1991)이 말한 '좋지 않은 사회적 정보의 주의를 끄는 힘'을 설명할 수 있을 것이다. 이러한 설명과 맥을 같이 하는 것으로, 심리학이 부정적 측면에 초점을 맞추는 또 다른 이유는 심리학자도 인간이기 때문에 가장 많은 주의를 끌고 인간 행동에 가장 많은 영향을 미치는 것을 연구하는 것이다.

질병이론 Martin Seligman(2002a, 2002b, 2003)은 심리학에서 질병이론의 우세성 때문에 심리학은 질병을 치료하는 영역에 초점을 맞추는 대신 강점을 키우는 것은 도외시하였다고 주장한다. 질병이론은 정신병리를 다루는 데 많은 성공을 거두었다. 질병이론에 기초함으로써 심리학자들은 정신적인 질병에 대해 많이 알게 되었고, 많은 사람들에게 영향을 미치는 다양한 병리 현상을 기술하는 용어들을 정립해 내었다. 그러나 Ryff와 Singer(1998)는 심리학은 고장 난 삶의 '수리소'가 되는 것만으로는 부족하다고 주장한다. 질병이론은 이것이 건강을 향상시키고 질병을 예방하는 것이 될 때 그 가치가 제한적일 수밖에 없을 것이다. 심리학자들은 정신 질병에 대한 것에 비해 정신건강에 대해서는 훨씬 모르고 있다. 우리는 정신적으로 건강한 사람들이 갖는 특성에 대해서는 정신적으로 문제가 있는 사람들의 특성에 필적할 만큼 잘 알지도 못하고 이것을 기술하는 용어도 부족하다. 물론 정신적으로 건강하다는 것이 정신적으로 질병이 없다는 것을 의미하는 것은 결코 아닐 것이다. 질병을 제거한다고 해서 그 사람이 건강하고, 왕성하게 활동하며, 역량을 갖게 된다는 것을 보장하는 것은 아니기 때문이다. 그러나 어찌되었건, 질병이론에 기초하여 심리학자들이 인간의 부정적 측면에 초점을 더 많이 맞춘 또 다른 이유에는 인간의 불행을 줄이고자 하는 좋은 의도가 깔려 있다는 것은 부인할 수 없다.

긍정심리학

'긍정심리학'이라고 하는 새로운 조망에 대해 처음 언급한 현대의 심리학자는 Martin Seligman이다. 1998년 미국심리학회 회장 연설에서 Seligman은 인간 행동에서 나쁜 측면들을 연구하고 이것을 바꾸고자 하는 노력에서부터 인간 행동의 좋은 점을 더 향상시키는 방향으로 심리학의 관심이 전환되어야 한다고 주장하였다(Seligman, 1998). 그는 청중들에게 왜 심리학이 '기쁨이나 용기'와 같은 것들을 연구하면 안 되는지 질문하였다. Seligman

은 긍정심리학에 대한 사람들의 요구는 우리가 지금까지 기술하였던 심리학에서의 불균형 (즉 인간의 나약함이나 인간의 불행을 줄이고자 하는 데 너무 많은 관심을 맞추는 대신 인간의 강점이나 건강 증진에는 별로 관심을 두지 못했다는 것)에서 비롯되는 것임을 지적하였다. Seligman은 심리학의 영역이 질병이론을 넘어 건강한 사람들이 어떻게 살아가는지에 대한 연구를 장려하는 것이 그의 희망이라고 강조하였다. 그가 연설을 마친 후 청중들은 기립 박수를 보내주었는데, 이것은 그의 생각에 대한 열광적인 반응을 보여주는 것이었다.

심리학의 새로운 영역이 진공상태로부터 출현하는 것은 아니다. Seligman도 언급하였지만, 긍정심리학의 관심사나 조망은 심리학 역사 속에 이미 산재해 있다. Seligman과 Csikszentmihalyi(2000)가 언급하였듯이, 천재 아동이나 결혼생활에서의 행복의 결정요인에 대한 Terman의 연구들(Terman, Buttenwieser, Ferguson, Johnson, & Wilson, 1938; Terman, 1939)은 긍정적인 특성과 기능을 강조한 초기의 연구 사례들이다. 주관적 안녕감에 대한 연구는 1920년대부터 시작되었고, George Gallup이나 다른 심리학자들(Diener, Lucas, & Oishi, 2002)의 여론조사 기법을 통해 더 강화되었다. 심리학의 최근 역사에서 볼 때 인본주의 운동은 좀 더 긍정적인 심리학의 요구에 대한 목소리를 높이기 위한 가장 강력한 계기들 중 하나가 되었다. 1960년대에 유행하였던 인본주의 심리학도 인간의 부정적 측면에 초점을 맞춘 전통심리학의 경향을 비판하였다. 인본주의 심리학자인 Abraham Maslow와 Carl Rogers는 인간의 본성을 기본적으로 긍정적인 것이라고 보았는데, 이들은 모든 개인은 긍정적인 내적 잠재력을 갖고 태어나고, 삶의 원동력은 이러한 잠재력을 실현하는 것이라고 주장하였다. 인본주의 심리학자들은 심리학의 목표가 사람들이 건강하고 생산적인 삶을 살 수 있는 조건을 연구하고 이를 향상시키는 것이 되어야 한다고 믿었다.

그러나 최근의 긍정심리학에서 좀 더 새로운 것은, 긍정심리학 영역에서 창출된 많은 연구와 이론, 그리고 이것이 성취한 과학적 지위이다. 이제 심리학자들은 과학적 근거 없이 연구한다는 느낌 없이 혹은 대중심리학자로 오해받지는 않을까 하는 염려 없이, 인간의 희망, 용서, 혹은 긍정적 정서가 인간의 신체적/심리적 이점에 미치는 효과 등과 같은 주제들을 연구할 수 있게 되었다. 이 책의 저자 중 한 명의 긍정심리학 강좌명도 '행복 강좌'이다.

긍정심리학에 대한 공식적인 혹은 보편적으로 받아들여지는 정의는 없지만, 긍정심리학은 기존의 심리학 영역들에서의 연구와 이론에 기초한다. 긍정심리학은 부분적으로는 인간의 긍정적 측면에 더 밀접하게 관련되어 있는 여러 심리학 영역에서의 연구와 이론을 짜맞춘 것이다. 아래에는 긍정심리학에 가장 많은 영향을 미친 여러 심리학 영역에서의 연구와 이론을 간단히 소개하고자 한다. 바라건대, 이미 잘 정립되고 익숙한 심리학 영역에 대한 개관을 통해 긍정심리학이 무엇인지 좀 더 명료해졌으면 한다.

건강심리학

긍정심리학과 건강심리학은 공통점이 많다(Taylor & Sherman, 2004). 건강심리학자들은 부정적인 정서가 우리를 병들게 하는 반면, 긍정적인 정서는 우리를 건강하게 하는 것은 아닌지 오랫동안 알고 싶어 하였다. 그러나 최근에 와서야 이러한 오랫동안의 가정에 과학적이고 생물학적인 근거를 갖게 되었다. 신체와 마음의 관계에 대한 우리의 이해는 지난 수십 년 동안 극적으로 진보되었다. 연구 결과들은 스트레스, 분노, 불안 혹은 근심과 같은 것들이 잠재적으로 건강을 위협할 수 있다는 것을 보여주었다(Cohen & Rodriguez, 1995; Friedman & Booth-Kewley, 1987; Salovey, Rothman, & Rodin, 1998; Taylor, 1999; Vaillant, 1997, 2000). 이와 관련된 경로나 기제는 매우 복잡하고 이제 겨우 이해되기 시작한 단계이다. 이러한 경로나 기제는 뇌, 신경계, 내분비계, 면역체계와 관련된다(Maier, Watkins, & Fleshner, 1994). 많은 연구들이 오랫동안 극한 스트레스에 시달린 사람들은 질병에 취약하다는 것을 보여주었다(Cohen, 2002; KiecoltGlaser & Glaser, 1987; Ray, 2004; Vaillant, 1997). 스트레스와 부정적 정서가 우리에게 해로운 이유는 이것이 면역체계의 기능을 억누르고 질병에 저항할 수 있는 능력을 저하시키기 때문이다.

긍정심리학자들은 긍정적 정서가 부정적 정서만큼 효과가 있다는(물론 반대 방향으로) 최근 연구들에 관심을 갖고 있다. 부정적 정서가 우리의 건강을 나쁘게 하는 반면, 긍정적 정서는 우리의 몸과 마음 모두의 건강을 회복하고 유지할 수 있게 해 준다. 긍정적 정서는 신체적 웰빙, 정서적 건강, 대처 기술, 그리고 지적 기능 등을 활성화하는 것으로 보인다. Fredrickson(2001)의 많이 알려지고 잘 정립된 **확장-구축 이론**(broaden-and-build theory)에 요약되어 있듯이, 기쁨, 만족, 관심, 사랑, 그리고 자부심 등과 같은 긍정적 정서는 "개인의 사고-행위 쌍들을 다양하게 확장하고, 신체적/지적 자원으로부터 사회적/심리적 자원에 이르기까지, 지속적인 개인의 자원을 형성한다는 데 모두 상호 관련된다."(p. 219).

정서의 밑바탕을 이루는 생리적 과정에 대한 우리의 증가된 지식을 통해 긍정심리학에 대한 생물학적 기초를 얻을 수 있다. 그렇게 많은 연구 관심을 받았던 부정적 정서 못지않게, 우리의 긍정적 정서도 생물학적/진화적 중요성을 갖는다고 결론짓는 것은 당연한 것으로 보인다. 심리학에서의 균형성을 회복하고자 하는 목표에 따라, 긍정심리학은 우리의 삶에서 나타나는 긍정적 정서의 가치에 대한 탐구를 강조한다.

연구 초점 : 긍정적 정서와 장수 — 수녀 연구

삶 속에서 즐거움, 기쁨, 그리고 만족과 같은 긍정적 정서로 충만한 사람은 덜 긍정적인 삶을 사는 사람들에 비해 더 오래 살까? 그럴 듯하게 들릴지 모르지만, 사람의 건강에 영향을 미치는 수많은 요인들 중에서 어떻게 정서의 영향만 분리하여 그것을 증명할 수 있을까? '수녀 연구(Nun Study)'는 가톨릭 교회 수녀의 종교적인 삶이라는 독특한 특징을 충분히 활용한, 아마도 긍정심리학에서는 고전적인 연구 중 하나일 것이다. 수녀 연구는 켄터키 대학교의 Danner, Snowdon 및 Friesen(2001)에 의해 수행되었다. 이 연구의 공식 명칭은 '초기 인생에서의 긍정적 정서와 장수 : 수녀 연구를 통한 발견'이었다. Danner와 그녀의 동료들은 180명의 수녀들을 대상으로 긍정적 정서와 장수 사이의 관계를 검토하였다. 왜 수녀를 연구 대상으로 하였겠는가? 그것은 (긍정적 정서 이외에) 신체 건강에 미치는 많은 요인들을 통제하거나 최소화할 수 있었기 때문에 수녀들은 그러한 연구에서는 이상적인 집단이었기 때문이다. 이들은 담배를 피지도 않고, 술을 과하게 마시지도 않으며, 유사한 환경 속에서 생활하고, 동일한 식단의 식사를 하며, 아이가 없기 때문에 출산력도 동일하다. 이들의 삶이 갖고 있는 이러한 '동일함'이 장수에 영향을 미치는 특별한 변인이 무엇인지를 이해하는 데 혼입되어 영향을 미칠 수 있는 다른 변인들을 제거해 줄 수 있었던 것이다.

　개인의 정서적 특징과 장수와의 관계에서 이 연구자들은 어떠한 결론에 도달했을까? 무엇보다도 먼저, (이 연구의 도입부분에 개관된) 선행 연구들은 모두 정서와 건강 사이의 관계를 지지한다. 부정적 정서는 면역체계와 생리적 기능과 관련된 다른 측면들을 억압함으로써 병에 걸릴 위험성을 증가시킨다. 이와는 반대로 긍정적 정서는 이러한 과정을 향상시키기 때문에 병에 걸릴 가능성을 줄여준다. 둘째, 사람의 기질은 전 생애에 걸쳐 오랜 시간 동안 안정적으로 유지된다. 다시 말해, 우리가 긍정적이고 기운찬 모습이건, 아니면 부정적이고 주눅 든 모습이건 정서적 표현성은 어린애로부터 어른이 되어서까지 한 개인의 전 생애를 통해 상당히 일관적이다. 셋째, 개인의 기질은 스트레스나 삶 속의 문제점들에 대해 얼마나 잘 대처할 수 있는지에 영향을 주는 것으로 알려져 있다. 쾌활하지 못한 성품이나 부정적인 모습을 하고 있는 사람에 비해 쾌활한 성품이나 긍정적인 외양을 갖고 있는 사람은 이러한 것들에 훨씬 더 잘 대처할 수 있다. 우리는 우리에게 중요한 무엇인가에 대해 기술할 때, 우리의 기본적인 기질적 측면들을 반영하는 정서를 표현한다. 이러한 특징들을 모두 고려해 보면, 선행 연구들이 생의 초기에 작성된 자전적인 글 안에 정서적 표현성에 대한 여러 측면들이 내포되어 있다고 가정했다는 것이 타당하다는 것을 시사한다. 그러한 정서적 표현성에서의 차이를 통해 건강이나 장수를 예측할 수 있을 것이다.

　Danner 등의 연구에 포함된 수녀들은 1930년대와 1940년대에(이들이 22세 정도의 나이에 가톨릭 교회에서 수녀로서 생활하기 시작했을 때) 종교 서약의 한 부분으로 2~3쪽 분량의 자기를 소개하는 자전적 글을 제출했었다. 이 연구자들은 교회의 문서보관소에서 이러한 자전적 글을 찾을 수 있었다. 이들은 이 글에 포함된 긍정적, 부정적 혹은 중성적 내용의 단어나 문장의 빈도를 조사하였다. 부정적인 정서가 포함된 자전적 글이 별로 없었기 때문에 연구자들은 긍정적 정서 단어의 빈도, 긍정적 정서 문장의 빈도, 그리고 긍정적 정서가 달리 표현되는 빈도 등에 집중하여 자료를 수집하였다. 다음에 두 개의 자전적 글에서 발췌한 내용을 소개하였는데, 하나는 긍정적 정서가 낮은 것이고, 다른 하나는 높은 것이다.

수녀 A – 긍정적 정서가 낮게 나타남

"나는 1909년 9월 26일생이고, 2남 5녀 중 장녀이다…나는 수녀 견습 시절을 모원(Motherhouse)에서 화학을 가르치며 보냈고, 2년차는 Notre Dame 수도원에서 보냈다. 하느님의 은혜에 힘입어 나는 성직자로서의 직분과 선교, 그리고 나의 개인적 정화를 위해 최선을 다하고자 한다."

수녀 B – 긍정적 정서가 높게 나타남

"하느님은 나에게 헤아릴 수 없는 은혜를 베푸심으로써 나를 새로운 삶으로 인도하셨다. 작년, Notre Dame 수도원에서 보낸 나의 수녀 견습 시절은 너무 행복하였다. 나는 이제 충만한 기쁨으로 수녀복을 입을 수 있기를, 그리고 하느님 사랑 속에서 하나가 되어 사는 삶을 고대한다."

이러한 측정치들을 통해 이 수녀들의 초기 정서에 대한 정보를 수량화하여 분석할 수 있었다. 이 측정치들은 60년 후에 이들의 사망과 생존 자료와 함께 분석되었다. 연구가 종료된 2001년에 분석 대상이었던 수녀들의 나이는 75세에서 90세였고, 이들 중 42%는 이미 사망하였다.

이 연구 결과는 대단한 것이었다. 연구자들은 장수와 초기 삶에서의 긍정적 정서 표현에 강한 관계성을 발견한 것이다. 자전적 글 속에서 긍정적 정서를 포함한 문장의 수가 1% 증가할 때마다 사망 확률은 1.4%씩 감소하였다. 긍정적 정서를 다양하게 표현한 수녀와 이것이 많지 않았던 수녀의 평균 수명 차이는 10.7세였다. 가장 긍정적이었던 수녀는 가장 그렇지 못했던 수녀에 비해 12년을 더 생존하였다. 80세 연령에 이르기까지 가장 긍정적이지 못했던 수녀들은 60%가 사망한 반면, 가장 긍정적이었던 수녀들은 25%만 사망하였다. 연령의 증가에 다른 생존 확률은 긍정적 정서의 생애 초기 표현과 강하게 연관되었던 것이다. 그림 1.1은 75세 이후의 긍정적 정서/생존 확률 관계를 보여주고 있다. 85세까지의 생존율은 가장 긍정적이었던 수녀의 경우 생존 확률이 80%였던 반면(그림 1.1에서 제4사분위), 가장 긍정적이지 못했던 수녀의 생존 확률은 54%였다(제1사분위). 마찬가지로 90세와 94세까지의 생존 확률은 전자의 경우 각각 65%와 54%였던 반면, 후자의 경우는 각각 30%

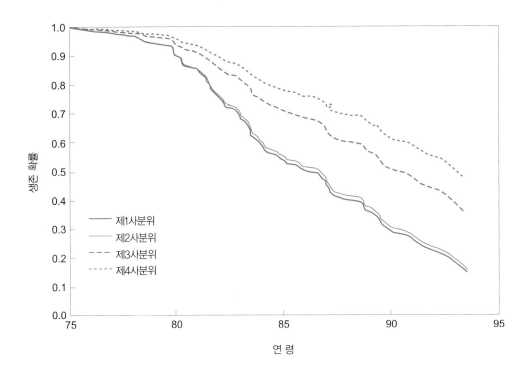

그림 1.1 긍정적 정서와 생존율
수녀 연구에 포함된 180명의 수녀에 대한 생애 초기 긍정적 정서 표현과 75세 이후의 연령에 따른 생존 확률 사이의 관계. 긍정적 정서 표현은 가장 낮은 수준(제1사분위)에서부터 가장 높은 수준(제4사분위)까지 순위에 의해 정리된 것이다.

출처 : Danner, D.O., Snowdon, D.A., & Friesen, W.V.(2001).

와 15%였다.

수녀 연구 결과에 따르면, "걱정말고 행복하라(don't worry, be happy)"란 말은 매우 뛰어난 충고 같다. 당신은 더 오래 살 수 있는 것이다! 제3장의 '긍정적 정서와 웰빙'에서는 왜 긍정적 정서가 장수할 수 있게 하는지를 설명하는 연구들에 대해 기술할 것이다.

임상심리학

질병이론에만 의지하던 임상심리학자들의 각성도 긍정심리학이 발달하는 데 공헌한 또 하나의 요인이었다. 정신건강 전문가들은 심리적 고통의 경감에 대한 연구를 자신들이 수행하는 과제의 일부분으로만 보기 시작하고 있다. 도움이 필요한 내담자들은 항상 있을 것이기 때문에, 그와 같은 도움을 주는 것은 심리학자들의 중요한 임무로 남아 있을 것이다. 그러나 많은 임상가들은 정신병리를 치료하고자 하는 단편적인 마음자세에서 병을 예방하고 긍정적인 정신건강을 향상시키는 관점으로 변화되기 시작하였다. 이러한 변화에서 가장 근본적인 문제는 긍정적인 정신건강에 대한 모델을 개발해야 한다는 것이다. 다시 말해, 개인의 어떤 특성과 어떤 유형의 삶이 정신적 병과 극단적으로 대비되는지—이러한 상태를 Keyes와 Haidt(2003)는 '풍성함(flourishing)'이라고 불렀다—를 밝혀야 하는 것이다. 과거에는 정신적 건강함이란 대부분 질병이 없는 것으로 정의되었다. 긍정심리학의 한 가지 목표는 심리장애를 진단하거나 기술하는 데 사용하는 현재의 기준과 병행적으로 정신적 건강함을 정의하는 기준과 용어를 정립해야 하는 것이다.

발달심리학

발달심리학자들의 오랜 관심은 건강한 발달을 저해하는 조건이 무엇인지 검토하는 것이었다. 결함에 초점을 맞춘 모델을 따라 불행한 조건(예를 들어, 가난, 학대, 부모의 알코올 중독이나 정신병 등)에서 자란 대부분의 아동들은 그렇지 않은 아동들에 비해 사회적, 인지적, 정서적 결함을 겪을 가능성이 높을 것이라고 가정되었다. 이러한 가정은 1970년대 정신과 의사들이나 심리학자들이 삶의 역경에 취약할 것으로 생각된 몇몇 아동이나 성인들이 놀라운 회복력을 보이는 것에 주목하기 시작하면서부터 변화되기 시작하였다(Masten, 2001). "적응이나 발달에 심각한 위협에도 불구하고 바람직한 결과를 이끌어 내는 것"(Masten, p. 228)으로 정의되는 회복력을 보인 사례들은 이전에 생각했던 것보다 많았다. 어려운 환경에 직면했던 사람들의 놀라운 회복력을 보고한 연구들은 긍정심리학의 주요 주제, 즉 인간의 강점을 강하게 부각시켜 준다.

　아마도 더 흥미 있는 연구 주제는 외상후 스트레스 장애(posttraumatic stress disorder : PTSD)와 대비되는 **외상 후 성장**(posttraumatic growth : PTG)이라는 개념일 것이다. 연구자들은 긍정적인 성장이 심각한 질병, 사랑하는 사람의 상실, 혹은 사고나 불구와 같은 외상적 경험의 결과로 나타날 수 있다는 것을 보여왔다(Ryff & Singer, 2003a). 그러한 사건이 있은 후에, 많은 사람들은 자기 인생의 소중함이나 사랑하는 사람들에 대한 더 큰 고마움, 개인적 강인함에 대한 자각, 그리고 인생에서 가장 중요한 것이 무엇인지에 대한 명료한 생각 등과 같은 내용을 보고한다. 회복력이나 외상 후 성장에 대한 연구들은 인간의 강점과 긍정적인 대처 능력에 대한 긍정심리학의 강조를 뒷받침해 준다.

조사연구와 주관적 안녕감

공공 여론조사는 사회심리학자들이나 사회학자들의 오랜 연구 수단이었다. 사회 문제, 집단, 혹은 정치적 선거 후배들에 대한 전국민의 여론을 알아보는 것에서 시작한 여론조사는 이제 삶의 질에 대한 의견을 묻는 것까지 그 범위를 넓혔다. Ed Diener(2000)는 **주관적 안**

녕감(subjective well-being : SWB)으로 정의되는 행복을 연구한 오늘날의 저명한 연구자이다. 주관적 안녕감의 측정에서는 개인의 삶에 대한 만족 수준과 긍정적 혹은 부정적 정서의 경험 빈도를 평가한다. 행복에 관한 연구는 흥미 있는 연구 결과들을 일관적으로 보여주고 있다(예를 들어, Diener, 2000; Diener, Suh, Lucas, & Smith, 1999; Myers, 2000a). 이러한 연구 결과 중에서 주목할 만한 것은 물질적 성공(돈이나 부유함)이 행복과는 매우 약한 관련성을 갖는다는 점이다. 수입이 증가하거나 기본적 욕구를 충족시켜 주는 것 이상의 소비재를 많이 갖고 있다고 해서 이것이 행복감을 증가시켜 주지는 않는다는 것이다. 당신은 로또에 당첨되어 벼락부자가 되는 것을 꿈꿀지는 몰라도, 연구들에 따르면 당첨자는 당첨 이전의 행복 수준으로 재빨리 되돌아 가버린다(이에 대한 개관은 Csikszentmihalyi, 1999와 Diener, 2000을 보라).

조사연구는 재미있는 질문을 하나 제기한다. 돈이 행복을 가져다주지 않는다면, 무엇이 행복을 가져다주는가? 이 질문은 긍정심리학에 대해 생각하도록 하는 하나의 방법이다. 일단 기본적인 욕구가 충족되면, 객관적인 삶의 상황들(예를 들어, 당신이 벌어들이는 돈이나, 당신의 연령, 인정, 혹은 성별)은 여러분의 행복 수준에는 별로 영향을 미치지 않는다. 긍정심리학은 행복 수준에서의 차이를 설명하기 위해 특질(traits)과 상태(states)를 검토한 초기 조사연구들의 방향을 따른다. 긍정심리학에서의 대부분의 연구들은 자존감, 신체적 매력, 낙관주의, 지능, 그리고 외향성과 같은 특질뿐만 아니라, 업무조건, 종교생활, 친구의 수, 결혼 상태, 그리고 관계의 질 등과 같은 상태에도 관심을 갖는다. 이러한 특질과 상태는 긍정심리학의 주요 질문인 "왜 어떤 사람들은 다른 사람들에 비해 더 행복할까?"에 대한 해답을 얻는 데 중요한 요인들이다.

사회/성격심리학과 종교심리학

사회심리학자들은 사회적 관계가 만족스럽고 다른 사람들로부터 지지를 받는 것이 우리 건강과 행복에 매우 중요하다는 것을 보여주는 증거들을 제공해 주었다(예를 들어, Baumeister & Leary, 1995; Ryff & Singer, 2000; Taylor, Repetti, & Seeman, 1997; Uchino, Cacioppo, & Kiecolt-Glaser, 1996). 만족스러운 삶은 행복한 결혼생활이나 좋은 친구관계와 같은 타인과의 관계를 만족시키는 것에 기초한다. 사회심리학자들은 또한 웰빙이나 행복에 대한 이해에서 문화적인 차이가 있음을 발견하였다. 예를 들어, 미국과 일본에서 행복이라는 개념은 매우 상이하다. 이러한 문화적 차이뿐만 아니라 사회심리학자들은 지금의 우리 사회에서와 같이 풍요함과 물질주의가 갖는 어두운 면들에 대해서도 연구하였다(예를 들어, Cushman, 1990; Kasser & Kanner, 2004). 이러한 연구들에서는 자신의 명예나 금전적 성취를 추구하기 위해 중요한 심리적 요구의 충족을 등한시하는 사람들은 자기 자신의 행복과 삶의 만족도 희생시킬 수 있다는 것을 보여주었다. 또한 이와 관련된 연구들은 로또에 당첨되어 벼락부자가 된 사람들의 경우에서와 같이 왜 수입의 증가 효과가 오래가지 못하는지(Diener & Oishi, 2005) 이해하는 데 도움을 주는 설명도 제공한다. 간단히 말해, 왜 돈으로 행복을 사지 못하는가?

성격심리학자들이 수행한 연구를 통해 건강과 행복의 기초를 형성하는 긍정적 특질과 개인적 강점이 무엇인지 확인되었다. 이러한 연구들에서는 행복한 성향에 대한 유전적 기초(예를 들어, Lykken, 1999), 낙관주의와 같은 개인적 안녕감과 관련되는 성격 특징(Peterson, 2000; Seligman, 1990), 자기존중(Baumeister, 1999), 외향성(McCrae & Costa, 1997), 삶에 대한 긍정적 태도(예를 들어, Taylor, 1989; Taylor & Brown, 1988), 그리고 개인적으로 의미 있는 목표를 추구하는 것이 행복에 어떠한 영향을 미치는지(Emmons, 1999b) 등의 주제들이 포함된다.

사회심리학자들과 성격심리학자들은 개인의 삶에 영향을 미치는 종교와 도덕의 역할을 이해하는 데도 공헌하였다(예를 들어, Pargament, 1997; Spilka, Hood, Hunsberger, & Gorsuch, 2003). 종교는 긍정심리학에서 중요한 주제가 되었는데, 그 이유는 이것이 대부분의 사람들에 있어 웰빙의 중요한 토대가 되기 때문이다. 또한 좋은 삶이 무엇인지, 그리고 잘 산다는 것이 무엇인지와 같은 것들이 정직, 성실, 동정심, 그리고 현명함과 같은 인간의 덕목들과 밀접하게 관련되어 있기 때문에 이것에 대한 연구들도 중요한 위치를 차지한다(Peterson & Seligman, 2004). 또한 개인의 덕목을 표현하는 것은 자신이나 타인의 웰빙에도 영향을 미친다. 예를 들어, 용서(McCullough, 1999)와 호의(Emmons & McCullough, 2004)는 베푸는 사람이나 그것을 받는 사람 모두의 삶에 대한 만족감을 높여주는 경향이 있다.

긍정심리학 : 가정, 목표 및 정의

Martin Seligman이 긍정심리학을 역설한 것은 심리학 전체 영역을 재조명하기 위함이었다. 긍정심리학이 그저 심리학의 한 전문 영역이 되어버린다면 그는 매우 실망할 것이다. 따라서 생리심리학에서 임상심리학에 이르기까지 다양한 심리학 영역에 흩어져 있는 긍정심리학의 요소들을 찾아내야 할 것이다. 긍정심리학은 심리학이라는 학문에 대한 일반적인 조망이기도 하면서, 인간 행동의 긍정적 측면에 각각 초점을 맞춘 연구 주제들의 집합체이기도 한 것이다.

긍정심리학 문헌에는 공통적으로 등장하는 몇 개의 주제가 있다. 긍정심리학의 주요 가정은 심리학 영역에서 균형이 깨져 있다는 것이고(Simonton & Baumeister, 2005), 긍정심리학의 주요 목표는 심리학 영역에서 균형을 되찾자는 것이다. 이 목표는 좀 더 발전해야 하는 두 가지 연구 주제와 이론에 반영되어 있다. 첫째, 연구와 이론의 주류를 이루었던 부정적 측면에 대한 초점을 긍정적 인간 행동에 대한 향상된 이해를 통해 균형을 맞추어야 한다(Sheldon & King, 2001). 또한 이와 관련하여 심리학자들은 긍정심리학 주제의 과학적 지위에 대한 그들의 회의를 극복해야 한다. 둘째, 정신적 질병에 대한 분류나 이해와 마찬가지로, 건강한 사람의 삶에 대해서도 경험적 증거에 기반하여 이해해야 하고, 이것을 기술할 수 있는 용어나 개념을 정립해야 한다(Keyes, 2003). 질병을 야기하는 것이 무엇인지 이해하는 것이 중요한 만큼 건강의 원천이 무엇인지 이해하는 것이 중요하다(Ryff & Singer, 1998). 우리가 건강한 생활양식을 향상시킴으로써 질병을 예방하고자 한다면 특히 그러할 것이다.

긍정심리학의 주제들은 이러한 새로운 심리학 영역을 어떻게 정의하는지에 따라 달라질 수 있다. Sheldon과 King(2001)은 긍정심리학을 "평범한 인간의 강점과 덕목에 대한 과학적 연구에 지나지 않는 것"으로 정의하였다(p. 216). 이러한 정의는 전형적으로 긍정적인 일상적 삶에 대한 심리학의 관심 부족을 반영한다. Gable과 Haidt(2005, p. 104)는 긍정심리학을 "사람, 집단, 기관의 기능을 풍성하게 하고 최적화하는 데 기여하는 조건이나 과정에 대한 연구"라고 정의하였다. 이 정의는 긍정심리학의 세 가지 기반에 대한 Seligman(2003)의 기술과 공통점이 많다. 긍정심리학은 (1) (기쁨, 행복, 만족, 낙관, 혹은 희망과 같은) 개인의 긍정적 경험, (2) (정신건강을 향상시키는 개인의 강점이나 덕목과 같은) 긍정적인 개인의 특성, (3) 개인의 건강과 행복에 기여하는 긍정적인 사회기관이나 지역사회에 대한 연구 위에 정립된 학문이다.

긍정심리학을 좀 더 구체적으로 정의하기 위해 Seligman과 동료들은 행복이 긍정심리학의 가장 핵심적인 연구대상이고, 이것은 다시 세 개의 요소, 즉 **즐거운 삶**(pleasant life), **몰입된 삶**(engaged life), 그리고 **의미 있는 삶**(meaningful life)으로 나누어질 수 있다고 제안하였다(Seligman, 2003, Seligman, Rashid, & Parks, 2006). 행복의 이러한 세 가지 측면들은 제2장에서 좀 더 자세히 다룰 것이다. 긍정심리학에서 사람들이 '좋은 삶'이라고 부를 수 있는 즐거운 삶이란 바람직한 상태로서의 행복을 결정하는 요인이 무엇인지를 밝히는 것이다. 좀 더 구체적으로 말하면, 삶의 어떠한 조건과 개인의 어떠한 자질이 개인을 행복하고, 만족하며, 충만감을 느낄 수 있게 하는가에 대한 것이다. 몰입된 삶이란 우리의 재능과 강점을 표현하고, 삶의 목적에 의미를 부여해 주는 활동들(예를 들어, 일이나 여가)에 대한 적극적인 관여와 다른 사람들과의 관계에 초점이 맞춰진 행복의 측면이다. 그와 같은 관여는 삶을 더 열의 있고 건강하게 만들어 준다. 의미 있는 삶은 우리 자신의 관심과 열중을 뛰어넘어 얻어지는 행복의 또 다른 측면이다. 이것은 자기 자신보다 더 큰 무엇인가—Seligman과 그의 동료들은 이것을 '긍정적 기관(positive institutions)'이라고 불렀다 (2006)—에 관여하는 것으로부터 얻어지는 행복의 더 지속적이고 깊은 측면이다. 긍정적 기관에는 종교적 지역사회, 삶에 대한 개인 철학, 가족, 자선단체, 혹은 정치/환경/사회 단체 등이 포함된다. 잘 사는 삶이라는 것은 "자기 자신보다 더 큰 무엇인가"에 연결되는 것을 의미한다는 것이 핵심이다(Seligman et al., 2006, p. 777).

영상의 삶

요약하자면, 영(zero)이 질병과 건강 혹은 불행과 행복을 구분하는 하나의 선이라고 한다면, 긍정심리학은 우리가 영의 양적인(positive) 측면에 있는 것이라고 부를 수 있는 것을 연구하는 학문이라고 생각할 수 있을 것이다. 전통심리학은 우리에게 영하의 삶(life below zero)에 대한 것은 많이 알려주었지만, 영상의 삶(life above zero)에 대해서는 그렇지 못했다. 무엇이 우리를 단지 질병이나 불행이 없는 것으로부터 의미 있고, 목적이 있으며, 만족스럽고, 건강한—한마디로 살아갈 가치가 있는—삶으로 인도할 수 있을 것인가? 긍정심리학은 개인의 자질, 삶의 조건들, 개인의 선택, 삶의 활동, 다른 사람들과의 관계, 초월적 목적, 그리고 좋은 삶을 더 강화시키고 정의하는 사회문화적 조건들에 대한 학문이다. 이러한 것들과 긍정심리학자들이 좋은 삶을 정의하는 데 사용하였던 몇 개의 준거들을 조합하여 말한다면, 긍정심리학을 다음과 같이 정의할 수 있을 것이다. "긍정심리학이란 개인적 자질, 삶 속에서의 선택, 삶의 조건, 그리고 좋은 삶을 향상시키는 사회문화적 조건들에 대한 과학적 연구로서, 행복, 신체적/정신적 건강, 유의미성과 덕목 등으로 정의되는 학문이다."

문화와 좋은 삶의 의미

좋은 삶이나 잘 사는 삶에 대한 특정한 의미는 분명 개인이 속한 문화 안에서 공유된다. 좋은 삶에 대한 개념들은 모든 문화의 이상, 가치 그리고 철학적/종교적 전통의 한 부분이다(Ryff & Singer, 1998). 긍정심리학은 서구 문화의 산물이기 때문에, 건강이나 행복에 대한 이것의 관념이 주로 서구 문화의 조망을 반영한 것이고, 따라서 다른 나라에는 맞지 않을 수도 있을 것이다. 이것은 주로 긍정심리학자들에게 경험적으로 증명해 보아야 할 문제이지만, 이에 대해서는 논란도 있을 것이다. 두말할 필요 없이, 긍정심리학이라고 하는 새로운 분야의 연구자들은 좋은 삶은 한 가지 종류만 있다고 시사하는 듯한 정의는 내리고 싶지 않을 것이다. 그보다 이들은 문화-특정적인 생각에서부터 보편성을 찾아내어 개인적 혹은 문화적 차이가 반영되는 좀 더 범위가 넓고 유연하게 잘 사는 삶에 대해 정의를 내리고자 할 것이다. 매우 다양한 문화적 배경을 가진 사람들을 비교한 연구들은 좋은 삶에 대한 이해와 정의에서 차이와 공통점이 모두 있다는 것을 발견하였다. 연구자들은 광범위한 문화 비교를 통해, 좋은 삶에 대한 문화 간의 차이뿐만 아니라 문화들 사이의 공통점(즉 모든 혹은 대부분의 문화에서 긍정적인 인간의 자질과 좋은 삶에 대해 공유되고 있는 특징)에 대해 탐구하였다. 문화적 차이점과 공통점에 대해서는 제6장과 제7장에서 다루어질 것이다.

왜 지금인가

왜 오늘날 긍정심리학이 심리학자들로부터 그렇게 많은 관심을 받게 되었을까? 긍정적인 인간 행동에 더 많은 관심을 가져야 한다는 요구는 이전에도 있었다. 왜 이제 와서야 그러한 요구에 귀를 기울이고 있는가? 이러한 새로운 생각은 부분적으로는 역사 속의 특정 시점에 딱 맞아떨어졌기 때문이다. 역사학자들은 이것을 **시대정신**(zeitgeist)이라고 부른다. 몇몇 학자들(예를 들어, Keyes & Haidt, 2003; Seligman & Csikszentmihalyi, 2000)은 1990년 이후 표면화되어 지금까지 계속되어 온, 우리의 문화와 심리학에 널리 퍼져 있던 문제들에 대해 긍정심리학자들이 이야기하기 시작했다고 주장한다.

이 중에서 가장 중요한 문제는, 우리 사회에서의 유례 없던 물질적 풍성함과 심리적 걱정거리 사이의 관계이다. Csikszentmihalyi(1999)는 '우리가 이렇게 부유한데도, 왜 우리는 행복하지 못한가?' 라는 제목의 글을 통해 이에 대한 우려를 표명한 바 있다. 간단히 말해, 우리 개인의 수입도 증가하였고, 컴퓨터나 DVD를 쉽게 소유할 수 있으며, GNP가 증가한 것으로 보면, 물질적 풍성함에 대한 대부분의 지표들은 지난 30년 동안 엄청나게 상승하였다. 1990년대는 아마도 "가장 많이 가진 사람이 승자이다(the one with the most toys wins)"라는 말로 요약될 수 있는 시대일 것이다. 그러나 Myers(2000b)가 **풍요의 역설**(paradox of affluence)' 이라고 기술한 것처럼, 고민이나 불행을 나타내는 지표들도 물질적 풍요의 증가와 함께 증가하였다.

'불행의 지표들' 에는 이혼율, 아동학대, 아동빈곤, 청소년 자살 등과 같은 것들이 포함된다. Seligman(1998)은 우리는 지난 40년에 비해 두 배 정도 더 부유해졌지만, 이와 함께 열 배 정도 더 많이 우울해졌다고 주장하였다. 많은 임상심리학자들에 따르면 미국에서의 우울증은 이제는 거의 전염병 수준이다. 풍요가 주는 공허함과 어두운 면은 〈American Beauty〉나 〈Blowing for Columbine〉과 같은 영화들, 그리고 PBS의 〈The Lost Children of Rockdale County〉와 같은 다큐멘터리에서도 표현되었다(Frontline, 2002). 특히 PBS에서 방영한 이 다큐멘터리에서는 조지아 주의 오거스타 근교에 사는, 돈으로 무엇이든 살 수 있는 '좋은 가정' 에서 자란 유복한 십대 청소년들을 다루었다. 부모로부터 충분한 보살핌을 받지 못한 이 아이들은 집단적인 성관계에 빠져들어, 급기야는 성병에 걸리게 된다. 이들은 내적인 공허함과 충족되지 못한 삶에 대한 고통스러운 이야기를 우리에게 들려주었다.

우리 문화에 대한 이러한 기술들에 포함된 아마도 가장 근본적인 생각은 오해된 것이다. 즉 돈이 행복을 사주지는 못한다는 것이다. 물질적 풍요가 개인의 만족을 가져다주는 것에 한계가 있다는 것은 건강하고 만족스러운 삶의 근원은 무엇인가에 대해 다시 질문하게 한다. 심리학이 이러한 질문에 대해 즉각적인 대답을 내놓지 못한다는 사실은 긍정심리학에 대한 관심을 증폭시킨 계기가 되었다. 9 · 11 사건 이후에 우리의 안전이나 안보가 가장 중요한 위치를 차지하게 되었다. 그러나 긍정심리학이 제기한 많은 질문들은 지속적인 것이기도 하지만, 우리의 불확실한 시대에 가장 적합한 연구 주제가 될 수 있는 것들이다.

두 개의 끝맺는 말

긍정심리학은 심리학의 반대편에 있는 것이 아니다

긍정심리학의 발달을 이끈 연구 문제와 주제들을 이야기할 때는, 전반적으로 보아 긍정심리학이 심리학과 어떻게 다른지를 필연적으로 질문해 보아야 할 것이다. 긍정심리학자들은 이러한 새로운 영역을 '전통심리학' 과 자주 비교함으로써 이 질문에 대한 분명한 답을 얻고자 한다. 어떤 것이 무엇인지 말하기 위해서는 그것이 무엇이 아닌지도 필연적으로 기술되어야 한다. 우리는 긍정심리학이 심리학의 반대편에 있는 어떤 것이라는 인상을 주는 것을 바라지 않는다. 심리학자들은 인간 행동에 대한 광범위한 이해와 정신병리에 대한 치료법들을 개발하였다. 심리학의 역사는 지식과 효과적인 치료법에 대한 꾸준한 발전의 역사이다. 긍정심리학은 심리학 영역에서 지금까지 어떤 것들이 연구되어 왔는지에 대해서는 관심이 없다. 긍정심리학은 심리학에서 지금까지 다루어지지 않았던 것에 더 많은 관심을 갖고 있기 때문이다. 지금까지 심리학에서 주로 관심을 가졌던 것은 부정적인 측면들이었기 때문이다. Sheldon과 King(2001)은 긍정심리학의 근본적인 메시지를 다음과 같이 정리하였다. "긍정심리학은 심리학자들이 인간의 잠재력, 동기, 그리고 역량에 대해 좀 더 개방적이고 수준 높은 조망을 갖도록 독려하는 것이다(p. 216)." 긍정심리학은 인간 행동에 대한 심리학의 이해를 (대치가 아닌) 확장하는 것이다.

현재 상태와 긍정심리학

긍정심리학 연구들은 삶에 대한 우리의 태도가 행복과 건강에 중요한 영향을 미친다는 것을 보여준다. 이것은 삶의 조건이 중요하지 않다는 의미인가? 당신이 가난하고, 범죄율이 높은 지역에 살며, 직장이 없는데도, 당신이 처한 상황이 아닌 당신의 태도에 당신의 행복이 달려 있다고 말할 수 있겠는가? 만일 행복이 돈이 아닌 태도의 문제라면, 우리나라의 빈곤 문제에 대해 걱정할 필요가 없다고 할 수 있는가? 다시 말해, 긍정심리학은 우리 사회의 부와 권력의 불평등한 분배를 정당화함으로써 현재 상태에 기여할 수 있는가? 만일 우리의 행복이 물질적 요인이 아닌 주관적/개인적 산물이라고 한다면, 누가 무엇을 얻는지에 왜 우리가 관심을 가져야 하는가? 긍정심리학이 현재 상태를 정당화하는 것은 아니라고 보아야 하는 많은 이유가 있다. 첫째, 개인의 외부적 상황은 그 사람의 삶의 질을 결정하는데 중요한 요인임이 분명하다. 즉 사람들이 어려운 고난에 직면하고도 긍정적인 태도를 유지할 수 있는 능력에는 한계가 있는 것이다. 가난한 사람은 그렇지 않은 사람에 비해 덜 행복할 것이고, 배우자의 죽음과 같은 외상은 개인적 행복에 장기적인 효과를 미친다(Diener, 2000).

둘째, 주관적 안녕감에 대한 대부분의 연구들은 (경제적 측면에서 말한다면) 비교적 안정적인 삶을 살아가는 사람들을 대상으로 한 것이었다. 이 집단의 사람들은 기본적인 요구가 충족되어 있기 때문에 이들의 삶에 대한 만족은 심리적/사회적 요인에 더 많은 영향을 받을 것이다. 대부분의 미국인들이 상당히 행복한 것으로 보인다(Myers, 2000a)는 사실은 이들이 개인적 선택과 노력에서 자유롭기 때문에 나타나는 낙관주의나 만족감이 반영된 연구 결과일 수 있다. 자유로운 개인적 선택과 노력은 부분적으로는 경제적으로 안정되어 있기 때문에 가능한 것이다. 그러나 경제적으로 유복하다 하더라도 이것이 그 사람을 행복하거나 삶에 대해 만족하게 할 수 있을지는 알 수 없다. 긍정심리학의 중요한 메시지 중 하나는 다음과 같다. "돈이 없다는 것은 당신을 비참하게 만들 수 있지만, 돈이 많다는 것만으로 당신이 반드시 행복하리라고는 보장하지 못한다."

마지막으로, 무엇이 우리를 행복하게 만들어 줄 것인가에 대한 질문과 어떤 것이 부의 분배에서 공정하고 또 사람들이 어떻게 대우받아야 하는지에 대한 질문은 서로 분리하여 따로 해답을 구하는 것이 최상일 것이다. 다시 말해, 긍정심리학자들이 행복의 원천으로 무엇을 발견하든지에 상관없이 공정성과 정의의 문제는 항상 남을 것이다. 평등과 기회의 균등, 그리고 평등한 대우를 향상시켜야 하는 일차적인 이유는 이것들이 우리 사회의 근본적인 가치이기 때문이다. 차별 장벽을 제거하거나 자원의 평등한 분배를 향상시키고자 하는 정책은 그 정책의 정당성으로서 정신적 고통이나 불행을 고려하지는 않는다. 차별이나 불평등이 정신적 고통을 만들어 낼 수는 있지만, 공정하게 대우받고 평등한 기회를 갖는 것은 개인이 어떻게 생각하는지와는 별개로 모든 시민들이 가져야 할 권리인 것이다. 아무도 자신에 대한 공정한 대우와 평등한 기회를 정당화하기 위해 자신의 고통이나 불행을 보여줄 필요는 없는 것이다.

이 장의 요약문제

1. 긍정심리학의 관점에서 볼 때, 왜 Milgram의 연구는 인간 본성에 대한 불균형적인 관점을 보여주고 있는가?

2. 왜 인간 행동의 부정적 측면들이 긍정적 측면들에 비해 더 근거 있고 실제적인 것으로 지각되는가?

3. 왜 부정적인 행동이 긍정적인 행동에 비해 더 큰 비중을 갖게 되는가?

4. 질병이론이 부정적인 측면들에 어떻게 더 초점을 맞추게 하는가?

5. Seligman에 따르면, 왜 긍정심리학이 필요한가? 긍정심리학은 인본주의 심리학과 어떠한 관련성을 가지는가?

6. 긍정적인 정서와 부정적인 정서가 우리의 신체 건강에 상이한 효과를 갖는다는 건강심리학의 최근 증거들에는 어떠한 것들이 있는가?

7. a. 수녀 연구의 연구자들은 왜 표현된 정서가 장수를 예측할 수 있다고 가정하였는가?

   b. 이 연구의 설계와 주요 결과를 간단히 요약해 보라.

8. 임상심리학자들이 긍정심리학에 대해 관심을 갖게 된 두 가지 이유들을 기술해 보라.

9. 발달심리학자들의 회복력과 외상 후 성장에 대한 연구가 긍정심리학에 어떻게 기여하였는가?

10. 개인의 행복에 미치는 돈의 중요성에 대한 조사연구가 시사하는 바는 무엇인가?

11. 사회심리학자와 성격심리학자가 긍정심리학에 어떻게 기여하였는가? 세 가지 사례를 들어보라.

12. 긍정심리학의 주요 가정과 목표는 무엇인가?

13. Seligman의 행복에 대한 세 가지 요소(즐거운 삶, 몰입하는 삶, 의미 있는 삶)에 대해 기술하라.

14. a. 긍정심리학자들이 영상의 삶에 대한 연구를 어떻게 생각하는지 기술해 보라.

    b. 이 책의 저자들은 긍정심리학을 어떻게 정의하고 있는가?

15. 어떠한 문화적 변화와 문화적 모순이 긍정심리학의 발달에 기여하였는가?

16. 어떻게 긍정심리학이 전통심리학을 반대하기보다는 보완할 수 있는가?

17. 현재 상태와 긍정심리학의 관계가 갖는 문제를 논의하라.

핵심용어

악은 선보다 강하다

질병이론

주관적 안녕감

외상 후 성장

즐거운 삶

몰입하는 삶

의미 있는 삶

풍요의 역설

관련 웹사이트

긍정심리학

www.positivepsychology.org 펜실베이니아 대학의 긍정심리학 센터이다. 긍정심리학의 목표, 연구 및 이론 등에 대한 풍부한 자료가 있다.

www.apa.org 미국 심리학회에서 운영하는 웹사이트로, 긍정심리학에 대한 논문이나 저서를 링크할 수 있다.

www.pos-psych.com *Positive Psychology News Daily*의 웹사이트로, 펜실베이니아대학교의 석사 학위 논문들을 제공한다. 최근 연구와 '재미있는'

정보가 수록되어 있다.

수녀 연구

www.mc.uky.edu/nunnet/ 유명한 수녀 연구에 대한 켄터키대학교의 웹페이지이다.

진정한 행복

www.authentichappiness.org 2002년에 출간한 Martin Seligman의 유명한 저서 『Authentic happiness』에 링크. 긍정심리학 자기평가 검사가 수록되어 있다.

읽을거리

Argyle, M. (2001). *The psychology of happiness*(2nd ed.). Great Britain: Routledge.

Aspinwall, L. G., & Staudinger, U. M. (Eds.). (2003). *A psychology of human strength: Fundamental questions and future directions for a positive psychology*. Washington, DC: American Psychological Association.

Gable, S. L., & Haidt, J. (2005). What (and why) is positive psychology? *Review of General Psychology*, 9, 103-110.

Keyes, C. I. M., & Haidt, J. (Eds.). (2003). *Flourishing positive psychology and the life well-lived*. Washington, DC: American Psychological Association.

Linley, P. A., & Joseph, S. (2004). *Positive psychology in practice*. Hoboken, NJ: John Wiley & Sons.

Myers, D. G. (1992). *The pursuit of happiness*. New York: Avon Books.

Seligman, M. E. P., & Csikszentmihalyi, M. (2000). Positive psychology: An Introduction. *American Psychologist*, 55, 5-14.

Sheldon, K. M., & King, L. (2001). Why positive psychology is necessary. *American Psychologist*, 56, 216-217.

Snyder, C. R., & Lopez, S. J. (Eds.). (2002). *Handbook of positive psychology*. New York: Oxford University Press.

2

행복의 의미와 측정

우 리는 오랜 역사를 가진 몇 개의 질문들에 답하는 것으로 이 장을 시작하고자 한다. 무엇이 좋은 삶인가? 어떤 삶이 살 만한 가치가 있는 것인가? 무엇이 단기적인 즐거움을 뛰어넘는 지속적인 행복인가? 고대 그리스인들은 이 질문들에 대한 해답을 얻기 위해 숙고하였다. 에피쿠로스 학파의 쾌락주의 철학자들이 정의한 것과 같이 좋은 삶이란 쾌락을 최대화하는 대신 고통을 최소화하는 것일까? 아니면, 아리스토텔레스의 행복에 대한 자기실현적 관점(eudiamonic view)에서 기술된 바와 같이, 행복이란 진정한 자기(true self 혹은 *diamon*)의 발현을 통해 발견되는 것인가?

우리는 매일같이 "어떻게 지내?"라는 인사를 받는다. 그러나 우리는 누구도 이 질문에 답하기 위해 고전적 철학에 의지하지는 않는다. 그럼에도 불구하고, 이 질문에 대한 우리의 응답 속에는 자신의 안녕감에 대한 평가가 어느 정도 반영된다(비록 이러한 평가가 어떤 순간에 일시적이고 분명하지 않은 느낌으로 이루어졌어도 말이다). 좀 더 큰 틀에서는 우리가 행복하고 '좋은 삶'을 어떻게 기술하고 정의하는지에 따라 많은 것들이 달라진다. 우리가 원하는 사회는 좋은 삶이란 무엇인지에 대한 우리 문화의 이미지를 반영하고 있다. 부모, 교사, 정부, 그리고 종교가 애쓰고 있는 것들은 증진되고 장려되어야 하는 자질이나 행동이 무엇인지에 대한 가정에 기초하고 있다. 우리 각자는 우리가 살기 원하는 삶, 그리고 우리가 추구하고자 하는 목표와 야망에 대해 나름대로의 생각을 갖고 있다. 우리가 그것에 대해 얼마나 상세하게 이야기하는 것과는 별개로, 우리 대부분은 행복하고 만족스러운 삶을 희망하고 있다. 무엇이 삶을 행복하고 만족스럽게 하는지가 문제이다. 긍정심리학은 이 질문에 대해 주관적이고 심리적인 관점에서 해답을 제공해 왔다. 이 말은 삶의 질에 대한 각자의 평가 기준에 기초한 웰빙에 대한 평가에 일차적인 강조가 주어진다는 것을 의미한다. 지금부터 우리는 왜 주관적이고 심리적인 관점이 중요한지에 대해 말하고자 한다.

왜 웰빙의 심리학인가

사회의 한 구성원으로서 우리가 어떻게 살고 있는지를 평가할 수 있는 정보는 많이 있다. 우리는 개인적 삶과 집단적 삶의 다양한 측면에 대해 측정하고 평가한다. 국가나 지방정부, 그리고 사설 기관들에서 수집한 정보들은 여러 삶의 영역에 대한 통계적 지표들을 제공해 준다. 경제 지표들은 거시경제적인 측면에서의 웰빙에 대한 정보를 제공한다. 여기에는 실업률, 빈곤율, 평균 연수입, 새로운 일자리, 주택자금 대부 이율, 그리고 증권시세와 같은 지표들이 포함된다. 다양한 사회 지표들은 우리의 건강, 가족, 지역사회의 '상태'를 평가한 정보를 제공한다(Diener, 1995; Diener & Suh, 1997). 신체적 건강에 대한 지표들에는 평균 수명, 중대 질병 환자 수(예를 들어, 암이나 심장질환 등), 유아 사망률, 그리고 보험가입률 등이 포함된다. 정신건강에 대해서는 우울, 약물남용 혹은 불안장애와 같은 정신적 문제를 겪고 있는 사람들은 비율이나 자살률 등을 통해 정보가 제공된다. 지역사회나 가족에 관한 좀 더 종합적인 정보는 이혼, 편모 가정, 빈곤 가정, 미혼모, 학대받는 아동, 중범죄, 자살 등에 대한 통계치를 통해 제공된다.

이러한 통계치들 중 어느 것이 "어떻게 지내?"라는 질문에 답을 제공할 수 있을까? 한마디로 요약하면, 이러한 통계치들은 우리가 우리 사회의 '**고통지수**(misery index)'라고 부를 수 있는 것에 대한 정보만 제공하는 것에 불과하다. 다시 말해, 이러한 정보들은 우리의 삶의 질을 떨어뜨리는 중요한 문제로 얼마나 많은 사람들이 고통 받고 있는지에 대해 이야기하고 있을 뿐이다. 가난하고, 우울하며, 의료보험도 없는데 심각한 병에 걸리고, 직장을 잃고 혹은 가족 중 누군가가 자살하는 것 등은 고통이나 불행을 의미하는 대표적인 것들일 것이다. 고통지수를 줄이는 것이 정부나 사회의 중요한 목표라는 것을 부정하는 사람은 아무도 없을 것이다. 심리학 분야에서도 고통지수에 반영된 다양한 문제들을 예방하고 치료하는 것에 대한 많은 연구가 수행되어 왔다. 긍정심리학자들도 이러한 문제들이 중요하다는 데에 동의하고, 이를 해결하기 위한 노력에 찬사를 보낸다. 그러나 긍정심리학의 관점에서 보면 국가적 통계치들은 "어떻게 지내?"라는 질문에 대해 불완전하고 때로는 잘못된 대답을 제공할 수 있는 것들이다.

객관적 측정치와 주관적 측정치

연구자들은 이미 오래전에 개인의 '객관적'인 삶의 조건을 나타내는 많은 사회경제적 지표들(예를 들어 수입, 연령 혹은 직업 등)이 자신의 웰빙에 대한 스스로의 판단과는 약한 수준의 관련성만 있다는 것을 발견하였다(Andrews & Withey, 1976; Campbell, Converse, & Rodgers, 1976). 이러한 연구들을 개관한 후에, Diener(1984)는 삶에 대한 만족과 긍정적 정서의 경험으로 정의되는 주관적 안녕감(SWB)이 사람들의 웰빙을 평가하는 기준에서 누락되어 왔다고 주장하였다. 주관적 안녕감 혹은 일상적 용어로 행복은 자신의 삶의 질에 대한 개인 스스로의 판단을 반영한다. 주관적 안녕감의 관점에서 보면, 사회경제적 지표들은 개인이 자신의 삶에 대해 얼마나 행복해하거나 만족해하는지를 직접적으로 평가하지 못하기 때문에 이것은 불완전한 것들이다(Diener & Suh, 1997). 비록 이러한 지표들이 개인의 삶에 대한 '사실'을 말해 주고 있더라도, 사람들이 이러한 사실에 대해 어떻게 생각하고 느끼는지에 대해서는 알려주는 것이 없는 것이다.

개인적이고 주관적인 평가는 몇 가지 이유로 중요하다. 첫째, 사람들은 각자가 갖고 있는 기대, 가치 혹은 개인적 경험이 다르기 때문에(사회경제적 지표들로 나타난) 동일한 조건에 대해 매우 다르게 반응할 것이다. 주관적 평가는 '사실'에 대해 개인적 관점에서 해석하도록 해 준다. 둘째, 행복이나 삶에 대한 만족은 그 자체로서 중요한 목표이다. '행복추구'는 미국 독립선언문에도 명시되어 있는 양도불가한 인간의 권리 중 하나이다. 또한 사람들이 바라는 삶의 목표들 중 행복을 일순위로 선택한다는 것을 보여준 조사 결과도 많다. 예를 들어, 42개국에서 7,000명의 대학생들을 대상으로 수행된 한 조사에서는 행복 추구와 삶에 대한 만족이 대학생들의 가장 중요한 목표라는 것이 밝혀졌다(Suh, Diener, Oishi, & Triandis, 1998). 행복은 좋은 삶과 좋은 사회에 대한 사람들의 개념에서 핵심적인 요소이다(Diener, Oishi, & Lucas, 2003). 따라서 사람들이 자신의 삶 속에서 얼마나 행복한지는 "어떻게 지내?"라는 질문에 답하는 데 중요한 부분을 차지한다.

사회경제적 지표들을 행복이나 만족에 대한 충분조건이라고 생각하면 안 된다. 연구는 사람들의 행복 수준이 사회경제적 통계치들로 측정되지 않는 다른 많은 요인들에 따라 달라진다는 것을 보여주었다. 예를 들어, 자신이 벌어들이는 수입은 행복에 대한 측정치와 약한 정도의 관련성만 있을 뿐이다(Csikszentmihalyi, 1999; Diener, Suh, Lucas, & Smith, 1999). 지난 50년 동안 개인의 평균 수입은 세 배 증가하였다. 그러나 같은 기간 동안 실시된 전국민 여론조사 결과들은, 사람들이 경험하는 행복 수준이 상승하지 않았거나 변하지 않았다는 것을 보여주었다. 어떤 사회적 통계치들은 누가 불행해질지에 대해서는 어느 정도 분명한 정보를 줄 수 있다. 정의대로 추정한다면, 우울증을 앓고 있는 대략 20% 정도의 미국인들은 자신의 삶에 대해 만족하지 못하고 있다(Kessler et al., 1994). 그러나 이러한 대부분의 국가적 조사 결과들은 누가 행복한 사람인지에 대해서는 거의 알려주지 못한다. 비록 우리가 어떤 사람이 좋은 직장에 다니고, 충분한 수입이 있으며, 결혼하였고, 자기 집이 있으며, 건강하고, 정신적 질환으로 고통 받고 있지 않다 하더라도 우리는 여전히 그 사람이 행복하고 삶에 대해 만족하고 있는지는 알지 못한다. Diener와 동료들은 어떤 사회 안에서 한 개인의 행복 정도를 평가하기 위해서는 사회경제적 지표 이외에 행복에 대한 제3의 측정치가 반드시 포함되어야 한다고 강조하였다(Diener et al., 2003).

부정적 기능 대 긍정적 기능

다른 연구자들은 국가 통계치가 인간의 강점, 최적 기능, 그리고 긍정적인 정신건강과 같은 것을 제대로 평가하지 못하기 때문에 불완전한 것이라고 주장한다((Aspinwall & Staudinger, 2003; Keyes, Shmotkin, & Ryff, 2002; Ryan & Deci, 2001). 예를 들어, Ryff와 Keyes(1995)는 소위 '심리적 안녕감(psychological well-being)'의 기초로서 긍정적 기능과 잠재력의 실현에 대한 여섯 가지 측면, 즉 자율성, 개인적 성장, 자기수용, 인생의 목표, 환경적 통제, 그리고 타인과의 긍정적 관계 등을 기술하였다. 이 연구자들은 사람들이 이러한 강점을 갖고 있고, 자신의 잠재력을 현실화하는 것이야말로 웰빙하는, 그리고 완전하게

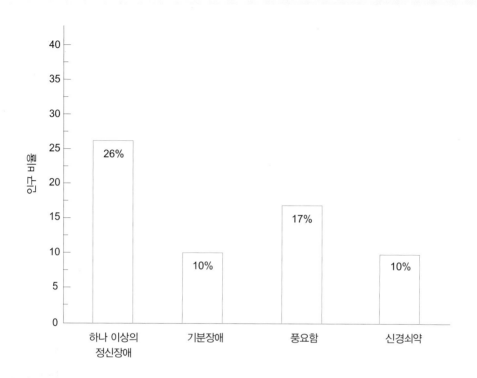

그림 2.1 **정신질환과 정신건강**

출처 : Mental disorders data from National Institute of Mental Health. Keyes, C.L.M.(2007).

기능하는 사람을 정의하는 것이라고 주장하였다. 이러한 관점에서 본다면, 국가적 조사 결과는 (특히 정신질환과 관련된 통계치들은) 단지 질환이나 부정적 기능의 유무만 검토하고, 강점이나 긍정적 기능의 유무를 고려하지 못한다는 점에서 불완전한 것이라고 할 수 있다. 국가의 정신건강 통계치들은 정신질환의 병리적 증상에만 초점을 맞추지만, 이러한 것들로는 정신건강에 대해 알 수 있는 것이 없다(Keyes, 2002; Ryff & Singer, 1998). Keyes(2003)가 지적하였듯이, 정신질환이 없다는 것이 반드시 정신건강을 의미하는 것은 아니기 때문이다.

　Keyes의 분석 중 핵심적인 결과가 그림 2.1에 제시되어 있다. 조사 당시, 미국 성인의 약 26%가 정신장애로 진단할 수 있는 정신질환으로 고통 받고 있었다. 이것은 나머지 74%는 정신적으로 건강하다는 것을 의미하는가? Keyes의 연구는 그 대답이 "아니요"라는 것을 시사한다. 단 17%의 미국인들만이 완전한 정신건강 혹은 정신적 풍요함을 누리고 있는 것으로 밝혀졌고, 10%는 정신 쇠약을 겪는 것으로 추정되었다. 정신 쇠약은 일종의 고통과 절망의 상태이기는 하지만, 현재의 정신질환 기준으로는 그렇게 심한 것이 아니기 때문에 공식적인 통계치에는 포함되지 않는다.

긍정심리학자들은 주관적 안녕감과 긍정적 기능에 대한 측정 없이는 "어떻게 지내?"라는 질문에 대한 답은 불완전할 수밖에 없을 것이라고 결론지었다. 이러한 결론과 맥을 같이하여, Diener와 Seligman(2004)은 최근에 웰빙 연구에 대해 사회 정책이 갖는 시사점들을 상세하게 검토하였다. 이들은 사회경제적 통계치들을 보완할 수 있는 웰빙에 대한 국가적 지표를 개발해야 한다고 주장하였다. 이러한 국가적 웰빙 지표는 현재에는 체계적으로 측정되지 않고 있는 우리의 개인적/집단적 삶에 대한 중요한 특징들을 부각시켜 줄 것이다. 그와 같은 지표는 사회 정책이나 삶의 질에 대한 사고방식에 중요하고 긍정적인 영향을 미칠 것이다. 유럽의 몇 개 국가에서는 이미 이 문제에 대해 거론하기 시작하였다. 예를 들어, 독일의 사회경제 위원회(German Socioeconomic Panel)와 유럽연합 국가들의 유로바로메터(Eurobarometer) 등은 정기적으로 삶에 대한 만족도와 웰빙에 대한 자료를 수집하는 정부 주도 프로그램들이다.

행복이란 무엇인가 : 두 개의 전통

자신 나름대로의 관점에서 다음 질문들에 대해 각자 답해 보라. 무엇이 좋은 삶인가? 행복이란 무엇인가? 만족하는 삶 혹은 잘사는 삶은 무엇이 결정하는가? 앞으로 어떠한 삶을 살고 싶은가? 그리고 마지막으로, 사람들에게 당신은 어떻게 기억되고 싶은가?

쾌락주의적 행복

아마도 우리 대부분은 (너무 일찍 끝나버리지 않을) 오래 사는 삶을 가장 먼저 바랄 것이다. 그러나 '자살'이라는 것을 보면, 삶의 질이 삶의 양보다 더 중요하다는 것을 다시 한번 상기하게 된다. 삶의 질을 말할 때 그 목록에 포함된 요소 중에 행복이 아마도 1순위를 차지할 것이다. 대부분의 사람들은 나쁜 것보다는 좋은 것 혹은 즐거운 경험이 더 많은 행복하고 만족스러운 삶을 바랄 것이다. 앞에서도 언급하였듯이, 특히 미국 문화에서는 사람들이 좋은 삶을 정의하는 데 행복이 가장 중요한 부분인 것으로 보인다. 좋은 삶에 대한 정의를 개인적 행복의 관점에서 정의하는 것은 웰빙에 대한 쾌락주의적 관점의 핵심적인 생각이다(Kahneman, Diener, & Schwarz, 1999; Ryan & Deci, 2001; Waterman, 1993). 쾌 심리학은 쾌락주의 철학과 많은 면을 공유한다. 고대 그리스 시대부터 쾌락주의 철학에는 많은 학파가 있었지만, 쾌락주의 철학의 일반적인 생각은 삶의 주요 목표가 행복과 즐거움을 추구하는 것이라는 것이다. 심리학에서는 웰빙에 대한 이러한 견해는 주관적 안녕감에 대한 연구에서 표출되었다(Diener, 1984; Diener et al., 1999). 주관적 안녕감은 좁은 의미의 쾌락주의가 말하는 단기적 혹은 육체적/물질적인 즐거움의 범위를 넘어, 행복을 폭넓은 관점에서 바라본다. **주관적 안녕감**은 삶에 대한 만족, 긍정적 정서가 있는 것, 그리고 상대적으로 부정적 정서가 없는 것으로 정의된다. 이 세 가지 요소를 모두 고려한 것을 일반적으로 행복이라고 부른다. 주관적 안녕감에 기초한 연구들은 지난 5년 동안 싹을 피웠다(Ryan & Deci, 2001). 연구들은 누가 행복하고 누가 다른 사람을 행복하게 하는지에 대한 질문에 답하기 위해 다양한 성격 특성이나 삶의 경험을 기술해 왔다. 이 책의 상당 부분은 주관적 안녕감에 관한 연구와 이론을 소개하고 기술하는 데 할애될 것이다.

자기실현적 행복

좋은 삶을 위해 행복만으로 충분한가? 당신은 행복하기만 하면 만족하고 충만하게 느낄 것인가? Seligman(2002a)이 예시한 가설적 사례를 고려해 보자. 당신이 어떠한 긍정적 정서를 바라건, 혹은 당신의 삶 속에서 무슨 일이 일어나건 상관없이 당신의 행복한 상태를 똑같이 느끼게 해 주는 어떤 '경험 기계'에 연결되어 있다면 어떨 것 같은가? 쾌락주의 관점에 비추어 말한다면, 당신은 항상 넘쳐나는 행복 속에 살 수 있을 것이다. 그렇게 할 수 있다면 당신은 그렇게 할 것인가? 우리는 잠깐 동안은 이것을 좋아할지 모르지만, 많은 정서 중 하나의 정서만 경험하는 것 혹은 삶 속의 다양한 일들이나 도전들에 대해 매번 동일한 반응만을 반복하는 것은 삶 속에서의 경험을 메마르게 하는 것이다. 또한 우리가 상실할 수 있는 것 중 몇몇은 매우 중요한 것들일 수 있다. 예를 들어, 공포와 같은 부정적 정서는 우리의 웰빙에 대한 위협을 피하는 데 바람직한 선택을 하도록 해 준다. 공포나 다른 부정적 정서가 없다면 우리는 매우 좋지 않은 선택을 할 수 있는 것이다. '경험 기계'에 연결되면 우리는 행복할 수는 있겠지만, 오래 살지는 못할 것이다. Seligman(2002a)은 우리가 다양한 긍정적 정서들을 경험할 자격이 있고, 또한 이러한 경험이 우리의 '실제적인' 긍정적 자질이나 행동을 반영한다고 믿기 때문에 '그러한 기계에 연결되는 것'을 거부할 것이라고 주장한다. 현실과 분리된 즐거움은 의미가 없다.

어찌되었건, 우리는 행복이나 주관적 즐거움 이외에도 삶 속에는 다른 것들이 더 많이 있다고 믿기 때문에 아마도 '경험 기계'를 거부할 것이다. 실제로 Seligman(2002a)이 말하였듯이, 이것 말고도 더 심오하고 더 '진정한 행복'이 있다. 고전 그리스 철학의 대부분은 이러한 행복과 좋은 삶의 더 깊은 의미에 대해 관심을 가졌다. Waterman(1990, 1993)은 고전 철학에서 얻어진 행복에 대한 두 가지의 심리적 관점에 대해 기술하였다. 앞에서 언급하였듯이 행복에 관한 쾌락주의적 개념은 행복을 삶 속에서의 즐거움과 쾌락으로 정의하였다. 이러한 쾌락주의적 관점은 우리가 일상적 의미로 사용하는 행복의 요소들을 포함한다. 즉 우리는 우리의 삶을 즐기고, 우리의 삶의 방식에 만족하며, 좋은 일은 나쁜 일보다 많다고 믿는다.

이와는 대조적으로 아리스토텔레스의 저술에도 자세하게 표현되어 있듯이, 행복에 대한 자기실현적 관점은 행복을 자신이 갖고 있는 잠재성에 대한 충족과 발휘를 의미하는 자기실현으로 정의한다. 이러한 관점에서 본다면, 좋은 삶이란 진정한 자기(true self 혹은 daimon)에 부합하게 사는 삶이다. 즉 행복은 자기실현을 위해 노력하는 과정에서 나온다. 자기실현은 자신의 재능, 요구 및 가치가 우리가 살아가는 방식을 이끄는 과정이다. '행복(eudaimonia 혹은 happiness)'은 우리의 잠재력을 실현하는 것으로부터 온다. 우리는 우리의 목표를 따라 그것을 성취하고, 우리 각자의 특유한 잠재력을 개발할 때 가장 행복하다. 자기실현적 행복은 건강한 발달이나 최적의 기능을 위한 기준으로 인본주의 심리학에서 강조한 자기실현(Maslow, 1968)이나 충분 기능인(Rogers, 1961)과 같은 개념들과 공통점이 많다.

어떤 유형의 경험이 자기실현적 행복을 가져올 수 있는가? Waterman(1993)은 자기실현적 행복이 개인적인 발현성의 경험에 의한 것이라고 주장하였다. 그와 같은 경험은 우리가 삶의 활동에 완전하게 몰입할 때, 혹은 속 깊이 품고 있는 가치나 우리가 누구인지에 대한 생각을 표현할 때 발생한다. 이러한 조건에서 우리는 충만감, 유의미성, 살아 있다는 것에 대한 강한 생동감(즉 우리가 실제로 누구이고 우리가 누구이어야 하는지에 대한 느낌)을 경험한다.

이 시점에서 당신은 행복에 대한 쾌락주의적 관점과 자기실현적 관점이 매우 다른 것은 아닌지 궁금할 것이다. 우리에게 즐거움을 가져다주는 활동은, 이것이 우리의 재능이나 가치를 표현한 것이라는 것을 생각한다면 일반적으로 의미 있는 것은 아닌가? Waterman은 개인적 발현에 기초한 자기실현적 행복을 가져다주는 활동에 비해, 쾌락주의적 즐거움을 가져다주는 활동들이 더 많다고 믿는다. 술을 마신다거나 초콜릿을 먹는 것에서부터 따뜻한 목욕물에 몸을 담그는 것과 같은 모든 것들은 우리에게 즐거움을 제공해 주지만, 우리의 정체감의 중요한 측면들과 관련되고, 우리 삶에 더 깊은 의미를 줄 수 있는 활동은 많지 않다.

쾌락주의적 즐거움과 개인적 발현성(자기실현적 즐거움) 사이의 유사점과 차이점을 평가하기 위해, Waterman(1993)은 다음과 같은 질문에 대해 다섯 가지의 활동 목록을 작성하도록 하였다. "당신이 다른 사람으로 하여금 당신이 누구인지(혹은 누구일 것 같은지) 알게 하기 위해 당신에게 중요한 활동 다섯 개를 제시한다면 어떠한 것들이 포함될 것인지 기술해 주십시오(p. 681)." 이 질문은 개인의 성격, 재능, 그리고 가치를 정의하고 발현하는 활동에 대한 진술을 이끌어 내기 위해 주어진 것이었다. 그 다음, 목록화된 각각의 활동에 대해 개인적 발현성과 쾌락주의적 즐거움의 관점에서 점수를 매겼다. 발현성 문항들에는 확실성(즉 내가 진짜 누구인가), 충만과 완결, 강한 몰입, 그리고 자기활동의 적합성과 관련된 활동들이 포함되었다. 쾌락주의적 행복에 관한 문항들에는 뿌듯한 만족감, 행복, 쾌감, 즐거움에 대한 활동들이 포함되었다. Waterman은 동일한 활동일지라도 자기실현적 관점에서의 평정 점수와 쾌락주의적 관점에서의 평정 점수가 많이 중복적이라는 것을 발견하였다. 예를 들어, 개인적으로 발현된 활동들의 2분의 1에서 3분의 2가 쾌락주의적 즐거움과 관련된 활동과 유사한 수준의 평정 점수를 보였다. 그러나 행복에 대한 두 가지 형태는 어떤 활동에 대해서는 매우 다른 양상을 보였다. 즉 쾌락주의적 즐거움에는 사람들을 더 편안하게, 흥분되게, 혹은 만족하거나 행복하게 해 주는 활동들이나 시간가는 줄 모르고 열중하게 하거나 혹은 자신의 문제가 무엇인지를 잊게 해 주는 활동들이 포함되었다. 반면 개인적 발현성(자기실현적 행복)에 대한 느낌은 도전성, 완결성, 그리고 노력과 관련된 활동들이나 개인적 성장과 기술 개발 기회를 제공해 주는 활동들과 더 많은 관련이 있었다.

연구 초점 : 긍정적 정서와 의미 있는 삶

최근까지만 해도 행복에 대한 쾌락주의적 관점과 자기실현적 관점 사이의 유사성과 차이점에 대한 연구는 Waterman을 포함한 극히 소수의 연구자들에 의해 수행되었다. 그러나 최근의 연구를 통해 Laura King과 동료들은 긍정적 정서와 의미 있는 삶 사이의 관계를 검토함으로써 이 문제를 다시 부각시켰다(King, Hicks, Krull, & Del Gaiso, 2006). 긍정적 정서는 기쁨, 만족, 웃음, 사랑과 같은 기분 좋은 정서들을 한마디로 표현한 개념이다. 유의미성은 우리가 더 넓은 시각으로, 그리고 심지어 초월적인 관점에서 삶을 볼 수 있도록 해 주는 개인적 발현성과 적극적 활동을 의미한다.

 King과 그녀의 동료들은 역사적으로 볼 때, 긍정적 정서는 웰빙에 대한 자기실현적 관점보다는 쾌락주의적 관점에서 더 핵심적 개념이었다고 주장하였다. 사실 자기실현적 관점에서는, 즐거움을 추구하는 것은 개인적 발현성과 의미 있는 삶을 손상시키는 것을 의미하기 때문에, 즐거움의 추구는 '좋은 삶'을 가져오지 못한다. 즐거움은 좀 더 깊은 삶의 목적에 대한 얕고 만족스럽지 못한 대체물로 여겨졌다. 이러한 '즐거움'과 '의미' 사이의 강한 대립 때문에 이 두 가지의 잠재적인 상호연관성에 대한 연구는 많지 않았다. 그러나 King과 동료들의 연구는 긍정적 정서와 의미 있는 삶 사이의 구분이 이전에 생각했던 것만큼 그렇게 분명한 것은 아니라는 것을 보여주었다. 긍정적 정서는 삶의 의미와 목적을 발견하는 개인의 능력을 향상시킬 수도 있는 것이다.

 King과 그녀의 동료들은 그들의 연구 기초로서, 의미와 긍정적/심리적 기능을 연관지은 많은 연구들에 주목하였다. 전 생애에 걸쳐 삶을 의미 있는 것으로 경험하는 사람은 앞으로도 건강하고 행복한 사람이 될 수 있을 것이다. 삶의 난관이 주는 의미를 발견하는 것은 이에 대해 긍정적으로 대처하고 적응할 수 있게 해 준다. 삶의 의미는 개인의 목표, 실질적으로 만족적인 활동들, 대인관계, 자기향상 노력, 그리고 삶의 여정에 대한 더욱 폭넓은 이해를 제공해 주는 초월적 철학이나 종교 등으로부터 얻어진다. 사람들에 따라 삶의 의미와 목표에 대한 이해가 다르겠지만, 이들에 대해 전반적인 판단은 충분히 할 수 있다. 전형적으로 연구자들은 연구에 참여하는 사람들에게 '삶의 의미'를 정의해 주지는 않는 대신, 각자가 이에 대해 갖고 있는 나름대로의 이해를 사용하도록 한다. 사람들이 각자 삶의 의미와 목적에 대해 기술한 것들은 웰빙의 결과와 많은 관련성이 있다.

긍정적 정서가 삶의 의미에 어떻게 기여하는가? King과 그녀의 동료들은 긍정적 정서가 사람들로 하여금 현재의 문제를 폭넓은 시각에서 창의적으로 생각할 수 있게 해 준다고 믿는다. 사람들이 삶의 의미를 더 넓은 관점에서 생각할 수 있다면 이러한 긍정적 정서가 삶의 의미를 향상시키는 데 도움을 줄 것이다. 예를 들어, 즐거운 마음으로 산행을 하거나 친구들과 멋진 밤을 보냈다면, 이러한 것들은 (특정한 산에 대한 단순한 산행이 아닌) 자연이라는 큰 도식의 관점에서, 그리고 (단순히 친구와 즐겁게 지내는 것이 아닌) 타인과의 관계라는 좀 더 넓은 범위에서 당신의 삶을 생각하도록 해 줄 것이다.

긍정적 정서는 또한 당신이 의미 있는 활동을 하고 있다는 표시이기도 하다. 중요한 목표를 향해 나아가는 것은 우리를 기분 좋게 하고, 전반적인 삶에 대한 만족 정도는 지금의 혹은 최근의 기분에 따라 달라질 수 있는 것이다. 의미 있는 활동과 발현적인 활동은 전형적으로 즐거움을 수반한다. 긍정적 정서와 의미 사이의 이러한 관계는 매우 잘 학습된 연합으로써 우리의 기억 속에 표상되었을 것이다. 크리스마스와 관련된 풍경, 음악 혹은 냄새들은 당신을 어린 시절의 즐거웠던 크리스마스에 대한 추억을 떠올리게 할 것이고, 이러한 긍정적 정서는 삶에 의미를 더해 줄 것이다. 긍정적 정서는 '의미에 대한 의미'와 밀접하게 묶여 있다.

여섯 개에 달하는 일련의 연구들을 통해, King과 동료들은 긍정적 정서가 삶의 의미에 일관적인 관계가 있음을 발견하였다. 전반적인 삶에 평가를 묻는, 아니면 하루하루의 삶에 대한 평가를 묻는 사람들의 삶에 대한 의미와 긍정적 정서는 높은 상관을 보였다. 장기적인 관점에서 특징적으로 긍정적인 정서를 더 많이 경험하는 사람들(즉 특질적 긍정 정서성)은 부정적인 정서를 더 많이 경험하는 사람들(즉 특질적 부정 정서성)에 비해 자신의 삶에 대한 유의미성 평가에서 더 큰 점수를 보였다. 하루하루의 삶 속에서도 동일한 결과가 발견되었다. 의미가 있다고 판단된 날은 부정적 정서의 사건보다는 긍정적 정서의 사건이 더 많았던 것이다. "오늘 나의 존재는 매우 의미심장했고 중요했다" 혹은 "오늘, 나는 내가 왜 존재하는지에 대한 이유를 알았다" 등과 같은 문항에 대한 사람들의 평정 점수는 그날 하루 동안 발생한 긍정적 정서 경험을 기술한 일기의 내용과 밀접한 관계가 있었다. 긍정적 정서의 효과는 목표 진척에 대한 평가의 효과와 유사하였다. 목표를 추구하는 것은 살아가는 목적의 중요한 원천이다. King과 동료들은 개인적인 목표 평가가 갖는 효과를 제거한 후 긍정적 정서와 삶의 유의미성 사이의 관계를 다시 분석하더라도 긍정적 정서는 여전히 삶의 유의미성에 중요한 요인이라는 것을 발견하였다. 긍정적 기분과 부정적 기분을 실험적으로 조작한 연구에서도 긍정적 정서가 갖는 효과가 입증되었다. 실험 조작을 통해 긍정적 정서가 유도(혹은 점화)되었던 실험참가자들은 부정적 정서가 유도(혹은 점화)된 실험참가자들에 비해 삶을 더 긍정적으로 평정하였고, 유의미한 과제와 무의미한 과제도 더 분명하게 변별할 수 있었다.

King과 동료들의 연구 결과는 의미와 긍정적 정서가 (비유적으로 말한다면) 마치 2차선 도로를 공유하며 달리는 자동차들과 같다는 것을 시사한다. 다시 말해, 의미 있는 활동이나 성취는 삶에 즐거움과 만족을 가져다주고, 긍정적 정서는 유의미감이나 목적의식을 더 높여 줄 것이다. King과 동료들이 결론지었듯이, "쾌락주의적 즐거움과 자기실현적인 의미 추구에 대한 구분은 너무 엄격해서는 안 된다…… 즐거움은 의미 있는 삶 속에 있기 때문이다(p. 191)."

이렇게, 행복에 대한 쾌락주의적 관점과 자기실현적 관점이 서로 공유하는 부분이 많은 것은 분명해 보이지만, 이 두 가지 관점은 웰빙에 대한 연구에서 서로 구별되는 두 줄기의 연구 흐름을 각각 지배하고 있다(Ryan & Deci, 2001). 주관적 안녕감에 관한 연구들은 행복에 대해 쾌락주의적 관점을 기본으로 하는 반면, 최적의 기능, 긍정적 정신건강, 풍요함 등에 대한 연구들은 자기실현적 관점에 맞추어 웰빙의 핵심 요소들을 검토하고 있다. 이러한 두 가지 경험적 전통 속에서 각각 제시된 웰빙에 대한 정의와 측정에 대해서는 따로 분리하여 논의할 것이다. 그 다음 비교 연구를 통해 쾌락주의적 관점과 자기실현적 관점의 공통점과 차이점에 대해 기술할 것이다.

주관적 안녕감 : 행복에 대한 쾌락주의적 기초

주관적 안녕감은 일상적으로 더 많이 사용되는 '행복' 이라는 말과 핵심적인 요소들에서 공통점이 많다. '주관적' 이라는 용어는 '개인의 관점으로' 평가하였다는 것을 의미이다. 즉 주관적 안녕감은 외부 관찰자나 평가자에 의해 평가되거나, 신체적 건강, 직장, 혹은 수입과 같은 객관적 요인에 대한 측정치로 평가되는 것이 아닌, 한 개인이 자신의 삶에 대해 스스로 평가한 내용을 의미한다. Myers와 Diener(1995)가 언급하였듯이, 행복에 대한 최종 심판은 "누가 되었든지 한 개인의 피부 속에 들어 있는 그 어떤 사람이다(p. 11)." 주관적 안녕감에 대해 Diener(2000)는 다음과 같이 기술하였다. "주관적 안녕감이란 한 개인의 자신에 삶에 대한 인지적/정서적 평가를 말한다. 사람들은 기쁜 일은 많은 반면 부정적 정서는 적게 경험할 때, 흥미 있는 활동에 몰입되어 있을 때, 즐거움은 많은 반면 고통은 적게 경험할 때, 그리고 자신의 삶에 대해 만족할 때 주관적 안녕감이 넘쳐나는 것을 느낀다(p. 34)." 간단히 말해, 주관적 안녕감이 높은 사람은 '삶은 좋다' 라는 강한 생각을 갖고 있다. 이 책에서 우리는 **주관적 안녕감**이란 용어와 **행복**이란 용어를 구분하지 않고 사용할 것이다.

주관적 안녕감의 측정

초기 조사연구의 연구자들은 사람들의 주관적 안녕감을 직접적으로 측정하였다. 국가적 설문조사에서는 수만 명의 사람들이 행복, 삶의 만족, 느낌 등에 대한 전반적인 생각을 묻는 질문에 응답하였다(이에 대한 개관은 Andrews & Withey, 1976; Campbell et al., 1976을 보라). 조사연구자들이 사용한 문항은 예를 들어, "종합적으로 고려해 볼 때, 요즈음 당신은 '매우 행복하다', '약간 행복하다', '그렇게 행복한 것은 아니다' 중 어느 쪽이라고 생각하십니까?" 혹은 "당신의 삶에 대한 만족 수준은 '매우 만족한다', '약간 만족한다', '그렇게 만족하는 것은 아니다', '전혀 만족하지 않는다' 중 어느 것입니까?" 등과 같은 형태였다. 다른 연구자들은 행복의 정도를 나타내기 위해 일련의 단순화된 형태의 '얼굴' 중 하나를 선택하도록(Andrew & Withey, 1976) 하기도 하였다. 실험참가자들에게, 전반적으로 평가해서 자신의 삶에 대한 느낌과 가장 가까운 것으로 여겨지는 얼굴 형태를 하나 고르도록 하면 되는 것이었다. 그와 같은 일련의 단순화된 형태의 '얼굴' 들이 그림 2.2에 제시되어 있다.

   최근 연구에서는, 주관적 안녕감에 세 가지의 서로 다른 요소들이 있기 때문에, 주관적 안녕감은 중다문항 척도나 문항집으로 측정되어야 한다고 생각된다(Andrews & Robinson, 1992; Argyle, 2001; Diener, 2000; Diener al., 1999). 이러한 세 가지 주요 요소들은 삶의 만족, 긍정적 정서, 부정적 정서이다. 삶의 만족은 한 개인이 자신의 삶에 대해 어느 정도 만족하는지에 대한 인지적 판단이다. 긍정적 정서와 부정적 정서와 같은 정서적

그림 2.2 행복 정도 측정을 위한 얼굴 모양 측정치

요소들은 자신의 삶에 대한 사람들의 느낌에 대한 것이다. 긍정적 정서는 행복이나 기쁨과 같은 즐거운 정서에 대한 빈도와 강도를 의미하고, 부정적 정서는 슬픔과 근심과 같은 불쾌한 정서에 대한 빈도와 강도를 의미한다.

주관적 안녕감이 이러한 세 가지 요소로 구성되어 있다는 생각은 행복, 만족, 정서에 대한 다양한 질문들에 응답한 대규모의 표본들을 사용한 연구들에 의해 광범위하게 확인되었다(예를 들어, Bryant & Verhoff, 1982; Compton, Smith, Cornish, & Qualls, 1996; Lucas, Diener, & Suh, 1996). 이러한 질문들에 대한 응답 결과에 대해 요인 분석이라는 통계기법을 사용하여 다양한 측정치들 사이의 관련성이 평가되었다. 이러한 연구들은 크게 두 가지의 특징적인 결과를 보여주었다. 첫째, 통계 분석 결과 어떤 단일 요인이 모든 측정치들의 기초가 되는 것으로 밝혀졌는데, 이것은 주관적 안녕감에 대해 다양한 측정치들이 사용되었음에도 불구하고, 이들은 모든 하나의 공통적인 차원을 서로 공유한다는 것을 의미한다. 둘째, 연구들은 주관적 안녕감에 대한 세 가지의 구성요소들(즉 '삶의 상황 요인', '긍정적 정서 요인', '부정적 정서 요인')을 확인하였다. 이 세 가지 구성요소들은 하나의 공통 차원과 모두 상관이 높았으나, 요소 간 상관은 높지 않았다. 다시 말해, 이 세 가지 요소들은 각각 주관적 안녕감에 비교적 독특하고 독립적인 영향을 미친다. 이러한 분석 결과(즉 주관적 안녕감에 대한 측정치들은 어느 정도 독립적인 세 가지의 요소들로 나누어질 수 있다는 것)는 주관적 안녕감에 대한 3요소 관점을 지지하는 것으로 많이 인용하였다.

대부분의 연구자들이 주관적 안녕감의 세 가지 요소들을 모두 평가하지 않았다는 점에서 보면, 이러한 세 요소 사이의 상호관련성은 주목할 만하다(Diener al., 2003). 연구자들은 주관적 안녕감을 다양한 방식으로 평가하였지만, 주관적 안녕감에 대한 다양한 측정치들이 하나의 기초적인 공통 요인을 공유한다는 사실은, 주관적 안녕감이 어떻게 측정되는지에 상관없이 각각의 연구 결과를 서로 비교하여 평가할 수 있게 해 주었던 것이다. 그러나 Diener(2000)는 이것이 주관적 안녕감의 구조를 이해하는 데 완전한 것은 아니라고 주장하였다. 과학적 측정이라는 관점에서 보면, 각각의 연구들이 세 가지 요소들을 모두 평가하는 것이 더 바람직했을 것이다. 주관적 안녕감에 대한 더 상세하고 서로 공유될 수 있는 측정치를 개발하는 것은 긍정심리학의 발전을 위해 중요한 과제이다.

앞으로 기술될 다양한 측정치들에 대한 상세한 내용은, 이 장의 끝 부분에 소개된 Martin Seligman의 진정한 행복 웹사이트에서 찾아볼 수 있다. 또한 여러 긍정심리학자들이 개발한 측정도구에 당신 자신이 직접 응답해 본다면 이에 대한 점수도 얻어 볼 수 있을 것이다.

삶의 만족

삶의 만족에 대한 단일 문항 측정치는 다중 문항 측정치에 비해 신뢰도와 타당도가 떨어진다는 것은 이미 알려진 사실이다. 삶의 만족을 측정하기 위해 좀 더 많이 사용되는 것은 삶의 만족 척도(Diener, Emmons, Larsen, & Griffen, 1985)이다. 이 5문항 척도는 응답자들에게 자신의 삶에 대해 전반적으로 평가해 보도록 요구한다(Diener, Lucas, & Oishi, 2002, p. 70). 독자들도 한번 해 보고 싶지 않은가? 실시하는 방법은 간단하다. 5개 문항 각각에 대해 '동의' 혹은 '동의하지 않음'의 정도에 따라 7점 척도로 답하면 된다.

이 척도에 대한 당신의 점수는 당신이 각 문항에 응답한 점수를 모두 더한 것이다.

Diener 등(2002)은 이 척도에 대한 점수를 다음과 같이 해석하였다. 20점 미만은 삶에 대해 만족하지 않는다는 것을 의미한다. 구체적으로, 5~9점은 극히 불만족함, 10~14점은 매우 불만족함, 그리고 15~20점은 약간 불만족함이다. 20점은 중간점, 즉 특별히 만족하는 것도 아니고, 그렇다고 불만족하는 것도 아닌 점수이다. 20점 이상은 삶에 대한 만족을 나타내는 점수이다. 21~25점은 어느 정도 만족함, 26~30점은 매우 만족함, 그리고 31~35점은 극히 만족함을 나타낸다(Diener al., 1985).

7	매우 동의한다.
6	동의한다.
5	약간 동의한다.
4	동의하는 것도, 동의하지 않는 것도 아니다.
3	약간 동의하지 않는다.
2	동의하지 않는다.
1	전혀 동의하지 않는다.

_____ 대부분의 경우, 나의 삶은 이상적 삶에 가깝다.

_____ 내 삶의 조건들은 매우 좋다.

_____ 나는 나의 삶에 만족한다.

_____ 지금까지, 나는 내 삶에서 중요한 것을 얻었다.

_____ 내가 다시 새 삶을 살 수 있다고 해도, 나는 현재의 삶에 비해 바꿀 것이 거의 없다.

삶의 만족은 삶의 여러 영역에서의 만족 수준을 검토하는 것으로도 측정이 가능하다. 예를 들어, 연구자들은 사람들에게 각자의 직업, 가족, 건강, 여가활동, 사회적 관계에 대해 각각 어느 정도 만족하는지 질문할 수 있을 것이다. 그 다음에, 각 영역에 대한 점수들을 모두 더하거나 혹은 평균치를 구함으로써 삶에 대한 전반적인 만족 수준을 평가할 수 있을 것이다. 이 방법은 사람들의 삶에 대한 만족 수준을 측정하기 위해, 신체적 건강이나 환경적 조건에 대한 만족 수준에서부터, 자신의 외모이나 성생활에 대한 만족 수준에 이르기까지 거의 모든 것에 대한 만족 정도를 측정했던 '삶의 질' 연구자들의 방법을 따른 것이다(이에 대한 개관은 Power, 2003을 보라). 사람들의 삶에 대한 전반적 만족 수준을 좀 더 상세하게 알아보기 위해, 최근의 주관적 안녕감에 대한 연구들은 그러한 영역별 만족이 주관적 안녕감에서의 제4요소가 되어야 한다고 주장하였다(Diener, Scallon, & Lucas, 2004). 영역별 만족 수준을 측정함으로써 개인 삶에서의 어떤 특정한 측면이 이들의 삶에 대한 전반적 만족 수준에 가장 많은 영향을 미치는지 확인할 수 있을 것이다. 특히, 상이한 삶의 영역(예를 들어, 직장, 가정, 건강 등)이 전반적인 삶의 만족에 어떻게 영향을 미치는지 알고자 한다면, 이러한 특징은 매우 더 중요해질 것이다.

긍정적 정서, 부정적 정서, 행복

사람들의 정서적 경험을 측정하기 위해 많은 척도들이 사용되어 왔다(이에 대한 개관은 Argyle, 2001; Larsen & Fredrickson, 1999; Lucas, Diener, & Larsen, 2003). 어떤 척도는 행복이나 기쁨과 같은 긍정적 정서에 대해서만 질문하기도 하고, 다른 어떤 척도들은 긍정적인 정서와 부정적인 정서 모두에 답하도록 요구하기도 한다. 예를 들어, Bradburn(1969)은 아래에 제시된 것과 같은 문항들을 이용하여, 사람들이 긍정적인 혹은 부정적인 감정을 느끼는 비율을 조사하였다.

지난 몇 주 동안 당신은 _____을 경험한 적이 있습니까?

… 무엇인가에 특히 신이 났다.

… 무언가를 이루어서 기뻤다.

… 내가 한 것에 대해 누군가로부터 칭찬을 받아 자랑스러웠다.

… 하늘을 나는 기분을 경험하였다.

… 매우 외롭고 남들과 떨어진 느낌이었다.

… 의자에 앉아 있지 못할 정도로 안절부절 못했다.

… 매우 우울하거나 불행하였다.

감정을 평가하는 데 더 흔히 사용되는 방법은, 사람들에게 주어진 기간 동안 경험한 여러 정서에 대한 빈도와 강도를 평정하도록 요구하는 것이다. 예를 들어, Diener와 Emmons(1984)는 정서 유형을 평가하기 위해 9가지의 형용사를 사용하였다. 긍정 정서에 대한 측정에 사용된 형용사들은 '행복한', '기쁜', '즐거운', '재미있는' 등이었고, 부정적이거나 불쾌한 정서를 측정하기 위한 형용사들에는 '걱정되는', '실망스러운', '화나는', '불행한', '우울한' 등이 포함되었다.

긍정적 정서와 부정적 정서를 측정하는 데 많이 사용되는 또 다른 방법은 정적 정서 및 부적 정서 척도(Positive Affectivity and Negative Affectivity Schedule : PANAS)(Watson, Clark, & Tellegen, 1988)이다. 독자들도 한번 해 보면 흥미 있을 것이다. 지금 어떻게 느끼는지에 따라 5점 척도로 답하면 된다.

당신의 점수를 얻기 위해서는 10개의 긍정 정서 문항에 대한 평정점수와 10개의 부정 정서 문항에 대한 평정점수를 각각 더하면 된다. 각 정서에 대한 평정점수는 10점에서 50점 범위에 있게 되는데, 각 점수가 높을수록 긍정 정서 혹은 부정 정서의 정도가 높다는 것을 시사한다. 또한 이 척도를 통해 어떤 정서가 당신의 현재 기분에 가장 큰 영향을 미

1	2	3	4	5
매우 적게 혹은 전혀 아님	조금	어느 정도	상당히	매우 많이

___ 흥미진진한(PA)   ___ 과민한(NA)

___ 괴로운(NA)   ___ 기민한(PA)

___ 흥분된(PA)   ___ 부끄러운(NA)

___ 마음이 상함(NA)   ___ 원기왕성한(PA)

___ 강한(PA)   ___ 신경질적인(NA)

___ 죄책감이 드는(NA)   ___ 단호한(FA)

___ 겁에 질린(NA)   ___ 주의 깊은(PA)

___ 적대적인(NA)   ___ 조바심 나는(NA)

___ 열정적인(PA)   ___ 활기찬(PA)

___ 자랑스러운(PA)   ___ 두려운(NA)

치고 있는지도 알 수 있을 것이다.

PANAS와 같은 척도를 통해 연구자들은 사람들에게 그들의 정서적 경험에 대한 강도와 빈도를 각각(혹은 함께) 평정해 보도록 요구할 수 있다. 또한 그러한 평정의 기준이 되는 시점도 조작할 수 있는데, 예를 들어 단기적인 혹은 지금 당장의 정서 경험에 대해 알고자 한다면, 사람들에게 지금 현재 혹은 지난 24시간 동안 그들이 어떤 기분이었는지 평정하도록 하면 되고, 장기적인 정서를 측정하기 위해서는 지난 주, 지난달 혹은 지난 몇 달 동안 그들이 경험한 정서 경험에 대해 평정하도록 요구할 수 있을 것이다. 긍정적 혹은 부정적 느낌의 정서를 측정하는 데 사용되는 또 다른 척도는 몇 개의 하위척도 혹은 관련된 정서들로 묶일 수 있는 많은 수의 형용사를 사용하는 것이다(이에 대한 개관은 Lucas et al., 2003을 보라). 또한 긍정적 혹은 부정적 정서는 얼굴 표정이나 생리적 반응을 통해서도 측정 가능하다. 인간의 얼굴 표정은 정서 표현에 대한 아주 강력한 단서를 제공한다. 예를 들어 Ekman과 Friesen(1976, 1978)은 잘 훈련된 관찰자가 얼굴 근육들의 움직임에 대한 분석을 통해 정서를 해석할 수 있는 얼굴 표정 부호화 시스템을 개발하였다.

연구 초점 : 당신의 미래가 당신의 미소로 나타나는가

Harker와 Keltner(2001)의 흥미 있는 연구에서는 여성들의 대학 졸업사진에 나타난 두 가지 유형의 미소와 이들의 삶 사이의 관계를 검토하였다. 카메라를 향해 웃어보라고 하면 어떤 사람들은 마치 자신이 행복한 것처럼 혹은 방금 재미있는 농담을 들은 것처럼 자발적이고 꾸밈없으며, 진정으로 웃는 얼굴을 보이는가 하면, 다른 사람들은 웃는 시늉은 내지만 정말 웃는 것처럼은 보이지 않는 표정을 짓는다(마치 전혀 웃기지 않는 농담을 들었지만, 농담한 사람을 배려하기 위해 가식적으로 웃는 표정을 짓는 경우처럼). 훈련된 관찰자는 꾸밈 없고 진정한 미소—이러한 미소를 뒤셴 미소(Duchenne smile)라고 부른다—와 진정으로 웃는 것이 아닌 억지 미소(비뒤셴 미소) 표정을 쉽게 구별해 낼 수 있다. 이 연구에 포함된 141명의 여성은 이들의 나이가 21~22세였던 1958년에서 1960년 사이에 밀즈대학을 졸업하였다. 이들의 졸업반 당시 사진들이 뒤셴 미소를 짓고 있는지 아니면 비뒤셴 미소를 짓고 있는지에 따라 구분되었다. 몇 사람의 졸업생만이 전혀 미소를 짓지 않았고, 반이상은 뒤센 미소나 중성적 표정을 짓고 있었다. 이 연구에 포함된 모든 여성들은 그들의 나이가 각각 27세, 43세, 52세였을 때 다시 연구자들과 연락이 되었다. 이들의 나이가 52세일 때 수행된 추적 연구는 이들이 대학을 졸업한 지 30년이 되는 시점에서 이루어진 것이다. 연구자들은 뒤센 미소를 보이는 얼굴 표정으로 졸업사진을 찍었던 여성들에게서 긍정적 정서 표현과 성격 혹은 그 후의 삶 사이에 관련성이 있는지의 여부를 밝히고자 하였다.

각각의 추적 연구 기간에 연구에 참여한 여성들은 자신의 성격, 사회적 관계에 대한 질, 혼인력, 그리고 개인적 안녕감에 대한 정보를 제공하였다. 분석 결과, 세 번에 걸친 추적 연구 기간 모두에서 대학 졸업사진에서 비뒤센 미소를 보였던 여성들에 비해 뒤센 미소를 보였던 여성들은 부정적 정서성이 더 낮았고 다른 사람들과의 관계에서 더 높은 역량과 우호적 관계를 보였다. 역량은 높은 수준의 정신적 집중, 체제화, 성취 지향으로 나타났다. 우호적 관계는 다른 사람들과의 더 강하고 안정된 유대로 나타났다. 또한 '뒤센 미소의 여성들'은 '비뒤센 미소의 여성들'에 비해 개인적 안녕감이나 삶에 대한 만족에서 더 안정적이었던 반면, 신체적/심리적 문제에서는 더 낮은 수준을 보였다. 가장 흥미로운 것은 '뒤센 미소의 여성들'은 27세에는 결혼한 상태일 가능성이 높았고, 졸업 후 30년 동안 안정적이고 만족스러운 결혼생활을 유지하는 경향이 높았다는 점이다. 많은 연구자들은 갈등에 대한 회피와 해결, 지속적인 관계 유지에서의 긍정적 정서가 갖는 역할의 중요성을 강조하였다. '뒤센 미소의 여성들'이 갖고 있는 긍정적 정서는 이들이 삶의 도전을 좀 더 창조적으로 해결해 주는 사회적/심리적 자원을 발달시키는 데 도움을 주었고, 또한 더 만족스러운 관계와 더 행복한 삶을 유지하는 데 기여하였을 것이다.

정서 연구의 문제

행복에 대한 좀 더 전반적인 측정치에 대해 고려하기 전에, 긍정적 정서와 부정적 정서 사이의 관계와 관련한 두 가지 문제를 먼저 고려해 보아야 한다. 첫 번째 문제는 연구자들 사이에 논란이 되고 있는 긍정적 정서와 부정적 정서 사이의 독립성이다. 이 논란은 긍정적 적서와 부정적 정서가 단일 차원에서 서로 반대편 끝에 있는지의 여부(다시 말해 이 두 가지가 서로 부적으로 상관되어 있는가?)에 대한 것이다. 만일 그렇다면 긍정적 정서가 있다는 것은 부정적 정서가 없다는 것을 의미하고, 그 반대도 마찬가지일 것이다. 그러나 만일 긍정적 정서와 부정적 정서가 서로 다른 인과관계를 갖는 두 개의 독립적인 차원이라면(즉 둘 사이에 어느 정도 부적 상관이 있다면), 이것은 사람들이 동시에 이 두 가지 정서를 느낄 수 있다는 것을 의미한다. 그러나 연구들은 단일차원 견해와 이차원 견해를 모두 지지하였다(Argyle, 2001; Diener & Emmons, 1984; Keyes & Magyar-Moe, 2003; Lucas et al., 2003; Watson & Tellegen, 1985). 최근의 몇 개 이론들이 이 문제를 해결하고자 하였다(예를 들어, Keyes & Ryff, 2000; Zautra, Potter, & Reich, 1997). 연구 결과, 이 두 가지 정서 사이에 어느 정도의 부적 상관관계가 있다는 것이 밝혀졌는데($r = -0.4$에서 -0.5), 이것은 긍정적 정서와 부정적 정서가 어느 정도는 서로 독립적이라는 것을 시사한다. 그러나 이 문제에 대해서는 아직도 논쟁 중이다(Lucas et al., 2003).

Lucas와 그의 동료들은 이 문제가 부분적으로는 정서가 어떻게 측정되는지, 그리고 특히 어떤 시간적 틀이 사용되었는지와 관련이 있다고 주장하였다(Lucas et al., 2003). 예를 들어, 당신에게 지금 당신은 행복하냐고 물었을 때 당신은 "행복하고 편하다"라고 답했다고 하자. 이렇게 대답하면서 당신이 "우울하고 초조하다"고도 대답할 가능성은 상대적으로 매우 희박할 것이다. 다시 말해, 단기적인 측면에서는 긍정적 정서와 부정적 정서가 강한 부적 상관관계를 보일 것이고, 이것은 이 두 가지 정서에 대한 단일 차원 관점을 지지하게 될 것이다(Diener & Larsen, 1984). 한편, 지난 몇 개월 동안 당신의 정서는 어떠했는지 질문받는다면, (그동안 이 두 가지 정서를 모두 경험하였을 것이기 때문에) 당신은 이 두 가지 정서를 모두 보고할 가능성이 높다. 따라서 정서에 대한 이러한 장기적 평가는 두 가지 정서 사이의 독립성을 더 강하게 보여줄 것이기 때문에, 정서에 대한 이차원 관점을 좀 더 지지하게 될 것이다. Diener(2000)는 이 논쟁이 해결되기까지는 주관적 안녕감을 평가하기 위해 긍정적 정서와 부정적 정서가 모두 측정되는 것이 바람직하다고 권고하였다.

이와 관련된 두 번째 문제는 정서 경험의 빈도가 주관적 안녕감에 어떠한 영향을 미치는지에 관한 것이다. Diener와 그의 동료들(Diener, Sandvik, & Pavot, 1991; Schinullack & Diener, 1997)은 정서 경험의 빈도가 그 강도보다 더 중요하다는 것을 발견하였다. 행복은 매우 강력한 행복감이나 기쁨보다는 많은 시간 동안 경험되는 가벼운 긍정적 정서에 의해 형성되는 것이다. 다시 말해, 긍정적 정서를 경험하는 사람은 긍정적 정서를 더 빈번하게 경험하는 반면 부정적 정서는 자주 경험하지 않는 사람들이다. 이것은 긍정적 정서가 강하기보다는 가벼운 수준일 때 더욱 그러하다. Diener와 동료들(1991)은 가장 행복한 사람이라 할지라도 이들에게 강한 정서 경험은 매우 드물다는 것을 발견하였다. 주관적 안녕감이 높은 사람은 어쩌다 경험하는 강한 부정적 정서보다는 가벼운 것에서 약간 강한 수준의 긍정적 정서를 더 자주 경험한다고 보고한다.

행복의 전반적 측정치

어떤 연구자들은 긍정적 정서와 부정적 정서를 각각 분리하여 측정하기보다는, 개인의 전체적인 삶에서 나타나는 전반적인 행복 혹은 불행을 측정한다. 예를 들어, 주관적 행복 척도(Subjective Happiness Scale : SHS)는 개인이 스스로를 행복한 사람이라고 생각하는지 아니면 불행한 사람이라고 생각하는지의 정도를 측정한다(Lyubomirsky & Lepper, 1999). 이 척도를 이용하여 당신의 행복 정도를 측정하고 싶으면, 아래에 제시된 4개의 질문 각각에 대해 7점 척도를 이용하여 자신을 가장 잘 나타낸다고 하는 점수를 매겨보기 바란다.

---

1. 일반적으로, 나는 나 자신을

| 1 | 2 | 3 | 4 | 5 | 6 | 7 |

전혀 행복하지
않은 사람이라고
생각한다.

매우 행복한
사람이라고
생각한다.

2. 대부분의 나의 동료들과 비교하여, 나는 내 자신이

| 1 | 2 | 3 | 4 | 5 | 6 | 7 |

덜 행복하다고
생각한다.

더 행복하다고
생각한다.

3. "어떤 사람들은 일반적으로 매우 행복하다. 그들은 어떤 일이 벌어지고 있는지에 상관없이 모든 것에서 많은 것을 얻을 수 있다." 이러한 진술문은 당신에게 얼마나 해당한다고 생각하는가?

| 1 | 2 | 3 | 4 | 5 | 6 | 7 |

전혀 아니다.

매우 그렇다.

4. "어떤 사람들은 일반적으로 매우 불행하다. 비록 우울하다고까지는 할 수 없지만, 그들은 행복해보이지 않는다." 이러한 진술문은 당신에게 얼마나 해당한다고 생각하는가?

| 1 | 2 | 3 | 4 | 5 | 6 | 7 |

전혀 아니다.

매우 그렇다.

당신의 행복 점수를 알기 전에 4번 문항에 대한 답을 조절해야 한다. 즉 당신이 '1'에 답했으면 '7'로, '2'에 답했으면 '6'으로, '3'에 답했으면 '5'로, '4'에 답했으면 그대로 두고, '6'에 답했으면 '2'로, 그리고 '7'에 답했으면 '1'로 점수를 바꾸기 바란다. 그 다음 4개 문항에 대한 당신의 점수를 모두 더한 후 4로 나누어라. 이렇게 구한 최종 점수는 1점에서 7점의 범위에 있게 된다. 전반적으로 볼 때, 4점 이하는 불행하다는 것을 의미한다. 구체적으로, 1~2점은 매우 불행한 것이고, 3~4점은 어느 정도 불행한 것을 의미한다. 4

이상은 당신이 행복하다는 것을 나타낸다. 4~5점은 어느 정도 행복하다는 것을, 그리고 6~7점은 매우 행복하다는 것을 나타낸다. 주관적 행복 척도는 사람들이 자신을 행복하다고 생각하는지 아니면 불행하다고 생각하는지에 대한 전반적인 측정치를 평가한다. 주관적 행복 척도가 행복의 정도를 너무 일반적으로 측정하는 경향이 있긴 하지만, 이 척도에 대한 사람들의 응답은 좀 더 상세하고 복잡한 긍정적 정서와 부정적 정서의 측정치들과 강한 관련성을 갖고 있다(Lyubomirsky, 2001). 자신이 행복한 사람인지 아니면 불행한 사람인지에 대한 판단은 긍정적 정서와 부정적 정서에 대한 간단하지만 유용한 측정치인 것으로 보인다.

주관적 안녕감 측정치의 신뢰도와 타당도

수많은 연구들은 주관적 안녕감의 여러 요소들에 대한 자기보고된 측정치들이 심리측정 도구로서 가져야 하는 몇 가지 조건을 잘 충족하고 있다는 것을 보여주었다(이에 대한 개관은 Argyle, 2001; Diener & Lucas, 1999; Diener et al., 2004; Lucas et al., 1996, 2003을 보라). 즉 주관적 안녕감에 대한 측정치들은 내적으로 신뢰롭고 일관적이며, 시간적으로 안정적이고, 행동 측정치나 다른 보고 자료 등에 의해 타당화되었다. 내적 신뢰도는 특정 측정치에 대한 반응이 일관적이거나 안정적인지를 평가한다. 척도에 포함된 문항들에 대한 반응의 상관이 높으면, 이것은 그 척도가 단일한 변인을 측정하고 있다고 말할 수 있다. 삶의 만족 척도와 긍정적/부정적 정서에 대한 측정치들 사이의 상관계수는 대략 0.84 정도로 매우 높다(Argyle, 2001; Diener, 1993; Pavor & Diener, 1993).

주관적 안녕감에 대한 측정치들은 시간에 따른 높은 안정성도 보여준다. 연구들에 대한 개관들은, 삶의 만족 점수들이 4년 간격의 비교에서는 상관계수가 대략 0.58로 비교적 안정적이고, 10년에서 15년 간격의 비교에서도 상관계수가 대략 0.3 정도로 여전히 안정적임을 보여주고 있다(Argyle, 2001; Diener et al., 2004). 긍정적/부정적 정서에 대한 측정치들도 6년에서 7년 사이의 시간 간격에도 상관계수가 0.3에서 0.5로 어느 정도의 안정성을 보여주었다(Costa & McCrae, 1988; Watson & Walker, 1996). 안정성에 대한 추가적인 증거는 주관적 안녕감을 서로 다른 삶의 상황에 걸쳐 측정했을 때도 관찰되었다. Diener와 Larsen(1984)은 연구에 참여한 사람들에게 주관적 안녕감의 측정치들에 대해 하루에 여러 번, 며칠 동안 기록하도록 요구하였다. 이 연구자들은 다양한 상황(즉 사람들이 일하거나 휴식을 취하거나, 혼자 있거나 여럿이 같이 있거나, 혹은 익숙한 환경에 있거나 아니면 생소한 환경에 있거나)에 걸쳐 삶에 대한 만족과 긍정적/부정적 정서 사이에 높은 상관이 있다는 것을 발견하였다. 종합하면, 이러한 연구들은 사람들이 상이한 시간과 상황에 걸쳐 자신의 전반적인 삶에 대해 매우 안정적이고 지속적으로 평가한다는 것을 시사한다.

주관적 안녕감에 대한 측정치들이 삶에서의 중요한 일이나 변화에 매우 민감하다는 것도 주의해야 한다. 다시 말해, 주관적 안녕감이 일반적으로 안정적이라는 것을 전제로 삶 속에서의 변화가 단기적으로는 주관적 안녕감을 증가시키기도, 반대로 감소시키기도 할 수 있다. 연구는 우리 삶 속에서의 긍정적 정서와 부정적 정서가 행복 수준에 영향을 미친다는 것을 보여주었다(예를 들어, Headey & Wearing, 1991). 일하면서 경험한 좋은 일, 친구들과의 즐거운 시간, 새로운 사랑, 자신의 성취에 대한 타인들로부터의 칭찬은 모두 우리의 행복감이나 만족감을 증가시킬 수 있고, 이와 똑같이 일하면서 경험한 안 좋은 일, 친구들과의 갈등, 사랑의 실패, 타인들로부터의 비난 등은 우리를 불행하거나 불만족스럽게 느끼게 할 수 있는 것이다. 그러나 대부분의 연구들은 이러한 것의 효과가 단기적이라는 것을 보여준다(예를 들어, Brickman, Coates, & Janoff-Bulman, 1978; Eid & Diener, 1999). 하루, 일주일 혹은 한 달 정도 지나면, 우리의 행복은 평소 느끼고 있던 원래의 수준으로 되돌아가 버린다. 직장에서의 해고와 같은 삶에서의 중요한 사건이 갖는 효과도 단지 몇 개월 정도만 우리의 주관적 안녕감에 영향을 미친다(Suh, Diener, & Fujita, 1996). 이러한 단기적 효과의 예외가 있다면 그것은 배우자의 사망이나 결혼이다. 배우자가 사망하는 것은 장기적으로 주관적 안녕감을 감소시키지만, 결혼은 장기적으로 이것을 증가시킨다(Winter, Lawton, Casten, & Sando, 1999).

만일 사람들이 주관적 안녕감 측정치에서 자신이 행복하다고 말했다면, 과연 그들은 자신이 말한 행복을 증명하는 방식으로 행동하거나, 남들도 그들을 행복하게 볼까? 이러한 질문은 어느 검사의 타당도와 관련되는 질문이다. 많은 연구들이 주관적 안녕감 측정치들이 타당도가 높다는 것을 보여주었다. 개인이 말한 자신의 행복은 동료(Watson & Clark, 1991), 가족이나 친구(Sandvik, Diener, & Seidlitz, 1993), 그리고 배우자(Costa & McCrae, 1988)의 평가에 의해서도 확증되었다. 사람들에게 긍정적인 혹은 부정적인 삶의 사건들에 대해 회상해 보라고 요구하면, 행복한 사람들은 불행한 사람들에 비해 긍정적인 사건들을 더 많이 회상해낸다(Seidlitz, Wyer, & Diener 1997). 행복한 사람과 불행한 사람 사이의 차이에 대한 개관 연구들도 주관적 안녕감 측정치들의 타당도를 지지하였다(Lyubomirsky, 2001). 주관적 안녕감 점수가 높은 사람들은 자신의 삶을 더 긍정적인 방향으로 생각하고, 자신의 능력이나 기술에 대해 더 큰 확신감을 보이는 반면, 주관적 안녕감 점수가 낮은 사람들은 부정적인 일들에 더 집중하고, 자기 자신과 그들의 문제에 푹 빠져 헤어나올 줄 모른다.

경험 표집법

주관적 안녕감에 대한 측정치들의 신뢰도와 타당도를 지지하는 증거에도 불구하고, 이것

역시 몇 가지 편파의 문제가 있다. 그러한 편파 중에서 가장 중요한 것은 기억 왜곡과 일시적인 기분에 의해 발생한 편파이다. 당신이 다음과 같은 질문을 받았다고 해 보자. "모든 것을 고려할 때 당신은 요즘 행복합니까?" "그렇게 말한 근거는 무엇입니까?" 이러한 질문들에 대해 당신은 아마도 당신의 생활 속에서 중요한 몇 가지 일들(긍정적이든 부정적이든)을 회상한 후, 그것들을 당신의 전반적 행복 수준의 관점에서 평가할 것이다. 그러나 당신이 긍정적인 사상들만, 아니면 부정적인 사상들만 혹은 가장 최근의 일들만 회상한다면 어떻게 될 것인가? 기억난 한 가지 경험에만 의지해서 혹은 현재의 기분에만 의지해서 판단한다면 행복 수준에 대한 당신의 평가는 편파되고 왜곡될 수 있을 것이다. 연구들은 실제로 이러한 편파가 일어날 수 있다는 것을 보여주었다. Schwarz와 Strack(1999)은 약간의 공돈이 생기는 것, 자기 나라 국가대표 축구팀이 우승했다는 것을 듣는 것, 쾌적한 방안에 있는 것 혹은 쾌청한 날에 누구와 면담하는 것 등은 전반적인 삶의 만족 수준을 높이지만, 이와는 반대로 자기 나라 국가대표 축구팀이 약체 국가에 패했다는 소식을 듣는 것, 더럽고, 냄새나고, 시끄러운 실험실에 처박혀 있는 것, 혹은 음산한 날씨에 누구와 면담하는 것 등은 만족에 대한 수준을 감소시킨다는 것을 발견하였다.

Kahneman과 그의 동료들의 연구는 사람들이 복잡하고 직관과는 다른 방식으로 자신의 정서적 경험을 요약하고 기억한다는 것을 발견하였다(이에 대한 개관은 Kahneman, 1999를 보라). 우리의 상식에 비추어 보면, 어떤 정서적 일이 오래 지속될수록 그 일에 대한 평가에 미치는 효과가 더 커질 것이라고 생각한다. 예를 들어, 오랜 기간 동안 불편한 치료를 받은 사람은 똑같은 치료를 짧은 기간 동안만 받은 사람에 비해 그 치료에 대해 더 부정적으로 평가할 것이다. 그러나 대장 내시경 수술을 받은 사람들에 대한 연구 결과는 고통이나 불편감이 치료 기간과는 관련이 없고, 또한 치료 도중의 고통에 대한 매 시점에서의 평가와도 관련이 없다는 것을 보여주었다(Redelmeir & Kahneman, 1996). 사람들이 경험을 전체적으로 평가할 때 그들의 반응은 Kahneman이 '**절정-대미 규칙**(peak-end rule)' 이라고 부르는 것을 따른다. 즉 정서에 대한 전반적 판단은 그것을 경험하는 동안(이 경우는 고통) 최고점에 이른 정서 강도와 마지막 정서 강도에 의해 영향을 받았다. 반면, 정서의 지속시간은 이에 대한 전반적 평가에 영향을 미치지 않았다. 절정-대미 규칙은 다양한 정서들에 대해서 확인되었다(Fredrickson & Kahneman, 1993; Kahneman, Fredrickson, Schreiber, & Redelmeir, 1993). 절정-대미 규칙은 강도와 지속시간을 달리하여 제시한 여러 장면(예를 들어, 신체 일부를 절단하거나, 한 손을 얼음물에 넣거나 혹은 혐오스러운 소리를 듣는 것)에 대한 사람들의 평가 결과를 정확하게 예측해 주었다. 실험참가자들은 각각의 장면에 대해 자신이 매 순간 경험하는 정서에 대한 강도와 장면을 모두 본 이후의 전반적인 정서 강도에 대해 평정하도록 요구받았다. 그 결과, 정서 강도에 대한 전반적인 평정점수는, 매 순간의 정서 강도 평정점수 중 가장 높은 평점점수와 가장 낮은 정서 강도 평정점수의 평균과 강한 상관을 보여주었다. 전반적인 정서 강도 평정점수는 단순히 정서 강도에 대한 매 순간의 평정점수를 평균한 값과는 관련성이 낮았다.

절정-대미 규칙은 정서적으로 중요한 사상에 대한 사람들의 평가는, 어떤 경험에 대한 정서 강도와 그 경험이 어떻게 종료되었는지에 강한 영향을 받는 반면, 그 경험이 얼마나 오래 지속되었는지에 의해서는 별로 영향을 받지 않는다는 것을 시사한다. 사람들은 자신의 전체적 경험을 표상하고 판단하기 위해 정서적 에피소드의 특정한 특징에 주의를 집중한다. Kahneman은 사람들이 매 순간 느끼는 정서를 살펴보는 것만이 사람들의 전반적인 정서 평가를 이해하는 기초가 될 수 있다고 주장하였다. 정서에 대한 전반적인 요약은 경험의 어떤 측면이 가장 중요하고, 이러한 측면들이 어떻게 결합되는지에 대해 우리에게 말해 주는 것이 없다.

자기보고 측정치들이 갖는 이러한 편파 가능성 때문에 몇 연구자들은 경험을 매 순간 측정해야만 주관적 안녕감에 기저하는 요인들을 더 정확하고 분명하게 밝힐 수 있다고 주장하였다. **경험 표집법**(experience sampling methods : ESM)에는 삶 속에서의 정서와 일어난 일에 대한 다양한 측정치들이 포괄적으로 포함된다(Larsen & Fredrickson, 1999; Stone, Shiffman, & DeVries, 1999). 사람들이 무엇을 하고 있고, 어떻게 하고 있는지에 대한 측정치들은 이것들이 발생할 때마다 실시간적(real time)으로 혹은 이것들이 발생한 직후의 일정한 시간 범위 안에서 후향적(retrospective)으로(예를 들어, 일기를 쓰는 것과 같은 것을 통해) 얻어질 수 있을 것이다. 실시간 측정치들은 사람들이 일상에서 경험하는 특정한 일과 정서에 대해 좀 더 직접적으로 파악할 수 있게 해 준다. 즉 실제로 어떤 일이 발생함과 동시에(혹은 바로 직후에) 이에 대한 반응이 기록되기 때문에, 실시간 측정치들은 발생한 일을 나중에 기억해 내는 것에 의해 발생할 수 있는 평가의 왜곡에 대해 덜 취약하다.

실시간 연구에서는 사람들에게 자신의 경험을 기록해야 하는 시점(무선적 시점이건, 미리 정해진 시점이건)을 알려주기 위해 스톱워치, 기록용지, 혹은 휴대용 단말기를 사용한다. 신호가 주어지면 참가자들은 하던 일을 멈추고 잠시 동안 자신이 무엇을 하고 있는지, 그리고 어떻게 느끼고 있는지에 대한 다양한 측정치들을 기록한다. 예를 들어, Stone과 동료들(1999)이 개관한 한 연구에서는, 하루 동안 수집된 순간순간의 기분에 대한 측정치와 그날 마지막에 기록된 참가자의 그날 기분에 대한 전체적인 평가치 사이의 관련성이 검토되었다. 이 개관 연구는 하루가 어땠는지에 대한 사람들의 평가는 그날이 어떻게 종료되었는지에 의해 주로 결정된다는 것을 보여주었다. 그날이 전체적으로 어땠는지를 요약할 때, 참가자들은 하루 중 일찍 발생한 일들은 무시하는 것처럼 보인다. 실시간 측정법이 갖는 한 가지 문제는, 이것이 사람들에게 특정 시점에서 하던 일을 멈추고 주어진 검사지나 질문지에 답할 것을 요구하기 때문에, 참가자들에게 부담을 줄 수 있다는 점이다. 작업 환경이라면, 그와 같은 방해와 시간투여의 부담은 특히 더 심각할 것이다.

후향적 경험 표집법에서는 사람들에게 어떤 일이 발생한 다음에 그 일과 관련된 자신의 활동이나 느낌을 재구성하거나 다시 회고해 보도록 요구한다. 다양한 유형의 후향적 방법들이 개발되었지만(이에 대한 개관은 Larson & Frediickson, 1999을 보라), 일지 작성법은 사용하기 가장 편하기 때문에 가장 많이 쓰는 방법이다. 일지 작성법을 이용한 연구에서, 참가자들은 며칠에 걸쳐 각 날의 마지막에 다양한 측정도구들에 답하도록 요구받는데, 이러한 측정도구들은 하루에 걸쳐 발생한 중요한 일이나 정서적 반응을 기록하도록 되어 있다. 이에 대한 결과들은 시점(예를 들어, 요일 등)이나 중요한 일(예를 들어, 대인관계 등)에 따라 정리된다. 연구 결과들은 사람들의 기분이 요일에 따라 예측 가능한 방식으로 변화된다는 것을 보여주었다(예를 들어, Egloff, Tausch, Kohlmann, & Krohne, 1995; Larsen & Kasimatis, 1990). 충분히 예상할 수 있듯이, 기분은 주중보다는 주말에 일반적으로 더 긍정적이다. 그 이유는 아마도 주말에는 주중에 비해 당신이 하고 싶은 활동을 선택하는데 더 많은 자유가 있고, 좀 더 즐겁고 신나는 사회적 활동에 참여할 수 있기 때문일 것이다(Reis, Sheldon, Gable, Roscoe, & Ryan, 2000).

연구 초점 : 당신은 시간을 어떻게 보내는가

일상 재구성법 Kahneman과 동료들(Kahneman, Krueger, Schkade, Schwarz, & Stone, 2004)은 최근에 **일상 재구성법**(day reconstruction method : DRM)이라는 측정치를 검증하였는데, 이 방법은 앞에서 소개한 실제 간 측정법의 정확성과 일지 작성법의 효율성을 결합한 뛰어난 방법으로 보인다. 일상 재구성법에서, 사람들은 먼저 전날 발생한 일들에 대한 일기를 작성한다. 이들은 마치 영화가 상영되는 것처럼 혹은 일화들의 순서적 계열로 자신이 경험한 일들을 생각하도록 요구받는다. 오전, 오후 및 저녁에 벌어진 일들을 기록하기 위한 용지들이 별도로 제공된다. 하루 동안 일어난 일들에 대한 참가자들의 기억을 돕기 위해 참가자들은 각 날의 몇 가지 일화들에 대해 각각 짧은 제목(예를 들어, 통근, 쇼핑, 휴식 등)을 붙이도록 권유받았다. 일상의 일화들을 확인한 후에, 연구참가자들은 구조화된 몇 가지 질문지에 응답하였다. 각각의 일화에 대해 참가자들은 그들이 무엇을 하고 있었는지(예를 들어, 통근, 근무, TV 보기, 친구 만나기 등), 어디서 그랬는지(예를 들어, 집 혹은 직장), 그리고 그 일화 속에 자신이 상호작용한 사람들이 누구였는지(예를 들어, 상사, 친구, 아이들, 배우자 등)를 적도록 하였다. 그 다음 참가자들은 각각의 일화에 대해 그들이 느낀 긍정적 정서 혹은 부정적 정서의 수를 평정하도록 하였다. 이러한 정서에는 편안함, 행복, 피곤, 좌절, 불안, 조바심, 유능감 등의 정서가 포함되었다. 연구자들은 또한 참가자들의 인구통계학적 자료, 직장이나 건강과 관련된 정보, 그리고 삶에 대한 만족과 기분에 대한 전반적 평정점수 등에 관한 자료도 수집하였다.

이 새로운 방법을 검증하기 위해 Kahneman과 동료들은 텍사스에 거주하는 909명의 직장 여성들을 연구참가자로 선정하였다. 이들의 평균 연령은 38세였고, 가계 연 수입은 54,700달러였다. 이들 중 49%는 백인, 24%는 흑인, 22%는 히스패닉이었고, 대부분 어린 자녀를 둔 기혼이었다. 일상 재구성법에 따라, 모든 참가자들은 전날의 경험이나 기분에 대한 질문지를 완성하였다. 참가자들이 보고한 대부분의 일화는 15분에서 2시간 정도 지속되는 것이었고, 이들의 평균 지속시간은 61분이었다. 하루 평균 일화의 수는 14개였다. 각각의 일화는 긍정적 정서 혹은 부정적 정서의 정도에 따라 순위가 매겨졌다. 긍정적 정서는 행복감, 편안함, 즐거움 등에 대한 평정점수의 평균치를 기준으로 하였고, 부정적 정서는 짜증남, 귀찮음, 우울함, 혼란스러움, 의기소침함, 화남, 걱정함 등에 대한 평정점수의 평균치를 기준으로 하였다. 일반적으로 긍정적 정서에 대한 강도와 빈도가 부정적 정서에 대한 강도와 빈도보다 더 높았다. 즉 부정적 정서는 드물기도 하지만 그 강도도 낮았던 반면, 긍정적 정서는 거의 모든 일화에 나타났다.

일상의 활동들을 긍정적 정서의 수준에 따라 순위에 매겨본 결과, 예측 가능하면서도 몇 가지 '놀라운' 점들이 발견되었다. 당연한 이야기이지만 사람들은 배우자, 가족 구성원 혹은 친구와 같이 있을 때 긍정적 정서를 가장 많이 느꼈다. '자기를 즐겁게 하기' 목록 중 교제에 대한 순위가 높았고, 마찬가지로 휴식, 식사, 기도 그리고 명상 등이 이 목록에 높은 순위로 포함되었다. 조금 놀랍게도, TV 보기가 쇼핑이나 낮잠보다 더 긍정적인 것으로 평가되었다. 더욱 놀라운 것은 긍정적인 정서와 부정적인 정서로 각각 16개의 활동들이 포함된 목록 중 육아는 밑에서 다섯 번째였다. TV 보기, 식사 준비, 쇼핑, 운동은 아이 돌보기보다 더 긍정적인 것으로 평가되었다. 집안 일, 근무, 통근, 컴퓨터 이메일에 답하는 것 등만이 육아보다 낮게 평가되었다. 육아가 즐거운 일이 아니라고 평가된 것은 웰빙에 대한 전반적 측정치와 일상 재구성법에 의한 측정치가 다를 수 있다는 것을 시사한다. Kahneman 등이 개관한 연구들에서는 사람들이 전형적으로 아이 돌보는 것을 즐겁게 여기고, 아이를 기르는 것에서 만족감을 느낀다고 보고하였다. 그와 같은 만족감의 표현은 일반적인 의미에서는 의심할 바 없이 맞는 말이고 또한 그렇게 말하는 것은 사회적으로 바람직한 것이기도 하다. 그러나 특정한 날에 아이들은 '고통의 대상'이 될 수 있는 것이다. 반면 육아에 대한 일반적인 평가는 특정한 날의 경험을 반드시 반영하고 있다고 할 수는 없는 것이다.

이 연구의 결과는 일하는 여성의 하루에 대한 재미있는 정보뿐만 아니라, 시점별 경험표집 방법들(moment-to-moment experience sampling methods) 사이의 유사성이 매우 높다는 것도 보여주었다. 일상 재구성법은, 사상이 발생할 때마다 평가되는 경험 표집법을 이용한 연구의 결과와 일치하는 결과를 보인 것을 통해 알 수 있듯이, 일상의 사상들에 대한 정확한 회상을 이끌어 내는 것으로 보인다. 또한 일상 재구성법은 경험 표집법을 이용한 연구와는 달리 연구참가자들에 주어지는 방해나 시간 부담과 같은 문제들을 상당히 줄여 줄 수 있다.

주관적 안녕감에 대한 경험 표집과 전반적 측정의 비교

우리는 앞에서 주관적 안녕감에 대한 전반적 자기보고 측정치가 측정도구로서 갖춰야 하는 여러 조건을 잘 만족하고 있다고 언급한 바 있다. 주관적 안녕감의 세 가지 요소들(즉 삶의 만족, 긍정적 정서, 부정적 정서)들은 서로 관련되어 있지만, 이들은 전반적인 안녕감에 각각 독립적으로 영향을 미친다. 각각의 요소에 대한 측정치들은 내적으로 동질적이고, 시간에 따른 안정성을 보이며, 삶의 변화를 민감하게 반영해 준다. 그러나 사람들에게 정보를 회상하여 이를 통합하도록 요구하는 전반적 측정치들은 기억 에러와 현재 기분의 영향에 따라 달라지기 쉽다. 경험 표집법과 일상 재구성법은 모두 기억의 영향을 적게 받는 웰빙에 대한 '발생한 그대로의 사실'에 대한 정보를 제공해 준다. 이 두 가지 방법의 관계는 무엇인가? 주관적 안녕감을 측정하는 데 이들 중 더 나은 방법이 있는 것인가, 아니면 이 두 가지 방법은 상호보완적인 관계에 있는 것인가?

아직 이 질문에 대해 확고하게 답할 수는 없는데, 그것은 경험 표집법이 웰빙 연구에 새롭게 등장한 방법이기 때문이다. 연구자들은 일차적으로 타당화의 관점에서 이 두 가지 방법의 관련성을 살펴보고자 하였다. 다시 말해, 경험 표집법에 의한 주관적 안녕감 측정치들이 전반적 측정치들과 서로 상관이 있는지 알고 싶어 했다. 만일 두 측정치 사이에 상관이 있다면, 전반적 측정치들은 사람들의 실제 경험에 대한 타당한 요약 정보를 제공하는 것이고, 기억의 왜곡이나 망각에 의한 영향을 받지 않는다는 것을 시사할 것이다. 그러나 이에 대한 결과는 일관적이지 않다. 어떤 연구들은 전반적 측정치와 경험 표집법에 의한 측정치 사이에 어느 정도의 상관관계를 관찰하기도 하였으나(예를 들어, Kahneman et al., 2004; Sandvik et al., 1993), 다른 연구들은 훨씬 더 낮은 관련성을 보고하였다(예를 들어, Stone et al., 1999; Thomas & Diener, 1990). 일단 주관적 안녕감의 측정에서 이 두 가지 방법이 서로 관련이 있기는 하지만, 동일한 것은 아닌 것으로 보인다. 각각의 측정치들은 개인의 경험이나 심리적 특성과 관련된 서로 상이한 측면과 현상을 측정할 수 있다. 이러한 차이가 발생하는 부분적인 이유는 각각의 측정치가 주관적 안녕감에 대한 특질과 상태의 효과를 측정하는 데 서로 다르기 때문이다.

경험 표집법들은 발생한 사상에 의한 기분의 일시적 변화에 특히 더 민감하기 때문에,

이들은 특정 시점 혹은 특정 시간대에서 삶의 사상들이 정서 상태에 어떻게 영향을 미치는 지 효과적으로 측정할 수 있다. 그러나 개인적 속성(특징)도 일상에서의 사상에 대한 개인 의 반응에 당연히 영향을 미칠 것이다. 예를 들어, 행복한 삶은 그렇지 못한 사람에 비해 삶의 사상들을 더 긍정적으로 해석한다(Lyubomirsky, 2001). 따라서 경험 표집법은 주관적 안녕감에 대한 사상들의 효과를 가장 잘 측정할 수 있으면서, 이와 함께 개인 간 비교에서 개인의 성격(특질)이 갖는 효과도 반영해 줄 수 있을 것이다.

이와 유사하면서도 반대되는 주장이 주관적 안녕감에 대한 전반적 자기보고 측정치로 제기될 수 있다. **전반적 측정치들**(global measures)은 유전적 기질과 성격 특질(외향성, 신 경증, 자존감, 낙관성 등)에 의한 영향을 강하게 받는다(이에 대한 개관은 Diener & Lucas, 1999; Diener et al., 1999; Myers, 1992; Myers & Diener, 1995를 보라). 전반적 측정치가 장기적인 안정성을 보이는 한 가지 이유는 이들이 안정적이고 지속적인 개인의 성격 특성 을 반영하고 있기 때문이다. 연구들은 성인의 성격이 시간에 따라 매우 안정적이라는 것을 보여주고 있다(Costa & McCrae, 1988). 사람들에게 자신의 웰빙에 대해 전반적으로 평가 해 보도록 요구하는 것은 개인의 성격 특성(특징)에 많은 영향을 받는 반면, 이들의 현재 상황(상태)에 대해서는 어느 정도 영향을 더 적게 받을 것이다. 현재의 기분(그리고 이것 이 강할 때는 특히 더)도 웰빙에 대한 우리의 전반적 평가에 분명히 영향을 미칠 수 있다. 그러나 현재의 정서 상태가 주관적 안녕감 평가에 주요한 결정요인이라면, 연구들은 스스 로 평가한 개인의 웰빙 수준이 시간에 따라 매우 안정적이라는 것을 일관되게 보여주지는 못할 것이다.

추후 연구에서 해야 할 일은 전반적 측정치와 경험 표집법에 의한 측정치들 사이의 관 련성과 차이를 밝히는 것이다. 이를 포함한 다른 측정치들에서의 논쟁은 긍정심리학 영역 에서는 핵심적인 문제이다. 심리학 저널에 실린 논문들을 개관한 후에 Diener와 Seligman(2004)은 거의 대부분의 연구자들이 주관적 안녕감의 한 가지 측면만 측정하고, 또한 단일 문항 측정치들에만 너무 의존하였다고 지적하였다. 어떤 연구자는 삶의 만족을 측정하고 다른 연구자는 긍정적 정서에 대해 측정했으면서도, 이들은 모두 주관적 안녕감 과 행복의 관점에서 그들의 결과를 논의할 수 있다. 앞에서도 논의되었듯이, 주관적 안녕 감의 세 가지 요소들은 서로 관련되어 있기 때문에 주관적 안녕감의 다른 요소를 측정한 연구들을 어느 정도 서로 비교할 수는 있을 것이다. 그러나 Diener와 Seligman은 인간 행 복의 복잡성과 다면성에 대한 우리의 이해를 더 진보시키고 확장하기 위해서는 주관적 안 녕감에 대한 좀 더 포괄적인 측정치와 모형이 개발되어야 한다고 주장하였다.

자기실현 : 행복에 대한 자기실현적 관점

전반적으로 보아 긍정심리학이 그러한 것처럼, 주관적 안녕감에 대한 개념 정립도 날로 발전하고 있다. 많은 연구 결과들에 의한 확증에 힘입어, 주관적 안녕감에 대한 세 가지 요소 견해는, 심리학자들이 행복의 심리적 토대라고 믿어지는 성격 자질과 삶의 활동을 여기에 포함시킴으로써 더 확장되었다. Seligman(2002a, 2002b), 그리고 Diener와 Seligman(2004)은 활동이나 경험에의 몰입(Csikszentmihalyi, 1997)을 측정하는 데 '적극적 관여' 측정치를 포함시키고, 자기를 초월할 수 있는 관심(예를 들어, 종교)을 측정하는 데 '삶의 의미' 측정치를 포함시키는 좀 더 넓은 의미의 웰빙에 대한 개념이 요구된다고 주장하였다. 이러한 확장된 개념은 자기실현을 위한 노력으로 행복을 정의하는 행복에 대한 자기실현적 견해를 지지한다. 앞에서 설명하였듯이, 자기실현적 관점에서의 행복이란 우리의 재능, 성격 혹은 가치와 같은 내적 잠재력(dismon)을 계발하고 발현하는 것으로 얻어진다. 쾌락주의적 관점에서는 사람들에게 자신의 삶이 행복하거나 만족스러운지의 여부를 묻는 반면, 자기실현적 관점에서는 왜 그들이 행복한지를 측정한다.

심리적 안녕감과 긍정적 기능

"행복이 모든 것이다. 정말? 심리적 안녕감의 의미에 대한 탐구"라는 제목의 논문에서 Carol Ryff(1989)는 주관적 안녕감에 대한 3요소 모델이 웰빙의 기초와 의미를 제공하는 개인의 삶의 특징을 제대로 기술하지 못한다고 주장하였다. Ryff의 견해에 따르면, 웰빙은 삶에 대한 행복 이상의 것이다. 웰빙은 역경에 직면했을 때 회복력의 원천이 되어야 하고, 긍정적 기능, 개인적 강점, 그리고 정신건강을 반영할 수 있어야 한다. 다음과 같은 질문을 고려해 보자. "행복한 사람은 정신적으로도 건강한 사람인가?" 언뜻 보기에는 이 질문에 대한 답은 "그렇다"일 것이다. 우울이나 불안장애로 고통 받는 사람이 행복하리라고는 생각하기는 어렵지 않은가. 그러나 망상적인 사고체계를 가졌거나 다른 사람에게 고통을 안겨주는 것에 쾌감을 얻는 사람도 정신적으로는 문제가 있지만 동시에 행복한 사람일 수 있지만, 후자의 경우에는 다른 사람에게 고통을 주는 것에서 얻는 쾌감 때문에 이 문제는 극히 부분적으로만 다루어졌다. 행복에 대한 자기실현적 관점은 건강한 행복과 건강하지 못한 행복을 구분한다. 주관적 안녕감의 3요소 모델에서 빠진 것은 긍정적 기능에 대한 개념화와 평가이다. Ryff(1989)는 웰빙과 행복이 인간의 강점, 개인적 노력, 그리고 성장에 기초한다고 주장하였다.

성격심리학이나 임상심리학 영역에서의 긍정적 정신건강에 대한 이론을 이용하여, Ryff와 그녀의 동료들은 이들이 '**심리적 안녕감**(psychological well-being : PWB)'이라고 부른 모델을 개발하였다(Keyes, 1998; Keyes et al., 2002; Ryff & Keyes, 1995; Ryff & Singer, 1998). 원래 전 생애에 걸친 긍정적 기능을 기술하기 위해 만들어진 이 모델은 긍정적 정신건강에 대한 기술에까지 확장되었다(Keyes, 1998, 2003; Keyes & Lopez, 2002; Keyes & Magyar-Moe, 2003). 이 연구자들의 목표는 정신건강의 긍정적 측면을 이해할 수 있게 해줄 주관적 안녕감에 대한 기술을 공식화하고 타당화하는 것이었다. 다시 말해, 정신질환을 증상의 관점에서 이야기할 수 있는 것과 마찬가지로, 이 연구자들은 "정신건강과 웰빙의 특징은 무엇인가?"라고 질문하였다. Keyes와 동료들이 언급한 것처럼, 이 모델은 행복에 대한 쾌락주의 모델과 자기실현적 모델을 모두 통합한다.

이 조망에 따르면 웰빙은 일반적인 수준에서는 정서적 웰빙 차원과 긍정적 기능 차원을 포함한다(Keyes & Magyar-Moe, 2003). 정서적 웰빙은 주관적 안녕감의 세 가지 요소, 즉 삶의 만족, 긍정적 정서, 부정적 정서로 정의된다. 긍정적 기능에는 심리적 차원과 사회적 차원이 포함된다. 모두를 종합하면, 웰빙은 정서적 안녕감과 심리적 안녕감, 그리고 사회적 안녕감의 전반적인 조합으로 정의될 수 있을 것이다. 이러한 포괄적 모델은 주관적 안녕감을 좀 더 완전하게 기술하기 위해 만들어진 것이다. 이 모델의 주요 요소들이 아래에 기술되어 있다(Keyes, 2003, Table 13.1, p. 299와 Keyes & Magyar-Moe, 2003, Table 26.2, pp. 417-418에서 인용). 각각의 요소들은 긍정적 정신건강과 웰빙을 나타내는 특징들로 기술되어 있다. 그와 같은 특징을 측정할 수 있는 몇 가지 문항들로 제시되어 있다(이 문항 뒤의 마이너스 표시는 점수를 반대로 바꾸어야 한다는 것을 의미한다).

정서적 안녕감

긍정적 정서—기쁨이나 행복과 같은 긍정적 정서의 경험
지난 30일 동안 당신은 / 쾌활한 / 활력 있는 / 매우 행복한 / 차분하고 평화로운 / 만족하고 충만한 기분을 얼마나 느꼈습니까?

부정적 정서—삶이 즐거운 것임을 시사하는 정서가 없는 것
지난 30일 동안 당신은 / 아무것도 기분을 북돋아 줄 것이 없을 만큼 슬픈 / 안달 나고 조바심 나는 / 희망이 없는 / 힘에 버거운 / 무가치한 기분을 얼마나 느꼈습니까?

삶의 만족—삶에 대한 만족감과 안도감
지난 30일 동안 당신은 만족하고 충만한 느낌을 얼마나 느꼈습니까? 요즈음 당신은 당신의 삶에 대해 얼마나 만족합니까?

행복감—만족이나 기쁨에 대한 일반적인 느낌이나 경험

요즈음 당신은 당신의 삶에 대해 얼마나 행복하다고 느끼십니까?

당신은 지난주, 지난달, 지난 몇 달 동안 (기쁨, 즐거움 혹은 행복감)을 얼마나 느꼈습니까?

심리적 안녕감

자기수용―자기 자신에 대한 긍정적 태도, 자신의 다양한 측면에 대한 수용, 과거의 삶에 대한 긍정적 평가
대부분의 경우, 나는 내 삶에서 이룬 것들에 대해 불만족스럽다. (―)

개인적 성장―지속적 계발과 효과성에 대한 느낌, 새로운 경험이나 도전에 대한 개방성
나는 내 자신과 세상에 대해 내가 생각하고 있는 것에 도전하는, 새로운 경험을 하는 것이 중요하다고 생각한다.

삶의 목표―삶의 방향을 제시해 주는 목표와 신념이 있음, 삶이 의미와 목적을 갖고 있다고 느낌
나는 순간순간을 살아갈 뿐이고 미래에 대해서는 정말 생각하고 싶지 않다. (―)

환경의 통제―외부 환경을 잘 통제할 수 있다고 믿고 또 그렇게 할 수 있음, 개인에게 맞는 생활환경을 만들 수 있음
매일의 부담이 나를 축 처지게 만든다. (―)

자율성―자기주도성에 대한 편안함, 내적 기준을 가짐, 타인으로부터의 부정적인 사회 압력에 저항함
내 생각이 다른 대부분의 사람들의 생각과 다르더라도 나는 내 생각에 확신을 갖고 있다.

타인과의 긍정적 인간관계―타인과의 따뜻하고 만족스러우며 신뢰가 있는 관계, 공감과 친밀감에 대한 역량
다른 사람과의 좋은 인간관계를 유지하는 것은 내게는 어렵고 좌절스러운 일이다.

사회적 안녕감

사회적 수용―다른 사람들의 다양성(혹은 복잡성)을 인정하면서 타인에 대한 긍정적 태도를 지님
호의를 베푸는 사람은 무엇을 바라고 그러는 것이 아니다.

사회적 실현—사람들은 잠재력을 갖고 있다는 믿음과 배려가 있음, 사회는 긍정적 방향으로 발전한다고 믿음
세상은 모든 이에게 더 좋은 세상이 되고 있다.

사회적 기여—개인의 삶은 사회에 유용한 것이고, 다른 사람에게 가치가 있다고 믿음
나는 이 세상에 내가 줄 만한 무엇이 있다고 생각한다.

시회적 일치—사회에 관심이 있고, 사회는 지적이고 논리적이며, 예측 가능하고 의미가 있다고 믿음
나는 세상이 어떻게 돌아가는지 도대체 종잡을 수가 없다. (—)

사회적 통합—지역사회에 대한 소속감이 있음, 지역사회로부터 안락감과 지지를 받음
나는 지역사회라고 불릴 수 있는 그 어떤 것에도 속하지 않는다고 믿는다. (—)

이 모델의 복잡성(웰빙에 대한 15가지 측면들)과 각각의 다양한 측면들을 측정하기 위한 도구 개발의 어려움에도 불구하고, 많은 대규모 연구들이 이 모델이 타당하다는 것을 보여 주었다(Keyes, 2002, 2003; Keyes & Lopez, 2002; Keyes & Magyar-Moe, 2003; Keyes et al., 2002; Ryff & Keyes, 1995). 정서적 안녕감, 심리적 안녕감, 사회적 안녕감에 대한 측정치들은 모두 내적 신뢰도와 타당도가 높다. 연구들은 이 세 가지 요소가 서로 관련이 있기는 하지만, 주관적 안녕감에 각각 독립적인 영향을 미친다는 것을 보여준다. 연구들은 또한 이 세 가지 측정치들이 정신질환의 증상들과 모두 부적으로 상관되어 있음을 밝혔다. 예를 들어, 우울 측정치는 정서적 안녕감과는 −0.4, 심리적 안녕감과는 −0.5, 그리고 사회적 안녕감과는 −0.3 정도의 상관이 있다. 이러한 상관관계는 주관적 안녕감에 대한 확장된 모델은 웰빙과 정신건강 사이의 관계를 살펴보는 데 특히 더 적절하다는 것을 시사한다.

욕구충족 이론과 자기결정 이론

자기결정 이론(self-determination theory : SDT)은 행복에 대한 자기실현적 관점을 받아들인 웰빙에 대한 또 다른 이론이다(Ryan & Deci, 2000, 2001). 자기결정 이론은 웰빙과 행복이 세 가지의 기본적인 심리적 욕구, 즉 자율성, 유능감, 관계성의 충족으로부터 나온 것이라고 말한다. 자율성 욕구는 자신의 활동을 다른 사람이 시켜서가 아니라 자기 스스로 선택할 수 있을 때, 그리고 자기개념과 일치할 때 충족된다. 유능감 욕구는 우리 능력에 좀 더 많은 확신을 갖게 하는 바라던 결과가 자신의 노력을 통해 달성되었을 때 충족된다. 관계성에 대한 욕구는 타인과의 긴밀하고 긍정적인 연결에 의해 충족된다. 친밀함과 지지를

제공하는 사회적 상호작용은 이 욕구를 만족시키는 데 기여한다. Ryan, Deci, 그리고 그의 동료들이 수행한 연구는 욕구 만족과 웰빙 사이의 관련성을 확인시켜 주었다(이에 대한 개관은 Ryan & Deci, 2000, 2001을 보라).

연구 초점 : 무엇이 하루를 '좋게' 하는가

무엇이 하루를 '좋게' 만들고, 무엇이 하루를 '나쁘게' 만드는가? 무엇이 우리가 하루를 즐겁게 혹은 그렇지 않게 보내도록 하는가? Reis와 동료들이 지적하였듯이, 좋지 않은 날을 구성하는 요소들은 상당히 많이 연구되어 왔다(Reis et al., 2000). (큰일이건 작은 일이건) 스트레스와 갈등을 일으키는 삶 속의 일들은 우리의 웰빙, 행복감, 즐거움을 감소시킨다. 부정적인 일들에는 직장이나 학교에서 쫓겨나는 것, 타인과의 언쟁이나 갈등, 재정적 문제, 질병, 사고 등이 포함될 것이고 이러한 모든 것들은 좌절, 실망, 분노 혹은 슬픔을 야기한다. 그러나 좋은 날이라면 어떨까? 좋은 날이란 부정적인 일들이 없기만 하면 되는 것일까? 당신이 독감에 걸린다면 참 안 된 일이지만, 당신이 건강하다는 것이 당신을 행복하게 해 주는가? 이 장의 초반부에서 논의된 연구는 긍정적 정서와 부정적 정서가 어느 정도 독립적이어서 각각의 정서가 행복감과 웰빙에 따로 영향을 미친다는 것을 보여주었다. 이러한 독립성은 긍정적 정서와 부정적 정서를 야기하는 원인들이 서로 다르다는 사실에 기인한다. 즉 '좋은' 날에 포함된 활동이나 경험은 '나쁜' 날에 포함된 그것들과는 다를 수 있기 때문이다. '일상의 웰빙 : 자율성, 유능감, 관계성'이란 제목이 붙은 Reis와 동료들의 연구는 '좋은 날'이라는 것의 심리적 의미를 다루고 있다. 연구자들은 세 가지 질문을 던졌다. 어떤 유형의 활동과 사상이 우리의 일상을 즐겁게 하는가? 무엇이 활동을 즐겁게 하는가? 하루에 우리가 경험하는 즐거움이 우리의 성격에, 그리고 우리가 접하는 사상에 의해 얼마나 영향을 받는가?

　이 세 가지 질문들에 대한 답은 자기결정 이론에서 기술된 세 가지 욕구들의 측면에서 검토되었다. 이 이론은 자율성, 유능감, 관계성이 모든 인간에게 공통적인 요소라고 말한다. 이 욕구들은 사람들이 성장하는 데 필요한 '필수 영양소'라고 표현되기도 하였다(Ryan & Deci, 2000). 자율성 욕구는 우리의 가치, 재능, 성격을 발현하는 자유롭게 선택된 행위를 포함한다. 자율적인 사람은 내적인 목표와 관심에 따라 행동한다. 내적인 목표는 우리의 삶을 이끌고, 선택은 외부의 보상보다는 이러한 내적인 목적에 따라 이루어진다. 예를 들어, 자율적인 사람은 주로 얼마나 돈을 벌 수 있는지에 따라 직업이나 직장을 선택하지는 않는다. 일이 주는 본질적인 만족과 유의미성이 더 중요한 것이다. 유능감은 삶 속의 도전에 대한 효과적 행위에 대한 욕구이다. 유능감은 우리가 문제를 해결할 수 있고, 목표를 달성할 수 있으며, 삶 속에서의 요구들이 무엇인지 파악할 수 있고, 새로운 도전을 성공적으로 수행할 수 있다는 느낌이다. 세 번째 욕구인 관계성 욕구는 타인들과의 친밀감과 유대감을 포함한다. 친밀한 관계를 유지하고 발달시키는 기술이 있는 사람은 이 욕구를 충족시킬 수 있을 것이다.

자기결정 이론에 따르면, 이 세 가지 욕구들이 모두 웰빙과 행복감의 토대를 이룬다. 각각의 욕구는 특징도 되고 상태도 될 수 있다. 특질이란 지속적인 개인의 기질이다. 어떤 사람들은 특징적으로 행위와 선택에서 자율성을 보이고, 자신의 능력과 새로운 도전을 얼마나 돈을 벌 수 있는지에, 또한 타인과의 친밀한 관계를 유지할 수 있다. 이런 사람들은 이러한 욕구를 충족시켜 주는 자신의 자질 때문에 웰빙과 행복감의 수준이 높다. 이와는 대조적으로 상태는 어느 시점에서의 특정한 상황을 의미한다. 세 가지의 요구에 대한 충족은 시간에 따라 혹은 상황에 따라 달라질 수 있을 것이다. 자유롭게 선택되고, 개인적으로 만족스러우며, 개인의 관심과 재능을 발현할 수 있는 활동들을 자율성 욕구를 충족시켜 준다. 유능감 욕구는 도전적인 과제를 완수하고, 어려운 문제를 해결하며, 우리의 재능과 능력을 발현함으로써 충족된다. 유능감 욕구가 충족되면, 우리는 자신의 능력에 대해 확신을 갖게 되고, 자신이 성취한 것에 대해 자부심을 경험하게 된다. 관계성 욕구는 우리가 타인에게 친밀함을 느낄 때, 혹은 연인, 가족 혹은 친구들과 의미 있고 즐거운 시간을 보낼 때 충족될 것이다.

76명의 대학생을 대상으로 수행한 연구에서 Reis, Sheldon 및 동료들(2000)은 상태와 특질로서 자율성, 유능감, 그리고 관계성을 측정하였다. 자기결정 이론은 개인의 일상적인 웰빙과 행복의 특질과 상태에 서로 상관이 있다고 예측한다. 즉 특질(자율성, 유능감, 그리고 관계성이 모두 높다는 것을 나타내 주는 개인적 자질의 형태로)과 상태(자기욕구를 충족하는 일상적 활동의 형태로)는 모두 특정한 날의 웰빙에 대해 높은 수준으로 관련성이 있다는 것이다. Reis와 동료들은 먼저, 이 대학생들에게 이들이 얼마나 자주 자유로운 선택과 개인적으로 의미 있는 활동에 관여하는지(자율성), 새로운 과제나 도전에 직면했을 때 자신의 능력에 대해 어느 정도 확신하는지(유능감), 그리고 타인과의 애착 수준은 어떠한지를 질문함으로써 특질에 대해 평가하였다. 이 연구자들은 경험 표집법의 한 가지 변형을 이용하여, 대학생들에게 14일 동안 일기를 기록하도록 함으로써 상태에 대한 측정치를 얻었다. 매일 잠들기 직전에 이들은 웰빙에 대한 측정도구에 응답하였다. 이 측정도구에는 하루 동안 그들이 경험한 긍정적 정서와 부정적 정서의 정도, 활력 수준, 그리고 질병과 관련한 신체 증상(예를 들어, 감기 증상)을 묻는 질문들이 포함되었다. 그 다음 하루에서 시간이 가장 많이 소요된 세 가지의 활동들(잠자는 것은 빼고)을 목록화하고, 왜 그러한 활동을 하였는지 기록하도록 하였다. 이것을 통해 자율성, 유능감, 관계성과 관련한 활동들을 파악할 수 있었다. 즉 자유롭게 선택하고, 흥미를 보이며, 자신의 성격이나 가치를 발현하는 활동들은 자율성 관련 활동으로 분류되었다. 비자율적 활동들은 외부 상황에 의한 요구나 혹은 죄책감이나 불안을 피하기 위해 수행된 활동들로 분류되었다. 연구참가자들은 또한 세 개의 활동들에 대해 자신이 느낀 유능감 정도도 평정하였다.

일상의 관계성 욕구도 이와 유사하게 평가되었다. 시간을 가장 많이 투자한 세 개의 사회적 상호작용들을 목록화하고, 각각의 활동들에 대해 학생들이 타인과 얼마나 친밀하고 유대감을 느꼈는지, 혹은 관계성 욕구 측면에서 이들이 어느 정도 충족되었는지에 따라 평정점수를 매기도록 하였다. 타인과 즐겁게 지냈거나 자신이 타인들로부터 이해받은(혹은 고맙다는 말을 들은) 활동들은 관계성 요구를 충족시키는 활동들로, 반면 불안전감, 남의 이목을 의식하는 것, 적대감 혹은 분노 등은 이 욕구가 충족되지 않은 것으로 평가되었다.

자기결정 이론과 일치되게, Reis와 동료들은 '좋은 날'은 자율성, 유능감, 관계성에 대한 욕구 충족과 관련이 높았다. 욕구 충족에 대한 특질 측정치들은 그날의 웰빙이나 긍정적 기분과 상관이 높았다. 평균적으로 자율성, 유능감, 관계성에 대해 높은 점수를 보인 학생들은 14일간의 연구 기간 동안 웰빙이나 행복감에서도 높은 수준을 보였다. 욕구 충족에 영향을 미치는 개인의 자질을 갖춘 사람들은 매일 매일의 웰빙이나 긍정적 정서도 높은 경향이 있었다.

그림 2.3은 일주일 동안의 긍정적/부정적 정서 경험, 유능감, 관계성, 그리고 자율성의 변화를 보여준다. 모든 날에서 사람들의 활동이 자율성, 유능감, 그리고 타인과의 유대감이 높을수록 이들은 더 높은 수준의 웰빙을 보였다. 하루 중의 활동들이 이 세 가지 욕구와 관련될수록 웰빙이나 긍정적 기분에 대한 평점점수가 높았다. 이 세 가지 욕구 중에 관계성 욕구가 일상의 웰빙에 가장 큰 영향을 미쳤다. 논의나 의미 있는 문제로 타인과 상호작용하거나 혹은 타인으로부터 이해받고 칭찬받는 활동이 있으면 '최상'의 날로 평가되었다.

흥미로운 것은 욕구 충족의 정도는 요일과도 밀접한 관계가 있다는 점이다. 예상할 수 있듯이, 월요일에 긍정적 정서의 수준이 가장 낮았고, 특히 부정적 정서와 유능감은 일주일 동안 요일과 상관없이 거의 일정한 수준을 보였다. 나쁜 기분이나 유능감은 요일에 따라 체계적으로 변하지 않는 활동들에 영향을 받았다. 또한 금요일, 토요일, 일요일은 긍정적 정서, 관계성, 자율성에서 다른 요일들에 비해 높은 점수를 보였다. 주말에는 원하는 활동을 더 많이 할 수 있기 때문에 우리의 기분이 주말에 좀 더 긍정적이 되는 경향이 있을 것이다. 그러나 '좋은 날'은 (그리고 주말도) 단순히 재미있게 보내는 것 이상의 것을 포함하고 있다고 시사하였다. 자율성 욕구와 관계성 욕구는 주말에 더 많이 충족될 수 있을 것이다. 월요일부터 금요일까지 우리는 대개의 경우 타인으로부터의 기대나 요구에 따라야 한다. 그러나 주말에는 우리가 무엇을 할 것인지를 선택하는 데 좀 더 자유롭기 때문에 우리의 자율성을 충족시켜 주는 느낌을 더 많이 가질 수 있을 것이다. 더구나, 주말에는 친

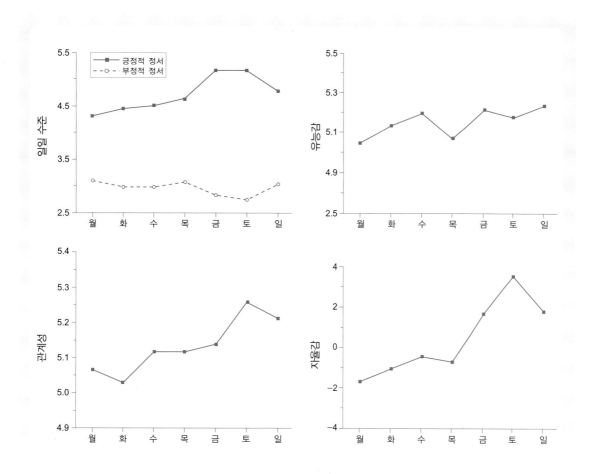

그림 2.3 일주일 동안의 긍정적/부정적 정서, 유능감, 관계성, 자율성에 대한 평점 점수

출처: Reis, H. T., Sheldon, K. M., Gable, S. L., Roscoe, J., & Ryan, R. M. (2000).

구들이나 가족과 보내는 시간을 많이 가질 수 있다. 이러한 상호작용은 즐거운 것이기도 하지만, 이를 통해 타인들과의 친밀감이나 의미 있는 유대감을 충족시켜 준다. 자기결정 이론에서 보면, 우리는 웰빙이나 행복감에 대한 욕구를 주말에 더 많이 충족할 수 있기 때문에, 주말에 '좋은 날'이 더 많은 것이다. '즐거운' 활동이 갖는 또 다른 특징은 이 활동이 중요한 심리적 욕구를 충족시켜 줄 수 있는 활동이기도 하다는 점이다.

행복에 대한 쾌락주의 관점과 자기실현 관점

우리는 행복에 대한 수많은 측정치들과 두 가지 중요한 모델을 검토하였다. 긍정심리학이 발달의 초기 단계에 있다는 점을 고려하면, 어떤 측정치와 모델이 가장 유용하고, 정확하며 혹은 행복에 기저하는 요인과 과정을 밝혀줄 수 있는지를 거론하는 것은 아직은 시기상조이다. 측정방법들을 정교화하고 좀 더 포괄적인 이론을 정립하는 것이 긍정심리학에서 필수적인 요소라는 것에 대해서는 모두 동의할 것이다. 여기에서, 우리는 행복에 대한 쾌락주의 관점과 자기실현 관점의 유사점과 차이점에 대해 논의하고자 한다. 긍정심리학에서의 대부분의 연구들은 웰빙이나 행복에 대한 이러한 모델들 중 하나 혹은 몇 개의 조합으로 체제화될 수 있을 것이다.

행복과 웰빙의 정의와 조건

주관적 안녕감의 모델과 측정으로 표현되는 쾌락주의 관점은 행복을 개인의 긍정적/부정적 정서에 대한 전반적인 평가와 삶에 대한 만족으로 정의한다. 긍정적 정서를 많이 경험하는 대신 부정적 정서는 거의 경험하지 않는 사람, 그리고 삶에 대해 만족하는 사람은 행복한 사람 혹은 주관적 안녕감이 높은 사람이라고 정의된다. 주관적 안녕감은 왜 어떤 사람이 행복하거나 혹은 불행한지 구체적으로 명세화하거나 측정하지 않는다. 쾌락주의 관점의 옹호자들은 행복의 기초는 연구에 의해 해답을 찾아야 하는 경험적 질문이라고 생각한다. 다시 말해, 높은 수준의 주관적 안녕감을 갖고 있는 사람과 그렇지 않은 사람의 특질과 행동에 대한 지속적인 비교 연구를 통해 행복에 대한 심리적 의미와 토대가 밝혀질 것으로 본다. 예를 들어, 어떤 사람이 낙관적이고, 타인과 좋은 관계성을 지니고 있으며, 의미 있는 일에 적극적으로 관여하고 있다면, 이러한 정보는 왜 그 사람이 행복한지를 어느 정도 알려줄 수 있다는 것이다. 주관적 안녕감 연구자들은 행복과 웰빙에 대해 '연구, 주도적' 접근을 취하였다. "먼저 연구 결과를 얻어라. 그러면 나중에 이론을 만들 수 있을 것이다." Diener와 동료들(Diener, Sapyta, & Suh, 1998)은 이 접근이 심리학자들이 정립한 웰빙에 대한 정의를 사람들이 그렇게 심각하게 신경쓰지 않아도 되도록 해 준다고 주장하였다. 주관적 안녕감은 개인이 각자 갖고 있는 기준에 따라 그들 자신이 행복한지의 여부를 판단할 수 있게 해 준다. 이러한 기준의 본질이 무엇인지에 대해서는 주관적 안녕감에 대한 연구의 핵심적 연구 주제였고, 행복과 웰빙의 심리적 토대를 설명하는 이론을 이끌어 줄 것으로 기대되고 있다.

 자기실현과 긍정적 정신건강에 대한 측정과 모델을 통해 정립된 자기실현 관점은 긍정적/최적 기능, 그리고 기본적 욕구와 내적 잠재력에 대한 충족으로 웰빙을 정의한다. 행복한 사람은 이미 자기실현을 이루었거나, 완전하게 기능하고, 유능하며, 심리적으로 건강한 사람이 되기 위해 자신의 잠재력을 실현하고자 노력하는 사람이다. 쾌락주의 관점과는 달리, 자기실현 관점의 모델은 심리적/사회적 특질, 행동, 욕구를 행복과 심리적 건강의 기초로 생각한다. 자기실현 관점의 옹호자들은 웰빙과 행복이 정서적 행복감이나 삶에 대한 만족의 범위를 넘는 것이라고 생각한다. 웰빙과 행복에 대한 모델은 사람들의 심리적 **건강함**과 **효과적인** 기능에 대해 말해 주어야 한다. 자기실현 관점을 위하는 연구자들은 긍정적 기능과 긍정적 정신건강을 기술해 줄 수 있는 모델을 개발하는 데 특히 더 관심이 많다. 이러한 목표를 달성하기 위해서는 자기실현 관점에 따른 연구들은 '이론 주도적' 이어야 한다. 다시 말해, 이론이 선행하고 연구 검증을 통해 그것이 맞는지 검토되어야 하는 것이다.

상호보완성과 상호관련성

우리는 쾌락주의 관점과 자기실현 관점을 갈등적 차원보다는 상호보완적 차원에서 생각하고자 한다. 두 가지 조망 모두 삶에서 무엇이 본질적인 것인지에 대한 사람들의 생각을 나름대로 잘 반영하고 있는 것으로 보인다. King과 Napa(1998)는 좋은 인생의 의미를 정의하는 중요한 요소들에 대해 평가해 보도록 요구하였다. 이들은 쾌락주의적 행복과 자기실현적 발현성에 모두 관련되는 요인들이 중요하다는 것을 발견하였다. 웰빙에 대한 다양한 측정치들 사이의 관련성을 살펴본 연구들은 행복과 개인적 성장(Compton et al., 1996), 행복과 개인적 발현성(Waterman, 1993), 그리고 행복과 유의미성(McGregor & Little, 1998)과 같이 쾌락주의 관점과 자기실현 관점이 모두 적용될 수 있는 측정치들을 사용하였다는 것을 발견하였다.

연구에서는 두 관점이 개념적으로 서로 구분될 수 있지만, 측정치들은 상당히 서로 많이 관련되어 있다. 그것은 쾌락주의 관점에서 볼 때 행복하고 삶에 만족하는 사람들은 자기실현 관점에서도 자신의 능력이나 강점, 가치, 그리고 내적 잠재력을 발현함으로써 자신의 삶을 의미 있게 생각한다는 사실로부터 기인할 것일 수 있다. 따라서 연구자들이 쾌락주의적 행복을 측정하건, 아니면 자기실현적 행복을 측정하건 상관없이 행복의 양쪽 측면이 모두 반영되는 것이다. 두 가지의 관점을 종합적으로 적용하는 것이 한 가지 관점만으로 접근하는 것보다 웰빙과 행복을 더 잘 설명할 수 있다. 앞으로 쾌락주의 관점에 의한 연구 주도적 접근과 자기실현 관점에 의한 이론 주도적 접근이 통합되어, 인간 행복에 대한 포괄적인 이해가 가능해지기를 기대한다. 웰빙에 대한 쾌락주의 관점과 자기실현 관점은 긍정심리학의 영역 안에서 두 가지의 주제를 던져준다. 하나는 개인적 행복과 삶의 만족에 대한 것이고, 다른 하나는 개인적 의미, 성장, 그리고 긍정적 기능에 대한 것이다. 이 두 가지 관점들에 대해서는 이 책의 여러 곳에서 다시 논의될 것이다.

이 장의 요약문제

1. 긍정심리학의 관점에서 평가해 볼 때 "어떻게 지내?"라는 질문에 대한 국가적 조사 통계치가 갖는 두 가지의 주요 한계점은 무엇인가?

2. a. 행복에 대한 쾌락주의 관점과 자기실현 관점을 비교하고, 우리의 일상에서 우리가 행하는 활동들을 두 가지 관점에 따라 기술하라.
   b. 긍정적 정서와 의미에 대해 Laura King과 동료들이 수행한 연구에서의 주요 측정치, 결과, 그리고 결론을 기술하라.

3. 주관적 안녕감의 세 요소는 무엇인가?

4. Harker와 Keltner는 졸업사진에 나타난 미소의 유형과 나중에 삶의 결과가 어떻게 다른지 검토하였다. '뒤센 미소'와 관련된 주요 결과는 무엇인가? 이 결과를 어떻게 설명할 수 있는가?

5. 장기적 혹은 단기적 시간 간격 연구들은 긍정적 정서와 부정적 정서 사이의 독립성 문제를 어떻게 해결하였는가?

6. 행복한 사람의 긍정적 정서/부정적 정서의 강도와 빈도는 어떠한가?

7. 기억이나 일시적 기분이 자기보고된 주관적 안녕감을 어떻게 왜곡시키는가?

8. 절정-대미 규칙을 정의하고 예를 들어 보라.

9. 경험 표집법이란 무엇이고, 이것이 주관적 안녕감에 대한 전반적 측정치가 갖는 기억과 기분에 의한 왜곡 문제를 어떻게 감소시켜 주는가?

10. 일상 재구성법이란 무엇인가? 이 방법을 사용한 Kahneman과 동료들의 연구의 주요 결과 세 가지는 무엇인가?

11. 주관적 안녕감에 대한 전반적 측정치와 경험 표집법에 의한 측정치 사이의 관계는 무엇인가? 주관적 안녕감에 대한 특질과 상태 사이의 관계는 무엇인가?

12. Carol Ryff에 따르면, 주관적 안녕감에 대한 3요소 쾌락주의 모델에서 빠진 것은 무엇인가?

13. 웰빙에 대한 자기실현 관점의 세 가지 주요 요소들을 기술해 보라.

14. 자기결정 이론에 따르면 웰빙에 필수적인 세 가지 욕구는 무엇인가? 각각의 욕구 충족과 관련된 활동이나 경험을 각각 기술하고 예를 들어 보라.

15. Reis, Gable, 그리고 동료들의 연구에 따르면 대학생들의 '좋은 날'을 만드는 조건은 무엇인가?

16. 자기결정 이론이 기술한 세 가지의 욕구들은 어떻게 특질로도 혹은 상태로도 생각될 수 있는가?

17. 행복에 대한 쾌락주의 관점과 자기실현 관점이 행복을 정의하는 것과 이들이 제시한 행복의 조건에서 어떻게 다른가?

18. 어떻게 쾌락주의 관점과 자기실현 관점이 상호보완적이고 상호 관련되어 있는가?

핵심용어

경험 표집법

고통지수

심리적 안녕감

일상 재구성법

자기결정 이론

자기실현적 행복

전반적 측정치
절정-대미 규칙

주관적 안녕감
쾌락주의적 행복

관련 웹사이트

진정한 행복

www.authentichappiness.sas.upenn.edu 펜실베
이니아 대학의 Martin Seligman의 웹사이트로, 거
의 모든 긍정심리학 측정도구가 온라인으로 제공
된다. 이것을 직접 사용해 보기 위해서는 로그인
과 함께 자신에 대한 간단한 정보를 입력해야 한
다. 언제든지 모든 검사를 통해 평가해 볼 수 있
다. 긍정-부정 정서, 삶의 만족, 그리고 행복에 대
한 검사 및 성격검사가 수록되어 있다.

Diener, 주관적 안녕감과 행복

www.psych.uiuc.edu/~ediener 행복연구가 Ed
Diener의 웹페이지로, 주관적 안녕감 연구에 대한
논문이 수록되어 있다.

심리적 안녕감

www.pychologymatters.org/wellbeing.html 심리
적 안녕감에 대한 미국 심리학회 웹사이트이다.

자기결정 이론

*psych.rochester.edu/SDT/publications/pub_well.
html* 자기결정 이론에 관한 로체스터대학교의
Deci와 Ryan의 html 웹페이지로, 주로 웰빙에 관
한 자기실현적 관점과 관련된 정보가 수록되어
있다.

읽을거리

Kahneman, D., Diener, E., & Schwarz, N. (Eds.). (1999). *Well-being: The foundations of hedonic psychology.* New York: Russell Sage Foundation.

Kahneman, D., Krueger, A. B., Schkade, D. A., Schwarz, N., & Stone, A. A. (2004). A survey method for characterizing daily life experience: The day reconstruction method. *Science, 306,* 1776-1780.

Keyes, C. L. M. (2007). Promoting and protecting mental health and flourishing: A complementary strategy for improving national mental health. *American Psychologist, 62,* 95-108.

Lopez, S. J., & Snyder, C. R. (Eds.). (2003). *Positive psychological assessment: A handbook of models a nd measures.* Washington, DC: American Psychological Association.

Myers, D. G. (1992). *The pursuit of happiness.* New York: Avon Books.

Ryan, R. M., & Deci, E. L. (2000). Self-determination the on and the facilitation of intrinsic motivation, social development, and well-being. *American Psychologist, 55,* 68-78.

Ryan, R. M., & Deci, E. L. (2001). On happiness and human potentials: A review of research on hedonic and eudaimonic well-being. *Annual Review of Psychology, 52,* 141-166.

Ryff, C. D. (1989). Happiness is everything, or is it? Explorations on the meaning of psychological wellbeing. *Journal of Personality and Social Psychology,* 57, 1069-1081.

Ryff, C. D., & Keyes, C. l. M. (1995). The structure of psychological well-being revisited. *Journal of Personality and Social Psychology, 57,* 1069-1081.

Ryff, C. D., & Singer, B. (1998). The contours of positive human health. *Psychological inquiry, 9,* 1-28.

3

긍정적 정서와 웰빙

"악이 선보다 강하다"는 말이 있다. 같은 맥락에서 사람들은 긍정적 정서 상태보다 부정적인 정서 상태에 더 많은 관심을 기울인다. 즐거움이나 만족보다는 불안이라든가 스트레스, 따분함과 같은 정서 상태에 더 관심을 기울이는 것이다(Baummeister, Bratslavsky, Finkenauer, & Vohs, 2001). 부정적인 감정에 주어지는 이러한 차별적인 관심은 지속적인 스트레스가 해로움을 초래한다는 전통적인 의학적 지혜를 깨달으며 강화된다. 사실 만성적인 스트레스 경험은 몸과 마음 모두에 좋지 않다. 대부분의 병원에서 스트레스 감소 프로그램이 시행되고 있다. 또한 상당수의 사람들이 스트레스라든가 다른 부정적 정서를 감소시키려고 노력한다. 우리들은 운동하고 독서하며 친구들과 시간을 보낸다. 영화를 보고 쇼핑을 하며 즐거운 취미생활을 추구하는가 하면 때로 휴가를 즐기기도 한다. 단순히 이런 활동에 내재된 즐거움 때문일 수도 있지만 이에 앞서 부정적인 정서를 상쇄시키는 효과를 염두에 두었을 수도 있다. 일종의 자기처방인 셈이다. 직장에서 힘겨운 한 주를 보낸 후라면, 저녁 때 친구들끼리 만나 노닥거리며 술이나 한 잔 할 생각이 간절하다. 이때 마시는 시원한 맥주 한 잔은 그동안 쌓인 피로와 긴장을 씻어주는 청량제이다. 그런데 직장에서 대단한 한 주를 보냈다면 어떨까? 이런 경우에도 친구들과의 즐거운 저녁시간이 우리들의 웰빙에 좋다고 할 수 있을까? 아니면 그냥 즐겁고 재미있는 시간에 불과한가?

긍정적 정서는 우리들이 심리적으로 어렵건 어렵지 않건 항상 우리에게 이로운 것 같다. 적어도 상당수의 연구들이 시사하는 바는 그렇다(Salovey, Rothman, Detweiler, & Steward, 2000). 즐거운 활동의 가치를 그저 건강을 위한 수단으로 환원시킴으로써 그 의미를 바꾸려는 것으로 오해하지 않기를 바란다. 사실이 그렇다는 뜻이다. 긍정적 정서는 단순히 부정적인 정서의 잠재적인 유해 효과를 상쇄시키는 것을 넘어 신체적, 정신적 건강을 증진시키는 효과를 가지고 있다. 사회적인 지지가 건강에 미치는 영향을 연구해 온 많은 연구자들 역시 비슷한 결론을 내리고 있다. 우리들은 사랑하는 사람의 죽음과 같은 위기나 비극의 순간에 다른 사람으로부터의 지지가 말할 수 없이 도움이 된다는 것을 잘 알고 있다. 요는 가족이나 친구와의 깊은 유대관계가 우리들이 고통에 빠질 때만이 아니라 평소에도 우리들의 전반적인 웰빙 수준을 높이는 토대가 된다는 점이다.

이 장에서 우리들은 긍정적 정서와 웰빙 간의 많은 연결들을 탐색할 것이다. 제2장에서 보았듯이 긍정적 정서는 행복에 대한 쾌락적인 혹은 주관적인 웰빙 개념의 토대이다. 또한 긍정적 정서는 자기실현적 웰빙의 관점에서 기술되는 신체적인 건강, 성공적인 수행, 그리고 심리적 웰빙에 기여한다. 우리들은 긍정적 정서를 적극적으로 개발할 수 있는 몇 가지 방법을 고찰하며 이 장을 끝낼 것이다.

긍정적 정서란 무엇인가

진화적인 유산과 삶을 통한 학습은 우리들에게 풍부한 범위의 정서를 경험할 수 있는 역량을 제공해 왔다. 슬픔이나 행복, 불안, 놀라움, 따분함, 흥분, 위협, 실망, 혐오, 좌절 등은 모두 우리들이 경험할 수 있는 정서들이다. 때로는 새로운 세계에 접하는 달콤함과 오랜 친구로부터 떠나야 하는 쓰라림을 같이 맛볼 수도 있다. 제2장에서 보았듯이 긍정심리학자들은 전형적으로 사람들의 정서경험을 긍정-부정의 차원으로 측정한다. 이러한 이차원적인 요약과 평가는 우리들이 정서를 심리적, 신체적 효과의 측면에서 평가할 때, 정서가 그 다양성에도 불구하고 두 가지 기본적인 형태, 즉 긍정적 정서와 부정적 정서로 요약될 수 있다는 연구에서 비롯되었다. **긍정적 정서**란 기쁨이나 즐거움, 만족, 행복과 같은 정서를 말한다. **부정적 정서**란 분노, 두려움, 슬픔, 죄책감, 혐오와 같은 정서를 말한다. 이차원적 결론을 지지하는 증거의 주요 원천은 다음 두 가지이다.

첫째, 사람들의 자기보고 정서경험을 분석한 결과를 보면, 긍정적 정서와 부정적 정서는 사람의 정서 생활에 기저하고 있는 기본적인 구조를 형성한다(예컨대, Watson, 2002; Watson & Tellegen, 1985; Watson, Wiese, Vaidya, & Tellegen, 1999). 연구들은 또한 사람마다 긍정적 정서와 부정적 정서를 경험하는 수준에서 차이가 있고 이러한 개인차가 성격이나 웰빙의 측정치와 유의하게 관련이 있음을 보이고 있다(보다 자세한 내용은 제9장에 개관되어 있다). 둘째, 생리적인 연구는 긍정적 정서와 부정적 정서가 신경계의 각성, 뇌 활동, 그리고 호르몬이나 신경전달물질이 분비되는 패턴에서 차이가 있음을 보여주었다. 반면 개별적인 긍정적 정서 간에 혹은 부정적 정서 간에는 뚜렷한 차이가 없었다(Barrett, 2006; Cacioppo, Berntson, Larsen, Poehlmann, & Ito, 2000; Larsen, Hemenover, Norris, & Cacioppo, 2003). 즉 우리들의 신체는 정서상태가 긍정적인가 혹은 부정적인가에 따라 달리 반응한다. 하지만 생리적인 수준에서는 지금 화가 났는지, 무서운지, 불안한지를 구분하기 어렵다. 행복한지, 즐거운지, 만족스러운지를 구분하는 것 역시 마찬가지이다. 이들 연구의 주요 이점은 긍정적 정서의 생리적인 기제와 심리적 기능을 확인할 수 있는 잠재력이다. 우리들은 긍정적 정서의 잠재적인 가치에 대한 논의를 긍정적 정서에 대한 Barbara Fredrickson(2001)의 확장-구축 이론으로 시작할 것이다.

이론 초점 : 긍정적 정서의 확장-구축 이론

긍정적 정서에 대한 Barbara Fredrickson(2001)의 확장-구축 이론은 어떻게 긍정적 정서가 신체적, 심리적, 사회적 자원을 구축하는 데 도움이 되는지에 대한 개요를 제공한다. 그녀의 이론은 긍정심리학자들로부터 상당한 주목을 받아왔다. 그 이유는 Fredrickson이 긍정적 정서의 잠재적인 가치를 기술하는 초기 이론의 하나를 제공했기 때문이다. 두려움이나 분노와 같은 부정적인 정서는 진화나 생존과 관련하여 그 끝이 보일 만큼 이해되어 왔다. 부정적 정서의 목적과 영향은 아주 분명해 보인다. 하지만 긍정적 정서는 Fredrickson이 이론을 내놓기 전만 해도 그다지 주목받지 못했을 뿐더러 우리들을 즐겁게 하는 외에 별다른 중요성이 있다고 여겨지지도 않았다. **확장-구축 이론**(broaden-and-build theory)은 긍정적 정서가 어떻게 우리들의 사고와 행동을 새로운 가능성으로 인도하는지, 그리고 이러한 확장이 어떻게 우리들의 웰빙을 촉진하는 신체적, 심리적, 사회적 자원을 구축하는 데 기여하는지를 기술한다.

Fredrickson의 이론적 초점을 이해하려면 두 가지 구분이 중요하다. 첫째, 정동(mood)과 정서(emotion)의 차이다. Fredrickson에 따르면 정동은 정서에 비해 보다 일반적인 개념이다. 정동은 우리들의 전반적인 느낌, 대개 오랜 시간(한 주나 한 달)에 걸친 느낌에 대한 개념을 지칭하기 때문이다. "한 주 내내 기분이 엉망이야"라고 말할 때, 우리들은 자신의 보편적인 정서 상태에 대해 말하고 있다. 반면 정서는 개인적으로 의미 있는 사건에 연결된 일시적인 상태이다. 기말과제에서 'A'를 받아 자랑스러워하는 것은 특정 정서의 표현이다. 쾌 혹은 불쾌로 경험되는(이를테면, 좋은 기분이나 나쁜 기분) 정동과 달리 정서는 흔히 분노나 두려움, 즐거움, 실망 혹은 놀라움과 같이 개별적이고 아주 세부적인 범주로 분류된다. Fredrickson의 이론은 즐거움, 사랑, 흥미, 자랑, 만족과 같은 개별적인 긍정적 정서에 초점을 맞추고 있다. 그녀의 이론에 의하면 긍정적 정서의 효과는 본질적으로 부정적 정서의 효과와 상반된다.

둘째, Fredrickson(2002)은 긍정적 정서가 성적인 만족이라든가 배고플 때의 음식에 대한 만족과 같은 단순한 감각적인 쾌와 혼동되지 말아야 한다고 믿는다. 이들 경험이 긍정적 정서와 연결되어 있음은 확실하다. 하지만 그녀는 감각 경험을 신체적인 욕구에 대한 비교적 자동적인 반응으로 간주한다. 반면, 긍정적 정서는 그 본질에 있어 보다 심리적이다. 또한 긍정적 정서는 신체에 대한 단순한 물리적 자극보다는 개인의 삶에서 그 사건이 갖는 의미나 가치에 의존한다. 다시 말해서, 신체적인 쾌락이 나름대로 이점이 있지만 Fredrickson의 이론은 신체의 쾌락적인 만족에 대한 것이 아니다.

그녀는 긍정적 정서의 가치를 부정적 정서와 대조하여 기술하고 있다. 흔히 분노나 두려움과 같은 부정적 정서의 목적은 특정한 행동경향성과 관련하여 기술된다. 이는 두려움과 같은 특정한 부정적 정서가 특정한 부류의 행동을 하는 경향과 관련 있음을 의미한다. 두려움은 도피에 대한 욕구와 관련 있다. 반면 분노는 공격하거나 싸우려는 욕구와 관련 있다. 그렇다고 사람이 항상 특정한 부정적 정서의 결과로 특정한 행동을 한다는 뜻은 아니다. 부정적 정서로 인해 사고나 가능한 행동들의 초점이 좁혀진다는 뜻이다. 누군가 당신의 기분을 상하게 해서 몹시 화가 났던 얼마 전의 경험을 떠올려 보라. 사고의 초점이 어디에 주어지는가? 대부분 그 혹은 그녀에게, 그리고 당신의 분노에 주어질 것이다. 그녀는 왜 그렇게 말했을까? 어떻게 그런 말을 할 수가 있을까? 당신은 또한 자신이 취할 수 있는 행동에 대해 생각할 것이다. 그럼 나는 어떻게 하면 좋은가? 나의 기분을 어떻게 전달할 것인가? 그녀의 행동이 부당하고 또 나에게 상처를 주었음을 어떻게 설명할 것인가? 당신은 이런 생각을 실천할 수도 있고 하지 않을 수도 있다. 특정 행동경향성이라는 개념의 요점은 생각의 실천 여부가 아니라, 부정적인 정서가 우리들의 사고를 좁히고, 우리들의 가능한 행동범위를 좁힌다는 점이다. 생물학적인 그리고 유전적인 관점에서 볼 때, 이렇게 사고와 행동의 폭을 좁히는 것은 우리들의 생존에 기여한다. 두려움이나 분노와 같은 부정적인 정서를 야기하는 위협적인 사건에 당면했다고 하자. 이때 어떻게 대처할 것인가에 사고의 초점을 두면 보다 즉각적이고 효율적으로 행동할 수 있다. 생존이 위협받는 상황에서, 심각한 위협에 대처하는 데 초점을 두어 재빨리 행동하는 것은 생존 가능성을 높여준다.

반면, 긍정적 정서는 특정 행동경향성 이론과 잘 부합되지는 않는다. Fredrickson이 개관한 연구에 의하면, 즐거움과 같은 정서는 특정하다기보다는 확산적인 사고나 행동과 관련 있다. 긍정적 정서에 대한 그녀의 확장-구축 이론에 의하면 "… 즐거움이나 흥미, 만족, 자존감, 사랑 등을 포함하는 긍정적 정서들은 현상학적으로는 서로 다르다. 하지만 긍정적 정서들은 우리들의 일시적인 사고-행동 레퍼토리를 확장시키고 나아가서 신체적, 지적 자원에서 심리적, 사회적 자원에 이르는 지속적인 개인적인 자원을 구축하는 능력을 공유한다 (Fredrickson, 2001, p. 219)." 부정적 정서의 효과가 보다 구체적이고 단기적이라면, 긍정적 정서의 이로움은 보다 일반적이고 장기적이다. 예를 들어, 즐거움은 놀고, 새로운 가능성을 탐색하며, 창조적인 재능을 표현하고자 하는 욕구를 낳는다. 놀이는 아동발달에서 중요한 활동이다. 신체적인 놀이는 강인함과 스태미너를 길러준다. 재미와 웃음을 포함하는 놀이는 다른 사람과의 긍정적인 관계나 애착을 형성하는 데 도움이 된다. 퍼즐 풀이나 예술적 표현(그림 그리기라든가 가장놀이 등)은 지적, 창의적 재능을 계발하는 데 기여한다.

놀이의 이러한 가능한 효과들은 제각기 신체적 자원, 문제를 해결하고 삶이 주는 도전에 대처하기 위한 심리적 자원, 그리고 다른 사람들의 도움이나 지지 형태의 사회적 자원을 구축한다. Fredrickson은 긍정적 정서가 우리들의 사고-행동 레퍼토리를 확장하고 웰빙을 증진시키는 개인적인 자원들을 구축하는 네 가지 방식을 기술하고 있다(그림 3.1 참조). 증진된 웰빙은 다시 긍정적인 정서경험을 증진시킬 수 있으므로, 건강과 행복의 상향적인 선순환이 가능해질 것이다.

긍정적 정서는 우리들의 사고-행동 레퍼토리를 확장시킨다. 정서유발 상황에 대해 우리들은 어떤 행동을 택해 반응한다. 부정적인 정서는 상황에 대처하는 우리들의 사고-행동 레퍼토리를 축소시키는 경향이 있다. 화가 나거나 두려우면, 우리들은 자기초점적이 되고 자신이 경험하는 정서에서 헤어나지 못하게 된다. 이는 일종의 터널 비전과 같은 결과를 낳아 가능한 모든 대안에 대한 고려를 지나치게 제한한다. 화가 나거나 두려우면, 우리들은 자유롭고 창의적으로 생각하기 어렵다. 반면, 긍정적 정서는 사람들의 사고를 폭넓은 행동의 가능성으로 초대한다. 만족하고 행복할 때, 우리들은 당황할 때와는 달리 그다지 자기초점적이 되지 않는다. 그러므로 상황에 대처하는 보다 다양한 대안과 사고방식을 떠올릴 수 있다. 다음은 긍정적 정서가 이러한 가능성의 '개방'으로 이어질 수 있음을 보이는 한 예이다. Fredrickson과 그녀의 동료들은 연구참가자들에게 정서적으로 부하된 토막 필름들을 보여주었다(Fredrickson, 2001). 토막 필름들은 즐거움, 만족, 분노, 두려움의 네 가지 정서를 유도할 목적으로 선택되었다. 통제조건으로 중성적이고 비정서적인 토막 필름이 사용되었다. 토막 필름을 보고 나서, 참가자들은 토막 필름에 의해 야기된 느낌과 유사한 느낌을 낳는 상황을 생각하도록 요청받았다. 그리고 상상의 상황에 의해 같은 느낌을 경험하게 되면, 바로 그때 하고 싶은 일들을 모두 적도록 요청받았다. 다시 말해서, 그들이 취하고 싶은 행동들을 마음에 떠오르는 대로 모두 적는 것이다. 연구 결과는 확장-구축 이론을 지지하였다. 즐거움과 만족 조건에 있는 사람들은 분노나 두려움 조건의 사람들보다 당장 하고 싶은 일들을 더 많이 기술하였다. 나아가서, 분노나 두려움을 경험하는 사람들은 중성적이고 비정서적인 통제조건의 사람들에 비해서도 바람직한 행동들을 더 적게 확인하였다. 긍정적 정서에서 비롯되는 사고-행동 가능성의 확장은 중요한 삶의 문제를 해결하기 위한 지적 자원을 구축하는 데 도움이 된다. 더 많은 대안을 고려할수록, 보다 효과적인 해결책을 찾을 가능성이 높아지기 때문이다.

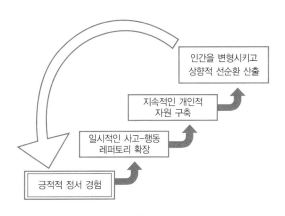

그림 3.1 긍정적 정서의 확장-구축 이론

출처: Fredrickson, B.L. (2002).

긍정적 정서는 부정적 정서를 상쇄시킨다. 긍정적 정서와 부정적 정서는 상반된 효과를 낳는 것 같다. 우리들의 생각이나 가능한 행동들은 부정적 정서에 의해 축소되고, 긍정적 정서에 의해 확장된다. 또한 긍정적 정서와 부정적 정서는 서로 양립하기 어려워 보인다. 이 두 가지 정서를 동시에 경험한다는 것은 상상하기 어렵기 때문이다. 아주 행복하고 동시에 아주 화가 났던 적이 있는가? 즐겁게 슬플 수 있겠는가? 두렵게 이완될 수는? 정서적인 느낌의 조합이 가능할 수는 있다. 그러나 강한 긍정적 정서와 강한 부정적 정서를 동시에 경험하는 것은 생각하기 어렵다.

이러한 양립불가능성을 고려할 때, 긍정적 정서가 부정적 정서의 효과를 상쇄시킬 수 있을까? 이러한 물음에 답하기 위해, Fredrickson과 그녀의 동료들은 긍정적 정서와 부정적 정서가 심혈관에 미치는 효과를 살펴보았다(Fredrickson, 2001). 구체적으로 말해서, 그들은 부정적 정서로 인해 심혈관 활동이 증가된 경우, 긍정적 정서가 그 회복을 촉진시킬 수 있는가의 여부를 결정하는 연구를 설계하였다. 두려움과 같은 부정적인 정서는 심혈관 활동을 증가시킨다. 가능한 '싸움 혹은 도주' 반응에는 골격근의 움직임이 필요한데, 증가된 심혈관 활동은 해당 골격근에 보다 많은 혈액이 흐르도록 한다.

Fredrickson의 어느 한 연구에 당신이 참가한다고 상상해 보라. 연구에 참가하기 위해 나타난 당신은 자신이 왜 좋은 친구인가를 설명하는 연설을 일 분 동안 준비하도록 요청받는다. 당신은 다른 학생들을 청중으로 실제로 연설을 하게 될 것이고, 연설하는 장면은 녹화될 것이다. 예상할 수 있듯이, 준비할 시간을 별로 갖지 못한 채 연설에 나서는 것은 학생들을 매우 불안하고 초조하게 만든다. 이는 심장박동수와 혈압의 측정치로 확인할 수 있다. 연설을 준비할 시간을 가진 다음, 학생들은 네 가지 필름조건의 하나에 할당되었다. 한 집단의 학생들은 정서적으로 중성적인 짧은 필름을 보았다. 두 번째 집단은 가벼운 즐거움을 유도하는 필름을 보았다. 세 번째 집단은 가벼운 만족을 유도하는 필름을 보았다. 그리고 네 번째 집단은 슬픔을 야기하도록 선택된 필름을 보았다. 그리고 연구자들은 학생들의 심혈관 활동이 기저 수준으로 돌아오는 데 몇 분이 걸리는지 측정하였다. 예언된 대로, 즐겁거나 만족스러운 필름조건에 있던 학생들은 중성적이거나 슬픈 조건에 할당된 학생들에 비해 심혈관 활동이 유의하게 빨리 기저수준으로 돌아왔다. 슬픈 필름조건은 회복하는 데 가장 오랜 시간을 요했다. 즐거움과 만족의 경험은 연설준비 과제로 야기된 불안의 심혈관 효과를 상쇄시키는 것으로 보인다.

긍정적 정서는 탄력성을 고양시킨다. 탄력성이란 스트레스를 주는 사건으로부터 회복할 수 있는 능력, 그리고 평정을 찾고 웰빙의 느낌을 얻는 능력을 말한다. 긍정적 정서는 스트레스 경험으로 야기된 부정적인 정서를 상쇄시키는 효과를 통하여 우리들의 탄력성과 대처능력을 향상시킨다. 탄력성과 긍정적 정서와의 관계를 살펴보기 위해, Fredrickson과 동료들(Fredrickson, 2001)은 학생들의 자기보고를 통해 탄력성을 측정하였다. 이들이 사용한 척도는 도전적이고 스트레스를 주는 사건에 직면했을 때 사람들이 얼마나 강인함이나 자신감을 느끼는가를 평가하는 척도였다. 또한 참가자들의 불안과 스트레스를 유도하기 위해 Fredrickson의 연구팀은 앞서 소개한 바 있는 시간-압박 연설준비 과제를 사용하였다. 결과를 보면, 자기보고형 탄력성 측정치에서 높은 수준의 탄력성을 보이는 학생들은 연설을 준비하는 동안 보다 긍정적 정서를 보고하는 경향이 있었다. 그들은 또한 연설과제가 끝났을 때, 기저의 심혈관 기능으로 보다 빨리 회복되었다. 탄력적인 사람들은 부지불식간에 부정적인 정서를 긍정적 정서로 상쇄시키는 것 같다. 스트레스 상황에서 긍정적 정서를 배양하려는 그들의 성향은 탄력성과 효과적인 대처의 원천으로 보인다.

긍정적 정서는 지속적인 자원을 구축하고 웰빙을 향상시킨다. 우울은 부정적 정서와 염세적인 사고를 증가시키는 하향적인 악순환을 낳는다. 부정적 정동은 보다 심한 염세주의를 낳고, 보다 심한 염세주의는 다시금 부정적인 정동을 심화시킨다. 긍정적 정서는 역으로 작용한다. Fredrickson은 긍정적 정서가 웰빙의 상향적 선순환을 낳는다고 제안한다. 앞서 요약하였듯이, 긍정적 정서는 우리들의 시야를 넓혀 주고, 부정적 정서의 효과를 상쇄시키며, 탄력성을 고양시키고, 정서적 웰빙을 향상시킨다. 확장된 시각과 증가된 탄력성은 다시금 긍정적 정서경험을 높인다. 그리고 이러한 패턴이 반복된다. 이는 부정적 정서에서 비롯되는 하향적 악순환에 비견되는 결과이다. 요약해서, 긍정적 정서는 질병에 대처하는 신체적 자원, 스트레스에 대처하는 심리적인 자원, 그리고 거의 모든 삶의 도전들을 다루는 데 중요한 사회적 자원(다른 사람으로부터 심리적인 지지 형태의)을 구축하는 데 도움을 준다. 이제 이러한 세 가지 자원이 신체적인 건강에 갖는 중요성과 아울러 어떻게 긍정적 정서가 이들 자원에 기여하는가를 다룬 몇 가지 구체적인 연구를 살펴보겠다.

긍정적 정서와 건강자원

심각한 질병에 직면했을 때 긍정적인 전망이 얼마나 중요한가에 대하여, 그리고 희망을 잃어버리는 것이 곧 질병과의 전쟁에서 패배를 예언한다는 생각에 대하여 직접 목격하였거나 들어 본 적이 있을 것이다. 희망의 발견과 상실에 대한 안타까운 예로, 다음의 사연을 눈여겨보기로 하자. Jim이라는 이름의 어린 소년이 버킷 림프종이라 불리는 복부암에 시달리고 있었다. 열 살 무렵에 Jim은 화학치료와 방사선치료로 고통스러운 한 해를 보냈다. 하지만 암은 여전히 진행 중이었다. 희망이 사라짐을 느끼는 주치의와는 달리, Jim은 쾌활하였고 미래에 대해서도 낙관적이었다. 그는 커서 의사가 되려고 마음먹고 있다고 말했다. 그의 생명과 다른 아동들의 생명을 위협하는 그 질병의 치유법을 찾아내겠다는 것이다. Jim은 가까운 희망을 머지않아 있을 저명한 전문의의 내방에 두고 있었다. Jim의 사례에 관심을 가진 그 전문의는 학회에 가는 길에 Jim이 입원해 있는 솔트레이크 시에 들르겠다고 약속하였다. Jim은 자신의 증상을 매일매일 기록하였다. 그리고 그 기록이 이제 내방할

전문의에게 자신의 병을 치료할 수 있는 방도를 찾게 해 주리라고 기대하였다. 전문의가 Jim을 방문하기로 한 날, 솔트레이크 시 공항에 낀 짙은 안개로 인해 그 전문의는 학회 장소로 직행할 수밖에 없었다. Jim은 그 소식을 듣고 조용히 흐느꼈다. 노곤함이 과거의 홍분과 낙관주의를 대신하였다. 다음날 아침 그는 고열과 폐렴에 시달렸다. 그리고 저녁에 혼수상태에 빠졌다가 그 다음날 오후에 죽었다(Visintainer & Seligman, 1983). 우리들은 질병에 직면하여 처음 Jim이 보여준 탄력성이 낙관주의와 미래에 대한 희망에서 비롯되었으리라고 쉽게 짐작할 수 있다. 마찬가지로 그의 급격한 쇄락과 죽음이 적어도 부분적으로는 희망의 상실에서 비롯되었음을 믿지 않을 수 없다.

널리 애독되는 『어떤 질병의 해부(Anatomy of an illness)』에서 Norman Counsins(1979)은 자신이 강직성 척추염으로 인한 고통을 견디기 위해 어떻게 웃음을 사용했는지 기술하고 있다. 강직성 척추염은 관절과 척추의 연결조직에 염증을 일으키는 병이다. 고통스러움은 말할 것도 없고 생명에도 위협을 줄 수 있는 상황이었다. 침대에 누워 지내는 병원생활에 질린 그는 자의로 퇴원을 하고 모텔 생활을 시작하였다. 그리고 모텔에서 자기가 가장 좋아하는 마르크스 형제의 코미디 영화들을 보았다. 그는 자신의 경이로운 회복을 웃음의 치료적인 힘에 돌렸다. 그의 설명에 따르면, 10분의 웃음은 그에게 두 시간의 고통 없는 수면을 선사하였으며, 또한 감염된 신체부위의 염증을 감소시켰다.

수년간 이와 같은 이야기는 단지 이야기일 뿐이었다. 홍미를 끌지만 과학적으로 지지되거나 이해받지 못하는 일화적인 설명이었다. 오늘날, 압도적인 증거들이 정서가 우리들의 건강에 영향을 미친다는 것을 보여주고 있다. 정서와 웰빙을 연결하는 다중적인 경로와 기제를 명료화하기 위한 연구들이 시작되고 있다. Salovey와 동료들(2000)은 이제 싹트고 있는 정서와 건강에 대한 연구들에 작업가설로 간주될 수 있는 견해를 제시하였다. "부정적인 상태에 대한 자료들이 보다 풍부하긴 하지만, 일반적으로 부정적 정서 상태는 심혈관 활동이나 면역계의 건강하지 못한 생리적 기능패턴과 관련 있고, 반면 긍정적 정서 상태는 보다 건강한 패턴과 관련 있다"(Salovey et al., 2000, p. 111). 이들 저자들은 또한 정서 상태와 건강 간의 연결을 맡고 있는 기제들이 복합적이라는 점과 아직 이해의 시작 단계에 있음을 언급하고 있다. 이들 기제는 다중적인 상호작용 시스템과 변인들을 포함하고 있다. 따라서 인과관계를 구체적으로 설명하기 어렵다. 하지만 많은 연구들로부터 얻어진 결과들(Koenig & Cohen, 2002), 부정적 정서와 긍정적 정서의 차별적인 효과를 다루는 이론들(Fredrickson, 2001), 그리고 여러 연구자들(Folkman & Tedlie Moskowitz, 2000; Isen, 2002; Ray, 2004; Ryff & Singer, 2002; Taylor, Dickerson, & Cousino Klein, 2002)의 의견들은 Salovey와 동료들의 일반적인 진술을 지지하는 쪽으로 모아지고 있다. 부정적 정서나 긍정적 정서는 우리들의 건강을 증진시키거나 저하시키는 다양한 신체적, 심리적, 사회적 변화를 가동시킬 수 있는 잠재력이 있다.

연구들은 정서가 건강에 영향을 미칠 수 있는 다양한 경로들을 기술해 왔다. Fredrickson의 이론에 따라, 우리들은 이들 경로를 심리적 자원, 신체적 자원, 사회적 자원과 관련 있다고 분류할 수 있다. 신체적인 자원은 신체적 건강과 온전함, 그리고 질병에 대한 신체의 방어능력의 강도를 포함한다. 심리적 자원은 스트레스 경험에 대처하는 개인반응의 효율성, 그리고 삶의 도전에 직면하여 강인함과 탄력성을 제공하는 개인의 자질을 포함한다. 사회적 자원은 필요시에 지지를 제공하는 대인관계의 양과 질을 포함한다. 이들 각 자원의 강도는 우리들의 건강에 영향을 미치는 것으로 알려지고 있다. 우리들 논의의 기본 가정은 긍정적 정서가 건강자원의 향상에 기여하고 부정적 정서가 자원의 고갈에 기여한다는 것이다. 건강심리학의 영역에는 건강에 미치는 부정적 정서의 역효과에 초점을 둔 문헌들이 광범위하게 있다(Taylor & Sherman, 2004). 반면 긍정심리학의 연구는, 건강을 증진시키는 자원을 구축하고 왜 어떤 자원이 다른 자원보다 효과적인가를 설명하는 데 있어, 긍정적 정서의 가치를 이제 막 지지하기 시작하고 있다. 긍정적 정서는 우리들의 면역계를 향상시킴으로써 신체적인 자원에 기여할 것이다. 긍정적 정서는 스트레스의 해로운 효과를 상쇄시키거나 완화시킴으로써 심리적인 자원에 기여할 것이다. 긍정적 정서는 또한 긍정적 정서를 증진시키는 것으로 보이는 낙관주의나 자기존중감과 같은 어떤 개인적인 특성이나 신념이 왜 보다 나은 건강과 관련 있는가를 설명하는 데 도움을 줄 것이다. 끝으로, 긍정적 정서는 지지적인 사회관계의 개발과 유지를 촉진시킴으로써 개인의 사회적 자원을 고양시킬 것이다.

신체적 자원

우리들의 건강에 중요한 신체적, 생물학적 자원은 정신신경면역학 분야에서 연구되는 상호작용하는 네 가지 체계를 포함하고 있다. 뇌, 전체로서의 신경계, 내분비계, 그리고 면역계이다(Maier, Watkins, & Fleshner, 1994). 이들 체계들이 서로 연결되어 있듯이, 몸과 마음도 서로 영향을 주고받는다. 청중들 앞서 연설을 할 때, 불안이라는 심리적 상태로 인해 손바닥에 땀이 나고 입이 마르는 신체적인 경험을 하게 된다. 이는 마음이 몸에 영향을 주는 일상적인 예이다. 그리고 당신이 지난번 감기에 걸렸을 때 정서적으로 어떻게 느꼈는지 회상해 본다면, 몸이 어떻게 마음에 영향을 주는지 알 것이다. '어떻게 마음이 몸을 상하게 하거나 치유하는가?' 라는 제목의 최근 논문에서 Ray(2004)는 이들 네 체계 내에서 신체적, 생화학적 과정을 탐구한 연구들에 의하면 "경험이 우리들의 뇌와 사고를 변화시키듯, 다시 말해서 우리들의 마음을 변화시키듯, 우리들은 우리의 생물학을 바꾸고 있다"(p. 32)는 결론이 가능하다고 주장한다.

많은 연구자들이 정서가 건강에 영향을 미치는 주요 경로로 면역계를 주목해 왔다. 면역계의 일차적인 목적은 우리들을 아프게 할 수 있는 병원체를 파괴하거나 무력화시키는 것이다. 여기에는 특수화된 여러 생화학적 과정, 호르몬 과정, 그리고 세포 과정들이 관여되어 있다. 예로, T 세포는 병원체를 확인하고 급속히 배가되어 침입자를 죽인다. 자연 살해 세포(NK 세포)는 신체 내로 들어오는 이물질은 무엇이건 공격한다. 연구자들은 면역계의 상대적인 상태를 면역계 기능의 다양한 측면들의 수준을 측정함으로써 평가할 수 있다. 이를테면 T 세포나 NK 세포, 스트레스 호르몬, 상이한 바이러스에 대한 항체의 생성 수준 등이다(이에 대한 개관은 Koenig & Cohen, 2002를 보라). 부정적 정서는 이들 측정 가능한 면역계의 산출물을 억제하고, 반면 긍정적 정서는 산출물을 고양시키는 것으로 보인다. 이는 정서가 우리들의 건강에 영향을 미치는 경로에 대한 하나의 증거를 제공한다.

스트레스가 어떻게 면역계의 기능을 억제하는지 보여주는 상당수의 연구들이 있다(Cohen, 2002; Friedman & Booth-Kewley, 1987; Rabin, 2002). 일부 명백한 증거들은 개인의 스트레스 수준을 측정하고, 면역기능을 모니터하고, 그리고 시간에 걸쳐 건강을 추적한 연구들로부터 얻어졌다. 의과대학 1학년 학생들을 대상으로 시험이 면역계에 미치는 영향을 살펴본 연구는 좋은 예이다(Kiecolt-Glaser & Glaser, 1987). 방학이 막 끝나고 시험이 없을 때, 학생들의 스트레스와 면역기능의 기저수준이 측정되었다. 이어서 중요한 시험기간에 똑같은 측정치들이 얻어졌다. 연구자들은 시험기간에 학생들의 스트레스 수준이 증가함에 따라 면역계 기능의 효율성이 감소함을 발견하였다(이는 NK 세포의 감소로 입증되었다). 학생들은 또한 같은 시험기간에 호흡기 감염 등 보다 많은 질환을 보고하였다.

스트레스와 면역기능 간의 관계를 본 연구는 무수히 많다. 이에 더해, 부정적 정동이 면역계 활동을 낮출 수 있음을 보여주는 연구도 있다. 임상적 우울과 우울한 정동, 그리고 감소된 면역반응은 서로 강하게 연관되어 있다(Cohen & Rodriguez, 1995; Herbert & Cohen, 1993). 우울한 사람들은 보다 질병에 걸리기 쉽다. 만성적인 우울로 인해 신체의 방어기능이 감소되기 때문이다. 통제된 실험실 연구도 부정적 정서 상태의 해로운 효과에 대한 증거를 제시하고 있다. 예로, 호흡기 바이러스에 노출된 경우, 노출 당시 부정적 정동 상태에 있던 사람들은 긍정적 정동 상태에 있던 사람들에 비해 보다 심각한 호흡기 증상들을 보였다(Cohen et al., 1995).

긍정적 정서가 면역계에 미치는 영향을 다룬 연구는 훨씬 적다. 연구 결과가 전적으로 일관성이 있는 것도 아니다. 하지만 현재까지의 결과들은 긍정적 정서가 스트레스나 부정적 정서와 어느 정도 상반된 효과를 보인다는 것을 강하게 시사하고 있다. 예로, Stone과 그의 동료들은 일상적인 기분과 항체 생성 간의 관계를 살펴보았다(Stone et al., 1994). 48명의 성인 남자들이 12주 동안에 매일 일기를 기록하였다. 그들은 직장과 집, 그리고 레저 활동에서의 경험과 기분을 기록하였다. 또한 배우자와 친구, 그리고 아이들과의 관계에서의 경험과 기분도 기록하였다. 참가자들은 매일 알약으로 된 무해한 단백질 항원을 12주간 복용하였다(항원은 면역반응을 야기하는 물질이다. 구체적으로 말해서, 신체는 항원에 대해 항체를 생성함으로써 반응한다. 생성된 항체는 병원체의 침입으로부터 방어하는 것을 돕는다). 참가자들은 항체가 생성된 수준을 측정하기 위해 매일 타액 표본을 제출하였다. 참가자들의 기분과 항원에 대한 반응 간에는 명백한 상관이 있었다(항원에 대한 반응은 생성된 항체로 측정되었다). 주어진 하루 동안 참가자들이 긍정적 사건들을 많이 경험할수록 보다 많은 항체가 형성되었다. 또한 부정적 사건들을 많이 경험할수록 더 적은 항체가 생성되었다. 물론 이 연구는 면역기능의 한 가지 측면만을 측정하였다. 그리고 질병을 야기하지 않는 항원을 사용하였다. 하지만 결과는 긍정적 그리고 부정적 정서가 면역계에 상반된 영향을 미침을 시사한다.

웃음은 보다 표현적인 긍정적 정서의 하나이다. 웃음 역시 면역계의 긍정적인 변화와 관련 있다. 또한 질병으로부터의 보다 나은 회복과도 관련이 있다. Lefcourt(2002)에 의해 개관된 연구들은 유머와 웃음이 항체와 NK 세포의 생성을 증가시킴을 보이고 있다. 또한 유머는 암과 같은 심각한 질병에 대처하는 데 도움을 주었다. 유머러스한 비디오테이프에 의해 유도되는 웃음이 타액 면역 글로불린 A(S-IgA)의 유의한 증가를 초래함이 밝혀졌다(Dillon, Minchoff, & Baker, 1985). S-IgA는 감기에 대한 신체의 일차 방어선으로 간주되고 있는 항체이다. 다른 연구에서, 빌 코스비 코미디 프로그램을 본 사람들 역시 유사한 긍정적인 면역계 효과를 보였다(Lefcourt, Davidson, & Kueneman, 1990).

긍정적 정서의 이로운 효과를 지지하고 명료화하려면 훨씬 더 많은 연구들이 필요하다. 여기서의 쟁점은 심리적으로나 생리적으로 아주 복합적이다. 최근의 개관은 긍정적 정동의 일반적인 가치가 "고무적이지만 단정적이지는 않다"고 결론을 내리고 있다(Pressman & Cohen, 2005, p. 963). 이들 연구자들은 긍정적 정서와 자기보고된 질병 증상의 감소, 동통 수준의 감소, 그리고 보다 나은 건강을 연결하는 상당한 증거가 있음을 언급하였다. 긍정적 정서와 면역계 기능의 향상이나 수명 연장을 연결하는 시사적인 증거들도 있다. 하지만 어떤 유형의 암에서와 같이 빨리 진행되고 사망률이 높은 질환에서는 긍정적 정서가 실제로 해로울 수도 있음을 시사하는 연구도 있다. 낙관적인 전망은 증상들을 무시하거나 비현실적인 기대를 갖도록 함으로써 정작 필요한 의학적인 관심을 회피하게 할 수 있다(Salovey et al., 2000).

긍정적 정서는 분명히 만병을 통치하는 마법탄환이 아니다. 긍정적 정서에 대한 마지막 말은 미래의 그리고 잘 통제된 연구를 기다리고 있다. 그러므로 우리들은 다소 조심스럽게 결론을 내려야 한다. 최소한, 증거들은 일반적으로 행복하고 기쁨이 넘치는 사람들이(그것이 즐거운 경험의 결과이건, 유머 감각의 결과이건, 개인의 기질이건, 아니면 긍정적 태도를 적극적으로 개발한 결과이건) 일반적으로 슬프고, 불행하고, 염세적이고, 유머가 없는 사람들에 비해 건강에서 크게 도움을 받고 있음을 강하게 시사한다(Lyubomirsky, King, & Diener, 2005). '수녀 연구'(Danner, Snowdon, & Friesen, 2001, 제2장에서 개관됨)에서 좀 더 쾌활한 수녀들의 수명 연장은 의심할 여지없이 여러 요인들의 복합적인 상호작용의 결과이다. 하지만 이들 요인들의 상당수가 수녀들의 쾌활하고 긍정적인 성향과 관련 있을 것이다. 쾌활한 태도는 면역계에 미치는 잠재적인 효과에 더하여, 수녀들로 하여금 스트레스 경험에 대처하도록 돕고, 자신의 건강을 더 잘 챙기도록 하며, 다른 사람들과 보다 지지적인 관계를 맺도록 한다. 다음 절의 내용은 스트레스에 대처하는 심리적 자원으로서의 긍정적 정서에 대한 것이다. 아울러 어떻게 긍정적 정서가 건강에서의 이로움과 관련된 개인적 특성의 중요성을 설명하는 데 도움이 되는지 다루고 있다.

심리적 자원

긍정적 정서와 스트레스에 대처하기 건강에 위협을 주는 스트레스에 대한 지식은 스트레스를 줄이고 건강을 증진시키는 대처행동에 대한 상당한 연구들을 불러일으켰다(Somerfield & McCrae, 2000). 스트레스를 다루는 심리적 자원은 스트레스를 주는 경험을 감소 혹은 상쇄시키려는 우리들의 지적, 행동적, 정서적인 노력의 강점과 효율성을 포함한다. 여러 요인들이 스트레스에 대처하는 방식에 영향을 미친다. 대처행동은 종종 두 개의 일반적인 범주로 구분된다. 문제초점 대처와 정서초점 대처이다(Lazarus & Folkman, 1984). **문제초점 대처**(proldem-focused coping)는 스트레스의 원천을 변화, 감소 혹은 제거시키려는 행동을 포함한다. 이를테면, 다른 사람의 구체적인 도움을 구하거나, 스트레스를 주는 삶의 상황을 변화시키려고 행동을 취하거나, 혹은 다른 대안을 알아보려고 정보를 얻거나 평가하는 것을 말한다. **정서초점 대처**(emotion-focused coping)는 스트레스를 주는 경험에 대한 개인의 반응을 변화 혹은 감소시키려는 시도를 포함한다. 정서초점 대처의 예로 문제의 회피나 부정, 다른 사람으로부터 정서적인 지지추구, 스트레스를 완화시키려는 정서적 표출, '감사할 것들을 헤아리기'와 같은 긍정적인 혼잣말 등이 있다(대처행동에 대한 최근의 메타분석적 개관에 대해서는 Tamres, Janicki, & Helgeson, 2002를 보라).

Aspinwall과 Taylor(1997)는 예방적 대처라는 세 번째 범주를 제안하였다. **예방적 대처**(proactive coping)는 스트레스가 생기는 것을 사전에 차단하려는 노력을 말한다. 이를테면, 심각한 질병의 조짐이 될 수도 있는 증상을 처음 알아차렸을 때, 증상이 없어지길 바라면서 증상에 대해서 걱정하거나 정말로 심각한 질병에 걸릴 때까지 기다리지 않고 바로 의사를 찾아가는 것이다. 마감시간 전에 기말보고서를 마치는 것도 예방적 대처의 한 예이다. 당신은 이제 "내일까지야!"라는 스트레스를 주는 느낌을 피하게 한다.

긍정적 정서가 대처자원으로 체계적인 주목을 받게 된 것은 최근의 일이다. 대처에 대한 연구는 스트레스를 주는 경험에 의해 야기되는 정서적인 괴로움을 감소 또는 제거하는 방법을 강구하는 데 우선적인 초점을 두어왔다. 스트레스에 대처하고 심리적 자원을 강화하는 데 있어 긍정적 정서의 가능한 역할에 대해서는 관심이 훨씬 덜 주어졌다. 하지만 일부 저명한 대처 연구자들이 대처에서 긍정적 정서의 가치를 고려하면서 상황이 변하기 시작했다(Aspinwall, 1998; Hobfoll, 1989; Lazalus, 2000; Somerfield & McCrae, 2000; Vaillant, 2000). Folkman과 Tedlie Moskowitz(2000)는 긍정적 정서가 스트레스와 삶의 외상에 대처하는 데 중요한 역할을 한다고 주장하였다. 그들은 긍정적 정서가 심리적 고통과 함께 발생할 수 있으며, 심지어 사랑하는 사람이 암으로 진단되는 것과 같은 아주 충격적인 생활 상황에서도 그럴 수 있다는 것을 보여주는 연구들을 개관하였다. 역경에도 불구하고 사람들은 같이 웃을 수 있는 방도를 찾고, 기억을 공유하는 것을 즐기며, 긍정적인 삶의 교훈을 얻는다. 긍정적인 정서경험은 고통의 와중에서도 스트레스의 부정적인 효과를 완충시키거나 감소시킴으로써 이득을 주는 것 같다. 긍정적 정서는 낙관주의나 희망, 자신감을 증진시킴으로써 고갈된 심리적 자원을 북돋울 수 있다. 또한 면역기능을 향상시키는 신체적인 자원에도 기여할 것이다. 대처 자원으로서 긍정적 정동의 역할을 연구한 연구는 이러한 가능성들을 지지한다.

연구는 긍정적 정동이 스트레스를 주거나, 위협적이거나, 혹은 골치 아픈 상황에 대처하는 데 도움을 주는 몇 가지 방식을 확인해 왔다(이에 대한 개관은 Aspinwall, 1998; Hobfoll, 1989; Isen, 2002, 2003을 보라). 일반적으로, 긍정적 정동을 경험하는 사람들은 보다 예방적인 대처방식과 대처기술들을 보이는 경향이 있다(Aspinwall & Taylor, 1997). 긍정적 정동은 사람들로 하여금 일이 벌어진 다음에 어떻게 대처할 것인가보다는 그러한 상황을 어떻게 미연에 방지할 것인가에 대해 생각하도록 한다. 긍정적 정동을 경험하는 사람들은 또한 문제 해결에 있어서 보다 유연하고 창의적이다. 예로, 의과대학 학생들의 긍정적 정동은 향상된 의학적 진단능력과 아울러 다른 대안적인 진단을 수용하고 유연하게 고려하는 태도와 관련 있었다(Estrada, Isen, & Young, 1997). 긍정적 정동 상태는 사람들로 하여금 비판이나 자아상에 위협적인 정보에 대해 덜 방어적으로 만든다(Trope & Pomerantz, 1998). 나아가, 긍정적 정동을 경험하는 사람들은 그들의 신념이나 선입견과 일치하지 않는 그런 정보들을 부정하거나 왜곡할 가능성이 적다(Estrada et al., 1997). 이런 결과들은 긍정적 정서가 삶의 도전에 대처하는 우리들의 심리적인 자원에 기여함을 확증한다.

응용 초점 : 부정적 상황에서 긍정적 정서를 발견하기

앞서 언급하였듯이, 심각한 질병에 직면한 사람들은 놀라울 정도로 자주 긍정적 정서의 경험을 보고한다. 어떻게 사람들은 부정적인 상황에서 긍정적 정서를 발견하는가? 우리들은 우리들의 웰빙을 높이기 위해, 그리고 삶의 도전적인 사건을 다룰 수 있는 능력을 향상시키기 위해 긍정적 정서를 적극적으로 개발할 수 있는가? AIDS 환자를 간호하는 사람들에 대한 종단 연구에 근거하여 Folkman과 Tedlie Moskowitz(2000)는 긍정적 정서를 낳는 세 가지 유형의 대처에 대해서 기술하였다. 즉 긍정적 재평가, 목표지향적인 문제초점 대처, 그리고 일상적인 사건들을 긍정적인 의미로 채우기이다. 이 세 가지 대처양식들이 아래에 탐색될 것이다.

긍정적 재평가   긍정적 재평가란 문제를 보다 긍정적인 맥락에서 재구성하는 인지적인 전략을 말한다. 당신이 어떠한 상황에 있건, 그것은 더 나빠질 수도 있었다. AIDS로 죽은 사랑하는 사람의 죽음에 직면해서도 감사하고 가치를 두어야 될 무언가가 있는 것이다. AIDS로 죽어가는 사람을 간호하는 데서 오는 스트레스나 정서적인 고통에도 불구하고, 보호자들은 그들의 노력과 관련된 긍정적인 느낌들을 보고하였다(Folkman & Tedlie Moskowitz, 2000). 그들은 간호에 대한 그들의 헌신이 배우자에 대한 사랑의 깊이를 표현하는 것으로 여겼으며, 그들의 노력이 그들 배우자의 존엄성을 유지시켜 왔다고 믿었다. 그들은 자신들의 노력이 가치와 보람이 있다고 믿었다. 이러한 긍정적인 재평가는 긍정적인 정동의 증가와 관련 있어 보인다. 탄력성을 다루는 다음 장에서, 우리들은 외상적이고 고통스러운 상황에 직면한 사람들이 어떻게 긍정적인 경험을 개발하고, 개인적인 의미를 찾고, 이로움을 얻는지를 보여주는 연구를 개관할 것이다.

문제초점 대처   문제초점 대처란 고통스러운 상황이 주는 심리적인 어려움을 감소시키기 위해 취해지는 행동들을 말한다. 임종질환의 경우, 상황을 통제할 수 없는 만큼 아무런 행동도 취할 수 없는 것처럼 보인다. 이것이 바로 임종질환이 고통스러운 이유이다. 하지만 AIDS 보호자들에 대한 연구에서, Folkman과 Tedlie Moskowitz(2000)는 사람들이 최종적인 결과를 통제할 수는 없다 해도 무기력하거나 수동적인 자세를 취하지 않음을 발견하였다. 그 대신, 보호자들은 그들이 해결할 수 있는 보다 작은 문제에 초점을 두었다. 이를테면, 연인이나 배우자가 보다 편하도록 생활배치를 바꾼다거나, 계획된 외출 준비를 하거나, 시간에 맞춰 투약을 하거나, 음식을 장만하거나, 아니면 여가활동을 계획하는 것 등이다. 이러한 활동은 긍정적인 재평가처럼 높은 수준의 긍정적 정서와 관련 있었다. 더구나, 일상적인 간호활동에서 접하는 문제를 해결하는 것은 개인적인 효능감이나 지배감, 통제감에 기여하였다.

일상적인 활동에 긍정적인 의미를 불어넣기 Folkman과 Tedlie Moskowitz(2000)는 AIDS 환자의 보호자들에게 어떻게 했을 때 기분이 좋고, 개인적으로 의미 있으며, 하루를 보내는 데 도움이 되었는지 물었다. 놀랍게도 이러한 질문이 던져진 1,700건의 면담에서, 99.5%의 참여자들은 긍정적인 사건을 회상하거나 보고하였다. 이들 사건의 상당수는 상대방을 위하여 특별한 음식을 준비한다거나 아니면 친구들과 함께 지내는 등 아주 일상적인 것이었다. 하지만 긍정적인 사건을 위한 적극적인 계획과 상대방에게 제공할 수 있는 편안함은 보호자들에게 긍정적인 느낌과 아울러 목적의식이나 개인적인 의미를 느끼도록 해 주었다. 보호자들은 또한 계획에 없던 사건이나 경험도 보고했다. 이를테면, 사소한 일로 칭찬을 받는다거나 우연히 아름다운 꽃을 마주하는 것과 같은 일이다. 이러한 사건들은 일상적인 간호에 활기와 상쾌한 느낌을 더해 준다. 긍정적인 의미가 더해진 각각의 일상적인 활동들은 긍정적인 느낌을 낳고, 보호자로 하여금 그런 기분으로 그 하루를 보낼 수 있게 해 준다.

긍정적인 특성과 건강 심리적인 자원에 대한 긍정적 정서의 기여는 긍정적 정서를 낳는 개인적인 자질이나 경험, 혹은 활동은 그 무엇이건 건강에 도움을 줄 수 있음을 시사한다. 우리들이 스트레스를 주는 경험에 직면했을 때는 더욱 그렇다. 긍정적 정서는 쾌활한 기질과 같이 그것이 지속적인 개인적 자질(특성)에서 생긴 것이건, 즐거운 취미활동과 같이 일상적으로 익숙한 활동(상태)에서 생긴 것이건, 혹은 좋지 않은 상황에서 밝은 면을 보는 대처전략에서 비롯된 것이건, 모두 우리들의 건강을 증진시키는 잠재력이 있다. 연구는 건강증진과 관련된 무수한 특성들을 확인해 왔다. 예로, 낙관주의, 자기존중감, 탄력성, 정서적 표현은 모두 긍정적인 건강 산출과 관련되어 왔다(긍정적인 특성에 대해서는 제9장에서 충분히 논의될 것이다). 현 시점에서, 심리학자들은 이들 특성에 의한 긍정적인 건강이득을 긍정적 정서의 역할과 연결시키는 직접적인 증거를 가지고 있지 않다. 하지만, 긍정적 정서의 잠재적인 기여에 대해 인식이 점증하고 있다(Aspinwall, 1998; Fredricson, 2001; Hobfoll, 1989; Salovey et al., 2000).

자기존중감이 높은 사람은 전형적으로 스스로에 대해서 좋게 느끼며, 긍정적인 자기 가치감을 가지고 있다. Myers(1992)는 자기존중감이 개인적인 행복에 대한 가장 좋은 예언인자의 하나라고 주장하였다. 만약 당신이 스스로에 대해서 좋게 느낀다면 그만큼 당신은 자신의 삶에 대해 행복을 느낄 가능성이 높다. 자기존중감에 대한 저명한 이론의 하나인 자기확증 이론(Steele, 1998)에서는 자기존중감을 도전적인 상황에서 사람이 꺼내 쓸 수 있는 심리적 자원으로 본다. 삶이 우리들의 자기상에 일격을 가할 때, 높은 자기존중감은 우리들을 다시 일어서게 하고, 일상으로 회복시키고, 긍정적인 자기상을 유지시킨다. 자기존중감은 '은행에 저축한 돈'과 같다. 저축이 충분하다면, 50만 원 정도의 차 수리비용은 그다지 경제적인 부담이 되지 않을 것이다. 그러나 잔고가 바닥이 났다면, 이 같은 금액은 커다란 문제를 야기할 수도 있다. 자기존중감이 높은 사람은 자기존중감이 낮은 사람들에 비해 일반적으로 보다 행복하고, 스트레스를 주는 상황을 더 잘 견딘다. 이들은 쉽게 우울에 빠지지 않고, 보다 건강한 삶을 영위한다(Antonucci & Jackson, 1983; Crocker & Luthanen, 2003; Crocker Park, 2004; Hobfoll & Lieberman, 1987; Kernis, 2003a, 2003b, 2003c; Myers, 1992). 왜 자기존중감과 긍정적 정서가 가치 있는 심리적인 자원인가에 대해서는 자기존중감과 개인적 행복 간의 강한 관계라든가 스트레스에 대처하는 데 있어 긍정적 정서의 이로운 역할 등 여러 가지 이유가 있다.

긍정적 정서는 또한 낙관주의와 건강과의 관계에서도 역할을 한다. 낙관주의와 비관주의는 미래에 대한 일반적인 기대이다. 낙관주의자들은 보다 좋은 일이 일어날 것으로 기대한다. 반면, 비관주의자는 보다 나쁜 일이 일어날 것으로 기대한다(Caver & Scheier, 2002a). "잔이 반쯤 비어 있는가 아니면 아직도 반이 남아 있는가?"라는 물음에 대한 답변은 낙관적 전망과 비관적 전망 간의 근본적인 차이를 보여준다.

수많은 연구들이 비관주의자들에 비해 낙관주의자들이 보다 나은 건강을 유지함을 보여준다(Affleck, Tennen, & Apter, 2002; Peterson & Bosio, 1991; Scheier & Caver, & Bridges, 2001; Seligman, 1990). 예로, 낙관적인 대학생들은 보다 비관적인 급우들에 비해 지난 1년 동안에 감기나 인후염, 유행성 질환에 덜 걸렸다. 보다 오랜 기간에 걸친 대규모의 연구 결과는 낙관주의나 비관주의가 건강에 미치는 영향에 대해 강한 지지를 제공한다. 보스턴에 살고 있는 1,300명의 남자를 대상으로 10년에 걸쳐 연구한 결과를 보면 낙관주의자들은 보다 비관적인 상대방에 비해 심혈관 질환에 걸릴 가능성이 50% 낮았다(Kubzansky, Sparrow, Volkonas, & Kwachi, 2001). Peterson과 그의 동료들(Peterson, Seligman, & Vaillant, 1988)은 하버드 대학을 졸업한 남자집단을 35년 후에 추수연구하는 전망적인 연구를 수행하였다. 결과를 보면, 낙관주의자들이 비관주의적인 동창들에 비해 유의하게 더 건강했다.

낙관주의와 건강과의 관계를 어떻게 설명할 것인가? 자기존중감과 같은 다양한 요인들이 관련된 것으로 보인다. 낙관주의자는 주기적으로 의사를 방문하는 계획을 세운다거나 건강과 관련된 정보를 모으고 반응하는 등 예방적인 행동을 더 잘할 것이다.

최근의 연구는 낙관주의자들이 비관주의자들에 비해 스트레스 상황에서 보다 강한 면역반응을 보여줌을 시사한다(Segerstrom, Taylor, Kemeny, & Fahey, 1998). 낙관주의와 긍정적 정서 간의 연결은 낙관주의자들이 좋은 결과를 예측한다는 사실에서 시사된다. 이러한 태도는 마음이 긍정적인 상태를 유지하도록 돕는다. 그리고 긍정적인 마음은 스트레스나 질병에 시달릴 때 유용한 자원이 된다. 연구들은 낙관주의자들이 비관주의자들보다 스트레스에 효율적으로 대처함을 보여준다(Scheier & Caver, 1992). 긍정적 정서가 이러한 결과의 부분적인 이유일 것이다. 낙관주의는 또한 행복이라든가 삶의 만족과 강하게 상관된다(Myers, 1992; Scheier & Caver, 1992). 낙관적인 사람들은 쾌활하고, 행복하고, 그들의 삶에 만족하는 경향이 있다. 낙관주의로 인해 긍정적 정서 상태를 보다 자주 경험하게 된다면, 이 또한 낙관적인 태도가 건강이득을 주는 이유가 될 것이다.

이 외에도 건강이나 긍정적 정서와 유사한 관계를 보여주는 특성이나 상태는 무수히 많다. 예로, 유머 감각, 희망, 외향성, 삶의 결과를 통제할 수 있으리라는 신념, 다른 사람에 대한 용서 등이 있다. 이 모두 건강이나 행복과 정적으로 관련된 것들이다(개관을 위해 Lopez & Snyder, 2003; Myers, 1992; Snyder & Lopez, 2002를 보라). 우리들의 이해가 시작 단계에 있지만, 긍정적 정서가 자기존중감이나 낙관주의 이득을 설명하는 데 도움이 되었듯이, 이들 관계에 긍정적 정서가 어떤 역할을 한다고 시사하는 것은 타당해 보인다. 물론 우리들의 건강에 영향을 주는 복합적인 요인들을 고려할 때, 긍정적 정서가 모든 것을 말하지는 않는다. 긍정심리학의 핵심적인 목적은 긍정적 정서가 하는 역할에 대해 연구에 근거하여 이해를 얻는 것이다.

사회적 자원

삶의 다양한 측면 중에서 우리들의 행복과 건강에 가장 영향을 주는 것을 하나 고르라고 한다면, 그것은 아마 다른 사람과의 관계일 것이다. 수많은 연구들이 가깝고, 지지적인 관계를 가지고 있는 사람들이 그런 연결망이 없는 사람들에 비해 더 나은 건강을 즐기고 개인적으로 행복함을 보여준다(Baumeister & Leary, 1995; Ryff & Singer, 2000). 확인된 증거들이 너무 압도적이어서, Myers(1992)는 관계와 웰빙과의 연결을 '깊은 진실'(p. 154)이라고 기술하였다. Myers의 관찰이 관계에 대한 문헌을 개관한 일부 저자들(Berscheid & Reis, 1998; Reis & Gable, 2003)에 의해 반복되었다는 사실은 지지적인 증거의 무게를 입증한다.

관계의 중요성에 대한 가장 인상적인 증거는 수천 명이 참가한 대규모의 역학연구들에서 나왔다. 이들 연구는 배우자나 친구, 가족, 이웃, 지역사회, 사회적 혹은 종교적 집단 등과 광범위하게 사회적 관계를 맺고 있는 사람이 병에 덜 걸리고 더 오래 산다는 것을 발견하였다(개관을 위해 Cohen, Underwood, & Gottlieb, 2000; House Landis, & Umberson, 1988을 보라). 캘리포니아 거주자 7,000명의 사망률에 대한 9년의 추수연구에서도 사회적인 접촉을 많이 한 사람이 그렇지 않은 사람보다 더 오래 산다는 것이 밝혀졌다(Berkman & Syme, 1979). 이런 결과는 빈부, 남녀, 노소, 민족이나 인종적 배경 등을 가리지 않고 전역에 걸쳐 나타났다. 주치의를 방문한 2,500명과의 면접을 통해, House와 동료들(1988)은 사회적으로 아주 활발한 남성들이 사회적으로 고립된 사람들에 비해 다음 10년 동안 생존할 확률이 2~3배 높다는 것을 밝혀냈다. 같은 연구자들은 또한 관계의 상태와 널리 인식된 위험요인들 간의 관련성을 검토하였다. 통계적으로, 사회적 연결의 결여와 관련된 건강위험이 흡연이나 비만으로 인한 위험성을 초과하였다(House, et al., 1988).

부정적인 측면에서, 우리들은 사회적 연결의 결여나 갈등적인 관계에 휘말림, 혹은 의미있는 관계의 상실 등이 고독이나 우울, 개인적인 고통, 그리고 불행에 기여할 수 있음을 알고 있다(Berscheid, 2003; Berscheid & Reis, 1998; Reis & Gable, 2003). 한 예로, 배우자의 죽음은 신체적, 정서적 웰빙에 극적인 영향을 미친다(Stroebe & Stroebe, 1993). 연구들은 생존한 배우자의 사망 위험이 배우자를 잃은 다음 주에 두 배로 급증함을 보여준다(Kaprio, Koskenvuo, & Rita, 1987). 심리치료자들은 환자들이 가지고 있는 가장 흔한 문제의 하나가 갈등관계라고 보고한다(Berscheid & Reis, 1998). 대인관계는 스트레스와 심리적 혼란의 주된 원인이다. 전국적인 조사연구에 참가한 사람들에게 '최근에 일어난 가장 나쁜 일'을 기술하도록 했을 때, 가장 많이 언급된 것은 가족이나 친구, 동료 혹은 배우자와의 관계 등 중요한 관계에서의 갈등과 분열이었다(Veroff, Douban, & Kulka, 1981).

관계의 역설적인 점은 그것이 우리들의 지속적인 행복과 즐거움에 기여하지만 또한 우리들의 고통과 불행에도 기여한다는 것이다. 관계는 우리들의 건강을 고양시키거나 위태롭게 하는 잠재력을 모두 가지고 있다. 건강에서 관계의 역할을 어떻게 설명할 것인가? 오랫동안 유지된 설명의 하나는 스트레스에 대한 대처자원으로서 사회적 지지의 가치에 근거하고 있다. **완충가설**(buffering hypothesis)은 다른 사람들로부터의 사회적인 지지가 스트레스의 잠재적인 해로운 효과를 감소(즉 완충)시킨다고 말한다(Berscheid & Reis, 1998). 걱정을 다른 사람들과 나누어 가짐으로써, 걱정이 덜어지고, 스트레스 수준이 감소되며, 스트레스로 유도된 면역계의 억제가 감소된다는 것이다(Cohen, 2002). 외상적인 사건을 다른 사람들에게 공개하는 것이 건강에 이롭다는 연구 결과는 완충가설을 지지한다. 예로, Pennebaker와 O'Heeron(1984)은 배우자가 자살하거나 교통사고로 죽은 사람들의 건강을 비교하였다. 생존한 배우자 가운데서, 상실의 짐을 혼자 짊어진 배우자는 공개적으로 이야기하면서 다른 사람들과 느낌을 나누는 배우자들보다 더 많은 건강문제를 가지고 있었다. 과거의 외상에 대한 정서의 공개는 단순히 글로 쓰는 것만으로도 도움이 되는 것 같다. Pennebaker, Kiecolt-Glaser와 Glaser(1988)는 '자신을 공개하는 글쓰기'에 참석한 50명의 대학생들에게 그들의 삶에서 경험한 개인적이고 외상적인 사건에 대해 혹은 사소한 주제에 대해 글을 쓰도록 하였다. 학생들은 4일 동안 매일 20분씩 썼다. 학생들이 기술한 개인적인 외상은 부모의 이혼, 사랑하는 사람의 죽음, 성적 혹은 신체적 학대, 대인관계에서의 실패, 고독, 그리고 미래에 대한 공포 등이었다. 면역계에 대한 자료가 연구의 개시 및 종료 시점에서, 그리고 6주 후, 4개월 후의 추수연구에서 수집되었다. 외상적인 사건에 대해서 글을 쓴 학생들은 사소한 주제에 대해 글을 쓴 학생들에 비해 보다 건강한 면역 반응을 보여주었다.

개인적으로 고통스러운 사건에 대한 정서를 공개하는 것의 가치를 지지하는 다른 연구들도 있다. 지지적인 집단 장면에서 다른 환자들에게 자신의 느낌을 논의한 암환자들은 지지집단에 참여하지 않은 환자들에 비해 보다 나은 건강 산출을 보여주었다(이에 대한 개관은 Spiegel & Fawzy, 2002를 보라). 최근의 실험적 연구들은 참가자의 스트레스 수준과 사회적 지지의 가용성을 직접적으로 조작하였다. 그 다음, 교감신경계와 내분비계에서 스트레스와 관련된 생리적인 반응의 강도를 검토하였다(개관을 위해 Taylor et al., 2002를 보라). 이들 연구에서 참가자들은 혼자 있거나, 친구와 같이 있거나, 혹은 실험자가 배정한 지지적인 타인과 함께 있었다. 대중 앞에서 연설하는 것과 같은 스트레스 과제를 수행하는 중에 그리고 수행한 후에 스트레스 반응의 측정치가 얻어졌다. 결과는 친구나 지지적인 타인의 존재가 스트레스 반응의 강도를 감소시키고, 급성 스트레스의 생리적인 효과로부터 보다 빨리 회복시킴을 보여주었다.

완충가설은 사람들이 스트레스를 받을 때만 사회적 지지로부터 도움을 받음을 시사한다. 하지만 **직접효과가설**(direct effects hypothesis)을 지지하는 사람들은 사회적 지지가 스트레스 수준과는 독립적으로 개인의 건강에 기여한다고 주장한다(Stroebe & Stroebe, 1996). 친밀하고, 아끼는 관계를 맺는 사람들은 스트레스를 주는 생활경험을 다루고 있는가의 여부와 상관없이 지지적인 관계로 인해 보다 행복하고 건강하다(Berscheid & Reis, 1998). 사회적 지지가 주는 건강에서의 이로움은 친밀한 관계와 관련된 긍정적 정서와 아울러 사람들이 당신을 아끼고 당신이 필요할 때 거기 있으리라는 것을 아는 데서 오는 안전감에서 비롯되는 것 같다(Salovey et al., 2000). 이런 긍정적인 느낌은 다시금 면역계 기능을 높일 것이다.

긍정적 정서의 한계

지금까지 질병과의 싸움을 돕고 스트레스의 부정적 효과를 상쇄시키는 신체적, 심리적, 사회적 자원과 이러한 자원에 기여하는 일부 요인들을 개관하였다. 긍정적 정서가 이들 자원에 기여한다는 인식이 늘고 있다. 긍정적 정서의 역할을 적절한 조망에서 지켜보려면 몇 가지 주의가 필요하다. 첫째, 이 장의 처음에 언급한 바와 같이, 우리들은 긍정적 정서가 건강을 증진시키는 효과보다 부정적인 정서와 스트레스가 건강을 위협하는 효과에 대해 훨씬 더 잘 알고 있다. 현재, 연구 결과들은 긍정적 정서와 건강 간의 관련성을 강하게 시사한다. 긍정적 정서의 가치에 대한 인식과 연구가 점점 늘어나고 있다. 긍정적 정서가 보다 나은 건강에 미칠 수 있는 특정 기제와 관련하여 가능한 설명들이 제공되고 있다. 하지만 이들 설명을 지지하는 연구들은 아직 예비 단계에 있다. 긍정적 정서들이 건강에 상당한 영향을 미친다는 정도가 공정한 표현일 것이다. 긍정적 정서들이 영향을 미치는 특정한 경로에 대한 이해가 긍정심리학의 주요 연구목표 중 하나이다.

둘째, 긍정적 정서의 힘에는 한계가 있다. 긍정적 정서, 낙관적 전망 혹은 사회적 지지가 심각한 질환에 대한 기적적인 치료가 된다고 보거나, 오랜 수명과 행복한 삶을 보장해준다고 믿는 과학자는 아무도 없다. 배우자의 죽음과 같은 외상적 경험은 우리들의 대처자원을 압도한다. 전쟁과 관련된 스트레스처럼 지속적이고 심각한 외상은 매우 해롭다. 삶의 주요한 도전에 직면해서도 좋은 유머감각이나 쾌활함, 혹은 낙관주의가 건강하고 행복한 결말을 보장해 줄 수 있을지 의문이다. 긍정적 정서의 효과를 평가하는 결정적인 기준은 상대적이다. 다시 말해서, 여건이 같을 경우 긍정적 정서를 경험하고 개발하는 사람이 긍정적 정서를 덜 경험하는 사람에 비해서 질병과 스트레스에 대처하는 신체적, 심리적, 사회적 자원의 강도에서 이점이 있다는 뜻이다. 긍정적 정서가 가져다주는 건강상의 이득 역시 절대적이 아니라 상대적이다. 긍정적 정서는 절대적인 의미에서의 치료, 즉 전에는 아팠지만 지금은 그렇지 않다는 식의 치료를 하지 않는다. 긍정적 정서는 도움이 된다. 우리는 이러한 사실을 부정적 정서의 효과와 경험적으로 비교하여 알고 있다. 여기에서 요점은, 연구들이 시사하는 바, 긍정적 정서가 더 잘 지내는 데 기여한다는 것이다. 무엇에 비해? 긍정적 정서가 없을 때에 비해, 그리고 부정적인 정서가 있을 때에 비해 그렇다.

긍정적 정서와 웰빙

행복과 긍정적 행동

긍정적 정서가 행복에 대한 SWB 정의의 핵심적인 요소라고 제2장에서 기술한 바 있다. 긍정적 정서를 자주 즐기고, 부정적인 정서를 덜 경험하며, 삶이 만족스럽다고 판단하는 사람은 행복하다고 간주된다. 정서 상태에 따라 사람들의 행동이 달라짐을 보여주는 연구는 많다. 긍정적 정동에 있을 때, 사람들은 부정적 정동에 있거나 고통스러운 정서를 경험할 때에 비해 아주 다르게 행동한다. 특별히 새로울 것도 없지만, 흥미로운 것은 우리들이 긍정적이라고 간주하는 많은 행동들이 긍정적 정서에 의해 고양된다는 점이다. 기질에 의해서건 최근의 경험 때문이건, 행복한 사람은 보다 잘 견디고, 선입견이 덜하며, 더 인정이 많고, 자기보다 타인에 초점을 두고, 다른 사람을 더 잘 도우며, 함께 있는 것을 더 잘 즐긴다(Isen, 2003; Myers, 1992). 확장-구축 이론을 지지하는 증거들은 도전에 직면했을 때 긍정적 정서가 보다 유연하고 창조적이며 탄력적인 반응에 기여한다고 시사한다(Fredrickson, 2001, 2002). 행복은 많은 긍정적인 행동들과 연관되어 있으므로, 그 자체로 바람직한 상태라 하겠다(Myers, 1992). Myers가 언급하였듯이, 우리로 하여금 자기 생각에 빠지게 하고, 우리들 자신과 우리들이 가진 선입견에 초점을 두게 만드는 것은 행복이 아니라 부정적인 정서와 불행이다. 행복은 우리를 둘러싼 세계에 대해 확장된 관점을 가지도록 한다.

긍정적 정서와 성공

미국 문화에서는, 성공이 행복을 만든다는 믿음이 만연하다. 이것은 일리가 있어 보이므로 이 후의 장들에서는 그 타당성을 입증하는 증거들을 살펴보겠다. 광범위한 연구들에 대한 최근의 개관은 인과의 화살이 반대로 향할 수도 있는지를 검토하였다(Lyubomirsky et al., 2005). 즉 긍정적 정서와 행복은 성공을 촉진하는가? 보다 구체적으로 말해서, 오랫동안 행복한 사람들은 삶의 다양한 삶의 영역에서 더 성공적인가? 여기에서 오랫동안 행복한 사람들은 자주 긍정적 정서경험을 하는 사람으로 정의되었다. 이 연구물음에 대한 답은 '그렇다' 이다. 많은 종단적, 횡단적, 실험적 연구들을 분석한 결과, 행복한 사람들은 결혼, 우정, 수입, 직업, 정신적, 신체적 건강에서 더 큰 성공을 즐기는 것으로 나타났다. 덜 행복한 동년배에 비해, 행복한 사람들은 만족스러운 결혼생활을 하고 있었고, 인기도 많았으며, 외향적이고, 친구 관계의 폭도 넓었고, 고용주로부터 호의적인 평가를 받고 있었다. 이들은 자신의 건강도 더 잘 돌보고, 도전에 효율적으로 대처하였으며, 수입 또한 높았다. 더구나 종단적인 연구는 행복이 성공을 뒤따를 뿐 아니라 앞선다는 것도 보여주었다. 그리고 긍정적 정서의 효과들 중 상당수가 실험적으로 긍정적 정서를 유도한 잘 통제된 연구 결과와 일치하였다.

개인적인 행복의 원천은 지속적인 특성, 현재 삶의 상황, 만족스러운 일이나 혹은 가족에 대한 투자와 같이 의도적으로 선택된 활동에서의 만족 등에서 나오는 것 같다. 그 원천이 무엇이건, 행복한 사람들이 삶의 다양한 영역에서 잘 지낸다는 증거들은 분명해 보인다. Lyubomirsky와 그녀의 동료들(2005)은 그들의 경험적인 개관이 긍정적 정서에 대한 Fredrickson의 확장-구축 이론에 대해 강한 지지를 제공한다고 믿는다. 긍정적 정서는 성공과 긍정적인 웰빙에 기여하는 개인의 지적, 심리적, 사회적 자원을 구축하고, 성공 역시 행복을 고양시키는 데 기여하는 것 같다. 행복과 성공이라는 이차선은 서로에게 기여하면서 웰빙의 잠재적 상향 선순환이라는 Fredrickson의 생각을 지지한다.

긍정적 정서와 왕성

긍정적 정서와 개인적인 성공, 그리고 건강 간의 강한 관계는 긍정적 정서가 최적의 기능을 의미할 수 있는 가능성을 제기한다. 다시 말해서, 긍정적 정서가 긍정적 기능의 핵심적인 측면이 아니라면, 건강의 많은 측면들이 긍정적 정서와 관련 있다는 연구 결과들을 어떻게 설명할 것인가? 흥미 있는 연구에서, Fredrickson과 Losada(2005)는 사람의 정서적 경험과 최적의 기능수준 간의 양적인 관계를 기술하였다. 이들은 Corey Keyes(2002, 2007)의 연구와 왕성이라는 완전한 정신건강에 대한 그의 모델에 근거하였다(제2장에 개관되어 있다). **왕성**(flourishing)은 정신질환의 연속체 반대편에 있는 인간기능의 최적 상태이다. 다시 말해서, 왕성은 완전한 정신건강이다. **쇠약**(languishing)은 정신질환과 정신건강이 구분되는 상태이다. 이것은 무의미함, 공허감, 혹은 사람들이 흔히 멜랑콜리라고 부르는 상태를 의미한다. 쇠약한 사람들은 정신질환의 증상들이 별로 없다. 그러나 정신건강이 갓 시작되는 시점이므로 정신건강의 증거들도 별로 없다. 다시 말해서, 심각한 병리도 없지만 의미나 목적, 혹은 삶에 대한 열정 역시 없다.

긍정적 정서에 대한 Fredrickson의 확장-구축 이론 및 긍정적 정서를 고양된 웰빙이나 수행과 연결하는 상당한 연구에 근거해서, Fredrickson과 Losada(2005)는 주어진 시간 동안 사람들이 경험하는 긍정적 정서와 부정적인 정서의 비율이 왕성-쇠약 차원의 지표가 될 수 있으리라 가정하였다. 다시 말해서, 최적의 기능(왕성)과 빈약한 기능(쇠약)을 나누는 긍정 대 부정의 어떤 결정적인 비율이 있으리라는 것이다. Fredrickson과 Losada는 효율적인 경영관리팀에 관한 연구, 결혼한 부부에 대한 집중적인 관찰연구, 치료 전후의 우울증 환자들에 대한 연구로부터 나온 증거들을 개관하였다. 각각의 연구에서 긍정적, 부정적 행동과 정서들이 측정되었다. 그리고 그 비율이 결과의 질에 대한 측정치와 관련하여 계산되었다. 연구들로부터 얻어진 증거들은 2.9라는 '**결정적 긍정성 비율**(critical positivity ratio)'로 수렴되었다. 이 비율에 의하면, 주어진 일정기간에 긍정적 정서가 부정적인 정서에 비해 세 배 정도 높으면 왕성을, 그 이하이면 쇠약을 의미한다. 일상생활에서, 지난 한 주 동안 당신이 긍정적 사건을 12번, 그리고 부정적 사건을 4번 경험하였다면 긍정성 비율은 12/4=3으로 당신은 좋은 한 주를 보냈다고 할 수 있다.

결정적 긍정성 비율의 변별 타당도를 왕성과 쇠약에 대한 정신적 준거와 관련하여 탐구하기 위하여, Fredrickson과 Losada는 두 대학생 표집에게 Keyes(2002)의 정신건강 측정치를 완성하도록 하고 1개월간 그들의 정서경험에 대해 매일 기록하도록 하였다. 왕성에 대한 측정치는 Corey Keyes(2002, 2007)의 것을 이용하였다. 왕성은 높은 SWB(빈번한 긍정적 정서와 높은 삶의 만족), 자기수용, 개인적 성장, 삶의 목적, 환경적 통제, 자율성, 다른 사람과의 긍정적인 관계, 그리고 긍정적인 사회적 기능을 측정하는 설문지 문항에 대한 점수로 정의되었다. 긍정적인 사회적 기능은 사회적 수용, 실현, 기여, 일관성, 통합을 포함하였다(각 속성에 대한 상세한 기술과 문항의 예는 제4장을 참조하라). Keyes가 개념화한 왕성의 정의는 이들 특성들이 6개 이상 있고 정신장애 증상들이 없는 것이다.

이 연구의 일차적인 결과는 1개월간 경험한 긍정적 정서와 부정적 정서의 비율을 구하고 얻어진 결과를 왕성의 준거와 비교한 것이다. 예상한 대로 왕성집단의 학생들은 2.9 이상의 비율을 얻었고(평균 3.2), 비왕성집단의 학생들은 2.9의 역치하에 있었다.

긍정성의 일반이론이란 긍정심리학에 대한 유익한 이론들의 보고(寶庫)가 증대되고 있다. 긍정성의 일반이론은 긍정심리학의 이론적 보고에 대한 흥미롭고 통합의 잠재력이 있는 추가이다. 이 이론은 미래의 연구에 대해 비옥한 기반을 제공한다. 2.9 비율에 대한 증거의 견고함은 그것이 우울증 환자나 대학생 등 다양한 표집과, 사업이나 결혼과 같은 다양한 삶의 영역에서 확인된다는 사실로 지지된다. 긍정성이나 부정성의 측정방법을 달리하거나 결과에 대한 평가방법을 달리 했을 경우에도 마찬가지였다. Fredrickson과 Losada(2005)에 의해 기술되었던 듯, **긍정성의 일반이론**(general theory of positivity)은, 개인이건 집단이건, 인간의 왕성과 쇠약을 가르는 선이 2.9의 긍정성 비율과 관련이 있다고 예언한다.

이러한 비율에 상한선이 있는지 궁금해 할지 모르겠다. 지나친 긍정성이란 것이 있을까? Fredrickson과 Losada는 답이 "그렇다" 임을 시사하는 증거를 제시한다. 경험적으로 평가되지는 않았지만, 수학적인 모형은 지나치게 높은 비율(11.6)에 이르면 왕성에 대한 긍정적 정서의 관계가 와해되기 시작함을 시사한다. 이들이 언급하였듯이, 어느 정도의 부정성은 건강한 기능을 위해 필요한 것으로 보인다. 갈등, 고뇌, 그리고 고통은 모두 개인적 성장 그리고 다른 사람과의 관계에서의 성장을 위한 기회가 된다. 부정성은 심리적인 성장과 탄력성을 쌓아가도록 도움으로써 왕성에 기여한다. 어떤 경우에서든, 부정적인 경험이 없는 삶이란 불가능하다. 그것은 또한 건강하지 못한 삶이기도 할 것이다.

긍정적 정서 계발하기

삶은 간단하면서도 즐거운 소일거리들로 가득 차있다. 이를테면, 가족이나 친구를 위해 맛있는 음식을 장만하는 것, 따뜻한 물로 목욕하는 것, 가볍게 산책을 하는 것, 저녁에 와인을 한 잔하며 좋은 책을 읽는 것, 아침신문을 보며 커피를 마시는 것, 정원을 가꾸거나 목제품 세공하는 것, 그림을 그리거나 사진을 찍는 것 등이다. 우리들은 이런 일들을 그냥 좋아서 즐기기도 하고 때로는 스트레스 해소나 기분전환을 위하여 하기도 한다. 이 장의 주요 메시지는 이러한 활동들이 우리에 좋다는 것이다. 이런 활동들이 부정적 정서를 상쇄시킬 뿐만 아니라 긍정적 정서는, 그것의 해독효과와는 별도로 우리에게 좋기 때문이다. 우리들은 긍정적 정서를 촉진하는 두 가지 예를 고찰하며 이 장을 마칠 것이다. 아마 당신에게 익숙한 일들일 것이다. 그 일들은 단순하고, 자유롭고, 즐겁다.

몰입경험

완전히 몰입한 나머지 순간적으로 자기 자신을 잃어버렸던 활동이나 경험을 생각해 보라. 그 순간, 당신은 너무나 능란하게 자신의 기술을 구사하면서, 지금 무엇을 하고 있는지 생각할 필요도 없다. 사실, 일단 생각하거나 분석하기 시작하면, 그 모든 경험은 끝장이 나고 다시 일상적인 마음의 상태로 돌아와 버린다. Csikszentmihalyi가 '몰입'이라고 불렀던 이런 경험의 짧은 예로(Csikszentmihalyi, 1990, 1997; Nakamura & Csikszentmihalyi, 2002, 2003) 이 책의 제1저자에게 일어난 사건을 생각해 보자. 나의 경우는 골프이다. 잘하지는 못하지만, 가끔 절정의 감각을 자랑할 때도 있다. 그 한번은 내가 가장 좋아하는 코스에서 친구와 골프를 칠 때 일어났다. 당시 골프광이었던 나는 게임에 푹 빠져 있었고, 최상의 컨디션으로 경기를 잘하고 있었다. 17번 홀에서 친구는 내가 '투 오버 파'를 치고 있다고 말해 주었다. 내 생애 최고의 기록이었다. 나는 내가 왜 이렇게 잘 치는지 궁금해지기 시작했다. 나는 채를 쥐는 법, 발의 위치, 타구 자세, 스윙 등에 대해 생각하기 시작했다. 물론 이것은 나의 좋은 라운드에 대한 죽음의 키스였다. 17번째 홀은 호수의 전면을 따라 이어져 있었다. 나의 드라이브는 호수에 빠졌다. 마지막 홀에는 작은 연못과 벙커가 있었다. 공은 연못에도 들어가고 벙커에도 들어갔다. 게임이 끝났을 때 나의 성적은 팔 오버 파였다! 너무 많은 생각이 게임을 망친 것이다.

나는 시카고 불스의 마이클 조던이 경기할 때 그렇게 인기 있었던 이유의 하나는 그가 꾸준히 좋은 경기를 했기 때문만이 아니라, 40~50점, 때로는 그 이상의 점수를 얻는 환상적인 경기를 여러 차례 했기 때문이라고 확신한다. 그가 하는 모든 것이 효과가 있었다. 그는 '무아지경'에서 '무의식적'으로 경기를 했다. 심지어 그는 방어하는 상대방 선수 여럿을 앞에 두고 몸이 균형을 잃은 가운데서도 득점을 했다. 그러나 당신이 몰입을 경험하기 위해 반드시 마이클 조던과 같은 스타가 되어야 할 필요는 없다. Csikszentmihalyi(1990)의 면담 연구에서는, 일반 사람들도 흔히 '몰입'이라고 부르는 이러한 부류의 경험을 기술하였다. 암벽을 타는 사람, 무용가, 체스 선수, 농구 선수, 음악가, 화가들은 연기 중에 혹은 창조적인 작업을 하는 순간에 얼마나 자주 자신을 잃어버리는지 기술하고 있다. 최선을 다하면서도 그들은 '그들 자신 밖에' 있다고 느낀다. 마치 그것은 외부의 관점에서 그 모든

표 3.1 몰입 대 8시에서 5시 마음

정상적인 마음(8시에서 5시)	심취(몰입)
1. 이중성	1. 단일성
2. 자기통제	2. 자기상실
3. 주의산만	3. 전적인 몰두
4. 시간 의식	4. 시간이 쏜살같이 흐르거나 정지
5. 내적 대화	5. 대화에 의해 붕괴
6. 혼란	6. 행위의 선명성
7. 부정적 정서	7. 흥분감
8. 스트레스 축적	8. 스트레스 해소

것들을 보고 있는 것과 같다. 그들은 그러한 활동이 주는 내재적인 즐거움을 위해 몰입을 낳는 활동에 몰두한다. 단순히 그런 활동을 하는 것 자체가 나름대로의 보상이다. 그들은 또한 그러한 몰입경험 중에 혹은 후에 느끼는 흥분감에 대해서도 기술하였다.

몰입경험은 '8시에서 5시 마음' 이라고 하는 우리들의 전형적인 마음의 상태와 대비된다. 8시에서 5시 마음이란 출근하고, 수표장의 수지를 맞추고, 다양한 일상사를 다루거나 문제를 해결하기 위하여 무엇을, 언제, 어떻게 할 것인가 분석하는 마음이다. 물론, 일을 하면서 몰입을 경험할 수 없다는 뜻은 아니다. Csikszentmihalyi와 그의 동료들에 의하면, 아주 만족스럽고 생산적인 일은 재능을 능동적으로 이끌어 내는 우리의 기술에 적합한 수준의 도전을 포함한다. 그런 일은 매우 의미가 깊고, '활기가 넘치는 참여'의 느낌과 몰입을 낳는다 (Nakamura & Csikszentmihalyi, 2002, 2003). 그러므로 8시에서 5시 마음과 몰입의 비교는 일과 놀이의 구분을 의미하지 않는다. 일과 놀이를 조합시키는 행운을 가진 사람들도 있기 때문이다. 단지, 우리 의식의 '일상적인' 상태보다 몰입이 덜 흔하다는 뜻이다. 이런 맥락에서, 보다 자주 경험되는 8시에서 5시 마음에 비해, 몰입은 자연스럽게 일어나는 의식 상태의 변화로 간주할 수 있다. 몰입을 하면, 우리들은 일상적인 의식의 지배에서 벗어난다는 의미에서 '심취하게' 된다. 마찬가지로 골프의 예에서처럼, 일상적인 마음이 들어오면 몰입은 사라지게 된다. 표 3.1은 일상적인 마음과 몰입(심취)의 차이를 보여준다.

이중성이란 자신과 환경을 독립된 대상으로 자각하는 것을 의미한다. 자기통제란 의식적으로 행동의 방향을 정하는 것이다. 다시 말해서, "나는 지금 이것을 하고 있고, 다음에는 저것을 할 거야"라고 하는 것이다. 우리들은 과제나 활동과 관련된 우리의 행동을 의식적으로 관찰한다. 몰입의 경우 행동과 자각, 자기감각이 융합된다. 따라서 우리들은 행동을 의식적으로 통제하고 있다는 느낌을 잃어버린다(자기상실). 말 그대로 우리 자신을 잃어버린다는 뜻이 아니다. 우리들이 하고 있는 것에 대해 자기반성적인 방식으로 생각할 필요가 없다는 뜻이다. 그것은 마치 스스로 일어나는 일처럼 자연스럽게 그냥 흐른다. 당신이 악기를 연주한다면, 각 악보에 대해서 의식적으로 생각하는 것과 너무 익숙해서 별다른 노력 없이 그냥 음악이 흐르도록 놔두는 것의 차이를 알 것이다.

주의와 시간의식은 8시에서 5시 마음에서 자주 문제가 된다. 우리는 일을 하거나 강의를 들으며 백일몽에 빠진다. 눈앞의 과제에 집중하기 어렵고, 시계를 보면서 어떻게 시간이 이렇게 안 가는지 믿을 수 없어 한다. 물론, 이것은 일이나 과제가 별로 재미가 없거나 도전적이지 못한 경우의 이야기이다. 몰입에서는 주의가 결코 문제시 되지 않는다. 전적으로 그 활동에 몰입하고 있기 때문이다. 시간 역시 문제가 되지 않는다. 그것은 쏜살같이 흐르거나 정지해 있는 것 같다. 한 시간이 지나가는 것이 마치 한 순간처럼 느껴질 수도 있다.

8시에서 5시 마음에서, 우리들은 자신의 수행에 대해 그리고 다른 사람들이 자신을 어떻게 생각하는지에 대해 혼란스러워하거나 신경을 쓴다. 우리들은 또한 자신과의 대화를 지속한다(일종의 내적 대화를 의미한다). 대화 속에서, 우리들은 분석하고, 미래나 과거에 대해 곱씹으며, 주변에서 벌어지는 일들에 신경을 쓴다. 몰입의 경우, 상당한 행위의 선명성이 있다. 우리들이 지금 무엇을 하고 있는지 정확하게 알고 있으며, 환경으로부터 즉각적이고 지속적인 피드백을 얻는다. 운동을 하거나, 음악을 연주하거나, 글을 쓰면서 우리들은 노력의 결과를 생겨나는 대로 보고 듣는다. 앞서 논의하였듯이, 내적인 대화, 자기반성, 그리고 의식적인 사고는 몰입을 '분석에 의한 마비 상태'로 이끈다.

끝으로, 구체적으로 평가된 것은 아니지만, Csikszentmihalyi 연구의 참가자들 상당수가 몰입경험 후에 스트레스로부터의 해방감이라든가 자신의 문제를 벗어던진 것 같은 느낌을 받았다고 말하였다. 이는 8시에서 5시 마음과 대비된다. 학교나 직장에서 주말이 다가올 무렵이면 우리들 대부분이 적어도 약간의 스트레스와 탈진함을 느끼는 가운데 주말을 고대하기 때문이다. 몰입이 즐거움과 아울러 "와, 정말 대단했어!"라는 마무리 느낌과 관련이 있는 만큼 스트레스 감소는 몰입이 주는 이득의 하나인 것 같다. 덧붙여, 긍정적 정서가 생리적인 이로움에 미치는 효과를 개관한 바에 의하면 몰입경험을 일으키는 활동에 규칙적으로 참여하는 사람들은 고양된 신체적·정신적 건강을 누리고 있었다.

만끽

누구나 패스트 푸드점에서 서둘러 햄버거를 먹는 것과 조명이 은은한 가운데 음식이나 와인을 한 입씩 혹은 한 모금씩 서서히 음미하면서 그것들이 제공하는 감각적인 쾌감을 즐기는 것의 차이를 알고 있을 것이다. Bryant과 Verhoff(2007)는 자신들의 연구에 근거하여 좋은 음식을 만끽하는 것은 삶에서 좋은 순간을 만끽하는 것에 대한 일반적인 모델을 제공하며, 긍정적 경험의 강도와 빈도를 높인다고 주장하였다.

만끽(savoring)의 기본적인 가정은 "사람들이 삶의 긍정적인 경험들을 주목하고, 감상하고, 고양시키는 역량을 가지고 있다"는 것이다(Bryant & Verhoff, 2007, p. 2). 만끽은 자발적으로 일어날 수 있다. 황홀한 일몰을 보며 넋을 놓는 경우이다. 색채의 아름다움과 빛의 패턴에 깊이 빠지면서 감상과 즐거움이 생긴다. Bryant과 Verhoff는 계획적이건 자발적이건, 만끽하려면 세 가지 선행 조건이 반드시 충족되어야 한다고 믿는다. 첫째, 그 순간에 일어나는 것이 즉시적이라는 느낌을 가져야 한다. 즉 지금 여기이다. 그것은 초점화된 주의로, 일몰이나 따뜻한 목욕 등 특정 대상이나 활동을 예로 생각하면 이해하기 쉽다. 물론 그것은 내적인 사고나 느낌에도 적용된다. 좋은 친구와 보낸 멋진 시간이나 보석과 같은 어린 시절의 추억 등 어떤 기억을 만끽할 수 있다. 또한 결혼이나 대학졸업과 같은 미래에 예상되는 긍정적인 사건을 만끽할 수도 있다. 어디에 초점을 두건, 만끽하려면 충분히 주의를 몰입해야 한다.

둘째, 만끽하려면 사회적 욕구나 자기존중감 욕구를 제쳐놓아야 한다. 다른 사람의 시선을 의식하거나 걱정한다면, 혹은 출세나 가족문제, 그 밖의 다른 삶의 의무감에 사로잡혀 있다면, 그 순간을 만끽할 여유가 없다. 오늘 날 우리들 대부분이 영위하는 바쁜 일상을 감안할 때, Bryant과 Verhoff는 일상의 의식을 지배하는 끊임없는 생각이나 걱정, 그리고 긴장의 흐름으로부터 의도적으로 여유와 해방감을 가져야 한다고 믿는다. 만끽은 깊은 주의와 아울러 조용하고 여유로운 마음의 상태를 요구한다.

셋째, 만끽은 현재 경험의 즐거운 특징에 주의 깊게 초점을 둘 것을 요구한다. 특정 대상에 초점을 두어 그것이 제공하는 모든 것을 충분히 감상하는 것이다. 한꺼번에 여러 가지 일들을 생각하면, 현 순간에서 그리고 우리 앞에 있는 대상에서 주의가 분산되기 때문이다. 이는 잠시 분석적 사고를 멈추고 어느 정도 '넋을 잃은' 가운데 현재의 경험을 받아들일 필요가 있음을 의미한다. 만끽의 이런 측면은 몰입경험을 특정 짓는 '전적인 몰두'와 비슷하다. 하지만 우리가 살펴보았듯이, 몰입은 지나친 자각에 의해 붕괴된다. 반면 만끽은 사고(思考)가 여전히 일어나는, 보다 자각적인 활동이다. 하지만 만끽에서의 사고는 경험을 고양시키는 데 집중된다. Bryant과 Verhoff는 만끽과 연합된 정서에 주의를 기울이고, 정서에 대해 생각하고, 어떠한 정서인지 확인하는 것은 만끽의 긍정적인 효과를 높일 수 있다고 말한다. 다시 말해서, 스스로에게 "지금 내가 느끼는 기분이 뭐지?" 하고 묻는 것이다. 놀라움, 따스함, 안락함, 즐거움, 영감, 행복, 쾌락, 감사, 부드러움, 만족감, 안도감, 혹은 다른 사람과 연결된 느낌—당신이 만끽하며 느꼈던 정서는 어떤 것인가? 만끽하며 느끼는 정서의 특성과 미묘함에 초점을 두면, 우리는 정서의 풍부한 복합성에 대해 그리고 그러한 정서를 낳는 만끽경험의 종류에 대해 보다 자각하게 될 것이다.

만끽은 우리들의 긍정적 경험을 고양시키는 비교적 단순하고 직선적인 방식이다. 우리가 어떻게 매일 매일을 만끽의 순간으로 마무리하고, 어떻게 바쁜 일상에서 벗어나 여유를 찾을 것인가에 대해 생각하는 것은 어렵지 않다. 시간을 두고 연습하면, 만끽은 삶의 보다 다양한 측면으로 자리를 넓혀가는 보다 일반적인 마음가짐이 될 수 있다. 그렇게 되면 당신은 감상할 만한 가치가 있는 순간에 접하여 자연스럽게 그 순간을 만끽하게 될 것이다.

　이 장에서 개관된 증거들은 긍정적인 경험의 증가가, 그것이 만끽이나 몰입에 의한 것이건 아니면 친구들과 어울린다거나 다른 즐거운 활동에서 비롯된 것이건, 우리들의 웰빙을 고양시키는 데 나름대로 기여함을 강하게 시사한다. Fredrickson의 확장-구축 이론에서 주장되는 바와 같이 긍정적 정서는 우리의 신체적 · 심리적 · 사회적 대처자원을 고양시킨다. 또한 긍정적 정서는 우리들이 고통을 겪고 있든 그렇지 않든 우리에게 '좋다.' 긍정적 정서는 행복과 만족스러운 삶에 기여한다.

이 장의 요약문제

1. 우리들의 정서경험 기저에 긍정적 · 부정적 정서가 있음을 시사하는 증거는 무엇인가?

2. a. 부정적 정서는 특정행동 경향성의 개념에 어떻게 부합되는가?

   b. 왜 긍정적 정서는 특정행동 경향성의 개념에 맞지 않는가?

3. 긍정적 정서가 사고-행동 레퍼토리를 확장하고 개인적인 자원을 구축하는 네 가지 방식에 대해 Fredrickson의 이론에 입각해서 기술하라. 그리고 각각의 예를 쓰라.

4. a. 스트레스와 부정적 정서가 면역계 기능에 미치는 효과는 무엇인가?

   b. 긍정적인 정서가 면역계 기능에 미치는 효과는 무엇인가? 연구의 예를 기술하라.

5. 문제초점 대처, 정서초점 대처, 예방적 대처를 기술하라.

6. 긍정적 정서가 성공적인 대처에 영향을 미치는 세 가지 방식을 기술하라.

7. 긍정적 정서가 생기는 것을 돕는 다음의 세 가지 대처전략의 예를 기술하고 그 예를 들라 (Folkman과 Tedlie Moskowitz에 의해 기술됨).

   ● 긍정적인 재평가
   ● 긍정적인 정서에 근거한 문제초점 대처
   ● 일상적인 활동에 긍정적인 의미를 불어넣기

8. a. 자기존중감, 낙관주의 그리고 건강과의 관련성을 다룬 연구들의 결과는 어떠한가?

   b. 긍정적 정서는 이런 관계를 설명하는 데 어떤 역할을 하는가?

9. 사회적인 접촉과 건강과의 관련성을 보여주는 연구를 기술하라.

10. a. 완충가설은 사회적 관계의 효과를 어떻게 설명하는가?

    b. 완충가설을 지지하는 연구를 기술하라.

11. 직접효과가설이란 무엇인가?

12. 긍정적 정서의 한계는 무엇인가? 어떤 비교들이 포함되는가?

13. 어떤 부류의 긍정적 행동과 삶에서의 성공이 행복이나 긍정적 정서와 관련되는가? 네 가지 예를 들라.

14. 연구에서 측정된 2.9라는 '결정적 긍정성'의 비율은 어떻게 측정되었는가?

15. 긍정성의 일반이론에 주어지는 한계와 요건은 무엇인가?

16. 8시에서 5시 마음과 몰입경험 간의 네 가지 차이는 무엇인가?

17. 만끽에 필요한 세 가지 전제조건은 무엇인가?

핵심용어

결정적 긍정성 비율

긍정성의 일반이론

긍정적 정서

긍정적 재평가

만끽

몰입경험

문제초점 대처

부정적 정서

쇠약

완충가설

왕성

예방적 대처

정서초적 대처

직접효과가설

확장-구축 이론

관련 웹사이트

긍정적 정서

www.unc.edu/peplab/barb_fredrickson_page.html
Barbara Fredricson과 긍정적 정서의 확장-구축 이론 연구에 대한 웹사이트이다.

APA 온라인 : 긍정적 정서, 정동, 건강

www.apa.org 미국 심리학회 사이트이다. 긍정적 정서에 대한 최근 연구를 찾아보라.

몰입경험의 창조

www.positivepsychology.org 펜실베이니아대학교에 위치한 긍정심리학 센터 웹사이트이다. 몰입경험에 대한 링크를 찾아보라.

읽을거리

Bryant, F. B., & Verhoff, J. (2007). *Savoring: A new model of positive experience.* Mahwah, NJ: Lawrence Erlnaum.

Cousins, N. (1979). *Anatomy of an illness.* New York: norton.

Csikszentmihalyi, M. (1997). *Finding flow.* New York: Basic Books.

Fredrickson, B. L. (2001). The role of positive emotions in positive psychology: The broaden-and-build theory of positive emotions. *American Psychologist, 56,* 218-226.

Fredrickson, B. L., & Losada, M. F. (2005). Positive affect and the complex dynamic of human flourishing. *American Psychologist, 60,* 678-686.

Koenig, H. G., & Cohen, H. J. (Eds.). (2002). *The link between religion and health:* *Psychoneuroimmunology and the faith factor.* New York: Oxford University Press.

Lyubomirsky, S. D., & Cohen, S. (2005). Does positive affect influence health? *Psychological Bulletin, 131,* 925-971.

Salovey, P., Rothman, A. J., Detweiler, J. B., & Steward, W. T. (2000). Emotional states and health. *American Psychologist, 55,* 110-121.

4

탄력성

긍정적인 정서를 능동적으로 계발하고 체험하는 우리들의 역량은 건강과 행복의 하나의 원천이다. 이것이 앞 장에서 다룬 긍정심리학의 주요 영역이다. 이 장에서 우리들은 웰빙의 또 다른 원천인 인간의 탄력성에 대해 살펴볼 것이다. 탄력성이란 심각한 삶의 도전에 직면하고서도 다시 일어설 뿐만 아니라 심지어 더욱 풍부해지는 인간의 놀라운 능력을 말한다. 연구들은 탄력성이 광범위하게 공유되는 인간의 능력임을 시사한다. 평소에는 의식하지 못하다가 위기나 외상에 직면하고서야 비로소 자신에게 이러한 능력이 있음을 깨닫게 되는 경우도 종종 있다. 생각할 수 있는 최악의 상황에서 생의 처음 몇 해를 보낸 아동들 가운데서 인간 탄력성의 예를 고찰해보자.

1989년, 루마니아 사람들은 니콜라이 체아우세스쿠의 잔인한 독재정치를 타도하였다. 다음 달, 서방국가들은 괴이한 가족 정책에 대해 알게 되었다. 그 정책의 결과는 주에서 운영되는 루마니아 고아원의 끔찍한 조건하에서 생활하는 15만 명이 넘는 아동들이었다(Center for Family Development, 2004; Witness, 2004). 1965년 권력을 장악한 체아우세스쿠는 한 세대 안에 루마니아의 인구가 배가 되기를 원했다. 체아우세스쿠 정권은 45세까지 루마니아 여성이 다섯 아이를 가질 것을 요구했다. 그 이후에야 여성들은 산아제한이나 낙태가 허락되었다. 루마니아의 경제 사정은 열악하였다. 체아우세스쿠는 대규모의 외채를 갚기 위하여 곡물을 수출하였다. 또한 자신의 호화스러운 생활을 포함하는 거창한 계획의 재정적 지원을 위해 돈을 빼돌렸다. 고기나 감자와 같은 기본적인 필수 식량은 루마니아 시민들에게 배급제로 주어졌다. 가난한 많은 루마니아 가정에 주어진 가혹한 현실은 부모가 정부에 의해 요구되는 수의 아이들을 먹이거나 입힐 형편이 못 되었다는 것이다. 결과적으로, 수많은 아동들이 주에서 운영되는 고아원으로 넘어갔다. 체아우세스쿠는 가난한 가정의 아이들을 '바람직하지 못한 존재'로 간주하였다. 그들은 미래를 위한 값싼 노동력의 원천에 불과했다.

새로운 보고와 기록들이 루마니아 고아원의 끔찍한 실상에 대해 극적인 이미지를 제공하였다. 아동들은 영양실조에 걸렸고, 더러운 침대에서 잠을 잤으며, 심지어는 하나의 소아용 침대를 네 아동이 써야 했다. 담요는 오줌에 절어 있고 감염되어 있었다. 겨울임에도 불구하고 팬티를 입거나 신발을 신은 아동은 극소수였다. 고아원 건물은 종종 난방이 되지 않고, 창문조차 깨져 있었다. 많은 아동들이 심한 설사와 전염병으로 고통 받고 있었다. 관찰자는 잠을 자려고 자신의 요람에서 스스로 몸을 흔드는 아동들을 보았다고 보고하였다. 2~3세의 많은 아동들이 걸을 줄을 몰랐고 여전히 배변 훈련을 받지 못했다. 성인 지도 감독의 부재로 인해 나이든 아동들은 자주 다투었으며, 운동장에 있는 어린 아동들을 위협했다. 심리적, 신체적 발달을 위한 거의 모든 구성요소들이 이들의 삶에서 결여되어 있었다.

루마니아 고아원의 가슴 아픈 모습은 전 세계 사람들로 하여금 이 버려진 아동들의 입양을 추진하게 만들었다. 2명의 심리학자가 입양된 아동들의 이후 경과를 추적하였다. Elinor Ames(1997)는 세 집단의 아동들을 비교하였다. 첫 번째 집단은 루마니아 고아원에서 8개월 내지 4년 반을 보낸 46명의 아동들이었다. 이들은 캐나다인 부모들에게 입양되었다. 입양 당시 평균연령은 18.5개월이었다. 두 번째 집단은 자신의 가정에서 출생하여 성장한 캐나다 아동 46명이었다. 이 아동들의 나이와 성별은 고아원 아동들의 표본과 대등하게 맞추었다. 세 번째 집단의 아동들은 루마니아 병원에서 출생 후 4개월이 되기 이전에 입양된 아동들이었다. Michael Rutter와 영국 및 루마니아 입양 연구팀(1998)은 2세 이전에 영국 가정에 입양된 111명의 루마니아 고아들을 평가하였다. 그리고 이들을 비슷한 시기에 영국으로 입양된 52명의 아동들과 비교하였다.

예상대로, 많은 입양 아동들은 열악한 고아원 환경에서 야기된 유의한 문제들을 여전히 가지고 있었다. Ames(1997)는 네 가지 특정 영역에서의 심각한 문제를 보고하였다. 즉 지능지수가 85 이하였다. 행동상의 문제는 전문적인 도움을 필요로 할 만큼 심각하였다. 입양된 부모들과 불안정한 애착의 문제가 있었다. 그리고 흔들기와 같이 고아원에서부터 있었던 상동화된 행동이 계속되었다. 그녀는 3세 이후 입양된 고아원 아동의 30%가 이들 문제 중 서너 가지를 가지고 있음을 발견하였다. 아동들이 고아원에 오래 있을수록, 그들의 어려움은 심각하였고 오래 지속되었다. 반면, Ames와 Rutter는 입양된 아동들의 신체와 인지 발달에서 극적인 향상을 발견하였다. 입양 2년 후, Rutter는 그의 연구에서 아동의 인지적 능력에 눈부신 성과가 있었다고 기술하였다(Rutter et al., 1998). Ames의 연구에서는, 아동의 35%가 앞서 보였던 네 가지의 심각한 문제들 중 한 가지에도 해당되지 않았고, 35%는 오로지 한두 가지 문제만을 가지고 있었다. 두 연구 모두에서, 출생 후 6개월 이전에 입양된 아동들은 대조집단과 비교했을 때 차이가 없었다. 아동들 대다수가 입양 전 심각한 발달상의 지연이 있었음을 고려할 때, 이러한 연구 결과는 보다 강력하다. 실로 끔찍한 환경에서 회복될 수 있었던 그 많은 아동들의 능력은 심각한 역경에 직면하는 인간의 강점과 탄력성을 입증하는 것이다.

탄력성이란 무엇인가

발달적 관점

탄력성의 정의들은 공통된 핵심적인 의미를 공유하고 있다. 초점은 심각한 삶의 도전에도 불구하고 좋은 결과가 이어진다는 점이다. 삶의 도전은 정상적인 발달을 좌절시키고 건강한 기능을 약화시킬 수 있다. Ann Masten(2001, p. 228)은 **탄력성**(resilience)을 '적응이나 발달의 심각한 위협에도 불구하고 좋은 결과를 이끌어 내는 것을 특징으로 하는 일군의 현상'으로 정의하였다. Ryff과 Singer(2003a, p. 20)는 탄력성을 "도전 이후에 정신적 혹은 신체적인 건강이 유지, 회복, 향상되는 것"으로 정의하였다.

탄력적인 반응이나 탄력적인 개인들에 대한 기술이 판단을 요구하고 있음을 인식하는 것이 중요하다. Masten(2001)이 언급하였듯이, 두 가지 요인이 포함되어 있다. 탄력성에 대한 판단이 이루어지려면, 사람은 '심각한' 위협이나 위험, 즉 부정적인 결과를 야기할 가능성이 있는 위협에 직면해야 한다. 연구들은 정상적인 발달을 위협할 수 있는 다양한 요인들을 탐색해 왔다. 연구들은 신체적으로 학대받는 가정에서 자란 아동이나, 부모가 정신병이나 알코올 중독으로 고통 받는 아동들, 혹은 가난한 가정에서 양육된 아동들이 다양한 문제들을 가질 위험이 상당히 높다는 것을 보여준다(Masten, 2001; Masten & Reed, 2002; Ryff & Singer, 2003a). 예로, 정신병이 있는 부모에 의해 양육된 아동들은 건강한 부모에 의해서 양육된 아동에 비해 정신병이 발병할 위험이 높다. 탄력성의 판단은 웰빙을 위협하거나 심각한 위험 요인에 직면할 것을 요구한다. 위험이 없으면 탄력성도 없다.

탄력성의 두 번째 부분은 바람직한 혹은 좋은 결과에 대한 판단을 요구한다. 판단의 기준은 각 개인의 연령과 상황에 대한 통상적인 사회적 기대에 따른다(Masten, 2001). 예로, 독서 능력 검사에서 미국 3학년 아동의 90%가 특정 평균 점수의 수행을 보였다면, 이 정보는 '3학년 읽기 표준'을 정의하는 데 사용될 수 있다. 어떤 3학년 아동이 이 기준에 유의하게 미치지 못한다면, 그 연령에 기대되는 수준의 독서 능력이 없는 것이다. 그리고 평균을 넘어서는 높은 점수를 얻은 아동은 그 기준을 넘어선 것이다. 지능이나 사회적 행동, 정신건강을 판단하는 기준을 개발하는 데 유사한 논리가 적용되고 있다. 연구자들은 또한 루마니아 고아원 연구에서처럼 비교집단을 가지고 있다. 발달상의 결함이나 지적 능력을 평가하기 위해 고아원 아동들은 '정상적으로' 입양된 아동이나 비입양 아동들과 비교되었다. 마지막으로 Masten(2001)은 일부 연구자들이 탄력성을 역경 이후, 문제 행동이나 병리가 없는 것으로도 정의함에 주목하였다. 알코올 중독이나 정신이상 혹은 학대하는 부모 밑에 자란 아동들이 성인이 된 후, 약물남용이나 정신장애로 고통 받지 않고, 자기 자녀를 학대하는 부모가 되지 않고, 어떤 부적응 증상도 보이지 않는다면 탄력적이라고 판단될 수 있다.

역경에 대한 탄력적인 반응은 전 생애에 걸쳐서 흔히 나타난다. 우리들은 모두 삶을 여행하면서 다양한 도전에 직면한다. 자녀 양육, 이혼, 전직, 실직, 질병, 의미 있는 대상의 상실, 그리고 노년기의 신체적인 기력 저하, 이 모두 인간이 경험하는 흔한 현상이다. 성인의 발달과 노화과정을 연구하는 연구자들은 사람들이 건강이나 웰빙을 어떻게 유지하고 지속시키는지, 그래서 불가피한 도전에도 불구하고 어떻게 한 개인으로 성장하는지에 초점을 두고 있다. 아동기에서처럼, 도전에 대한 탄력적인 반응은 전 생애에 걸쳐 흔하다.

Ann Masten(2001)은 이를 **일상의 마술**(ordinary magic)이라고 불렀다. Masten이 제시한 일상의 마술이라는 개념과 일치하게, 연구자들은 정상적이고 일상적인 탄력성의 기반을 강조하고 있다(개관을 위해 Ryff & Singer, 2003a, 2003b를 보라). 탄력성의 기반이 되는 심리적 자원으로는 유연한 자기개념, 자율감이나 자기지시(self-direction), 그리고 환경에 대한 통제(mastery)와 역량(competence) 등이 있다. 유연한 자기개념은 변화하는 환경적인 요구에 반응하여 자기정의의 핵심적인 특징을 변화시킬 수 있도록 해 준다. 사회적인 원천 또한 탄력성에 중요하다. 친밀감이나 사회적 지지를 제공하는 타인들과의 깊이 있는 관계가 여기에 해당된다.

임상적 관점

앞서 보았듯이, 발달 연구자들은 성장기의 특정 시점에서 역경에 직면했던 아동들을 검토하였다. 정상적인 발달을 심각하게 위협하는 사태에 직면해서도 일부 아동들이 건강한 결과를 보였다는 사실은 탄력적인 반응을 입증한다. 임상심리학의 문헌에서, 탄력성에 대한 연구는 초점이 다소 다르다. 발달적 연구에 비해, 임상 연구자들은 보다 짧은 시기에 일어나는 특정한 삶의 도전에 대한 사람들의 대처를 검토하고 있다. 탄력성에 대한 발달적 연구는 다양한 위험에 직면한 아동들에 대한 장기간의 종단적인 연구들을 포함하고 있다. 이에 비해, 임상심리학적 연구들은 상실(예, 사랑하는 사람의 죽음)이나 외상(예, 폭력이나 생명을 위협하는 상황)과 같은 특정한 사건에 대한 보다 단기간의 반응을 연구하고 있다. Bonanno(2004)는 특정한 상실이나 외상에 대한 탄력적인 반응을 "가까운 사람의 죽음이나 폭력, 생명을 위협하는 상황과 같은 산발적이고 잠재적으로 파괴적인 사건에 노출되었을 때, 비교적 안정되고 건강한 수준의 심리적, 신체적 기능을 유지하는 성인들의 능력"(p. 20)으로 기술하였다. 임상적 연구문헌에서, 탄력성의 개념은 회복이라는 보다 장기적인 개념과 대비되어 기술되고 있다(Bonanno, 2004).

상실이나 외상에 대한 정서적인 반응을 평가한 최근의 연구들은, 회복과 탄력성이 두 가지 구분되는 반응 패턴을 나타낸다고 시사하였다(그림 4.1 참조). Bonanno(2004)는 정신건강 준거에 의해 판단된 **회복**(recovery)이 적어도 6개월간 지속되는 임상적으로 유의한 증상들(이를테면, 외상 후 스트레스장애나 우울증)이 있는 기간을 필요로 한다고 주장한다. 이후 몇 년에 걸쳐 개인은 서서히 외상 혹은 상실 이전의 정신건강 수준으로 회복된다. 한편, 탄력성은 개인의 정상적인 기능에 있어서 불과 몇 주 정도 지속되는 단기간의 장애를 의미한다. 그리고 이런 장애 후에 개인은 비교적 안정되고 대체로 건강한 기능으로 돌아온다. 부정적인 경험으로부터 비교적 단기간에 '되돌아오는 것(bouncing back)' 이 탄력성의 특징이다. 탄력성의 개념은 개인의 강점과 그가 가진 대처자원을 강조한다. 반면, 회복은

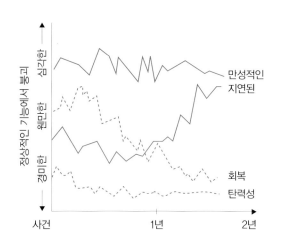

그림 4.1 상실과 외상 사건 후 시간경과에 따른 정상기능의 붕괴 패턴

출처: Bonanno, G. A. (2004).

보다 심각한 반응으로 시작되고, 사건 이전의 기능 수준으로 돌아오는 데 상당한 시간을 필요로 한다. 회복의 개념은 개인의 취약성과 압도된 대처자원에 초점을 둔다. 외상에 대한 만성적인 혹은 지연된 반응 패턴은 각각 지속적인 혹은 지연된 붕괴로 특징지어진다.

임상심리학자들은 외상과 관련된 정신병리의 진단과 치료에 있어 탄력성이 갖는 함의를 탐색하기 시작했다. 예로, Bonanno(2004)는 임상심리학자들이 외상이나 상실에 대해 탄력적인 반응이 일어나는 정도를 과소평가하고 있다고 주장한다. 이러한 현상은 임상가들이 지속적인 스트레스 반응에 시달린 나머지 전문가의 도움을 구하는 사람들을 주로 접하기 때문에 생길 수 있다. 결과적으로, 임상가들은 외상이나 상실에 대한 심각한 반응이 비교적 흔한 반면 탄력적인 반응은 비교적 드물다고 믿게 된다. 심지어, 탄력적인 반응이 빈약한 적응이나 부적절한 대처의 신호로, 요컨대 병리적 증상으로 잘못 해석될 수도 있다. 이를테면, 애도과정이 비교적 짧은 사람들을 고통스러운 현실을 회피하거나 부정하고 있다고 여기는 경우이다. 회피나 부정은 이후 어느 시점에서 지연된 애도반응을 야기할 수 있는 부적응적인 대처를 의미한다. Bonanno에 의하면, 이러한 가정들은 상실 이후 장기간 괴롭고, 우울하고, 슬퍼하기보다는 비교적 단기간의 혼란을 경험하는 사람들이 많다는 최근의 연구 결과에 의해 도전받고 있다. 고통의 부재가 병리적이라는 증거는 거의 없고, 지연된 애도반응을 지지하는 실제적인 증거는 찾아보기 어렵다. 아울러, 사랑하는 대상의 상실 뒤에 낮은 수준의 슬픔이나 고통을 보여주는 사람들이 냉정하고, 차갑고, 무딘 사람이라고 밝혀진 바도 없다. 정상반응을 병리화하는 것을 피하기 위해, Bonanno는 탄력성이 상실이나 외상에 대해 흔하고 건강한 반응임을 보다 자각할 필요가 있다고 주장한다.

탄력성 연구

탄력성 연구는 발달심리학에서 현저하다. 탄력성에 대한 관심은 고위험 아동들을 연구하는 발달연구자들 사이에서 시작되었다(Masten, 2001). 1970년대에, 과학자들은 상당한 역경에 직면하고도 건강한 발달을 보여주는 상당수의 아동들이 있음을 주목하게 되었다. 연구에서 검토된 역경이란 전쟁이나 기아, 부모의 알코올 중독과 정신장애, 가정폭력, 자연재해, 이혼, 그리고 결손가정 등을 말한다(Cicchetti & Garmezy, 1993; Garmezy, 1991; Hetherington, Bridges, & Insabella, 1998; Luthar & Zigler, 1991; Masten, Best, & Garmezy, 1990; Masten & Coatsworth, 1998; Masten & Rees, 2002; Ryff & Singer, 2003a; Werner & Smith, 1992). 연구자들은 이렇게 어려운 생활여건 속에서도 이를 꿋꿋하게 견뎌 내고, 이후 유능하고 건강한 성인으로 성장하는 탄력적인 아동들을 꾸준히 발견할 수 있었다. 탄력성에 대한 가장 저명한 연구의 하나는 하와이에 있는 카우아이 지역에서 태어난 아동들에 대한 종단적 연구이다(Werner & Smith, 1982, 1992). 1955년부터 상당수의 아동표집이 30년 넘게 추적 연구되었다. 자연적으로 생긴 생활환경으로 인해, 아동들 중 1/3이 발달적인 문제에 있어 다양한 위험에 노출되었다. 가난, 부모의 정신장애, 가족 간의 갈등, 그리고 아동을 양육하기에 열악한 환경적 여건과 같은 위험들이 2세 이전에 존재했다. Werner와 Smith는 이들 고위험 아동의 1/3이 적응적이고, 남을 잘 돌보며, 역량이 있는 성인으로 성장함을 발견하였다.

연령 스펙트럼의 다른 쪽 끝에서, 노화과정에 관한 연구들 역시 삶의 도전에 대한 반응으로 개인의 탄력성을 보여준다. 통상적인 믿음과는 달리, 65세 이상의 노인들 상당수가 건강이 나쁘지 않았다. 그들은 외롭지도 않았고, 우울에 시달리지도 않았다(Williamson, 2002). 사실, 삶의 만족이나 자기존중감에 대한 평정치는 평균적으로 다른 어떤 성인 연령대와 마찬가지로 높았다(Charles, Reynolds, & Gatz,2001; Diener & Suh, 1998). 연구들은 사람들이 어떻게 다양한 삶의 도전에 반응하고, 만년과 관련된 변화에 반응하는지 검토하였다(Carstensen & Freud, 1994; Carstensen, Isaacowitz, & Charles, 1999; Row & Kahn, 1987; Row & Kahn, 1988; Ryff & Singer, 2003a). 여기에는 만성적인 질환, 배우자의 죽음, 은퇴, 거주지의 변화, 능력의 감소, 누군가를 돌보아야 하는 사람이 겪는 지속적인 스트레스, 그리고 경제적 자원의 감소 등이 포함된다. 노화에 관한 광범위한 문헌들은 역경에 직면했을 때 탄력적인 반응에 대한 강력한 지지를 제공한다. 이들 문헌을 참조하여, Ryff와 Singer(2003a)는 다음과 같이 결론을 내렸다. "경험적인 발견들은 참으로 많은 사람들이 다양한 삶의 도전에 직면하여 그들의 웰빙을 유지하고 때로는 고양시킬 수도 있음을 보여준다."(p. 22) 만년에 있어서 탄력성에 대한 인식은 최근에 **성공적인 노년**(Row & Kahn, 1998)이나 **최적의 노년**(Baltes & Baltes, 1990)이라는 개념으로 표현되고 있다. 이런 개념들은 긍정적이고 고양된 결과를 낳을 수 있는 잠재력의 관점에서 노년을 기술한다.

탄력성의 원천

누가 역경에 잘 견디는가? 그들은 탁월한 정도의 정서적인 강인함과 강건함을 지닌 선택된 소수인가? Ann Masten(2001)은 아니라고 단언한다. 관련된 연구에 대한 그녀의 개관에 의하면, 탄력성은 일상의 마술로 가장 잘 특징지어진다. 그녀는 도전에 직면했을 때 아주 흔히 탄력성을 볼 수 있으며, 이것이 초인적인 노력이나 능력으로부터 발생하지 않는다고 결론을 내렸다. 당신도 Masten의 관찰에 동의할 것이다. 외상이나 상실 또는 역경에 직면해서도 비교적 단기간에 제자리로 돌아오는 그런 사람을 아는가? 당신의 부모나 조부모일 수도 있고 초등학교나 고등학교 혹은 대학교의 급우일 수도 있다. 당신은 그들의 강인함을 선망하거나 혹은 어떻게 그리 되는지 경탄한 적이 있는가?

　사랑하는 사람의 상실, 심각한 사고나 건강상태, 부모의 이혼, 혹은 친밀한 관계의 종결은 우리들이 흔히 볼 수 있는 삶이 주는 어려움이다. 우리들은 또한 이러한 어려움에 처했을 때 탄력성의 연속체상에서 극단적으로 달리 반응하는 사람들을 볼 수 있다. 한쪽의 사람들은 삶의 도전과 비극에 압도된다. 그들은 심각한 정서적 증상과 신체적 고통에 시달리며, 회복되기까지 오랜 시간 지지와 도움을 필요로 한다. 불리한 생활사건은 자신감을 앗아가고, 삶에 대해 냉소하고, 분노하고, 우울하고, 혹은 불안하게 만든다. 다른 한쪽의 사람들은 역경에 직면하고서도 한결 그들의 태도를 유지할 수 있다. 짧게 혼란의 시간을 보낸 후에, 유능하고 건강한 평소의 기능으로 곧 돌아온다. 늘어나긴 하지만 끊어지지 않는 고무줄과 같이, 탄력적인 사람들은 침착함과 자신감을 되찾아 앞으로 나간다. 이들 두 극단적인 반응 패턴의 차이를 설명하는 것이 무엇인지 고찰하기에 앞서, 탄력성에 대한 잠재적인 오해의 원천을 명료화하는 것이 중요하다.

희생자 비난의 위험성

이제 중요한 경고를 할 차례이다. 불리한 생활사건에 이어 경험하는 고통의 수준은 사람마다 다르다. 탄력성에 대한 연구 결과가 이러한 고통의 수준이 그 사람에게 개인적으로 책임이 있다는 의미로 받아들여져서는 안 된다. 탄력성에 대한 논의는 필히 외상 이후 심각하고 지속적인 고통을 경험하는 사람들과 탄력적인 반응을 보이는 사람들 간의 비교를 포함하게 된다. 표면적으로 이러한 비교는 역경에 직면해서 어떤 사람은 '보다 강하고' 어떤 사람은 '보다 약하다'는 의미를 함축할 수 있다. 실제로, 탄력성에 포함된 일부 보호요인은 개인 내에 있다. 즉 그(녀)의 능력이나 성격, 대처기술 등이다. 또한 역경에 대한 보다 심각한 반응으로 고통 받고 있고 회복되기 위해 도움을 필요로 하는 사람들도 있다. 하지만 이들의 어려움에 대해 이들 자신에게 어느 정도 **책임**이 있다고 가정하는 것이 갖는 잠재적인 위험을 피하는 것은 매우 중요하다. 아내의 죽음을 슬퍼하는 남편에게 아내의 죽음을 '극복할' 필요가 있다고 말하거나, "하루속히 벗어나라"거나, "일상생활로 돌아오라"고 이야기하는 것은 아주 무감각한 위로이다. 아울러 이런 위로는 그 사람이 자신의 고통에 부분적으로 책임이 있으며 강인한 사람이나 회복하기 위해 열심히 애쓰는 사람이 더 낫다는 의미를 함축하고 있다. 이것은 옳지 않을 뿐더러 도움도 되지 않는다. 그(녀) 자신이 겪고 있는 고통에 대해 책임이 있다고 희생자를 비난하는 것은 한편으로 스트레스의 원천을 하나 더 추가하고, 다른 한편으로 회복에 필요한 사회적 지지를 감소시킴으로써 이중으로 회복을 방해한다. 누군가 자신의 고통에 대해서 잘못을 느낀다면 이는 그가, 그리고 오직 그만이 문제를 해결할 수 있음을 의미한다. 탄력적인 사람을 연구하는 주요 이유는 삶의 도전에 보다 효율적으로 대처할 수 있도록 돕기 위해 탄력성에 기여하는 보호요인들을 알아보는 것이다. 여기서 초점은 보호요인들에 대한 이해와 그것들의 가용성을 높이는 것이다. 보호요인이 없다고 개인을 비난하는 것은 타당하지도 않고, 비생산적일 뿐더러, 탄력성 연구의 목적에도 위배된다. 이 중요한 경고를 명심하도록 하자.

그렇다면, 탄력성과 관련된 보호요인들은 무엇인가? 역경에 직면해서 어떤 사람들이 다른 사람들에 비해 탄력적임은 명백하다. 탄력적인 사람과 그렇지 못한 사람의 차이를 설명하는 것은 무엇인가? 탄력성에 대한 특질적 설명은 '탄력적인 성격'의 특징에 대한 윤곽을 그리려고 시도해 왔다. 자아탄력성(Block & Block, 1980), 강인함(Kobasa, Maddi, & Kahn, 1982), 강건함(Dienstbier & Pytlik Zillig, 2002), 자기고양(Taylor & Brown, 1988), 낙관주의(Carver & Scheier, 2002b; Tennen & Affleck, 2002)와 같은 개념들은 모두 스트레스를 주는 생활사건에 대한 효율적인 대처와 관련이 있다. 탄력성과 관련된 능력과 특질들이 대부분의 사람들의 심리적 구성의 일부임을 유의해야 한다. 그것들은 아주 드물거나 귀한 것이 아니다. 또한 탄력성에 기여하는 특질들이 무엇이건, 그것들이 모여서 단 하나의 요소를 구성함을 인식하는 것이 중요하다. 탄력성이 일차적으로 개인의 내적인 강인함에 의존한다고 간주하는 것은 오해일 뿐더러 불완전하다. 이는 앞서 논의하였듯이 희생자를 비난하는 문제를 야기한다.

Masten에 의하면, 탄력성은 인간의 기본적인 적응적, 보호적 시스템의 작동을 표현한다. 이것은 드물거나 예외적인 일군의 재능이 아니다. 탄력성은 아주 흔하다. 인간의 보호체계는 거의 모든 일상생활의 일부이기 때문이다. 보호 기능을 맡는 요인들에 대하여 연구들마다 동일한 목록을 거듭 지적하고 있다. 아동과 청소년에 대한 연구에 근거하여 Masten과 Reed는(2002) 세 가지 범주의 보호요인들을 기술했다. 아동에게 있는 요인, 가족 내에 있는 요인, 그리고 지역사회에 있는 요인이다(아래에 기술된 내용은 Masten & Reed, 2002, p. 83, 표 6.2에서 인용되었음).

아동들에서 탄력성의 원천

아동에게 내재된 보호요인들은 다음과 같다.

- 훌륭한 지적 능력과 문제해결 능력
- 낙관적인 기질과 변화에 적응할 수 있는 성격
- 긍정적인 자기상과 개인적인 효율성
- 낙관적인 전망
- 정서와 충동을 조절하고 통제할 수 있는 능력
- 자신과 자신이 속한 문화에 의해 존중되는 개인적인 재능
- 건전한 유머감각

가족에 내재된 보호요인들은 다음과 같다.

- 부모나 일차 양육자와의 친밀한 관계
- 뚜렷한 기대와 규칙을 제공하는 따뜻하고 지지적인 양육
- 부모 간의 갈등이 최소화된 정서적으로 긍정적인 가족
- 구조화되고 조직화된 가정환경
- 아동의 교육에 관여하는 부모
- 적절한 경제적 자원을 가진 부모

지역사회에 있는 보호요인들은 다음과 같다.

- 좋은 학교에 다니기
- 학교나 사회에 있는 사회조직에 참여하기
- 문제를 제기하고 공동체 정신을 추진하는 것에 관심이 있는 이웃들과 같이 사는 것
- 안전한 이웃과 같이 사는 것
- 이용하기 쉬운 수준 높고 반응적인 응급 서비스, 공중보건 서비스, 사회 서비스

Masten에 의하면, 탄력성은 직면한 역경의 특수한 성격보다는 이러한 보호체계의 건강함과 더 관련 있다. 즉 보호적 자원이 거의 없는 사람은 낮은 수준의 역경에 직면해서도 심각한 부정적 결과로 고통 받는다. 이들 보호적 자원을 거의 혹은 전부 다 가진 사람은 심각한 역경을 최소한의 혼란으로 다룰 수 있다.

일상의 마술이라는 Masten의 개념은 탄력성 연구의 두 가지 측면을 요약하고 있다. 첫째, 많은 사람들이 심각한 삶의 도전에 직면해서 탄력적인 반응을 보인다는 점이다. 다시 말해서 탄력성은 드물지 않다. 그것은 흔하다. 둘째, 탄력성의 자원에 비일상적인 것은 포

함되어 있지 않다는 점이다. 탄력성은 삶의 일상적인 특징에서 생겨난다. 그것은 초인의 능력이 아니다. 매스컴은 종종 암을 이겨내고 장애를 극복한 사람들을 비극적인 상황을 극복한 예외적인 사람으로 칭송한다. 탄력성 연구들은 비극을 극복한 개인의 능력을 칭송하고 지지하지만, 그런 사례가 매스컴의 보도가 함축하는 것처럼 그렇게 예외적인 것은 아니라고 시사한다. 신기한 점은 우리 모두가 일상의 마술의 예를 보여주는 사람들을 이미 알고 있다는 것이다.

연구 초점 : 불우한 청소년의 탄력성

미국 전체 아동들의 20% 정도가 가난하게 살고 있다. 5명 중 1명꼴로, 18세 이하의 아동과 청소년 1,350만 명이 해당된다(U.S. Census Bureau, 1999). 상당수의 연구들은 가난하게 살고 있는 아동들이 정서적 장애나 약물 사용에서부터 학업 실패와 청소년 비행에 이르는 다양한 문제에 대한 위험에 직면해 있음을 보여주고 있다(McLoyd, 1998, Myers, 2000b; Steinberg, Dornbusch, & Brown, 1992). 이런 문제들이나 다른 잠재적인 문제들은 스트레스와 불이익을 주는 가난의 본질을 반영한다. 가난한 아동들은 정서적으로 어려움이 있거나 약물중독인 부모로 인해 고통 받을 가능성이 높고, 중산층의 아동들에 비해 폭력을 목격하고, 불법적인 약물 사용이나 절도와 같은 범죄행동에 연루될 가능성이 높다. 게다가, 가난한 아동들은 지지적인 형태의 지역사회 기관이나 양질의 학교, 의료 서비스와 같은 자원들을 거의 갖고 있지 못하다(McLoyd, 1998). 이러한 위험에도 불구하고 가난한 아동들의 상당수가 범죄 행동에 연관되거나, 학교를 중퇴하거나, 쇠약하게 만드는 정서적 문제로 고통을 받지 않는다. 이에 대한 그럴듯한 이유는 가난한 아동들이 Masten(2001)에 의해 기술된 보호요인들에 힘입어, 역경에 직면해서 탄력성을 보여준다는 것이다. 예로, 안정되고 서로를 위하는 가족은 경제적인 어려움에 직면해서도 성공적인 발달과 강하게 연결되어 있다(Myers, 2000b).

　가난하게 살고 있는 아동 중에서 탄력적인 아동과 덜 탄력적인 아동으로 구분해 주는 특정한 삶의 환경이나 개인적인 특성은 무엇인가?

　Buckner, Mezzacappa와 Beardslee(2003)는 최근 155명의 아동, 청소년(8~17세)과 그들의 어머니를 대상으로 이 문제를 다루었다. 표집은 남녀 거의 균형을 갖추었으며, 다양한 인종과 민족 집단(백인 35%, 흑인 21%, 푸에르토리코 라틴계 36%, 기타 라틴계 8%)으로 구성되어 있었다. 어머니와 자녀들은 극도로 가난했고, 상당수가 최근까지 집이 없었다. 어머니를 대상으로 그녀 자신과 자녀들의 생활에 대해서 집중적인 면담이 실시되었다. 연구자들은 정신건강이나 학대와 폭력에 대한 노출, 사회적 지지, 아동들의 발달 내력과 최근의 행동 패턴에 대해 상세한 정보를 수집하였다. 그리고 여러 가지 표준화된 측정치들을 사용하여 아동들의 정서적, 행동적 문제, 정신건강 증상들, 기능수준, 능력에 대해 자료를 수집하였다. 이들 측정치에 대한 반응에 근거하여, Buckner와 그의 동료들은 탄력적인 아동집단과 비탄력적인 아동집단을 확인하였다. 탄력적인 아동은 (45명의 청소년 혹은 표집의 29%) 임상적으로 유의한 정신건강 증상을 보이지 않았으며 일반적으로 긍정적인 기능을 보였다. 탄력적인 아동들은 가난에 의해 야기된 도전이 있음에도 불구하고, 건강이나 능력에 대한 여러 측정치에서 수행이 좋았다. 반면, 비탄력적인 아동들(70명의 청소년 혹은 표집의 45%)은 심각한 정신건강 문제의 증거가 있었고 기능에서도 일부 결손이 있었다. 이 연구에서 40명의 청소년들은 탄력적인 집단에도 비탄력적인 집단에도 해당되지 않았다(다시 말해서 그들은 중간에 위치하였다).

연구자들은 탄력적인 아동, 청소년들과 비탄력적인 아동, 청소년들을 구분해 주는 특정한 요인들을 탐색하였다. 구체적으로 그들은 부정적인 생활사건 경험, 만성적인 스트레스 수준, 인지적 능력, 자기존중감, 자기조절 기술, 사회적 지지 그리고 부모의 감독이나 지도를 검토하였다. Buckner와 동료들(2003)은 탄력성이 부정적인 생활사건의 수나 만성적인 생활 스트레스와 뚜렷이 연관됨을 확인하였다. 비탄력적인 아동들은 신체적, 성적 학대, 친구의 죽음, 부모의 체포, 심각한 가족의 질병과 같은 부정적인 생활 사건들이 유의하게 더 많았다. 또한 이들은 만성적인 스트레스가 더 많았다. 만성적인 스트레스는 먹을 것이 충분치 않은 점, 안전함을 느끼지 못하는 것, 가난과 관련된 기타 일상적인 어려움 등에 대한 걱정과 연관이 있었다. 탄력적인 아동은 심각한 위험이나 스트레스에 직면하였지만 빈도나 강도의 수준은 낮았다.

다른 연구 결과들과 같이, Buckner와 동료들의 연구에서 탄력적인 아동, 청소년들은 비탄력적인 집단에 비해 높은 지적 능력과 자기존중감을 보여주었다. 지적 능력은 학업성취에 기여하였다. 아울러 가난과 관련된 많은 문제들에 대처하고 이를 해결할 수 있게 하였다. 자기존중감은 가난에서 비롯된 자기개념에 대한 도전에 맞서 긍정적인 자기상을 유지하는 데 도움을 주었다.

탄력적인 아동, 청소년과 비탄력적 아동, 청소년을 구분하는 또 다른 특성은 자기조절 기술과 관련 있었다. 사실, 이 연구에서 자기조절은 탄력성에 대한 가장 강력한 예언인자였다. 자기조절이란 오랜 시간과 다양한 상황에 걸쳐 바람직한 목표로 행동을 안내하고 지도하는 개인의 능력을 말한다. 그것은 사고나 정서, 주의, 행동을 조절하고 통제하는 능력을 포함한다. 자기조절은 스트레스가 많은 상황에 대처하는 데 특히 중요하다. 훌륭한 자기조절 기술이 있는 사람들은 스트레스를 주는 사건이 일어나는 것을 미리 예측하여 미연에 방지하고, 부정적인 정서를 상쇄하거나 방향을 바꾸는 방법을 찾고, 효율적으로 문제를 해결하는 대처전략을 사용한다. 자기조절 기술은 우리들의 안정성에 도전하거나 혹은 중요한 삶의 목표를 성취하는 데 도전하는 사건들에 직면했을 때, 중심을 유지하고 방향을 설정하도록 돕는 내부의 자이로스코프와 같다.

인지적, 정서적 자기조절 기술

Buckner와 그의 동료들(2003)은 탄력적인 아동, 청소년들이 비탄력적 아동, 청소년들에 비해 인지적, 정서적 자기조절의 측정치에서 유의하게 높은 점수를 얻는다는 것을 발견하였다. 인지적 자기조절은 행동을 인도하고 문제를 해결하는 데 있어 집행기능을 맡는다. 좋은 인지적 자기조절 기술을 지닌 아동, 청소년들은 잘 체제화되어 있고, 자기수양이 되어 있으며, 시작부터 끝까지 계획을 수행할 수 있다. 그들은 성공적인 완수를 향해 노력을 경주함으로써 과제의 중요한 측면에 주의의 초점을 맞출 수 있다. 그들의 사고는 대안적인 해결책을 고려하는 데 유연성을 보이고, 과제는 구체적이기보다 추상적으로 고려된다. 다시 말해서 인지적인 자기조절은 큰 그림, 즉 나무보다는 숲을 보는 능력을 포함한다.

정서적 자기조절 역시 탄력적인 삶에서 중요하다. 정서적 자기조절 기술은 어려운 상황에서 냉정함을 유지하는 능력을 의미한다. 이런 기술이 있는 아동, 청소년들은 그들의 분노를 표출하지 않고 억누를 수 있다. 다시 말해서 그들은 정서표출의 강도를 조절하는 데, 그리고 다른 사람들로부터 부정적인 반응이나 소원함을 불러일으키지 않으면서 정서를 표현하는 방법을 찾는 데 매우 능숙하다. 정서적 자기조절은 사회적인 역량에 중요한 부분으로, 이는 다른 사람들과의 효율적이고 지지적인 관계를 개발하고 유지하는 데 기여한다. Buckner와 동료들에 의해서 기술된 바와 같이, 정서적 자기조절 기술의 부족은 정동장애나 행동장애와 밀접하게 연관되어 있다. 빈약한 정서조절은 아동과 청소년에게서 상당한 문제를 야기한다.

종합하면, 당신은 특히 가난 속에 살고 있는 아동, 청소년들에게서 인지적, 정서적 자기조절 기술의 가치를 생각해 볼 수 있을 것이다. 과제에 매달릴 수 있고, 목표를 달성하고, 일상적인 골칫거리와 도전을 효율적으로 다루고, 부정적인 정서를 조절하고, 적절한 목표를 향해 에너지를 투여하고, 다른 사람들을 효율적으로 다루는 것은 어떠한 환경에 있는 아동, 청소년에게도 중요한 기술이다. 특히 도전과 스트레스를 주는 사건이 계속해서 이어지는 환경에서, 이러한 기술들은 성공적이고 건강한 삶과 정서장애나 학업 실패, 혹은 범죄로 고통 받는 삶 간의 차이를 초래할 수가 있다.

자기조절 능력의 계발

가난한 아동, 청소년들에 대한 Buckner와 동료들의 연구에서 얻어진 한 가지 최종적인 결과는 특히 주목받을 만하다. 부모가 감찰하는 수준 또한 탄력적인 아동, 청소년과 비탄력적인 아동, 청소년을 구분한다는 것이다. 양육 감찰에서 높은 점수를 얻은 부모들은 그들의 아이가 어디에, 누구와 있는지 항상 알고 있다. 이는 어머니가 집에 없을 때 특히 중요하다. 아동의 안전에 실제적인 위협이 있고, 이러한 위협의 일부가 낮은 수입의 이웃이 있을 때 높아진다는 점을 감안하면, 부모의 감찰은 아동의 환경에서 중요한 부분이다. 부모의 감찰은 또한 자녀들에게 그들이 돌봄을 받고 있고 가치가 있다는 자각을 높여준다. 그리고 이러한 자각은 스스로에 대한 가치감과 자기조절 기술의 발달에 기여한다. 자녀들에게 적극적으로 관심을 기울이는 어머니는 자녀들로 하여금 자신의 행동에 대한 자기감찰을 발달시키도록 돕는 긍정적인 역할 모델을 제공할 수 있다.

성인기와 만년에서 탄력성의 원천

아동기의 탄력적인 반응에 기여하는 많은 요인들이 성인의 탄력성에도 기여한다. Carol Ryff와 그녀의 동료들은 보다 광범위하고 경험적으로 지지되는 웰빙의 모델을 제공하였다(Keyes, 2002; Keyes & Lopez, 2002; Keyes, Shmotkin, & Ryff, 2002; Ryff & Keyes, 1995; Ryff & Singer, 2003b를 보라). 아래에 제시된 6개의 차원은 심리적인 웰빙을 기술한다(이 주제에 대한 보다 자세한 논의는 제2장을 보라). 애초에 탄력성에 초점을 두지는 않았지만, 연구는 이들 요인들이 역경에 직면해서, 그리고 성공적인 노화와 좋은 정신건강을 유지하는 데 탄력적인 반응을 예언함을 보여준다. 요약하면, 6개의 차원은 효율적인 삶의 원천을 나타내는 개인의 성격, 자기개념, 역량, 사회관계의 측면들을 기술한다. 6개의 차원이 아래에 기술되어 있다.

자기수용 자기수용은 자기 자신에 대하여 긍정적인 태도를 가지고 있고, 강점이나 약점을 포함하여 자신의 다양한 측면을 받아들이는 사람을 정의한다. 이런 사람은 지금까지의 자신의 삶에 대해 긍정적으로 느낀다. 자기수용이란 자신이 누구인가를 받아들이고 좋아하는 것을 의미한다.

개인적 성장 개인적 성장이란 지속적인 발달과 효율성에 대한 개인적인 느낌, 그리고 새로운 경험이나 도전에 대한 개방성을 지칭한다. 개인적인 성장은 여전히 삶에 대해 흥분하고 새로운 것을 배우는 사람들에서 볼 수 있다.

삶의 목적 삶의 목적이란 삶에서 방향을 제시하는 목표나 신념을 가지고 있음을 의미한다. 만족스러운 일, 종교적인 신념, 어떤 원인에 대한 몰두, 혹은 다른 사람의 욕구에 대한 헌신 등으로 인해 당신의 삶은 의미와 목적을 가지고 있다. 목적을 가지고 있다는 것은 당신이 세상에서 긍정적인 차별성을 만들어 가고 있다고 느끼는 것을 의미한다. 또한 당신의 삶이 개인적으로 의미 충만하다는 것을 의미한다.

환경적 통제 통제란 빠른 속도로 진행되는 현대생활의 복합적인 환경을 다룰 수 있는 능력과 역량에 대한 느낌을 말한다. 통제란 개인적으로 적합한 생활환경을 창조하는 능력에 반영된다. 여기에는 일, 재정, 가족, 주거, 건강에 대한 성공적인 관리, 그리고 성공적인 삶에 요구되는 모든 필요조건들이 포함되어 있다.

자율성 자율적인 사람은 자기지시적이고, 주도적이며, 독립적으로 일하는 데서 편안함을 느낀다. 이런 사람들은 자신의 행동을 인도하는 한편 부정적인 사회적 압력에 저항하도록 하는 내적인 준거를 가지고 있다. 자기 나름의 사람이 되고 자기 나름의 가치와 흥미를 추구하는 것은 자율성의 느낌을 표현한다.

다른 사람과의 긍정적인 관계 긍정적인 관계를 맺는 사람은 다른 사람들과 따뜻하고, 만족스러우며, 신뢰로운 상호작용을 한다. 이들은 공감적이며 친밀감을 나눌 수 있다. 긍정적인 관계란 관계의 양이 아니라 질의 문제이다. 좋은 친구를 갖는 것, 만족스러운 결혼, 동료와의 지지적인 관계 등은 모두 이 차원을 표현한다.

성공적인 노화

노화과정에 초점을 둔 최근 연구는 삶의 마지막 단계에 들어선 사람들에게 강점과 탄력성을 제공하는 적응적이고 보호적인 체계의 작동을 지지한다. 우리들은 앞서 노인들이 평균적으로 성인기의 다른 시기에 있는 사람들만큼 행복하다고 언급하였다. 대규모의 역학연구에 의하면 노인들은 치매를 제외하고는 거의 모든 심리적 장애에서 낮은 비율을 보였다(Regier et al., 1988). 하지만 어느 시점에서 대부분의 노인들은 사랑하는 사람의 상실과 인지적, 신체적 기능에서의 감퇴로 고통을 받는다. 이러한 변화는 개인적 죽음이라는 쟁점을 야기한다. 즉 노인들은 자신의 죽음에 어떻게 대처하는가? 노화의 도전에 직면하여 어떻게 정서적인 안정성과 즐거운 생활을 유지하는가? 사회정서적 선택 이론이라고 불리는 최근의 한 이론은 노화와 관련된 변화가 어떻게 보다 만족스럽고, 즐거우며, 다툼이 없는 삶의 근거가 될 수 있는지, 어떻게 보다 강한 사회적 지지의 근거가 될 수 있는지 설명하는 데 도움을 준다(Carstensen, 1992; Carstensen et al., 1999).

Carstensen은 삶에서 남겨진 시간이 얼마인가에 대한 사람들의 지각이 그들이 추구하고자 하는 목표에 강력한 영향력을 행사한다고 주장한다. 젊은 사람들은 그들의 앞에 삶의 상당한 부분이 남겨져 있으므로 시간에 대하여 확장된 지각을 한다. 반면 노인들은 이미 많은 삶을 살아온 만큼 시간을 제한적으로 지각한다. 말 그대로 시간이 흘러가는 것으로 보일 것이다. 이용할 수 있는 개인적인 시간에 대한 지각은, 그것이 확장되어 있는지 혹은 제한되어 있는지에 따라, 사람이 추구해야 할 목표를 설정하는 데 결정적인 영향을 미친다. 그리고 목표는 다시 삶에서의 행동과 주요활동에 결정적인 영향을 미친다. 목표는 그 실현을 향하여 행동을 인도하고 활성화시킨다. 예로, 대학생은 전형적으로 학위를 받고, 진로를 탐색하고, 미래를 위하여 관계를 확립하는 데 활동의 초점을 둔다.

사회정서적 선택 이론(Socioemotional selectivity theory)에 의하면, 사람은 그들의 삶에 시간이 얼마 남아 있지 않음을 깨달음에 따라, 에너지와 주의의 초점을 미래와 관련된 활동이나 목표에서 보다 현실적인 목표로 옮긴다. 이러한 이동은 미래를 위하여 준비하는 지식 관련 사회적 목표에서 현재의 삶의 상황을 유지하고 고양시키는 정서 관련 사회적 목표로 강조의 축이 전환되는 것을 포함한다. 지식 관련 그리고 정서 관련 목표의 중요성에 대한 예언된 패턴이 그림 4.2에 제시되어 있다. 우리들이 젊고 미래가 우리 앞에 펼쳐져 있다면, 우리들은 자연스럽게 새로운 경험을 탐색하고, 새로운 사람을 만나고, 우리의 미래에 도움을 줄 수 있는 지식과 기술을 습득하는 쪽을 지향할 것이다. 만약 우리들이 나이가 들고 남아 있는 시간이 제한적이라면, 우리들은 불확실한 미래의 이득을 위하여 즐거운 활동이나 일상적으로 하는 일 혹은 의미 있는 관계를 바꾸거나 포기할 가능성이 낮다. 우리들은 현재의 정서적인 만족에 보다 초점을 둔다. 이것은 정체를 위한 처방 같겠지만 연구들은 정반대임을 시사하고 있다.

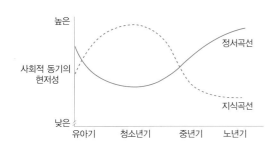

그림 4.2 생애에 걸친 지식과 정서적 만족의 중요성에 대한 사회정서적 선택 이론의 개념

주 : 지식과 정서는 모두 사회적 이해나 다른 사람과의 정서적으로 만족스러운 관계와 관련된 '사회적 동기'로 간주되었다.

출처: Carstensen, L. L., Isaacowitz, D. M., & Chales, S. T. (1999).

Carstensen과 그녀의 동료들에 의해 수행된 수많은 연구들(이에 대한 개관은 Carstensen et al., 1999; Carstensen & Charles, 2003을 보라)은 노인들에 의한 목표의 재초점화가 삶의 만족을 고양시키고, 마음의 평화를 가져오는 잠재력이 있음을 지지한다. 미래에 대한 준비라는 짐을 벗어던지고, 삶의 취약성과 그 끝이 다가옴을 인식하는 것은 사람에게서 최선을 끌어내는 것으로 보인다. 예로, 중년 부부에 비해 노년 부부는 재정이라든가 자녀들, 혹은 친척관계 문제로 인한 갈등을 다루는 데 있어서 보다 나은 정서조절을 보여준다. 다시 말해서 이들 쟁점에 대한 논의는 노년 부부들의 경우, 보다 덜 심각한 갈등으로 특징지어진다. 중년 부부들이 비슷한 쟁점에 대해 논의할 때에 비해 이들은 분노나 적대감, 불평은 보다 낮게, 그리고 정감은 보다 높게 표현했다. 노년 부부들은 또한 그들의 결혼생활에서 더 많은 즐거움을 표현하였다. 자식이나 손자들에 대해 이야기한다거나 부부가 같이 뭔가를 하는(이를테면, 휴가를 보내는 일) 등의 활동에서도 마찬가지였다. 오랫동안 결혼생활을 해 온 부부들은 말년에 이르러 보다 친밀해지는 것으로 보인다. 그들은 서로를 같이하는 즐거움에 보다 많은 관심을 보이고, 배우자를 변화시키거나, 영향을 주거나 지배하는 일에는 덜 관심을 보인다(Levenson, Carstensen, & Gottman, 1993, 1994).

Carstensen은 시간제한적인 조망이 보다 작지만 보다 질이 높은 사회적 연결망 쪽으로 관심을 이동시켰기 때문에 이러한 변화가 생겼다고 주장한다. 그리고 그 작은 연결망에서 사람들은 인정받고 사랑받는다. 노인들은 가장 중요한 사회적 파트너와의 관계의 질을 높이고 만족을 최대화하기 위하여 종종 그들의 사회관계를 정제하기도 한다. 연구는 이 예언을 지지한다(Carstensen et al., 1999). 노인들은 우연히 알게 된 사람이나 새로운 사람을 만나는 데 시간과 정력을 덜 소비한다. 그리고 배우자라든가 절친한 친구, 자식이나 손자 등 오래 지속되어 온 관계에 더 많은 시간과 정력을 쏟는다. 나이가 들면서 친지들과의 상호작용의 빈도는 감소되는 것으로 보인다. 반면, 배우자나 가까운 가족 구성원과의 상호작용의 빈도는 그대로 유지되거나 상승한다. 사람들은 만년에 이르러 지지적이고 정서적인 욕구를 달성하는 데 최적화된 친밀한 관계의 '내부 서클'을 개발하는 것으로 보인다. 사회정서적 선택 이론에 의해 기술된 연령과 관련된 변화는 노화라는 불가피한 도전에 직면하여 탄력성의 원천을 창출하는 적응적인 반응으로 볼 수 있다.

외상을 통한 성장

외상적인 체험을 하고나서 많은 사람들이 의미 있는 삶의 교훈을 얻고, 삶에 대한 평가를 새롭게 하며, 개인적인 강점을 더 느낀다는 결과를 보여주는 경험적 문헌들이 점증하고 있다(개관을 위해 Affleck & Tennen, 1996; Nolen-Hoeksema & Davis, 2002; Tedeschi & Calhoun, 1995; Tennen & Affleck, 2002를 보라). 외상 후 스트레스 장애(PTSD)라고 특징지어지는 부정적인 결과와는 대조적으로, 외상적인 경험으로부터 야기되는 긍정적인 결과들을 **외상 후 성장**(PTG)이라고 한다(Tedeschi, Park, & Calhoun, 1998). 외상 후 성장은 개인적인 고통에서 비롯될 수 있는 성장과 고양의 잠재력을 보여주는 연구들의 주요 주제이다. 외상 후 성장에 대한 문헌들은 탄력성에 대한 문헌과 밀접히 관련되어 있다. 두 문헌들 모두 도전적인 삶의 사건에 직면하여 나오는 인간의 강점에 초점을 두고 있기 때문이다.

한 가지 차이점은 탄력성 연구들이 역경 이후에 어떻게 외상 전의 기능수준으로, 즉 이전의 적응수준으로 되돌아오는가를 강조한다는 점이다. 반면 PTG 연구들은 외상 전의 적응수준을 넘어서는, 외상 이후의 **긍정적인 변화**와 **고양된 기능**을 탐색하고 있다. 외상을 통한 긍정적인 성장을 논의하기에 앞서, 우리는 먼저 왜 삶의 외상이 그렇게 파괴적이고 고통스러운가를 다루는 초기 연구들을 살펴보겠다. 이어, 어떻게 불리한 생활사건 이후에 긍정적인 성장이 나타나는지를 기술하는 최근의 연구들을 살펴보겠다.

외상의 부정적 효과

연구들은 재앙적인 화재, 사랑하는 사람의 상실, 심각하게 아픈 유아를 돌보는 일, 심장마비나 자연적인 재앙으로부터 살아남는 것, HIV 감염을 다루는 일, 류머티스성 관절염이나 암, 장애에 대한 대처, 성적인 공격의 피해자가 되는 일 등의 광범위하고 다양한 외상에 사람들이 어떻게 대처하는지 검토하였다. 개인의 삶을 변화시키는 이들 외상의 효과는 과소평가될 수 없다. 생명에 위협을 주는 사건에 흔히 수반되는 신체적 고통이나 상해와 더불어 괴롭고 고통스러운 심리적인 여파가 뒤따른다. Janoff-Bulman과 Frieze(1983)에 의하면 "외상의 희생자들은 흔히 쇼크와 혼란, 무력감, 불안, 공포, 우울 등의 정서적 반응을 보인다."(p. 2) 외상을 경험하는 일부 사람들은 미국 정신의학회(2000)의 PTSD의 정의에 부합되는 증상을 나타낸다. PTSD 증상으로 외상 사건에 대한 반복된 회상, 그리고 외상 사건과 관련된 침입적인 사고와 느낌이 있다(*Diagnostic and Statistical Manual of Mental Disorders*, American Psychiatric Association, 2000). PTSD의 다른 증상으로는 정신적인 마비가 있다. 이는 다른 사람들에 대한 무관심으로 나타나는 반응성의 감소, 감정과 정서적 표현의 위축, 그리고 이전에는 중요했던 활동에 대한 흥미의 감소를 말한다. 또한 자율신경계가 각성되어 사소한 자극에도 깜짝깜짝 놀라는 증상을 흔히 볼 수 있다.

Janoff-Bulman은 외상으로 인해 심리적인 피해가 생기는 이유는 상당 부분 사람들이 그들 자신과 그들이 살고 있는 세계에 대해 가지고 있던 기본 가정을 외상적인 사건이 무너뜨리기 때문이라고 주장했다(Janoff-Bulman, 1992; Janoff-Bulman & Frieze, 1983). 그녀는 외상에 의해 도전받는 세 가지 기본 가정을 기술하였다. 즉 "(1) 자신이 상처받지 않으리라는 믿음, (2) 세계가 의미 있고 이해할 수 있다는 지각, 그리고 (3) 우리 자신에 대한 긍정적인 관점"(Janoff-Bulman & Frieze, 1983, p. 3)이다. 첫 번째 가정은 "그런 일이 나에게는 일어날 수 없다"는 믿음을 말한다. 연구는 사람들이 심각한 부정적인 사건이 자신에게 일어날 가능성을 과소평가한다는 것을 일관성 있게 보여주고 있다. 사람들은 나쁜 일은 항상 '다른 사람에게' 일어날 것이라고 믿는다(Peroff, 1983). 희생자가 되고 나서야, 사람들은 나쁜 일이 그들에게도 일어날 수 있음을 깨닫고, 외상이 또 다시 일어나지 않을까 전전

긍긍하며 상당한 시간과 정력을 소모한다. 위험이 없는 안전한 세계에 대한 믿음이 나쁜 일이 보다 잘 일어날 것 같은, 보다 불확실하고 위험한 세계에 대한 자각이 증가하면서 도전받는다. 외상적인 경험은 "이런 일이 일어날 수 있으면, 다른 어떤 일도 일어날 수 있다"고 생각할 가능성에 문을 연다. 과거에 외상적 사건이 자신에게 일어날 수 없으리라고 믿었던 것이 착각처럼 보이는 것이다.

삶이 의미 있고 이해할 수 있다는 두 번째 가정 역시 외상적인 경험에 의해 반박된다. 외상 후에, 자신의 삶이 무질서하고 혼란스러워 보인다. 희생자는 종종 "왜 하필 나인가?", "내가 무슨 일을 했다고 이런 일을 당해야 하는가?"라고 스스로에게 자문한다. Lerner(1980)는 많은 사람들이 세상은 공정하다는 가정에 근거하여 움직인다고 주장한다. 다시 말해 마땅히 받을 만한 것을 얻는다고 믿는 것이다. 하지만 좋지 않은 시간에 좋지 않은 곳에 있었다는 이유만으로 강도에게 당한 희생자에게 세상은 매우 불공정해 보인다. 사람들은 이전에 생각하던 것에 비해 부정적인 사건에 대해 통제력이 훨씬 적다고 믿게 된다. 긍정적인 자기상과 관련된 세 번째 가정 역시 비슷한 변형을 겪는다. 연구는 개인적인 가치감과 자기존중감이 외상에 의해 상처받고 훼손됨을 보여준다. 희생자가 되고 나서 사람들은 자신이 무기력하고, 약하고, 통제할 수 없으며, 힘이 없고, 궁핍한 존재라고 느낄 수 있다(Janoff-Bulman & Frieze, 1983).

외상의 긍정적 효과

놀랍게도 Park(1998)은 상당수의 사람들이 외상적인 체험 후에 "그것은 나에게 일어날 수 있는 최상의 일이었다"고 실제로 이야기함을 보고하였다. 앞서 살펴본 부정적인 효과를 감안하면, 어떻게 역경으로부터 긍정적인 이로움이 나타날 수 있을까? PTG에 대한 일반적인 설명은 삶에 대한 도전받은 믿음과 가정이 개인적인 성장에 대한 기반과 기회를 제공할 수 있다는 것이다. 처음에는 외상적인 경험이 혼란스럽고 놀랍다. 하지만 시간이 지나면서 사람들은 그들 자신과 삶에 대해 보다 깊은 가르침을 배우게 된다. 이러한 가르침은 그들 자신에 대해, 그들이 맺고 있는 관계에 대해, 그리고 삶에 있어서 무엇이 중요한가에 대해 개인적인 이해를 높이는 잠재력이 있다. 이러한 가르침은 또한 보다 효율적인 대처와 적응에 기여한다. 표 4.1은 PTG 문헌에서 보고되는 긍정적인 변화의 일부를 보여준다(Ryff & Singer, 2003a; Tedeschi et al., 1998).

이러한 긍정적인 변화는 실제인가, 아니면 그저 외상의 실제적인 효과에 대한 편의상의 합리화나 왜곡인가? 초기 연구들은 외상 이후의 긍정적인 변화를, 외상의 효과를 인위적으로 완화시킴으로써 개인이 잠정적으로 대처할 수 있도록 도와주는, 방어적인 반응으로 보는 경향이 있었다. 긍정적인 변화는 실제적이고 지속적인 것으로 간주되지 않았다(Tennen

---

표 4.1   PTG 문헌에 보고된 긍정적 변화

지각에서의 변화

개인적인 강점, 확신, 자기의존이 증가했다는 느낌

자신의 삶을 포함하여, 삶의 취약성에 대한 평가의 증대

희생자가 아니라 생존자로 보는 자기지각

관계에서의 변화

가족과의 보다 끈끈한 연대

정서 노출과 다른 사람에 대한 친근감의 증대

다른 사람들에 대한 연민과 베푸는 마음의 증대

삶의 우선순위에서의 변화

삶에서 무엇이 중요한가에 대한 증가된 명료성

삶의 의미에 대한 보다 깊고 종종 영적인 감각

쉽게 살겠다는 새로운 약정

재물이나 돈, 사회적 지지를 얻는 것에 대한 관심의 저하

& Affleck, 2002). 오늘날 연구자들은 자기보고에 의한 변화와 객관적으로 입증된 변화 사이의 구분이 어려움을 인정하면서도, 외상이 실제로 개인 삶에 있어서 진정한 긍정적인 변화를 가져올 수 있다고 믿는다.

외상을 통한 성장에 대한 설명

외상을 통한 긍정적인 성장에 대한 설명은 실존정신의학자인 Viktor Frankl(1976/1959)의 업적에 의지해 왔다. Frankl은 '의미에의 의지'가 사람들의 삶에서 기본적인 동기적 힘이라고 주장했다. 그는 사람들이 삶의 여정에서 스스로를 떠받치기 위해서는 무엇보다도 목적의식, 의미, 그리고 방향성이 필요하다고 생각하였다. 의미 있는 삶은 사람들의 목표와 야망에서 표현되고, 이것은 다시 에너지를 미래로 향하게 한다. 외상적인 경험이 이러한 목표와 목적을 뒤흔들거나 부수면, 삶은 무의미한 것으로 지각된다. 이런 상태에서 사람들은 삶에 대한 의미와 목적을 되찾으려고 강하게 동기화된다. 새로운 목표나 목적, 그리고 야망은 의미와 방향에 대한 감각을 재정립한다. 따라서 사람들이 새로운 목표나 목적을 개발하고 거기에 헌신함에 따라, 외상적인 경험에서 야기된 상황은 개인적인 성장의 기회를 제공한다. 이들 목표는 삶에 대한 기본적인 가정들을 포함하고 있다. 이들 목표는 삶을 의미 있게 만드는 것이 무엇인가에 대하여, 그리고 삶의 목적의 본질에 대하여 '중요한' 물음을 포함한다. 이들 목표는 개인의 정체감이나 자기 정의와 밀접히 관련된다. 외상이 삶

의 기본적인 가정을 재정의하도록 하는 만큼, 그 결과는 개인적인 정체감에서 주요한 재정의를 가져올 수 있다. 기본적인 가정을 무너뜨리는 동일한 부정적 경험들 역시 개인이 삶을 새롭게 하는 목적을 발견함에 따라 긍정적인 성장의 기회를 제공한다.

어떻게 사람들은 외상과 고통으로부터 성장을 낳고 의미를 발견하는가? **의미 만들기**(meaning-making)는 사건이 어떻게 해석될 수 있고 무엇을 의미하는가에 대한 능동적인 재평가 과정을 말한다(Baumeister & Vohs, 2002). 연구자들은 비극적인 사건에 이어지는 두 가지 형태의 의미 만들기에 초점을 맞추고 있다. 즉 사건을 이해하는 것과 이로움이나 긍정적인 결과를 발견하는 것이다(Nolen-Hoeksema & Davis, 2002). **이해하기**(sense-making)는 세상이 어떻게 작동하는가에 대한 신념에 입각하여 사건을 이해할 수 있게 만드는 것을 말한다. 예로, 서구문화에서는 사건에 어떤 질서와 예언 가능성이 있다고 믿는 경향이 있다. 부정적인 사건은 어쩌다 우연히 일어나지 않는다. 이는 공정한 세상이라고 믿는 경향에 대한 Lerner의 연구(1980) 저변에 있는 생각이다. 많은 사람들은 세상이 모든 경우는 아니더라도 일반적으로 당신이 받을 만한 것을 얻는다는 원리에 의해 작동된다고 믿는다. 그렇다면 우리는, 성인 초기에 치명적인 질환을 가지고 있는 경우에서 보듯이, '너무 일찍' 죽는 사람의 경우를 어떻게 이해할 수 있는가? 연구들은 이것이 참으로 어려운 과제임을 시사한다. 왜냐하면 그것은 사태의 자연적인 질서라든가 공정한 세상에 대한 우리들의 개념과 모순되기 때문이다. Davis와 Nolen-Hoeksema와 동료들은 불치병으로 사랑하는 사람을 잃은 사람들을 면담하였다(개관을 위해 Nolen-Hoeksema & Davis, 2002를 보라). 그들은 단도직입적으로 그들의 상실에 대해서 이해할 수 있는지를 물었다. 상실한 대상이 72세 이상의 경우, 면담을 한 87%의 사람들이 죽음을 이해할 수 있다고 보고하였다. 하지만 상실이 아주 젊은 사람을 포함한 경우, 훨씬 더 적은 수의 사람들이 죽음을 이해할 수 있다고 보고하였다.

사람들은 아주 개별적인 방식으로 외상이나 상실을 이해한다. 사람마다 살아온 이야기가 서로 다르기 때문이다. 불리한 사건에 대한 개인의 이해는, 부분적으로 그 개인의 삶의 이야기의 폭넓은 틀에 그 사건이 얼마나 부합되는가를 반영한다. 사건을 종교적인 관점에서 보는 사람도 있을 것이다. 그들을 위해 혹은 그들이 상실한 사람을 위해 준비된 하느님의 계획의 일부로 받아들이는 것이다. 사랑하는 대상이 '고향으로 갔다'는 믿음, 혹은 이제 하나님과 함께 있다는 믿음은 안식을 제공하고, 고통스러운 상실에 대해 의미를 부여한다. 죽음을 불가피한 삶의 주기의 자연스런 일부로, 즉 삶의 일부로 보는 사람도 있을 것이다. McAdams(1996)와 Pennebaker(1993)의 연구는 외상적인 사건에 대해 글을 쓰는 것이 구조와 일관성과 의미를 창조하는 데 도움이 됨을 시사한다. 예로, McAdams는 사람들에게 그들의 삶을 하나의 책으로 볼 것을 요구하였다. 제목이 있고, 장(의미 있는 사건)이 있으며, 기저의 구성이나 주제가 있는 완성본이다. 이러한 노력은 자신의 삶을 조망해보고, 목적이나 중요한 목표, 그리고 야망에 대해 되돌아 볼 수 있는 기회를 제공했다. Pennebaker와 동료들은 글쓰기가 사람들이 외상을 이해하는 데 도움이 됨을 시사한다 (Esterling, L' Abate, Murray, & Pennebaker, 1999). 그들의 연구에서, 정서적인 어려움을 주는 사건에 대한 글쓰기는 신체적, 정신적 건강의 향상과 관련이 있었다(Pennebaker & Beall, 1986; Pennebaker, Colder, & Sharp, 1990).

의미 만들기의 두 번째 형태는 **이로움 찾기**(benefit-finding)이다. 이것은 외상이나 상실에서 이로움이나 긍정적인 결과를 발견하는 것을 말한다. 연구 결과는 사람들이 역경에서 긍정적인 이로움을 보고한다는 것을 일관성 있게 보여주고 있다. 예로, Davis, Nolen-Hoeksema와 Lener(1998)는 임종질환으로 사랑하는 사람을 잃은 지 6개월 후에, 남아 있는 사람들의 73%가 긍정적인 결과를 보고함을 발견하였다(Nolen-Hoeksema & Davis, 2002). 18개월 후에는, 77%가 그들의 상실에서 어떤 이로움을 얻었음을 보고하였다. 중환에 시달리는 유아를 돌본 사람들, 토네이도나 화재로 재산을 잃은 사람들, 심각한 의학적 응급상태에 있는 사람들에 대한 연구 역시 비슷한 비율의 사람들이 부정적인 생활사건의 결과로 성장과 이로움을 보고함을 발견하였다(개관을 위해 Tennen & Affleck, 2002를 보라). 보고된 이로움은 전형적으로 앞서 기술한 세 가지 범주에 들어간다. 보다 강한 존재로서의 자기에 대한 지각, 보다 친밀한 관계, 그리고 삶에서 정말 중요한 것이 무엇인가와 관련된 보다 큰 명료성이다.

이러한 변화는 위기가 발생하기까지 우리들의 탄력성이나 강인함이 검증된 적이 없었다는 점, 관계의 중요성은 당연한 것으로 여겨져 왔고, 삶에 있어서 무엇이 가장 **중요한가**는 일상생활의 업무로 인해 간과되어 왔다는 점을 고려한다면, 충분히 이해될 수 있다. 불리한 생활사건 이후에 사람들이 "그것은 지금까지 내가 경험한 최상의 일이었어요"라고 말하는 이유의 하나는 그들 자신에 대해, 그리고 이전에 당연시 여겼던 삶에 대한 가정에 대해 새로운 자각을 발달시켰다는 것이다. 가상적인 예를 생각해 보자. 60세 여성의 남편이 심각한 심장발작으로 인해 상당 기간 병원에 입원하게 되었다. 아내는 지금까지 주부로만 있어왔다. 그녀의 남편은 가정을 잘 부양하는 사람이었지만, 경제적인 문제에서는 통제가 심했다. 그는 일중독의 경향이 있었으며, 음주 문제도 있었다.

남편의 심장발작 이후에, 여성은 '가장'의 역할을 맡았고 근본적으로 남편과 역할을 바꾸게 되었다. 그녀는 경제적인 결정을 내렸다. 그녀는 병원에서 남편에 대한 간호가 제대로 되고 있는지 감독하였고, 건강보험회사가 모든 치료비를 부담하도록 조정하였다. 퇴원하여 남편이 집으로 왔을 때, 그녀는 남편의 식이요법과 자가치료 절차가 잘 이루어지도록 챙겼으며 의사와의 모든 약속을 주선하였다. 남편은 부분적으로 의사와의 논의를 통해 의 욕에 넘치는 생활방식과 음주가 심장발작의 주요 원인임을 알게 되었다. 그는 매사를 쉽게 처리하기로 결심하였고, 그의 아내가 모든 경제적인 문제나 자신의 건강을 돌보는 문제에 대한 결정을 그렇게 유능하게 내리는 것을 보고 감탄하였다. 주부를 상대로 하는 TV 드라마처럼 들리는가! 요점은 이 여성과 그녀의 남편 모두 심장발작이 그들에게 '일어날 수 있는 최상의 일'이었다고 이구동성으로 말하리라는 점이다. 이것은 나쁜 상황에 대한 합리화가 아니라 사실이 그렇기 때문이다. 또한 이 여성이 보다 자신감을 갖게 되었고, 남편과 보다 친밀해졌으며, 삶에 보다 감사한다고 보고하였다면, 이 역시 실제의 변화와 긍정적인 결과에 대한 정확한 평가일 것이다. 탄력성과 외상 후 성장에 대한 연구들은 역경을 극복하고, 그 이후에 성장하고 발전할 수 있는 인간의 능력에 대한 증거를 일관되게 보여준다. 분명, 모든 불행이 행복한 결말을 가져오지는 않는다. 하지만 연구 결과는 탄력성과 PTG가 이전에 생각했던 것보다는 인간의 경험에 있어 보다 흔한 특징이라는 점이다. Masten의 말로 표현하지면, 일상의 마술이다.

연구 초점 : 그들 자신의 말로 상실을 이해하기

앞서 논의하였듯이, 이로움 찾기와 이해하기는 비극과 상실을 이해하게 해 주는 두 가지 방식이다. 사랑하는 이의 상실은 종종 우리들 자신에 대한 그리고 우리들이 살고 있는 세상에 대한 관점을 뒤흔든다. 상실의 경험에서 뭔가 긍정적인 것을 발견하고 상실을 이해하는 것은 적응을 도울 뿐더러, 개인적인 성장의 기회를 제공한다고 널리 믿어지고 있다. Davis, Nolen-Hoeksema와 Larson(1998)는 샌프란시스코 호스피스 프로그램에 있는 200명의 사람들을 대상으로 한 전망적인 면담 연구에서 이 두 의미 만들기 과정을 검토하였다. 이들은 임종질환으로 인해 가족을 곧 잃게 될 사람들이었다. 참여자들은 상실 이전에 면담을 하였고, 상실 이후 6개월, 13개월, 18개월 후에 다시 면담하였다. 면담의 일부로, 가족 구성원들은 그들이 사랑하는 사람의 죽음을 이해할 수 있는지 그리고 그들이 상실에서 뭔가 긍정적인 것을 발견했는지에 대해 질문을 받았다. 이해하기의 경우, "이 죽음을 이해할 수 있으리라고 느끼세요?"라고 질문하였고, 이로움 찾기에서는 "사랑하는 사람을 잃은 사람들은 때로 그 체험에서 뭔가 긍정적인 것을 발견합니다. 이를테면, 그들 자신이나 다른 사람들에 대해서 뭔가 배웠다고 느낄 수 있습니다. 당신은 이번 상실의 경험에서 뭔가 긍정적인 발견을 하였나요?"라고 질문하였다(Davis et al., 1998, p. 565). 면담을 한 70% 가량의 사람들이 상실을 이해할 수 있다고 보고했고, 80%의 사람들이 긍정적인 이로움을 발견했다고 보고하였다. 면담 결과의 예는 개별적인 가족 구성원들의 말로, 표 4.2와 4.3에 제시되어 있다(Davis et al., 1998, 표 1, p. 566에서 인용됨). 면담 반응들은 연구에 참여한 200명의 가족들의 답변을 근거로 이해하거나 이로움의 유형에 따라 분류되었다.

표 4.2   상실의 이해

예언 가능성

"그건 언제나 나에게 이해가 돼요. 다시 말해, 그는 수년간 담배를 피웠어요. 그건 나에게 완벽하게 이해가 돼요."

삶의 주기의 자연적인 일부로 수용

"삶에 대한 나의 기본적인 태도는 시작과 끝이 있다는 거죠. 그리고 그건 조만간 우리들 누군가에게 일어나겠죠. 당신은 거기에 대비해야 해요. 그것이 전부예요. 이런 일이 일어나는 걸 막기 위해 우리가 할 수 있는 일은 아무것도 없어요. 그건 삶의 일부예요."

하느님의 계획

"나는 아버지의 질병이 예정되어 있다고 생각해요. 그것은 하느님의 계획이죠. 그는 정말 오래 살았고, 모두가 나름의 방식으로 이 세상을 떠나죠. 그게 그가 떠나는 방식이었고요…"

상실한 사랑의 대상이 죽음을 수용함

"그는 죽을 때, 정말 평화로웠어요. 그 점이 내가 보다 평화로워지도록 도움을 준다고 생각해요. 그리고 그는 죽음에 대해서 아주 자유롭게 이야기할 수 있었어요."

준비/기대

"나는 그가 떠나기도 전에 그를 잃고 있다는 것을 받아들였어요. 나는 정말 그의 죽음에 대해 준비가 되어 있었어요."

삶의 교훈

"그것은 정말 의미 있는 경험이었습니다. 뭐, 모든 사람이 그것을 거쳐야 하죠. 사람들은 그만큼 삶에 대해, 자신에 대해, 그리고 죽어가는 사람에 대해 배웁니다. 이해해야 할 아주 중요한 과정이죠. 왜냐하면 그들 역시 그것을 거쳐야 하니까요."

표 4.3   이로움 발견하기

개인적 성장

"그래요. 나는 성장과 자유가 나의 느낌을 보다 충분히 표현하도록 해 주고, 스스로를 주장하게 하고, 내가 하고 싶은 일을 하도록 해 주는 것을 알았어요."

삶에 대한 관점

"건강하고 삶을 만끽하는 것은 진정한 축복이죠. 나는 가족과 친구와 자연과 그리고 삶 전반에 대해 감사해요. 나는 사람들에게서 선량함을 보았고 그것은 나를 보다 성숙하게 만들었어요."

함께하는 가족

"우리들은 정말 우리 자신과 가족 구성원 서로에 대해서 많은 것을 배웠어요. 서로 지지하기에 여념이 없었죠. 나는 동지애란 우러나는 것이라고 생각해요… 이런 일이 닥쳤을 때."

다른 사람으로부터의 지지

"나는 사람에게서 아주 긍정적인 점들을 보고 배울 수 있었어요. 그것들은 빛이 났죠. 가려져 보이지 않던 축복을 얻는 것은 멋진 일이죠. 주위의 모여 있던 사람들은 정말로 근사했어요."

다른 사람에게서 배우고 도움받기

"그것은 에이즈에 대해서 보다 알게 하고, 깨닫게 해 주었어요. 나는 동성애 사회에서 안전한 성과 건강한 생활방식을 지지하는 데 적극적이 되었어요."

Davis와 동료들은 또한 상실을 이해하고, 그들의 체험에서 뭔가 긍정적인 것을 발견한 가족 구성원들이 상실 이후에 고통을 덜 받음을 발견하였다. 상실 이후 심리적 고통은 불안 수준과 우울이나 외상 후 스트레스 장애의 증상으로 측정되었다. 하지만 흥미롭게도, 상실의 이해는 그것이 상실의 첫 해에 이루어진 경우에만 상실 후의 고통에 대해 기여하였다. 1년 이후에 상실의 의미를 이해할 수 있었던 사람들의 경우 심리적 고통의 감소가 유의하지 않았다. 어떻게 이러한 관계가 발생했는지는 불분명하다. 한편 긍정적인 이로움을 발견하는 것은 13개월, 18개월 후의 추수 면담에서 더 낮은 고통과 관련이 있었다. 다시 말해 이로움을 발견하는 것은 상실에 대한 장기간의 적응과 관련이 있었다.

연구자들은 또한 낙관적인 태도가 상실에서 이로움의 발견을 예언한다는 것과 종교적 혹은 영적 지향이 상실에 대한 이해와 관련이 있다는 것을 발견했다. 그리고 낙관주의와 종교적인 신념은 모두 보다 낮은 수준의 고통과 관련이 있었다. 낙관주의와 종교적인 신념은 직접적으로 고통의 수준을 낮추거나, 두 가지 형태의 의미 만들기를 통해 중재되는 것으로 보인다. 즉 낙관주의자는 상실에서 더 긍정적인 이로움을 발견하고, 이는 고통을 낮춘다. 종교적인 신념은 상실에 대한 이해를 더 쉽게 하고, 그로 인해 고통을 감소시킨다.

이 장의 요약문제

1. 어떻게 루마니아 고아원 입양아들에 대한 연구들이 놀라운 탄력성의 증거를 보여주는가?

2. a. 탄력성은 발달적인 관점에서 어떻게 정의되는가?
   b. Ann Masten에 따르면, 탄력성의 판단과 관련된 두 가지 요인은 무엇인가?

3. 탄력성에 대한 임상적 관점과 발달 관점은 어떻게 다른가?

4. Bonanno에 의하면, 탄력성에 대한 연구는 외상이나 상실의 반응에 대한 임상심리학의 이해에 어떠한 중요성을 갖는가?

5. 탄력성에 대한 발달적 연구의 세 가지 주요 발견을 기술하라.

6. Masten이 이야기하는 '일상의 마술'의 의미는 무엇인가?

7. 탄력성 연구에 대한 오해가 어떻게 희생자 비난으로 이어지는가?

8. 연구들은 아동, 가족, 지역사회에서 작동하는 보호요인들을 확인해 왔다. 각 범주에서 세 가지를 열거하라.

9. a. 가난 속에서 생활하는 청소년들에게서 탄력적인 청소년과 비탄력적인 청소년을 구분하는 요인은 무엇인가?
   b. 인지적, 정서적 자기조절 기술이란 무엇인가? 어떻게 해서 이것이 가난에 대한 탄력적인 반응의 근거가 되는가?

10. 성인기에서 탄력적인 반응과 관련된 요인들은 무엇인가?

11. a. 나이든 사람들의 경우 사회관계에서 전형적으로 어떤 변화가 일어나는가?

b. 사회정서적 선택 이론을 기술하라. 사회정서적 선택 이론은 어떻게 이런 변화를 적응적으로, 그리고 노인들에서의 탄력성의 원천으로 기술하는가?

12. 외상 후 성장은 무엇이며, 탄력성과는 어떻게 다른가?

13. Janoff-Bulman에 따르면, 외상으로 인해 도전받는 삶에 대한 기본적 가정 세 가지는 무엇인가?

14. 연구들은 외상이 지각, 관계, 그리고 삶의 우선순위에서의 변화를 초래함을 보여준다. 이들 세 유형의 변화 각각에 대해 두 가지 예를 기술하라.

15. 사람들이 외상을 통해 의미를 발견하는 두 가지 방식은 무엇인가? 이를 기술하고 각각의 예를 들라.

핵심용어

사회정서적 선택 이론
일상의 마술
외상 후 성장(PTG)
의미 만들기
이해하기

이로움 발견하기
탄력성
회복
희생자 비난하기

관련 웹사이트

탄력성

Mayo 클리닉, 미국 심리학회, 「Psychological Today」잡지는 특징적인 주제로 탄력성에 대한 정보와 자기진단검사를 가지고 있다. 이들 사이트는 구글 서치에서 탄력성을 핵심단어로 치면 처음 열거되는 것이다.

외상 후 성장

www.ptgi.uncc.edu 이 웹사이트는 노스캐롤라이나-샤롯 대학교의 외상 후 성장 연구자들에 의한 것이다. 이 사이트는 PTG 연구에 대한 지속적인 현재의 정보를 제공한다.

MIDUS Study—성공적인 노화

www.midus.wisc.edu/midus2 이 웹사이트는 연방정부 노화과에 의해 지원되는 대규모의 노화연구를 개관한다. 생애의 전 범위에 걸쳐 심리적인 웰빙에 대한 많은 연구들이 MIDUS 연구 자료의 기초가 되고 있다.

읽을거리

Baumeister, R. F. (1991). *Meanings of life.* New York: Guilford.

Bonanno, G. A. (2004). Loss, trauma and human resilience: Have We understimated the human capacity to thrive after extremely aversive events? *Amerivan Psychologist, 59,* 20-28.

Carstensen, L. L., & Freund, A. (1994). The resilience of the aging self. *Developmental Review, 14,* 81-92.

Masten, A. S. (2001). Ordinary magic: Resilience processes in develop,ent. *American Psychologist, 56,* 227-238.

Reivich, K., & Shatte, A. (2002). *The resilience factor.* New York: Broadway Books.

Tedeschi, R. G., Park, C. L., & Calhoun, L. G. (Eds.). (1998). *Posttraumatic growth: Positive changes in the aftermath of crisis.* Mahwah, NJ: Erlbaum.

5

행복과 생활의 사실

이 장은 섹스에 관한 것은 아니다! 여기서는 우리의 생활환경이 행복 수준에 어떻게 영향을 미치는지를 다룰 참이다. 여러분이 대학에서 이 책으로 공부를 하고 있다면, 다음의 의문을 염두에 두는 것이 좋다. 여러분이 심각한 개인적인 문제나 사건으로 고민하고 있지 않다면, 지금이 여러분이 이제껏 경험해 온 그리고 앞으로 경험하게 될 인생을 통틀어 가장 행복하지는 않다고 할 마땅한 이유가 있는지 한번 생각해 보라. 아동기는 좋기는 하지만, 어른들로부터 일일이 지도나 감독을 받았다. 십대에는 책임이 덜하기는 하지만, 부모와 선생님이 여전히 여러분을 어깨 너머로 주시하고 있어 충분히 즐길 만한 자유를 누리기는 어렵다. 성인기는 매력적으로 보이지만, 직장생활, 주택융자금 갚기, 가족부양 등 부담스러운 짐들이 많아 그럭저럭 만족스러울 수는 있어도 썩 즐겁다고 하기는 어렵다. 대학생활도 온갖 시험과 보고서로 시달리느라 스트레스가 많다. 하지만 다른 시기의 스트레스에 비해 어떨까? 교수한테 제출할 보고서가 사장한테 제출할 중요한 보고서만큼이나 스트레스가 될까? 교수는 낮은 점수를 주고 사장은 여러분의 노동의 대가를 지불한다. 대학에서 여러분은 사상에서 연애에 이르기까지 모든 것을 자유롭게 시도해 볼 수 있다. 사치스런 파티도 많고 시간과 돈도 비교적 넉넉하다. 그리고 큰 책임은 없다. 아마 여러분은 진흙구덩이 속의 돼지처럼 행복할 것이다. 자, 이제 대답할 수 있겠는가? 아마 다양한 반응이 나올 것이다. 어떤 이는 그래도 행복하지 않다면 본인에게 뭔가 틀림없이 문제가 있을 거라는 뉘앙스에 화가 날 수도 있다.

여기서 요지는 대학생활이 인생에서 가장 행복한 시기이거나 그래야만 한다는 것이 아니다. 또한 여기서 기술된 대학생활의 그림이 인생에서 더 많은 재미와 더 적은 책임을 원하는 성인들이 갖는 부러움의 전형이라는 것도 아니다. 요지는 밖에서 보자면, 인생의 많은 단계와 사건들이 좋게 혹은 나쁘게 보일 수도 있다는 점이다. 하지만 당사자가 되어 보면, 흔히 상당한 차이가 있다. 우리의 경험은 상상했던 만큼 퍽이나 좋거나 그렇게 나쁘지도 않다. 이 장과 이후부터는 우리가 중요하다고 여겼던 많은 것들이 사실 그렇게 중요하지 않은 이유와 인생의 단계와 생활 사건들의 정서적 충격들이 흔히 과장되는 이유들에 대해서 살펴볼 것이다.

제1장에서 우리는 행복에 대한 초기 연구들이 웰빙과 인구학적인 변인들의 관계를 살펴보는 국제적인 조사연구에서 비롯되었다고 소개한 바 있다(Campbell, Converse, & Rodgers, 1976; Wilson, 1967). 조사연구자들은 행복을 삶에 대한 만족과 정적 정서와 부적 정서의 균형으로 정의함으로써 주관적 안녕감(SWB)에 대한 쾌락적 모델을 따르고 있다. 인구학적 정보들은 개인의 '객관적인' 생활환경에 대한 주요 '사실'들을 기술하고 있다. 이는 여러분들이 신용카드를 발급받기 위해서 흔히 기재하는 정보들(예, 나이, 성별, 결혼유무, 교육, 직업, 수입, 거주지)이다. 인구학적 정보는 개인적인 판단과는 무관하기 때문

에 객관적일 수 있다. 예를 들면, 여러분 소득의 공평성에 대한 여러분의 주관적인 평가에 영향을 받지 않고, 나는 여러분의 연봉을 알 수 있다.

연구자들은 인구학적인 변인들과 행복에 대한 두 가지 질문을 던졌다. 첫 번째는 개인의 행복 수준(즉 SWB)이 생활환경이나 인구학적 특성에 따라 어떻게 달라지는가에 대한 물음이다. 즉 개인 삶의 객관적인 사실들이 개인의 행복 수준을 얼마나 잘 예언해 주는가이다. 두 번째는 생활환경 차이가 개인이 보고한 행복 수준의 차이를 설명해 주는가라는 물음이다. 많은 인구학적인 변인들이 대부분의 사람들이 추구하는 중요 목표들이기 때문에, 상식적으로 볼 때 두 질문에 대한 대답은 "그렇다"이어야 한다. 여러분이 특정 개인의 수입, 성별, 나이, 인종, 매력도, 직장, 종교, 교육수준, 사회적 지위, 결혼 유무, 신체 건강 등에 대한 정보를 알고 있다고 가정해 보자. 여러분은 그 개인의 행복 수준을 추정해 볼 수 있겠는가? 이런 것들이 행복과 관련이 없다면, 우리는 왜 인생의 많은 시간을 학교에 가고, 좋은 직업을 찾고, 좋은 집을 사기 위해 저축하고, 교회에 가고, 외모 때문에 신경 쓰고, 성공적인 결혼을 간절히 원하는 데 소비하는가? 상식은 생활환경의 어떤 조합이 개인의 행복 수준을 예언해 줄 것이라고 한다. 여러분은 젊고 매력적이며 높은 보수의 직장을 다니고 있는 대학 졸업자가 건강과 젊음이 내리막을 걷고 있고 연금을 받아 생활하는 늙은 은퇴자에 비해 더 행복할 거라고 여기지 않는가?

놀랍게도, 생활환경과 인구학적인 변인들은 대부분의 사람들이 생각하는 것보다 행복과 그렇게 높은 관련성을 보이지 않는 것으로 일반적으로 확인되었다. 이 같이 상식과 배치되는 발견은 '웰빙의 역설'로 일컬어진다(Mroczek & Kolarz, 1998). 연구에 따르면, 인구학적 특징에서 많은 외현적인 이점들(예, 고수입의 젊은이)을 보이는 사람들이 그렇지 않은 사람들(예, 낮은 수입의 노인)에 비해 유의미하게 더 행복하지는 않았다. 이것이 환경이 중요하지 않다는 것을 시사하지는 않는다. 분명, 가난은 스트레스를 많이 준다. 고독은 고통스럽다. 심각한 질병 또한 마찬가지이다. 하지만 기본적인 건강이 유지되고 일상적인 삶의 욕구들이 충족되고 있는 대부분의 사람들의 경우, 생활환경이 행복에 대한 개인차를 설명하기 위해서 더 많은 것을 제공해 주지는 못했다. 실제로 인구학적 변인의 기여를 제외시키더라도, 이 전부터 설명되지 않았던 변량의 양은 그대로 있었다. 생활의 모든 객관적인 특징들이 종합적으로 고려되었을 때, 이것이 개인이 보고한 행복 수준의 차이를 설명하는 양은 작게는 8%에서 많게는 20% 정도였다(Andrews & Withey, 1976; Argyle, 1999; Campbell et al., 1976; Diener, Sandvik, Seidlitz, & Diener, 1993). 이는 객관적인 요인들이 행복과 관련은 있지만 그 관련성이 실제로는 상당히 적다는 것을 의미한다. 개인의 수입, 성별, 결혼 유무 등을 아는 것이 그 사람이 얼마나 행복한지는 말해 주지는 않는다. 이 장의 주요 목적 중 하나는 이런 결론에 도달하게 한 주요 연구들을 고찰하는 것이다.

　　이 장의 두 번째 목적은 생활환경이 왜 그렇게 행복을 작게 예언해 주는지를 살펴보는 것이다. 대답은 흥미롭다. 일부 대답은 주관적 안녕감의 주요 원천이 심리적인 데 있다는 사실과 관련된다. 행복은 주관적인 심리 상태이며, 이는 우리 삶의 양보다 질에 더 많이 의존되어 있다. 인구학적 변인들과 행복 간의 관련성에 대한 흥미로운 연구는 우리를 행복하게 만들어 주는 것보다는 우리를 행복하게 만들지 않는 것에 대해서 더 많이 언급하고 있는 것 같다. 행복과 관련이 없는 것을 아는 것은 사람들이 행복을 엉뚱한 곳에서 찾을 가능성과 관련이 있기 때문에 중요한 면이 있다. 이런 경우가 일어나는 구체적인 방식—특히 돈과 물질적 소유와 관련해서—에 대해서는 제7장에서 다룰 것이다.

　　인구학적 변인과 행복의 생각보다 작은 관련성에 대한 또 다른 부분적인 설명은 우리 삶의 객관적인 사실들이 기저의 중요한 심리적 차이를 얼마나 못보게 가리고 있나와 관련이 있다. 삶의 객관적인 특징에서 차이가 있는 두 사람이 비슷한 수준의 행복감을 보고할 수 있다. 하지만 이들의 주관적인 행복의 유사성은 다른 과정과 요인들에 근거하고 있을 수 있다. 예를 들면, 성차 같은 것을 들 수 있다. 몇몇의 대규모 연구들은 남녀가 자기보고형 행복 수준이 거의 같음을 보여주었다(예, Diener & Suh, 1998; Ingelhart, 1990). 하지만 여성의 정서적 삶이 남성의 것과는 전형적으로 상당한 차이를 보인다는 연구 또한 있다. 이런 차이에도 불구하고 남자와 여자가 전반적인 행복 수준에서는 거의 동일하다는 보고는 매우 흥미롭다.

　　행복에 관한 인구학적 퍼즐의 마지막 조각은 원인과 결과에 관한 것이다. 상관이 작기는 하지만, 어떤 생활환경은 행복과 관련이 있다. 궁금한 것은 환경이나 행복 중 어떤 것이 먼저냐이다. 예를 들면, 기혼자는 대개 독신자보다 더 행복하다(Myers, 2000a). 역사적으로 볼 때, 이런 발견은 결혼이 사람을 더 행복하게 해 준다고 여기게 했다. 하지만 몇몇 연구들은 인과적인 화살표가 그 반대 방향일 수도 있음을 시사한다(Lucas, Clark, Georellis, & Diener, 2003; Mastekaasa, 1992). 결혼이 사람을 더 행복하게 해 줄 수도 있지만, 행복한 사람이 더 많이 결혼한다는 것 또한 진실인 것 같다. 결혼한 사람들은 대개 독신으로 있는 사람보다 결혼 전에 더 행복했던 것으로 여겨지기 때문에, 결혼의 긍정적인 효과는 실제로는 생각보다 작을 수 있다. 우리는 먼저 일생에 걸친 행복을 살펴보는 것에서부터 행복에 대한 인구학적인 탐색을 시작하겠다.

삶과 행복

　　여러분이 일생에서 가장 행복할 것 같은 시기 혹은 가장 적게 행복할 것 같은 시기에 대해서 질문을 받는다면 뭐라고 대답하겠는가? 여러분이 대학생이라면 바로 지금이 가장 행복한 시기라고 얘기하겠는가? 아니면 졸업한 뒤에 원하는 직장을 얻은 뒤라고 얘기하겠는 가? 가장 적게 행복한 시기는? 사춘기와 씨름하면서 또래와 어울리려고 고민하던 폭풍 같은 십대 시기인가? 아니면 수입과 건강이 모두 내리막을 걷게 되는 노년기인가?

여러분이 대학 졸업 후에 직장을 얻으면 더 행복해질 거라고 믿는 대학생이라면, 다시 생각해 보기 바란다. 대부분의 대학 졸업자들은 직장인 생활과 비교했을 때 대학생 시절이 책임은 적고 더 많은 자유와 재미를 누리는 시기라고 회상한다. 정규직장을 갖는 것은 분명 만족을 준다. 하지만 일을 재밌다고 얘기하는 대학 졸업자는 거의 없다. 많은 졸업자들이 대학 시절을 자신들의 인생에서 보다 행복했던 시절 중 하나로 꼽는다.

여러분이 청소년기나 노년기를 가장 적게 행복한 시기로 여긴다면, 대부분의 사람과 유사하다고 보면 된다. 조사에 따르면 대부분의 사람들이 이 두 시기를 가장 불행하고 인생에서 보상이 가장 적은 시기로 여긴다(Freedman, 1978). 십대 시기는 흔히 폭풍과 스트레스의 시기로 여겨지며, 노년기는 수입 감소, 건강의 쇠퇴, 사회적 철수 등과 관련된다. 하지만 실제 연구는 이 같은 오래된 믿음이 오해라는 것을 보여준다. 청소년기는 다른 시기에 비해 불행하지 않은 것으로 확인되었다(Diener & Suh, 1998; Ingelhart, 1990). 노년기 행복에 관한 한 연구는 우리가 노화에 대해 부정적인 예상을 하고 있음을 보여준다. 하지만 그 예상은 실제와는 다름이 같은 연구에서 확인되었다. Borges와 Dutton(1976)은 젊은 이들이 자신들의 예상되는 노년기 삶의 만족도를 평가하게 시킨 다음에, 실제 노년기에 있는 사람들의 삶의 만족도 수준과 그 평가를 비교하였다. 그 결과, 노년기의 예상 행복에 대한 젊은이들의 평가가 노인들의 평가보다 유의미하게 낮았다(Borges & Dutton, 1976).

생활 변화가 우리의 행복을 어떻게 예언해 주는가는 꽤 까다로운 문제다. 대개, 사람들은 생활 사건의 실제 충격을 잘 예상하지 못한다. 미래 생활 사건의 정서적 영향에 대한 사람들의 예상에 관한 연구를 **정서적 예측**(affective forecasting)이라 한다(Wilson & Gilbert, 2003). 연구는 사람들이 긍정적 및 부정적 사건 모두의 충격을 일관되게 과장해서 추정함을 보여준다. 정서적 예측의 정확성을 평가하기 위해서, 구체적인 사건의 정서적 충격에 대한 개인의 **예언**은 그 사건을 실제로 경험하고 있는 사람들의 **실제 반응**과 비교되었다. 예언되었던 충격은 사람들의 실제 정서적 반응의 강도와 지속 기간을 과장하고 있었다. 예를 들면 Wilson과 Gilbert(2003)의 한 연구에 따르면, 종신재직권을 받지 못한 교수들은 종신재직권을 받게 되면 보다 행복할 것이라고 기대했지만, 종신재직권을 받은 교수들은 2년이 지나자 종신재직권이 없는 교수들보다 더 행복하지 않았다. 다른 예로, 사람들은 지하철을 간발의 차이로 놓치면 그렇지 않은 경우보다 더 속상할 거라고 예상했지만, 실제로는 차이가 없었다(Gilbert, Morewedge, Risen, & Wilson, 2004; Wilson & Gilbert, 2003). 예상 정서적 반응의 강도와 지속 기간에 대한 이러한 과장은 **충격편향**(impact bias)

으로 일컬어진다(Gilbert, Driver-Linn, & Wilson, 2002).

충격편향의 한 이유로 우리가 사건의 정서적 영향을 숙고할 때, 우리는 주의를 그 한 가지 사건에만 둔다는 점을 들 수 있다. Wilson, Meyers와 Gilbert(2001)는 이처럼 주의를 궁금해하는 사건에만 두고 그 사건의 결과와 맥락을 무시해 버리는 경향을 **초점화**(focalism)라고 일컬었다. 초점화의 결과로, 우리는 우리 삶의 다른 측면들이 사건의 정서적 충격을 상쇄시키거나 줄여줄 수 있다는 생각을 간과하게 된다. 그래서 우리는 새로운 도시에서 새로운 직업을 갖기를 열렬히 희망하지만, 새로운 생활 장소를 찾는 것의 어려움, 친구들과 멀어져야 하는 것, 새로운 직무를 익히는 과정에서 오는 스트레스 등에 대해서는 별로 생각하지 않는다. 같은 맥락에서, 우리는 연인과 관계가 깨지는 것을 마치 세상의 종말이라도 맞는 것처럼 여긴다. 하지만 실제로 그런 일이 일어나면, 가족과 친구들로부터 받는 지지, 다른 즐거운 활동들, 만족스러운 직장 활동 등이 우리를 도와 정서적 고통을 상쇄시킨다.

충격편향의 또 다른 이유는 **면역간과**(immune neglect)로 알려져 있다(Gilbert, Pinel, Wilson, Blumberg, & Wheatley, 1998; Wilson & Gilbert, 2003). 제4장에서 언급한 바와 같이, 사람들은 외상이나 상실을 경험했을 때 놀라울 정도의 회복력을 보일 수 있다. 우리 모두는 부정적인 생활 사건을 극복하게 해 주는, 신체적인 면역체계와 같은 심리적 면역체계를 갖고 있다. 면역간과는 미래에 있을 정서적인 부하가 높은 경험에 대한 자신들의 반응을 예상할 때 사람들이 자신의 회복력을 간과할 때 일어난다. 특히 부정적인 사건의 경우에, 우리는 우리 자신의 심리적 면역체계의 힘과 대처 및 적응 능력, 심지어는 나쁜 상황에서도 얻을 수 있는 이점들을 망각하기 쉽다. 상상할 때는 미래 사건이 위협적이고 감당 못할 거 같지만, 막상 지난 뒤에 보면, 우리는 흔히 생각했던 것보다 쉽게 잘 회복했음을 깨닫곤 한다. 정말 끔찍할 거 같이 여겨졌던 일들이 막상 닥쳐보니까 예상했던 것만큼은 나쁘지 않음을 경험한 적이 얼마나 많았던가?

연구 초점 : 행복과 사는 곳

캘리포니아의 햇살 좋은 곳에 사는 사람은 춥고 눈이 많이 오는 중서부에 사는 사람보다 더 행복할까? 원했던 기숙사를 배정받은 대학생이 그렇지 않은 대학생보다 더 행복할까? 아마 대부분의 사람들이 두 질문 모두에 그렇다고 대답할 것이다. 하지만 정서적 예측 연구들은 사는 곳의 정서적 충격에 대한 우리의 믿음들이 사실과는 다르다는 것을 보여준다.

캘리포니아 거주자가 중서부 거주자보다 더 행복할까? 이를 확인하기 위해서, Schkade와 Kahneman(1998)은 약 2,000명의 대학생에게 이 질문을 했다. 이 학생들 중 반가량은 중서부에 거주하면서 미시간이나 오하이오 주립대학을 다니고 있었다. 나머지 반은 캘리포니아 남부에 살면서 LA나 얼바인에 있는 캘리포니아 대학을 다니고 있었다. 표본은 남녀 성비와 학년별 비율을 거의 같게 맞추었다. 학생들의 삶의 만족도에 대한 예측과 중서부나 캘리포니아에 사는 것과 두 지역에 살고 있는 사람들의 실제 만족도를 비교하기 위해서, Schkade와 Kahneman은 두 조건 중 하나에 학생들을 무선적으로 할당했다. **자기조건**에서 학생들은 자신들의 삶에 대한 전반적인 만족도, 삶의 다양한 영역들(직업 전망, 재정적 상황, 학문적인 기회, 신변의 안전, 사회생활, 계절별 기후)에 대한 만족 수준을 평가하게 했다. 참여자들은 또한 개인적인 웰빙과 관련해서 이들 영역 각각의 중요성도 평가했다. **자기조건**의 학생들은 자신들의 실제 개인적인 삶의 만족도를 평가했다. **타인조건**의 학생들은 동일한 영역들을 평가하지만, 자신들에게 각 영역의 개인적인 중요성을 평가하는 대신에 다른 사람이 반응할 것이라고 예상되는 식으로 반응하게 하였다. 구체적으로 말하면, 자신이 살고 있는 지역의 대학이든 아니면 살고 있지 않은 지역의 대학이든, 다른 대학에 다니고 있는 학생이 되었다고 가정하고 그 학생이 어떻게 평가할지를 예상해 보도록 부탁받았다. 즉 학생들은 자기가 살고 있는 지역이나 다른 지역에 살고 있는 학생이 삶의 만족도 조사에 어떻게 대답할지를 상상해 보도록 부탁받았다. **타인조건**의 모든 학생들은 가설적인 상대가 자신과 유사한 가치관과 흥미를 갖고 있다고 가정하도록 지시받았다. **타인조건**에서는 동일한 지역 혹은 다른 지역에서 대학을 다니고 있는 자신과 유사한 대학생의 개인적인 삶의 만족도에 대한 학생들의 믿음을 평가하고 있다. 두 조건은 캘리포니아와 중서부에 살고 있는 학생들의 실제 만족도와 각 지역에 대한 **예상** 만족도도 비교할 수 있게 해 준다. 그렇다면 캘리포니아에 살고 있는 사람들이 실제로 더 행복한가 아니면 그건 착각일 뿐인가?

중서부 거주자들은 기운을 내라! 그대로 있어라! 모든 사람들이 따사로운 햇살이 있는 캘리포니아에 사는 사람들이 더 행복할 것이라고 믿지만, 실제로는 그렇지 않은 것 같다. Schkade와 Kahneman(1998)은 캘리포니아와 중서부에 사는 학생들 모두 캘리포니아에 사는 사람들이 더 높은 삶의 만족도를 보일 것이라고 예상하고 있음을 확인했다. 하지만 놀랍게도, 연구 결과는 전반적인 삶의 만족도에 대한 학생들의 예상과 일치하지 않았다. 전반적인 삶의 만족도에 있어서 두 집단은 통계적으로 유의미한 차이가 없었다. 사실 두 집단은 비슷하게 행복했다.

학생들이 예상한 행복 평가와 실제 행복 평가 간의 차이는 어떻게 설명될 수 있을까? 어떻게 날씨가 전반적인 행복 수준의 예상에 그렇게 큰 차이를 가져올 수 있을까? Schkade와 Kahneman(1998)은 일종의 초점화가 이와 관련된다고 보았으며, 이러한 초점화를 연구자들은 **초점착각**(focusing illusion)이라고 불렀다. 초점착각은 전체 대상이나 이슈에 대한 요약 판단을 할 때 일어나는데, 이때 우리는 대상이나 이슈의 몇 개의 특징에만 주의를 두게 된다. 이 같은 제한적인 초점은 소수의 상황적 특성에 너무 많은 비중을 두게 하기 때문에 판단 오류를 일으키기 쉽다. 이는 타인조건의 학생들이 캘리포니아 거주자의 행복을 추측할 때 일어난 것이다. 이들은 날씨가 전반적인 삶의 만족도와 크게 관련이 없다는 사실을 제대로 고려하지 못했다. 중서부 지역 거주자와 캘리포니아 거주자 모두 자신들의 개인적인 행복도를 평가할 때는 날씨는 중요한 요인으로 고려하지 않았다. 자기조건에서는 일자리, 재정적 요인, 신변의 안전, 사회적 관계가 날씨보다 훨씬 더 중요한 것으로 평가되었다. 초점착각은 학생들이 자신의 개인적 삶의 만족도를 평가할 때는 일어나지 않았다. 우리가 자신에 대해서 평가할 때는 보다 넓은 조망을 갖고 삶의 많은 중요 영역들을 민감하게 고려하는 것 같다. 하지만 다른 사람에 대해서 판단할 때, 우리는 가장 두드러진 특징들에만 초점을 두는 것 같다. 연구에 참여한 학생들은 캘리포니아와 중서부 지역의 날씨 차이에만 특히 주의를 두었다. 이는 좋은 날씨가 사람들을 더 행복하게 해 준다는 잘못된 믿음을 이끈 초점착각의 좋은 예가 된다. 캘리포니아 사람들은 좋은 날씨를 즐긴다. 하지만 중서부 지역 거주자와 심지어는 캘리포니아 거주자들마저도 캘리포니아 사람들이 더 행복할 것이라고 생각한다는 사실에도 불구하고, 날씨가 캘리포니아 거주자들을 더 행복하게 만들어 주지는 않았다.

사람들이 전체 그림보다는 상황의 두드러진 소수의 특징에 초점을 두는 예는 기숙사 배정에 대한 학생 만족도 연구에서도 확인된다(Dunn, Wilson, & Gilbert, 2003). 대부분의 대학생의 경우, 기숙사 방 배정은 대학생활의 중요한 관심사다. 몹쓸 룸메이트나 최악의 기숙사 생활에 관한 이야기나 경험들은 숙식의 사회적 및 물리적 측면이 대학생활의 행복에 얼마나 많은 영향을 미치는지를 잘 시사해 준다. Dunn과 그의 동료들은 한 주요 대학에서 독특한 기숙사 배정 시스템을 이용해서 방 배정이 대학 삶의 만족도에 미치는 실제적 영향과 예상한 영향을 살펴보았다.

연구에 참여한 대학 신입생들은 12개의 기숙사 동 중에서 한 곳에 무선적으로 배정되었다. 모든 학생들은 처음 3년간 그곳에 살도록 요구되었다. 이 배정 방식의 독특한 특징은 1년이 지난 뒤에 각 학생들은 동료들과 상의해서 자신의 룸메이트와 남은 2년간 같은 동에서 생활할 친구들을 최대 15명까지 선택할 수 있는 기회가 있다는 점이었다. 학생들은 함께 지원하는데, 그래서 기숙사 배정을 위한 봄 추첨 전에 학생들은 이미 남은 기간 동안에 같이 생활할 사람들을 이미 알고 있다. 추첨은 어떤 사동에서 살지만을 결정하는 과정이다. 이런 조건에서 여러분은 어떤 사동에 배정될지에 대해서 얼마나 걱정할 것 같은가? 배정된 사동에 상관없이, 여러분은 이미 같이 생활할 룸메이트와 모든 친구들을 알고 있다. 여러분은 무엇을 더 원하겠는가? 하지만 연구 결과는 놀라웠다. 학생들은 그들이 살 장소에 실제로 매우 관심이 있었다. 1년차 학생들은 흔히 밤을 세워 자신의 사동 배정을 기다렸으며, 원하던 대로 되면 뛸 듯이 기뻐했고 그렇지 않은 경우는 낙담했다. Dunn과 그의 동료들은 세 가지 의문을 가졌다. 첫째, 학생들은 어떤 사동이 좋고 싫은지를 어떻게 결정하는가? 둘째, 사동을 배정받는 순간의 행복감이나 불행감이 실제 그 사동에서 생활할 때에도 계속 이어지는가? 셋째, 실제 기숙사 삶의 만족도를 가장 잘 예언해 주는 것은 무엇인가?

이 질문들에 답하기 위해서, Dunn과 그의 동료들은 학생들이 그들이 배정된 사동으로 이사 가기 전에 예측한 행복도와 이후에 실제 생활하면서 경험하는 행복도를 비교하였다. 학생들은 자신들의 배정을 알기 전에 잠깐 조사를 받았다. 학생들은 그들이 배정받을 가능성이 있는 12개의 사동 각각에 대해서 예상되는 행복도를 평가하였다. 또한 학생들은 자신들의 판단 기준에 대한 정보도 제공했는데, 이는 각 사동의 물리적 특징(예, 위치, 매력도, 방 크기)과 사회적 특징(예, 룸메이트와의 관계, 사동에 대한 전체적인 연대감)의 측면에서 각 사동에 대한 기대감을 평가하게 함으로써 얻어졌다. 예상된 행복도와 실제 행복도를 비교하기 위해서, 동일한 평가가 해당 사동에서 1년간 생활한 후에 다시 이루어졌다.

첫 질문 : 학생들은 어떤 사동이 좋고 나쁜지를 어떻게 결정하는가? 이 질문에 대한 대답은 Dunn, Wilson과 Gilbert의 논문 제목인 '위치, 위치, 위치!'와 같다. 기숙사 배정에 대한 학생들의 선호는 캠퍼스 내 위치와 그것의 물리적 특징(방 크기, 편의시설)에 주로 기반하고 있었다.

둘째 질문 : 학생들은 처음에 예상했던 것처럼 실제 기숙사 생활에서도 행복해하거나 불행해할까? 대답은 '아니다'이다. 예상된 행복도와 실제 행복도에 대한 평가 분석은 충격편향에 대한 강한 증거를 보여주었다. 학생들은 자신이 원하던 기숙사를 배정받았을 때 경험할 행복감과 자신이 원하지 않던 기숙사를 배정받았을 때 경험할 불행감에 대해서 유의미하게 과장된 추정을 하였다. 원하던 사동에 배정된 학생들은 예상했던 것보다 덜 행복했고 원하지 않던 곳에 배정된 학생들은 예상했던 것보다 더 행복해했다. 요약하면, 대부분의 학생들은 기숙사 생활을 만족스러워했다.

셋째 질문 : 실제 기숙사 생활의 만족도를 예언해 주는 것은 무엇인가? 답은 사회적 관계였다. Dunn과 그의 동료들은 학생들의 사회적 삶의 질이 실제 행복도에 대한 가장 강력한 예언자였다. 2학년과 3학년이 되었을 때, 기숙사의 위치와 물리적 특징(학생들은 매우 중요하다고 생각하고 있었지만)은 학생 행복도와 유의미한 관계가 없었다. 역설적이게도, 이 연구를 시작할 때 학생들은 만족스러운 생활을 위해서 가장 중요한 요인들을 이미 갖추고 있었다. 왜냐하면 모든 학생들이 자신의 룸메이트와 같이 생활할 친구들을 선택했기 때문에, 배정된 사동에 상관없이 편안한 기숙사 생활과 좋은 교우 관계를 가질 수 있도록 여건이 갖추어진 셈이다. 그렇다면 신입생들은 왜 기숙사 생활의 기대 행복도를 사동의 위치

와 물리적 특징에 근거해서 예상했을까?

Dunn과 그의 동료들(2003)은 **고립효과**(isolation effect)가 학생들이 사회적 관계보다 기숙사 위치에 초점을 둔 이유를 설명해 준다고 제안했다. 고립효과는 초점착각의 보다 구체적인 한 경우로 여겨질 수 있다. 초점착각은 우리가 소수의 특징들(Schkade와 Kahnaman의 날씨 차이 같은)이 두드러져서 우리의 주의를 많이 뺏어감으로 인해, 우리가 여러 선택들 중에서 한 가지를 결정할 때 그 소수의 특징에만 주의를 둘 때 일어난다. 고립효과는 사람들이 선택할 때 필요한 것으로 고려하는 정보량을 단순화시키려 할 때 일어난다. 대안들이 공통적으로 갖고 있는 많은 특징들을 무시하면, 이것이 차이에 대한 '고립'을 가져온다. 이는 잠재적인 선택들 사이에서 선택의 복잡성을 줄여 주는 효율적인 방법일 수 있다. 하지만 특별한 선택을 할 때 우리가 얼마나 행복할까를 생각해 볼 때, 고립효과는 우리가 오로지 차이만을 강조하고 공유되는 특징의 기여를 망각하는 충격편향을 일으킬 수 있다. 사회적 삶 변인은 12개 동 모두가 공통적으로 갖고 있는 것이었다. 학생들은 판단을 내릴 때 사회적 삶은 무시하고 물리적 특징의 차이에만 초점을 두었다. 그 결과 학생들은 사동 배정에 대한 예상 만족이나 불만족 수준을 과장했다.

Dunn과 그의 동료들(2003)의 연구는 종단적인 설계(즉 동일한 학생들을 3번의 다른 시점에서 평가)이고 참여자를 기숙사에 무선할당했기 때문에, 충격편향에 대한 강한 증거를 제공해 준다. 이들의 연구는 나이 관련 변화와 생활 사건의 효과를 예언할 때 우리가 겪는 어려움을 정서적 예측과 충격편향 연구가 줄여 줄 수 있음을 시사해 준다. 나이가 행복 수준에 차이를 가져올 것처럼 여겨진다. 많은 사건과 성취들이 나이와 상관을 보인다(예, 직업, 결혼, 내 집 마련, 은퇴). 흔히 늙어갈수록 수입이 줄고 건강도 쇠퇴해 가며, 친구나 배우자와 사별할 가능성도 높아진다. 이런 이유들로 인해 여러분은 나이가 행복과 밀접히 관련이 있을거라 생각할 것이다. 놀랍게도, 많은 연구들은 나이가 개인이 보고한 행복도와 작은 관계만 있음을 보여준다(Diener & Lucas, 2000; Diener & Suh, 1998; Inglehart, 1990). 주관적 웰빙은 일생 동안 상당히 안정적이다. 16개국으로부터 거의 170,000명을 상대로 한 면접에 기초한 Inglehart(1990)의 연구에 따르면, 15세에서 65세 이상의 모든 연령대가 동일한 수준의 행복과 삶의 만족도를 보고했다. 모든 연령에서 거의 80%의 사람이 자기 삶을 대체로 만족스러워한다고 말했다. 그림 5.1은 나이와 삶의 만족도에 대한 Inglehart의 연구를 요약하고 있다.

많은 다른 연구들도 일생 동안 웰빙의 안정성을 확인시켜 준다(Kunzmann, Little, & Smith, 2000; Lawton, 2001; Lucas & Gohm, 2000). 일부 연구는 나이가 들면 웰빙이 감소한다고 보고하고 있으나 이러한 감소는 아주 적은 수준이며, 그것도 고연령층에서만 제한적으로 확인되었다. 예를 들면, 주관적 안녕감의 삶의 만족도 요소에 대한 최근의 한 연구는 나이와 만족 사이에 곡선적인 관계가 있다고 보고했다(Mroczek & Avron, 2005). 약 2,000명의 남성을 대상으로 삶의 만족도를 조사했는데, 65세까지는 서서히 증가하다가 그 이후부터는 약간씩 감소했다. 이러한 감소는 85세까지 이어졌다. 이 발견이 나이와 행복의 관계에 대한 일반적인 결론을 부정하지는 않는다. 연구자들의 일관된 발견은 늙는 것이 반드시 불행을 가져오거나 웰빙을 감소시키지는 않는다는 것이다. 평균적으로, 주관적 안녕감과 자존감은 인생의 어느 시기와 비교해도 노년기가 떨어지지는 않는다(Charles, Reynolds, & Gatz, 2001; Diener & Suh, 1998). 어떤 연구에서는 노년기에 웰빙이 증가하였다(Carstensen, 1998; Mroczek & Kolarz, 1998).

또한 연구는 인생에서 흔히 전환점으로 간주되는 것의 정서적 효과에 관한 우리의 믿음을 지지해 주지 못했다. 예를 들면, 폐경기를 지난 여성들은 흔히 우울증과 부정적인 정서에 취약한 것으로 생각된다. 하지만 폐경기를 겪고 있는 여성들에 대한 연구들(Myers, 1992)에 따르면, 비폐경기 여성들에 비해서 갱년기 여성들이 더 우울하지 않았다. 폐경기 영향의 중요한 결정인은 변화 그 자체라기보다는 인생의 변화에 대한 여성의 태도인 것 같다. 폐경기를 임신과 월경시기에 대한 염려로부터 벗어날 수 있게 해 준다고 보는 여성은 높은 수준의 정서적 안정과 행복감을 보고했다. Myers의 고찰에 따르면, 여성의 삶에서 행복에 영향을 주는 다른 전환점('빈둥지 증후군')에 대한 증거도 찾을 수 없었다(Myers & Diener, 1995). 아이들이 성장해서 집을 떠남으로 인한 고독감과 그동안의 엄마 역할이 사라짐으로 인한 혼란감으로 인해 행복감이 줄어들 것이라는 가정은 연구로부터 지지받지 못했다. 대부분의 엄마들은 자녀들이 자신의 직업을 갖고 결혼해서 자신의 가족을 갖게 되는 것을 보고 행복해했다. 자녀를 양육하는 것은 깊은 만족감을 준다. 하지만 그건 한번 겪는 것만으로 충분한 듯 보인다. 부모는 자녀들을 키워낸 후의 삶에서 새로운 흥밋거리와 활동을 추구할 수 있는 자유를 즐긴다.

또한 연구자들은 40대 남성들이 흔히 경험한다고 여겨지는 중년의 위기를 지지하는 증거도 발견하지 못했다. 이러한 위기는 남성들이 자신들의 인생에서의 현 위치를 돌아보고 남은 삶에 대해서 숙고할 때 일어나는 것으로 생각된다. 중년의 위기는 남성들이 자신의 꿈과는 거리가 먼 자기 삶, 늙은 몸, 일상적인 결혼생

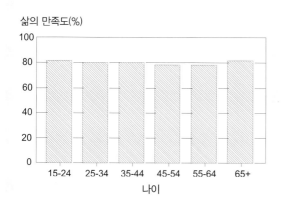

삶의 만족도(%)

그림 5.1 **16개 국가에서 나이와 웰빙의 관계**

출처 : Inglehart, R. (1990), Myers, D. G., & Diener, E. (1995).

활 등을 돌아보고 삶의 활력을 되찾아 보려는 방안을 모색해 보는 열정을 찾아가는 시기로 일반적으로 여겨진다. 오랫동안 유지되어 온 믿음은 이러한 절망 섞인 깨달음으로 인한 혼란이 직업을 극적으로 바꾼다든가 젊은 여자와 바람을 피운다거나 젊음을 확인받고 싶어 하는 무모한 행동들을 하게 만든다는 것이었다. 하지만 연구는 중년의 위기가 남성들 사이에서 흔히 일어나는 그런 단계임을 보여주지 않았다(McCrae & Costa, 1990; Wethington, Cooper, & Holmes, 1997). 대부분의 남성들은 극적인 새로운 모험을 좇지 않고 차분하게 중년을 보낸다. 연구는 노인이 젊은이 보다 더 많은 웰빙을 즐기고 보다 만족해하고 불안은 더 적음을 시사한다(Lawton, Kleban, & Dean, 1993).

생활변화와 웰빙의 안정성

이처럼 행복에 영향을 줄 거라고 우리가 흔히 생각하는 사건, 위기, 전환점 등에도 불구하고 주관적 안녕감은 일생 동안 놀라우리 만큼 안정적이다. 확실히 밝혀지지 않은 것은 왜 그런지이다. 삶의 도전, 삶의 근심거리, 삶의 활동 등은 나이에 따라 다르다. 하지만 왜 전반적인 행복감은 나이에 따라 많이 변하지 않는 걸까? 십대는 친구들 사이에서 유명해지고 싶어 하고 청년기에는 직장생활을 시작하고 가족을 꾸리게 된다. 노인이 되면 은퇴 후의 삶을 의미 있게 해 줄 활동을 찾는다. 우리는 안정성 물음을 다루고 있는 네 가지 연구를 살펴볼 것이다. (1) 주관적 안녕감의 유전성을 강하게 시사하는 연구, (2) 긍정적 및 부정적 정서의 강도, 빈도, 균형에서의 연령별 변화, (3) 긍정적 정서의 측정과 정의와 관련된 이슈들, (4) 웰빙의 심리적 및 사회적 기초의 일생에 걸친 변화.

기질과 주관적 안녕감 많은 연구자들은 개인의 정서적 삶이 유전적인 기질에 의해 상당히 지배된다고 결론내렸다(DeNeve, 1999; DeNeve & Cooper, 1998; Lykken, 1999; Lykken & Tellegen, 1996; Tellegen et al., 1988). 제1장에서 소개된 수녀 연구는 세상에 대한 개인의 성격적인 정서 반응의 장기적인 안정성을 보여주고 있다. 태어난 직후에 헤어져 다른 환경에서 양육된 일란성 쌍둥이에 대한 연구는 정서적 웰빙을 결정하는 유전적인 요인의 장기간에 걸친 영향에 대한 강력한 증거를 제공해 준다. 개인의 긍정적 정서 경험의 약 40%, 부정적 정서의 55%, 그리고 장기적인 주관적 안녕감은 80%나 유전되는 것으로 나타났다(Lykken, 1999; Lykken & Tellegen, 1996). 사람들은 일반적인 쾌활함 수준을 결정하는 행복이나 정서적 **설정점**(set point)을 물려받는다(Headey & Wearing, 1992). 설정점은 일종의 조절체로 균형을 잃게 하는 사건에도 불구하고 우리의 반응을 안정화시켜 준다. 생활변화가 장기적인 웰빙에 미치는 영향에 관한 연구는 설정점으로 돌아온다는 생각을 지지하고 있다. 예를 들면 이혼, 새 일자리를 갖는 것, 낯선 곳으로의 이사 등은 대부분의 사람에게 있어 장기적인 웰빙 수준을 유의미하게 변화시키지 않는다(Costa, McCrae, & Zonderman, 1987). 기질에 대한 유전적인 영향 연구들은 안정성 질문에 대한 직접적인 대답을 제공하고 있다―"너의 유전자 탓이야!" 여러분이 행복하고 쾌활한 아이라면 여러분은 행복하고 쾌활한 어른이 되고 노인이 될 것이다. 여러분이 아동기에 우울하고 소심하며 우유부단했다면, 남은 일생 동안에도 같은 성격을 보일 것이다.

긍정적 및 부정적 정서의 빈도, 강도, 균형 많은 연구들이 주관적 안녕감의 전반적이고 요약적인 측정치를 사용하고 있기 때문에, 연구자들은 주관적 안녕감의 세부적인 요인들을 살펴보면 노화와 행복 간의 보다 복잡한 관계가 밝혀지지 않을까 생각했다. 즉 주관적 안녕감에 대한 전반적인 측정(즉 삶에 대한 만족도와 정서 균형)은 나이와 관련된 세밀한 변화에 민감하지 않을 수 있다. 연구자들은 무엇이 나이에 따라 변하고 변하지 않는지에 대한 보다 분명한 그림을 얻기 위해서 주관적 안녕감의 정서적 측면들을 세분해서 살펴보았다. 연구들은 다양한 연령대의 사람들을 대상으로 긍정적 및 부정적 정서의 빈도, 강도, 균형을 비교하였다.

정서 빈도와 강도 전반적인 주관적 안녕감이 정서 경험에서의 차이에도 동일하게 유지될 수 있는 한 가지 방법은 강한 정서의 빈도와 관련되어 있다. 이는 단순한 평균치 문제이다. 극단적으로 높고 낮은 정서를 경험하는 사람은 덜 극단적이어서 보다 일관된 정서 경험을 보이는 사람과 비교했을 때 전반적인 정서 균형은 평균하게 되면 같을 것이다. 몇몇의 연구들은 강한 정서들이 십대와 젊은이들 사이에서는 상당히 흔하지만, 나이가 들면서 줄어듦을 보여준다. 경험 표집법을 사용해서 Csikszentmihalyi와 Larsen(1984)은 십대들에게 자신들의 기분과 활동을 삐삐 신호를 받을 때마다 기록하도록 시켰다. 한 시간도 안 되는 사이에 십대들의 기분은 극단을 오갔다. 고양감과 절망감 모두 놀라울 정도로 짧은 시간 내에 왔다가 사라질 수 있었다. 노인들의 정서적 삶은 보다 수평적이고 안정되어 있었다(Costa et al., 1987; Diener, Sandvik, & Larsen, 1987). 이런 생각과 일관되게, 최근의 문헌(Clarles et al., 2001)은 사람들이 나이를 먹으면서 각성 수준이 높은 정서가 급격히 감소함을 보여주었다. 세상을 다 가진 듯한 기분이나 뭔가에 흥분된 느낌을 묻는 문항들이 나이에 따라 가장 큰 감소를 보였다(Carles et al., 2001). 그림 5.2는 십대와 노인들의 정서적 경험 차이에도 불구하고 **평균적인 주관적 안녕감** 수준이 동일할 수 있는 가설적인 경우를 보여준다. 이 모두는 일상적인 생활 사건의 영향들이 나이가 들면서 약해짐을 시사해 준다. 젊은이들의 행복도는 보다 극단적인 정서들로 인해서 서로 상쇄되는 반면에, 노인들의 행복도는 극단적인 정서 경험의 빈도가 적으면서 정서적 삶의 진폭이 작고 안정적이다. 이

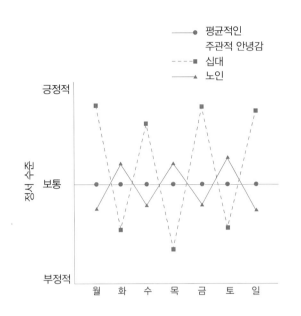

평균적인
주관적 안녕감
······ 십대
노인

긍정적

정서 수준

보통

부정적

월 화 수 목 금 토 일

그림 5.2 **다른 정서 경험이 어떻게 동일한 주관적 안녕감 평균을 보이게 하는가?**

출처 : Inglehart, R. (1990), Myers, D. G., & Diener, E. (1995).

것이 노인들은 인생을 즐기지 않는다는 것을 보여주는 것은 아니다. 그보다는 축적된 삶의 경험이 그들에게 많은 일상적인 사건에 너무 좋아하지도 너무 흥분하지도 말라는 교훈을 남겨준 것으로 여겨진다. 노인들은 지지적인 양질의 관계나 개인적으로 의미 있는 활동을 개발하는 것과 같은 장기적인 만족감을 경험할 수 있는 일에 초점을 두었다. 그래서 강한 정서 빈도의 변화에도 불구하고, 전반적인 행복도는 일생 동안 안정적일 수 있다. 우리의 전반적인 정서 경험들은 서로 상쇄되는 극단적인 정서 반응들로부터 덜 극단적이고 보다 안정적인 정서 경험으로 옮겨간다.

긍정적 및 부정적 정서의 균형 전반적인 주관적 안녕감이 유사할 수 있는 또 다른 이유는 긍정적 정서와 부정적 정서의 균형과 관련된다. 웰빙의 정서적 요소는 일반적으로 긍정적 정서 척도의 총점에서 부정적 정서 척도 총점을 뺌으로써 평가된다. 이러한 계산 방식은 긍정적 및 부정적 정서의 중요한 독립적인 변화를 못 보게 할 수 있다. 여러분은 긍정적 정서와 부정적 정서가 적은 상관만을 보였다는 제2장의 내용을 떠올려 볼 필요가 있다. 각 유형의 정서는 주관적 안녕감에 비교적 독립적으로 영향을 미친다. 긍정적 정서와 부정적 정서를 하나의 점수로 계산하지 말고 분리해서 고려한다면, 연구자들은 전반적인 점수가 중요한 변화를 못 보게 했는지를 확인해 볼 수 있을 것이다. 예를 들면, 사람들이 나이가 들면서 긍정적 정서와 부정적 정서가 각각 동일한 정도로 증가한다면, 정서 균형은 동일하게 유지될 것이다. 혹은 긍정적 정서와 부정적 정서가 동일하게 감소한다고 해도 전반적인 정서 균형은 그대로 유지되어서 정서 균형이 일생을 통해서 안정적임을 보여줄 것이다. 나이와 관련해서 긍정적 및 부정적 정서의 변화를 살펴본 연구들은 두 유형의 정서가 독립적으로 변함을 확인시켜 주었다. 흥미롭게도 일부 연구는 정서적 웰빙이 나이에 따라 증가함을 시사하기도 했다.

나이와 관련된 부정적 정서의 변화 양상은 상당히 명확했다. 횡단적 및 종단적 연구 모두 나이가 들수록 부정적 정서가 감소함을 보여주었다(Charles et al., 2001; Mroczek &

Almeida, 2004; Mroczek & Kohlarz, 1998; Pinquart, 2001). 노인들이 부정적 정서를 더 적게 보고했으며, 이러한 경향은 대부분의 연구에 의해 지지되었다. 초고령 집단에서만 부정적 정서가 약간 증가하는 경향이 있었다. Carstensen과 그의 동료들은 18세에서 60세까지는 부정적 정서가 감소하고 60세에서 94세까지는 변화가 거의 없었다고 보고하였다(Carstensen, Pasupathi, Mayr, & Nesselroade, 2000). 43개국으로부터 거의 6,000명에 이르는 사람들을 대상으로 한 연구에서, Diener와 Suh(1997)는 부정적인 정서가 20세에서 60세 사이에서는 감소하고 그 이상의 고령 집단에서는 다소 증가하였다고 보고하였다. 일반적으로 부정적인 정서는 나이가 들면서 감소하는 경향이 있다.

평생에 걸친 긍정적 정서의 연구들은 보다 복잡한 양상의 결과를 보여준다. 어떤 연구에서는 젊은이들과 비교했을 때 노인들이 긍정적 정서에서 증가를 보인 반면에(Gross et al., 1997), 다른 연구들에서는 긍정적 정서가 감소하였으며(Diener & Suh, 1998; Lucas & Gohm, 2000), 일부 연구에서는 변화를 보이지 않았다(Vaux & Meddin, 1987). 횡단적 연구에 비해 종단 연구에서는 다소 안정적인 결과를 보였는데, 최고령 집단에서만 긍정적 정서가 다소 감소하였다(Costa et al., 1987; Stacey & Gatz, 1991).

긍정적 정서에 대한 혼란스러운 결과들에도 불구하고, 긍정적 정서와 부정적 정서에 대한 연구들을 종합해 보면, 평생에 걸쳐 웰빙 수준이 안정적임이 시사된다. 이런 경향은 나이와 정서가 전반적으로 적은 관련성만을 보인 점에서 가장 분명히 드러난다. Pinquart(2001)의 메타분석 연구에 따르면, 나이와 긍정적 정서의 평균 상관은 −0.03이었으며, 부정적 정서와는 −0.01의 상관을 보였다. 모두 매우 낮은 관련성을 보였다. 표집이 매우 컸기 때문에 통계적으로는 유의미한 수준이었다. 하지만 측정치를 공유된 변량으로 전환하자, 정서의 변산 중에 나이차에 의해서 설명되는 양은 1%도 채 안 되었다. 정서 변산의 99%가 다른 요인들에 의해 설명되고 있었다.

측정과 정의적 이슈

측정 몇몇 연구자들은 일부 연구들에서 발견되었던 긍정적 정서의 감소가 각성 수준이 높은 정서를 측정하는 척도들을 사용한 결과일 수 있음에 주목했다(Charles et al., 2001; Diener & Suh, 1998). 고강도의 정서만을 평가한 연구들은 나이가 들면서 점차 줄어드는 아주 강한 긍정적 정서만을 실제로 평가했을 수 있기 때문에 거기서 얻은 긍정적 정서의 감소는 잘못된 결론을 이끌 수 있다. 긍정적 정서가 빈도 면에서 유사한 것이지 강도에서 유사한 것은 아니다. Charles와 그의 동료들(2001)은 Bradburn(1969)의 정서균형척도(Affect Balance Scale)를 사용해서 2,800명의 사람을 대상으로 연구했다. 이 척도의 긍정적 정서 부분은 사람들에게 아래의 다섯 문항에 '그렇다' 혹은 '아니다'로 답하게 한다.

지난 몇 주 동안 여러분은 아래와 같이 느꼈나요?

— 뭔가에 특히 흥분되거나 흥미를 느꼈다.
— 누군가가 내가 한 것에 대해서 칭찬했기 때문에 나는 자부심을 느꼈다.
— 뭔가를 성취해서 기뻤다.
— 세상을 다 얻은 듯한 기분이었다.
— 만사가 내 뜻대로 되고 있는 듯한 기분이었다.

결과들은 긍정적 정서에서의 가장 큰 감소가 강한 정서에 관한 문항들에서 주로 얻어졌음을 보여주었다. 특히 가장 큰 감소는 "뭔가에 특히 흥분되거나 흥미를 느꼈다", "세상을 다 얻은 듯한 기분이었다", "만사가 내 뜻대로 되고 있는 듯한 기분이었다" 등의 문항에서 일어났다.

정의 두 번째 이슈는 긍정적 정서의 정의에 관한 것이다. 긍정적 정서는 적어도 두 가지 유형으로 구분되는데, 비교적 독립적이며(Watson & Tellegen, 1985; Watson, Wiese, Vaidya, & Tellegan, 1999) 개인의 사고와 행동에 다른 영향을 미친다(Fredrickson, 2001). 두 긍정적 정서 유형의 독립성은 일생에 걸쳐 다른 식으로 영향을 주고 있을 가능성을 열어 놓는다. Kunzmann, Stange와 Jordan(2005)의 최근 연구는 이 가능성을 살펴보았다. 이 연구자들은 두 유형의 긍정적 정서를 '유쾌한 감정'과 '긍정적 개입'으로 기술하였다. 유쾌한 감정은 비교적 낮은 각성 상태의 긍정적 정서 상태로 정의된다. 예를 들면, 만족감이나 행복감을 들 수 있다. 반면에 긍정적 개입은 고취되어 있고 적극적이며 정신을 바짝 차리고 있는 것과 같은 고각성 상태를 언급한다. 유쾌한 감정은 비교적 적은 노력을 요구하며, 주의가 자기에게 맞추어져 있고 적극적으로 목표를 추구하는 것보다는 이미 성취한 것으로부터 더 많이 경험된다. 이와는 대조적으로 긍정적 개입은 주의가 타인을 향하고 있으며, 목표 그 자체보다는 목표에 도달하는 적극적인 활동에 더 많은 초점을 둔다.

Kunzmann과 그의 동료들에 따르면, 각 유형의 정서는 두 다른 생활양식과 가치지향성과 관련된다. 쾌락주의적 생활양식은 개인적인 즐거움이나 쾌락, 소비를 추구하기 때문에 유쾌한 감정을 강조하는 것 같다. 다른 사람의 인정을 추구하고 친밀한 관계를 발전시키는 것 또한 동기가 주로 개인이 받을 이득에 초점이 가 있다면 쾌락주의적인 가치지향과 부합된다고 보여진다. 성장 관련 생활양식은 긍정적 개입과 일관된다. 성장 관련 생활양식을 추구하는 사람들은 개인의 발전과 타인의 복지와 자신이 살고 있는 환경을 위해 뭔가 기여하는 데 관심이 있다. 이들은 삶의 의미를 발견하는 데 노력을 기울이며 가족과 사회공동체를 돕는 데 관심이 많고 사회를 더 좋게 만들기 위해서 조직과 집단을 위해 적극적으로 관여한다.

Kunzmann은 유쾌한 감정, 긍정적 개입, 쾌락주의적 및 성장 관련 생활양식에 관한 연구를 젊은층(15~20세), 중년층(30~40세), 노인층(60~70세)을 대상으로 실시하였다. 그 연구에서 우리는 특히 두 가지 연구 발견에 주목하였다. 첫째, 유쾌한 감정과 긍정적 개입의 측정치들이 서로 간에 작은 상관만을 보였다. 이는 긍정적 정서가 몇 개의 비교적 독립적인 차원들로 구성되어 있다는 생각을 지지하고 있다. 둘째, 이들의 결과는 나이와 긍정적 정서 간의 이전의 혼란스러운 결과들(즉 나이가 들면서 긍정적 정서가 감소하거나 변화가 없거나 증가한다는)이 긍정적 정서를 측정하는 접근의 차이에서 비롯된 것일 수 있음을 시사해 준다. 이런 가능성은 긍정적 개입보다 유쾌한 감정에서 나이 관련 다른 양상을 발견했기 때문에 제기된다. 젊은이들의 긍정적 정서는 유쾌한 감정 경험과 보다 관련되고 보다 쾌락주의적인 생활양식과 부합된다. 노인들은 긍정적 개입을 더 경험하는 것 같으며 보다 성장 관련 생활양식을 보여준다.

이러한 조사에 따르면, 긍정적 정서가 나이에 따라 증가하느냐 감소하느냐라는 질문은 긍정적 정서의 어떤 측면에 초점을 두고 있느냐에 따라 '그렇다'나 '아니다'가 결정될 수 있다. 유쾌한 감정으로 긍정적 정서를 정의하고 측정하면, 긍정적 정서는 나이가 증가하면서 감소한다($r = -0.38$). 하지만 긍정적 정서를 긍정적 개입으로 정의하고 측정하면 긍정적 정서는 나이가 증가하면서 증가한다($r = 0.42$). 긍정적 정서는 모든 연령층에서 전형적으로 나타났다. 하지만 개인적 즐거움의 기반은 젊은층에서 보이는 유쾌한 감정에 초점을 둔 쾌락지향적인 생활양식에서 노인층에서 보이는 긍정적 개입에 초점을 둔 보다 성장 관련 생활양식으로 옮겨갔다. 이 연구의 발견들은 나이-정서에 대한 앞으로의 연구가 정서에 대한 다차원적 모델의 개발로부터 많은 이점을 얻을 수 있음을 시사해 준다.

요약하면, 연구는 나이가 들면서 부정적인 정서가 감소함을 일관되게 보여준다. 측정 편향과 정의적 문제들을 고려하더라도 최근까지의 발견들은 긍정적 정서가 나이에 따라 크게 달라지지 않거나 나이가 들면서 실제로 증가할 수 있음을 보여준다. 부정적 정서의 감소와 긍정적 정서의 안정이나 약간의 증가는 전반적인 정서적 웰빙과 행복도가 나이가 들면서 실제로 증가함을 시사해 준다. 이러한 가능성은 다음에 고려될 웰빙에 대한 성장지향적 이론들과도 일관된다.

삶의 만족 기반의 변화 성장지향적 입장을 취하는 연구자들은 사람들이 나이가 들면서 삶의 만족의 기반이 달라지는지를 살펴봄으로써 안정성 질문에 답하고 있다. 우리는 십대와 젊은이들의 행복의 원천이 중년과 노인들의 것과 같을 것이라고는 기대하지 않는다. 성장지향적 입장을 따르는 연구들은 다른 연령대의 사람들이 비슷하게 행복할 것으로 여겨지지만 그 이유는 연령대별로 다를 것이라고 본다. 예를 들면, Carstensen의 **사회정서적 선택 이론**은 웰빙이 나이가 들면서 감소하지 않을 것이라고 예언해 준다(Carstensen, 1992; Carstensen & Charles, 2003; Carstensen, Isaacowitz, & Charles, 1999). 사실 Carstensen의 이론은 정서적 웰빙이 나이가 들면서 증가할 것이라고 믿을 만한 많은 이유들을 제공해 준다. 그녀의 이론은 앞서 고찰한 바와 같이 일생 동안의 정서에 관한 연구 결과들과 대체로 일관된다.

사회정서적 선택 이론은 제4장에서 노인층의 탄력성을 설명하기 위해서 소개된 바 있다. 이 이론은 노인들이 자신들의 우선순위를 미래로부터 현재 생활환경과 활동으로 옮겨오는 방식을 기술해 주고 있다. 이러한 이동은 자신들의 남은 생애에 대한 증가된 자각의 결과로 여겨진다. 미래지향적인 젊은이들과는 달리, 노인들은 현재 삶의 만족도를 증가시키는 데 초점을 둔다. 이들은 가장 중요한 사람들과 일에 투자하고, 너무 경쟁적이고 신경을 많이 써야 하며 타인을 몰아세우는 그런 일들에서 손을 뗀다. 오랫동안 같은 일을 해온 근로자들은 그 전에 비해 중년을 넘어서면서 자신의 일에 더 많은 만족감을 보고한다(Rhodes, 1983; Warr, 1992). 이같이 만족감이 증가하는 주된 이유는 일에 대한 태도 변화인거 같다. 사회정서적 선택 이론에 따르면, 노인 근로자들은 그날그날의 일과 동료들과의 즐거운 사회적 관계에 보다 초점을 두며, 경력을 발전시키고 타인과 경쟁하는 데는 주의를 덜 기울인다(Levinson, 1978; Rybash, Roodin, & Hoyer, 1995).

미래에 대한 반동적인 관점의 결과로, 노인들은 긍정적 정서 경험을 최대로 하고 부정적 정서는 최소화하는 데 우선순위를 둔다. 즉 그들은 부정적인 정서를 초래할 만한 상황을 피하고 자신들을 즐겁게 해 줄 상황에 더 무게를 두는 경향이 있다. 여러분들은 붐비는 음식점이나 차를 타고 먼 곳에 있는 친척을 만나러 가는 것을 싫어하는 식으로 이해하기 힘든 변덕을 부리는 조부모를 흔히 접할 수 있다. 그러면 여러분은 그들이 고집불통이거나 다른 사람의 입장을 몰라준다고 생각할 수 있다. 하지만 그들이 그렇게 행동하는 이유는 단지 그런 활동들을 좋아하지 않기 때문이다. 여러분도 나이가 점차 들면, 남은 여생 동안 즐겁지 않은 일과 사회적 상호작용을 하면서 보내고 싶지는 않을 것이다. 연구는 노인들이 타인과의 부정적인 상호작용을 피하는 방향으로 환경을 구조화하는 경향이 있으며(Carstensen, Gross, & Fung, 1998), 자신들의 정서를 조절하는 데 보다 노련하다는 것을 보여준다. 기혼자에 대한 연구에서도 중년의 부부와 비교했을 때 노인부부가 갈등을 다룰 때 더 적은 부정적인 정서를 표현했고 혐오감이나 분노감을 더 적게 드러냈다(Levenson, Carstensen, & Gottman, 1994). 이런 변화들은 작은 사회적 지지망 내에서 보다 강한 관계를 만들려는 일반적인 변화의 한 부분이다. 여러분의 배우자, 자녀, 손자 그리고 친한 친구는 새로운 사람과의 만남을 통해서 사회적 관계를 확대하는 것보다 더 중요해진다. 노인들은 젊은 사람들에 비해서 즐거운 관계를 잘 가꾸는 데 더 관심이 있으며 다른 사람을 변화시키거나 지배하거나 영향을 미치는 데는 관심이 적다. 이 같은 가치 있는 관계에 증가된 헌신을 반영하듯 부부 만족감은 오래된 부부일수록 전형적으로 더 높았다(Levenson,

Carstensen, & Gottman, 1993).

요약하면, 우리의 정서적 삶, 개인적 목표, 행복의 원천 등이 일생을 통해 변화함에도 불구하고 행복은 나이와 관계가 없다. 이는 일생을 통해 주관적 안녕감이 대체로 안정적이며 개인적인 행복 수준이 나이에 따라 크게 달라지지 않음을 보여준다. 간단히 말하면, 인생의 시기마다 새로운 도전이 있고 적응을 위한 변화의 필요성이 지속적으로 요구되더라도, 모든 연령대가 같은 수준으로 행복할 수 있는 잠재성을 갖고 있다. 나이와 행복의 적은 관련성은 우리가 인생의 각 단계를 있는 그대로 받아들여야 함을 시사해 준다. 인생의 새로운 시기를 맞을 때마다 그때그때 행복과 웰빙을 위해서 제공되는 것을 포용하고 즐겨라. 개인적인 행복은 그 다음 시기라는 미래에 있는 것이 아니며, 또한 '과거의 좋은 시절'에 있는 것도 아니다. 현재를 즐겨라!

성별과 행복

남자와 여자 중 누가 더 행복한가? 대답은 그 어느 쪽도 아니다이다. 대규모 조사연구에 따르면, 남자와 여자 모두 거의 비슷한 수준의 행복을 보고했다(Ingelhart, 1990). 그림 5.3은 16개 국가를 대상으로 한 삶의 만족과 성별에 대한 연구 결과를 보여주고 있다.

다른 나라별 조사에서도 전반적인 행복도는 성별에 따라 큰 차이가 없었다(Diener, Suh, Lucas, & Smith, 1999; Manstead, 1992). 평균적으로, 남자와 여자는 비슷하게 행복감을 보고하고 자신의 삶에 대체로 만족해한다. 예를 들면, 39개 다른 지역에서 표집된 18,000명의 대학생에 대한 연구에서 성별에 따른 유의미한 차이를 발견할 수 없었다(Michalos, 1991). 성별 차이를 보고하는 연구들도 그 차이 양은 작은 수준이었다. Haring, Stock와 Okun(1984)의 메타분석 연구에서는 남자가 여자에 비해서 약간 높은 웰빙 수준을 보고하는 경향이 있었다. 하지만 Woods, Rhodes와 Whelan(1989)의 메타분석에서는 반대로 여자가 남자에 비해서 약간 높은 행복 수준을 보였다. 여기서 중요한 것은 '약간'이라는 단어이다. 두 다른 연구에서도 성별이 웰빙 수준을 설명하는 양은 1%도 되지 않았다(Fujita, Diener, & Sandvik, 1991; Haring et al., 1984). 즉 개인의 성별을 아는 것이 그 사람이 얼마나 행복한지를 아는 데 거의 도움이 되지 않는다.

다음 단락에서 살펴보겠지만, 일상적으로 경험하는 정서적 삶에 있어서는 남자와 여자가 유의미한 차이가 있다. 전반적인 행복도에서는 남녀가 유사하지만 정서 경험에서는 차이를 보인다는 점은 성별의 역설로 일컬어질 수 있다. 이는 노화의 역설과 유사한 부분이 분명 있다. 많은 차이에도 불구하고 어떻게 전반적인 웰빙이 동일하게 유지될 수 있을까? 이러한 역설을 이해하고 설명하는 것이 성별과 행복에 대한 우리 논의의 주요 목적이다.

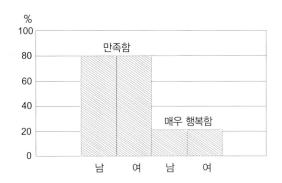

그림 5.3 **16개 국가의 성별과 삶의 만족도 조사**

출처 : Inglehart, R. (1990), Myers, D. G., & Diener, E. (1995).

정서 경험에서의 성차

부정적 정서 여자는 남자에 비해서 부정적 정서를 더 많이 경험하고 우울과 불안 같은 **내현화 장애**(internalizing disorders)를 더 많이 겪는다(Kessler et al., 1994; Nolen-Hoeksema, 1995; Nolen-Hoeksema & Rusting, 1999). 내현화 장애들은 강한 부정적 정서를 보인다. Nolen-Hoeksema와 Rusting(1999)의 개관 연구에 따르면, 우울증과 불안장애에서의 성차는 생의 초기에도 나타났다. 기분장애는 11세와 15세 사이의 소녀들에게서 전형적으로 나타난다. 그런 초기 발병이 소년에서는 발견되지 않는다.

Lucas와 Gohm(2000)은 이 같은 남녀 간의 기분장애 발병률의 차이가 질환을 앓고 있지 않은 사람들의 정서적 삶에 관해서도 뭔가 알려줄 수 있지 않을까 하는 의문을 가졌다. 정서장애의 차이가 남녀의 일상적인 경험에서의 차이와 관련이 있을 수 있다. 연구자들(Brody & Hall, 1993; Feingold, 1994; Hall, 1984)은 여자가 슬픔, 두려움, 불안, 수치심, 죄책감 등을 남자보다 더 많이 경험한다고 보고했다. 여자들은 이런 부정적인 정서를 남자보다 더 많이 경험할 뿐만 아니라 더 많이 표현한다. 예를 들면, Nolen-Hoeksema와 Rusting(1999)은 부정적인 정서 관련 일을 당했을 때 여자가 더 많은 슬픔과 두려움을 표현한다고 보고했다.

내현화 장애와는 달리, **외현화 장애**(externalizing disorders)는 정서를 행동화한다. 이러한 정서들은 물건, 상황, 사람을 향한다. 임상 연구들은 남자들이 여자들 보다 외현화 장애를 더 많이 보임을 일관되게 보고하고 있다(Nolen-Hoeksema & Rusting, 1999). 이런 장애에는 약물남용, 반사회성 성격장애, 분노와 공격성을 통제하지 못하는 문제 등이 포함된다.

비임상 집단을 대상으로 한 정서와 행동의 외현화와 관련된 성차 연구들은 주로 분노와 공격성에 초점을 두고 있다. 신체적 공격행동에서의 차이가 가장 분명하고 보편적이다. 세계 모든 지역에서 남자가 여자보다 신체적인 공격행동을 더 많이 보이는 것 같다. 20개국을 대상으로 한 최근의 한 메타분석 연구에 따르면, 남자가 일관되게 더 높은 수준의 신체적 공격성을 보였다(Archer, 2005). 기분장애가 소녀들 사이에서 일찍 나타나는 것과 유사하게, 소년들 사이에서는 공격적인 행동이 일찍 나타나는데, 취학 전에도 이런 경향은 분명하다. 하지만 이 같은 성차에 대한 분명한 결론은 성별에 따라 환경과 사회적 규범이 분노와 공격행동을 표현하는 시기와 방식에 미치는 영향을 밝히는 연구에 의해 보완될 필요가 있다(Bettencourt & Miller, 1996; Eagly & Steffen, 1986; Frodi, Macaulay, & Thomas, 1977; Geen, 1998; Nolen-Hoeksema & Rusting, 1999). 예를 들면, Bettencourt와 Miller(1996)는 남자가 자극되지 않거나 중립적인 상황에서는 더 공격적이지만, 자극되는 상황에서는 남자와 여자가 비슷하게 공격적이었다고 보고했다. 즉 개인이 좌절감이나 모욕감을 느끼거나 위협을 받게 되면, 성차는 줄어들었다. 보다 중립적인 일상적인 상황에서는 남자가 더 쉽게 공격적이 되었다. 이는 남자가 애매한 상황을 자극하는 것으로 인식하는 경향이 더 있기 때문인 것으로 여겨졌다.

연구자가 측정하는 공격행동 유형에 따라 결과는 더 복잡하다. 남자들은 신체적인 공격행동을 더 많이 보이는 반면, Geen(1998)의 연구와 Archer와 Coyne(2005)의 최근 연구에 따르면, 여자들은 언어적 및 관계적 공격행동을 더 많이 보였다. 관계적 공격행동은 다른 개인의 관계와 동료들과의 상태를 해치는 것을 의미한다. 이는 그 사람에 대한 안 좋은 소문을 퍼뜨리는 것을 포함한다. 끝으로 최근 연구들(Geen, 1998; Bettencourt & Miller, 1999)은 사회적 규범과 기대가 성별, 분노, 공격행동에 관한 복잡한 결과들에 중요한 영향을 미칠 수 있음을 보여준다. 여자들은 신체적 공격행동 표현과 관련해서 남자들에 비해서 더 많은 갈등을 보이며, 여자들은 다른 사람에게 피해를 주게 되거나 죄책감을 느끼게 되면 덜 공격적이 되었다. 남자와 여자는 다른 신념과 다른 사회적 규범을 가지고 있어 분노를 자극하고 공격행동 표현에 영향을 미치는 구체적인 환경을 달리 보는 것으로 여겨진다.

긍정적 기분과 행동 행복, 기쁨, 사랑 등과 같은 긍정적 기분에 대한 자기보고식 연구들은 성차와 관련해서 다소 비일관된 보고를 하고 있다. 많은 연구자들은 여자가 남자에 비해 더 많은 행복과 더 많은 강한 긍정적 정서를 경험한다고 보고했다(Diener et al., 1985; Fujita et al., 1991). 하지만 다른 일부 연구들은 남녀 간의 차이를 발견하지 못했거나 남자가 여자보다 다소 더 행복하다고 보고했다(Diener, 1984; Haring et al., 1984). 한 가지 일관된 발견은 여자가 남자보다 더 많은 긍정적 정서를 표현한다는 점이다(Nolen-Hoeksema & Rusting, 1999). 남자보다 더 많은 여자가 기쁨, 행복, 타인에 대한 사랑을 표현한다. 여자의 비언어적 행동에 대한 관찰 연구들은 여자의 더 큰 표현력을 지지해 준다. 예를 들면, 수백의 연구들이 여자가 남자보다 미소를 더 자주 짓는다고 보고했다(LeFrance, Hecht, & Paluck, 2003). 잡지와 신문의 사진 속의 미소 짓는 모습에 대한 연구들과 공원과 쇼핑몰, 거리에서 미소 짓는 사람들에 대한 관찰 연구들 모두 여자가 남자보다 미소를 더 많이 지음을 보여준다(Halberstadt & Saitta, 1987). 또한 여자는 비언어적 단서를 이해하고 타인의 정서적 상태를 제대로 평가하는 것에서 남자보다 유능한 것으로 보인다(Hall, 1984).

성별의 역설에 대한 설명

성차의 특성에 대한 정확한 이해가 이처럼 복잡하고 논란의 여지가 많음에도 불구하고, 대개 남녀가 정서적 삶에서 다소 차이를 보이는 것은 분명해 보인다. 하지만 앞에서도 언급했듯이, 남녀의 전반적인 행복 수준은 본질적으로 같은 것으로 여겨진다. 이 같은 두 발견이 보이는 분명한 모순은 성별의 역설에 대한 토대가 된다. 성별의 역설에 대한 확실한 해답은 없다. 하지만 몇 개의 가능한 대답은 제공된 바 있다.

한 가지 가능한 대답은 여자가 남자보다 강한 정서 경험을 더 많이 함을 시사하는 연구로부터 나온다. 예를 들면, 여자가 남자보다 더 높은 수준의 유쾌한/불쾌한 정서를 보고하고(Fujita et al., 1991), 여자가 남자보다 매우 행복하다고 보고하는 경향이 더 많았으며(Lee, Seccombe, & Shehan, 1991), 강한 정서를 여자가 더 많이 보고하는 경향은 다양한 연령대에서 확인되었다(Diener et al., 1985). 이러한 연구들은 여자가 남자보다 더 강하고 극단적인 정서적 삶을 산다는 점에서 여자가 남자보다 더 정서적임을 시사하는 결과들로 이해되기도 한다(Brody & Hall, 1993; Fujita et al., 1991). 정서 강도의 차가 성별의 역설을 가져올 수 있다. Diener와 그의 동료들(1999)은 여자의 더 강한 긍정적 정서는 더 강한 부정적 정서에 의해 균형이 맞춰짐을 시사하였다. 이같이 극단끼리 서로 상쇄된 결과, 전반적인 행복 수준이 남자의 것과 비슷하게 된다. 즉 행복 수준에 대한 대규모 표집 연구에서, 높은 수준의 행복을 보고한 자료들은 낮은 수준을 보고한 자료들에 의해 상쇄될 것이다.

성별의 역설에 대한 또 다른 설명은 여자의 정서성 중 일부가 실제보다 부풀려져 있을 수 있음을 시사한다. 성 고정관념과 거기에 따라오는 기대들이 주관적 안녕감 측정도구에 대한 여자들의 반응에 영향을 미칠 수 있다. 오늘날 사회의 성역할이 많이 변했음에도 불구하고, 고정관념은 남녀의 차이에 대한 사람들의 생각에 여전히 강하게 영향을 미치고 있다(Brody & Hall, 1993; Nolen-Hoeksema & Rusting, 1999; Woods, Rhodes, & Whelan, 1989). 전형적인 남자 혹은 전형적인 여자를 기술해 보라고 하면, 사람들은 전통적인 성 고정관념에 따라 기술하는 것을 알 수 있다. 여자는 남자보다 강한 정서를 경험하고 사랑, 슬픔, 두려움을 더 많이 표현하는 경향이 있는 것으로 믿어진다(Fabes & Martin, 1991; Grossman & Wood, 1993). 남자는 분노와 공격행동을 제외하고는 덜 정서적이고 덜 표현적인 것으로 이해된다.

이런 고정관념이 역설과 무슨 관련이 있는가? Brody와 Hall(1993)은 성 고정관념이 여성의 정서 표현에 영향을 주는 일종의 자기충족적 예언이나 규범적인 기대가 될 수 있음을 시사했다. 성 고정관념은 여성의 실제 내적인 정서 경험보다 정서의 외적인 표현을 더 부추길 수 있다(Nolen-Hoeksema & Rusting, 1999). 이런 가능성은 실시간 경험 표집법(ESM)으로 측정된 남녀의 실제 정서수준 회상을 통해서 평가된 연구들과 일관된다(Robinson & Johnson, 1997; Robinson, Johnson, & Shields, 1998). ESM에서는 남녀가 비슷한 수준의 정서 수준을 보였지만, 회상 측정치에서는 여성이 남성보다 더 높은 수준의 정서를 보고하였으며, 이러한 차이는 시간이 많이 지난 뒤에 회상할수록 증가하였다. 회상 측정치에서 발견된 이러한 차이는 남성과 여성이 회상할 때 성 고정관념과 일관되게 회상한 결과일 수 있다. 다른 연구들에서도 순간순간을 평가한 측정치에서는 보다 전반적인 평가에서 얻어진 성 차가 확인되지 않았다(Feldman Barrett, Robin, Pietromonaco, & Eyssel, 1998).

끝으로 행복보다는 건강하게 기능한다는 관점에서 웰빙을 정의하는 성장지향적 관점은 성별의 역설이 부분적으로는 웰빙이 어떻게 정의되느냐와 관련이 있음을 시사한다. 성별과 행복에 대한 대부분의 연구들은 쾌락 모델을 따르고 있어 긍정적 정서와 부정적 정서의 균형을 주관적 안녕감의 주요 정의적 요소로 본다. 여성들에게서 우울증의 발병률과 부정적 정서 경험의 빈도가 더 높은 것은 전반적인 주관적 안녕감이 남녀 간에 비슷하다는 결과와 모순된다. 즉 부정적 정서와 기분장애에 대한 여성들의 높은 취약성은 남성에 비해서 여성의 주관적 안녕감 수준이 더 낮을 것이라고 예언해 준다.

성장지향적 견해는 웰빙을 행복이 아닌 심리적 건강과 관련된 속성으로 정의한다. 이 견해에 따르면, 웰빙은 주관적 안녕감 개념보다 더 복잡한 요인들의 집합이다. Ryff, Singer와 그의 동료들은 웰빙과 건강하게 기능하기를 여섯 차원으로 정의한다. 즉 자기수용, 타인과의 긍정적 관계, 자율성, 환경적 숙달, 삶의 목적, 개인적 성장(Ryff & Singer, 2002, 이 책의 제2장 참조). 이 같은 차원들에 기초해서 살펴본 건강하게 기능하는 것의 프로파일은 주관적 안녕감 연구에서 밝혀진 것과 부합된다. 많은 연구 결과들은 남성과 여성이 전반적인 웰빙 수준에서는 상당히 비슷하지만, 웰빙의 구체적인 차원들에서는 분명히 성차를 보이고 있음을 확인시켜 준다. 예를 들면, 타인과의 긍정적인 관계와 개인적 성장 면에서는 여성이 남성보다 높은 점수를 보였다.

웰빙에 대한 다른 개념화 때문에, 쾌락적 관점과 성장지향적 관점의 연구자들은 이 같은 발견들에 의미를 부여할 때 다소 의견을 달리한다. 전반적 행복도에서의 남녀 간 유사성(정서적 경험의 차이에도 불구하고)은 웰빙에 대한 쾌락적 관점에서 보자면 역설이 아닐 수 없다. 하지만 웰빙이 성장지향적으로 건강하게 기능하는 것으로 정의되면, 이 같은 역설이 사라진다. Ryff와 Singer는 웰빙에 관한 발견들과 여성의 강점들은 부정적 기분과 우울증에서의 성차와 모순되지 않는다고 주장한다. 대신, 그들은 심리적 취약성이 주목할 만한 심리적 강점과 나란히 존재할 수 있음을 지적함으로써 보다 넓은 시각을 제공하였다(Ryff & Singer, 2002, p. 545). 다시 말해서, 강점과 취약성의 공존은 웰빙이 심리적으로 건강하게 기능하는 것으로 정의되면 특별히 역설적일게 없다. 우리 모두는 강점과 약점을 모두 갖고 있으며, 약점이 심각하지만 않다면 그것은 전반적인 건강과 웰빙을 꼭 해친다고 보기는 어렵다. 한 가지 이유는 강점이 약점을 보완할 수 있다는 점이다. 예를 들면, 여성의 더 큰 정서적 취약성은 타인과 긍정적 관계를 발전시킬 수 있는 강점에 의해 상쇄될 수 있다. 우리는 긍정적 관계가 건강과 개인적 행복에 강력한 영향—다음 장에서 다뤄지겠지만 웰빙에 미치는 결혼의 영향처럼—을 미친다는 것을 알고 있다.

강점과 취약성의 관계는 아주 복잡하다. 강점과 취약성의 공존, 서로 상쇄될 가능성 등에 더해서, 강점은 하강하고 약점은 상승할 수 있다. 예를 들면, 긍정적인 관계를 발전시키고 유지할 수 있는 강점은 또한 부정적인 정서와 강한 정서 경험을 더 빈번하게 만들 수 있다. 타인에 대한 공감능력과 민감성은 관계형성에 중요하다. 여성은 남성보다 이런 능력들이 더 발달되어 있는 것으로 여겨져 왔으며, 이런 능력들은 타인의 부정적 정서에 더 많은 영향을 받게 만들 수 있다(Nolen-Hoeksema & Rusting, 1999; Woods et al., 1989). 타인의 부정적인 정서에 더 민감한 여성의 특성은 남녀 간의 정서 경험 차이를 일부 설명해 준다. 반면, 남성은 여성에 비해서 사회적 웰빙은 떨어지지만(남성이 여성보다 타인과의 긍정적 관계 차원에서 낮은 점수를 보였다(Ryff & Singer, 2000, 2002)), 보다 안정적인 정서를 갖고 있다. 남성의 낮은 공감능력과 민감성은 타인의 정서에 영향을 적게 받게 하며, 그 결과 여성에 비해서 남성의 정서적 삶(분노를 제외한)은 덜 극단적일 수 있다.

그렇다면 남성과 여성 중 누가 더 행복한가? 대답은 어느 한쪽도 아니다이다. 남성과 여성 각각은 대개 강점과 취약성의 고유한 조합을 갖고 있다. 전반적인 비교를 해 보면, 이 같은 성별과 관련된 강점과 취약성은 서로 상쇄되어서 평균 행복 수준에서는 큰 차이를 보이지 않는다. 강점과 취약성의 이 같은 동일한 차이들은 또한 남녀의 정서적 삶이 일반적으로 왜 다른지를 설명하는 데도 도움이 된다.

결혼과 행복

대부분의 인구학적 변인들은 행복과 단지 작은 관련성만을 나타낸다. 이 같은 일반적인 경향에서 벗어난 한 가지 예가 결혼이 주관적 안녕감에 미치는 영향이다. 우리 중 약 90%는 결혼을 하고 그중 대다수가 그 전보다 더 행복해졌다고 보고한다(Myers, 2000a). 수많은 문헌들이 결혼과 보다 높은 수준의 주관적 안녕감 간의 관련성을 말해 준다(Berscheid & Reis, 1998; Diener, 1995; Woods et al., 1989). 미혼이거나 이혼했거나 별거 중이거나 혼자 된 사람들보다 부부로 있는 사람이 더 행복해했다. 결혼과 행복의 관계는 미국과 유럽의 대규모 조사에서 일관되게 확인되었다(Diener et al., 1999). 거의 100개에 달하는 연구들에 대한 메타분석은 결혼이 삶의 만족, 행복, 전반적인 웰빙에 대한 강한 예언자임을 보여주었다(Woods et al., 1989). 결혼의 긍정적인 효과는 광범위하다. 미국에서 실시된 35,000명을 대상으로 한 국가적인 규모의 한 조사에 따르면, 매우 행복하다고 말한 사람의 비율이 기혼자들은 40%였고, 미혼자들은 26%로 기혼자가 거의 두 배 가까이 높았다(Myers, 2000a). 소득과 나이 같은 오염변인들을 통제한 뒤에도 결혼과 웰빙의 관계는 여전히 유의미하였다(Gove, Hughes, & Style, 1983; Haring-Hidore, Stock, Okun, & Witter, 1985). 다른 삶의 영역(직장 상태와 건강 같은)들과 비교할 때, 결혼해서 가족을 갖는 것이 삶의 만족과 행복에 가장 강하게 관련되는 것으로 반복해서 확인되고 있다(Campbell et al., 1976; Inglehart, 1990).

결혼의 이점

결혼과 행복의 관계는 어디에 기인하는 것일까? 그것이 결혼의 이로운 효과인가? 아니면 결혼한 사람들은 처음부터 더 행복했는가? 결혼의 이점에 대한 논란은 Baumeister와 Leary(1995)의 주장에서 시작되었다. 이들은 인간은 소속에 대한 기본적인 욕구가 있다고 보았다. 무수한 연구들이 이를 고찰했으며 많은 연구자들이 개인의 신체적 및 정서적 웰빙을 위해서 친밀하고 지지적이며 안정적인 관계의 중요성을 보여주었다(Berscheid, 2003; Deci & Ryan, 1991). 사람들은 자신들 삶의 중요한 목표로 일관되게 친밀한 관계를 꼽았다(Emmons, 1999b). 결혼이 이러한 기본적인 욕구를 충족시켜 준다면, 기혼자가 더 높은 수준의 웰빙과 행복을 보이는 것은 당연한 일일 것이다. 결혼은 힘들 때 동료감, 친밀감, 사랑, 애착, 사회적 지지를 제공해 줄 잠재력을 갖고 있다. 배우자와 부모의 역할은 개인의 성장과 새로운 능력을 계발시켜 줄 기회를 제공해 주며, 이는 자존감과 만족감을 증가시켜 준다.

일반적인 이점 견해는 결혼과 행복의 관계가 범문화적이고 결혼의 질에 대한 연구자의 물음과 독립적이라는 데서도 지지를 받고 있다. 사망, 이혼, 별거 등으로 인해 부부관계가 끝났을 때, 웰빙이 심각하게 떨어진다는 것도 결혼의 이점을 지지해 주는 보다 확실한 증거가 된다. 결혼의 종말은 친밀감, 동료감, 정서적 지지 등의 상실과 재정적 자원의 감소를 의미할 수 있다. 결혼의 이점은 정서적 고통과 정신질환이 미혼자와 독신자들 사이에서 더 많이 나타난다는 점에서도 지지된다(Diener & Seligman, 2004; Myers, 2000a; Waite & Gallagher, 2000). 반대로, 기혼자들은 우울증, 고독, 신체적/정신적 건강 문제를 앓을 위험성이 더 낮고, 과부나 홀아비, 별거 중이거나 이혼한 사람들보다 더 오래 살았다. 대체로, 기혼자들은 미혼자들보다 더 좋은 신체적/정신적 건강 상태를 보였다. 결혼은 또한 사람들이 삶의 문제들을 극복하는 데도 도움이 되었다. 800명의 남녀에 대한 7년간의 연구에 따르면, 혼자 사는 사람에 비해서 기혼자가 우울증과 알코올 중독의 감소를 더 많이 보였다 (Horwitz, White, & Howell-White, 1996a). Myers(2000a)는 살펴본 모든 연구들이 기혼자들이 보이는 높은 수준의 웰빙에 대한 주된 이유로 결혼을 꼽고 있음을 보여준다고 하였다. 대다수의 부부는 배우자가 가장 좋은 친구이고 다시 태어나더라도 같은 사람과 결혼할 것이라고 하였다(Gleen, 1996; Greeley, 1991).

분명히, 결혼의 질은 결혼이 웰빙에 미치는 효과에 중요한 영향을 미칠 것이다. Myers (1992)는 개인의 행복 면에서 볼 때, 나쁜 결혼은 결혼을 안 한 것보다 더 안 좋은 최악이라고 했다(p. 158). 많은 문헌들이 나쁜 관계가 웰빙에 부정적인 영향을 미침을 보고하고 있다(Argyle, 2001; Berscheid & reis, 1998; Diener & Seligman, 2004; Reis & Gable, 2003). 파괴적인 결혼 요인들은 신체적/정서적 학대, 알코올 중독, 갈등, 적대감, 질투심, 부정, 지배성 등 아주 많다. 웰빙에 나쁜 결혼이 미치는 혐오적인 영향 또한 많은데(Argyle, 2001; Berscheid & Reis, 1998; Gottman, 1994; Reis & Gable, 2003), 그중에서도 관계 문제로 상담자나 심리치료자 같은 전문적인 도움을 찾는 일이 가장 두드러진다. 좋은/나쁜 관계의 두드러진 특징들과 성공적인 결혼 생활을 오래 유지하는 비결에 대해서는 제11장(관계와 웰빙)에서 다루고 있다.

선택효과

결혼 질의 효과와 결혼의 이점은 기혼자들이 더 높은 행복도를 보고한 것에 대한 직접적인 설명을 제공해 준다. 웰빙 연구자들은 결혼과 행복 관계를 줄여 줄 수 있는 두 요인(선택과 적응)을 살펴보았다. **선택효과**(selection effect)라는 용어는 결혼한 사람이 미혼자에 비해서 결혼 전부터 이미 더 행복했을 가능성을 이야기한다. 이게 사실이라면, 웰빙에 대한 결혼의 효과는 결혼한 사람이라는 요인에 의해 먼저 부풀려지고 있다. 이 같은 소위 선택효과는 행복한 사람은 행복하지 않은 사람보다 더 바람직한 결혼 파트너이며, 따라서 결혼할 가능성이 더 높아지고, 그래서 더 빨리 결혼을 하게 된다는 가정에 기반을 둔다 (Veenhoven, 1988). 대부분의 사람들이 우울하고 신경질적인 사람보다 명랑하고 유쾌한 사람을 더 좋아한다는 점을 감안해 볼 때, 이러한 가설은 충분히 일리가 있다. 하지만 선택효과에 대한 연구 결과들은 혼란스럽다. 노르웨이에서 9,000명을 대상으로 한 대규모 연구에서는 결혼과 행복 관계의 선택효과가 확인되었다(Mastekaasa, 1992). 하지만 12년간의 종단 연구에서는 선택효과가 기혼자들의 높은 웰빙에 단지 작은 기여만을 하고 있었다 (Johnson & Wu, 2002). Myers(2000a)는 선택효과에 기초한 설명에 또 다른 문제를 제기했다—행복한 사람이 더 많이 더 일찍 결혼한다면, 사람들의 나이별 기혼자 집단의 행복도는 나이가 많고 덜 행복한 사람들이 결혼하기 시작함에 따라 감소할 것이다. 다시 말해서 덜 행복한 사람들이 기혼자 집단에 합류함으로써 전체 평균이 낮아질 것이다. 독신자들 사이에서는 작은 변화만 일어날 것이다. 덜 행복한 사람들이 결혼하게 되면서, 독신자 집단에는 매우 불행한 사람들만 남게 되고, 이는 행복의 평균 수준을 감소시킨다. Myers가 주목한 것처럼, 웰빙과 결혼 상태에 대한 자료는 선택효과에 기초한 이 같은 예언을 지지하고 있지 않다. 반대로, 기혼자와 독신자 사이의 행복도 차이는 나이와 상관없이 일관되었다.

연구 초점 : 허니문이 끝난 뒤에도 여전히 행복한가

적응은 사람들이 사건의 정서적 충격에 적응하게 되면서 오랫동안 지속되어 온 행복도, 즉 설정점으로 돌아가는 것을 의미한다. 적응과정은 결혼 후의 행복 증가가 지속적인 것일지, 아니면 결혼 전 행복 수준으로 돌아갈지에 대한 의문을 제기한다. 독일에 살고 있는 24,000명의 사람들에 대한 종단 연구는 결혼이라는 정서적 충격에 전반적으로 적응해 간다는 증거를 보여주고 있을 뿐만 아니라, 결혼이 행복 수준에 영향을 미치는 방식에서 개인의 변산이 상당함을 보여주고 있다(Lucas et al., 2003). 연구참여자들은 15년 동안 매년 면접을 했다. 측정치 중에는 전반적인 삶의 만족도를 0점(완전히 불행하다)에서 10점(완전히 행복하다) 사이에서 평가하도록 한 것도 있었다. 두 종류의 변화가 연구되었다—결혼과 혼자 남겨진 것. 이 사건들의 효과는 결혼 전과 혼자되기 전의 행복을 그렇게 되기 바로 직전과 이후의 행복과 비교함으로써 평가되었다. 결혼 상태 변화의 영향을 보다 잘 분리하기 위해서, 남은 연구 기간 동안 결혼한 상태를 계속 유지하고 있는 사람들(1,012명)만 결혼의 효과를 살펴보기 위해서 포함시켰으며, 배우자를 잃은 것의 영향을 살펴보기 위해서 혼자 된 채로 계속 남아 있는(결혼하지 않고) 사람들(500명)만을 포함시켰다.

Lucas 등의 연구에 따르면, 결혼이 행복에 작은 증가(11점 척도에서 10분의 1점 정도)를 가져왔으며 이러한 증가는 결혼 이후 연도에는 사라졌다. 모든 참여자들에 대한 평균은 사람들이 결혼 전보다 결혼 후에 더 행복하지는 않음을 보여주었다. 이러한 발견들은 결혼의 정서적 결과에 적응하는 과정에 대한 강한 증거를 제공해 준다. 결론은 또한 선택효과가 결혼과 행복 관계에 역할을 하고 있음을 시사한다. 연구 동안 결혼한 참여자들은 결혼 전보다 더 높은 수준의 평균 행복도(다른 참여자들에 비해)를 보였다. 이러한 선택효과가 결혼 후 만족도 증가에 얼마나 기여하는지는 분명하지 않다. 선택효과의 양은 평가되지 않았다. 혼자된 사람들에 대한 결과들은 훨씬 장기적인 영향과 훨씬 느린 적응을 보였다. 배우자를 잃고 8년이 된 참여자들의 평균 행복도는 그 전 수준 가까이는 갔지만 완전히 그 전 수준으로 회복되지는 않았다. 많은 혼자된 사람들이 삶의 만족도에서 안정적이고 장기적인 감소를 보였으며, 배우자 상실에 대한 완벽한 적응은 나타나지 않았다.

Lucas와 그의 동료들(2003)은 결혼에 대한 전반적인 적응 양상이 개인 반응들의 넓은 변산성에 의해 줄어듦을 보고했다. 그들의 자료에 기초해서, 이들은 가설적인 세 사람의 결혼 곡선을 그림 5.4에서처럼 제시하였다. 이 그림은 집단으로 볼 때(평균 반응성) 참여자들의 결혼 전 행복 수준으로의 복귀가 상당히 큰 개인의 변산에 의해 가려져버리는 것을 보여준다. 종단 연구 설계는 연구자들이 개별 참여자들의 행복도 변화를 추적 연구할 수 있게 해 준다. 이 자료는 많은 사람들이 결혼 후에 훨씬 더 행복해하며(1 표준편차 상승), 이러한 행복 증가는 연구 기간 내내 지속되었다. 흥미롭게도, 거의 같은 수의 사람들이 결혼 후에 행복도가 훨씬 감소했다고 했으며(1 표준편차 하락), 이러한 행복도 감소는 이후에도 계속 지속되었다. 이 두 집단은 많은 사람들이 결혼의 효과에 적응을 보이지 않으며, 행복의 기저선에 비해 장기적인 증가 혹은 감소를 보임을 말해 준다. 이들 집단에 대한 연구 결과들은 또한 결혼에 적응한다는 전반적인 발견을 설명하는 데도 도움이 된다. 행복이 증가한 사람들은 행복이 감소한 사람들에 의해서 상쇄될 수 있으며, 그 결과 결혼 전후 분명한 행복 차이가 나타나지 않게 된다.

행복이 증가할지 혹은 감소할지는 결혼에 대한 사람들의 첫 반응과 유의미하게 관련되어 있었다. 결혼에 긍정적으로 반응한 사람들은 장기적인 행복 수준이 증가하였다. 초기에 부정적이거나 덜 긍정적으로 반응한 사람들은 장기적인 변화를 보이지 않거나 심지어는 결혼 전에 비해 덜 행복했다. Lucas와 그의 동료들은 그들이 **쾌락 평준화**(hedonic leveling)라고 일컫는 과정이 이 같은 차이를 설명해 준다고 믿고 있다. 그들의 연구결과에서 보면, 가장 만족해하는 사람들은 결혼한 것에는 가장 약한 긍정적인 반응을 보였지만, 이혼과 혼자된 것에는 가장 강한 부정적인 반응을 보였다. 왜 이럴까? 쾌락 평준화는 개인의 기존의 삶의 만족도와 행복도 수준이 생활 사건의 정서적 충격에 미치는 효과를 의미한다. 행복한 개인(많은 지지적인 친구들을 가진 사람들)은 소속감과 친밀감 욕구가 이미 다른 관계들을 통해서 상당히 충족되고 있기 때문에, 결혼으로부터 얻는 이득이 작을 수 있다. 행복하지 않거나 외로운 사람(친구가 적은 사람)은 친밀감과 소속감 욕구를 안정적으로 확보할 수 있기 때문에 결혼

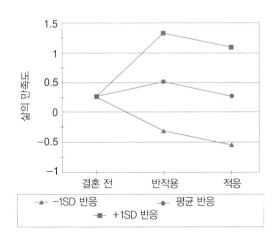

그림 5.4 결혼에 대한 세 반응

-1SD : 평균보다 1 표준편차 적은 수준으로 결혼에 대해 부정적으로 반응한 사람

+1SD : 평균보다 1 표준편차 높은 수준으로 결혼에 대해 긍정적으로 반응한 사람

출처: Lucas, R. E., Clark, A. E., Georgellis, Y., & Diener, E. (2003).

의 이득이 많을 것이다. 이러한 이점들은 행복과 삶의 만족 수준을 더 높여줄 것이다.

쾌락 평준화가 전반적인 평가에서는 서로 상쇄되어 확인되지 않았던 결혼에 대한 개인들의 다양한 반응들에 대한 설명을 제공해 줄 수 있을 것이다. 즉 결혼이 행복한 사람들한테는 큰 영향을 못 주지만, 불행한 사람들한테는 큰 영향을 준다면, 두 집단 간의 행복도 차이는 줄어들거나 없어질 것이다. 동일한 과정이 혼자되는 것이 특정 개인에게 미치는 영향에도 적용된다. 만족스러운 결혼생활로 인해 행복해하는 사람들은 배우자가 죽으면 훨씬 많은 것을 잃게 될 것이다. 한편 매우 불행한 결혼생활을 했던 사람은 배우자가 죽더라도 그 영향은 적을 것이다.

Lucas와 그의 동료들의 연구가 보여준 결혼에 대한 전반적인 적응은 결혼의 이점을 일관되게 보여주고 있는 다른 연구들과 모순되지 않는가? 하나의 연구로서는 확신하기 어렵다. 참여자가 모두 독일인이었기 때문에, 연구 결과에 대한 범문화적인 타당성을 확보하기 위해서는 추가적인 연구가 요구된다. 그들 연구의 강점은 종단 연구 설계라는 점인데, 이는 결혼 상태의 변화에 대한 개인의 개별 반응을 무시하지 않고 살릴 수 있게 해 준다. 최소한 Lucas와 그의 동료들의 연구는 생활 사건이 주관적 안녕감에 미치는 개별적인 영향을 알아보기 위해서는 종단 연구가 횡단 연구보다 유용하다는 점을 시사해 준다.

결혼 이점에서의 성별 차이

결혼과 행복 관계에 관한 마지막 남은 두 쟁점은 남녀가 결혼을 통해서 대부분 덕을 보는지, 그리고 결혼의 이점이 시간이 지나면서 감소하는지이다. 두 쟁점에 대한 연구결과들은 혼란스럽다. 어떤 연구들은 남자가 긍정적 정서의 증가와 우울증을 예방해 주기 때문에 더 많은 정서적 이점을 경험한다고 시사한다(Diener et al., 1999; Nolen-Hoeksema & Rusting, 1999). 하지만 다른 연구들은 삶의 만족도에서 성차를 발견하지는 못했으나, 이혼이나 사별의 영향이 성별에 따라 차이가 있으며, 여성이 더 많은 우울증을 경험하고 남성이 더 많은 알코올 남용을 보인다고 보고하였다(Horwitz, White, & Howell-White, 1996b). Myers(2000a)는 이 같은 혼란스러운 결과들이 많은 연구들에서 밝혀진 기혼자와 미혼자의 행복도가 남녀 모두에서 동일한 차이를 보인다는 사실을 변화시키지는 않는다고 주장했다.

결혼과 행복 관계의 정도가 감소하는지에 대한 근거는 아직 분명하지 않다. 미국의 몇몇 연구들에 따르면 1970년대 이후에 분명한 감소를 보였으며(Gleen & Weaver, 1988; Lee et al., 1991), 노인 부부에 비해 젊은 부부들에게서 갈등이 증가하였다. 하지만 다른 연구자들은 그런 감소를 발견하지 못했으며(Mastekaasa, 1993), 감소에 대한 증거는 지난 30년간 이혼 부부와 동거 커플이 역사적인 증가를 보인 데서 찾을 수 있다(Kurdek, 1991). 이혼했던 개인은 이후의 결혼에서도 높은 이혼율을 보였는데, 아마 이는 이들이 결혼생활에서 요구되는 것들을 잘 못하고 그래서 결혼 결과 덜 행복할 수 있기 때문인 것으로 여겨진다. 동거 커플은 기혼자에 포함되지는 않지만, 분명히 그들의 관계로부터 얻는 이점들이 있다. 종합해 보면, 이 두 사실은 기혼자와 독신자 간의 차이를 감소시켜 주기는 하지만 결혼의 실제적인 이점을 감소시켜 주는 것은 아니다.

요약하면, 결혼은 개인의 웰빙과 건강을 위해서 많은 잠재적 이점들을 갖고 있다. 이러한 이점들 중 선택효과(행복한 사람이 결혼하는 경향이 있다는)에 기인하는 것이 얼마나 되는지는 분명치 않다. 결혼이 특정 개인의 웰빙을 증가시킬지 아니면 감소시킬지는 많은 변수에 달려 있지만, 연구는 중요한 두 요인으로 부부의 관계 질과 쾌락 평준화를 확인시켜 주었다. 결혼의 효과를 평가할 때, 웰빙에 대한 쾌락적 관점과 성장지향적 관점의 차이를 다시 살펴보는 것이 중요하다. 성장지향적 관점 내에서 건강한 기능의 강조는 우리에게 행복보다 웰빙에 더 중요한 것을 상기시켜 준다.

결혼이 우리를 더 행복하게 해 줄지 말지는 그것이 우리를 더 건강하게 해 줄지 말지보다는 덜 중요할 수 있다. 상당한 연구들이 결혼이 건강에 미치는 이점들을 보여주고 있다. 웰빙에 대한 쾌락적 정의와 성장지향적 정의의 차이는 건강을 증진시키는 어떤 요인들은 적어도 단기적으로는 행복을 저당잡힐 수도 있다는 사실에 의해 분명해진다. 예를 들면, Ryff와 Singer(2000)는 결혼 갈등(행복에는 나쁠 수 있는)이 미래의 웰빙을 증진시켜 줄 수 있다고 지적한다. 갈등은 흔히 개인적 성장의 기초가 되며 인생에 대처하는 유능감을 길러 준다. 차이를 해소해 가는 과정은 대립하는 서로의 관심사를 조율해 나가는 관계형성 능력을 향상시켜 준다. Ryff와 Singer의 고찰은 시간이 갈수록 부부가 부정적인 정서와 갈등을 관리하는 능력이 전형적으로 향상되고, 그 결과 결혼 만족도 높아진다는 것을 보여준다. 다시 말해서, 결혼생활에서 일시적인 불행은 미래의 더 큰 행복을 위한 기초가 될 수 있다. 짧게 요약하면, 건강과 행복은 서로 관련은 되지만 같은 것은 아니다. 행복으로 가득차지 않는 부부라도 그들의 개인적 웰빙을 증진시키고 유지시켜 주는 건강한 관계를 여전히 갖고 있을 수 있다. 우리가 행복이라는 렌즈를 통해서만 웰빙을 보게 되면, 건강한 기능에 기여하고 있는 다른 많은 요인들을 간과할 수 있다. 건강한 관계의 요소들에 대한 자세한 논의는 이어지는 장에서 다루어질 것이다.

삶의 기타 사실

다양한 인구학적 변인들이 개인의 건강과 행복에 대한 잠재적인 기여자로서 고려되어 왔었다. 이러한 인구학적 변인들 각각에 대한 우리의 고찰은 앞 장에서 다루어졌거나 이후의 장에서 다루어질 것이기 때문에 여기서는 간단하게만 언급할 것이다. 몇몇 인구학적 변인들은 아직 포괄적인 연구가 부족한 실정이다. 우리의 논의는 인구학적 변인들과 행복에 대한 소수의 최근 고찰에 비중을 많이 두고 있다(Argyle, 1999, 2001; Diener et al., 1999; Diener, Lucas, & Oishi, 2002; Diener & Seligman, 2004; Myers, 1992; Ryan & Deci, 2001). 특정 인구학적 요인들에 대한 보다 자세한 논의에 관심이 있는 독자들은 이러한 고찰들을 참고할 수 있다.

신체 및 정신 건강

제3장에서 논의했듯이, 주관적 안녕감과 신제적/정서적 건강은 쌍방향적이다. 행복이 우리의 건강에 기여하며 또한 건강이 우리의 행복에 기여한다. 신체건강에 대한 주관적 안녕감의 영향은 행복과 장수, 질병에 대한 낮은 취약성, 심장질환 같은 병부터의 더 좋은 회복력 등의 관계에서 나타난다(Diener & Seligman, 2004). 이 관계는 우울병력을 갖고 있거나 주관적 안녕감이 낮은 사람들에게서는 본질적으로 역전된다. 긍정적 및 부정적 정서가 면역체계의 기능에 미치는 영향은 이 관계에서 의심의 여지가 없이 한 역할을 한다(제3장에서 '긍정적 정서와 건강' 참고). 우리의 신체 건강 상태는 또한 우리의 행복 수준에 영향을 준다. 질병과 상해는 통증과 고통을 초래하고, 즐거운 활동을 할 수 있는 기회들을 제한한다. 질병의 결과로, 부정적 정서들은 증가하고 긍정적 정서들은 감소할 수 있다. 이러한 이유들로 인해 신체건강과 주관적 안녕감 사이에 직접적인 관련성이 있을 것으로 흔히 기대하지만, 반드시 그렇지도 않다.

한 메타분석은 자기가 보고한 건강과 웰빙 간에 유의미한 상관($r = 0.32$)을 보여준다(Okun, Stock, Haring, & Witter, 1984). 하지만 연구자들이 신체건강에 대해 의사의 보고서 같은 객관적 측정치에 기초하게 되면, 건강과 웰빙의 상관은 상당히 줄어들었다. Okun과 그의 동료들의 연구에 따르면, 상관은 0.32에서 0.16으로 감소했다. 다른 연구들도 이를 지지해 주었다(Brief, Butcher, George, & Link, 1993). 낮아진 상관은 건강 평가의 주관적인 성질을 시사한다. 의료 전문가들에 의해 건강이 나쁘다고 알려진 사람들도 주관적 안녕감이 높을 수 있으며, 객관적으로 건강에 문제가 없는 사람도 주관적 안녕감이 낮을 수 있다. 사람들이 자신들의 신체적 건강 상태에 어떤 중요성과 의미를 부여하느냐가 건강이 행복에 미치는 영향과 상당히 관련되어 보인다. 적응 또한 객관적 및 주관적인 건강 평가 간의 차이에 기여하고 있다. 사람들은 질병을 앓게 되면 이에 적응하게 되고 본인들의 오래된 행복 설정점으로 돌아가게 된다. 다른 말로 하면, 객관적인 건강 상태는 같을 수 있지만, 주관적인 평가는 사람들이 질병에 적응하고 주관적 안녕감의 설정점으로 돌아감에 따라 보다 긍정적이 될 수 있다. 하지만 사람들은 질병의 모든 측면들에 적응하는 것은 아니다. 질병이 심각하고 만성화되면, 행복과 삶의 만족도는 장기적인 감소를 유의미하게 보일 수 있다. Diener와 Seligman(2004)은 울형성 심부전, 에이즈, 암, 류머티즘 관절염을 앓고 있는 사람은 흔히 더 높은 수준의 불안과 우울을 경험하며, 병이 없는 정상인 보다 더 낮은 삶의 만족도를 보인다고 하였다. 이 같은 차이는 진단 후 1년이 지난 뒤에도 계속되었다.

나쁜 신체건강과 관련된 낮은 웰빙은 정신건강 영역에서도 그에 대응하는 강한 영향을 미친다. Diener와 Seligman(2004, p. 16)은 "정신질환은 흔할 뿐만 아니라, 그것은 거의 항상 나쁜 웰빙을 초래한다…"고 결론 내렸다. 예를 들면, 이들의 통계 자료에 따르면 우울증을 앓고 있는 사람들이, 특히 젊은이들 중에 급격히 증가하였다. 과거에는 우울증이 청소년들 사이에서는 드물었다. 평균 발병 나이는 30세가 채 안 되었다. 오늘날에는 14세밖에 안 되는 십대들 중에 상당수가 우울증을 앓고 있다. 대부분의 정신질환에서 나타나는 심리적 고통, 부정적 정서, 불안 등의 높은 수준은 낮은 삶의 만족감과 개인적 행복감의 결여를 초래한다. 개인의 정서 문제들은 또한 가족 양육자들과 지지적인 친구들에게도 심리적 고통을 가져다줄 수 있다. 가족 중 누군가가 정신질환을 앓는 것은 가족 전체의 웰빙에 부정적인 영향을 줄 수도 있다.

정신건강와 행복의 관계는 양방향적이다—정신질환으로부터 불행으로, 그리고 행복으로부터 정신적 웰빙으로. 연구들은 행복한 사람들이 더 낮은 수준의 정신질환 증상들을 보고한다고 한다(Diener & Seligman, 2004, 제2장 참고). 웰빙과 정신질환 간의 부정적인 관계에 대한 보다 직접적인 증거는 성장지향적인 전통 내에서 이루어진 연구에서 찾아볼 수 있다. 많은 연구들이 건강한 기능의 측면에서 정의된 웰빙 측정치들은 정신질환의 증상과 부적 상관을 보임을 확인시켜 주었다(Keyes, 2003).

일과 실직

개인의 건강과 행복에서 일이 갖는 중요성은 실직의 극적인 영향에서 찾아볼 수 있다. 실직은 웰빙에 비교적 즉각적이고 부정적인 영향을 주는데, 우울증과 신체적 질환을 앓을 위험성을 높이고 자존감을 떨어뜨리며 불행감을 증가시킨다(Argyle, 2001; Diener & Seligman, 2004; Layard, 2005). 공장 폐업의 여파에 대한 연구들은 실직의 즉각적인 영향을 잘 말해 준다. 실직 전후로 웰빙의 수준 비교에 대한 종단 연구들에 따르면, 불행감은 실직에 의해 일어났으며 불행한 사람이 실직자가 될 가능성이 더 커서 불행해지지는 않았다(Lucas, Clark, Geurgellis, & Diener, 2004). 실직은 또한 삶의 만족의 장기적인 감소를 가져올 잠재력을 가지고 있다.

반대로, 일은 웰빙을 증진시키는 수많은 요인들과 연합되어 있다. 일과 행복의 관계에서 결정적으로 중요한 요인은 직업 만족도이며, 직업 만족도는 삶의 만족도와 강한 상관을 보인다. 연구자들은 관계의 인과적 방향이 양방향적이라고 여긴다. 행복한 사람은 자신들의 일에서 만족을 찾고, 일에 대한 만족은 개인의 행복에 기여한다(Argyle, 2001). 비슷한 맥락에서 직장에서의 스트레스, 지루함, 대인적 갈등 등은 대체로 불만감과 불행감의 원천이 된다. 넘쳐남 효과가 많은 연구에서 발견되었다. 예를 들면, 직장에서의 즐거운 하루는 가정에서의 갈등을 줄여 줄 수 있고 직장에서의 나쁜 하루는 그 반대이다(Diener & Seligman, 2004).

지능과 교육

똑똑한 사람이 더 행복한가? 대학에 가는 것이 개인의 행복을 증가시키는가? 이 질문들에 대한 대답이 '그렇다' 이어야 하는 사례는 쉽게 발견할 수 있다. 매우 지적인 사람들은 인생의 여러 도전들을 다루고 자신들의 목적을 달성하는 데 더 유능할 것이다. 대학 학위는 개인적으로 만족스럽고 경제적인 보상을 주는 일자리를 찾을 기회를 더 많이 줄 것이다. 하지만 놀랍게도 Diener 등(1999)의 연구에 따르면, 다른 인구학적인 변인들이 통제되었을 때 지능(표준화된 지능검사로 측정한)과 행복의 상관은 유의미하지 않았다. 지능과 행복의 낮은 관련성은 지능에 다양한 유형이 있다는 사실을 반영하는 것일 수 있다. 예를 들면, 정서지능(정서 정보를 효율적으로 사용하는 능력)의 개념은 건강 및 행복과 관련이 있는 행동들의 연결들을 보여준다(Salovey Mayer, & Caruso, 2002). 이러한 작업은 예비 단계에 있지만, 앞으로 웰빙을 향상시켜 주는 지능의 유형을 이해하는 데 기여할 것으로 여겨진다.

대학생들은 학교 교육을 받은 연한으로 정의되는 교육수준이 행복과 작은 정적 관련성만 보임을 알고 기쁠 것이다(Argyle, 2001). 교육을 더 많이 받은 사람이 교육을 적게 받은 사람보다 약간 더 행복한 경향은 직업과 직업 만족에 교육이 미치는 영향에 기인하는 것으로 여겨진다. 높은 교육수준은 개인적인 만족과 재정적 보상을 더 많이 주는 직업을 선택할 수 있는 기회와 자유를 더 갖게 해 준다. Argyle(2001)의 개관 연구에 따르면, 더 많은 교육은 더 높은 주관적 안녕감, 더 좋은 정신적/신체적 건강, 증가된 개인적 통제감, 그리고 더 많은 타인의 지지 등과 관련이 있었다. 교육은 증가된 수입보다는 주로 증가된 직업 만족도를 통해서 웰빙에 영향을 주는 것으로 나타났다.

종교

개인의 삶에서 종교와 영성의 역할은 복잡하고 도전적인 이슈이다. 여기서는 두 가지 발견에 주목한다. 첫째, 종교적인 믿음과 헌신은 미국인들 사이에 널리 퍼져 있다. 50년에 걸친 국가적 규모의 조사에 따르면 미국인들 중에 90%에서 95%가 신이나 초월자에 대한 믿음을 갖고 있었다(Miller & Thoreson, 2003; Myers, 2000a). 미국인의 3분의 2가 교회나 유대

교회에 속해 있었으며, 40%가 정기적으로 참석하고 있었다. 둘째, 연구자들은 행복과 종교적 헌신 간에 작은 정적 상관을 발견했으며, 종교와 신체적 건강 간에는 보통 이상의 강한 관련성을 보였다(Argyle, 2001; George, Ellison, & Larson, 2002; Hill & Pargament, 2003; Myers, 2000a; Seeman, Dubin, & Seeman, 2003). 종교가 건강에 미치는 이점들로는 장수와 낮은 심혈관계 질환 발병률을 들 수 있다(Powell, Shahabi, & Thoresen, 2003). 건강, 종교, 영성의 관련성에 대한 설명들이 오늘날 연구의 주된 관심사이며, 다양한 가능성들이 시사된다. 대표적인 것들로 긍정적 정서의 증진, 낙관주의, 삶의 목적과 의미에 대한 초월적 관점, 교회 구성원들에 의해 제공되는 사회적 지지, 많은 종교적 및 영적 전통에 의해 격려되는 건강한 생활양식 등을 들 수 있다.

민족, 인종, 오명

차별과 부정적인 고정관념은 많은 소수집단(아프리카계 미국인, 히스패닉, 아시아인, 여성)이 겪고 있는 것으로, 과거는 물론이고 현재에도 이어지고 있다. 게이와 장애인을 포함한 다른 소수집단들은 자신들이 속한 집단에 대한 편견으로 인해 차별대우와 개인적인 자질에 대한 부정적인 시각으로 시달리고 있다. 분노와 절망감을 수반하는 이러한 경험들은 자존감과 자기가치감을 떨어뜨려 주관적 안녕감에 부정적인 영향을 미치는가? 아프리카계 미국인과 서양-유럽계 미국인을 비교한 연구들은 아프리카계 미국인이 자기보고식 행복감 수준이 더 낮음을 보여주지만(Argyle, 2001; Crocker, Major, & Steele, 1998), 그 수준은 여전히 긍정적인 범위에 있다(Diener, 1984). 일부 증거들은 인종 간의 차이가 지난 수십 년간 줄어들고 있으며, 수입, 직업, 고용상태가 통제되면 그 차이가 더 적어짐을 보여주고 있다. 다시 말해서, 인종 그 자체가 주관적 안녕감에 미치는 영향은 거의 없었지만 경제적 불균형(인종과 상관이 있는)은 영향을 미치고 있었다. 다른 연구에서도 오명을 쓰거나 혜택을 받지 못한 개인들이라 하더라도 긍정적인 웰빙 수준을 보임을 확인할 수 있다(Diener & Diener, 1996). 앞을 못 보거나 사지마비 같은 장애를 가진 사람도 주관적 안녕감 수준은 긍정적인 범위 내에 있었으며, 다만 장애가 없는 사람에 비해서 평균이 약간 낮았다(Diener & Diener, 1996; Frederick & Lowenstein, 1999).

놀랍게도, 자존감은 오명을 쓰고 있는 집단에 속해 있다고 해서 반드시 낮지는 않았다. 예를 들면, 아프리카계 미국인들이 경험할 수 있는 자기가치에 상처를 주는 일들이 자존감을 떨어뜨리지는 않는 것으로 여겨진다. 수백 편의 연구들에 대한 고찰에 따르면, 아프리카계 미국인의 자존감 점수가 실제로는 백인보다 다소 높았다(Gray-Little & Hafdahl, 2000; Twenge & Crocker, 2002). 이런 발견들은 아동, 청소년, 성인 집단을 비교했을 때도 일관되게 나타났다. Twenge와 Crocker의 연구에서 히스패닉, 아시아인, 아프리카인의 자존감 점수는 백인에 비해 낮았다. 이 집단들의 자존감 차이가 어떻게 이해되어야 하는지는 분명하지 않다. 편견 경험에도 불구하고 자존감이 유지될 수 있는 몇 가지 방식을 연구자들이 제안한 바 있다(Crocker et al., 1998). 오명을 쓰고 있는 개인은 부정적으로 여겨지는 생활 결과들을 개인적 실패보다는 외적인 차별 탓으로 돌릴 수 있다—공유하고 있는 역경에 맞서 집단 자부심을 굳건히 할 수 있고, 비교를 자기가 속한 집단의 구성원들에 한정함으로써 보다 우호적이고 자존감을 향상시켜 주는 자기평가가 일어날 가능성을 높일 수 있다. 아프리카계 미국인의 자존감이 다른 소수 인종들에 비해 더 높은 것이 이 같은 자존감 보호과정을 보다 효과적으로 잘 사용하고 있어서인지는 분명하지 않다.

이 장의 요약문제

1. 웰빙의 역설을 설명하고, 그것이 왜 직관적인 이해에 반하는지에 대해 논하라. 구체적인 연구 예들을 사용해서 설명하라.

2. a. 충격편향이란 무엇인가?
   b. 충격편향이 일어나는 두 가지 이유에 대해서 논하라.

3. a. Schkade와 Kahneman(1998)의 연구에서, 학생들이 믿고 있는 것은 무엇이고, 자료가 중서부의 생활과 캘리포니아의 삶의 차이에 관해서 실제로 말해 주는 것은 무엇인가?
   b. 초점착각은 이러한 발견들을 어떻게 설명하고 있나?

4. Dunn, Wilson과 Gilbert의 연구에서, 고립효과는 기숙사 위치의 중요성을 어떻게 설명하고 있나?

5. 폐경기, 빈둥지 증후군, 중년의 위기 등과 같은 인생의 전환점에서 일반적으로 경험한다고 여겨지는 정서적 충격에 대해서 연구들이 시사하는 것은 무엇인가?

6. 유전적으로 결정지어진 기질과 일생에 걸친 주관적 안녕감의 안정성은 어떤 관계가 있는

가?

7. a. 정서 빈도와 강도의 변화가 일생에 걸친 주관적 안녕감의 안정성을 설명하는 데 어떻게 유용한가?
   b. 연구에 따르면, 나이에 따라 부정적 및 긍정적 정서가 어떻게 변하는가?

8. 정서 측정과 정의가 나이와 관련된 주관적 안녕감의 변화가 갖는 의미를 어떻게 명료화해 주는지를 설명하라.

9. 정서적 웰빙이 나이와 함께 증가한다는 사회정서적 선택 이론을 지지하는 네 가지 나이와 관련된 변화들을 기술하라.

10. 성별의 역설은 무엇인가? 이 역설은 남자와 여자의 정서적 삶의 차이에 어떻게 나타나는가?

11. a. 정서경험 강도와 성 고정관념의 차이가 성별의 역설을 어떻게 설명하는가?
    b. 성장지향적 관점에서 보면, 성별의 역설이 실제로는 역설이 아닌가?

12. 연구에 따르면, 결혼의 주요 이점에는 어떤 것들이 있는가?

13. Lucas, Clark, Georgellis, Diener와 그의 동료

들의 주요 발견은 무엇인가? 쾌락 평준화는 결혼, 이혼, 혼자되는 것에 대한 개인의 반응을 어떻게 설명하고 있는가?

14. 결혼의 이점에 대한 쾌락적 관점과 성장지향적 관점의 차이는 무엇인가?

15. 적응은 신체적 건강에 대한 자기보고와 객관적 측정치 간의 차이를 어떻게 설명하는가?

16. 지능, 교육, 종교가 개인의 행복에서 하는 역할은 무엇인가?

17. 오명을 쓰고 있는 집단의 사람이 자존감에 상처를 반드시 받지는 않는 이유는 무엇인가?

핵심용어

고립효과

내현화 장애

면역간과

사회정서적 선택 이론

선택효과

유쾌한 감정과 긍정적 개입

외현화 장애

정서적 예측

충격편향

초점화

초점착각

쾌락 평준화

행복 설정점

관련 웹사이트

행복과 주관적 안녕감

www.psych.uiuc.edu/~ediener 행복 연구가인 Ed Diener의 웹사이트로, 그는 행복과 삶의 객관적인 특징의 관계에 대한 많은 연구를 했다.

www.davidmyers.org/Brix?pageID=20 David Myers의 웹사이트로, 그의 대중 저서인 『행복의 추구』를 포함해서 긍정심리학에 관한 많은 정보를 소개하고 있다.

읽을거리

Carstensen, L. L., Isaacowitz, D. M., & Charles, S. T. (1999). Taking time seriously: A theory of socioemotional selectivity. *American Psychologist, 54*, 165-181.

Diner, E., Suh, E. M., Lucas, R. E., & Smith, H. L.(1999). Subjective well-being: Three decades of progress. *Psychological Bulletin,* *125*, 276-302.

Kahneman, D., Diener, E., & Schwarz, N. (Eds.). (1999). *Well-being: The foundations of hedonic psychology.* New York: Russell Sage Foundation.

Kunzmann, U., Stange, A., & Jordan, J. (2005). Positive affectivity and lifestyle in adulthood:

Do you do what you feel? *Personality and Social Psychology Bulletin, 31*, 574-588.

Myers, D. G. (1992). *The pursuit of happiness.* New York: Avon Books.

Myers, D. G. (2000a). The funds, friends, and faith of happy people. *American Psychologist, 55,* 56-57

Myers, D. G., Diener, E. (1995). Who is happy? *Psychological Science, 6,* 10-19.

Ryff, C. D., & Singer, B. (2000). Interpersonal flourishing: A positive health agenda for the new millennium. *Personality and Social Psychology Review, 4,* 30-44.

6

돈, 행복, 문화

사람들은 돈과 행복의 관계에 대해서 두 가지 마음을 갖고 있다. 우리 중 아무도 돈으로 행복을 살 수 있다고 말하지 않는다. 이는 삶에 대한 어리석고 가벼운 관점일 수 있다. 조사 연구는 인생에는 돈보다 더 중요한 것이 있다는 믿음이 널리 퍼져 있음을 보여준다. 사람들은 삶의 만족을 위한 중요한 자원을 평가할 때 돈을 거의 가장 아래에 둔다. 삶의 질에 대한 고전적 연구에서, Campbell과 그의 동료들(1976)은 돈이 삶의 만족을 주는 12개 원천 중에서 11번째에 해당된다고 보고하였다. 돈과 부는 '좋은' 삶에 대한 사람들의 판단과는 거의 무관한 것으로 King과 Nappa(1998)의 연구에서 밝혀졌다. 대학생과 성인 모두 잘 산 삶의 본질적인 특징으로 행복과 의미성을 꼽았다. 부는 아니었다. 최근에 「타임스」가 1,000명의 성인에게 "당신의 삶에서 가장 큰 행복을 주는 것이 무엇입니까?"라는 질문을 했다. 돈, 부, 물질적 소유 어느 것도 상위 8개 대답 내에 포함되지 않았다(특집호 마음과 신체 : '행복의 과학,' 2005, JAN 17, p. A5). 많은 자료를 고려해 볼 때, 우리들 대부분은 돈이 행복한 만족스러운 삶과 크게 관련이 있다고 믿지는 않는 것 같다.

한편, 우리들 자신의 삶에 초점을 두면, 우리들 대부분은 돈이 더 많을수록 더 행복할 것이라고 생각한다. 여론 조사에서 개인의 행복과 삶의 만족에 대한 돈의 역할에 대해서 물었다(Myers, 1992, 2000a, 2000b). 삶의 질을 향상시키는 것이 무엇인가라는 질문에 대한 대답으로 더 많은 돈이 가장 보편적인 대답이었다. '좋은' 삶을 사는 데 가장 걸림돌이 되는 것이 무엇이냐는 질문에 대한 대답으로는 충분한 돈을 갖고 있지 않은 것이라는 대답이 가장 빈도가 높았다. 삶에서 무엇(예, 직장, 가정, 친구, 교육 등)이 가장 불만스러운가라고 물었을 때, 대부분의 사람이 살아가는 데 필요한 돈이 많았으면 한다고 대답했다. 이 같은 조사가 시사하는 바(더 많은 돈이 사람을 행복하게 해 줄 것이다)는 가난한 사람들에게 적용해 볼 때 그럴듯하다. 가난으로 인한 좌절, 스트레스, 결핍된 기본 욕구 등은 고통과 불행감, 낮은 수준의 주관적 안녕감을 일으킨다(Diener & Seligman, 2004; Diener, Suh, Lucas, & Smith, 1999). 하지만 평균 혹은 그 이상의 수입을 갖고 있는 사람들의 경우, 기본적인 욕구 충족을 통한 돈과 행복의 논리적 연결은 훨씬 적은 의미를 갖는다. 이는 Csikszentmihalyi(1999)가 보고한 「시카고 트리뷴지」 조사에서 분명히 나타난다. 그 조사는 자신들의 현재 수입과는 상관없이 사람들은 더 많은 돈이 자신들을 더 행복하게 해 줄 거라고 믿고 있음을 보여준다. 매년 3만 달러를 버는 사람들은 5만 달러를 벌어야 자신들의 꿈을 이루고 살 것이라고 말했다. 10만 달러를 버는 사람은 25만 달러는 벌어야 만족스러울 것이라고 했다. 이 모두 돈이 행복을 늘려줄 것이라는 사람들의 일반적인 믿음을 시사한다. 돈이 그렇게 가치 있는 영향을 주지 않을 가능성에 대한 고려는 거의 없었다.

지난 30년에 걸친 대학생 조사연구는 사람들의 삶에서 돈이 차지하는 중요성이 증가하고 있음을 보여준다. 1970년에는 불과 39%의 학생들만 돈이 인생의 주요 목표라고 했는

데, 1998년에 실시한 200,000명의 학생에 대한 조사에서는 대다수 학생들(74%)이 인생 주요 목표가 부자가 되는 것이라고 하였다(Myers, 2000b, p. 126-128). 돈과 행복의 관련성에 대한 믿음의 이러한 분명한 보편성을 보고 Myers는 아메리칸 드림은 삶, 자유, 그리고 행복을 사는 것이라고 제안한 바 있다(Myers, 2000b, p. 58). Myers의 결론은 돈과 물질적 소유를 위해서 사람들이 하는 실제 행동을 보면 훨씬 더 설득력이 있다. 심리학 내의 상당한 연구가 부와 물질적 소유의 축적이 많은 사람들의 삶의 중심적인 특징임을 시사한다 (Kasser, 2002; Kasser & Kanner, 2004).

인생에 대한 큰 그림 관점은 돈과 행복은 관련이 없다는 결론을 이끄는 것 같다. 하지만 인생에 대한 작은 그림 관점에서는 바로 앞에서 언급했듯이 반대 결론을 이끄는 것 같다. 요약하면, 사람들은 돈으로 행복을 살 수 없다는 것을 '알고는' 있다. 하지만 실제 행동은 돈으로 행복을 살 수 있는 것처럼 한다. 이 같은 양면적인 관점은 이 장에서 논의될 많은 의문들을 제공해 준다. 가장 먼저 궁금한 질문은 돈이 행복과 관련이 있는가, 그렇다면 얼마나 있는가이다. 수입의 증가는 행복의 증가로 이어지는가? 부유한 사람이 그렇지 않는 우리들 보다 더 행복한가? 부국에 사는 사람들이 빈국에 사는 사람들보다 더 행복한가? 국가가 더 부유해질수록 거기서 사는 사람들의 행복 수준 또한 높아지는가? 이 같은 질문들에 더해서 중국인과 일본인도 미국인과 같은 가치를 개인적인 행복에 두는가? 미국인을 행복하게 만드는 것들이 다른 나라의 사람들도 행복하게 해 주는가? 우리는 돈-행복 이슈를 문화적 및 역사적 맥락에서 먼저 논의하겠다.

풍요의 역설

풍요의 역설(paradox of affluence)은 Myers의 저서인 『미국의 역설: 풍요한 시대의 영적 기근』이라는 제목에서 따온 것이다(Myers, 2000b). 이 책은 미국에서 지난 사오십 년간 커져온 물질적 웰빙과 심리사회적 웰빙 간의 불균형에 대한 자세한 기술을 담고 있다. Diener와 Seligman(2004)의 최근 고찰은 물질적 풍요와 웰빙의 지표가 1950년 이후부터 서로 상반되고 있다는 광범위한 통계적 증거를 제공해 준다. 그 불균형은 놀랄 만하다. 1950년대에 비해 개인의 최고 수입은 세 배가 되었다. 소비자 통계치도 이에 상응하는 변화를 보였다. 미국인들은 자동차, 대형 TV, 식기건조기, 세탁건조기, 컴퓨터 등의 소유가 두세 배 증가하였고 과거에 비해 두 배 이상 외식을 많이 한다(Myers, 2000a, 2000b). Easterbrook(2003)이 제시한 통계자료들은 우리들의 증가한 풍요에 대한 증거를 여실히 보여준다.

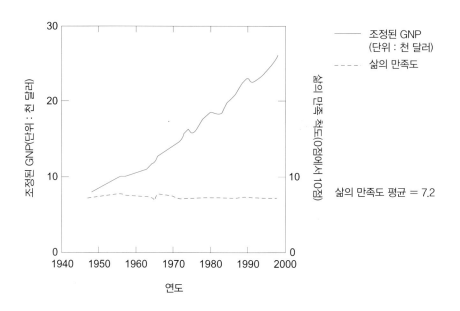

그림 6.1   1947년부터 1998년까지의 미국 GNP와 삶의 만족도 평균

출처: Diener, E., & Selignan, M. (2004).

- 거의 23%의 미국 가구(6,300만 명)가 매년 최소한 75,000달러의 소득이 있다.
- 2001년에 미국인들은 여가용 선박에 250억 달러를 썼다. 이는 북한의 전체 국내 총생산액보다 더 많다.
- 미국인들은 1950년 이후 300만 대 이상의 전지자동차를 구매했다.
- 새집의 평균 면적은 2,250평방피트로 1950년대 집 크기의 두 배나 된다.
- 패스트푸드 음식점을 기준으로 볼 때, 미국인은 매주 4번 외식을 한다. 좀 더 느긋한 외식은 매주 한 번 꼴로 한다.

  수입과 소비가 증가된 같은 기간 동안, 국가적인 대규모 조사에서 나타난 미국인의 삶의 만족도는 사실 변화가 거의 없었다(Diener & Seligman, 2004). 그림 6.1은 삶의 만족과 미국의 GNP 증가가 무관함을 보여준다. 삶의 만족도 10점 척도상(1점은 매우 불만족, 10점은 매우 만족)에서 미국인의 수준은 7.2로 1947년에서 1998년 동안 거의 변화가 없었다. 매우 행복하다고 보고한 미국인의 비율은 1950년대부터 1990년대에 이르기까지 거의 30%대에 머물러 있다(Myers, 2000a). 대부분의 미국인들은 과거에 비해서 더 부유해졌지만, 더 행복하지는 않다.

경제적 이득이 적어도 정신건강에는 긍정적인 영향을 줄 거라고 생각할 수 있다. 증가된 물질적 자원들이 더 많은 정신건강 서비스와 예방 프로그램을 이용할 수 있게 해 줌으로써 정서적 문제를 겪는 사람들의 수를 줄이고 개인의 행복을 증가시킬 것처럼 이해된다. 하지만 이런 생각과는 달리, 정신건강 통계치들은 물질적 풍요가 증가할수록 감소하기는커녕 증가하였으며, 심리적 고통은 물질적 풍요와 상관이 있었다. 정신건강 통계치들은 지역사회, 주, 연방기구들이 보고한 발병률에 기초한 것으로, 정신질환 증상에 대한 국가적 규모의 조사, 진단적 면접과 선택된 집단에 대한 집중적인 연구에 따른 것이다. 정신건강 문헌에 대한 고찰은 과거에 비해 오늘날 정신질환과 정서적 고통을 겪고 있는 사람이 더 많음을 보여주고 있다(Diener & Seligman, 2004; Keyes & Lopez, 2002). 1957년, 1976년, 1996년에 이루어진 국가적 규모의 성인조사 비교에 따르면, 신경쇠약(극단적인 주관적 고통을 일컫는 일상 용어)의 위협을 경험하는 사람들의 비율이 계속 증가하고 있다. 1957년에는 조사된 사람의 18.9%가 신경쇠약의 위협을 경험했다. 1976년에는 20.9%가, 1996년에는 26.4%까지 상승하였다(Swindle, Heller, Pescosolido, & Kikuzawa, 2000). 성인 미국인 표본에 대한 진단적 면접에 따르면 거의 50%가 평생 동안 최소한 한 번 이상 정신장애를 경험했다. 30%는 지난 한 해 동안 정신건강 에피소드를 경험했으며, 거의 18%가 지난 달에 경험하였다(Kessler & Frank, 1977; Kessler et al., 1994).

모든 정신장애 중에서 우울증은 가장 극단적인 증가를 보였다. Diener와 Seligman (2004)은 우울증의 유병률이 지난 50년간 열 배가 증가했다고 추정하고 있으며, 발병 평균 연령이 30세에서 십대로 떨어졌다고 하였다. 이들은 우울증을 앓고 있는 사람 수가 상당히 증가하였으며, 증가된 우울증과 증가된 풍요 사이에 관련성이 시사됨을 주목하였다. 우울증 발병률은 세대를 거듭하면서 더 증가하고 있는데, 노인들에 비해 젊은이들이 우울증을 훨씬 더 많이 앓고 있다. 20세기 초 10년간 태어난 사람들은 매우 낮은 우울증 발병률을 보였으며, 이어지는 세대들이 이전 세대에 비해서 더 높은 발병률을 보였다.

Diener와 Seligman(2004)은 우울증과 풍요 간의 일반적인 관련성을 지지하는 두 연구를 살펴보았다. 첫째, 대규모 국제 연구는 우울증과 풍요 관계가 미국에서는 물론이고 다른 국가에서도 일어나고 있음을 보여주었다. 둘째, 펜실베이니아에 있는 아미쉬(Amish) 문화에 대한 한 연구(Egeland & Hostetter, 1983)는 현대적인 생활이 우울증의 발병을 높이는 데 관련이 있음을 시사해 준다. 아미쉬 사람들은 현대 세계로부터 비교적 고립되어 있다. 이 공동체는 종교적 신념으로 강하게 결속되어 있으며, 현대의 소비지향적인 사회의 많은 면(예, 전기, 자동차, TV, 컴퓨터)들을 거부하고 있다. 미국인 중 누구도 아미쉬적인 생활 방식을 풍요롭다고 이야기하지 않는다. 하지만 주관적 안녕감에 대한 측정치들은 아미쉬 사람들이 자신들의 생활에 대해 상당히 만족스러워하고 있음을 보여준다. Egeland와

Hostetter (1983)가 보고한 아미쉬 사람들의 우울증 발병률에 기초해서, Diener와 Seligman(2004)은 아미쉬 사람들이 우리가 살고 있는 풍요로운 사회의 사람들보다 우울증의 발병 위험성이 1/5 내지 1/10밖에 되지 않는다고 추정하였다.

이런 점을 보고, 어떤 이는 우울증의 증가와 증가된 풍요로움 간에 인과적인 관계가 있지 않을까 추측할 수 있다. 물질주의와 소비가 사회적 및 개인적 침체를 가져온다는 생각은 오랜 철학적인 역사를 갖고 있다. 다음 장에서 다루겠지만, 개인의 지나친 물질주의가 웰빙을 어떻게 손상시키는지에 초점을 둔 연구들이 있다. 여기서 우리는 풍요로운 문화의 어두운 측면의 원인이 되는 사회적 및 역사적 변화에 대한 세 가지 주장을 특히 주목할 것이다. 제목이 '왜 나는 공허한가?' 라는 논문에서 Phillip Cushman(1990)은 가족생활, 사회관계, 종교 등에서 전통적으로 찾아온 깊은 의미와 목적이 소비문화로 대체되었다고 주장했다. 그는 시간이 갈수록 광고들이 우리가 행복을 슈퍼마켓에서 살 수 있다고 믿게끔 하고 있다고 여겼다. 가족은 양육과 친밀한 관계의 원천이 아닌 소비공간이 되어 버렸다. 휴가는 상업화되었다. 완벽한 크리스마스 선물에 대한 광적인 욕구가 종교적이고 전통적인 가족 축하를 대체해 버렸다. 점점 더 많은 사람들이 삶의 의미를 찾는 문제에 직면했을 때 소비에 기반한 생활양식을 통해 해결책을 찾으려 한다. 하지만 물질적 소비는 깊고 지속적인 삶의 의미를 제공해 주지 않기 때문에, Cushman은 사람들은 '내적 공허감'을 경험하게 된다고 하였다. 그는 약물중독, 섭식장애, 강박적인 사재기, 우울증 등의 증가가 **공허한 자기**(empty self)가 표현된 것이라고 여겼다.

Robert Putnam(2000)은 현대 사회의 여러 측면들이 사회적 및 개인적 삶을 손상시키는 데 한 역할을 한다는 데 동의하고 있다. Putnam은 지역사회, 이웃, 학교, 교회, 사회적 조직 등에 대한 개인의 헌신을 '사회 자본'으로 간주한다. 이러한 사회 자본은 공유된 신뢰감과 상호적 도움을 증진시킴으로써 개인과 지역사회의 웰빙에 기여한다.

지역공동체 조직에 속한 구성원들이 감소하고 있다. 사람들은 개인적인 삶의 목표를 추구하는 데 더 초점을 두며, 지역공동체의 선을 위해 기여하는 데는 점차 소홀히 하고 있다. Putnam은 공적인 헌신으로부터의 철수가 지역사회와 개인 모두에게 건강하고 번영하는 삶을 주기 위해서 필요한 사회적 자본의 상실을 나타낸다고 보았다. 사회적 자본의 감소는 오늘날 많은 사람들이 겪고 있는 정서적 어려움들에 상당 부분 기여하고 있는 것으로 보인다.

Schwartz(2004)는 그의 책, 『선택의 역설 : 왜 부가 궁핍을 낳는가?』에서 현대 소비문화 속에 살고 있는 사람들은 소비재들과 개인적 생활양식들의 무수한 대안들 사이에서 전례 없는 선택의 자유를 경험하고 있다고 했다. 과거에 비해서 전형적인 미국인들은 어떤 옷을 입고, 어디서 무엇을 먹을지, 어떤 차를 탈지, 누구와 결혼할지, 어떤 직업을 가질지 등에 대해서 훨씬 많은 자유를 누리고 있다. 하지만 우리 삶의 거의 모든 영역에서 풍부해진 선택의 폭은 그것의 이점을 손상시키는 역설을 초래하고 있다. 우리가 더 많은 선택을 하면 할수록, 우리는 그 결과에 더 많이 불만스러워한다. Schwartz는 사회 속 높은 수준의 선택은 '이만하면 좋은' 선택(그가 **만족**(satisficing) 전략이라고 부르는)을 해서 만족해하기 보다는 '가능한 한 최고'를 선택하려는 압력을 증가시키는 '**극대화**(maximizing)' 철학을 부추긴다고 주장하였다.

극대화의 문제는 무수한 대안들 중에서 가능한 최선을 찾는 것이 스트레스를 주고 심하면 마비되게 만들 수도 있다는 점이다. 극대화는 계획했던 대로 일이 풀리지 않으면 자책과 후회의 강도를 증가시킨다. 선택의 자유와 이러한 선택들에 대한 개인의 책임은 강하게 연결되어 있다. 우리가 선택을 하기 때문에, 일이 잘못될 경우에 우리 자신을 책망하기 쉽다. 선택의 여파로, 우리는 우리가 선택하지 않았던 것에 대한 후회라는 고통을 경험할 수 있다. 나중 생각에 처음에 택하지 않았던 선택들이 정말로 기회를 잃게 만들었다고 느낄 수 있다.

이러한 주장을 지지하는 연구들에 따르면, '극대화'를 지향하는 사람이 '만족' 혹은 '이만하면 좋은' 철학을 갖고 있는 사람보다 후회, 자책, 나중 생각을 더 많이 경험하였다 (Schwartz & Ward, 2004). 자책, 나중 생각, 후회 이 모두는 그 선택이 줄 수 있는 잠재적인 이로움들에 주의를 두지 못하게 하기 때문에, 선택이 많을수록 웰빙이 증가하기보다는 감소한다는 **선택의 역설**(paradox of choice)에 대한 Schwartz의 주장을 설명하는 데 도움이 된다. 이를 지지하는 연구들에 따르면, 만족을 지향하는 사람에 비해서 극대화를 지향하는 사람들이 덜 행복하고 덜 낙관적이며, 더 낮은 자존감과 더 높은 신경증을 보였고 가벼운 우울증에 걸릴 위험성도 더 컸다(Schwartz & Ward, 2004). Schwartz가 옳다면, 사람들이 완벽하고 가장 최선의 선택을 추구하려 하지 말고 '이만하면 좋은' 만족지향적인 원칙을 추구할수록 더 큰 웰빙을 누릴 수 있다.

국가별 웰빙

지난 50년간 미국인의 증가한 수입은 거기에 상응하는 주관적 안녕감의 증가를 가져오지 못했다. 이는 돈이 단지 개인의 행복도와 관련이 없기 때문인가 아니면 대부분의 미국인이 생활에 상당히 만족해하고 있어 더 많은 돈이 행복에 크게 영향을 미치지 않아서인가? 부와 웰빙의 관계에 대한 여러 국가별 비교연구가 이 질문에 대답을 제공해 줄 것이다. 국가별 비교의 많은 자료들은 가장 큰 규모로 진행되고 있는 국제적인 조사인 세계 가치 조사 (World Values Survey)의 것이다. 이 조사는 25년에 걸쳐서 전 세계 사회과학자들의 컨소시엄에 의해 수행되었으며, 80개국에 살고 있는 10만 명의 사람이 조사에 참여했다. 미시간 대 사회연구소에 있는 Robert Inglehart가 조사 결과를 편찬하는 데 중심이 되었다. 이 조사의 정보는 세계 가치 조사 웹사이트인 http://www.worldvalues-survey.org/ 혹은 http://wvs.isr.umich.edu/에서 구할 수 있다. 로테르담-네델란드 에라스무스 대학의 Ruut Veenhoven과 그의 동료들은 행복에 대한 국제 데이터베이스(World Database of Happiness)를 만들었다. 웹사이트는 http://worlddatabaseofhappiness.eur.nl/index.html이 다. 독립적인 연구자들에 의한 연구들을 합쳐보면, 이 국제적인 데이터베이스는 다양한 국 가에서의 웰빙과 다양한 사회적, 경제적, 인구학적 변인들의 관계에 대한 풍부한 정보를 제공해 준다. 국제적인 연구들의 주요한 발견들은 수많은 우수한 논문들과 책에 요약되어 있다(Diener & Biswas-Diener, 2002; Diener & Suh, 2000a, 2000b; Easterbrook, 2003; Inglehart, 1990, 1997).

국가 간 비교

국가 간 비교는 평균 수입과 주관적 웰빙의 평균 간에 상당한 상관(0.50에서 0.70 사이)이 있음을 보여주었다(Diener & Biswas-Diener, 2002; Diener & Diener, 1995; Diener & Oishi, 2000). 예를 들면, 65개 국가에 대한 연구에서, Inglehart와 Klingemann(2000)은 삶 의 만족과 행복이 결합된 측정치와 구매력 측정치의 상관이 0.70이라고 보고하였다. 표 6.1은 Diener(2000)에 의해 보고된 29개 국가의 삶의 만족 평가와 소득 순위를 보여주고 있다. 삶의 만족은 10점 척도로 평가되었고, 각 나라에서 1,000명이 표집되었다(World Value Survey study Group, 1994). 소득은 구매력 추정치에 기반한 것이다. 이 측정치는 국가 간 소득수준을 비교할 때 흔히 사용되는 기준이다. 구매력 측정치는 0에서 100까지 범위에 있다(World Bank, 1992).

　표를 통해서, 여러분은 국가의 소득과 삶의 만족에 대한 일반적인 관계 양상을 알 수 있 다. 대개 부유한 국가에 살고 있는 사람들은 덜 부유한 나라에 살고 있는 사람들에 비해서 더 행복하다. 하지만 여러분들은 의외의 사실을 발견할 수 있다. 예를 들면, 아일랜드인은 비교적 높은 주관적 안녕감을 보이지만 소득은 보통 수준에 불과하다. 하지만 일본인은 높 은 소득을 갖고 있지만 주관적 안녕감은 보통 수준에 그치고 있다. 미국의 소득 측정치는 최고이지만 개인이 보고한 삶의 만족은 여섯 번째이다. 인도와 중국 모두 소득은 최하위이 지만, 일본보다 더 높은 만족을 보인다. 심지어는 지리적으로 매우 가까이 있는 나라들 사 이에서도 삶의 만족에서 차이를 보이고 있다. 예를 들면, 서유럽 국가들 중에서 덴마크는 독일, 프랑스, 이탈리아보다 높은 수준의 만족도를 일관되게 보였다. 10점 척도가 아닌 백 분위에 기초해서 보면, 덴마크인의 50%에서 65%가 지난 25년간에 걸쳐 자신들의 삶에 매 우 만족스러워한다고 보고했다(Inglehart & Klingemann, 2000). 같은 기간 동안, 매우 만족

표 6.1 국가별 삶의 만족도와 소득 순위

국가	삶의 만족도	소득 순위(PPP)
스위스	8.36	96
덴마크	8.16	81
캐나다	7.89	85
아일랜드	7.88	52
네덜란드	7.77	76
미국	7.73	100
핀란드	7.68	69
노르웨이	7.68	78
칠레	7.55	35
브라질	7.38	23
이탈리아	7.30	77
중국(PRC)	7.29	9
아르헨티나	7.25	25
독일	7.22	89
스페인	7.15	57
포르투갈	7.07	44
인도	6.70	5
한국	6.69	39
나이지리아	6.59	6
일본	6.53	87
터키	6.41	22
헝가리	6.03	25
리투아니아	6.01	16
에스토니아	6.00	27
루마니아	5.88	12
라트비아	5.70	20
벨로루시	5.52	30
러시아	5.37	27
불가리아	5.03	22

출처 : Diener, E. (2000).

스럽다고 보고한 프랑스인과 이탈리아인의 비율은 15%를 넘지 않았으며, 매우 만족스럽다고 한 독일인은 덴마크인의 대략 반 정도에 그쳤다. 지난 25년간의 국가별 조사에서 보면, 주관적 안녕감과 소득에 관한 국가별 상대적 순위는 거의 예외 없이 안정적이었다(Inglehart & Klingemann, 2000). 즉 웰빙에 대한 국가별 측정치는 사회의 평균적인 삶의 만족도를 상승시키거나 떨어뜨릴 수 있는 단기적인 사건들의 부산물이 아닌 것으로 여겨진다.

국가 내 비교

국가 내 비교는 같은 국가에 살고 있는 부자와 가난한 사람의 행복 차이에 대해서 알려준다. 국가 간 비교에서 확인되었던 비교적 강한 상관과는 대조적으로, 국가 내에서의 수입과 행복의 상관은 상당히 작았다. Diener와 Oishi(2000)는 국가 내 상관이 0.13(40개 국가에 대한 연구에서)에 불과하다고 보고한 바 있다. 미국은 상관이 0.15였다. 하지만 이 같은 낮은 상관은 소득과 행복 관계의 두 가지 일반적인 양상을 보인다. 구체적으로 말하면, 소득과 웰빙이 빈국의 경우는 보통의 상관을 보이고 있으며, 부유한 나라에서는 작거나 아니면 아예 유의미한 상관을 보이지 않았다. Diener와 Oishi의 연구에서, 가장 높은 상관은 가장 가난한 나라들에서 보였다(남아프리카는 상관이 0.38이었고 슬로베니아는 0.29였다). 이는 캘커타 슬럼지역에 살고 있는 극빈층의 행복-소득 상관이 0.45였던 것과도 일관된다(Biswas-Diener, 2001). 경제적인 만족이 부유한 국가에서보다 가난한 국가에서 삶의 만족과 더 강한 상관을 보인다고 하는 연구들은 가난한 사람들에게 돈이 얼마나 중요한가를 말해 준다(Oishi, Diener, Lucas, & Suh, 1999).

하지만 보다 풍요로운 국가들 내에서 보면, 소득과 행복의 관계가 실제로는 나타나지 않았다. 1인당 국내 총생산액이 10,000달러인 경우에 소득과 삶의 만족의 상관은 불과 0.08에 불과했다(Diener & Seligman, 2004). 미국의 「타임스」가 실시한 조사에 따르면, 연간 소득이 50,000달러가 될 때까지는 행복과 수입이 나란히 증가하였다(특별판 마음과 신체 : '행복의 과학,' 2005, JAN 17, p. A33). 하지만 그 이상의 소득 증가는 행복에 의미 있는 영향을 주지 못했다.

소득이 가난한 국가에서는 행복에 분명한 기여를 하고 있지만, 부유한 나라에서는 의미 있는 수준의 기여를 하지 못하는 것에 대한 한 가지 설명은 기본 욕구의 충족과 관련이 있다(Veenhoven, 1995). 영양섭취, 건강관리, 하수도 시설, 주거 등과 같은 기본적인 욕구를 채워주기에 충분하지 않은 소득수준이 좌절과 심리적 고통을 가져오며, 그래서 낮은 주관적 안녕감을 초래한다고 결론 내리기는 어렵지 않다. 반대로, 일단 기본적인 욕구가 충족되고 사람들이 자기가 속한 사회의 다른 사람들이 벌고 있는 정도의 소득수준이 된다면,

행복의 원천은 소득에서 생활의 다른 면으로 옮겨간다. 이 설명은 Maslow의 고전적인 욕구위계설 모델과 부합된다(Maslow, 1954). Maslow는 개인적인 충족, 자기표현, 개인의 잠재력 실현과 같은 고차적인 욕구를 채우려는 동기는 생물학적인 것과 관련되는 하위욕구(예, 음식, 안전)들이 충족될 때까지 유보된다고 하였다. 어떤 연구는 기본 욕구가 소득과 웰빙의 관계를 다 설명해 주지는 못함을 시사하고 있다. 한 연구는 기본 욕구를 충족시키기 위해서 필요한 것 이상의 소득이 부가적인 행복 측정치를 계속해서 높여 주었다(Diener, Diener, & Diener, 1995). 일단 기본적인 욕구들이 충족되면, 증가된 소득이 행복에 기여하는 것이 감소하기는 하지만, 그럼에도 불구하고 기여하는 뭔가가 있다.

국가별 비교 해석

여러분은 국가 간 비교에서는 소득과 행복의 관계가 강하지만($r = 0.50 \sim 0.70$) 국가 안에서는 관계가 약한(대략 $r = 0.13$) 이유에 대해서 궁금해할 것이다. 부분적으로 그 차이는 상관에 포함되어 있는 정보에 기인한다(Argyle, 2001; Diener & Oishi, 2000). 국가 간 비교는 두 수치(평균 웰빙 수준과 평균 소득)에서 다른 국가들 사이에서 보이는 관계 양상을 반영해 준다. 국가별 평균은 그 나라에 속한 조사받은 개인들의 집합에서 얻은 값이다. 여기서는 소득과 행복의 관계에 대한 개인 간 변산이 효과적으로 제거되어 비교될 수 있다. 하지만 국가 내 비교는 개인의 변산성에 기초해서 이루어지며 따라서 수입이 아닌 다른 많은 요인들에 의해 영향을 받게 된다. 예를 들면, 수입과는 무관하게 내향적인 사람들보다 외향적인 사람들이 더 높은 행복도를 보고한다. 낮은 소득의 사교적인 사람은 돈이 많은 내향적인 사람보다 더 높은 행복도를 보인다. 다시 말해서, 외향성과 웰빙의 관련성이 돈과 행복의 상관을 약화시킨다. 국가 내 상관들은 웰빙에 대한 성격의 기여 때문에 영향을 받을 것이며, 그래서 성격차에 의해 영향을 받지 않는 국가 간 상관보다 국가 내 상관이 더 낮다.

국가별 차이를 해석하는 것이 보다 복잡해지는 것은 수입과 공변하는 요인들이 많기 때문이다. 돈이 부자와 가난한 사람의 유일한 차이는 아니다. 예를 들면, 가난한 국가와 비교했을 때, 풍요로운 국가들은 보다 민주적인 정치 형태를 갖고 있어 더 많은 자유와 개인적인 권리를 시민에게 부여하며 더 좋은 건강관리와 기반시설, 소비제를 제공해 준다. 연구에 따르면, 자유, 개인의 권리, 정부에 대한 신뢰는 더 높은 수준의 만족과 행복도와 관련이 있으며, 웰빙은 공산주의 국가보다 민주주의 국가가 대개 더 높았다(Diener & Seligman, 2004; Inglehart & Klingemann, 2000; Veenhoven, 2000). Diener와 Seligman은 이러한 변인들이 통제되자 국가의 부와 그 시민들의 행복 간의 상관이 유의미하지 않게 되었다고 보고했다. 국가 간 소득과 행복의 관계와 관련된 모든 변인들을 이해하기 위해서는 더 많은 연구들이 필요하다. 연구자들은 돈이 매우 복잡하게 서로 관련되어 있고 행복과 연관이 있는 변인들에 대한 하나의 거친 지표일 뿐임을 인정하고 있다. 행복 차이에 기여하는 문화적 변인들에 대해서는 이 장의 다음 단락에서 살펴볼 것이다.

돈과 행복에 대한 이해

돈이 개인의 행복에 기여하는 바가 무엇이라고 결론 내릴 수 있는가? 지금까지, 우리의 논의는 다음과 같이 시사하고 있다. 부유한 국가에 살고 있는 사람들은 대개 가난한 국가에 살고 있는 사람들보다 더 행복하다. 하지만 이 결론은 그 관련성에 책임이 있으면서 부와 공변하고 있는 모든 요인들에 의해 약화된다. 특정 국가 안에서 개인들을 보면, 돈-행복 상관은 상당히 작으며, 주로 매우 가난한 사람들 사이에서 분명하였다. 기본적인 욕구를 충족시켜주기 위한 소득의 역할은 가난한 사람들에게 있어서의 돈의 중요성을 설명해 준다. 경제적 및 기술적으로 선진화된 국가들에서는 지난 수십 년간의 증가된 경제적 성장이 주관적 안녕감에 거의 영향을 미치지 못했다. 풍요로운 국가에서 돈과 행복의 관계는 곡선적인데 낮은 소득수준에서는 돈이 큰 차이를 만들지만 보통 혹은 고소득 수준에서는 훨씬 적은 영향을 미치고 있었으며, 일정 소득에 이르러서는 거의 수평이 되었다. 부유한 국가들 내에서 보면, 어느 수준을 넘어서 증가하는 소득은 행복을 증가시키지 않았다. 심지어 최고로 부유한 미국인들도 보통의 소득을 가지고 있는 사람들에 비해 약간 더 행복하다고 할 뿐이었다. 「포브스지」에 미국 최고의 갑부로 소개된 사람들에 대한 연구에서 보면, 갑부와 보통 미국인의 삶의 만족 차이는 7점 척도상에서 1점 정도에 불과하였다(Diener, Horwitz, & Emmons, 1985). 전반적으로 돈은 가난한 사람들에게 있어서는 웰빙에 상당한 기여를 하지만, 그 사회에 속한 다른 사람들과 비교해서 평균적인 수준의 소득을 가지고 있는 사람들의 경우에는 돈이 행복에 거의 영향을 주지 못했다. 두 다른 노선의 연구는 다음의 결론을 강화시킨다.

개인적인 수준에서 보면, 돈의 중요성을 평가하는 대부분의 관련 증거는 증가 혹은 감소한 소득의 영향을 추적한 종단 연구로부터 온다. 돈이 행복과 일관된 관계를 보인다면, 개인의 소득이 증가하거나 감소함에 따라 그 개인의 행복도도 달라져야 한다. 흥미롭게도, Diener와 Biswas-Diener(2002)의 고찰에서는 종단 연구들이 그런 일관된 관계를 보여주지 않는다고 결론짓고 있다. 몇몇의 연구들은 증가된 소득이 웰빙에 아무런 영향을 주지 않았으며, 다른 연구에서는 심지어 소득은 감소했지만 행복은 증가하였다. 임금 상승에 대한 연구 역시 복잡한 결과를 보였다(Argyle, 2001). 임금 상승은 단기적으로만 만족을 증가시

컸으며 임금 감소는 아무런 영향을 주지 않았다. 돈과 행복의 직접적인 관계에 대한 가장 강력한 증거는 복권당첨자에 대한 연구에서 찾아볼 수 있다. 이들은 소득의 극적인 증가에도 불구하고 장기적인 주관적인 안녕감은 증가하지 않았다(Brickman, Coates, & Janoff-Bulman, 1978).

개인이 버는 돈의 양은 교육, 고용상태, 나이 등의 다양한 요인들과 공변하기 때문에, 우리는 이러한 변인들이 통제되더라도 여전히 소득이 주관적 안녕감에 영향을 미치는지를 확인해 볼 필요가 있다. 많은 연구들이 소득은 행복이나 삶의 만족과 작은 상관이 있으며 삶의 만족이 많은 개인적 및 사회적 변인들과는 독립적임을 시사하고 있다(Argyle, 2001; Diener & Biswas-Diener, 2002; Diener et al., 1995). 소득은 웰빙과 직접적이지만 비교적 작은 상관을 가지고 있다. 비교를 하자면, 결혼하는 것, 일자리를 갖고 있는 것, 지지적인 관계를 갖고 있는 것이 행복에 훨씬 더 많은 기여를 하고 있었다.

연구 초점 : 행복한 사람이 돈을 더 많이 버는가

돈이 행복에 미치는 작은 영향조차도 관계의 양방향적인 성질로 인해 줄어들 수 있다. 더 많은 돈이 우리를 더 행복하게 만들 수도 있지만, 행복한 사람이 더 많은 돈을 벌 수도 있다. 이는 Diener, Nickerson, Lucas와 Sandvik(2002)이 한 종단 연구의 발견이다. 이 연구자들은 Andrew W. Mellon 재단에서 제공받은 두 대규모 자료를 이용하였다. Mellon 재단('College and Beyond' 조사)과 UCLA('미국 신입생' 조사)는 미국 내 수백 개 대학의 수천 명의 신입생을 대상으로 매년 조사를 하였다. 조사는 작은 사립 단과대학과 큰 공립 종합대학, 그리고 몇 개의 흑인 단과대학과 종합대학을 포함하고 있다. 이 조사는 입학하는 신입생의 태도, 가치관, 포부, 능력, 성격, 직업계획 등에 대한 것이었다. Mellon 재단은 또한 졸업한 학생들을 대상으로 수입, 직업력, 삶의 만족, 시민활동, 대학 경험 평가 등의 정보를 정기적으로 추적 조사했다.

Diener와 그의 동료들은 1976년에 대학에 입학한 13,676명의 신입생을 대상으로 조사연구를 하였으며, 대략 19년 뒤인 1995년과 1997년 사이에 다시 조사하였다. 이들은 행복을 유쾌함에 대한 자기보고형 측정치로 평가하였다. 학생들은 같은 나이에 있는 평균적인 학생과 비교했을 때 자신의 유쾌함 수준을 5점 척도 상(1=평균적인 학생과 비교해서 하위 10%, 2=보통하, 3=보통, 4=보통상, 5=상위 10%)에서 평가하도록 부탁받았다. 추적 연구에서는 세 가지 변인이 조사되었다―소득, 직업 만족, 실직 경험. 실직은 6개월 이상 직업이 없었던 것으로 정의하였다. 전반적인 결과 양상은 대학 들어올 때 가장 유쾌했던 학생들이 덜 유쾌했던 학생들에 비해 돈을 더 많이 벌고, 더 높은 직업만족도를 보였으며, 더 적은 실직을 경험하였다.

소득과 유쾌함의 관계는 처음에는 가파르게 증가하다가 나중에는 완만해졌다. 즉 증가한 유쾌함은 유쾌함이 낮은 수준에서 더 큰 영향을 미쳤으며, 높은 유쾌함 수준에서는 그 영향이 줄어들었다. 예를 들면, 그림 6.2에서 부모가 상당한 소득이 있다고 한 학생들의 경우를 살펴보자. 대학 입학 시에 유쾌함이 하위 10% 수준(1점)이라고 스스로 평가한 학생들은 졸업하고 19년이 지난 뒤에 매년 50,000달러의 소득을 보고했다. 보통하(2점)라고 평가한 학생들은 58,000달러를 보고했다. 보통(3점)이라고 한 학생들은 63,500달러였고, 보통상(4점)이라고 한 학생들은 소득이 66,000달러라고 보고했다. 유쾌함이 상위 10%(5점)라고 평가한 학생들은 65,000달러라고 하였다. 가장 낮은 유쾌함 수준인 1점에서 그 다음 수준인 2점으로의 변화는 8,000달러의 소득 증가와 관련이 있었다. 2점에서 3점으로의 변화는 5,500달러의 소득 증가와 관련이 있었고 3점에서 4점으로의 변화는 2,500달러의 소득 증가와 관련이 있었다. 4점에서 5점으로의 변화는 1,000달러의 소득 감소와 관련이 있었다. 다른 말로 하면, 여러분이 불행하다면 행복해져라, 조금이라도. 그렇게 하면 여러분은 더 많은 돈을 벌 것이다. 만약 여러분이 이미 보통 이상으로 유쾌하다면, 상위 10%만큼이나 유쾌해지려고 노력하지 마라. 그것은 매년 1,000달러의 비용을 치르게 할 것이다.

또한 결과는 부모의 소득이 유쾌함의 효과를 중재하고 있음을 보여준다. 유쾌함은 부모가 높은 소득을 갖고 있는 개인의 경우에 현재 소득과 더 강한 관련성을 보였다. 부모의 소득이 증가함에 따라, 유쾌함의 효과도 증가하였다. 예를 들면, 가장 낮은 소득의 부모에서는 가장 낮은 수준의 유쾌함을 보인 학생이 39,232달러의 소득이 있는 데 반해서 가장 높은 유쾌함을 보인 학생은 44,,691달러의 소득이 있었다. 5,459달러의 차이를 보였다. 가장 높은 소득의 부모에서는 가장 낮은 수준의 유쾌함을 보인 학생이 60,585달러의 소득을 매년 올린 반면에 가장 높은 수준의 유쾌함을 보인 학생은 85,891달러의 소득을 올려 그 차이가 25,306달러나 되었다. 가난한 부모를 둔 학생의 경우, 증가된 유쾌함이 현재 소득에 비교적 적은 영향을 미쳤다. 풍요로운 부모를 둔 학생의 경우, 유쾌함의 증가는 소득에 꽤

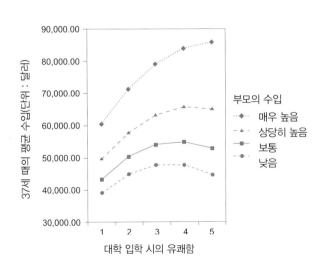

그림 6.2 **대학 입학 시의 유쾌함과 부모 소득이 졸업 후 소득에 미치는 영향**

출처: Diener, E., & Selignan, M. (2004).

큰 영향을 미쳤다.

유쾌한 대학생은 덜 유쾌한 학생에 비해서 왜 더 많은 돈을 벌까? 유쾌한 성격이 시간적으로 비교적 안정적이라고 가정하고서, Diener와 그의 동료들은 세 가지 가능한 설명을 제안하였다. 첫째, 유쾌한 모습은 학생에게 '할 수 있다'는 태도를 심어줘서 새로운 도전을 하게 하고 좌절 시에도 덜 괴로워하게 할 것이다. 이는 일을 더 열심히 오래하게 하며 이러한 모습은 고용주가 그 개인을 좋게 보게 하고 이는 곧 더 높은 소득으로 이어질 것이다. 둘째, 유쾌함은 다른 사람이 좋아하는 긍정적인 자질이어서 좋은 사회적 기술과 관련된다. 유쾌한 특성은 사람이 더 가까이 가게 만들고 함께 일하는 것을 더 편하게 여기게 한다. 유쾌한 사람은 다른 사람에게 자신의 생각을 더 잘 설득시키며 다른 사람이 도움과 지지를 자기에게 주도록 마음먹게 하는 데도 유능하다. 덜 유쾌한 사람은 이러한 장점들을 가지고 있지 않다. 끝으로, 유쾌한 사람은 그들의 쾌활하고 긍정적인 태도로 인해 다른 사람의 호감을 더 받으며, 이로 인해 고용주는 그들에게 더 높은 수행평가를 하게 된다. 유쾌함은 후광효과를 만들 수 있다. 즉 유쾌한 피고용인과 유쾌하지 못한 피고용인이 동일한 수준의 수행을 보였다면, 고용주는 유쾌한 근로자에게 점수를 더 줄 것이다. 왜냐하면 유쾌한 근로자가 더 호감이 가고 함께 일하고 싶은 마음을 갖게 하기 때문이다.

Diener와 그의 동료들은 부모의 소득이 학생들의 나중 소득과 강한 관련성을 보이는 것에 실망했다. 왜 부유한 가정의 유쾌한 학생이 경제적으로 열악한 가정의 유쾌한 학생보다 더 많은 돈을 버는가? 이 연구자들이 주목했듯이, 부유한 가정의 아이들은 대학 입학 전 교육의 질에서부터 개인적 및 사회적 자질을 길러줄 많은 과외활동들에 이르기까지 상당히 많은 혜택을 누린다. 아마 이런 저런 이유로 인해, 혜택받은 배경의 학생들이 그렇지 않은 배경의 학생들보다 상위의 전문직업을 더 많이 갖는 경향이 있다. Diener와 그의 동료들(2002, p. 250)은 대학에서 제공하는 우수한 교육과 기회들이 덜 풍요로운 가정에서 성장함으로 인한 불리함을 극복하기에는 많은 경우 불충분하며, 이는 놀라우면서도 마음을 불편하게 만든다고 결론 내렸다.

왜 돈은 더 중요하지 않은가

왜 소득과 부는 행복과 그렇게 작은 관련성만 보이는 걸까? 돈이 많은 긍정적인 결과와 이점과 분명히 관련이 있음에도 말이다. 미국에서는 집의 크기, 동네의 범죄 빈도, 건강관리와 아이를 위한 교육의 질 등 모든 것이 이래저래 여러분의 소득에 달려 있다. 소득이 행복에 미치는 영향이 작다는 것은 돈이 주는 분명한 이점들을 고려해 보면 수수께끼 같은 일이다. 돈이 주관적 안녕감에 크게 영향을 미치지 못하는 것에 대한 몇 가지 설명들이 제안되었다. 이 설명들 중 어떤 것들은 제5장에서 생활 사건과 인구학적인 변인들이 행복에 미치는 작은 영향을 설명할 때 이미 짧게 논의된 바가 있다.

유전, 성격, 관계 제5장에서 우리는 개인의 행복도에 장기적인 안정성을 가져다주는 유전적으로 타고난 기질과 성격의 역할에 대해서 논의하였다. 간단히 말하면, 우리 개개인은 평생에 걸쳐 비교적 일관되게 유지되는 고유한 기반은 타고나거나 이것은 생의 초기에 개발된다. 이런 기반은 우리가 생활 사건에 반응하고 결정을 내리며 우리가 흔히 살아가는 방식에 중요한 영향을 미친다. 연구에 따르면, 유쾌함, 낙관성, 외향성, 자존감, 개인적 통제감 등은 주관적 안녕감과 강한 관련이 있었다(Argyle, 2001; Diener & Lucas, 1999; Diener, Oishi, & Lucas, 2003; Diener et al., 1999; Lykken, 1999; Lyubomirsky, 2001; Myers, 1992; Ryan & Deci, 2001). 이런 특질들에서 긍정적인 극단에 있는 사람들은 부정적인 극단에 있는 사람들(신경질적이고 염세적이며 자존감이 낮은 사람)보다 상당히 더 행복하였다. 이런 특질들이 행복을 만들고 유지하는 데 기여하는 방식은 다음 장에서 다루어질 것이다. 여기서, 우리는 주관적 안녕감이 상당 부분 내적 특질과 소인에 뿌리를 두고 있다면, 외부적인 환경과 변화가 개인의 행복에 큰 영향을 미치지 않는다는 것이 이해가 된다. 예를 들면, 제5장에서 논의된 유전성 연구들에 따르면, 개인의 현재 행복도의 40%에서 55%는 유전적으로 결정된 기질을 반영하는 것으로 시사된다. 행복한 사람과 불행한 사람을 비교한 연구들에 근거해서, Lyubomirsky(2001, p. 244)는 행복한 사람과 불행한 사람은 "…다른 주관적 세계를 경험하고 그 안에 살고 있는 것 같다"고 결론 내렸다. 동일한 상황, 사건, 일을 마주하더라도, 행복한 개인은 자신의 행복을 유지하는 쪽으로 생각하고 행동하며, 불행한 개인은 그들의 불행을 유지하는 쪽으로 생각하고 행동한다. 즉 가장 큰 차이를 만드는 것은 세계 그 자체가 아니라 세계에 대한 개인의 주관적 해석이다. 돈이 여러분에게 유쾌한 성격을 사줄 수는 없기 때문에, 돈은 개인의 행복에 주된 기여자가 되지 못한다.

같은 종류의 주장이 관계의 중요성과 관련해서 만들어질 수 있다. 우리는 이전의 몇몇 논의에서 지지적이고 관심을 기울여 주는 관계가 사람의 행복에 기여한다는 압도적인 증거가 있음을 주목한 바 있다(Diener & Seligman, 2004; Ryff & Singer, 2000). 돈이 여러분에게 행복한 기질을 사줄 수 없는 것처럼, 돈이 여러분에게 좋은 관계를 사줄 수 있다고 상상하는 것 또한 어렵다. 가난과 빡빡한 재정 상태는 분명히 결혼 및 가족생활의 스트레스와 갈등에 기여하지만, 대부분의 결혼에서 돈에 대한 갈등은 그 자체가 문제라기보다는 관계 문제에 대한 증상인 경우가 많다. 여러분의 가족에게 값비싼 물건을 사줄 수 있는 능력이 여러분을 좋은 부모나 배우자로 만들어 주지는 않는다.

적응과 쾌락적 쳇바퀴 **감각적응**(sensory adaptation)은 익숙한 일상 경험의 한 부분이다.

여러분이 빌딩에서 나와 밝은 야외로 걸어 나올 때, 여러분의 눈이 밝은 빛에 적응하기 전까지는 사물을 명확히 보는 데 어려움이 있다. 어두운 방에 들어갔을 때도 같은 현상이 일어난다. 눈이 어두운 곳에 적응할 때까지 제대로 보기 어렵다. 유사하게, 여러분이 아주 불쾌한 냄새가 나는 어떤 집에 들어가면, 이 집에 사는 사람은 이 냄새 속에서 어떻게 살까 하고 의아스러워하지만, 몇 분 지나면 여러분은 그 냄새를 더 이상 자각하지 못한다. 밖에 나갔다가 다시 돌아오면, 냄새는 다시 강하게 난다. 대개 우리의 감각은 일정한 자극보다는 변화하는 자극에 더 많이 반응한다. 우리는 대개 변화하지 않거나 반복되는 자극은 잘 의식하지 못하게 된다. 안경을 쓰는 사람이 아침에 안경을 쓸 때는 안경이 코와 귀를 누르는 압력을 느끼지만, 조금만 지나면 이런 감각을 의식하지 못하며 안경을 쓰고 있다는 것을 잊은 채 하루를 보낸다.

쾌락적 적응은 감정을 일으키는 자극에 대한 적응을 의미하는 것으로, 감각적응과 Helson(1964)의 수평적응 이론에서 착안한 개념이다. Brickman과 Campbell(1971)은 사람들이 쾌락적 쳇바퀴에 있도록 운명지어져 있다고 주장했다. **쾌락적 쳇바퀴**(hedonic treadmill)는 사람들이 안정적이고 비교적 중립적인 장기적 행복 수준을 갖게 한다. 여러분이 계속해서 걷고 또 걷지만, 그 자리를 벗어날 수 없는 쳇바퀴처럼, 우리의 정서 경험은 동요가 있지만, 우리의 전반적인 장기적 행복 수준은 변하지 않는다. 새 차, 더 큰 집, 올라간 월급 등 이 모두는 우리를 잠시 더 행복하게 해 준다. 하지만 좀 지나면 좋은 감정은 사라진다. 이는 사람들이 부정적 및 긍정적 생활 변화에 빨리 적응하고 이전의 행복 수준으로 돌아가기 때문이다. 밝은 햇빛이 시간이 지나자 밝은 빛에 대한 감각을 사라지게 한 것처럼 정서적인 부하가 높은 사건의 영향도 빨리 사라진다. 우리가 눈을 감거나 어두운 방에 들어감으로써 밝음을 다시 경험하듯이, 우리는 새로운 정서적 사건을 만들거나 경험함으로써 정서를 다시 경험한다(예, 다른 새로 산 더 비싼 차 혹은 먼저보다 더 큰 집). 많은 감각 경험들처럼 정서도 지속되지 않는다.

쾌락적 적응은 대부분 사람을 보호하고 생존가를 높여주는 기능에 관여한다(Frederick & Lowenstein, 1999; Frijda, 1999; Zajonc, 1998). 변화에 대한 민감성은 우리의 웰빙을 위협하거나 향상시켜 주는 것에 우리가 주의를 두게 만든다. 시간이 지나면 정서 반응이 사라지는 것은 장기적인 정서적 각성의 부정적인 영향을 줄여준다.

제4장에서 우리는 만성적인 스트레스와 두려움이 면역체계에 파괴적인 영향을 미친다는 것을 주목하였다. 만약 차사고가 날 뻔했던 순간에 느꼈던 두려움, 혹은 부당한 대우를 받고 경험했던 강한 분노, 연인과 헤어진 후의 아픔이 수년간 지속된다면, 그것이 얼마나 여러분을 파괴할지 상상할 수 있을 것이다. 그리고 우리의 모든 성적 욕구가 첫 성경험에서 충분히 채워진다면 우리는 아마 매우 작은 가족을 꾸릴 것이다. 두려움과 같은 정서는

단기적인 목표(예, 싸움 혹은 도피 반응)를 갖고 있으며 지속되지 않는다. Myers(1992, p. 53)가 주장한 것처럼, 모든 좋은 경험─열정적인 사랑, 영적 희열, 새로운 것을 소유한 즐거움, 성취감─은 일시적이다.

연구 초점 : 극단적인 사건 적응─복권 당첨자와 사고 희생자

적응에 대한 극적인 증거는 Brickman과 그의 동료(1978)가 한 고전적인 연구에서 찾아볼 수 있다. 그들의 연구참여자는 매우 다른 두 유형의 사람이었다─복권당첨자와 교통사고로 몸이 마비된 환자. 수평적응 이론에 근거해서, Brickman과 그의 동료들은 다음과 같이 예언했다. 복권당첨자는 결국에 가서는 우리들 대부분보다 더 행복하지 않을 것이다. 그리고 사고 피해자도 우리들 대부분보다 정서적으로 더 나쁘지는 않을 것이다. 수평적응 이론은 이 같은 예언에 대해 두 가지 설명을 제공해 준다─**대비**(contrast)와 **습관화** (habituation). 대비 설명은 복권당첨 같은 긍정적인 큰 사건은 비교에 의해 보다 평범하고 일상적인 즐거움들을 우습게 여길 수 있음을 시사한다. 밤에 친구와 있거나 TV를 보는 것은 많은 돈을 벌었을 때 느꼈던 짜릿한 흥분과 너무 대조되기 때문에 더 작은 즐거움을 가져다준다. 그 결과, 복권당첨자들은 복권당첨의 스릴이 일상적 기쁨의 감소에 의해 상쇄되기 때문에 전반적인 행복의 증가를 경험하지는 않을 것이다. 습관화는 새로운 경험에 점점 익숙해져 정서적 충격이 감소되는 것을 의미한다. 복권당첨자가 갑작스럽게 증가한 부로 인해 가능해진 즐거움에 익숙해짐에 따라, 이런 즐거움은 행복에 점점 더 작게 기여할 것이다. 대비와 습관화는 사고로 인해 반신불수나 전신마비가 된 사람들에게는 반대의 결과를 가져올 것으로 예상된다. 일상적인 활동들─생활의 평범한 즐거움들─은 극단적으로 부정적이고 생명을 위협했던 사건과 대비되기 때문에 증가된 즐거움을 제공해 줄 것이다. 습관화는 사고 피해자가 마비의 영향에 적응하고 더 익숙해질 때 일어난다.

그들의 가설을 검증하기 위해서, 연구자들은 세 집단의 사람들을 면접했다. 첫 번째 집단은 지난 18개월 동안 일리노이 주에서 복권으로 5,000달러(1978년의 돈 가치) 이상을 번 22명의 개인으로 구성되어 있었다. 두 번째 집단은 작년에 사고로 인해 반신불수가 된 11명과 전신마비가 된 18명으로 구성되어 있었으며, 이들 모두는 재활기관의 환자였다. 전화번호부를 통해서 지리적으로 인근지역에 살고 있는 80명의 통제 참여자를 모집하였으며, 이 중 22명이 면담에 응하였다.

참여자들은 생활양식의 변화에 대한 질문들을 받았다. 자신에게 일어난 사건에 대해서 어떻게 생각하는지에 대해서 복권당첨자와 마비자가 6점 척도(0점 : 일어날 수 있는 최악의 사건, 5점 : 일어날 수 있는 가장 좋은 사건)상에서 평가하게 했다. 행복은 세 시점에서 평가되었다─(1) 현재 얼마나 행복한가, (2) 복권에 당첨되기 전 혹은 몸이 마비되기 전에

표 6.2	전반적 행복과 일상적 즐거움 평가			
조건	전반적 행복			일상적 즐거움
	과거	현재	미래	
복권당첨자	3.77	4.00	4.20	3.33
통제집단	3.32	3.82	4.14	3.82
사고 희생자	4.41	2.96	4.32	3.48

출처: Brickman, P. D., Coates, D., & Janoff-Bulman, R. (1978).

는 얼마나 행복했는가, (3) 몇 년 지나면 얼마나 행복할 것 같은가. 참여자는 또한 일곱 가지 일상적인 활동(농담 듣기, 친구와 얘기하기, TV 보기 등)이 주는 즐거움에 대해서도 평가했다. 통제집단도 비슷한 질문에 대답하였다. 각 집단의 평균이 표 6.2에 제시되어 있다.

쉽게 생각할 수 있듯이, 마비가 된 개인은 사고를 극히 부정적인 사건이라고 했고 복권당첨자는 복권에 당첨된 것이 매우 긍정적인 사건이라고 했다. 하지만 수평적응 이론과 일관되게, 복권당첨자는 일곱 가지 일상적인 활동의 즐거움을 통제집단보다 더 낮게 평가했다. 또한 이론과 일관되게, 복권당첨자는 현재, 과거, 예상되는 행복에 대한 평가에서 통제집단과 큰 차이가 없었다. 요약하면, 복권당첨자는 복권에 당첨된 것을 기뻐했지만, 통제집단보다 일상적인 활동에서 더 작은 기쁨을 발견하였으며, 전반적인 행복 수준에서는 통제 집단보다 더 높다고 보고하지 않았다. 많은 돈을 버는 것은 비교에 의해 일상적인 활동들이 주는 기쁨을 반감시키며, 시간이 지나면서 사람들은 많은 돈에 습관화가 된다. 이러한 결과로 인해, 전반적인 행복은 증가하지 않는다. 복권당첨자에 대한 결과는 적응의 위력에 대한 강한 증거를 제공해 준다.

사고 희생자에 대한 연구 결과는 대비와 습관화의 효과를 잘 지지하고 있지 않다. 사고 희생자는 통제집단에 비해서 과거 행복을 훨씬 높게 평가했고 현재 행복은 유의미하게 낮게 평가했다. 하지만 놀랍게도, 사고 희생자의 행복 평가는 평가 척도의 중간 점수 이상에 위치했으며, 이는 그들이 우리가 예상했던 것만큼 불행하지 않다는 것을 시사한다. 하지만 예언과는 반대로, 일상적인 활동에 대한 기쁨은 증가하지 않았다. 이는 사고 희생자들의 경우 대비가 과거에 일상적인 활동에서 느꼈던 기쁨과 마비로 인해 더 이상 가능하지 않은 활동에 대한 것이었기 때문인 것 같다. 마비된 개인들은 사고 전의 삶에 대한 강한 향수를 보였다. 회복할 수 없는 과거 삶과 영원히 달라진 현재 삶 간의 대비는 일상적 사건과 전반적인 행복에 대한 낮은 평가의 기초가 된 것 같다. 복권당첨자의 경우와는 달리, 대비와 습관 효과가 사고 희생자를 사고 전 행복 수준으로 돌려놓지는 못했다.

이 연구의 한계는 작은 표본의 크기다(복권당첨자 22명, 사고 희생자 29명). 복권당첨자와 거액을 상속받은 사람들에 대한 다른 연구들은 새로 찾은 부로 인한 행복의 증가를 보여주고 있다(Diener & Biswas-Diener, 2002; Diener & Seligman, 2004). 하지만 연구들은 또한 많은 사람들에게 있어 부의 극적인 증가는 스트레스와 손상된 관계라는 대가를 치르게 했다. 복권당첨자는 직장을 그만두었고 다른 곳으로 이사를 갔고, 그래서 오래된 친구를 잃었다. 친구와 친척들은 복권에 당첨되어서 받은 돈을 나눠 받기를 기대할 수 있고 그들이 받은 것에 실망하고 화가 날 수 있다. 많은 돈을 갖고 있는 것은 이혼 위험성의 증가와 같은 다양한 대인관계 문제와 갈등을 초래할 수 있으며, 이는 마침내 행복의 단기적 이점을 훼손시킬 수 있다.

Brickman과 그의 동료 연구의 다른 한계점은 종단적이지 않다는 점이다. 복권당첨이나 사고 이후에 보낸 시간이 연구참여자에 따라 상당한 차이가 있었다. Brickman과 그의 동료들은 시간과 현재 행복 간에 유의미한 관계를 발견하지 못했다. 하지만 그들은 동일한 개인을 장기간에 걸쳐 연구하는 것이 적응의 양과 과정을 보다 정확히 평가해 줄 것임을 인정했다. 이후의 종단 연구들은 대체로 생활 사건에 대한 적응의 개념을 지지했지만, 쾌락적 쳇바퀴에 대한 생각을 수정하게 만들었으며, 적응이 그 자체의 한계가 있음을 시사했다. 예를 들면, Silver(1982)는 척추 상해 희생자들을 마비가 일어난 사고 후 8주에 걸쳐 연구했다. 그녀는 사고 후에 즉각적으로 일어났던 강한 부정적인 정서는 시간이 지나면서 감소했고 긍정적인 감정이 증가했고 8주 때에는 긍정적인 정서가 부정적인 정서보다 더 강했다.

Headey와 Wearing(1989)는 8년에 걸쳐 649명을 대상으로 좋은/나쁜 생활 사건(예, 새로운 친구 만들기, 아이들과의 갈등, 재정적 상황의 호전 혹은 악화)에 대한 그들의 반응을 추적 연구했다. 이 연구자들에 따르면, 사람들은 처음에는 강한 반응을 보이지만, 그 후에는 기저 행복 수준으로 돌아갔다. 또한 성격은 생활 변화의 효과와 발생 모두를 중재하고 있었다. 이들의 연구에 기초해서, Headey와 Wearing(1989, 1992)은 쾌락적 쳇바퀴 개념에 몇 가지 수정을 가했다. 쾌락적 쳇바퀴 모델에 따르면, 사람들은 새로운 사건에 꽤 빨리 적응을 하며 비교적 중립적인 행복 수준으로 돌아가는 것으로 여겨졌다. 이들의 **역동적 평형**(dynamic equilibrium) **모델**은 사람들이 중립적이기보다는 긍정적인 행복 기저선을 갖고 있으며, 사람들은 자신의 성격에 따라 다른 기저선으로 돌아간다고 제안하고 있다. 게다가, 개인의 행복도는 긍정적 혹은 부정적 사건을 경험할 가능성에도 영향을 미친다. 그들의 연구에 따르면, 행복한 사람은 보다 긍정적인 사건을 경험하고 불행한 사람은 보다 불행한 사건을 경험하는 것으로 확인되었다. 적응과정은 개별적인 것이며 쾌락적 쳇바퀴 이론이 제안한 것처럼 획일적이지 않다. 쾌락적 쳇바퀴 가설의 제한점에 대한 더 확실한 증거는 사람들이 모든 생활 사건에 완벽하게 적응하지 않는다는 연구 발견들에 의해서 잘 드러난다. 증가된 소득과 물질적 소유에 대한 적응은 잘 지지되고 있다. 하지만 아이나 배우자를 잃은 사람, 노인성 치매를 앓고 있는 가족을 돌보는 사람, 다발성 경화증 같은 진행성 질환을 앓고 있는 사람은 이런 상황에 적응해서 행복의 기저선 수준으로 돌아가지 않았다(Diener et al., 1999; Frederick & Lowenstein, 1999). 대신에 웰빙은 유의미하게 다소 영구적으로 떨어졌다.

기대 상승과 '불필요성의 폭군'   여러분의 소득이 매년 10,000달러씩 증가한다고 가정해 보라. 예를 들면, 50,000달러에서 60,000달러로. 매년 만 달러는 많은 것 같지만, 새 차, 집 리모델링 계획, 더 많은 휴가, 가족을 위한 더 비싼 크리스마스 선물, 더 빠른 인터넷 등은 50,000달러 소득이 있을 때보다 더 여유가 있어졌다고 여기기 어렵게 만들 것이다. 여러분은 아마 70,000달러를 벌면 뭘 할까 생각하기 시작할 것이다. 이 책의 저자들 모두 대학원 시절의 가난과 교수로서의 풍요를 모두 경험해 보았으며, 증가된 소득이 얼마나 빨리 사라져 버리는지 놀랐다. 소비 습관은 소득을 빨리 따라잡는다.

Easterbrook(2003)은 미국에서 소득 증가는 기대 증가를 가져오고 만들어진 소망은 욕구처럼 되며, 불필요성의 폭군을 낳게 된다고 주장했다. 그가 주목했듯이, 우리들 대부분은 모든 집이 TV를 한 대 가지고 있어야만 한다는 데 아마 동의할 것이다. 하지만 보통의 가정이 3대의 TV를 가지고 있으며, 5대를 가지고 있는 가정도 꽤 흔하다. 18세 이하의 청소년들 중 65%가 자기 방에 TV를 갖고 있다(Eastbrook, 2003). 이미 가지고 있는 것을 필요 외로 더 많이 사는 것은 CD/DVD 플레이어, 차, 전화, 그 외 다양한 소비재도 비슷하다. Easterbrook은 집 면적은 이전 세대에 비해서 두 배가 되었지만 평균 거주자 수는 오히려 줄어들었다고 주목했다. 저장 창고 사업이 번창하고 있다. 건축가들은 집을 사는 사람들이 흔히 하는 불만 중 하나가 모든 물건을 쌓아둘 공간이 부족하다는 점이라고 보고한다. 이것이 불필요성의 폭군의 한 면이다. 쓸데없이 시간만 잡아먹게 한다. 그 폭군의 다른 면은 소득 증가와 소비 증가의 끝없는 순환 속에서 어제의 소망이 오늘의 욕구가 되는 경향이다.

Diener와 Biswas-Diener(2002)는 기대 증가가 물질적 열망(가지고 싶은 것들)과 현재 소유하고 있는 것(이미 소유하고 있는 것들) 사이의 지각적인 차이와 만성적인 욕망 과잉을 만들어 낸다고 주장했다. 단순하게 말해서, 대부분의 사람들은 그 시기에 자신들이 얼마나 많이 가지고 있느냐에 상관없이 지금보다 더 많이 갖고 싶어 한다. Diener와 Biswas-Diener는 이 같은 결론을 지지하기 위해서 다음의 증거들을 인용하였다—(1) 사람들의 소비 열망을 충족시키기 위해서 요구되는 소득은 최근에 두 배가 되었다. (2) 오늘날 84%의 사람들이 좋은 삶을 위해서는 별장이 있어야 한다고 여긴다. (3) 다수의 사람들이 사고 싶어 하는 뭔가를 항상 염두에 두고 있으며, 대개 원하는 것의 목록에는 6개가 있으며, 거의 반 정도의 사람이 더 큰 집을 원하고 있었다. 소득이 증가할 때마다 기대 수준은 더 높아지기 때문에, 우리는 이미 가지고 있는 것을 돌아보기보다는 원하는 것을 항상 바라보게 된다. 기대 상승은 더 많은 돈이 더 많은 행복을 가져다주지 않는 한 가지 주된 이유이다. 우리의 물질적인 기대, 소망, 욕구는 우리의 소득을 항상 앞서 간다.

사회비교 '이웃 사람들에게 밀리지 않으려고 허세부리는 것'은 물질적 웰빙에 대한 개인의 판단에 다른 사람이 미치는 중요 영향을 기술하는 표현이다. 우리 스스로 자신의 기준에 따라 판단할 수도 있지만, 우리는 흔히 사회비교에 의존한다. 사회비교 효과는 대학생들이 자신과 타인을 비교하게 한 추적 연구들에서 분명히 증명되었다(Wheeler & Miyake, 1992). 2주간 학생들은 성적, 사회기술, 신체적 매력, 의견, 성격, 돈 또는 소유물 등을 비교한 일지를 적게 했다. 상향비교, 즉 더 잘하는 사람과 일관되게 비교하는 것은 부정적인 감정을 일으켰지만, 더 못한 사람과 비교, 즉 하향비교 하는 것은 긍정적인 감정을 가져왔다. 사회비교는 우리의 감정뿐만 아니라 욕구에도 영향을 미친다. 우리의 소망과 욕구 중 많은 것들이 사회적으로 만들어지고 사회적 영향은 일찍 시작된다. 아마 모든 부모는 아이가 학교에서 자기만 빼고 모든 아이들이 다 가지고 있다는 식으로 말하며 새롭게 유행하는 것이나 전자 기구를 자기도 가져야 한다고 주장하는 것을 흔히 접했을 것이다. 아이의 이 같은 소비욕구를 줄이는 효과적인 방법은 아이의 친구 부모에게 전화를 해 보는 것이다. 여러분은 아이의 요구에 저항할 수 있는 지지를 얻을 수 있으며, 아이가 한 말의 정확한 실체를 확인할 수 있을 것이다. 모든 사람이 가지고 있다는 말은 사실은 단지 한 아이가 가지고 있다는 것일 수 있다. 사회비교는 소비자 선택과 '욕구'의 일반적인 근거가 된다(Easterbrook, 2003). 예를 들면, 수백만의 사람들이 필요로 하는 SUV차와 핸드폰을 독립적으로 결정하거나 찾아본다고는 상상하기 어렵다. SUV의 경우에, 소유자 다수가 자기 집 진입로에서 새벽 3시에 길을 벗어나 마당의 잔디밭을 지나갈 때만 오프로드로 간다는 재미난 농담이 있다.

사회비교와 **상대적 박탈**의 개념은 객관적인 생활환경, 특히 일반적으로 소득이 행복에 보다 일관된 영향을 미치지 않는 이유에 대한 직접적인 설명을 제공해 준다(Tyler & Smith, 1998). 사람들이 자신의 소득에 얼마나 만족하느냐는 비교 기준에 따라 상대적이다. 풍요로운 사람도 갑부와 비교해서 상대적으로 박탈감을 느끼고 불만족스러워할 수 있으며, 낮은 소득의 개인도 가난한 사람과 비교해서 부유하다는 느낌을 가질 수 있다. 그래서 두 사람 모두 비슷한 행복 수준을 보일 수 있다. 사회비교는 증가된 소득이 행복에 미치는 작은 영향도 설명해 준다. 우리가 자신과 비슷한 타인과 주로 비교한다면, 그래서 소득의 증가가 우리의 비교 기준을 높인다면, 증가된 수입은 행복에 거의 영향을 주지 않을 것이다. 더 큰 집을 갖고 있더라도 이웃 사람들도 비슷한 크기의 집을 갖고 있기 때문에 그리 크다고 느껴지지 않을 것이다. Csikszentmihalyi(1999)는 참조 가능한 풍요의 기준이 엄청나게 높기 때문에 미국인들은 상대적 박탈감을 누구나 느낄 수 있다고 주장했다. 점점 증가하고 있는 미국 내 소득의 불균형은 매우 풍요로운 사람조차도 박탈감을 경험하게 할 수 있다. 빌게이츠와 도날드 트럼프와 비교한다면, 우리들 대부분은 가난한 사람들일 수밖에 없다. 상대적 박탈감은 덜 풍요로운 나라의 낮은 웰빙감에도 기여하고 있다. 풍요로운 생활방식을 부각시키는 서양의 대중매체(TV와 영화)에 대한 접근성과 노출의 증가는 후진국에 살고 있는 사람들에게 강한 대조를 경험하게 한다. 사회비교가 이 같은 영향을 줄지 여부는 다음의 중요한 물음과 관련된다—사회비교가 어떻게 선택되는가? 비교가 우리가 살고 있는 외적 환경에 의해 부여되는가? 우리는 우리 주변 사람들을 단지 관찰하고 우리가 얼마나 쌓아놓고 있냐에 따라 만족하기도 하고 그렇지 않기도 하는가? 우리가 매체를 보는가? 각 개인이 비교 기준을 스스로 결정했는가?

연구는 사회비교 과정이 삶의 특정한 면에 대한 개인의 평가에 영향을 미치지만, 그 효과는 흔히 일시적이며 장기적인 전반적 행복에는 크게 영향을 미치지 않음을 시사하고 있다. 각 개인이 자신의 참조 기준을 선택하기 때문에 사회비교는 대부분 일관된 효과를 보이지 않는다. 사람들은 살고 있는 외적 환경에 의해 부여된 기준에 의해 반드시 영향을 받는 것은 아니다. 예를 들면, 보통 정도의 소득을 갖고 있는 사람들은 같은 수준의 행복도를 보고하고 있는데, 이는 부자 동네든 가난한 동네든 상관이 없었다(Diener, Sandvik, Seidlitz, & Diener, 1993). 국제 연구에 따르면, 국가별 평균 주관적 안녕감과 이웃국가들의 풍요는 정적 상관을 보였는데, 이는 사회비교 이론에서 시사되는 것과는 반대된다(Diener et al., 1995).

우리가 하는 비교는 우리 자신과 비슷한 사람과 이루어지며, 구체적인 삶의 영역에 초점을 두고 있다. 예를 들면, 직업 만족에 대한 소득의 영향은 절대적인 임금수준보다는 상대적인 수준에 달려 있었다(Clark & Oswald, 1996). 관련된 물음은 나와 비슷한 수준의 교육과 능력을 갖고서 같은 직종에 종사하는 사람이 나와 비교해서 소득이 얼마나 되느냐이다. 만약 여러분이 그 사람과 비교해서 임금이 작다면, 여러분은 보상이 불공평하다고 여기기 때문에 불만감을 경험할 것이다. 그 사람과 비교해서 더 많은 임금을 받고 있다면, 이는 직업 만족도를 높여줄 것이다. 하지만 중요한 요인은 공평한 보상에 대한 평가로, 나와 유사한 타인의 임금이 관련 비교 기준이 된다. 우리의 초점은 지엽적이고 사적인 비교이지 멀리있는 남의 일 같은 참조 기준이 아니다. 우리는 프로야구 선수가 아주 높은 연봉을 받고 있으며 그것이 실제 가치보다 과장되어 있다고 해서, 이러한 판단이 우리의 행복이나 만족도에 크게 영향을 미치지는 않는다. 하지만 비슷한 직업과 경력을 갖고 있는 근로자가 여러분보다 상당히 더 많은 임금을 받고 있음을 알게 되면, 이는 분노와 불행감을 일으킬 수 있다.

자기관련(self-relevance)은 사회비교에 영향을 미치는 중요한 한 요인이다. 좋은 친구, 배우자, 가족 중 누가 여러분보다 더 성공했다고 가정해 보자. 여러분은 어떻게 반응하겠는가? 여러분은 그 사람의 성취에 자부심을 가질 것인가? 아니면 여러분이 뒤처진 느낌이 들어 시기할 것인가? Tesser(1988)는 중요한 변인으로 타인의 성공이 우리의 자기개념과 관련이 있는 정도라고 주장하였다. 우리가 특정한 능력, 성격 특질, 성취에 자부심을 갖고 있다면, 이 같은 자기 관련 영역에서 의미있는 타인의 더 큰 성공은 우리 자신의 만족을 감소시킬 것이다. 예를 들면, 여러분의 배우자가 여러분보다 더 많은 소득을 올린다면, 여러분의 직업 만족은 감소할 것이다(Argyle, 2001; Diener & Seligman, 2004). 하지만 가족의 생계를 혼자 책임지고 있는 사람은 아내가 자선기관으로부터 직장을 소개받으면 시기하기보다는 자부심을 느낄 것이다. 그녀의 성공은 그의 자기 이미지를 위협하지 않으며 자기 이미지와 경쟁하지도 않는다(즉 그것은 자기관련적이지 않다).

돈과 행복의 작은 관계는 사회비교 과정의 결과는 아닌 것 같다. 우리는 삶 속에서나 대중매체 속에서 만나는 우리보다 돈을 더 많이 버는 모든 사람들의 수동적 '피해자'가 아니다. 대신 우리는 우리가 삶 속에서 대처하고 발전하도록 도와주는 방향으로 사회비교를 적극적으로 선택할 수 있다.

예를 들면, 우리는 부러워하는 사람을 따라함으로써 특정 재능과 성격적 자질을 발전시키도록 우리 자신을 동기화시키는 데 상향비교가 이용될 수 있다. 한편, 하향비교를 하는 것은 부정적인 생활 사건의 영향을 줄여주는 데 용이할 수 있다. 이런 가능성은 유방암 같은 개인적 위협에 직면해 있는 사람들에 대한 연구에서 잘 보여진다. Bogart와 Helgeson(2000)은 유방암 초기 진단을 받은 300명의 환자에게 그들이 만나거나 들은 다른 유방암 환자의 어려움에 관한 자신들의 생각들을 7주에 걸쳐 기록하도록 부탁했다. 대부분의 환자들이 자신들보다 더 상태가 안 좋은 환자들과 비교하는 하향비교를 했으며, 이는 자신의 상태에 대해서 더 좋게 느끼게 하는 데 도움이 되었다. 유방암 환자의 얘기는 이 같은 비교의 구체적인 예이다(Taylor, 1989). 유방의 일부를 도려낸 환자들은 유방을 완전히 도려내야 하면 얼마나 끔찍할까라고 생각했다. 유방절제를 받은 노인들은 젊은 여자가 유방을 절제하면 얼마나 힘들까 생각했다.

지나친 물질주의 최근 연구는 물질주의의 잠재적인 부정적인 면을 상술해 주고 있다(Kasser & Kanner, 2004). 물질주의의 어두운 면은 다음 장에서 다루어질 것이다. 여기서

우리는 더 많은 돈이 행복을 증가시켜 주지 못하는 한 가지 부가적인 이유로 늘어나는 풍
요가 웰빙을 실제로 떨어뜨릴 수 있다는 것을 주목하고자 한다. 돈과 물질적 소유에 높은
가치를 두는 사람들은 덜 물질주의적인 사람들과 비교해서 더 낮은 수준의 웰빙을 보이는
것으로 확인되었다. 물질주의와 행복의 관계는 양방향 길 위에 있는 것 같다. 한쪽에서 보
자면, 지나친 물질주의는 개인적 행복에 가장 많이 기여하고 있는 심리적 및 사회적 욕구
(예, 관계의 질)의 충족을 방해할 수 있다. 다른 쪽에서 보자면, 불안하고 불행한 사람은 결
핍된 욕구를 채우기 위한 방법으로 물질주의에 끌릴 수 있다. 어느 경우라도, 그렇게 많지
않은 행복이 따른다.

행복의 의미 : 상대적인가 보편적인가

돈과 행복의 관계에서 마지막 이슈는 문화권에 따라 다른 행복에 대한 이해와 의미에 관한
것이다. 문화의 영향은 소득과 주관적 안녕의 관계가 국가에 따라 다른 것에서 시사되고
있다. 웰빙과 소득의 정적 관계가 매우 가난한 나라들에서 가장 분명히 보이지만, 모든 가
난한 나라들이 유의미하게 낮은 웰빙을 보이지는 않았다(표 6.1 참조). Argyle(2001)이 주
목했듯이, 남아메리카의 많은 나라들(브라질, 페루, 칠레)이 평균 소득수준을 감안했을 때
예상할 수 있는 것보다 더 높은 수준의 만족감을 보였다. 이 나라들은 상당히 높은 긍정적
정서 점수를 보였다. 라틴 아메리카의 나라들은 행복의 표현과 관련해서 다른 사회적 규범
을 갖고 있는가? 라틴 아메리카 문화가 다른 문화권에 비해서 긍정적 정서를 더 많이 개발
하거나 강조하는가? 이 같은 질문들은 웰빙과 행복의 의미에 있어서 문화적 차이의 잠재
적 중요성에 초점을 두고 있다. 가장 구체적인 수준에서, 우리는 행복과 삶의 만족에 대한
조사 질문이 문화가 다르더라도 같은 의미를 갖는지 질문해 볼 수 있다. 행복이 미국, 캐나
다, 유럽에서 갖는 의미와 일본, 인도, 라틴 아메리카에서의 의미가 같은가? 행복의 의미가
문화에 따라 보편적이기보다 문화 특정적인 것이라면, 우리는 주관적 안녕감의 수준을 나
라 간에 순위를 매겨 비교할 수 있는가?

주관적 안녕감의 개념과 측정도구가 서양의 연구자들에 의해 발전되어 왔다는 사실을
감안할 때, 문화 간 비교가 비서양 문화권에는 맞지 않는 문화적 편향을 담고 있을 수 있
지 않은가? 일본에서의 낮은 삶의 만족도가 일본인이 다른 부유한 나라 사람보다 덜 만족
해 한다는 것을 의미하는가? 혹은 일본인은 서양의 주관적 안녕감 측정치로는 평가되지
않는 만족에 대한 다른 개념을 갖고 있는 것은 아닌가? Ryan과 Deci(2001)는 주관적 안녕
감 연구자들이 문화적 편향에 대한 부적절한 주의로 인한 비난을 받고 있다고 지적하였다.
문화가 주관적 안녕감에 대한 연구 발견들에 미치는 영향의 정도는 여전히 남겨진 질문이

다. 주관적 안녕감의 의미와 주관적 안녕감을 높여주는 요인이 문화에 따라 다르다는 증거들은 상당히 있다. 이에 대해서는 문화와 웰빙에 대해서 다루고 있는 다음 절에서 논의될 것이다. 여기서 우리는 주관적 안녕감의 이해와 중요성과 관련해서 어느 정도의 보편성을 지지하는 증거와 주장들에 대해서 살펴보겠다.

Diener와 그의 동료들(2003)은 주관적 안녕감이 자기 삶에 대한 개인적인 평가를 담고 있기 때문에 중요하다고 하였다. 이들은 긍정적인 주관적 안녕감이 없는 좋은 삶이나 좋은 사회는 상상하기 어렵기 때문에 생활 평가가 모든 사회에서 삶의 질에 중요하다고 여기고 있다. 그들은 높은 불만족과 불행감(즉 낮은 주관적 안녕감)을 보이는 나라가 좋은 사회에 대한 누군가의 생각을 충족시킬 수 있을지 의문스러워했다. 행복이 사회에 대한 유일한 측정치는 아니라 하더라도, 중요한 측정치라는 주장은 납득할 만하다.

Diener와 Suh(2000b)는 행복의 기초가 문화에 따라 상당히 다를 거라는 점을 인정하고 있다. 하지만 이들은 모든 문화가 목표와 가치를 가지고 있으며 이는 개인이 자신의 생활을 평가하는 데 어느 정도 사용되고 있다고 하였다. 사람들이 목표를 달성하는 것이 그 전보다 더 높은 주관적 안녕감을 갖게 할 거라고 가정한다면, 주관적 안녕감은 범문화적인 타당성과 보편성을 갖는 측정치를 가질 수 있을 것이다. 다른 문화권에서 추구되는 다양한 목표들에도 불구하고, 주관적 안녕감이 목표 성취에서 오는 만족을 반영한다면, 그것은 범문화적으로 타당한 측정치를 가질 수 있다.

범문화적인 주관적 안녕감의 중요성은 42개 나라에 걸쳐 7,000명의 대학생을 대상으로 한 조사연구 결과에서 지지된다(Diener, 2000). 개별 나라의 표본 크기(대부분 100~300)가 전체 나라를 대표하기에는 다소 작지만, 결과의 일반적인 양상은 일관되었다. 모든 나라의 학생들이 삶의 만족과 행복을 중요한 목표로 평가했다. 다수가 행복(69%)과 삶의 만족(62%)을 매우 중요하다고 평가했다. 서양문화권에서 주관적 안녕감이 더 중요한 것으로 평가되는 경향이 다소 있기는 했지만, 전반적으로 행복과 만족이 범문화적으로 가치있는 목표로 여겨지고 있었다.

주관적 안녕감 측정치의 보편성은 부분적으로 만족과 행복의 의미에 대한 공유된 의미에 달려 있다. 이 용어들이 다른 언어로 번역될 때, 그들은 동일한 혹은 유사한 의미를 가지는가? Veenhoven(2000)은 대부분 그렇다고 주장했다. 예를 들면, 스위스에서는 프랑스어, 독일어, 이탈리아어가 모두 사용되고 있지만, 스위스는 프랑스, 독일, 이탈리아보다 훨씬 높은 수준의 웰빙을 보인다. 스위스 대사관의 웹사이트에 따르면, 스위스 사람의 63.9%가 독일어를, 19.5%가 프랑스어를, 6.6%가 이탈리아어를 사용하고 있다. 삶의 만족 평가가 '만족'이라는 단어가 다양한 언어로 번역될 때 갖는 특별한 의미에 따라 달라진다면, 그들 각각의 나라에 살고 있는 독일인, 프랑스인, 이탈리아인과 유사한 수준의 주관적 안녕감을 스위스 사람이 보일 것이다. 그런 결과가 나타나지 않았다는 사실이 Veenhoven에게는 웰빙이 공유된 역사적 경험을 주로 반영하는 것이지 만족의 의미에 대한 언어적 차이를 반영하는 것은 아님을 시사해 준다. Diener와 Suh(2000b)는 중국어와 영어로 번역된 것의 결과가 유사함에 주목하였다.

범문화적 연구자들이 전형적으로 이중언어 사용자와 전문가를 고용해서 조사질문지를 역번역하는 작업을 수행했다는 점에 주목할 필요가 있다. 예를 들면, Oishi(2000)는 북아메리카, 남아프리카, 아시아, 유럽의 39개 국가에 있는 대학생을 대상으로 한 연구에서 Ed Diener의 삶의 만족 척도(제4장에서 자세히 다룬 바 있는)를 사용했다. 그 삶의 만족척도는 이중언어 사용자 집단에 의해서 스페인어, 일본어, 한국어, 중국어로 번역되었다. 그리고 나서 비영어판 질문지는 다른 이중언어 사용자들에 의해서 영어로 역번역되었다. 끝으로, 역번역 질문지는 Diener의 원척도와 비교해서 얼마나 적합한지 평가되었다. Oishi의 연구에 따르면, 적합도는 우수한 것으로 나타났다. 이러한 절차는 척도가 다른 언어로 번역되더라도 의미의 일관성을 유지하는 데 도움을 준다. 그렇다고 이 절차가 확실하게 동일한 의미를 보장해 준다고 하기는 어렵다.

웰빙 척도의 범문화적 타당성에 대한 더 확실한 지지는 생활에 대한 전반적인 평가를 하는 다양한 방법들이 주관적 안녕감 점수에 거의 영향을 미치지 않음을 보여주는 연구들에서 얻을 수 있다. 삶의 만족 평가, 행복도 평가, 최악에서부터 가능한 가장 좋은 삶에 대한 평가는 거의 동일한 순위를 보여주었다(Veenhoven, 2000). 경험 표집, 긍정적/부정적 정서 평가, 행동관찰 등의 다른 주관적 안녕감 측정치을 통해서 얻은 다양한 문화권 나라들의 웰빙 순위는 비슷하였다(Diener et al., 2003). Veenhoven은 행복이 서양의 독특한 개념이라면 그래서 다른 문화권에서는 이해되기 어려운 것이라면 이해의 불분명함이 조사반응에 나타나야 한다고 주장하고 있다. 비서양권 문화에 있는 사람들은 불분명함을 표현할 때, 척도의 선택지에서 "잘 모르겠다", "대답 못하겠다" 등에 표시할 것으로 기대된다. 하지만 비서양권 문화권의 반응을 조사해 보면 두 선택지 범주의 빈도가 더 높지 않았다. 요약하면, Veenhoven과 다른 주요 주관적 안녕감 연구자들(Argyle, 2001; Diener et al., 2003)은 분명히 주관적 안녕감의 범문화적 타당성이 지지되기 위해서는 더 많은 증거가 필요하다는 데 동의하고 있다. 하지만 그들은 또한 주관적 안녕감의 국가 간 차이와 소득과 다른 변인의 상관 양상이 측정의 인위적인 요인들과 행복이해에 대한 문화 간 차이를 주로 반영하는 것일 가능성은 높지 않다는 데 동의하고 있다.

웰빙에 대한 성장지향적 이론들은 모든 인간이 기본적인 욕구를 공유하고 있다는 점을 강조함으로써 주관적 안녕감이 보편적인 것이라고 본다(Ryan & Deci, 2000; Ryff, 1989; Ryff & Keyes, 1995). 자기결정 이론에 따르면, 예를 들면 자율성, 유능감, 관계형성 욕구는 모든 인간이 타고나는 것이다(Ryan & Deci, 2000). 이 같은 욕구의 충족은 더 높은 수준의 건강과 주관적 안녕감을 가져다준다. 자기결정 이론의 범문화적 타당성은 미국, 불가리아, 러시아, 일본의 연구들에서 지지를 받고 있다(Ryan & Deci, 2001). 세 욕구의 충족 정도를 반영하는 점수들은 다양한 문화권 내에서 주관적 안녕감과 관련되어 있었다. 더 큰 욕구 만족은 더 높은 주관적 안녕감과 연합되어 있었고, 더 적은 만족은 더 낮은 주관적 안녕감과 연합되어 있었다. 욕구 만족 측정치들 역시 다른 문화권에서도 동일한 의미를 담고 있는지를 평가하는 시험을 통과했다. 그렇다고, 성장지향적 이론들에서 기술하고 있는 욕구들이 모든 아니면 대부분의 문화권에서 타당하다고 확언하기에는 아직 이르다. 이 물음에 대한 대답은 보다 포괄적인 범문화적 연구에서만 얻어질 수 있다. 웰빙의 보편성에 대한 증거가 주관적 안녕감의 문화특정적인 의미와 원인의 중요성과 대립되는 것이 아님을 주의하고 있어야 한다. Diener와 그의 동료들(Diener et al., 2003)은 주관적 안녕감이 보편적인 측면과 문화적으로 특수한 측면 모두를 갖고 있다고 가정하는 것이 합리적이라고 주장하였다. 게다가, 문화적 차이는 웰빙과 행복 수준이 사회에 따라 다른 이유를 설명하는 데도 유용하다.

문화와 웰빙

사회는 복합적이고 다차원적이기 때문에, 문화라는 용어를 명확히 정의하기는 어렵다. 하지만 문화는 일반적으로 사회집단 혹은 사회에 의해 공유되고 다음 세대로 전수되는 사회적 역할, 규범, 가치, 관습 등을 일컫는다(Betancourt & Lopez, 1993; Diener & Suh, 2000a; Segal, Lonner, & Berry, 1998; Triandis, 2000). 문화적 차이는 크고 작은 집단에서 발견될 수 있다. 국가적 전통, 언어, 종교, 민족성, 인종, 나이, 성별, 지정학적 위치, 역사적 사건 등의 공통분모는 국가 간의 문화적 차이에 기여하는 많은 요인들에 속한다. 한 국가 내에서도 이와 동일한 요인들이 지역 간 문화적 차이에 기여하고 있으며, 이는 문화 속의 문화를 만든다(예, 아프리카계 미국 문화). Kitayama와 Markus(2000)에 따르면, 특정 문화 내에서 성장하는 것은 세상을 이해하는 공유된 방식을 내재화하게 되는데, 이것이 표준적 견해가 된다. 부모, 학교, 또래, 대중매체는 그들이 속해 있는 문화의 방식들을 아이들에게 가르친다. 공유된 태도, 규범, 가치는 사람이 생각하고 행동하고 느끼는 방식에 영향을 미친다. 문화는 우리의 목표와 가치에 영향을 주고, 바람직한/바람직하지 않은 개인의 특징과 행동에 대한 우리의 사고방식에도 영향을 주며, 성공적인 삶의 의미와 성취에 대한 규범적인 기대도 갖게 한다. 문화는 행복의 의미와 행복을 이루는 방법에 대한 개인의 생각에 영향을 준다.

문화가 쿠키 찍는 틀처럼 모든 사람의 삶을 똑 같게 만들지는 않음을 지적해 둘 필요가 있다. 동일한 문화 속에서 살고 있는 사람이라 하더라도 많은 차이를 보이는데, 이에 대한 관심이 점점 증가하고 있다(Hong, Morris, Chiu, & Benet-Martinez, 2000). 문화가 사람들에게 미치는 보편적이고 일관된 영향이 생각했던 것보다 적을 수 있다. 이는 사람들이 하나 이상의 문화적 전통(국가적 및 지역적)을 내재화해서 문화적 영향들이 결합되기 때문일 수 있다. 사람들은 점점 더 많은 잠재적인 문화적 영향의 원천에 노출된다. Hermans와 Kempen(1998)은 글로벌 매체에 대한 노출 증가, 증가된 세계 여행, 다른 문화권으로의 이민, 국제단체의 성장 때문에 오늘날 더 많은 복합적인 문화들이 존재하게 된다고 주장하였다. 사람들은 또한 그들이 속해 있는 문화의 지배적인 믿음과 관습에 동의하지 않기 때문에 사회적 다수와는 다른 가치와 생활방식을 채택할 수도 있다. 개인-문화 연결의 통일성 부족은 다른 문화권에 살고 있는 개인 간보다 같은 문화에 살고 있는 개인 간 차이가 더 큼을 보여주는 연구에서 지지되고 있다(Oyserman, Coon, & Kemmelmeier, 2002). 이러한 복잡성에도 불구하고, 대부분의 연구자들은 문화가 보편적이고 예언 가능한 영향을 미치기 때문에 문화와 개인 삶의 일반적인 관계에 대한 의미 있는 기술이 가능하리라 본다(Diener et al., 2003; Fiske, Kitayama, Markus, & Nisbett, 1998; Kitaya, 1991). 이런 결론과 일관되게, Diener 등(2003)은 43개국을 대상으로 한 세계 가치 조사에서 삶의 만족 변산의 15%가 국가 간 차이와 관련이 있다고 보고하였다.

웰빙에 대한 많은 범문화적 연구들이 자기에 초점을 두고 있다. 본질적으로, 자기개념은 우리가 누구인가에 대한 우리의 이론이다. 자기는 내가 누구인가라는 물음에 대한 각 개인의 주관적인 대답이다(Baumeister, 1998). 자기개념은 우리의 능력, 약점, 소망, 목표, 가치 등에 대한 믿음들이다. 자기는 우리의 경험을 선별하고 평가해서 사람과 사건에 대한 우리의 반응방식에 결정적인 영향을 주기 때문에 우리 삶의 중심에 있다고 할 수 있다. 우리의 자기개념은 우리의 독특한 생활 경험에 의해 분명 형성되지만, 또한 문화에 의해서도 상당히 영향을 받는다.

개인주의와 집단주의 문화의 자기

많은 문화가 개인주의나 집단주의의 상대적 가치에 따라 특징지어질 수 있다(Fiske et al., 1998; Kitayama & Marcus, 2000; Triandis, 1989, 2000). 이 둘은 자기에 대한 두 대조되는 문화적 모델이다. **개인주의 문화권**(individualistic cultures)에는 북아메리카(미국, 캐나다), 서양 유럽(영국, 프랑스, 덴마크, 네델란드), 서양 문화적 전통을 따르는 나라들(오스트레일리아, 뉴질랜드) 같은 개인주의화된 나라들이 포함된다. 이 문화권들은 개인의 권리, 책임, 자유를 강조한다. 개인주의적 문화는 자기신뢰, 독립성, 자기방향감, 개인의 선택, 주장성 등을 가치롭게 여긴다. 서양 문화는 자기를 타인으로부터 **독립되고** 분리된 것으로 보며 자질과 능력의 독특한 결합으로 정의한다(Markus & Kitayama, 1991; Triandis, 1989). **집단주의 문화권**(collectivist cultures)에는 동아시아(중국, 일본, 한국), 중동(파키스탄), 아프리카, 라틴아메리카(베네수엘라, 콜롬비아, 멕시코) 등이 포함된다. 이 사회들은 자기에 대한 상호의존적인 견해를 강조하는데, 개인의 정체성은 타인과(가족, 나라, 동료, 고용주, 종교)의 연결성과 즉각적인 사회적 맥락에 따라 관계적으로 정의된다. 집단주의 문화는 사회적 책임, 사회적 역할의 수행, 타인과의 협동, 사회적 조화 유지 등을 중요시 한다. 개인은 독특한 분리된 실체로서 보다는 더 큰 사회적 연결망의 한 부분으로서 정의된다.

개인주의-집단주의 차이를 이해하는 한 가지 방법은 문화가 개인적 정체성과 사회적 정체성에 두고 있는 강조를 살펴보는 것이다(Taifel, 1982). 개인적 정체성은 우리를 타인으로부터 구별해 주고 독특하게 만드는 자기기술을 일컫는다. 사회적 정체성은 속해 있는 구성원, 집단 및 사회적 범주와의 연결로 정의되는 자기의 측면들을 일컫는다. 우리의 개인적 특징들에 대해서 진술하면(나는 운동을 좋아한다, 친절하다, 사교적이다), 이는 개인적 정체성을 기술하는 것이다. 또한 자신이 속해 있거나 동일시하는 집단을 언급할 때가 있는데, 이는 사회적 정체성을 얘기하는 것이다. 개인적 및 사회적 정체성의 상대적 중요성은 '20 진술 검사'를 사용한 연구들에서 잘 나타난다(Bond & Cheung, 1983; Shweder & Bourne, 1984; Trfimow, Triandis, & Gotto, 1991). 이 측정도구는 사람들에게 자기개념의 가장 두드러진 측면들을 자신의 말로 기술하도록 시킨다. 사람들은 "나는…"으로 시작하는 20개 문장들을 완성해야 한다. 미국인들은 내적인 심리적 특질에 대한 기술들(나는 수줍음이 많다, 나는 지적이다)로 문장을 채우는 반면에, 아시안들은 사회적 역할, 소속 집단, 사회적 관계(나는 딸이다, 나는 부모님을 존경한다)를 더 기술하는 경향이 있다.

미국인들에게 있어서 자기는 추상적인 용어로 타인과 상황으로부터 비교적 독립적인 것으로 비쳐진다. 미국인들은 우리가 어디에 있든 동일한 자기를 갖는다. 우리가 함께 있는 사람과 우리가 처해 있는 상황이 우리가 표현하는 개인적 자질에 일관되게 큰 영향을 미친다면, **독립적인 자기**(independent self)에 관한 믿음을 유지하는 것이 어려울 것이다. 한편 아시안의 경우, 자기는 관계와 사회적 맥락과 훨씬 복잡하게 얽혀있기 때문에 **상호의존적**(interdependent)이다. 개인적 특징의 의미와 표현은 사람과 상황에 의해 제한 받는다. 학교, 직장, 집과 같은 구체적인 맥락속에 있는 자기 자신을 기술해 보도록 시켰을 때, 일본인들은 미국인들에 비해서 보다 추상적이고 내적인 특질을 대답으로 기술하였다. 대조적으로, 미국인들은 '때로', '다소' 등을 써서 그들의 기술을 완화시키는 경향이 있었다. 이는 특정 상황에서의 자기에 대한 기술과 상황으로부터 독립적인 '실제' 자기의 혼돈을 피하고 싶은 욕구에 의해 동기화된 것으로 여겨진다. "나는 때로 집에서 게으르다"라고 말하는 것은 "내가 모든 데서 게으르지는 않다"는 의미이기도 하다. 미국인들은 상황이 구체화되지 않을 때 내적인 특질 용어를 써서 자기를 기술하는 것을 편하게 여기는데, 이는 자기에 대한 독립적인 견해와 부합되기 때문인 것으로 여겨진다(Rhee, Uleman, Lee, & Roman, 1995). 미국인들은 범상황적인 자기일관성에 대한 욕구가 더 크다. 아시안들은 상황이 구체화되었을 때 내적인 특질로 자기를 기술하는 것을 편하게 여기는데, 그것이 자기에 상호의존적인 견해와 잘 부합하기 때문이다. 아시안들은 보다 유연하고 상황 의존적인 자기를 가지고 있으며 범상황적인 일관성에 대해서는 크게 신경쓰지 않는다(Suh, 2000).

여기서 차이는 상대적이다. 자기에 대한 개인주의자 대 집단주의자의 견해는 문화적 차이를 아주 거칠게 보여준다. 미국인들 역시 소속집단을 자기기술로 언급하고 아시아인들 역시 개인적 속성을 자기기술로 언급한다. 우리는 의미 있는 변산이 하나의 문화 내에서도 존재할 수 있음을 주목한다. 예를 들면, 미국 남부에 살고 있는 사람은 서부에 살고 있는 사람들에 비해서 보다 집단주의적 견해를 갖고 있다(Vandello & Cohen, 1999). 그리고 미국 여자들은 미국 남자들에 비해서 자신을 보다 관계적으로 정의한다(Gabriel & Gardner, 1999; Gilligan, Lyons, & Hammer, 1999). 하지만 연구자들은 수많은 심리적 변인들 중에서 관계 양상이 두 문화 유형에서 분명히 다르다고 보고하고 있다. 자기에 대한 두 모델은 개인주의적 및 집단주의적 문화에 살고 있는 사람들의 개인적 및 사회적 삶에서의 중요한 차이를 이해하게 해 준다.

문화와 행복의 의미

자기에 대한 개인주의 및 집단주의 개념은 웰빙과 행복의 의미에 대한 다른 기초를 제공해 준다. 많은 연구가 유럽계 미국인과 동아시아인을 비교했는데, 우리도 이 두 문화권에 대한 논의에 초점을 둘 것이다. 주관적 웰빙 연구자들은 일본이 비교적 높은 소득을 갖고 있으면서도 미국과 비교해서 비교적 낮은 주관적 웰빙을 보이기 때문에 특히 흥미로워한다. 문화가 미국-일본의 차이를 설명해 준다는 초기 단서들은 많은 기존의 사회심리학의 발견들이 아시아 문화권에서 반복 검증되지 않은 점에서 확인되었다. 두 문화권을 비교하는 연구는 자기에 대한 두 문화 모델을 보다 풍부하게 기술하도록 확대되었다(Baumeiater, 1998; Fiake et al., 1998; Gilbert, 1998; Kitayama & Markus, 2000; Suh, 2000).

이상의 고찰은 미국인이 타인과는 구별되는 고유의 내적 속성을 찾고 표현하고, 자존감을 향상시켜 주는 긍정적인 자기관을 발전시키고, 주로 내적 특질과 동기에 기초해서 개인적 및 사회적 판단을 하도록 격려받고 있음을 시사해 준다. 이와는 반대로, 아시아인은 조화로운 관계에 이바지하고 타인과 맞춰가는 속성들을 발견하고 표현하며, 자기를 향상시켜 주는 자기비판과 자기훈련적인 태도를 개발하고, 사회적 상황과 사회적 규범에 대한 민감성에 기초해서 개인적 및 사회적 판단을 하도록 격려받고 있다. 이러한 많은 차이들은 행복에 대한 문화적 기반을 이해하는 데 도움이 된다.

행복에 대한 미국 개인주의 양식

행복해지는 것, 긍정적 태도를 갖는 것, 자기에 대해서 좋게 느끼는 것은 미국 문화에서 중심적인 가치들이다. 행복 추구는 양도할 수 없는 권리로 독립선언문에도 표현되어 있다. 풍부한 기회와 상당한 개인의 자유를 제공해 주는 사회에서, 사람들은 자신에게 행복과 만족을 주는 선택을 하도록 격려받는다. 미국인을 행복하게 만드는 것은 자기에 대한 문화적인 개인주의 모델의 영향을 상당히 받는다. 주관적 안녕감 개념과 일관되게 미국에서의 행복은 자신의 삶에 대한 개인의 주관적 판단이다. 고유한 성격과 독특한 기준을 가진 사람이 판단을 한다는 점에서 행복은 주관적이면서 개별적인 것이다. 미국인으로서 나는 행복이란 매우 개별적인 것이기 때문에 나를 행복하게 해 주는 것이 여러분도 행복하게 해주지는 않는다는 것을 당연히 알고 있다. 연구들은 미국적인 행복 양식의 일반적인 특징들을 보여주고 있다(Fiske et al., Kitayama & Marcus, 2000; Markus & Katayama, 1991; Matsumoto, 1997; Suh, 2000; Triandis, 2000). 어려서부터 미국 아이들은 문화에서 정의된 두 가지 교훈을 배운다. 첫째, 행복과 자신에 대한 좋은 느낌은 중요한 목표이고 선택을 위한 합리적인 기준이다. 즉 사람은 행복해야만 하고, 결정할 때 그것이 행복과 만족에 미치는 영향을 고려하는 것이 중요하다. 둘째, 행복은 개인의 정체성(여러분의 능력과 성격특질) 면에서 여러분이 누구인지를 발견하고, 이러한 자기정의적 특징들을 표현하는 활동들을 추구하는 데서 온다. 아이들은 좋게 느끼는 독특한 자기감을 개발하도록, 그리고 이런 자기가 타인의 영향으로부터 독립적일 수 있도록 격려받는다. 행복은 진정으로 여러분 자신이 되는 데서 온다.

많은 연구들이 북미에서 이 같은 문화적 교훈들의 영향을 확인시켜 준다. 북미 대부분의 사람들이 행복하다고 보고하고 있다(Diener & Diener, 1995; Diener et al., 1995; Myers, 2000a). 예를 들면, Diener와 Diener(1995)의 전국적인 조사에 따르면, 미국 남성의 83%, 미국 여성의 82%, 캐나다 남성의 78%, 캐나다 여성의 79%가 중간 이상(어느 정도 만족한다부터 매우 만족한다에 이르는)의 삶의 만족도를 보고하였다. 이 결과는 일본 같은 아시아 국가들과 비교될 수 있는데, 일본에서는 남녀가 40%가 안 되는 사람이 중간 이상의 만족도를 보였으며, 한국에서는 50%가 안 되는 사람이 긍정적인 만족도를 보고했다. Diener와 그의 동료들(Diener & Diener, 1995; Diener et al., 1995) 역시 집단주의보다 개인주의 문화에서 자존감이 주관적 안녕감과 더 강한 관련성을 보였으며, 북미 사람들은 동아시아 사람들보다 훨씬 더 자주 긍정적 정서를 경험한다고 보고하였다. 이 같은 발견들은 행복이 중요하고 행복이 개인의 자기만족에서 온다고 보는 개인주의적 문화관의 특징과 일관된다.

사회심리학자들은 북미 사람들이 보이는 수많은 자기고양 경향성을 확인하였는데, 이것들은 긍정적인 자기상을 발전 및 유지시키는 것을 강조하는 개인주의 모델과도 일관된다(Baumeister, 1998, 1999; Fiske et al., 1998; Fiske & Taylor, 1991; Gilbert, 1998). 북미 사람들은 다른 사람들과 비교해서 자신을 "보통보다 더 잘났다고" 지각하고 있었으며, 생활 사건에 대한 자기통제력을 과장하고, 부정적인 사건의 발생을 남의 일로 여기는 장밋빛 미래만을 꿈꾸며, 행동에 대해 자기위주적 설명을 하는 경향이 보편적으로 있었다. 자기위주적 설명은 성공했을 때는 그 이유를 자신의 개인적이고 내적인 성격(시험에서 A를 받았는데, 이는 내가 똑똑하고 열심히 공부했기 때문이다)에서 찾지만, 실패에 대해서는 자존감을 보호하기 위해서 외부적인 환경(질문이 너무 애매해서 출제자의 의도를 내가 잘못 이해해서 시험을 망쳤다)에서 그 이유를 찾는 것이다.

모든 이러한 경향은 긍정적인 자기상을 향상, 유지, 보호한다는 점에서 자기고양적이다. 미국인의 긍정적인 자기상은 Kitayama와 Marcus(2000)의 연구에서 보다 확실히 지지되고 있다. 미국에 살고 있는 성인 1,500명을 대상으로 조사했을 때, 가장 흔히 언급되는 자기기술은 '행복하다', '사교적이다', '활동적이다', '독립적이다'였다. 2%가 채 안 되는 자기기술만이 부정적이었다. 이 같은 자기고양 경향은 아시아 집단주의 문화권에서는 훨씬 덜 분명했다(Fiske et al., 1998). 전반적으로, 북미 사람들은 자존감 측정치에서 일본인보다 유의미하게 높은 점수를 받았다. 이는 국제 조사에서 확실히 드러난다. 북미인의 평균 자존감 수준(표 6.3)과 일본인의 것(표 6.4)을 비교해 보면 쉽게 알 수 있다.

행복에 대한 아시아 집단주의 양식

미국의 개인주의 문화에서, 개인의 행복은 중요한 문화적 가치이고 이상이다. 아이들은 감정을 표현하도록, 그들의 성취에 자부심을 갖도록, 다른 사람과 구별되도록, 자신에 대한 긍정적이고 자기개발적인 견해를 갖도록 격려받는다. 이는 행복이 문화적 이상으로 덜 중요하고, 아이들이 감정을 자제하도록, 타인과 맞추도록, 자기가 속한 집단의 성취에 자부심을 갖도록, 자기비판적이고 나서지 않는 태도를 갖도록 격려받는 아시아 문화권과는 대조된다.

문화적 이상 동아시아 사회에서 행복은 문화적으로 미리 정해져 있는 목표보다 덜 중요하고, 삶의 만족은 개인적 기준보다 외부적이고 규범적인 기대에 더 많이 기반을 두고 있다. 61개 국가를 대표하는 62,000명을 대상으로 한 대규모 국제 조사는 개인주의 문화권과 비

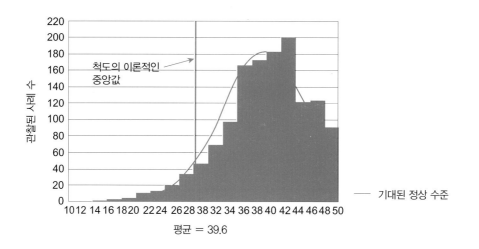

그림 6.3 북미 유럽계 캐나다인 표본(1,402명)의 자존감 점수

출처: Hein, S. J., Lehman, D. R., Markus, H. R., & Kitayama, S. (1999)

교해서 집단주의 문화권이 삶의 만족을 판단할 때 문화적 규범을 더 중요시함을 보여주었다(Suh, Diener, Oishi, & Triandis, 1998). Suh(2000)는 북미 사람들과는 대조적으로 동아

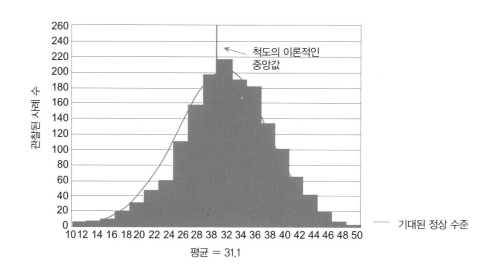

그림 6.4 외국에 나가본 적이 없는 일본인 표본(1,657명)의 자존감 점수

출처: Hein, S. J., Lehman, D. R., Markus, H. R., & Kitayama, S. (1999).

시아 문화 전통은 행복, 삶의 만족, 긍정적 정서 경험을 중요한 생활 관심사로 강조하지 않는다. 몇몇 연구들은 주관적 안녕감의 중요성에 대한 미국과 아시아 문화의 차이에 대한 일반적인 결론을 지지하고 있다. 예를 들면, Diener(2000)는 미국인에 비해, 동아시아 사람들이 행복과 삶의 만족을 덜 중요하게 여기고 자신의 삶이 행복하거나 만족스러운지에 대해서 덜 생각한다고 보고하였다. 또 다른 연구에서는 미국인과 한국인에게 문화적으로 이상적인 사람에 대해서 삶의 만족을 평가하게 시켰다(Diener, Suh, Smith, & Shao, 1995). 문화적 이상에 근거한 만족도는 미국인보다 한국인이 유의미하게 더 낮았다.

아시아 문화권은 행복 경험을 추구하고 개발하기보다 행복과 다른 정서들을 왔다가 사라지는 일시적인 상태로 간주하는 경향이 있다. 정서는 오늘은 맑았다가 내일은 비가 오는 날씨와 같다. 불행은 행복 끝에 온다고 믿으며 그 반대도 마찬가지이다(Suh, 2000, p. 74). 즉 행복에 대한 지나친 집착이나 불행으로 인한 깊은 절망은 덧없는 정서 경험의 본질을 제대로 못 보게 한다. 아시아 문화의 교훈은 행복하려고 불행을 피하려고 항상 노력하는 것보다 현재의 것을 살고 그것이 변할거라는 것을 알면서 평정심을 유지하는 것이 더 좋다는 것이다.

정서적 표현성 아시아 문화권에서, 지나치게 표현적인 것은 성숙하지 못하거나 우아하지 않은 것으로 간주될 수 있다. 아시아 사람들은 행복을 경험하고 즐기지만, 북미 사람들처럼 행복이 삶의 중심 목표이거나 결정을 위한 뚜렷한 기준으로 기능하지는 않는다. Kitayama 와 Markus(2000)는 아시아 문화가 정서 표현에 있어서 절제와 균형을 강조하기 때문에 동아시아 사람들에게 있어서 웰빙이란, 주관적 안녕감 기준으로 측정될 때, 중간정도를 보고하더라도 정서적으로 자제하는 특징을 감안해 볼 때 실제로는 꽤 만족하는 수준을 반영하는 것일 수 있다. 정서표현을 절제하는 것이 문화적으로 일반화되어 있고 규범적인 기대로 여겨지기 때문에, 얼마나 행복 혹은 만족스러운 생활을 하고 있는가를 묻는 주관적 안녕감 척도는 아시아 문화권의 사람들에게서 중간 정도의 반응을 보이게 할 수 있다.

집단 자부심과 민감성 아시아 문화권에서, 정서 경험과 웰빙 평가는 관계와 밀접히 관련된다. 다른 사람에게 어떻게 비쳐지는가가 여러분이 자신을 어떻게 보는가에 중요하다. 북미 사람들은 그들이 다른 사람들에 의해 어떻게 간주되는가에 신경은 쓰지만, 자신의 입장을 분명히 표현하고 자기 확신을 갖도록 격려된다. 독립적인 자기는 자기에게 진실됨을 유지하기 위해서 다른 사람에 대한 부정적인 관점을 지속해야 할 수도 있다. 반대로, 동아시아 아이들은 Kitayama와 Markus(2000)가 '동정적 관계'라고 기술한 것을 타인과의 관계에서 발달시키도록 교육받고 있다. 여기서 동정은 개인이 타인의 감정과 생각에 공감적으로 동조할 것으로 기대되는 상호의존적인 관계를 일컫는다. 동조는 타인의 관점을 취하고 그들의 욕구와 바람을 예상하고 그것을 채워 주는 방향으로 행동하는 것을 의미한다. 아이들은 조화로운 사회적 관계를 만들고 유지하기 위해서는 타인에게 자신을 맞추는 방법을 배우도록 기대된다. 연구에 따르면, 미국 문화에서는 독립성을, 아시아 문화권에서는 타인과 연결되는 것을 강조하는 것은 긍정적인 감정을 일으키는 경험과 목표 유형에 영향을 미친다(Kitayama & Markus, 2000; Kitayama, Markus, & Kurokawa, 2000; Oishi & Diener, 2001). 미국인의 경우, 긍정적인 감정들은 개인적인 성취(예, 대학에서 높은 점수를 받는 것)와 강하게 관련이 있으며 개인적인 성취를 했을 때 자부심을 경험하게 된다. 독립성을 증진시키는 목표 성취는 개인주의 문화에서 행복을 위한 중요한 토대가 된다. 아시아 문화권에서는 사회적 관계에서 보다 빈번하게 좋은 느낌을 경험하게 되는데, 다른 사람을 기쁘게 해 주고 사회적 기대를 충족시키는 것은 우정, 친밀감, 상호존중감 등을 일으킨다. 상호의존성을 증진시키는 목표 성취는 집단주의 문화에서 행복과 관련해서 중요하다. 흥미롭게도, Oishi와 Diener(2001)는 목표 추구 이면의 동기가 아시아와 미국의 대학생들이 유사하다는 점을 발견하였다. 목표 추구가 자신의 만족이나 가족과 친구를 행복하게 해 주기 위해서인지 물었을 때, 두 문화권의 집단은 타인을 기쁘게 해 주려는 바람보다 개인적 만족을 훨씬 더 많이 보고하였다.

하지만 아시아인들은 타인과 관련된 목표 추구만이 주관적 안녕감의 증가와 연합되어 있었다. 이러한 발견은 독립성과 자기결정 같은 서양의 생각이 일본 젊은이들 사이에서 더 많이 인기를 얻고 있으며, 목표를 추구하는 이유들로 표현되고 있는 사실을 반영하는 것일 수 있다. 하지만 일본 문화권에서 목표 성취에 대한 **만족**은 자기와 타인의 친밀한 관계에 보다 많이 의존해 있다. 즉 가족과 친구를 기쁘게 하는 목표들이 만족감을 증가시켜 준다.

자기비판 태도 동아시아 사람들의 관계에서 또 다른 중요한 특징은 상호적 신뢰와 지지를 증진시키기 위해서 자기비판적 태도가 하는 역할이다. 개인주의 문화권에서는 자기를 좋게 보는 것이 중요하다는 공유되는 믿음이 있으며, 이는 상호적 인정과 칭찬이 특징인 자기고양과 사회적 변화를 증진시킨다. 그래서 사회적 인정을 받기 위해서는 자기의 바람직한 특징을 타인에게 보여주고 긍정적인 지지를 이끌어 내려고 노력해야 한다. 이는 자신에 대해 긍정적인 생각을 갖게 한다. 반대로, 아시아 집단주의 문화에서의 사회적 인정은 자기비판적인 태도를 표현함으로써 동정적이고 지지적인 반응을 이끌어 내려고 노력하는 것이다. 이는 타인이 나에 대해 긍정적인 생각을 갖게 한다. 오래된 미국 속담에 이런 것이 있다. "잘하는 것을 말할 수 없다면, 아예 아무 말도 하지 마라." 일본의 속담에는 "너의 단점을 인정할 수 없다면, 타인의 동정은 기대할 수 없다"는 표현이 있다. 몇몇의 연구들

은 적당함, 겸손, 자기비판적 태도가 아시아인들의 중심 자기개념일 수 있음을 시사하고
있다.

한 연구에서 일정 기간 동안 소그룹 사회적 상호작용을 하게 한 뒤에 중국과 캐나다 대
학생에게 자신과 동료집단원의 개인적 자질을 평가하게 시켰다(Yik, Bond, & Paulhus,
1998). 중국 학생들은 타인의 자질보다 자신의 개인적 자질을 덜 긍정적으로 평가함으로
써 자기비판적인 태도를 보였다. 한편 캐나다 학생들은 다른 집단원보다 자신을 더 높게
평가함으로써 자기고양 경향을 보였다. 일본과 캐나다 대학생에게 '종합 인지 능력' 검사
를 실시하고 다른 학생들과 비교해서 자신의 수행을 판단하도록 시켰을 때도 비슷한 결과
가 나왔다(Heine, Takata, & Lehman, 2000). 그 검사는 새롭고 애매하게 만들어져 있어 학
생들이 자신의 실제 수행을 판단기가 매우 어렵다. 연구자들은 수행 피드백을 조작해서 어
떤 학생들은 '보통의 학생' 보다 자기가 더 잘했다고 믿게 했고 어떤 학생들은 자기가 더
낮다고 믿게 했다. 보통 수준 밑으로 수행했다는 피드백을 받았을 때조차도, 캐나다 학생
들은 여전히 자신이 평균 이상이라는 믿음을 표현했다. 자신을 평균보다 더 잘했다고 지각
하는 것은 자기에 대한 개인주의적 개념과 일관되는 자기고양 경향 중 하나이다. 일본 학
생들이 다른 학생들에 비해서 더 높은 점수를 받았다는 피드백을 받았을 때, 그들은 자신
이 평균 이상으로 잘했다고 믿는 것을 여전히 주저하였다. 타인과 자기를 합치려는 자기비
판적 태도(타인으로부터 자기를 구별하기보다는)는 집단주의자의 자기개념과 일관된다.

거짓 겸손인가 사회적인 민감성인가

미국인들은 자기비판적이고 자기를 내세우지 않는 태도를 지나친 공손함이나 자기낮춤의
표현으로 본다. 하지만 아시아에서는(Kitayama & Markus, 2000) 이러한 특징들을 타인의
호의적인 배려를 위험하게 만들 수 있는 개인적 단점에 대한 민감성을 반영하는 것으로 본
다. 즉 적당함과 겸손은 모두 동정적인 대우를 이끌어 내고 타인을 불편하게 만들지 않도
록 조심하게 만든다. 자기정의가 관계와 밀접히 관련될 때, 타인의 긍정적인 관심은 개인
적 만족과 행복에 중요하다. 많은 아시아 사회에서는 자기를 자랑하는 행동이 개인이 집단
에 섞이게 하기보다는 분리되게 하기 때문에, 자기증진이나 자신을 특별하고 고유하게 보
는 것(미국에서는 너무나 일반적인)은 안 좋게 비쳐진다. 미국에 "삐걱 거리는 바퀴가 기
름칠이라도 받을 수 있다"는 말이 있다. 뭔가 튀어서 자기에게 관심을 끌어오는 것이 미덕
이다. 일본에는 "튀어나온 못이 정 맞는다"는 말이 있다. 다른 사람에게 맞추고 민감해지
는 것이 미덕이다.

분명, 미국사람들 역시 겸손을 좋게 보고 자기비판적이면서 개인적인 약점을 표현하는 사
람을 지지한다. 하지만 자기비판은 개인주의 문화에서 관계를 위한 전형적인 토대는 아니

다. 미국에서 자기를 계속해서 내세우지 않는 사람은 수줍음이 많고 자존감이 낮으며 확신이 부족하거나 아니면 타인에게 '너무' 의존적인 것으로 비쳐진다. 하지만 동아시아 사람들은 자기비판적인 태도가 사회적 민감성의 기초가 되며 친밀하고 지지적이며 상호적으로 인정해 주는 관계를 이끈다고 믿는다.

이 장의 요약문제

1. 돈과 행복의 관계에 대한 사람들의 두 관점을 보여주는 연구 발견들에 대해서 기술하라.

2. a. 풍요의 역설이란 무엇인가? 이 역설을 지지하는 네 사실을 정의하고 기술하라.
   b. Phillip, Cushman, Robert Putnam, Barry Schwartz 각각은 이 역설을 어떻게 설명하가?

3. 국가 간 및 국가 내 돈과 행복의 관계를 비교 분석하라. 이 관계가 의미하는 것은 무엇이며 왜 관계에서 차이가 나는지 설명하라.

4. 부유한 국가의 경우 돈이 행복에 미치는 효과가 작음을 지지하는 연구들에 대해서 기술하라.

5. a. Diener 등(2002)의 연구에서 밝혀진 대학생의 유쾌함, 부모의 소득, 학생의 졸업 후 소득의 관계에 대해서 기술하라.
   b. 유쾌함이 소득에 미치는 효과에 대한 설명들을 기술하라.

6. a. 쾌락적 적응과 쾌락적 쳇바퀴 개념이 소득 증가가 행복을 증가시키지 않는 이유를 어떻게 설명하는가?
   b. 복권당첨자와 마비 희생자에 대한 연구가 적응과정의 대비와 습관화 효과를 어떻게 지지하고 있는가?

7. a. 기대 상승, 사회비교, 상대적 박탈이 소득 증가가 행복 증가로 이어지지 않는 이유를

어떻게 설명하고 있는가?
   b. 사람들은 많은 다른 사회 기준들 사이에서 선택을 할 수 있다. 사회비교를 할 때 사람들이 가장 중요하게 사용하는 기준과 가장 중요하지 않게 사용하는 기준에 대해서 연구들이 시사하는 바는 무엇인가?

8. 주관적 안녕감 측정치의 타당성과 보편성을 지지하는 주장과 연구 발견들에 대해서 기술하라.

9. 자기개념에 대한 개인주의/독립적 및 집단주의/상호의존적 문화적 개념 간의 차이는 무엇인가? 이 같은 차이는 미국인과 아시아인의 "나는 …이다." 자기 보고서에 어떻게 나타나고 있는가?

10. a. 미국인의 자기개념, 인생목표, 판단에 행복이 하는 역할은 무엇인가?
    b. 북미 문화권에서의 행복과 긍정적 자기상의 중요성을 지지하는 연구들에 대해서 기술하라.

11. a. 행복이 아시아인의 자기개념, 인생목표, 판단에서 하는 역할은 무엇인가?
    b. 왜 아시아 문화권에서는 정서표현의 중용이 강조되는가? 이러한 중용이 미국인과 비교해서 아이사인의 주관적 안녕감 점수가 낮은 것을 설명하는 데 어떻게 유용한가?

12. 아시아인과 미국인의 주관적 안녕감 판단에

사회규범과 독립성이 하는 역할의 차이는 무엇인가?

13. 아시아인과 미국인의 정서적 삶에서 동정적

관계와 독립성이 하는 역할을 비교 분석하라.

14. 자기비판과 자기고양이 아시아인과 미국인의 자기평가에 미치는 영향을 비교 분석하라.

핵심용어

감각적응

개인주의 대 집단주의 문화

공허한 자기

독립적인 대 상호의존적인 자기

대비

사회비교

선택의 역설

습관화

역동적 평형 모델

자기관련

최대화 대 만족

풍요의 역설

쾌락적 쳇바퀴

관련 웹사이트

Diener — 행복

www.psych.uiuc.edu/~ediener   행복 연구가인 Ed Diener의 웹사이트로, 그는 행복의 국가별 문화별 차이에 대한 많은 연구를 했다.

행복에 대한 국제 데이터베이스

worlddatabaseofhappiness.eur.nl   이 사이트는 네델란드의 Runnt Veenhoven가 관리하고 있다.

대규모 국제 조사에서 얻어진 행복에 대한 국가별 차이에 대한 수천 건의 연구들이 소개되어 있다.

미국의 역설

www.davidmyers.org/Brix?pageID=21   David Myers의 웹사이트로 그는 『미국의 역설 : 풍요한 시대의 영적 기근』의 저자이다.

읽을거리

Brickman, P. D., Coates, D., & Janoff-Bulman, R. (1978). Lottery winners and accident victims: Is happiness relative? *Journal of Personality and Social Psychology, 36,* 917-927.

Diener, E. (2000). Subjective well-being: The science of happiness and a proposal for a national index. *American Psychologist, 55,* 34-43.

Diener, E. Diener, M., & Diener, C. (1995). Factors predicting the subjective well-being of nations. *Journal of Personality and Social Psychology*, 69, 851-864.

Diener, E., Nickerson, C., Lucas, R. E., & Sandvik, E. (2002). Dispositional affect and job outcomes. *Social Indicators Research, 59,* 229-259.

Diener, E., & Seligman, M. (2004). Beyond money: Toward an economy of well-being. *Psychology in the Public Interest, 5,* 1-31.

Diener, E., & Suh, E. M. (Eds.). (2000). *Culture and subjective well-being.* Cambridge: MIT Press.

Easterbrook, G. (2003). *The progress paradox: How life gets better while people feel worse.* New York: Random House.

Kitayama, S., Markus, H. R., & Kurokawa, M. (2000). Culture, emotion, and well-being: Good feelings in Japan and the United States. *Cognition and Emotion, 14,* 93-124.

Markus, H. R., & Kitayama, S. (1991). Culture and the self: Implications for cognition, emotion and motivation. *Psychological Review, 98,* 224-253.

Myers, D. G. (2000). *The American paradox: Spiritual hunger in an age of plenty.* New Haven: Yale University Press.

7

웰빙의 창문으로서의 개인적 목표

목 표(goal)는 생명활동의 의미, 방향 및 목적을 제공하며 행위의 원동력이 되기 때문에 인간 행동을 이해하는 데 핵심적 요소이다. 목표는 행위의 이유, 즉 사람들이 무엇을 달성하려 하는지 설명하는 데 도움이 된다. 거의 모든 행동은, 그 행동이 접시를 닦는 것이든, 친구와 즐겁게 노는 것이든, 직업을 구하는 것이든, 아니면 휴가 계획을 짜는 것이든 목적을 갖는다. 목표는 행위가 발생한 이유를 제공함으로써 그 행위가 무엇을 의미하는지를 설명한다. 우리의 행동이 무엇이든간에 어떤 사람이 "여러분은 무엇을 하고 있습니까?"라고 물으면 우리는 일반적으로 그 행동에서 기대되는 결과물(목표를 달성함), 즉 행동의 목적을 언급한다. 포괄적인 장기적 목적이나 갈망을 달성하기 위한 구체적인 단기 목적들을 설정함으로써 우리의 삶은 하나의 일관성 있는 지향점을 갖게 된다. 예컨대, 만약 심리학 공부를 위하여 이 책을 읽고 있다면, 여러분의 당장의 구체적 목표는 이 장의 내용을 잘 이해하는 것이다. 이 구체적 목표는 이 강의에서 좋은 성적을 얻는다는 보다 큰 목표의 일부이다. 좋은 성적은 대학원 진학의 요건 갖추기라는 더 큰 목표의 하위 목표이며, 대학원 진학은 '원하는 직업을 얻음'이라는 보다 포괄적인 목표와 연결되며, '원하는 직업을 얻음'은 만족스러운 삶이라는 훨씬 더 광범위한 목표에 연결된다. 간단히 말해서, 우리가 달성하고자 노력하는 목표를 이해하지 않고는 하루, 한 주, 한 해 혹은 일생 동안의 우리의 행동을 이해할 수 없다.

Robert Emmons(2003)는 개인적 목표가 '긍정적 삶의 수원지'(p. 105)라고 쓰고 있다. 달리 말해서 우리가 추구하는 목표는 우리의 행복과 웰빙과 밀접하게 연결되어 있다는 것이다. 당사자에게 의미 있고 성취가 가능한, 즉 아주 합리적인 목표를 갖고 있지 않은 사람들의 경우를 보면 목표의 중요성을 확실히 알 수 있다. 그러한 사람들이 겪게 되는 목표 간 갈등, 그리고 목표의 비현실성은 높은 수준의 스트레스, 낮은 수준의 웰빙을 야기함이 많은 연구에서 일관성 있게 밝혀졌다(Austin & Vancouver, 1996; Cantor & Sanderson, 1999; Emmons, 1996b; Karolyi, 1999; Lent, 1994). 예를 들어, Emmons와 King(1988)의 연구에 의하면, 개인적 목표들의 갈등, 양가적인 목표는 높은 수준의 부정적 정서, 우울한 감정, 신경증, 그리고 신체적 질병과 연관되어 있었다. 그들은 목표 간의 갈등에 대해 생각하고 또 생각하지만, 그러한 심사숙고가 문제해결을 위한 행위에로 귀결되는 일은 드물다. 오히려 갈등은 어떤 것도 하지 못하게 만들고 그래서 주관적 안녕감(SWB) 수준을 낮춘다.

자신에 대한 비현실적인 기준과 우울증과의 관련성은 목표와 개인적 스트레스 간의 관계를 말해 주는 다른 예로 볼 수 있다. 예컨대, 완벽주의자는 자신의 달성수준에 대하여 비현실적으로 높은 기대를 갖는 경우가 많은데, 그 기대에 달할 수 없음에 기인한 자기비난, 낮은 자존감 그리고 만성적으로 느끼는 패배자의 느낌 때문에 우울증에의, 그리고 자살에의 위험성이 높다(Baumeister, 1990; Blatt, 1995; Karolyi, 1999). 이러한 비현실적 기대는 자신은 결함이 전혀 없는 사람이어야 한다는 믿음을 통하여 자기 스스로 형성시킬 수도 있고, 달성하기 어렵거나 불가능한 기대나 요구를 주위의 사람들이 갖고 있다는 믿음을 통하여 사회적으로 부과될 수도 있다. 스스로가 인정할 만큼의 개인적 기준을 충족시키기에는—혹은 타인들이 자신에게 걸고 있으리라 여겨지는, 주위 사람들로부터의 사회적 인정을 받을 수 있을 만큼의 기대수준에 달하기에는—자신은 항상 모자란다는 생각이 심각한 스트레스를 야기할 수 있다. 이러한 스트레스가 장기화되면 Baumeister(1990)가 '자아로부터의 도피'라고 부르는 것, 즉 자살이 초래된다.

목표의 긍정적인 측면에서, 개인적으로 중요한 목표를 달성하는 것, 의미 있는 포부를 추구하는 것, 그리고 가치 있는 활동에 헌신하는 것은 모두 행복과 웰빙의 증진에 기여한다(Cantor & Sanderson, 1999; Diener, Suh, Lucas, & Smith, 1999; Emmons, 1999b; Emmons & King, 1988; Lent, 2004). 개인적 목표는 행복과 삶의 의미를 가져오는 활동의 기초가 되기 때문에 개인적 웰빙에 중요한 역할을 한다. 의미 있는 삶의 과제의 달성, 즉 목표의 달성을 위해 매진하는 것은 그것 자체로서 독립적으로 웰빙에 무시할 수 없을 만큼 큰 기여를 한다. 예를 들자면, 600명이 넘는 노인들을 대상으로 한 한 연구에서 사회적, 지역사회 활동에 열성적으로 참여하는 것은 건강, 사회적 지지, 취미, 이전의 만족수준 등의 개인적 자원 변인들을 통제하더라도(즉 이들 변인의 영향을 배제하더라도) 높은 수준의 삶의 만족과 관련이 깊었다(Harlow & Cantor, 1996). 다시 말해서, 사회적 활동에 참여하는 것이 웰빙을 증진시키는 효과는 이 개인적 자원들의 효과를 넘어서는 것이다.

목표는 '가짐'과 '행함'을 연결시킨다

목표는 웰빙증진에 독립적으로도 기여하지만, 개인적 자원이 웰빙에 미치는 영향의 정도를 결정하기도 한다. Cantor와 Sanderson(1999)은 목표가 삶의 '가짐' 측면을 '행함' 측면에 연결시킨다는 사실에 주목하였다(Cantor, 1990). 이 전통적 구분('가짐'과 '행함'이라는 구분은 성격이론가인 Gordon Allport에 의하여 1937년에 처음 시작되었음)은 의미 있는 목표를 발전시키는 것, 개인적으로 중요한 활동을 추구하는 것 같은 형태의 '행함'의 중요성뿐만 아니라 사회적 기술, 낙관적 태도, 지지적인 친구 같은 개인적 자원을 '가짐'의 중요성도 강조한다. 즉 자원(물질적 자원과 개인적 자원)과 목표에의 몰입이 모두 다 웰빙에 중요하다는 것이다. 이 문제를 취급한 연구의 한 예로서 대학생들을 대상으로 하여 자원과 '개인적 노력'의 관계를 다룬 Diener와 Fujita(1995)의 연구를 들 수 있다.

이 연구의 결과는 한 개인이 소유한 자원이 그 사람의 웰빙에 미치는 영향은 그 자원들이 개인적 목표와 조화를 이루는 정도에 따른다는 것이었다. 이 연구에서 측정된 자원은 (지능과 사회적 기술 등의) 기술과 능력, (에너지 넘침, 활기 있음 등의) 개인적 성격특성, (가족 및 친구와 가까운 정도 등의)사회적 지지, 그리고 (돈, 소유물 등의) 물질적 자원들 이었다. 목표는 '여러분이 일상생활 중 노력하려 하는 대표적인 일들' 을 15가지 쓰게 하여 측정하였다(Diener & Fujita, p. 929). 이 연구 대상 학생들은 또한, 그들의 각 자원이 15가 지 목표(개인적 노력) 각각과 관련 있는 정도, 전반적인 주관적 안녕감(Global SWB) 척도, 그리고 일상생활에서 느끼는 감정에 대하여도 평정하였다. 개인적 목표를 달성하는 데 도 움이 되는 자원을 갖고 있는 것이 높은 주관적 안녕감과 관련 있었다. 반면에 목표를 촉진 할 자원이 결여되어 있는 경우 웰빙 수준이 비교적 낮았다. 즉 한 개인이 얼마나 많은 자 원을 갖고 있는지는 문제가 되지 않았다. 문제가 되는 것은 그 자원들이 그들이 달성하려 는 목표에 기여하는지 여부였다.

　Diener와 Fujita는 이 목표와 자원의 관계를 구체적으로 보여주는 두 사례를 기술하였다. 그 연구의 한 여대생은 공부(목표)에 요구되는 지능과 자제력의 자원에 대하여 높은 평정 치를 보였다. 그러나 그 여대생은 이 자원들이 목표에 별로 중요하지 않다고 평정하였다. 그녀는 자신감과 가족, 친구의 지지가 목표에 더 관련이 깊다고 평정하였다. 불행히도 그 녀는 이 자원들에는 평정치가 낮았다. 간단히 말해서 그녀의 자원들은 그녀의 목표에 도움 이 되지 않았다. 그녀의 웰빙 수준은 극히 낮아 이 연구 대상자들의 평균 웰빙 수준보다 3 표준편차 이하이었다. 두 번째 사례 역시 여대생이었는데, 친구와 가족의 지지라는 자원의 평정치가 높았고 이 자원들이 자신의 목표 달성과 깊은 관련성이 있다고 평정하였다. 그녀 는 '운동에의 열의' 라는 자원과 돈이라는 자원에서 약했다. 그러나 그녀는 이 자원들이 자 신의 목표와 무관하다고 생각했다. 이 여대생은 자원과 목표의 조화가 잘 이루어진 경우라 하겠는데, 그녀의 웰빙 수준은 아주 높았다. 그녀의 SWB 점수는 평균보다 1 표준편차만큼 높았다.

　최근 심리학 내에서 목표 관련 개념들에 대한 관심이 높아지게 된 가장 큰 이유는 '가 짐' 과 '행함' 이 삶의 결과를 (그래서 웰빙을) 결정짓는 공동 결정요소임을 목표 관련 개념 을 통하여 설명할 수 있다는 데 있다. 어떤 개인적 자원이나 장점을 '가짐' 이 왜 어떤 행동 혹은 결과에 이끄는지 묻는 순간, 우리의 관심은 '가짐' 으로부터 '행함' 에로 옮겨지게 된 다. 목표는 '행함' 과 직접적으로 연결되어 있으므로 목표는 '가짐' 의 효과를 분명히 알 수 있게 만든다. 삶에 대한 낙관적 태도가 높은 수준의 웰빙과 관련이 깊다는 것은 많은 연구 에서 일관성 있게 밝혀진 바 있다. 왜 낙관주의자들은 비관주의자들보다 더 행복한지 묻는 다면 그 답은 확연한 것으로 여겨질 수도 있다. 즉 흔히 말하기를 낙관주의자는 잔이 반이 나 찬 것으로 생각하고 비관주의자는 잔이 반이나 빈 것으로 생각한다고 한다. 그 답으로

족한 것 아닌가? 그러나 만약 낙관주의자들은 더 행복한 결혼생활을 하고, 더 좋은 직장을 갖고, 건강상태가 더 좋다는 점을 생각해 보면 낙관주의들이 무엇을 하는지 그리고 무엇을 하지 않는지에 관한 의문이 생길 것이다(Chang, 2002a). 그 대답의 많은 부분은 목표, 계획, 그리고 삶의 곤경에 직면했을 때의 인내심과 연관된다.

이 장에서 우리는 개인적 목표가 웰빙, 행복, 그리고 삶의 의미에 중요한 이유에 관한 많은 의문점을 취급할 것이다. 목표는 무엇이고 어떻게 측정하는가? 목표는 어떤 욕구를 충족하는가? 사람들이 지닌 여러 가지 목표가 어떻게 조직화되는가? 사람들이 달성하려 노력하는 목표가 무엇인지, 혹은 사람들이 그 목표들을 왜 달성하려 하는지에 따라 목표가 웰빙과 행복에 미치는 영향이 다른가? 긍정심리학을 연구하는 심리학자들은 이러한 물음에 대한 답을 통하여 사람들이 그들의 삶에서 달성하기를 원하는 것들이 무엇인지, 그리고 그것들이 사람들의 웰빙에 어떤 영향을 미치는지에 관하여 알 수 있게 된다. 긍정심리학을 공부하는 학생들은 목표에 관한 연구와 이론을 통하여 자신의 목표에 관하여 생각할 기회, 그리고 그 목표들이 자신의 행복에 미칠 영향에 관하여 생각할 기회를 제공받게 될 것이다.

개인 목표는 무엇인가

개인 목표의 정의

목표라는 개념을 다룬 심리학 연구들에 관한 개관 논문에서 Austin과 Vancouver(1996, p. 338)는 목표를 "…바라는 상태(결과, 사건 혹은 과정을 포괄하는 넓은 의미의 상태)의 내적 표상"이라고 정의하였다. 대학 졸업, 새 친구를 사귐 혹은 체중 감량이 결과로서의 목표에 해당되며, 결혼식 계획, 혹은 추수감사절 동안 가족과 지냄은 사건으로서의 목표에 해당된다. 과정으로서의 목표는 독서, 자연탐사, 친구들과 시간 보내기 혹은 목공, 음악, 스포츠 등 특수한 능력을 개발하거나 취미활동을 함 등을 예로 들 수 있다. '바라는 상태'는 배고픔 같은 생물학적 욕구를 충족하는 것에서부터 성공적 커리어를 성취하기 위한 일에 몰두하는 것 같은 장기적 포부, 더 나아가서는 종교적 및 정신적 추구를 통하여 표현되는 초월적 삶의 의미를 내포한 '궁극적 관심'(Emmons, 1996b)에 이르기까지 광범위하다.

목표에 관한 다른 개관 논문(Karolyi, 1999)에서는 목표가 다양한 방식으로 표상될 수 있다고 설명한다. 사람들은 바라는 상태에 대한 특수한 심상를 지닐 수 있다. 예를 들어서 이 책의 저자처럼 미국 북서부에 사는 많은 사람들은 겨울에 추위와 눈에 지치게 되면 2월 중순 따뜻한 플로리다의 해안가를 상상하기 시작한다. 이러한 류의 심상이 많은 미국 중서부 지역 대학생들이 봄방학 동안 플로리다 행 여행을 계획하도록 만든다. 사람들이 과거, 현재, 미래에 관하여 생각할 때 사용하는 개인적 기억, 이야기, 그리고 'if/then' 시나리오 역시 목표를 표상한다. 과거 사건에 대한 즐거운 혹은 고통스러운 기억은 어떤 행위와 결과의 재발(혹은 재발 방지)을 위한 계획을 만들어 낼 수 있다. 성취, 포부, 그리고 달성한 꿈과 달성하지 못한 꿈의 형태를 지닌 목표가 사람들의 생애 이야기와 정체감의 중요한 부분이다(McAdams, 1996). 과거에 대한 우리의 많은 감정들은 중요한 개인적 목표의 성공 혹은 실패에 관한 것들이다. 그리고 우리는 우리의 미래를 'if/then'과 '행위/결과 가능성' 형식의 상상을 통하여 추측한다. 예를 들어, "좋은 학점을 받는다면 대학원에 진학할 수 있다." "내가 늘 다른 사람들을 즐겁게 하기 위하여 노력하지 않고 나 자신에 충실하기만 하면 나는 더 행복하게 될 것이다."

요약하자면, 목표는 사람들이 달성하기 위하여 에너지를 쏟는 바람직한 결과로 정의될 수 있다. 목표는 인지적 요소와 정서-동기적 요소를 모두 가지고 있다. 목표는 바람직한 미래 상태의 정신적 표상이라는 의미에서 인지적이다. 이 표상은 신념, 기대, 기억, 심상을 포함한다. 목표의 정서-동기적 요소는 중요한 목표를 달성함(혹은 달성 못함)에 대한 생각과 연합된 긍정적 혹은 부정적 감정, 목표 과정의 평가, 그리고 목표의 성공 혹은 실패에 따른 정서를 포함한다. 목표 추구 행위를 일으키는 에너지가 되는 것이 이 정서-동기적 요소이다.

목표 및 목표 관련 동기적 개념

목표는 개인적으로 원하는 결과의 달성을 향한 행동을 일으키는 것, 즉 '동기'라는 넓은 개념의 한 부분이다. 심리학 내에서 동기적 개념들에는 욕구, 동기, 가치, 성격특질, 유인물, 과제, 프로젝트, 관심, 욕망, 소망, 환상, 꿈 등이 포함된다. 이러한 동기적 원천들의 전체 영역에는 '사소한 추구'로부터 '엄청난 강박관념'(Little, 1989)에 이르기까지, 그리고 의식적으로 도모하는 행위 계획으로부터 의식적인 자각 너머의 무의식적 동기에 의한 행동에 이르기까지 넓은 영역이 포함된다. 목표는 근년에 와서 다양한 동기 개념을 아우를 수 있는 중도적인 개념으로 대두되었다. 이러한 점을 반영하여 Karolyi(1999)는 목표가 다른 동기적 개념들에 포함될 수 없는 혹은 다른 동기적 개념들로서 설명될 수 없는 인간 행동을 독립적으로 설명할 수 있는 개념이라고 주장한다. 이 주장에 대하여는, 특히 목표가 '성격'에 내포되는 것인지 아니면 성격과 구별되는 것인지에 관하여 많은 논란이 있다 (McAdams, 1995; Miller & Read, 1987; Read & Miller, 1998, 2002; Winter, John, Stewart, Klohnen, & Duncan, 1998). 그러나 대부분의 목표연구자들은 목표가 다른 동기원천들과 연관되면서 동시에 그것들과 구별되는 별개의 심리적 실체라는 데에 의견이 일치한다.

목표가 여타 동기 개념에 비해 독특한 그리고 별개의 개념이라는 것이 욕구, 가치, 그리고 여타 동기들이 목표보다 덜 중요하다거나, 목표가 사람들의 행위를 설명하는 데 더 근본적임을 의미하는 것은 아니다. 사실상, 이 장의 내용은 목표가 욕구, 가치, 그리고 자아개념을 어떻게 설명하는지를 검토하는 것이다. Karolyi(1999)가 주장하는 바처럼, 심리학 내에서 목표에 기초한 관점에 대한 관심이 증가하는 이유는 목표가 이보다 포괄적인 동기 원천들을 의식적인 자각, 의도적 행위로 연결시키고 전환시키는 중간 수준의 분석에 쓸모가 있음을 반영하는 것이다. 목표는 인간의 동기적 원천들이 인간의 행동과 삶에 미치는 영향보다 구체적인 이유, 그리고 장기간에 걸친 행위의 목적에 초점을 둠으로써, 그 다양한 동기적 원천들을 보다 잘 이해할 수 있도록 돕는다. 개인적 목표는 사람들이 살아가고 있는 삶의 여정에 대하여 보다 구체적인 그리고 '바로 이 순간의(here-and-now)' 통찰을 제공하는 점에서 보다 포괄적인 동기적 관점과 다른 장점을 갖는다. "목표는 … 각 개인의 실시간 지휘본부[의 작전을] 알아챌 수 있게 한다"(p. 269) 라는 Karlyi(1999)의 지적은 목표의 이러한 장점을 표현한 것이다.

이 실시간 지휘본부는 포괄적인 욕구와 동기를 각 개인에게 해당되는 구체적인 형태로, 즉 개인별로 전환한다. 예를 들어서, 소속의 욕구는 분명히 인간 모두에게 중요하고 근본적인 욕구이지만, 그것이 행동과 목표로 표현되는 양상은 개인마다 아주 다양하다. 즉 이 욕구의 충족을 위한 행동과 목표는 깊은 관계가 아닌 많은 친구를 가짐, 소수의 절친한 친구를 가짐, 부모·형제와 가깝게 지냄, 배우자와 자녀에게 충실함 등등 그 양상이 다양하다. 이렇게 다양한 형태로 표출되기 때문에 소속의 욕구가 인간에게 근본적, 보편적 욕구로 인정되는 것이다(Baumeister & Leary, 1995). 개인적 목표는 모든 인류가 공유하는 욕구가 구체적인 각 개인의 삶에 어떻게 전환되고 표현되는지를 파악할 수 있게 한다. 개인적 목표는 포괄적인 것을 구체적인 것으로 연결시키는 것이다.

이 실시간 지휘본부는 또한 생애에 걸친 자기조절 행위에도 결정적 역할을 한다(자기조절 행동은 제8장의 주제이다). 목표는 개인의 성장과 성취 정도를 평가하는 기준점의 기능을 한다. 한 사람이 현재 얼마나 잘하고 있는지, 새롭게 시도할 필요가 있는 행위가 무엇인지, 자신의 삶에 얼마나 만족하고 있는지 등에 대한 평가는 대개의 경우 개인적으로 의미를 부여하고 있는 목표에 있어서의 현재의 진척 정도, 달성 정도에 의해 결정된다. 목표는 우리의 과거에 대한 느낌, 현재에 대한 평가, 그리고 미래에 대한 희망을 묶는 데 기여한다.

개인 목표의 측정

개인 목표에 대한 정의와 측정방법은 학자에 따라 다르다. 그러나 학자에 따라 다른 용어를 사용하지만, 목표가 개인이 자신의 삶에서 달성하려고 노력하는, 그 개인의 바라는 바를 의미하는 면에서는 모두 일치한다. 목표를 의미하는 용어로서 개인적 관심(Klinger,

1997, 1998), 개인적 계획안(Little, 1989, 1998; Little, Salmela-Aro, & Phillips, 2007; McGregor & Little, 1998; Palys & Little, 1983) 개인적 노력(Emons, 1986, 1996b, 2003), 삶의 과제(Cantor, 1990; Cantor & Sanderson, 1999; Cantor & Zirkel, 1990) 등이 사용되고 있다. 전형적인 측정방법은 측정하는 목표개념에 관한 간단한 설명과 예를 제시하고 나서 응답자들에게 자신의 가장 중요한 현재의 목표를 쓰도록 하는 것이다. 예를 들어서 '개인적 계획안'의 연구에서, 참가자는 "우리는 사람들이 자신의 삶에서의 어떤 활동을 하고 어떤 것을 중요하게 여기는지 알고자 합니다. 우리는 그것을 **개인적 계획안**(personal project)이라고 부릅니다. 우리는 어느 때건 무언가에 관심을 갖고, 계획하고, 행하고, 때로는(항상은 아니지만) 완결짓는 많은 개인적 계획안을 갖고 있습니다."(McGregor & Little, 1009, p. 497) 계획안의 예로 연구자들은 '국어 숙제 끝내기'와 '야외운동을 더 많이 하기'를 들었다(Little, 1989)

Emmons(1999b)는 그의 '개인적 노력'이라는 목표 개념에 관한 연구에서 참가자들에게 **개인적 노력**(personal strivings)을 "여러분의 일상생활에서 행하는 것들 중에서 여러분의 특징이 되는, 여러분에게 독특한 일"을 의미한다고 설명하였다. 그리고 덧붙여서 그것은 얻고자 하는 좋은 것이어도 좋고, 피하고 싶은 부정적인 것이어도 좋은데, 한 번에 끝나고 마는 것이 아닌 반복되는 것이라고 설명하였다. 예로서는 '도움이 필요한 사람을 도우려함'과 '어떤 사람의 생각이 옳다고 다른 사람들을 설득함'을 들었다.

Cantor(1990; Cantor & Sanderson, 1999)는 **삶의 과제**(life tasks)를 참가자들에게 다음과 같이 설명하였다.

> 목표에 관하여 생각할 수 있는 한 가지 방법은 '현재의 삶의 과제'에 대해 생각하는 것이다.
> 예컨대, 은퇴한 사람을 상상해 보자. 다음 세 가지 삶의 과제가 그 사람에게 대두될 것이다.
> 이 힘든 시기에 직면하여 (1) 직업이 없지만 뭔가 생산적인 일을 하는 것, (2) 성장한 자녀와
> 손주들에게 부모, 조부모 역할을 만족스럽게 하는 것, (3) 여가 시간, 여가활동을 즐기는 것.
> 그 노인들 개개인의 에너지가 이러한 문제를 해결하는 데 경주될 것이므로 그 각 과제들은
> 중요한 목표가 된다(ZirKel & Cantor, 1990, p. 175).

각 참가자들이 목표 목록을 적고 난 후, 연구자들은 목표들의 중요도, 목표들 간의 갈등, 목표 실천, 달성 가능성 판단 등에 관한 평정을 시켰다. 개인들 간의 비교를 위하여 목표들을 범주별로 묶었다. 연구자들의 연구 관심에 따라 삶의 단계별, 여건별, 연령대별 혹은 목표의 속성별로 목표의 범주가 설정되었다. 예컨대, Zirkel과 Cantor(1990)는 대학생 참가자들에게 각자가 적은 '삶의 과제'를 학업상의 성공, 장래 목표와 계획 수립, 새 친구 사귀

기, 가족으로부터 떨어져 혼자 사는 법 배우기, 자기 자신의 독특한 정체감 확립하기, 공부시간과 친교시간 사이의 균형 잡기의 여섯 범주로 분류하게 하였다. 이에 반하여, Emmons(1996)의 '개인적 노력' 연구에서는 참가자들에게 그들이 적은 각 '개인적 노력'을 포괄적인, 보다 상위수준의 목표로 분류하게 하였다. 그의 연구에서 제시한 개인적 목표의 범주는 성취, 영향력(타인들에게 영향력을 행사함), 친화(주위 사람들과 좋은 관계를 유지함), 개인적 성장과 건강, 독립, 친밀(어떤 사람과 서로를 이해하고 아끼는 관계를 형성함), 종교성이었다. 요약하자면, 개인적 목표는 웰빙 연구와 상호연관된 다양한 요인들에 대하여 알 수 있게 한다. 목표는 사람들의 행복과 만족에 중요한, 삶의 목적을 포착한다. 요컨대, 목표는 웰빙의 주요 결정요소들을 보여주는 창문이라 할 수 있다.

목표의 조직

대부분의 목표연구자들은 목표가 위계를 형성한다는 데 견해를 같이 한다. 즉 보다 포괄적이고 추상적인 '상위의' 목표가 있고 그 아래에 보다 구체적인 '하위의' 목표가 있다는 것이다(Austin & Vancouver, 1996). 상위의 목표들은 많은 하위 목표들에 의미를 부여하고, 하위 목표들을 통제하기 때문에 더 중요한 것으로 간주된다. 상위 목표는 그 상위 목표가 통제하는 하위의 목표들로 쉽게 나누어질 수 있다. 예컨대, '대학에서 학위를 받음' 이라는 목표는 다수의 하위 목표들을 성공적으로 달성할 것을 요구한다(예, 대학입학, 수강신청, 공부, 졸업이수에 필요한 학점 따기, 등록금 내기 등). 이 예에서 학위 취득은 상위의 목표이며 많은 구체적 하위 목표를 조직화하고, 그 하위 목표들에 목적을 부여하므로 더 중요하다. 상위 목표들은 또한 그것이 달성되지 않을 때 그 개인에게 초래되는 일 때문에도 더 중요할 수 있다. 학위 취득의 실패가 초래하는 결과는 어떤 한 과목에서 실패하는 것보다 더 중요하다. 분명히 만약 모든 혹은 대부분의 하위 목표가 달성되지 않으면 상위 목표도 달성되지 못할 것이다.

목표 관련 동기들을 개인적 혹은 보편적 중요성 면에서 순위를 매기는 근거는 다양한 이론적 모형에 따라 다르다(Austin & Vancouver, 1996; Carver & Scheier, 1998; 개관을 위해서는 Peterson & Seligman, 2004를 보라). 모든 사람들에게 적용할 일률적 모형을 추구하는 이론가들은 대부분의 사람들이 공유하는, 보편성이 비교적 높은 욕구, 가치 및 목표가 무엇인지 찾아보는 데 초점을 둔다. 그 반면 개인특징적 모형은 각 개인들에 따라 독특한 목표순위 매김에 초점을 둔다. 어떤 욕구관련 목표들과 가치 관련 목표들은 사람들 모두에게 근본적 혹은 보편적이라고 널리 인정되고 있지만, 인간의 동기들의 전 범위를 포괄하기 위해 몇 개의 목표를 설정할 것인가라는 문제, 그리고 그 목표들을 어떤 위계적 순서로 배열해야 할 것인가라는 문제에 대해서는 견해 차이가 심하다. 목표 동기들에 관한 보편적 관점과 개인특징적 관점을 다룬 연구가 다음에 다룰 주제이다.

보편적 인간 동기의 탐구

제6장에서 우리는 행복이 인류에게 보편적인지 아니면 문화에 따라 큰 차이를 보이는지를 살펴보았다. 동일한 문제를 목표 관련 동기에 초점을 두어 생각해 보기로 한다. 많은 다른 문화권 사람들의 목표와 동기를 조사해 보면 어떤 것이 발견될 것인가? 전 세계 사람들이 중요하게 여기는 욕구와 목표가 일치할 것인가? 아니면, 각 문화마다 다른 동기의 목록을 얻게 될 것인가? Maslow의 유명한 이전 연구의 발자취를 따라서 최근의 연구들은 이 문제를 다시 다루었고, 약간의 흥미 있는 답들을 얻게 되었다.

기본적 인간 욕구의 충족과 목표

인간 욕구의 위계에 대한 Abraham Maslow(1943, 1954)의 고전적 이론은 인간 동기의 보편적 기원을 밝히고자 시도된 최초의 동기위계설 중 하나이다. 처음 모형에서는 다섯 욕구를 설정하였고, 그 후의 모형에서는 여덟 욕구로 확장하였다. 이 확장은 자아실현 욕구를 세분화한 것이다. 각 욕구는 각기 그 욕구를 충족시키기 위한 특정 부류의 행동들을 동기화한다.

Maslow 위계의 제일 아래에는 생존에 필수적인 기본적 **생리적 욕구**가 있다. 두 번째 수준의 욕구는 **안전의 욕구**로서, 안전하고 안락한 환경에 대한 욕구, 그리고 세상에 대한 조리 있는 이해[즉 예측 가능한 세상(역주)]에의 욕구를 의미한다. 위계의 세 번째 단계인 **소속의 욕구**는 가족, 친구, 이웃들과의 사랑, 친밀, 애착에 대한 욕구이다. **자존감 욕구**가 위계의 네 번째이다. 이 욕구는 자기 스스로에게 그리고 타인들로부터 인정, 존경받고자 하는 욕구이다. 다섯 번째 욕구는 **인지적 욕구**로서, 지식, 자기이해, 새로운 것에 대한 호기심의 욕구이다. **미적 욕구**는 예술품과 자연의 아름다움, 질서를 느끼고자 하는 욕구이다. 일곱 번째 욕구인 **자아실현 욕구**는 개인적 성장과 충만의 욕구이다. 자아실현을 하는 개인은 자신의 정서적, 지적 잠재 가능성을 완전히 표현함으로써 정신적으로 건강한 사람이 될 수 있다. 위계의 가장 위에는 **초월의 욕구**가 있는데, 이것은 삶의 목적을 발견하기 위한 종교적, 영적 욕구를 의미한다(Maslow, 1968).

Maslow는 하위 욕구가 상위 욕구보다 우선한다고 주장하였다. 하위 욕구가 먼저 충족되지 않으면 상위 욕구는 중요하지 않게 되고 동기화되지 않는다는 것이다. Maslow는 한 개인의 욕구가 상위로 올라가는 과정을 그 개인이 발달하는 것으로 생각했다. 그러나 삶의 여건 변화로 인하여 그 순간 우리의 주의를 끄는 욕구가 결정되기도 한다. 여건에 따라서 전에는 상위 욕구가 동기화된 사람이 하위 욕구 상태로 퇴행할 수도 있다는 것이다. 예를 들자면, (전에는 공부하기, 즉 인지적 욕구를 느꼈던) 많은 대학생들이 애인과의 결별 혹은 사랑하는 사람의 죽음을 겪은 후에는(소속의 욕구의 좌절), 인지적 욕구를 느낄 수 없게 된다.

　　Maslow의 영향은 오늘날 긍정심리학 영역에서도 볼 수 있다. 예컨대, 긍정심리학자들의 공통된 가정은 한 개인이 더 많은 욕구를 충족했을 때 그 사람은 더 건강하고 더 행복할 것이라는 것, 그리고 충족되지 않은 욕구는 웰빙을 감소시킨다는 것이다(Veenhoven, 1995). 건강하고 완전히 기능하는 사람이 행복한 사람이라는 입장은 자아실현된 인간에 관한 Maslow의 설명과 공통점이 많다(Ryan & Deci, 2000; Ryff & Keyes, 1995). 그러나 Maslow의 위계에 대한 가설은 연구 주제가 된 적이 별로 없으며, 그 위계의 보편성과 욕구의 순위에 대한 반론이 제시되기도 하였다(Austin & Vancouver, 1996; Peterson & Seligman, 2004). 하위 욕구가 충족되지 않으면 상위 욕구가 동기화되지 않는다는 생각과 일치하지 않는 예들을 생각하는 것 역시 어려운 일이 아니다. 자신이 믿는 대의명분을 지키기 위해 죽는 사람도 있고, 불치의 병 상태 속에서 다른 사람들의 사랑이나 종교에 위안을 느끼기도 한다. 모든 부모들이 그렇듯, 사람들은 다른 사람들을 이롭게 하기 위하여 자신을 희생하기도 한다. 그러나 어떤 욕구는 다른 욕구보다 더 절박하다는 기본 생각은 웰빙 문헌들에서 지지받고 있다. 아주 가난한 나라에서는 경제적인 것이 웰빙에 분명히 중요하다. 그것은 거의 틀림없이, 돈이 기본적 생존에 필요한 욕구 충족에 긴요하기 때문일 것이다(Biswas-Diener & Diener, 2001). 기본적 욕구가 충족된 부유한 나라에서는 경제적인 것이 행복을 결정짓는 강력한 요소가 분명히 아니다. 이러한 결과는 하위 욕구가 충족된 후에만 상위 욕구(예, 자존감과 인지적 욕구)가 중요해진다는 생각과 일치하는 것이다.

연구 초점 : 보편적 욕구의 측정방법

Maslow 이론의 문제점에도 불구하고, 보편적 욕구의 목록을 확립하는 작업은 매력적인 연구주제로 남아 있다. 그러한 목록은 아주 다양한 욕구, 가치 및 목표들을 상정하는 다양한 이론들을 분류하고 체계화하는 데 도움이 될 것이기 때문이다. 최근의 한 연구가 '보편적 욕구' 상태의 후보감으로 열 가지 심리적 욕구를 테스트함으로써 이 문제를 다루었다(Sheldon, Elliot, Kim, & Kasser, 2001). Sheldon과 그의 동료들은 유사성, 사용빈도, 동기 문헌 속에서의 경험적 지지 등에 기초하여, 보편적인 것으로 여겨지는 아래의 열 가지 욕구를 확인하였다(Sheldon et al., 2001, p. 328의 표 1과 p. 339의 부록에서 인용함).

1. **자존감** : 자신이 다른 사람만 못하다는 느낌이 아닌, 긍정적 자아상, 자신이 가치 있는

존재라는 느낌, 그리고 긍지를 느끼려는 욕구

2. 관계 : 외롭고 소외된 느낌이 아니라, 다른 사람과 친밀하고, 서로를 배려해주는 관계에 있다고 느끼려는, 그리고 다른 사람과 잦은 친교를 맺으려는 욕구

3. 자율 : 자신의 선택이 외적 환경 혹은 사회적 압력에 의해 강요된 것이 아니라, 자신 스스로의 관심과 가치부여에 의해 이루어진 것으로 느끼려는 욕구

4. 역능 : 자신이 무능한 패배자가 아니라, 어려운 도전거리에 직면하여 성공적으로 해결할 수 있는 능력 있는 존재로 느끼려는 욕구

5. 쾌/자극 : 삶이 권태롭고 따분하다고 느끼는 것이 아니라, 삶에서 변화와 새로운 체험, 자극적이고 즐거운 체험을 느끼고자 하는 욕구

6. 신체적으로 강건함 : 병약함을 느끼는 것이 아니라, 건강하고자 하는 신체적 웰빙감을 느끼고자 하는 욕구

7. 자아실현/의미 : 참된 자기 자신의 가능성을 발전시키려는 개인적 성장의 욕구. 자신의 삶이 정체되어 있고 의미 없는 것으로 느끼는 것이 아니라, 삶의 더 깊은 목적과 의미를 발견함

8. 안전 : 현재 삶의 여건에서 위협이나 불확실성을 느끼는 것이 아니라, 안전하다고 느끼고 싶은 욕구. 자신의 삶이 예측 가능하고 자신이 통제할 수 있다고 느끼고 싶은 욕구

9. 영향력 : 다른 사람들에게서 무시 못할 존재로 인식되고 싶은 욕구. 자신의 충고가 유용하고 중요해서 타인들의 생각이나 행동에 영향을 미칠 수 있다고 느끼고 싶은 욕구(자신이 타인들에게 거의 영향력이 없다는 느낌, 그리고 자신의 충고와 의견에 대해 아무도 관심 갖지 않는다는 느낌에 반대됨)

10. 돈/사치 : 원하는 것들을 사고, 멋있는 물건을 소유할 수 있을 만큼의 돈에 대한 욕구 (빈곤감, 원하는 물건을 소유할 수 없음과 상반됨)

Sheldon과 그의 동료들(2001)은 두 가지 기준을 설정하여 이 욕구들의 '보편성'을 평가하였다. 첫 번째 기준은 사람들이 살아가면서 가장 만족스러운 체험을 하는 경우 그것은 중요한 욕구의 충족과 관련이 있을 것이라는 가정에 기초하였다. 이 기준은 미국과 한국 대학생들[한국은 한양대학교 학생들(역주)]에게 지난주에 자신에게 있었던 일 중 가장 만족스러웠던 것을 쓰도록 하였다. 그런 후 참가자들에게 그들이 쓴 '가장 만족스러웠던' 사건과 열 가지 욕구들과의 관계를 평정케 하였다. 두 번째 기준은 긍정적 및 부정적 감정의 체험이 욕구 충족과 관련이 있을 것이라는 가정에 기초하였다. 이 기준의 타당성 검증을 위하여 참가자들에게 지난 학기 동안 있었던 사건 중 가장 만족스러운 것과 가장 불만족스러운 것을 각기 하나씩 쓰게 한 후, 그 사건에서 느낀 긍정적 감정과 부정적 감정이 어느

정도인지를 20가지 감정 형용사에의 평정으로 답하게 하였다. 미국 대학생들이 답한 만족
스러웠던 사건과 불만족스러운 사건의 응답에는 "친구와 교회의 피정[일상을 떠나 조용한
곳에 가서 묵상 등 종교수련을 함(역주)]에 감, 예배를 보고 나서 막사를 청소함", "여름 아
르바이트로 아주 마음에 드는 일을 하게 되었음"(만족), "2년 8개월간 사귄 여자 친구와
헤어짐", "깡패들에게 폭행당함"(불만족) 등이 있었다.

전반적인 결과는 두 기준이 쓸모 있음을 보여주었다. 미국과 한국 표집 모두에서 욕구는
만족스러운 사건, 불만스러운 사건과 관련이 깊었다. 만족(불만족)스러운 사건에서 느낀
긍정적(부정적) 감정에 있어서 미국과 한국의 학생들은 거의 일치되는 반응을 보였다.
Sheldon과 그의 동료들은 그들의 방법이 인간 욕구의 정확한 순위를 알 수 있게 하는 것이
라고는 주장하지 않는다. 그러나 그들의 연구에 기초하여 욕구의 순위를 매기면 위에 기술
한 순서와 같다. 앞에서 1부터 10까지의 번호는 미국 자료의 첫 번째 기준(즉 가장 만족스
러웠던 일이 각 욕구에 관계되는 정도)의 결과이었다. 두 번째 기준(욕구와 사건 체험 시
느끼는 감정과의 관계)에서도 욕구의 중요성의 순서는 (1) 자존감, (2) 관계, (3) 자율, (4)
역능의 순이었다. 미국 학생들에서 가장 중요시되는 다섯 가지 욕구(자존감, 관계, 자율,
역능, 쾌/자극)는 한국 학생들 자료에서도 가장 중요한 것으로 밝혀졌다. 순서에 있어서의
약간의 차이가 있었는데, 한국 학생들에서는 관계가 첫째로, 자존감이 두 번째로 중요한
것으로 드러났다. 이것은 집단주의적인 아시아 문화와 개인주의적인 미국 문화 간의 차이
를 반영하는 것일 수 있을 것이다. 한국과 미국 두 표집에서 모두 안전, 신체적으로 강건
함, 자아실현은 중간 위치를 차지하고 있었고, 반면에 영향력과 돈/사치 요인은 가장 순위
가 낮았다. 이상은 만족스러운 사건에 대한 응답 자료의 분석결과이다. 가장 불만스러웠던
사건과 욕구와의 관련성에 관한 자료의 결과는 약간 달랐다. 불만족스러운 사건들과 가장
관련이 깊은 것은 자존감 결여, 역능 결여, 그리고 안정의 결여였다. 불만족스러운 사건들
과 관련해서 안전 욕구의 중요성이 매우 높음이 주목할 만한 결과라 할 수 있다. 이상의
결과들을 묶어 정리하자면, 이 연구는 자존감, 관계, 자율 그리고 역능이 인간의 보편적 욕
구로서 우선적으로 고려되어야 할 강력한 후보임을 시사한다.

목표를 표현하는 근본적 가치

근본적 가치는 인간 동기의 보편성과 위계에 관한 다른 접근을 제시한다. 대부분의 가치이
론가들은 **가치**(values)를 '삶의 일반적 지침 혹은 원리 구실을 하는 바람직한 상태'로서
간주한다(이에 대한 개관은 Rohan, 2000을 보라). 가치는 광범위한 행동들을 동기화하는
포괄적이고 일반적인 목표를 나타낸다. 구체적인 것(예, 집 청소)에서부터 추상적인 것(예,
만족스러운 삶을 사는 것)에 이르기까지 넓은 범위를 갖는 인간의 목표의 위계에 있어서,

가치는 정상에 가까운 위치에 있다. 가치에 관한 최근의 한 이론은 위계 문제와 보편성 문제 두 가지 모두를 다루고 있다. Rokeach(1973)의 연구에 기초를 두고, Schwartz와 그의 동료들은 인간의 열 가지 가치가 세계 65개국 사람들에게서 공통된 의미와 타당성이 입증됨을 포괄적으로 설명하고 있다(Sagiv & Shwartz, 1995; Schwartz 1992, 1994; Schwartz & Bilsky, 1987, 1990; Schwartz & Sagiv, 1995).

Schwartz의 이론에서, 가치는 인간존재에게 세 가지 반드시 필요한 것들의 인지적 표상으로 개념화된다. 그 세 가지 요소는 개인의 생존을 위한 생물학적 욕구, 원활한 사회적 관계를 위한 욕구, 그리고 집단의 복지와 사회적 제도에 관련된 욕구이다. 열 가지 가치는 삶에 중요한 필요 요소에 연결된 것으로 가정되기 때문에 모든 문화에 보편적인 것으로 간주된다. 물론 가치들의 우선순위는 각 개인, 각 문화에 따라 다를 수 있다. 즉 가치의 중요성에 어떤 순위가 부여되는가는 사람에 따라, 그리고 문화에 따라 다를 것이라는 것이다. 어떤 한 가치는 어떤 사람에게는 매우 중요하지만 다른 한 사람에게는 덜 중요하고, 또 다른 사람에게는 훨씬 덜 중요할 수 있다.

그러나 우선순위는 다를지라도, 인간의 열 가지 가치는 모든 사람, 모든 문화에 공통된다는 증거를 Schwartz는 제시한다.

Schwartz는 가치가 '동기적 유형'이라고 주장한다. 그 이유는 가치의 차이는 각 가치가 표현하는 목표의 유형을 반영하기 때문이다. 가치는 성인기에는 별로 변화하지 않고, 지속되는 경향이 있는 동기적 원천으로 간주된다(Rokeach, 1973; Schwartz, 1992). 가치와 목표의 열 가지 동기적 유형이 표 7.1에 요약되어 있다(Rohan, 2000과 Schwartz, 1992의 내용을 정리한 것임).

여러분이 인간의 가치에 대한 Schwartz의 설명을 읽으면서 여러분은 여러분이 어떤 가치를 다른 가치보다 더 좋게 여기는지 깨달을 수 있을 것이고, 여러분에게 중요한 정도에 따라 각 가치의 순위를 매기면, 여러분 자신의 가치의 우선순위가 분명해질 것이다. 여러분은 또한 아마도 여러분이 알고 있는 사람들 간에 가치의 우선순위가 다르다는 것에 생각이 미칠 수도 있을 것이다. 어떤 사람들은 자극에 높은 가치를 부여하고, 항상 짜릿한 무언가를 추구하여 쉽게 권태를 느낀다. 보수적이고 종교적인 심성의 사람들은 Schwartz의 가치들 중 전통에 중요성을 높이 부여할 가능성이 있다.

목표와 가치 사이의 연결은 Schwartz의 이론에서는 아주 명백하다. 왜냐하면 그의 이론에서 가치는 많은 상황에 적용되면서 시간에 따른 변화가 적은, 넓은 범위의 목표로 정의되기 때문이다. 여러분의 가장 중요한 개인적 목표의 일부는 아마도 열 가지 가치 중 어떤 것과 관련이 있을 것이다. 예컨대 어떤 상담가의 생애의 목표는 박애 가치의 중요성을 표현한 것일 가능성이 높다. 가치는 우리의 개인적 정체감을 정의하는 데 도움이 되고 삶의

표 7.1   가치와 관련 목표

동기유형	설명	목표
영향력	타인들에게 영향력을 행사함 사회적 지위와 특권, 통제, 사람들과 자원을 지배함	사회적 권력, 권위, 재산
성취	능력을 발휘하여 힘든 일을 해냄 경쟁에서 이김	힘든 일을 완수함
쾌락주의	오감을 통한 쾌감각을 즐김	음식, 여가, 성
자극	신기함, 스릴 추구	모험, 변화, 새로운 체험, 짜릿한 체험, 호기심
자율	독립적인 사고, 행위, 및 선택. 창조와 탐색	자유, 독립
보편주의	이해, 감상, 관용, 사람들의 복지증진, 자연보호	관대한 마음가짐, 지혜추구, 사회정의, 공정, 평화로운 세계, 아름다움, 자연과의 일체감, 자연보호
박애	자주 만나는 사람들(예, 가족, 친구, 직장동료) 의 복지증진	이타심, 용서, 신의지킴, 신뢰성, 정직
전통	전통문화와 종교적인 관습 존경	전통수호, 겸손, 여건을 받아들임, 종교에 헌신함
동조	사회적 규범이나 타인들의 기대에 부응함	정중함, 예의바름, 모임의 규칙에 복종, 부모 나 노인들을 존경함
안전	안전, 사회의 안전유지	사랑하는 사람들의 안전, 국가의 안전, 사회질 서, 청결

일반적 원리 구실을 하므로, 우리에게 가장 중요한, 따라서 상위의 목표 중 어떤 것을 대표한다. Schwartz가 주장하는 가치가 여러 문화권에서 공유된다는 사실은 그 가치들의 보편적 중요성의 지지 증거가 된다.

다양한 문화에 보편적인 개인적 목표

보편적 욕구와 가치를 밝히려는 연구와 짝을 이루는 것으로서 최근 인간의 목표의 내용을 15 문화권에 걸쳐 조사한 연구가 있다(Grouzet et al., 2005). 이 연구는 개인적 목표의 내용과 구조, 그리고 그 목표들의 근본적 욕구와 가치들 간의 관계가 여러 문화에 걸쳐 공통된다는 증거를 제시하고 있다.

이 연구는 서부 및 동부 유럽, 오스트레일리아, 동아시아, 남미, 미국, 캐나다 등 여러 나라 대학생들 약 2,000명을 대상으로 하였다. Grouzet과 그의 동료들은 이전 연구들에 기초하여 열한 가지 목표에 대한 개인적 중요성을 측정하는 설문지를 만들었다. 이 연구의 각 목표에 대한 설명이 표 7.2에 제시되어 있다(Grouzet et al., 2006의 p. 802, 표 1을 약간 수

표 7.2 문화보편적인 개인적 목표

목표	설명
친화	가족, 친구들과 만족스러운 관계 유지
공동체 감정	베품, 계몽, 시위활동을 통해 세상을 더 살기 좋은 곳으로 만듦
동조	타인들의 기대에 부응함
경제적 성공	경제적으로 성공함
쾌락주의	오감을 통한 감각적 즐거움을 많이 체험하려 함
외모	타인들로부터 매력적으로 인정받기 위한 외모를 가짐
신체적 건강	신체적으로 건강하고 무병함
인기	타인들로부터 존경받음. 유명해짐
안전	안전에 위협을 받지 않고 살 수 있음
자기수용	스스로 능력 있다고 느낌. 자율적임
종교성	세상에 대한 영적/종교적 이해를 발달시킴

정한 것임).

열한 가지 목표 각각을 측정하기 위해 여러 문항이 사용되었다. 참가자들은 각 문항(예, 동조 가치 문항―"나는 우리 사회가 기대하는 바에 맞춰 살고 싶다", 공동체 감정 가치 문항―"나는 누군가의 도움을 필요로 하는 사람을 아무런 대가를 요구하지 않고 돕고 싶다", 인기 가치 문항―"나는 많은 사람들로부터 존경을 받고 싶다")에 대하여 1점(전혀 중요하지 않음)부터 9점(매우 중요함)까지의 9점 척도로 평정하였다. 열한 가지 목표의 내용은 여러 문화권에 걸쳐 공통되는 것으로 보였다. 목표 측정치들의 내적 신뢰도와 문화 간 등가성은 믿을 만한 수준이었다. 즉 각 목표를 측정하는 문항들(각 목표별로 3~8문항) 평정치 간의 상관계수(내적 신뢰도)가 높았다.

보다 중요한 결과는 분석결과가 열한 가지 목표가 15 문화권에서 유사하게 일치하는 양상을 보였다는 것이다. 즉 개인 목표는 그림 7.1에서 제시된 바와 같이 2차원 구조를 갖는 것으로 나타났는데, 이 결과가 다양한 문화권에 걸쳐 공통적으로 나타났다.

각 문화권 사람들이 열한 가지 개인적 목표에 대하여 갖고 있는 구조는 비슷했다. 그 구조는 내재적 지향의 목표 대 외재적 지향의 목표라는 차원과 육체적 목표 대 초월적 목표라는 차원의 2차원 구조였다. 두 차원의 각 요소들은 내적 일관성이 있었고 반대극의 요소들과 상반되었다. 즉, 내재적 목표들이 자신의 삶에서 중요하다고 답한 사람들은 외재적 목표들은 중요하지 않다고 답하였다. 또한 육체적 쾌 그리고 생존과 관련된 목표에 높게 평정한 사람들은 자기초월적 목표들에 대해서는 낮게 평정하였다.

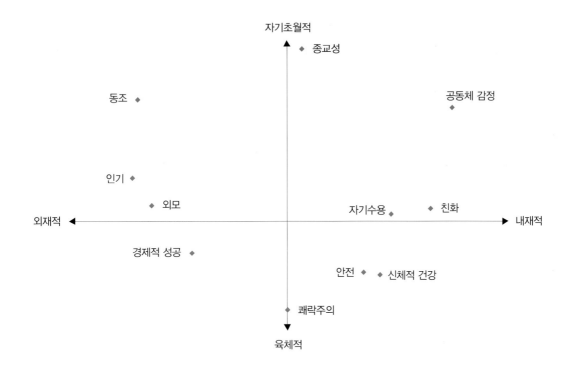

그림 7.1　문화보편적인 열한 가지 목표의 2차원 구조

출처 : Grouzet, F. M. E., Kasser, T., Ahuvia, A., Dols, J. M. F., Kim, Y., Lau, S., et al.(2005).

내재적 목표 대 외재적 목표　**내재적 목표**(intrinsic goals)란 중요한 심리적 욕구(관계, 자율 및 역능 등)와 연결된 것으로서 그것의 욕구와 충족이 본질적 만족을 느끼게 하는 것으로 정의된다. 열한 가지 목표 중 내재적 목표에 속하는 것은 자기수용, 친화, 공동체 감정, 신체적 건강, 안전이다. **외재적 목표**(extrinsic goals)란 외적 보상이나 타인들로부터 칭찬을 받고자 하는 열망을 나타내는 것으로서 그것의 추구와 충족에서 느끼는 만족감의 깊이가 낮고 덜 본질적인 것으로 가정된다. 외재적 목표에는 경제적 성공, 외모, 인기, 동조가 포함된다. 이 차원의 목표들은 높은 내적 일관성을 보여주었다.

육체적 목표 대 자기초월적 목표　이 차원의 목표들의 내적 일관성은 썩 높지 않으며, 어떤 것들은 내재적-외재적 차원의 양쪽에 걸쳐 있다. 즉 어떤 쾌/생존 목표와 자기초월 목표는 내재적 요소와 외재적 요소를 모두 가질 수 있다. 육체적 목표는 쾌락주의(쾌와 고통회피를 추구함)와 안전 및 건강의 욕구로 정의된다. 육체적 목표를 달성하기 위한 수단으로 해석되는 경제적 성공 역시 이 차원에 관련된다. 자기초월 목표는 삶의 영적/종교적 이해의 욕구, 타인들을 이롭게 하고 세계를 개선하는 데서 느끼는 공동체 감정의 욕구, 그리고 사회적 의무를 이행하고 타인들로부터 인정받고자 하는 갈망을 반영하는 동조 욕구를 포함한다.

이 연구는 인간 목표의 내용을 이해하기 위한 하나의 모형으로서, 개인적 목표를 두 차원에서 조망한다. 하나의 차원은 개인적 목표가 외재적 보상과 내재적 심리 욕구에 각 개인이 부여하는 상대적 중요성에 따라 분류될 수 있음을 보여주며, 다른 한 차원은 육체적 쾌 및 생존과 자기초월적인 영적 이해 중에서 어느 쪽에 더 가치가 주어지느냐에 따라 개인적 목표가 분류될 수 있음을 암시한다. 이 연구자들의 결론에 의하면 사람들이 목표를 설정할 때 사람들은 심리적 욕구(내재적), 생존과 쾌(육체적), 보상과 칭찬(외재적), 그리고 보다 넓은 세상에서 의미 있는 위치를 탐색함(자기초월)을 고려함이 분명하다는 것이다(Grouzet et al., 2005, p. 813).

여러 문화에서 부여된 욕구, 가치, 그리고 목표는 구체적이 아닌 포괄적인 것일 수밖에 없다. 이 보편성은 인간으로서의 공통된 체험과 삶에 필수적인 생물학적, 심리적, 사회적 요구에 기초한 것이다. 목표 관련 동기의 개별적인 표현은 분명히 문화에 따라, 그리고 개인에 따라 다르다. 예컨대, 개인적인 직업상의 목표를 발전시킬 기회, 그리고 경제적 목표를 성취할 수 있는 기회는 빈곤한 나라의 경우 부유한 나라보다 분명히 제한적일 것이다. 동일 문화권에서 사는 사람들 사이에서도, 기회와 자유가 충분히 주어진 사람들은 그렇지 못한 사람들보다 자신의 독특한 재능, 포부, 그리고 자아개념에 기초하여 넓은 삶의 가능성을 추구할 수 있을 것이 분명하다. 다시 말해서, 한 문화권 내에서 볼 때, 개인적 목표의 포괄적 내용과 우선순위는 확실히 문화에 의해 영향을 받겠지만, 한 개인의 목표와 그 목표가 표현되는 방식은 개인에 따라 아주 다를 수 있다. 최근의 이론들은 사람들의 자기 이해와 목표달성을 위한 노력에 있어서의 개인적 목표의 역할을 강조한다. 그래서 그 이론들은 포괄적인 목표와 동기가 각 개인의 독특한 자아개념 속에 어떻게 자리잡는지 설명하는 데 도움을 준다.

목표를 자아개념에 개인화하기

여러분에게 여러분의 과거에 있었던 중요한 체험, 현재의 여러분, 그리고 여러분의 미래의 삶은 어떠한 것일지에 관하여 비교적 완전한 개인적 이야기를 쓰라는 과제가 주어졌다고 하자. 그 내용에 어떤 것들이 포함될 것인가? 여러분에게 중요했던 경험들, 중요한 관계들, 그리고 여러분을 타인들과 구별짓는 개인적 자질과 성격특성들이 그 내용에 확실히 포함될 것이다. 그리고 아마도 분명히, 과거에 여러분이 달성했던 목표들, 현재 달성시키려 노력 중인 목표들, 그리고 미래에 성취하기를 희망하는 목표들 역시 포함될 것이다. 요컨대, 우리 자아개념의 일부분은 과거에서 현재를 거쳐 미래에 이르는 시간대에 걸친 목표들에 의해서 과거의 나, 현재의 나, 그리고 미래의 나로 정의된다는 것이다.

미래 목표에 의해 정의되는 자아개념 측면은 Markus와 Nurius(1986)에 의해 제안된 **가능한 자기**(possible self)라는 아이디어에 의해 포착된다. 가능한 자기는 우리 자신의 미래에 대해 상상할 수 있는 바를 포괄한다. 미래의 나는 내가 되기를 바라는 이상적인 자기의 형태일 때는 긍정적일 수 있고, 내가 그렇게 될까 봐 두려워하는 나의 미래 모습의 형태일 때는 부정적일 수 있다. 가능한 자기는 신체적으로 균형 잡힌 몸매의 자기, 부유한 자기, 인기 있는 자기, 우등생인 자기처럼 긍정적일 수도, 비만인 자기, 무직 상태의 자기, 우울하거나 불안한 자기, 외로운 자기, 게으른 자기, 학업에 실패한 자기처럼 부정적일 수도 있다는 것이다.

한 사람의 자기개념은 정보처리, 정서조절, 그리고 동기에 중요한 역할을 한다(이에 대한 개관은 Baumeister, 1998; Markus & Wurf, 1987; Pittman, 1998을 보라). 가능한 자기는 자아개념의 세 가지 기능 중 세 번째 기능, 즉 동기적 관점과 특히 관련이 깊다. 그 이유는 가능한 자기가 과거, 현재, 그리고 미래의 자기 사이를 연결시키고, 따라서 자기변화를 위한 동기를 제공하기 때문이다. Markus와 Nurius의 주장에 의하면, 과거, 현재, 그리고 미래의 가능한 자기는 별개의 것이지만, 긴밀히 연결되어 있다. 학위를 받기 위해 공부하고 있는 한 젊은 여대생을 생각해 보자. 그 여대생은 어린 시절 부모가 이혼을 하였고, 어머니와 형제자매들이 경제적으로 궁핍하였다. 그 궁핍함은 어머니가 교육을 많이 받지 못했고 그래서 좋은 직업을 가질 수 없었던 것이 한 가지 이유였다. 이러한 어린 시절의 경험이 현재의 자기, 그리고 미래의 자기에 대한 생각에 영향을 미칠 가능성이 있음을 어렵지 않게 상상할 수 있다. 그녀의 현재의 대학생으로의 자기는 어머니의 경험에 의해 표상되는 과거의 자기로부터 벗어나려는 갈망에서 비롯되고 동기화되었을 가능성이 높다. 그녀의 가능한 자기에 성공적인 직업여성의 이미지와 경제적 자립이 포함될 가능성 역시 높다.

가능한 자기의 아이디어는 자아와 동기 사이에 아주 분명한 연결을 갖게 한다. 가능한 자기로서 한 개인이 갖고 있는 레퍼토리는 지속적인 목표, 포부, 동기, 공포의 인지적 표현으로 볼 수 있다. 가능한 자기는 이러한 동기적 요소들의 역동에 대한 의미, 구조, 그리고 방향을 제공한다. 이렇듯 가능한 자기는 자아개념과 동기의 핵심적 연결을 제공한다(Markus & Nurius, 1986, p. 954) 달리 말하면 가능한 자기는 보다 포괄적인 욕구, 가치, 그리고 목표의 형식과 내용을 개인화한 것이다. 위의 예에서, 여대생의 대학 공부에의 동기는 포괄적 성취동기의 표현으로 생각될 수도 있고, 아니면 좋은 직업을 가짐을 통하여 달성되는 안전의 가치의 표현으로 생각될 수도 있다. 그러나 그러한 설명은, 포괄적 수준의 욕구를 밝힌 것이긴 하지만, 그녀가 대학 공부를 하고자 하는 동기의 독특한 근거와 구체적 내용을 놓친 것일 수 있다. 목표는 추상적인 수준에서 생각되거나 추구되지는 않는다. 인간이면 누구나 성취동기를 갖고 있고, 누구나 안전에 가치를 부여한다. 그러나 한 특정 개인에 있어서, 가장 중요하고, 의미 있고, 그것의 추구에 에너지를 쏟게 되는 것은 '나의' 목표를 '내가' 달성한다는 사실 때문이다. 많은 목표연구자들은 개인적 목표들 중 그 개인의 정의에 직결되는 목표를 목표 관련 동기의 위계의 정상에 위치시킨다. 이러한 점을 Markus와 Nurius는 우리의 개인적 목표 속에는 "자아의 조각이 있다"는 표현으로 나타냈다(1986, p. 261).

자아가 목표지향 행동의 내용, 이유, 그리고 방법을 이해하기 위한, 그리고 목표가 행복과 웰빙에 어떤 관계를 갖는지 이해하기 위한, 중요한 근거가 된다는 인식이 점점 확고해지고 있다(Brunstein, Schultheiss, & Grassman, 1998; Deci & Ryan, 2000; Lyubomirsky, Sheldon, & Schkade, 2005; Sheldon & Elliot, 1999). 자아개념은 우리가 추구하려고 선택한 목표들이 어떤 것들인지, 그리고 그것들이 왜 중요한지에 관한 물음에 답을 얻을 수 있도록 도와준다. 자아는 포괄적인 동기를 개인의 독특한 표현으로 전환시키고 어떤 구체적인 목표지향 행위에 중요성을 부여하는 기능을 한다(Markus & Nurius, 1986; Markus & Wurf, 1987; Vallacher & Wegner, 1987). 자아는 또한 목표달성을 위한 행동의 통제와 조절 기능도 갖고 있다(Austin & Vancouver, 1996; Baumeister, 1998; Carver & Scheier, 1998; Higgins, 1996; Karolyi, 1999). 많은 목표, 포부, 욕구, 그리고 가치들 중에서 자아에 가장 직결되는 것들이 우리의 삶의 전체적 모양과 방향을 결정짓는 중요한 요소일 것이다.

어떤 목표가 웰빙에 가장 큰 기여를 하는가

목표의 진척, 달성 그리고 중요성

개인적으로 중요한 목표의 진척과 달성이 사람들의 삶의 만족, 그리고 자기 자신에 대한 만족을 증가시킴을 많은 연구들이 입증했다(Brunstein, 1993; Cantor & Sanderson, 1999: Emmons, 1996; Emmons & Kaiser, 1996; McGregor & Little, 1998). 예컨대, 한 학기동안 실시된 한 연구의 결과에 의하면, 학생들이 개인적 목표에 진척이 있다고 답한 정도는 긍정적 감정과 삶의 만족의 증가와 무시 못할 만한 상관관계를 보였다(Burnstein, 1993). 연인과의 관계가 좋아짐, 스페인어 공부를 충분히 함, 부모로부터의 자립도 증가, 그리고 다른 사람들과의 관계에서 자신의 생각을 당당하게 말하고 자신 있어짐 등이 이 연구에서 취급된 개인적 목표였다.

연구 결과들은 목표 중요성과 만족 간의 관계도 지지하였다. 근본적이며 자신의 정의에 부합되는 목표를 추구하고 달성할 때 깊은 만족감을 느꼈다. 식사준비, 집안 청소, 청구료 지불 같은 사소한 활동은 약간의 만족감을 주긴 했지만, 이러한 목표들은 자신의 자아개념에서 덜 중요한 것이므로 웰빙에 주는 효과도 작았고 일시적이었다.

그렇다면, 이 결론이 목표가 중요하기만 하면, 추구하는 그 목표가 무엇인지, 혹은 그 목표를 왜 추구하게 되었는지는 큰 문제가 안 된다는 것을 의미하는가? 언뜻 생각해 보면, 이 물음에 대한 답은 "그렇다"인 것으로 보인다. 도대체, 만약 어떤 목표가 중요하지 않다면 우리가 왜 그 목표를 달성하려고 에너지를 쏟을 것이며, 어떤 목표가 중요하다면 그것의 진척과 달성이 왜 우리의 웰빙을 증가시키지 않을 수 있다는 것인가? 그러나 사실은 이 일반적 결론이 옳기 위해서는 몇 가지 중요한 조건이 필요하다. 중요하게 여겨지는 모든 개인적 목표가 만족감을 초래하지 않으며, 중요한 목표의 모든 진척 혹은 달성이 만족감을 초래하지 않는다는 것이다. 목표의 내용 그리고 그 목표를 추구하는 이유 모두가 웰빙에 영향을 미침이 밝혀졌다. 이 장에서의 목표연구 개관은 목표의 내용과 목표를 추구하는 동기라는 두 가지 측면 모두에, 그리고 그 두 가지가 각기 웰빙에 영향을 미치는 기제에 초점을 둔다. 즉 목표의 어떤 유형 그리고 그 목표를 추구하는 기저동기의 어떤 유형이 행복 및 웰빙증가와 관련성이 깊은지를 살펴볼 것이다.

목표가 웰빙에 어떤 영향을 미치는지는 목표달성을 위한 행위들을 조절하는 것이 쉬운지 어려운지, 즉 목표를 포기하지 않고 계속 목표달성 노력을 지속하는 것을 그 개인이 힘들다고 여기는지 그렇지 않은지에 의해 대부분 결정된다. 예컨대, 회피목표나 추상적 목표를 추구하게 되면 많은 자기조절 문제가 야기된다. 이렇게 목표가 웰빙에 미치는 효과는 주로 자기조절에 의해 결정되는데, 이 문제에 대해서는 제 8장에서 자세히 설명하게 될 것이다.

맞춤가설

웰빙 증진을 가져오는 목표와 그렇지 않은 목표를 구분하는 한 가지 방법으로서 많은 연구들이 **맞춤가설**(matching hypothesis)을 내세운다(Harackiewicz & Sansone, 1991; Lyubomirsky et al., 2005). 맞춤가설은 어떤 개인의 목표가 그 개인에게 적합한 정도에 따라 그 목표의 진척과 달성이 웰빙에 미치는 영향을 결정한다고 상정한다. 한 개인의 욕구, 가치, 동기 혹은 자아개념을 표현 혹은 충족시키는(즉 맞춤이 성립되는) 목표를 추구하면, 그 개인에게 맞춤이 아닌 목표를 추구할 때보다, 그 개인의 웰빙이 증진될 가능성이 높다는 것이다. 달리 표현하면, 여러분이 행복과 웰빙의 증진을 원한다면, 여러분에게 가장 중요한 욕구, 갈망, 그리고 자아개념에 적합한 목표가 여러분이 추구해야 할 '옳은' 목표이며, 여러분의 내부 깊이 지속적인 특징으로 자리잡고 있는 것과 무관한 목표는 '부적합한' 목표라는 것이다.

이 맞춤가설을 검증하기 위해서 연구자들은 참가자들의 기저동기(욕구, 가치 혹은 자아 개념)의 측정치를 얻고, 참가자들에게 개인적으로 중요한 목표들의 목록을 작성하도록 요구한다. 그 목표들을 달성하기 위해 활동한 노력의 내용, 그리고 그 목표들의 진척 정도를 측정한다. 이 측정치들과 일정시간대에 걸쳐 조사된 웰빙 측정치와의 상관관계를 알아본다. 만약 기저동기에 관련된 목표달성을 위한 활동 정도 및 진척 정도와 웰빙 간의 상관계수가 기저동기와 무관한 목표달성을 위한 활동 정도 및 진척 정도와 웰빙 간의 상관계수보다 크다면 맞춤가설이 지지되는 것이다.

많은 연구들이 이 기저동기와 웰빙의 관계를 지지한다. 그중 한 예를 들기로 한다. 이 연구(Brunstein, 1998)에서는 근본적 동기로서 작동인(agent)과 친교로 연구자들이 명명한 두 가지 변인을 취급하였다. 작동인 동기는 성취, 영향력, 통달, 독립, 당당함의 욕구를 의미하며, 친교 동기는 다른 사람들과 가까운 관계를 형성하려는, 즉 친화와 친밀의 욕구를 의미한다. 개인에 따라 이 두 가지 포괄적 동기 중 상대적으로 어떤 것을 더 중요하게 여기는 정도가 다르다. 우리 중 일부는 작동인 동기를 보다 우선시하고 다른 일부는 친교동기를 더 우선시할 것이다. Brunstein과 그의 동료들은 목표-동기 간 일치 혹은 불일치가 웰빙과 어떤 관계를 갖는지를 연구했다.

이들의 두 연구에서 대학생들에게 작동인 동기와 친교 동기 중 어느 쪽을 더 중요하게 여기는지를 측정하는 검사를 실시하였다. 개인적 목표와 두 가지 동기와의 관계는 학생들에게 각 동기에 관련된 현재의 그리고 미래의 목표를 구체적으로 적도록 하는 방법을 통하여 파악하였다. '성취와 통달을 위해 노력함', '독립, 다른 사람들에의 영향력, 그리고 자립을 위해 노력함'이라는 내용에 해당되는 것을 목표로 적은 경우를 작동인 동기가 높은 것으로, 그리고 '다른 사람과 친밀한 관계가 되기 위해 노력함', '다른 사람들과 화목한 관계, 서로 좋아하는 관계를 형성하도록 노력함'이라는 내용에 해당되는 것을 목표로 적은 경우를 친교동기가 높은 것으로 간주하였다. 구체적인 예를 들자면, 어떤 과목 내용을 충분히 이해하려 함, 보다 독립적인 사람이 되고자 함, 운동 경기에서 이김, 그리고 자신의 대학 전공이 자신에게 적합하다는 것을 부모님께 설득시키려 함 등은 작동인 동기의 범주에 해당되고, 연인과의 관계를 더 심화시킴, 몸이 아프신 어머님을 더 잘 도우려함, 친구들과 더 많은 시간을 보냄, 기숙사 친구들과의 새로운 우정관계를 발전시킴 등은 친교동기의 범주에 해당된다. 학생들은 자신들의 개인적 목표의 진척, 노력, 달성 가능성, 노력의 성공 여부 등에 대하여도 평정하였고, (한 연구는 2주간, 다른 한 연구는 한 학기 동안) 정해진 간격으로 그 날의 웰빙 정도를 기록하였다.

결과는 맞춤가설을 강력히 지지하는 것이었다. 기저동기와 일치하는 개인적 목표달성에 진척을 보인 학생들은 연구기간 중 웰빙의 증가를 보여주었다. 이 현상은 기저동기가 작동인인 경우와 친교인 경우 모두 마찬가지였다. 이와 반대로, 기저동기와 불일치하는 개인적 목표에 진척을 보인 학생들이나, 기저동기와 일치하는 개인적 목표에 진척이 없었던 학생들에게서는 웰빙의 증진이 발견되지 않았으며, 웰빙이 낮아지는 경우도 있었다. 이 맞춤가설의 중요한 점은 우리가 우리의 목표달성을 통해 얻는 행복은 그 목표가 우리 삶의 일차적 동기에 부합되는 경우에만 한한다는 것이다. 여러분은 어떤 학생이 우수한 학업의 성취를 이루었지만, 그가 원하는 절친한 친구를 얻지 못했기 때문에 불행해하는 경우, 그리고 어떤 학생이 활발한 친교의 삶을 영위하면서도 그가 원하는 좋은 성적을 얻지 못했기 때문에 불행해하는 경우를 쉽게 상상할 수 있을 것이다. 요컨대 우리의 모든 목표성취가 우리를 행복으로 이끌지는 못한다는 것이다.

이와 비슷하게 우리의 근본적 가치 역시 어떤 목표, 어떤 활동이 우리에게 큰 만족을 가져다주는지를 결정하는 데 영향을 미친다. 최근의 한 연구는 대학생들의 가치지향이 다양한 활동을 통한 만족의 정도를 중재함을 보여주었다(Oishi, Diener, Suh, & Lucas, 1999). 앞에서 설명한 바 있는 Schwartz의 가치이론의 열 가지 가치에 대하여 참가자들의 우선순위를 조사하였다. 열 가지 가치를 둘씩 짝지어 제시하고(모든 가능한 짝을 모두, 즉 90가지 짝을 제시) 각기 두 가지 중 어떤 가치를 더 중요시하는지 답하게 하였다. 이 자료를 집계하여 각 개인의 가치 우선순위를 파악하였다. 참가자들은 또한 23일에 걸쳐 매일 웰빙 수준을 평정하였다. 그리고 가치 관련 활동들에 대한 만족감, 전반적인 삶의 만족도, 구체적 영역(애정관계, 경제, 학점, 가족, 사회생활)에서의 만족도도 평정하였다. 맞춤가설로 기대되는 바, 즉 자신의 가치와 일치하는 영역에서의 활동과 성공은 전반적 만족 및 매일의 웰빙 수준과 무시 못할 만한 상관관계를 나타냈다. 예컨대, 성취 가치를 매우 중요하게 여기는 학생들의 전반적인 삶의 만족은 그들이 가장 중요시하는 삶의 영역, 즉 학점에 대한 만족 정도에 크게 좌우되었다. 박애 가치를 우선시하는 학생들의 전반적인 삶의 만족 정도에는 사회생활 영역에서의 성공 정도의 영향이 가장 컸으며, 동조가치(부모나 노인들을 공경함)를 우선시하는 학생들의 경우에는 가정생활에서의 만족 정도가 전반적 삶의 만족에 가장 큰 영향을 주었다. 매일의 웰빙 수준 역시 그 개인이 가장 중요시하는 가치와 연관된 활동과의 상관관계가 매우 높았다. 학생들이 그 날을 좋은 날이라고 평정하느냐의 여부는 그들이 가장 중요시하는 가치를 표현하는 활동을 열심히 했느냐의 여부에 달려있었다. 또한 보편주의(사회정의, 평화, 환경보호) 가치를 우선시하는 학생들은 재활용이나 시민모임에의 참여를, 반면에 영향력(권위와 부) 가치를 우선시하는 학생들은 쇼핑이나 비싼 옷 사는 것 같은 활동을 만족스러워했다. 요컨대 한 학생의 가치의 우선순위는 삶의 어떤 영역이, 그리고 어떤 활동이 가장 만족감을 주는지를 결정하는 데 영향을 미쳤다.

맞춤가설을 설명하는 이론들

맞춤가설은 어떤 목표가 웰빙을 증진시키고 어떤 목표가 그렇지 않은가라는 문제에 대하여 간단한 답을 제시한다. 한 사람의 욕구, 가치, 그리고 자아개념에 부합되는 목표가 웰빙을 증진시키고, 그 반면에 그 사람에게 부합되지 않는 목표는 웰빙을 변화시키지 못하거나 어쩌면 웰빙을 낮출 수도 있다는 것이다. 우리의 목표의 추구와 달성을 통해 얻는 만족에 개인 목표의 맞춤이 중요한 이유는 무엇일까?

개인적 목표와 자아실현 Waterman(1990, 1993)은 자신 깊숙이 간직하고 있는 가치처럼 자신의 핵심을 이루는 요소와 부합되는 목표들은, 그러한 목표들이 자신의 '진정한 자아' 와 자신의 내적 잠재성을 표현하는 것이기 때문에, 강한 몰입의 느낌, 의미감, 그리고 만족을 느끼게 만든다고 제안한다. 자신을 표현하는 목표 활동은 삶의 목적의 느낌을 강하게 느끼게 한다. 즉 "이것이 나다. 나는 바로 이것을 하려던 것이었다"라는 느낌을 느끼게 되는 것이다. 간단히 말해서 우리의 목표가 자아의 핵심과 부합되는 정도, 자아의 핵심을 표현하는 정도에 따라, 우리의 목표는 자아실현의 길을 열어주게 된다. 그러한 목표의 달성은 우리의 자아개념을 확인시키고 또 완성시키기 때문에, 그러한 목표는 각별한 가치를, 그리고 보다 많은 의미를 획득하게 된다(Vallacher & Wegner, 1987; Wicklund & Gollwitzer, 1982).

개인을 표현하는 목표는 쾌락주의적 웰빙(긍정적 정서와 삶의 만족으로 정의됨)에 반대되는 행복론적 웰빙(의미, 활력, 그리고 건강기능과 연관되는 웰빙)에 특히 중요하다(제2장 참조). 행복론적인 관점에서 보면, 어떤 목표들이 우리의 행복을 증진시키기는 하지만 의미와 활력을 증진시키지는 않는다는 것이 가능하다. 예컨대, 한 대학생은 자신의 파트타임 일이 쉽고 함께 일하는 사람들과 즐거운 관계를 갖게 하기 때문에(달리 말해서, 그 일이 높은 쾌락적 가치를 갖기 때문에) 그 일에 대해 행복해할 수 있다. 그러나 그 일이 자신의 정체감과 재능의 측면과는 무관한 것이라면(즉 행복론적 가치가 높지 않다면) 그 일에 대해 의미를 느끼지는 못할 것이다. 그 역도 성립된다. 어떤 목표를 수행하기 위해서 불쾌한 체험(낮은 쾌락적 가치)을 해야 하지만, 개인적으로 삶의 의미(행복론적 가치)를 느낄 수도 있다. 예를 들면, 좋은 부모가 되는 것은 더러운 기저귀 갈기, 자녀의 요청에 "안 돼"라고 말하기, 아픈 자녀 돌보기 등 많은 언짢은 일을 해야 함을 의미한다. 그러나 사람들은 자녀양육을 가장 깊은 만족을 느끼는 체험이라고 생각하고 있다(Kahneman, Krueger, Schkade, Schwarz, & Stone, 2004)

연구 결과는 웰빙의 이 두 구분을 지지한다. 다양한 목표달성이 우리의 쾌락적 즐거움을 증가시킬 수 있다. 그러나 우리 자신의 진실된 자아를 표현하는 목표들을 달성하는 것이 삶의 의미감과 목적감을 증진시키고 더 큰 심리적 건강과 활력을 가져다주는 것으로 보인다(MaCregor & Little, 1998; Ryan & Deci, 2000; Sanderson & Cantor, 1995; Sheldon & Elliot, 1999; Sheldon & Kasser, 1995; Sheldon, Ryan, Rawsthorne, & Ilardi, 1997). McGregor와 Little(1998)은 자신을 표현하지 않는 목표의 달성이 삶의 의미의 증진보다는 행복의 증진과 더 관련됨을 밝혔다. 자아의 핵심 측면을 표현하는 목표에 있어서는 정반대의 결과가 나타났다. 즉 자기의 정체감에 부합되는 목표의 추구는 삶의 의미감과 목적감의 증진과 관련이 깊었지만 행복의 증진과는 관련이 깊지 않았다. 요컨대, 맞춤가설의 기제에 대한 한 설명은 개인에게 적합한(개인의 정체감에 일치하는) 목표가 행복론적 웰빙의 증진에 각별한 관련성을 갖는다는 데서 찾을 수 있을 것이다.

내재적 목표와 외재적 목표 이 장의 앞부분에서 문화와 개인적 목표에 관하여 설명하면서 내재적 목표와 외재적 목표의 차이에 대해 언급한 바 있다. 앞에서는 그 두 가지 목표의 차이를 목표가 내적 보상에 의하여 주로 정의되는지 아니면 외적 보상에 의해 주로 정의되는지에 기초하여 설명하였었다(Pittman, 1998; Waterman et al., 2003). 그런데 내재적 목표는 자신을 표현하는 목표와 많은 공통점을 갖는다. 내재적 동기는 어떤 행위에 몰두하는 이유가 그 행위 자체에 있음을 의미한다. 그 행위의 보상, 가치, 및 목표가 그것을 '행함' 안에 내재되어 있다는 것이다. 즉 그 행위가 즐겁고, 매우 흥미롭거나, 자신을 표현하는 것이거나, 강한 몰입감, 통달감을 느끼게 하기 때문에, 그 행위 자체가 보상으로 작용한다는 것이다. 이와 반대로, 외재적 동기는 그 행위의 이유가 행위의 결과물에 있는 경우이다. 행위는 결과를 위한 수단이다. 즉 그 행위의 가치나 목표는 행위 자체에 의해서가 아니라 결과가 어떠하냐에 달려 있다.

내재적 및 외재적 동기와 목표는 본질적으로 양립 불가능한 것이 아니다. 이상적인 직업은 우리의 흥미와 재능의 표현을 가능케 함으로써 개인적 만족을 주는 것(내재적 동기와 목표 충족)인 동시에 안락한 물질적 삶을 가능케 하는 수입을 보장하는 것(외재적 동기와 목표)임을 대부분의 사람들이 인정할 것이다. 그런데 연구 결과에 의하면, 만약 행복과 웰빙을 결정짓는, 내재적으로 만족스러운 목표의 충족이 외재적 목표추구에 의해 방해받게 되면 문제와 불만이 초래된다. Kasser와 Ryan(1993)은 외재적 목표들이 한 개인의 우세한 동기가 되는 경우, 그 외재적 목표들이 부정적 결과를 초래한다고 주장한다. 내재적-외재적 목표의 구분이 맞춤가설에 대한 두 번째 설명을 제공한다. 한 개인에게 맞는 목표는 내재적인 만족을 줄 가능성이 높고, 한 개인에게 맞지 않는 목표는 외재적 가치만을 지닌 것으로서 그 개인의 웰빙증진과 필연적 연관을 갖지는 못한다.

자율적 동기와 통제된 동기 맞춤가설에 대한 세 번째 설명은 개인이 목표를 추구하는 이유에 관한 것이다. 자기조화 이론은 최근에 제안된 것으로서, 목표 추구 배후에 있는 이유가 웰빙 결과의 결정적 요소라고 주장한다(Sheldon & Elliot, 1999). 목표 추구의 이유가 '옳은' 것일 때, 목표달성 가능성이 높고 개인적 적응도 더 좋게 된다는 것이 이 이론이 내세우는 연구 결과이다. 자기조화 이론에서 '옳은 이유'란 자신의 목표에 대하여 주인의 느낌을 갖는 것을 말한다(Sheldon & House-Marko, 2001). Sheldon과 Elliot(1998)은 목표를 어떻게 느끼느냐의 측면에서 "모든 개인적 목표가 개인적인 것은 아님"(p. 546)을 발견했다. 자기조화적 목표는 **자율적 동기**(autonomous motive)를 반영하는 것으로서, 목표 추구의 이유를 스스로 선택한 것, 즉 자신의 주인의식과 자기표현의 느낌을 갖는 것이며, 따라서 웰빙의 증진에 기여하는 목표를 말한다. 이에 반대되는 **통제된 동기**(controlled motive)는 사람들이 스스로 선택하지 않은 목표, 자신을 표현하지 못하는 목표를 추구하는 경우를 일컫는다. 예컨대, 어떤 학생은 자신이 대단히 큰 흥미를 느끼는 주제의 연구주제를 택해서 보고서를 쓸 기회를 갖게 되었고, 다른 한 학생은 자신의 흥미와는 무관한 주제에 대해 보고서를 쓰도록 교수님으로부터 지시받았다고 하자. 자기조화 이론은 앞의 학생이 그 과제를 통해서 더 큰 즐거움과 충만감, 웰빙을 체험할 것이라고 예언한다. 왜냐하면 그 학생은 자신이 택한 그 주제에 대한 주인의식과 자기표현의 느낌을 갖게 되기 때문이다. 자신에게 흥미 있는 주제가 아닌 보고서를 숙제로 부과받은 학생의 경우에는 목표에 대한 강한 주인의식을 느끼기 어려웠을 것이다. 그러므로 목표달성을 위해 기울인 노력, 그리고 목표달성을 통한 정서적 이득 모두 크지 않을 것이다.

자기조화 이론에서 강조하는 자율적 동기와 목표에 대한 주인의식이라는 개념은 맞춤가설의 기제를 설명하는 데 기여할 수 있을 것 같다. 개인의 욕구, 가치 및 자아정체감에 부합되는 목표는 스스로 선택되고, 따라서 주인의식을 느끼게 할 가능성이 높기 때문이다. 달리 말해서, 맞춤가설의 '자신에게 부합되는 목표'는 자기조화 이론의 자기조화적 목표일수도 있을 것이라는 것이다. 자신에게 부합되는 목표 추구에 의해 증진된 웰빙의 일부는 자기조화와의 이 연결 때문일 수 있다는 것이다.

자율적 동기와 통제된 동기의 구분은 맞춤가설에 중요한 제한점의 가능성을 암시하기도 한다. 자신에게 적합한 목표일지라도 만약 그것이 스스로 자유롭게 선택한 것이 아니라면 그 개인의 웰빙 증진을 야기하지 않을 수도 있다는 것이다. 우리의 흥미, 재능, 가치에 부합되는 직업은 많을 것이다. 그러나 우리가 가장 열심히 참여하고 가장 큰 만족을 얻는 것은 바로 자기 자신이 선택한 직업일 것이다. 맞춤 그것 자체는 목표달성을 위한 우리의 일에서 웰빙을 증진시키는 데 충분하지 않을 수 있다. '옳은 목표'와 '옳은 이유' 두 가지 모두가 필요할 것이다.

연구 초점 : 대학에서의 행복과 성공

학생들이 대학에 다니는 이유가 무엇인지에 따라 학업상의 성공과 대학생활의 만족에서 차이를 야기하게 될까? 이것이 Sheldon과 Houser-Marko(2001)가 그들의 자기조화 이론을 검증하기 위해서 행한 연구에서 취급한 문제였다. 그들은 대학 신입생들을 대상으로 하여 입학 후 일 년간의 학업성취, 웰빙 및 적응을 측정하고 그것들이 자기조화적 목표와 어떠한 관련성을 갖는지 살펴보았다. 그들은 두 가지 문제에 관심이 있었다. 첫째, 대학에 입학한 목표가 자기조화적 목표인 학생들이 부조화적 목표의 학생들보다 웰빙 등에서 더 좋은가? 둘째, 자기조화적 목표의 진척과 달성에서 기원한 행복의 증진이 그 후 지속되고 또한 이후의 웰빙 증진의 기초를 마련해 주는가, 아니면 원래의 행복 수준으로 되돌아가는가?

이 연구에서는 **자기결정 이론**(self-determination theory)에 관한 이전 연구(Deci & Ryan, 1991; 제2장 참조)에 기초해서, 자기조화의 정도를, 외적, 주입적, 자기동일시적, 내재적의 네 가지 목표 내재화 수준으로 정의하였다. 이 네 수준은 특정 목표를 추구하는 이유가 가장 통제된(부과된) 것에서부터 가장 자율적인(스스로 택한) 것에 이르기까지의 연속선에서 차이나는 정도를 나타낸다. Sheldon과 Houser-Marko(2001. p. 155)가 이 네 수준을, 가장 덜 자율적인 것에서부터, 설명한 내용과 예 문항을 아래에 옮기기로 한다.

외적(external) 동기는 목표를 추구하는 이유가 보상, 타인으로부터 인정받음, 칭찬 혹은 상황적 욕구인 경우이다. 이 동기가 가장 통제된, 가장 덜 자기조화적인 것이다.

예 : "나는 내가 이 목표를 추구하기를 다른 누군가가 원하기 때문에, 혹은 상황 때문에 어쩔 수 없이 이 목표를 추구한다."

투입적(introjected) 동기는 우리가 어떤 목표를 달성하지 못하면 체험하게 될지 모르는 부적 감정이 목표 추구의 이유인 경우이다. 이 동기는 통제된 것으로 간주되며, 따라서 자기조화적인 것으로 간주하지 않는다.

예 : "나는 이 목표를 추구하지 않으면 수치스럽거나, 죄스럽거나, 불안하기 때문에 이 목표를 추구한다."

자기동일시적(identified) 동기는 개인적으로 그 목표가 자신에게 중요하다고 가치부여를 하는 경우이다. 때로는 그렇게 가치부여를 하게 된 것이 다른 사람들로부터 영향을 받은 때문일 수도 있다. 예컨대, 어떤 교사가 학생들에게 환경보호의 필요성을 강조하고 학생들이 그것을 받아들이게 되었을 때 그 목표의 애초의 원천은 외적인 것이다. 그러나 학생들이 그것을 받아들여 내재화하였다면 '자기동일시적' 동기로 간주된다.

예 : "나는 이 목표를 추구하는 것이 중요하다고 나 자신이 진실로 믿기 때문에 이 목표를 추구한다."

내재적(intrinsic) 동기는 목표를 추구할 때에 느껴지는 정서적 쾌감과 즐거움이 있는 경우이다. 내재적 동기가 가장 자율적이며 자기조화적 목표 동기이다.

예 : "이 목표가 나에게 즐거움과 흥분을 느끼게 하기 때문에 나는 이 목표를 추구한다."

미주리대학교(컬럼비아 캠퍼스) 학생 약 200명이 입학 후 첫 학기 초에 자신에게 가장 중요한 목표 여덟 가지를 쓰도록 요청받았다. 좋은 학점을 받는 것, 캠퍼스 조직에 참여하는 것, 친구 사귀기, 체중 유지하기, 부모님께 매주 연락하기 등이 학생들이 쓴 목표의 예들이었다. 학생들은 자신들이 쓴 각 목표에 대하여 그 목표를 추구하는 이유가 위의 네 가지 이유 중 어느 것인지 답하였다. 각 학기에 두 차례에 걸쳐 여덟 가지 목표 각각이 어느 정도 진척되었는지 평정하였다. 두 번째 학기가 시작될 때 앞 학기에 썼던 여덟 가지 목표 중 수정할 것이 있으면 수정하도록 기회를 주었다.

학생들의 대학 입학 이유가 '자율적-통제된'의 연속선에 따른 네 수준 중 어디에 해당되는지 학생 본인과 부모님으로부터 답을 받았다. 질문 내용은 부모의 압력 때문에, 다른 친구들도 다 가니까, 혹은 대학에 가는 것이 괜찮은 직업을 가질 유일한 길이라 믿어서인지(외적동기), 대학에 안 가면 불안하거나 죄스러워서, 부모님을 실망시키게 될 것이 두려워서, 아니면 좋은 직업을 못 가질 것이 두려워서 대학에 입학하게 되었는지(투입적 동기), 학생이 개인적으로 대학에 가는 것이 중요하다고 생각했거나, 부모님 혹은 고교 선생님으로부터 대학교육의 가치를 알게 되었던 것이 대학 입학의 이유인지(자기동일시적 동기), 아니면 대학에 가면 지적 도전의 기회, 새 친구를 사귈 기회, 새로운 생각에 대하여 그리고 다양한 라이프스타일을 가진 사람들에 관해 배울 기회, 가족과 떨어져 혼자 살 기회를 갖게 될 것이며, 그러한 기회가 주게 될 즐거움과 흥분이 대학진학에 일차적 이유인지(내재적 동기) 묻는 것이었다.

웰빙 측정치는 두 학기 중 각기 서너 번씩 측정되었다. 즉 학생들은 사회적/정서적/학업상 적응과 건전한 성격적, 사회적, 직업적 정체감의 확립 정도를 측정하는 설문지에 응답하였다. 학업 성과는 1, 2학기의 성적으로 평가했다. 학생들의 반응의 타당도를 확인하기 위해 부모님과 친구들에게서도 설문지 응답을 받았다.

결과는 자기조화적 목표추구의 중요성을 지지했다. 즉 자기조화적 목표를 가진 학생들은 그렇지 않은 학생들에 비해서 웰빙 수준이 더 높았다. 첫 학기 기간 동안, 대학 입학의 이유와 1학기의 구체적 목표에 있어서 자기동일시적 및 내재적 동기를 가진 학생들의 성적이, 대학 입학 당시의 학업성적을 반영하는 ACT 점수로서 예언되는 값보다 우수했으며, 개인적 목표의 달성률이 더 높았다.

그들의 목표 달성률이 높은 것은 사회적, 정서적, 학업상의 적응 정도, 자아정체감 발달, 그리고 다음 학기의 자기조화적 목표설정에 긍정적인 영향을 미쳤다. 두 번째 학기 기간의 연구에서는 자기조화적 목표의 이득이 지속되며 동시에 그것이 웰빙을 더욱 더 증진시키는 데 기초가 되는지를 알아보았다. 첫 학기에 획득한 높은 웰빙 수준이 지속되지 않는 학생들도 많았다. 그것은 두 번째 학기에는 개인적 목표의 진척이 저조한 경우이었다. 그러나 두 번째 학기에도 개인적 목표달성에의 진척이 지속적인 학생들에서는 높은 웰빙 수준이 지속되었으며, 더 높은 웰빙 수준으로 증진된 경우도 있었다. 이 결과는 긍정적 정서의 기능에 관한 Frederickson의 확장-구축 이론(제3장 참조)의 작용기제와 비슷한 방식으로 웰빙의 상향 증진이 가능함을 암시한다.

Frederickson의 이론에 의하면, 긍정적 정서는 보다 더 효과적인 정신적 기능과 건강을 가능케 하는 개인적 자유의 구축을 돕고, 그럼으로써 웰빙의 나선형 모양의 상승을 초래한다. 이것과 비슷한 방식으로, 내재적 동기와 자기동일시적 동기를 표현하는 자기조화적 목표들은 목표달성의 성공 가능성을 높이고, 목표 달성의 성공 가능성은 웰빙을 증진시키는 것으로 보인다. 증진된 웰빙은 그 이후의 자기조화적 목표 추구 가능성을 높이고, 그래서 더욱 더 높은 수준의 웰빙이 가능해져, 행복과 웰빙의 나선형 모양의 상승이 지속된다. 이 사이클이 계속 굴러가도록 하는 것은 열심히 노력하는 것임을 Sheldon과 Houser-Marko(2001)는 지적한다. 왜냐하면 그들의 자료에 의하면, 나선형 모양의 웰빙 상승은 개인적 목표달성에 계속 성공하는 경우에만 가능한 것으로 보이기 때문이다. 삶이 불확실하고 목표달성에 실패하게 되면 웰빙 수준이 기저선으로 되돌아갈 위험을 피하기 어렵다(순응 과정에 관한 설명에 대해서는 제6장 참조). 그러나 Sheldon과 Houser-Marko는 만약 높은 수준의 웰빙이 상당 기간 동안 지속될 수 있다면 개인은 행복의 기저수준을 영구적으로 변경하여 자신이 행복한 사람이라는 새로운 자아개념을 택하게 될 것이라고 추정한다. "나는 행복한 사람이다"라는 이 새 자아개념은 자기충족 예언 기제를 발동시키게 되어 그 사람은 새 자아개념을 견지하는 방식으로 생각하고, 느끼고, 행동할 가능성이 있다.

우리는 "어떤 목표가 웰빙에 가장 큰 기여를 하는가?"라는 물음으로 이 절을 시작했다. 현재의 연구가 이 물음에 대한 답으로서 제시하는 바는 다음과 같다. (1) 자신의 욕구, 가치, 동기에 부합하는 목표, (2) 자신의 정체감을 잘 표현하는 목표, (3) 내재적으로 만족을 주는 행위를 지향하는 목표, (4) 자기 스스로의 자율적 선택에 의한 목표들이 우리의 증진에 크게 기여한다. 위와 반대 특징을 갖는 목표들, 즉 자신의 욕구, 가치, 동기에 부합되지 않고, 정체감과 부조화되고, 외재적인 목표, 그리고 타인이나 여건에 의해 부과된 목표는 우리의 웰빙에 기여할 가능성이 낮다. 삶의 만족의 증진에 기여하는(혹은 기여하지 않는) 목표에 관한 이상의 논의는 물질적 목표에 대한 긍정심리학의 풍성한 연구들을 이해하는 데 기초를 제공한다. 돈, 소유물, 사회적 인정, 그리고 신체적 외모, 목표에 높은 우선순위를 둔 사람들은 불행해질 가능성이 높다. 제6장에서 소개한 연구들의 결론에 의하면, 기본적 욕구충족에 필수적인 수준 이상으로 많은 돈을 갖는다는 것이 개인적 행복에 별로 기여하는 바가 없었다. 물질적인 목표에 관한 연구들은 이 결론을 재확인할 뿐만 아니라 오직 돈만을 추구하면 불행이 초래된다는 것을 시사한다.

물질주의와 그것으로 인한 불만

Freud(1930/1961)의 고전적 저술인 『문명과 그것으로 인한 불만(Civilization and Its Discontents)』의 패러디로 이 절의 제목을 택한 것에 대해 양해를 바란다. 문명으로 인한 문제점과 물질주의에 기인한 문제점은 주제상 아주 유사하다. Freud는 개인들의 '자기중심적 욕구'가 문명사회에서 요구하는 '협동과 자기희생' 사이의 불가피한 갈등에 의해 야기되는 욕구좌절, 괴로움, 그리고 딜레마를 설파했다. 물질주의에 관한 연구들에서도 비슷한 딜레마가 거론된다. 딜레마를 만드는 두 요소는, Ryan(2002, p. ix)이, 풍요한 사회에서의 '소비주의와 물질주의라는 종교'라고 표현한 것과 그 종교를 신봉하는 사람들이 부닥치는 불행이다.[1]

물질주의와 소비는 '가진 자'와 '갖지 못한 자' 사이의 분열에서부터 지구온난화와 환경파괴에 이르기까지 거시적인 관점에서 많은 사회적 및 환경적 문제점으로 비난받을 수 있다. 심리학 연구는 물질주의적 삶의 갈망이 사람들에게 초래하는 심리적 결과라는 보다 미시적인 관점에서 물질주의의 문제를 접근한다. 심리학 연구 문헌들은 물질주의의 원인과 결과 양쪽 모두에서 많은 개인적 문제들을 다룬다. 최근 이론들은 물질주의적 갈구가 웰빙에 어떻게 악영향을 미치는지, 그리고 왜 사람들이 삶에서 물질주의적인 가치를 옹호하게 되는지를 설명하려 한다. 우리는 우선 '물질주의로 인한 불만'을 제시한 첫 연구 중 하나를 개관하기로 한다.

"아메리칸 드림의 어두운 측면 : 인생의 핵심적 포부로서의 경제적 성공의 부산물들'이라는 제목의 논문에서 Kasser와 Ryan(1993)은 미국 대학생들의 삶의 우선순위와 웰빙 측정치 간의 관계를 알아보았다. 네 가지 목표의 상대적 중요성이 학생들의 핵심적 인생 포부를 측정하는 데 사용되었다. 인생의 포부는 지침원리와 포부지표의 두 방법으로 측정하

---

[1] 이 두 가지(물질주의/소비주의와 불행)는 대등한 선택지로서 대립되는 두 요소가 아니라 인과관계를 구성하는 두 요소이므로 '딜레마'의 두 요소에 해당되지 않는 것으로 생각될 수도 있다. 그러나 이 수사법상의 애매함은 이 절의 본질적 내용과는 무관하므로 중요한 문제가 아니다.(역주)

였다. 지침원리는 돈, 가족의 안전, 세계의 복지, 신앙, 그리고 쾌락적 즐거움의 다섯 가지 가치에 대해 순서를 매기도록 하여 측정했으며, 인생의 포부지표는 네 가지 목표의 중요성과 달성 가능성 평정을 통하여 얻었다. 네 가지 목표의 의미 이해를 돕기 위해서, 각 목표를 측정하기 위해 사용된 몇 가지 문항을 제시하기로 한다. 자기수용 목표는 개인적 자율성, 심리적 성장, 그리고 자존감에 대한 욕구를 내포하는 것으로서 두 문항을 예로 들면 "여러분은 인생을 마감하면서 여러분의 삶이 의미 있고 완전한 것이었다고 회고할 것이다" "여러분은 여러분이 진정 어떤 사람인지를 알고 또 그것을 받아들일 것이다"이었다. 친화 목표는 가족과 좋은 친구의 중요성을 높게 여기는 것으로서, 평정 문항에 "여러분은 여러분이 믿을 수 있는 좋은 친구를 갖게 될 것이다" "여러분은 여러분이 사랑하는 사람과 인생을 함께 할 것이다" "여러분은 여러분을 아끼고 여러분 편이 되어주는 사람들을 갖게 될 것이다"가 포함되어 있었다. **공동체** 감정 목표는 공공의 이익에 기여함으로써 이 세상을 보다 살 만한 곳으로 만들고자 하는 욕구를 반영하는 것으로서, 평정 문항에 "여러분은 다른 사람들의 삶을 개선시키기 위해서 그들을 도울 것이다." "여러분은 시간과 돈을 자선단체에 내줄 것이다" "여러분은 사회의 개선을 위해 일할 것이다"가 포함되어 있었다. 경제적 성공 목표는 재산과 물질적 성공에 중요성을 부여하는 것과 관련되며, "여러분은 경제적으로 성공할 것이다" "여러분은 높은 지위의 직업에 종사할 것이다" "여러분은 여러분이 원하는 것들을 살 수 있을 것이다"가 이 목표를 평정키 위한 문항의 예이다.

총 500명에 가까운 청장년층 사람들을 대상으로 한 Kasser와 Ryan(1996)의 세 가지 연구의 일관성 있는 결과는 경제적 포부와 웰빙 간의 역의 관련성이었다. 즉 경제적 성공에 높은 우선순위를 매긴 사람들은 웰빙 수준이 낮았다. 좀 더 구체적으로 말하자면, 재산과 물질적 성공을 내재적 목표들(자기수용, 친화, 공동체 감정)보다 중요시하는 사람들은 자아실현, 삶의 활력, 및 사회 적응의 수준이 낮았으며, 우울과 불안을 더 심하게 느끼고 있었다. 여기서 주의해야 할 것은 이때 문제되는 변인은 "경제적 포부가 다른 삶의 목표보다 상대적으로 더 중시되는가?"라는 변인이라는 것이다. 경제적 포부 그것 자체가 낮은 웰빙 수준과 관련되는 것은 아니었다. 건강과 웰빙 수준이 낮은 사람들은 다른 세 가지 목표보다 경제적 포부를 일관성 있게 더 중요한 것으로 평정한 사람들뿐이었다. 경제적 성공에 추가해서, 다른 사람들에게 인정받는 것, 사회적 지위, 신체적 외모를 중시하는 것 역시 낮은 웰빙 수준과 관련이 있음이 이 연구자들의 후속 연구에서 밝혀졌다(Kasser, 2002; Kasser & Ryan, 1996).

Ryan과 Kasser의 연구가 발표된 후 물질주의적 포부에 연관된 여러 가지 많은 부정적 삶의 결과에 관한 다수의 연구들이 발표되었다(이에 대한 자세한 개관은 Kasser, 2002, 2004; Kasser & Kanner, 2004를 보라).

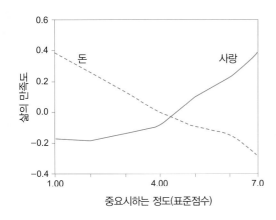

그림 7.2 **사랑과 돈을 중요시하는 정도와 삶의 만족도 간의 관계**

출처: Diener, e., & Biswas-Diener, R.(2002).

외재적, 물질주의적 목표를 중요시하는 사람들은, 물질주의적 목표에 높은 가치를 부여하지 않는 사람들이나 경제적 동기와 내재적 동기 간에 균형을 갖춘 사람들에 비하여, 삶의 질을 측정하는 다양한 설문지 반응에서 낮은 삶의 질을 보고했다. 즉 물질주의적인 사람들은 신체적으로 건강치 못했고, 불안징후가 심했으며, 긍정적 정서 체험이 더 적었고, 텔레비전 시청시간이 더 많았으며, 마약과 약물에 더 많이 의존했고, 성격장애와 우울증 비율이 더 높았으며, 다른 사람들과 덜 만족스러운 관계에 있었다. 또한 대부분의 목표에 있어서는 목표의 진척에 따라 웰빙이 증진된다는 원리가 적용되지만 물질주의적 목표에서는 그것이 적용되지 않는다. 예컨대, Sheldon과 Elliot(1998)은 물질주의적 포부에서의 진척이 단기 및 장기적 웰빙 증진을 이끌지 않음을 밝혔다. 물질주의적 포부의 이러한 문제점은 다양한 연령층, 사회경제적 배경 및 문화에 걸쳐 두루 나타났다. 즉 Kasser와 Kanner (2004)는 오스트레일리아, 영국, 독일, 한국, 루마니아, 러시아 사람들을 대상으로 한 연구에서도 모두 같은 결과가 나타났음을 보고했다. 요컨대, 물질주의는 어디에 사는 어떤 사람에게든 행복의 저해요인이 된다는 것이다.

그림 7.2는 41개국에서 7,000명의 대학생들을 대상으로 한 Diener와 Oishi(2000)의 연구 결과를 보여준다. 돈을 중요시하는 학생들과 사랑을 중요시하는 학생들의 삶의 만족에 대한 자기보고 결과에 의하면, 그림에서 볼 수 있듯이 돈에 중요성을 높게 부여할수록 삶의 만족도는 낮고, 사랑에 중요성을 높게 부여할수록 삶의 만족도는 높았다.

물질주의자들은 왜 불행한가

물질주의적 목표의 내용 경제적 성공에 중요성을 부여하는 것이 자기수용, 친화 및 공동체에 중요성을 부여하는 경우보다 왜 더 불행을 초래하는 것일까? '목표 내용' 가설이 이 물음에 대한 한 가지 설명을 제공한다. 이 가설은 내재적 목표(개인적 성장이나 타인들과의 정서적 친밀감)는 그것의 만족이 건강과 행복에 필수적인 기본적 심리적 욕구의 만족을 반영하는 반면, 경제적 성공이나 사회적 지위를 향한 외재적 목표는 그렇지 않기 때문에[즉 그것의 만족이 불행을 피하는 수단이 될 수는 있지만 그것의 만족 자체가 행복을 필연적으로 수반하는 것은 아니기 때문에(역주)] 외재적 목표의 달성이 내재적 목표의 달성보다 덜 만족스러울 것이라고 제안한다(Sheldon, Ryan, Deci, & Kasser, 2004). 내재적 목표는 인간의 근본적인 욕구와 연결되어 있기 때문에 선천적으로 보상가를 갖는다는 것이다. 그 반면 외재적 목표는 우리의 가장 중요한 욕구를 충족시키지는 못하며, 따라서 외재적 목표의 추구는 내재적 목표 추구에 따른 만족을 희생하면서 해야 할 가능성이 높으므로 낮은 수준의 웰빙이 초래될 것이라는 것이다.

외재적인 경제적 목표는 내재적 목표의 추구를 방해하여 사람들로 하여금 보다 더 중요하고 깊이 있는 삶의 만족의 기회를 놓치게 만들 가능성이 있다. 예컨대, 자기수용을 가치 있게 여기는 사람들은 자신의 삶을 자신의 재능, 잠재능력 및 자아개념과 일치하는 방식으로 이끌어 가기 위해 필요한 자기성찰을 발달시키는 데 관심이 크다. 앞에서 살펴본 바와 같이, 자아와 일치하는 목표는 웰빙을 증진시키는 경향이 있다. 그 반면에, 경제적 포부가 강한 사람들은 자기성찰과 자기표현에 대한 관심으로부터 비켜가고, 그래서 스스로 개인적 만족을 낮추는 방향을 선택하게 된다. 여러분이 자신의 삶의 의미와 만족을 발견할 수 있는 직업이 무엇인지를 고려하지 않고 돈만을 고려하여 어떤 직업을 택한다면 그것은 아마도 나중에 불행을 느끼게 될 방안을 스스로 모색하는 셈이 될 것이다.

경제에 대한 높은 관심은 웰빙의 한 가지 중요한 원천, 즉 자신을 염려해 주고 편들어 줄 수 있는 친밀한 관계를 발전시키기 위한 투자를 무시하거나 못하게 만들 가능성도 있다. 이 가능성이 Vohs, Mead와 Goode(2006)의 연구에서 입증되었다. 즉 돈에 관한 생각을 하는 것 자체가 사람들을 자급자족과 타인들로부터 독립하는 쪽으로 생각하게 만든다는 것이다. 돈은 우리를 자급자족하게 만들고 다른 사람들과의 관계맺음이 없이 무슨 일이든 자기 힘으로 할 수 있게 만들 수 있을 것이다. 돈에 관하여 생각하도록 실험적으로 유도된 사람들은, 통제집단에 비하여, 다른 사람들에 대해 덜 민감하고, 덜 도우며, 과제를 자기 힘으로 독립적으로 완수하는 것을 더 바람직하게 여긴다는 것이 여러 실험에서 드러난 일관성 있는 결과이었다. 이러한 연구 결과들은 물질주의적 목표의 추구에 대부분의 시간과 에너지를 쏟는 사람들은 웰빙과 개인적 행복에 가장 중요한 본질적 욕구들을 무시하거나, 그 욕구들에 대해 좌절하거나, 충분한 만족을 못 느끼게 된다는 결론이 옳음을 더욱 강하게 뒷받침하는 것이다.

물질주의적 목표의 내용과 동기 물질주의적 목표와 낮은 웰빙 간의 관계에 대한 논란의 두 번째 설명은 목표 내용과 그러한 목표를 갖게 된 기저동기의 상대적 중요성을 문제 삼는다. 즉 물질주의와 불행의 관계가 물질주의적 목표의 내용 때문인지 아니면 그 목표 기저의 동기 때문이지를 따져볼 필요가 있다는 것이다. 앞에서 본 바와 같이, '목표 내용' 가설에서는 물질주의적 포부가 행복과 웰빙에 더 크게 기여할 욕구충족으로부터 어떻게 사람들의 관심을 떼어놓는지에 초점을 두었다. 그 반면 '목표 동기' 가설은 목표 추구의 배후에 있는 이유(특히 그 이유가 자율적인 동기인지 통제된 동기인지)에 초점을 둔다(Carver & Baird, 1998; Srivastava, Locke, & Bartol, 2001). 자기조화 모형에 관한 앞의 설명에서 언급한 바와 같이, 외적 보상과 투입적 동기는 통제된 동기에 속하고 자기동일시적 동기와 내재적 동기는 자율적 동기에 속한다.

목표 내용 가설에 대해 비판적인 입장에서는, 경제적 목표가 통제된 동기에 의한 것일 가능성이 높고 그래서 낮은 웰빙을 초래하였을 것이라고 주장한다. 돈, 명예, 사회적 인정, 그리고 인기에 대한 열망은 외적 보상에 뿌리를 둔 통제된 동기의 개념과 특히 잘 맞는 것처럼 여겨진다. 돈이 없거나 사회적 인정을 못 받을 때의 불안, 죄책감, 두려움 등의 불쾌한 감정에 뿌리를 둔 투입적 동기 역시 물질주의적 목표의 기저에 깔려 있을 수 있다. 경제적 포부로 하여금 웰빙을 망가뜨리게 만드는 것이 단지 목표의 내용이 아니라, 이 두 가지 동기일 수 있다는 것이다. 경제적 목표도 만약 그것이 '옳은' 동기, 예컨대 자율적 동기에 의해 선택된 것이라면 반드시 행복을 낮추지 않을 수 있을 것이다. Carver와 Baird(1998)는 어떤 사람이 높은 수입의 직업에 가치를 둔 이유가 그 일을 하는 것이 재미있고 즐겁기 때문(내재적 동기)이거나, 그 일을 하는 것이 가치 있다는 신념을 갖게 되었기 때문(자기동일시적 동기)인 경우, 혹은 이 두 가지 이유 모두가 해당되는 경우가 얼마든지 가능할 수 있다고 주장한다. 이러한 경우에 있어서 웰빙은 감소되지 않고 증가할 가능성이 높다. Carver와 Baird의 관점에서 보면 부유함과 명예에 대한 강한 갈망을 가진 두 사람이 있을 때, 그들의 웰빙은 그들이 그러한 목표를 가지게 된 것이 외적 혹은 투입적 동기 때문인지 아니면 자기동일시적 혹은 내재적 동기 때문인지에 따라 다를 것이라는 것이다. 즉 중요한 것은 목표의 내용이 아니라 그 목표를 갖게 된 동기라는 것이다.

한 최근 연구는 사람들이 추구하는 목표의 내용과 이유의 효과에 대한 설명을 분류하는 데 도움이 된다. Sheldon과 그의 동료들(2006)은 목표 내용과 목표 동기의 상대적 중요성을 평가하기 위한 세 연구를 수행했다. 개인적 목표의 내용은 조사 참가자들에게 여섯 가지 '가능한 미래'를 제시하고, 그들의 목표가 그 여섯 가지 미래에 기여하는 정도를 응답하게 하여 측정하였다. 여섯 가지 미래 중 세 가지는 내재적 가치를 대표하는 것으로서, 의미 있는, 가까운, 아끼는 관계를 달성함, 충만한, 의미 있는 삶을 가져다주는 개인적 성장, 그리고 세상을 더 좋은 곳으로 만듦으로써 사회에 기여함이었고, 다른 세 가지는 외재적 가치를 대표하는 것으로서, 고소득의 직업을 갖고, 많은 물질적 소유물을 가짐으로써 경제적으로 성공함, 다른 사람들에게 널리 알려지고 존경을 받음으로써 명성과 인기를 누림, 훌륭한 외모로 사람들에게 매력적으로 보이는 것이었다. 목표 동기는 목표 추구의 동기가 외적, 투입적, 자기동일시적 및 내재적 동기 각각에 해당되는 정도를 평정하게 하여 측정하였다. 웰빙의 표준적 측정방법, 즉 정적 정서와 부적 정서, 그리고 삶의 만족을 평정케 하여 웰빙의 지표를 얻었다.

세 가지 연구의 전반적 결과는 목표 내용과 목표 동기 두 가지 모두가 웰빙에 각기 독립적인 영향을 미침을 보여주었다. 내재적 목표를 자율적인 이유로(즉 자기동일시적 혹은 내재적 동기로) 추구하는 사람의 웰빙 수준이 가장 높았다. 그 반대쪽의 사람들, 즉 외재적 목표를 통제된 이유로(즉 외적 혹은 투입적 동기로) 추구하는 사람들의 웰빙 수준이 가장 낮았다. 외재적 목표와 통제된 동기의 나쁜 영향에 대한 가장 강력한 증거는 대학생들의 졸업 후 1년 동안의 개인적 목표와 웰빙을 측정한 Sheldon과 그의 동료들의 한 연구에서 볼 수 있었다. 통제된 동기로써 외재적 목표(즉 돈과 명성)를 추구하는 졸업생들은 내재적 동기를 자율적 동기로 추구하는 졸업생들보다 낮은 수준의 웰빙을 보고했다.

안전치 못함에 대한 벌충 경제적 목표와 낮은 웰빙 간의 관계에 관한 세 번째 설명은 심리적으로 안전치 못함, 그리고 욕구 충족이 되지 않은 점에 초점을 둔다(Kassen, 2002, 2004; Kassen & Kanner, 2004 ; Solberg, Diener, & Robinson, 2004). 이 입장의 이론가들은 물질주의자들이 애당초 불행한 사람들이었을 가능성에 주목한다. 정서적, 사회적으로 불안정한 사람들은 경제적 성공을 자신의 자아상, 사회적 이미지를 향상시킬 수 있는 수단으로 간주할 수 있다. 많은 돈을 가짐으로써 자신을 '증명하고', 다른 사람들로부터 칭송받고, 그래서 충족되지 못한 욕구를 벌충받을 수 있을 것으로 생각할 수 있는 것이다. 이것은 공허하고 얄팍한 환상으로 여겨질 수도 있다. 그러나 어떤 부모가 자신의 부유한 자녀를 자랑스러워 하지 않는가? 그리고 부유하고 유명해지는 공상을 하지 않는 사람이 있는가? 미국 문화는[그리고 아마 한국 문화도 마찬가지로(역주)] 돈을 많이 벌고 명품을 소유하는 것이 '대단한 인물이 되는 것(being somebody)'을 의미한다는 생각을 고취하고 있다고 주장하는 사회비평가들이 많다(Cushman, 1999; Easterbrook, 2003; Paterson, 2006; Storey, 1999).

왜 사람들은 물질주의적 가치를 채택하는가

물질주의적 가치의 발달에 중요한 영향을 행사하는 세 요인은 (1) 소비문화 속에서 성장함, (2) 심리적 불안정, (3) 물질주의와 죽음의 연결의 세 요인인 것 같다. 이들을 아래에 자세히 탐구해 보기로 한다.

소비문화 자아, 문화, 그리고 개인적 목표는 상호 연결되어 있다. 모든 문화는 아동들에게 그들이 어떤 존재이며 어떤 존재가 되어야 하는지에 관한 규범을 제시한다. 부모의 사랑, 친구들에게 받아들여짐, 그리고 삶의 과제에서의 성공, 이 모두는 적어도 부분적으로 그 문화의 가치관과 관습을 포용하느냐에 달려 있다. 제6장에서 본 바와 같이, 좋은 삶의 의미와 그것에 달하는 방법에 관한 신념은 서양과 동양 문화권 간에 차이가 있다. 구체적 의미와 표현에 있어서는 개인마다 다르겠지만, 문화는 개인의 성공과 행복을 정의하는 근본 가정과 우세한 가치 중 많은 부분을 결정한다.

소비 사회에서 문화가 목표에 미치는 영향은 한 개인이 물질주의적 포부와 가치를 채택하게 하는 한 통로이다. 돈과 물질적인 소유의 개인적 및 사회적 이득을 선전하는 무수히 많은 메시지와 모델에 접하면서, 소비사회의 아동들은 물질주의적 가치관을 갖도록 사회화된다. 아동용 상품의 판촉에 해마다 약 120억 달러가 쓰인다. 이것을 Levin과 Linn(2004)은 '아동의 상업주의화'라 부른다. 〈스타워즈〉나 〈해리포터〉 같은 아동용 영화에 연관된 장난감 판매고는 이제 입장료 수입에 맞먹는다. 이러한 상업화가 야기할 수 있는 악영향을 염려하여 노르웨이와 스웨덴 정부는 12세 이하 아동을 겨냥한 광고를 금지시키게 되었다.

성인의 생활권에서도, 우리는 만약 우리가 '딱 맞는' 상품이나 서비스를 구입한다면 우리의 개인적 문제들이 해결되고 행복이 보장될 수 있으리라고(노골적으로 혹은 은근히) 암시하는 광고들에 모두 익숙해져 있다. 어떤 광고들은 열등감, 사회적 불안, 지루함, 외로움, 그리고 빈약한 외모에 대한 걱정 같은 우리의 약점을 겨냥한다. 또 어떤 광고들은 그 물건의 구입이 우리에게 행복, 명예, 행운, 모험심, 성, 로맨스, 그리고 친구들의 부러움을 갖다 줄 것이라고 유혹한다.

이런 메시지의 요체는, Kasser(2004)가 잘 표현한 바처럼, 좋은 삶은 '상품의 삶'이라는 것이다. 그러한 광고들은, Kasser와 그의 동료들이 "경제적 성공의 달성, 멋진 직업을 갖는 것, (대부분 상품 구입을 통해 만들어지는) 좋은 이미지를 갖는 것, 그리고 (대개 지갑의 크기와 소유물의 범위에 의해 정의되는) 높은 지위를 갖는 것 등의 문화적으로 공인된 목표의 추구가 중요하다는 신념"(Kasser, Ryan, Couchman, & Sheldon, 2004, p. 13)이라고 표현한, 물질주의적 가치지향을 선전하는 것이다. 여기에서 핵심 문제로 대두되는 것은 우리가 상품을 사고, 명예와 부를 누리는 모델을 칭송할 때, '물질주의적 목표 주위를 맴도는 삶이 개인적 행복에의 길이라는 생각'도 함께 구매하는 것인가 하는 것이다.

그 답은, 어떤 사회비평가들에게는 단호하게 "그렇다"이다. Marx에서 Veblen에 이르는 고전적 사회학자들은 자본주의적 사회가 잘못된 욕구와 얄팍한 물질주의적 삶을 권장한다고 주장한다(이에 대한 개관은 Paterson, 2006; Storey, 1999를 보라). 이러한 관점에 따르면, 우세한 문화적 관습으로서의 소비는 보다 깊은 삶의 만족으로부터 우리의 관심을 돌리게 만들고, 소수의 사람이 다수에게 행사하는 권력과 통제를 눈가림한다는 것이다.

Cushman(1990)은 심리학적 관점에서, 소비 경제가 가족 간의 친밀한 유대, 공동체 결속 및 만족스러운 노동과 연합된, 보다 지속적이며 깊이 있는 삶의 의미와 사회적 연결을 해체해 버림으로써 '텅 빈 자아'를 초래한다고 주장한다. 텅 빈 자아는 사람들로 하여금 광고의 "여러분을 행복하게 만들 수 있다"라는 메시지에 특히 더 취약하게 한다. 그러나 삶의 목적과 의미 발견이라는 문제에 대해 시장이 제공하는 것은, Cushman의 주장에 의하면, 단지 '라이프스타일 해법'일 뿐이다. 좋은 외양, 좋은 물건을 갖는 것은 건전한 웰빙을 촉진하는, 삶의 보다 깊은 목적, 서로를 보살피는 타인들과의 관계의 빈약한, 불만스러운 대치물이다.

이 논쟁의 반대편의 사람들은, 소비사회가 사람들이 자신의 재능, 관심, 가치 및 성격을 표현하는 방법 면에서 선택의 자유의 기회를 전례 없이 많이 제공하고 있다고 주장한다. 이 관점에 의하면, 상품의 소비는 라이프스타일의 다양성을 제한하는 것이 아니라 증가시킨다. 상품과 서비스가 다양하고 또 그것을 쉽게 얻을 수 있음으로 해서, 좋은 삶에 대한 고도로 개인화된 의미가 마련될 수 있다는 것이다. 심리학은 소비주의의 장점과 단점에 관한 긴 논쟁에 모종의 결론에 달하지는 못하였다. 그러나 소비문화의 물질주의적 메시지를 가장 옹호할 가능성이 있는, 그래서 그 악영향을 빚을 가능성이 높은 사람들은 어떤 사람들인지에 대한 설명을 해 주는 연구들은 있다.

심리적으로 안전하지 못한 것 물질주의가 심리적으로 안전하다는 느낌을 못 가진 사람들에서 가장 환영받음을 보여주는 증거가 점점 늘어가고 있다. 자기의 존재 가치에 대해, 그리고 타인들로부터 사랑받고 있는지에 대해 확신이 없는 사람들, 욕구 좌절 상태인 사람들, 그리고 경제적으로 어려운 사람들에서 물질주의적인 삶의 목표를 선택할 가능성이 높은 것으로 보인다(이에 대한 개관은 Kasser, 2002; Kasser & Kanner, 2004; Solberg et al., 2004를 보라). 앞에서 언급한 벌충 가설에 의하면, 사람들은 안전치 못하다는 부정적 느낌과 충족 안 된 욕구를 벌충하기 위해서 물질주의적 목표를 채택한다. 사회적으로 그리고 개인적으로 능력 있음을 인정받고자 하는 욕구가 좌절된 사람들에게, 비싼 소유물과 고액의 봉급은 사회적 인정과 자존감을 얻기 위한 수단이 될 수 있다. 이 결론은 기본적 욕구를 충족받지 못하는 경우 물질주의적 가치를 옹호하는 비율이 높다는 것을 일관성 있게 밝힌 연구들에 의해 도출된 것이다. 충족되지 못한 욕구가 심리적으로 안전하지 못하다는 느낌을 야기하고, 그 불안전감이 보완책으로 물질주의적 목표를 초래하는 것 같다. 부모가 자녀의 욕구를 충족시키지 못하는 경우 자녀들의 물질주의적 가치 지향 가능성이 높았다. 부모가 자녀에게 지나치게 통제적이고, 처벌을 주며, 따뜻하게 대하지 않고, 자녀의 독립과 자율의 욕구를 무시하는 경우 역시 자녀의 물질주의적 포부 가능성이 높았다. 부모의 이혼도 자녀의 물질주의와 관련이 있었다. 부모의 이혼으로 인한 경제적 자원의 감소보다는 부모의 이혼으로 인해서 어른의 애정과 정서적 보살핌을 받고자 하는 자녀의 욕구가 충족되지 못함이 더 물질주의적 가치 지향과 관련이 깊었다. Kasser와 Kanner(2004)의 개관 연구에 의하면 빈곤한 가정, 빈곤한 나라, 그리고 경제적으로 힘든 시기에 성장한 사람들이 더 물질주의적이 되는 경향이 있었다. 빈곤과 경제적인 스트레스가 사람들로 하여금 안전치 못하다는 느낌을 갖게 하리라는 것, 그리고 물질주의적 삶의 목표가 보완적 해결책이 될 것이라는 것을 상상하기는 어려운 일이 아니다.

물질주의와 죽음 문화인류학자 Ernest Becker(1973)는 그의 퓰리처상 수상 저서인 『죽음의 부인(The Denial of Death)』에서, 죽음에 대한 공포가 인간의 불안전함의 궁극적이고 보편적인 원인이라고 주장한다. Freud는 인간 행동의 토대로서 성욕과 죽음을 둘러싼 갈등과 억압된 감정에 초점을 두었다. 이와는 대조적으로, Becker는 삶의 불가피한 사실로서의 죽음을 자각함에 기인한 두려움에 초점을 두고, 그 두려움을 부인하고 둔감하게 만들고자 하는 욕구에 의해 인간의 많은 개인적, 집단적 행위들이 동기화된다고 주장한다. 종교의 내세, 이집트 피라미드에서 현대의 마천루에 이르는 기념 건조물, 그리고 파괴의 위협을 무찔러 승리한 영웅에 대한 찬양, 이 모든 것들은 죽음을 초월할 수 있다는 것을 암시하는 상징물들이라는 것이다. 이러한 상징물들은 죽음이라는 현실을 부인하는 역할을 한다. 그러한 아이콘들의 상징적 메시지는 우리가 실제로 죽지 않는다는 것이다. 죽음은 자연과 밀접하게 연결되어 있다. 그러므로 Becker가 보기에, 자연환경을 통제하고 정복하려는 인간의 노력 역시 죽음 부인 동기의 표현이다. 자연에 대한 통제는 죽음에 대한 통제라는 착각을 준다는 것이다.

최근의 심리학 이론 중, **공포 관리 이론**(terror management theory)은 죽음에 대한 공포가 안전감을 회복시키기 위해 어떠한 것을 모색하게 되는지에 관한 Becker의 생각에서 출발했다(Greenberg, Solomon, & Pyszczynski, 1999; Solomon, Greenberg, & Pyszczynski, 1991). 공포 관리 이론은 동물의 진화와 각 종이 개체 보존을 위해 행하는 종 특유의 행동 방식의 맥락에서 죽음의 공포를 접근한다. 인간의 방어력은 다른 동물들에 비해 상대적으로 약하기 때문에 인간의 생존은 일차적으로 지능과 사회성에 의존한다. 진화적 관점에서 생각해 볼 때, 높은 지능의 사회적 동물로서 인간의 조상은 도구, 무기, 집을 고안해 내고 종의 번식과 생존을 위한 협력 집단을 형성했다.

그러나 인간의 높은 지능에는 대가가 따랐다. 높은 지능은 자신이 살아 있는 존재라는 자각 능력, 그리고 자신의 과거, 현재, 미래에 대하여 생각할 수 있는 능력도 수반하였다. 자신의 미래에 대한 자각은 자신의 죽음에 대한 확실성, 그리고 Becker의 가차 없는 표현

을 빌자면, 우리의 삶이 지하에서 '벌레들의 먹이'로 마감되리라는 자각도 포함한다
(Becker, 1973, p. 26). 우리 자신이 벌레들의 식량이 된다는 생각은 분명히 썩 유쾌한 것
이 못 된다. 우리는 이 생각이 머리에 떠오르면 오래 이 생각에 머무르려 하지 않고 조금
이라도 덜 끔찍한 것으로 관심을 옮기려 할 가능성이 높다. 죽음에 관한 생각을 회피하려
는 행동의 이 작은 예가 공포 관리 이론의 가정과 논리의 바탕이라 할 수 있다. 인간은 다
른 동물들과 마찬가지로 개체 보존이라는 근본적인 생물적 동기를 갖고 있다. 그러나 인간
은 결국은 죽는다는 것을 자각한다는 점에서 다른 동물과 다르다. 인간을 압도하고 무력하
게 만들 것이므로 그 공포가 '관리되어야' 그것이 가져올 효과를 피할 수 있을 것이다.
Becker의 생각을 따라서, 공포 관리 이론은 모든 문화가 죽음의 공포에 대한 방어 기능을
할 신념체계를 발달시킨다고 주장한다. 이 신념은 개인에게 삶의 의미와 목적을 부여하고,
개인의 자존감과 지속적 가치를 위한 기초를 마련해 준다. 인간이 죽음에 대한 생각이나
심상에 직면하게 되면, 그는 안전치 못하다는 느낌을 갖게 되고 안전감을 회복하기 위해
세계관과 자존감의 방어적 강화를 동기화시키게 될 것이라고 공포 관리 이론은 예언한다.
이 예언을 지지하는 결과가 많은 연구를 통해 얻어졌다(Greenberg et al., 1999; Solomon,
Greenberg & Pyszczynski, 2004).

죽음에 관한 불안이 물질주의와 어떠한 관련성을 갖는 것일까? 불안전하다는 느낌과 물
질주의 사이의 일반적인 관련성은 연구들을 통해 이미 확립된 바 있으므로, 죽음에 대한
생각에 기인한 불안전함 역시 물질주의적 포부를 증가시킬 것으로 추론할 수 있다. 돈, 지
위, 그리고 소유물은 안전감을 줄는지도 모른다. 이 아이디어를 검증하기 위한 한 연구에
서 Kasser와 Sheldon(2000)은 우선 대학생들을 대상으로 내재적 목표(자기수용, 친화, 공
동체 느낌) 대 외재적 목표(경제적 성공, 매력적 외모, 사회적 인정)의 상대적 중요성을 조
사함으로써 사전에(즉 실험 전에) 가지고 있던 물질주의적 가치 지향을 측정하였다. 학생
들은 그 후 두 조건 중 하나에 배정되었다. **죽음 자각** 조건의 대학생들은 자신의 죽음에 대
해 예상되는 바를, 죽음에 대해 어떤 감정을 느끼는지, 그리고 죽은 후 시신에 어떤 일이
생길 것으로 믿는지에 초점을 두어 글을 썼다. **통제조건**의 대학생들은 음악 감상에 관한 글
을 썼다. 그런 후 양쪽 집단 학생들을 15년 후 자신의 경제적 형편에 관하여 추정하도록
요청받았다. 경제적 예상에는 전반적인 경제력(봉급, 투자액), 쾌락을 위한 지출(여행, 의
복, 오락), 그리고 소유물의 가격(차, 가정 소유물 등)이 포함되어 있었다.

예언과 일치하게, **죽음 자각** 조건의 학생들은 통제조건의 학생들보다 미래의 수입과 재
산에 대하여 더 높게 추정하였다. 실제로, 어떤 경우에는 죽음에 관하여 글을 쓴 학생들의
추정치가 음악감상에 관하여 글을 쓴 학생들의 추정치의 두 배에 달했다. 이러한 결과는
사전의 가치관 아닌 죽음 자각의 효과에 의한 것이었다. 즉 미래 경제적 기대치는 사전에

조사했던 학생들의 가치(목표)와는 무관했다.

죽음 자각의 효과에 대한 다른 증거를 같은 연구진의 두 번째 연구에서 볼 수 있었다. 이 연구에서 학생들은 국립 삼림지역[미국 정부가 삼림보호를 위해 특별 관리를 하는 삼림지대(역주)]에서 산출되는 목재에 입찰하는 회사의 소유자 역할을 하라는 지시를 들었다. 그들은 만약 입찰가를 너무 낮게 하면 회사의 생존이 불가능할 수도 있지만, 만약 모든 회사들이 다 높은 가격에 입찰을 한다면 삼림자원이 상실될 수 있다는 이야기를 들었다. 연구진은 앞 연구에서처럼 죽음 자각 조건과 통제조건을 설정하고 앞에서와 마찬가지로 글쓰기 방법을 사용하였다. 이번에도 자신의 죽음에 대하여 생각하는 것이 반응에 영향을 미쳤다. 즉 죽음 자각 조건의 학생들이 무시 못할 만한 정도의 높은 목재 입찰가를 냈는데, 이것은 물욕의 증가와 다른 사람들보다 더 많이 가지려는 욕구를 시사하는 것이다.

공포 관리 이론을 제안한 Solomon과 그의 동료들(2004)은 풍요와 물질주의가 어떻게 연결을 갖게 되었을지에 관하여, 사변적인(객관적인 증거는 없고 추론에 의존한) 것이기는 하지만 상당히 흥미로운 역사적 분석을 발표했다. 그들은 실제로 필요한 것 이상으로 많이 구입하는, 타인들의 이목을 끄는, 소비행동에 매달리는 것은 돈과 물질적 소유가 종교, 영적인 것, 그리고 죽음의 초월과 갖는 모종의, 아마도 무의식적인 연결에 기인한 것이라고 주장한다. 그들의 분석은 Ernest Becker 등의 연구에서 착안된 것으로서, 돈과 소유물을 모으는 것은, 권위, 상징적 의미 및 종교성과 역사적으로 연결되어 있다고 주장한다. 상품과 서비스의 교환수단으로서의 단순한 돈의 개념은 실은 아주 최근에 시작된 것이며, 예컨대 고대 이집트에서 금은, 죽음을 피하고 죽은 사람들의 영혼을 계속 살아 있게 하는 생명 연장의 힘을 상징하던 조개의 모조품을 만드는 데 사용되기 이전에는 대개 무시되었다고 한다. 돈이라는 단어 자체는 로마의 Juno Moneta의 사원에서 기원한 것으로, 그 사원의 사제들이 동전을 생산하기 위해 처음 화폐주조소를 세웠다. 동전에는 신, 왕, 그리고 여타 종교적 상징들의 이미지를 새겼었다.

Solomon과 그의 동료들은, 만약 이것들이 모두 건강부회처럼 여겨진다면, 1달러짜리 지폐의 뒷면을 자세히 볼 것을 제안한다. "우리는 신을 믿는다" 라는 글귀, 그리고 꼭대기에 눈이 그려진 피라미드 그림이 1달러 지폐에 왜 있어야 한단 말인가? 이 물음에 대한 한 가지 답은 이 글귀와 상징적 그림은 돈이 종교성, 불멸성과 연결됨을 의미한다는 것이다. 피라미드는 불멸에의 길을 나타내고, 그 꼭대기의 눈은 정상에 달한 사람들에게 열리는 신의 세상을 나타내는 것일 수 있다. Ernest Becker는 돈과 부를 모아 번영에 이르는 능력은 죽음의 부인과 긴밀하게 묶여 있고, 불멸에 달하기 위한 방책과 밀접한 관계에 있다고 굳게 믿는다. 우리는 죽는다. 그러나 우리의 재산과 소유물은 살아남는다. 돈이 삶에 안전감을 주고 삶을 통제하는 데 기여한다는 것은 의문의 여지가 없다. 두툼한 은행계좌는 아마도 어떤 안락함과 안전감을 줄 것이다. Becker와 공포 관리 이론의 주장의 요체는, 돈이 무의식적, 상징적인 수준에서, 죽음의 공포에서 벗어나기 위한 중요한 역할을 한다는 것이다.

풍요와 물질주의

심리적으로 불안전하다는 느낌과 물질주의 사이의 관계는 양방 통행 도로처럼 여겨진다. 앞에서 언급한 바와 같이 불안전감은 물질주의적 포부의 원인이면서 또한 결과이기도 한 것이다. 불안전감은 사람들이 충족 안 된 욕구를 경제적 목표 달성을 통해 벌충하려 할 때, 물질주의적 목표 채택의 원인으로 작용한다. 불안전감과 불행감은 또한 물질주의의 결과이기도 하다. 왜냐하면 물질주의적 포부는 중요한 욕구의 충족 가능성을 낮추기 때문이다. 물질주의가 그것이 벌충하려 했던 욕구 자체의 만족을 좌절시킨다는 이것은 고통스러운 아이러니이다. 최근 발달심리학자들의 연구는 물질주의 이야기의 또 다른 아이러니를 시사한다. 경제적 성공에의 목표가 불행과 연결될 뿐만 아니라, 그 목표의 달성 또한 문제의 원천이 될 가능성이 있다는 것이다. 즉 풍족한 가정에서 성장한 아동들은 경제적으로 성공한 부모들의 신념과 관습에 의해 초래되는 다양한 정서적, 행동적 문제에 빠질 위험성이 크다는 것이다. 부모를 경제적 성공에 이끈 신념과 동기가 무엇이든, 그리고 풍족한 부모가 물질적 가치에 관하여 자녀에게 어떤 것을 가르쳤든, 풍족한 라이프스타일 자체가 자녀들을 위해서는 건전한 것이 못된다.

제6장에서 우리는 지난 50년에 걸친 국가의 경제적 풍요의 증가가 행복의 증진을 가져오지는 않았음을 보여주는 국가 통계에 관해 살펴보았었다. 실제로 풍요는, 특히 젊은 사람들에게, 우울증과 여타 개인적 문제의 비율을 높인다는 점에서 불행과 관련이 있음이 어느 정도는 알려져 있었다. 풍족한 가정에 관한 최근 연구들은 풍족함이 아동 및 젊은이들의 문제와 어떤 관련성을 갖는지를 보다 구체적이고 명료하게 보여주고 있다. 부유한 부모를 가진 아동들이 '특권적인 지위'의 혜택을 즐긴다는 널리 퍼진 가정과 어긋나게, Luthar(1999, 2003)는 많은 풍요한 가정 아동들이 저소득 가정 아동보다 더 많은 문제로 고통을 받음을 보여주는 증거를 개관하는 논문을 발표했다. 이 증거 중 하나(Luthar & D'Advanzo, 1999)는 사회경제적 지위가 낮은 도심 빈곤층 청소년들을 사회경제적 지위가 높은 교외 거주 청소년들과 비교한 결과였다. 놀랍게도, 풍족한 가정의 십대 청소년들이 도심에 사는 저소득층의 아동들보다 더 큰 수준의 부적응을 보이고 있었다. 즉 풍족한 가정의 청소년들은 약물(술과 마리화나)남용 비율, 불안수준, 그리고 우울증 징후의 비율이 더 높았다. 사회경제적 지위가 높은 가정의 십대 우울증에 관한 결과가 특히 충격적이었는데, 그들의 우울증 비율은 도심의 또래집단보다 더 높은 수준 정도인 것이 아니라 전국 평균의 세 배에 달했기 때문이다. 이 연구의 대상자 중 교외에 사는 고등학교 1학년 소녀들 다섯

명 중 한 명, 즉 20%가 심각한 우울증 징후를 보였다. 풍요한 집단의 소년, 소녀의 불안수준 역시 전국 평균보다 무시 못할 만한 수준으로 높았다. Csikszentmihalyi와 Schneider (2000)의 잘 알려진 연구에서도 고소득층 가정의 십대가 저소득층 가정의 십대보다 웰빙수준이 낮았다. 이 연구자들은 800명이 넘는 십대 청소년의 기분과 정서체험 보고 자료에 기초하여 가장 풍족한 가정의 십대가 가장 낮은 수준의 행복을 보고하고, 그 반면에 저소득층 가정의 십대가 가장 높은 수준의 행복을 보고하였음을 밝혔다.

풍족한 십대가 더 불행한 이유는 무엇일까? 두 가지 잠정적 설명 중 하나는, 청소년의 적응에 결정적으로 문제되는 것은 풍요함 그것 자체가 아니라, 부모의 행동과 기대라는 것이다. 가정 문제 전문가와 임상심리학자들의 연구와 관찰에 근거해서 Luthar는 사회경제적 지위가 높은 가정의 청소년들의 고민의 원인으로서 성취압력과 부모의 감독소홀을 지적한다. 어떤 청소년은 그들이 하는 모든 일에서 우수해야 한다는 강한 압력을 받고 있었고, 그들이 하는 일의 많은 부분을 부모가 결정했다. 운동, 음악, 공부, 그리고 잠재력 함양을 위한 개인 교습, 혹은 학원 프로그램이 엄청나게 증가하고 있다. 풍족한 부모들은 자녀들을 이러한 프로그램에 가급적 많이 등록시킴으로써, 자녀의 삶을 어른들의 삶처럼 바쁘게 만들어 자녀가 청소년기를 살고 있는지 성인기를 살고 있는지 분간할 수 없게 만든다. 스트레스, 책임감, 성공에의 압력, 그리고 아침부터 밤까지 각종 프로그램 활동으로 꽉 찬 나날이 아동·청소년기의 한가한 놀이와 순진함을 파괴해 버린다. Luthar가 제시하는 증거들에 의하면, 이러한 압력에 당면한 아동·청소년들은 위통에서, 두통, 불면증에 이르는 스트레스 관련 질병에 더 잘 걸리며, 이들은 눈코 뜰 새 없이 바쁜 삶으로부터 자유시간을 얻기 위해 심지어 이러한 신체 증세를 과장하기도 한다.

다른 풍족한 가정 아동들은 정반대 패턴의 삶을 산다. 긴 시간 직장에서 일하고 늦게 피곤한 몸으로 귀가하는 부모는 자녀를 물적으로, 심적으로 살펴주고 감독할 시간이 없다. 그런 부모는 풍족한 돈, 아름다운 집, 휴대폰, 컴퓨터, 대형화면 텔레비전, 그리고 자동차를 자녀에게 제공하지만 자녀를 위해 정작 필요한 깊은 관여와 세심한 감독은 제공하지 못한다. 미국 공영방송국(PBS)의 다큐멘터리 팀은 〈락데일 카운티의 잃어버린 아이들(The Lost Children of Rockdale Country)〉이라는 프로그램에서 이 풍족한 청소년들이 텅 빈 삶을 살고 있음을 발견하였다. 그들의 가정에는 부모의 감독이 결여되어 있었다. 그들에게는 있어야 할 풍부한 접촉이 결여되어 있었으며, 그들의 삶은 친구들과 더불어 찾을 수 있는 순간적 쾌락과 기분전환 말고는, 삶의 목표와 방향의 측면에서 텅 빈 상태였다. 부모가 이러한 욕구를 충족시켜 주지 못하면, 마치 소비가 텅 빈 자아를 채운다는 Cushman의 주장처럼, 친구들이 빈 곳을 채우게 된다. 불운하게도, 락데일 카운티의 십대들은 그들의 삶을 약물남용, 비행, 문란한 성행위로 채웠다.

풍족한 가정에 관한 연구는 아직 아주 초기 단계에 있음에 주의할 것을 Luthar은 강조한다. 현재까지는 연구 대상자가 대부분 미국 북동부에 사는 사람들이었다. 이 연구 결과들이 풍족한 가정의 일반적인 패턴을 밝힌 것인지, 아니면 풍족한 가정 중 좁은 범위에만 적용되는 것인지 알기는 시기상조이다. 이 현상의 원인이 되는 변인들을 분명히 알기 위해서는, 종단 연구, 그리고 가정생활의 구체적 요소들에 관한 보다 자세한 검토가 필요하다. 부모가 자녀의 정서적 욕구를 효과적으로 충족시켜 주는 풍족한 가정도 분명히 있을 것이다. 그러나 초기 단계이긴 하지만 현재까지의 연구에서 드러난 바에 의하면, 풍족한 어떤 가정의 삶은 '물질주의와 그것의 문제점'의 골치 아픈 한 예가 되는 것이 사실이다.

우리는 모두 물질주의자인가

물질주의의 부정적 영향을 지나치게 일반화시키는 것을 피하기 위해 몇 가지 중요한 조건이 부과될 필요가 있다. 좋은 수입, 멋있는 집, 차, 그리고 기타 소유물에 대한 바람을 대부분의 사람들이 갖고 있다는 점에서 우리 대부분의 사람들은 물질주의자일 수 있다. 그러나 이러한 바람 그것 자체가 문제되는 것은 아니다. 물질주의적 가치의 부정적 영향은 경제적 포부, 사회적 인정, 그리고 외모를 다른 중요한 심리적 욕구보다 우선시하는 사람들에서만 나타난다는 것을 상기할 필요가 있다. 불행의 원인이 되는 것은 물질적 목표 자체가 아니라 그것의 균형이 깨지는 것이다. 미국 국민들 대다수가 행복하고 자신의 삶에 만족한다는 것을 보여준 전국조사 결과(Diener & Diener, 1996)에 주목하는 것 역시 필요하다. 지난 50년에 걸쳐 풍족해지고 더 많은 상품을 소비하게 된 것이 우리를 더 행복하게 해 주지는 못했지만 그렇다고 우리를 덜 행복하게 만들지도 않았다. 전체적으로 볼 때 평균적인 미국 국민들은 앞에 소개한 연구들에 나타난 바와 같은 지나친 물질주의 유형에 기인된 불행감을 느끼고 있지는 않은 것으로 여겨진다. 이것은 풍요로움의 잠재적인 어두운 측면, 즉 풍족한 가정 청소년들에서의 우울증, 약물 사용, 그리고 기타 개인적 문제의 증가에 관한 증거를 부인하겠다는 것이 아니다. 그렇지만 우리의 일상생활에서의 경험에 비추어 볼 때 우리 주위의 대부분의 사람들의 삶은 과도한 소비주의에 의해 지배받는 그러한 삶은 아니라는 것에 아마도 우리 대부분이 동의할 것이다. 그 대신, 삶의 물질적인 측면과 소비적 삶의 다른 측면(즉 의미 있는 활동, 친밀한 관계, 내재적으로 즐거운 체험들) 사이에 균형을 유지하며 살고 있는 것으로 보인다. 소비생활의 다른 어떤 형태는 사람들의 삶의 질을 손상시키는 것이 아니라 삶의 질을 더 풍부하게 만들 수 있음을 최근의 연구들이 시사한다. Van Boven과 Gilovich가 명명한 '체험 구매'는 휴가 혹은 새로운 기술이나 스포츠를 배우는 강의를 수강하기처럼, 새로운 체험과 지식을 제공받는 활동에 돈을 소비함을 의미한다(Van Boven, 2005; Van Boven & Gilovich, 2003). 갖고 싶은 특정 물건을 소유하기 위한 욕망에 의해 동기화된 '물질적 구매'에 비하여 체험 구매는 내재적 즐거움 그리고 타인들과의 긍정적인 사회적 인간관계에 더 많이 관련된다. 친구들과 외식하기, 자녀와의 박물관 관람여행, 그리고 클럽에 가입하여 모르던 사람들을 만나기 등은 즐거운 활동에 돈을 소비하는 것이고, 또한 중요한 사회적 관계에도 기여한다. 체험 구매는, 비록 그 당시에는 즐거운 체험이 아닐 수도 있지만(예, 극기훈련), 좋은 이야깃거리와 추억거리가 되므로 물질적 구매보다 더 장기적인 효과를 가질 수도 있다.

이 장의 요약문제

1. a. 목표는 삶의 '가짐' 측면과 '행함' 측면을 어떻게 연결하나?

   b. 대학생들의 목표와 자원을 다룬 Diener와 Fujita의 연구에서 이 연결을 어떻게 보여주고 있나?

2. 개인적 목표가 어떻게 인지적이면서 동시에 정서-동기적인가?

3. 개인적 목표는 어떻게 보다 포괄적인 동기와 욕구의 개인화된 표현이 되는가? 예를 들어 설명하라.

4. 개인적 목표의 정의와 측정의 예를 두 가지 들라.

5. 만약 여러분이 방금 애인과 결별하였다면 시험공부에 몰두하기 어렵게 되는 이유를 Maslow의 욕구위계설에 기초하여 설명하라.

6. Sheldon과 그의 동료들의 연구에서 다양한 문화에 걸쳐 보편적인 욕구로 밝혀진 네 가지는 무엇인가?

7. Schwartz의 연구에서 밝혀진 열 가지 보편적 가치 중 여러분에게 가장 중요시되는 것 두 가지를 들고 왜 그렇게 생각하게 되었는지 예를 들어 설명하라.

8. a. 내재적 목표와 외재적 목표의 차이는 무엇

인가? 육체적 목표와 자기초월적 목표의 차이는 무엇인가?

   b. 인간의 욕구 내용들이 이 두 차원에서 어떻게 위치하나?

9. '가능한 자아'란 무엇이며 그것은 '목표의 개인화'로서 자아개념을 어떻게 나타내는지 예를 들어 설명하라.

10. 맞춤가설은 무엇이며 그 가설의 지지 증거가 되는 연구에는 어떤 것이 있는가?

11. 자아실현, 내재적 목표, 자율적 동기는 각기 맞춤가설을 어떻게 설명하는가?

12. 대학에 다니는 동기/이유로서 외적, 투입적, 자기동일시적 및 내재적 동기/이유의 예를 들고 그것들이 학업성적과 웰빙에 미치는 영향에 관하여 설명하라.

13. a. 'American Dream의 어두운 측면'에 관한 Kasser와 Ryan의 고전적 연구에서 측정된 네 가지 삶의 포부는 무엇인가?

   b. 어떤 포부가 낮은 웰빙과 관련이 있었나?

14. 물질주의적 목표의 내용과 그 목표를 추구하는 동기, 그리고 심리적 불안전감의 세 가지는 각기 물질주의자가 불행한 이유와 어떤 관련성을 갖는가?

15. 소비문화와 심리적 불안전감은 각기 물질주의적 목표의 채택과 어떤 관련성을 갖는가?

16. 죽음에 대한 두려움을 방어하기 위한 방안으로서 Ernest Becker와 공포 관리 이론은 각기 어떤 것을 주장하는가?

17. 돈, 황금, 물질주의와 불멸성 간의 관계, 안전감 및 죽음의 부인을 연결시키는 역사적 예와 심리학적 주장을 설명하라.

18. 풍요한 가정의 십대는 가난한 가정의 십대보다 왜 더 정서적 문제를 겪는가? 최근 연구 결과 두 가지를 들어 설명하라.

핵심용어

가능한 자기

가치

공포 관리 이론

개인적 계획안

개인적 노력

내재적 동기

내재적 목표

맞춤 가설

목표

삶의 과제

외재적 목표

외적 동기

자기결정 이론

자기동일시적 동기

자율적 동기 대 통제된 동기

투입적 동기

관련 웹사이트

개인적 계획안—Brian Lillte

www.brianrlittle.com 개인적 계획안과 목표연구자 Brian Little의 사이트로, 연구논문과 개인적 계획안 측정도구를 다운로드받을 수 있다.

자기결정 이론

psych.rochester.edu/SDT/publications/pub_well.html 로체스터대학교의 Deci와 Ryan 교수의 연구를 수록한 웹페이지로, 자기결정 이론에 관련된 목표, 동기 연구에 초점을 둔다.

세계 가치 조사

www.worldvaluesurvey.org 이 사이트는 전 세계에 걸쳐 국가별 가치 조사를 실시하는 사회과학자들의 네트워크인 세계 가치 조사의 진행 중인 연구 결과를 제공한다.

읽을거리

Becker, E. (1973). *The denial of death.* New York: Free Press.

Emmons, R. A. (1999b). *The psychology of ultimate concerns: Motivation and spirituality in personality.* New York: Guilford Press.

Grouzet, F. M. E., Kasser, T., Ahuvia, A., Dols, J. M. F., Kim, Y., Lau, S. et al. (2005). The structure of goal contents across 15 cultures. *Journal of Personality and Social Psychology, 89,* 800-816.

Kasser, T., & Kanner, A. D. (Eds). (2004). *Psychology and consumer culture: The struggle for a good life in a materialistic world.* Washington DC: American Psychological Association.

Kasserm T., & Ryan, R. M. (1993). A dark side of the American dream: Correlater of financial success as a central life aspiration. *Journal of Personality and Social Psychology, 65,* 410-422.

Little, B. R., Salmela-Aro, K., & Phillips, S. D. (2007). *Personal project pursuit: Goal action and human flourishing.* Mahway, NJ: Lawrence Erlbaum.

Luthar, S. S. (2003). The culture of affluence: Psychological costs of material wealth. *Child Development, 74,* 1581-1593.

Markus, H., & Nurius, P. S. (1986). Possible selves. *American Psychologist, 41,* 954-969.

Sheldon, K. M., & Houser-Marko, L. (2001). Self-concordance, goal attainment, and the pursuit of happiness: Can there be an upward spiral? *Journal of Personality and Social Psychology, 80,* 152-165.

8

자기조절과 자기통제

이 책의 저자들은 오랜 동안 대학에서 학생들을 가르친 사람들이다. 저자들은 D학점을 받거나 F학점을 받은 학생들과 학사경고나 학업성적 부진으로 제적될 위기로 학업 상담을 받은 많은 학생들을 연구하였다. 이런 학생들을 대상으로 한 연구에서 확인된 것은 능력이 부족해서 학업에 실패한 학생은 거의 없다는 것이다. 그 대신 치밀하지 못한 학업계획, 시간관리 기술의 부족, 학업 수행에 대한 파악 실패, 지나치게 꾸물거리기, 양립하기 힘든 활동 수행, 대학 목표와 직업계획에 대한 혼란, 또는 자기훈련의 부족 등으로 인해 학생들의 학업 실패가 일어났다. 요약하면, 학업 실패는 주로 대학에서 요구하는 행동을 파악하지 못하고 적응하지 못해 발생한 것이다.

제7장은 옳은 목표를 선택하는 것의 중요성(개인적으로 표현되고, 욕구를 충족시키고, 자율적으로 선택된)뿐만 아니라, 소유(우리가 가지고 있는 **자원**)와 행위(우리가 채택하는 **목표**) 간의 관계를 밝혀주었다. 자기통제와 자기조절은 목표 성취와 성공을 위해 추가되어야 할 마지막 결정적 단계로 생각될 수 있다. 필요한 자원을 소유하고, 적절한 목표와 적절한 동기 갖는 것 모두 중요하지만, 이것으로 충분하지 않다. 지속적으로 행동을 조절하고, 적응하고, 도전을 극복하고, 유혹을 통제하고, 과제에 집중하는 능력은 목표 성취에 핵심적 요소가 된다. 자기조절과 통제 없는 목표는 단지 우리 마음에 존재하는 소망이나 바람에 그칠 뿐이며, 실현시킬 기회도 갖지 못하게 된다.

이 장에서는, 자기지향적이며 의도적인 행위를 고찰함으로써 목표달성의 방법을 자기변화의 주요 축으로 간주한다. 우리의 가장 일반적인 목표는 우리를 고유한 개인으로 규정하는 욕구, 가치 및 개인적 자질에 따르도록 우리의 삶을 방향 지음으로써 우리가 되고 싶어 하는 사람이 되는 것인데, 이는 개인적 목표에 드러난다. 자신의 삶을 통제할 수 있다는 것이나 바꾼다는 것은 자신이 정한 목표에 따르도록 행동하고 조절한다는 것이다. 즉 개인적으로 의미 있는 목표를 성취하기 위해 감정, 사고 및 행동을 통제하고 조절함으로써 그것을 변화시키는 개인 능력은 개인 성장의 주요 수단이 되므로, 따라서 웰빙의 주요 수단이기도 하다. 자기변화는 자기에게 초점이 가거나 환경에 초점이 갈 수 있다(Rothbaum, Weisz, & Snyder, 1982). **일차 통제**는 자신의 요구와 목표에 맞추기 위해 외부 환경을 바꾸거나 조성하는 시도를 말한다. 예를 들어, 고등학교 졸업생이 자신의 잠재적 경력을 높이기 위해 대학을 가는 것은 자신의 목표와 소망을 이루려고 환경을 변화시키는 것이다. **이차 통제**에서는 외부 환경에 맞추기 위해 자신을 바꾸는 것을 강조한다. 예를 들어, 자신의 최초 경력 관련 직업을 시작하는 대학졸업자는 그 직업을 바꾸기보다는 그와 관련된 기술을 배우고 자신의 작업 환경에 맞추는 것에 더 관심이 많을 것이다. 세상을 변화시키든 아니면 우리 자신을 변화시키든, 자기통제 역량은 우리로 하여금 생활 사건의 수동적 희생자가 되는 것을 막아준다. 자기통제는 적극적 개입 가능성과 우리 삶의 방향을 통제하는 측정치가 된다.

그런데 자기변화가 쉬운 것이 아니다. 자기변화가 쉬웠더라면, 우리 모두 행복하고 만족스러웠을 것이다. 자기통제와 조절에 관한 문헌들을 생각하면 대체로 '부정적인' 생각이 연합되어 긍정심리학 책에는 이 주제가 없을 것으로 생각할지 모르겠다. 자기통제 연구들은 사람들이 왜 성공하는지에 관심을 두는 만큼 사람들이 왜 실패하는지에도 관심을 두는데, 이것이 종종 자기통제가 유쾌하지 않은 것임을 암시해 준다. 그러나 다음 두 가지를 기억해야 한다. 첫째, 사람들이 실패하는 이유는 우리에게 어떻게 하면 성공하는지에 관해 많은 것을 알려준다. 일상생활은 실망이 많다. 성공은 상당 부분 우리가 실패 후에 무엇을 배우고 무엇을 하는지에 달려 있다. 둘째, 여러분의 가장 만족스러운 성취를 생각해 볼 때, 자기훈련이나 열심히 수고한 것, 그리고 지속적인 관여 없이 쉽게 얻어진 것이 과연 있는가? 자기통제에 대한 도전은 긍정심리학이 삶에서 좋은 것만 다루는 것은 아니라는 점을 알게 해 줄 것이다. 자기통제는 상호관련성, 상호의존성, 긍정적인 것과 부정적인 것의 중요성에 관한 주제이다. 이렇게 생각해 보라. 인생에서 좋지 않았던 것으로부터 배웠던 모든 것을 버렸다면, 당신이 어떻게 행복할 수 있었고 성공할 수 있었겠는가?

자기조절 연구에서 제기한 구체적 질문은 다음과 같다. 일단 사람들이 어떤 목표를 선택했다면 어떻게 해서 그 성취를 위해 과제를 지속할 수 있는가? 중요한 목표를 달성한다는 것은 종종 장기적 만족을 얻기 위해 훈련과 열심, 그리고 장애물을 만났을 때에도 계속 지속하는 것, 그리고 단기적 충동에 저항하고 극복할 수 있는 능력으로 간주된다. 일상생활에서의 이러한 관심은 늘어나고 있는 자기통제와 자기조절 과정에 관한 여러 문헌들에 잘 반영되어 있다. 연구를 통해 발전과 성취로 이끄는 목표의 유형과 과정에서의 차이를 밝히고 있는데, 이런 차이를 기술하는 것이 이 장의 주요 목표 중 하나이다.

자기통제의 가치

자기통제(self-control)와 자기조절은 원하는 미래 목표를 달성하기 위해 행위를 시작하게 하고 안내하는 개인의 능력이다(Karolyi, 1999). 자기조절에는 장기간(예, 대학 졸업장을 얻기 위해 4년이 필요한 것) 또는 단기간(냉장고에 아이스크림이 있는 줄 알면서 먹고 싶은 충동을 참아야 하는 체중조절의 경우)에 걸쳐 행위를 조직화하는 것이 포함된다. 삶의 과정을 통제하고 지시하는 능력의 중요성은 여러 연구들에 의해 광범위하게 지지되고 있다. 자기통제는 일관되게 긍정적 성과와 연관되며, 자기통제의 부족은 부정적 결과와 연관되는 것으로 나타나고 있다(Baumeister, 1998; Peterson & Seligman, 2004; Shapiro, Schwartz & Astin, 1996).

일련의 고전적 연구에서, Walter Mischel과 그 동료들은 어린 아동의 **욕구만족 지연**(delayed gratification)을 연구하였다(Mischel, 1974; Mischel, Ebbesen, & Zeiss, 1972). 흔히 '마시멜로' 검사로 불리는 연구 패러다임을 사용하여(Goleman, 1995), 아동들은 지금 당장 얻을 수 있는 마시멜로 한 개와 실험자가 돌아올 때까지 기다리면 얻을 수 있는 두 개의 마시멜로 중 어느 한쪽을 선택한다. 대부분의 아동들이 기다려서 얻을 수 있는 두 개를 선택한다. 기다리는 동안, 아동들은 언제라도 벨을 눌러 중도에 그만둘 수 있는데, 이 경우에는 한 개를 얻게 된다. 실험자를 기다리는 15분 동안 아동의 욕구만족 지연 능력은 개인차가 나타났다. 후속의 연구에서는 아동기에 이렇게 간단하게 측정된 욕구만족 지연 능력이 이후의 성과와 관련됨을 보고하였다(Goleman, 1995, 1998; Mischel & Mendoza-Denton, 2003). 보다 충동적인 아동과 비교하여, 즉각적 유혹에 저항하였던 아동들은 사회적으로 보다 유능하고 학업에서도 더 유능한 청소년이 되었고, 스트레스에 대해 보다 효율적으로 대처하였으며, 대학입학 성적에서도 더 높은 점수를 얻었다.

자기통제와 자기조절 능력은 건강, 행복, 역량의 주된 요인이다. 자기통제가 높은 사람은 개인 적응이 더 좋고, 정신병리가 적고, 보다 건강한 대인관계를 형성하고, 사회적 기술이 높고, 흡연이나 약물복용과 같은 중독 문제가 더 적었다(Baumeister, Heatherton, & Tice, 1994; Peterson & Seligman, 2004). 또한 자기통제는 대학 성적을 예측하는 가장 중요한 예언치 중의 하나로 확인되었다. 대학생 200명을 대상으로 고등학교 성적, 대학입학시험(SAT) 점수 및 자기통제를 포함한 32개 성격변인의 예언력을 살펴보았다(Wolfe & Johnson, 1995). 고등학교 성적은 대학성적이 첫 번째 예측 요인이었다. 자기통제는 두 번째 예측 요인이었다. 그 다음이 SAT 점수이었다. 특히 흥미로운 점은 32개 성격변인 중에 자기통제만이 대학 성적과 연관된다는 사실이다. 자기통제를 잘하는 학생들은 대학에서 공부를 잘한다. 대학생활 성공과 관련된 자기통제로 인해, Wolfe와 Johnson은 자기통제 측정이 대학입학 절차에 추가되어야 할 필요가 있겠다고 제안한다.

비슷한 맥락에서, 낮은 자기통제와 자기조절의 실패는 낭비, 약물중독, 비만, 도박, 학업실패 및 범죄행동과 같은 다양한 개인적 사회적 문제의 저변에 있는 것으로 보인다(Baumeister et al., 1994; Carver, 2005). 『범죄의 일반이론』이란 책에서, Gottfredson과 Hirschi(1990)은 자기통제의 부족은 범죄행동의 근본 원인일 수 있음을 주장한다. 부모의 지도감독 양식이 아동의 자기통제 발달에 핵심 역할을 하고, 그것이 이후의 비행과 관련된다는 여러 증거가 있다(Buckner, Mezzacappa, & Beardslee, 2003; Luthar, 1999; McLoyd, 1998). 아동의 행동과 소재를 세밀하게 살피는 부모는 자기검색과 자기통제 시스템을 내면화하도록 도울 수 있다. 반대로 부모의 지도 소홀은 자기통제와 욕구만족 지연 능력의 부족을 일으킬 수 있다.

개인 목표와 자기조절

장기적 이득을 위해 단기적 보상을 포기하는 능력은 개인적 목표 달성에 매우 중요하다. 그런데 장기적 목표를 향한 여정은 즉각적 유혹에 대한 저항 이상을 포함하는 복잡한 과정이다. 사람들은 시간에 걸쳐 자신의 행동을 탐지하고 조절하며, 장기적 목표에 초점을 두면서 그 과제를 완수하고, 목표달성에 필요한 기술을 개발해야만 한다. 자기조절 과정에 대해 두 가지 주요 이론이 제안되고 있다. 통제이론과 자기괴리 이론이 그 두 가지이다. 각 이론은 목표지향 행동에 영향을 주는 유사한 변인들을 가정하고 있지만, 자기조절의 정서적 성과와 동기적 기초에 관해 서로 다른 예언을 한다.

통제이론

통제이론은 일정한 준거점과 관련된 일부 과정을 통제하는 데 사용되는 '피드백 고리'에 근거를 둔 다소 이상적인 모델을 제시한다(Austin & Vancouver, 1996; Carver & Scheier, 1982, 1998). 이 피드백 고리는 흔히 'TOTE'라고 불리는데, **Test, Operate, Test, Exit**를 의미한다. 집에 있는 에어컨이나 온풍기의 온도조절기가 좋은 예가 된다(그림 8.1 참조). 당신이 실내 온도를 18도로 맞추어 놓았다면(온도세팅), 온도조절기는 방안의 온도를 이 기준과 비교한다(비교 검사). 비교 결과 이 온도보다 방안의 온도가 더 낮거나 더 높으면(감지된 온도), 에어컨이나 온풍기를 작동시킨다(작동자). 방안의 온도가 원하는 세팅 온도와 일치하면 에어컨/온풍기의 작동은 중지된다(멈춤). TOTE 피드백 고리에는 준거 가치 또는 기준, 검색/검사 시스템, 현재 상태와 기준 상태 간의 괴리를 줄이는 강력한 작동 시스템이 필요하다. 통제이론은 사람들이 시간에 걸쳐 행동을 지시하고 조절하는 참고점으로 목표를 어떻게 사용하는지를 알려준다.

통제이론(control theory)에 따르면, 사람들이 긍정적 목표를 추구할 때(예, 대학졸업 후 좋은 직장에 취직하는 것) 자기조절 노력은 현재 상태와 미래 목표 간의 괴리를 감소시키는 데 초점을 두게 된다. 학교 프로그램에서 요구하는 사항들을 성공적으로 완수함으로써, 학생들은 졸업에

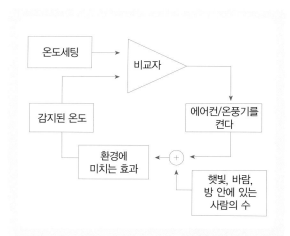

그림 8.1 피드백 고리의 TOTE 요소

비교자는 방의 온도를 "점검한다." 온풍기/에어컨이 "작동한다." 방의 온도가 바뀐다(환경에 미치는 효과). 그리고 온도조절기와 일치하면 "끝난다."(멈춤) 여러 요인들(햇빛과 바람)이 작동기능이 언제 어느 정도 필요한지에 영향을 준다.

출처 : Carver, C. S. & Scheier, H. F. (1998).

더 다가가게 되고 바람직한 직장을 찾을 기회도 더 증가하게 된다. 통제이론은 목표지향 행위과정에서 경험하는 정서는 미래 목표로 향한 개인의 진전 속도에 좌우될 것임을 예언한다. 목표달성을 기대한 속도보다 더 빠르게 진전하면 긍정적 정서가 발생한다. 부정적 정서는 기대한 속도보다 진전이 더딜 때 발생한다. 초과학점을 이수하여 3년 반 만에 졸업하게 될 학생은 F학점을 받아 재수강을 하여 4년 반이 되어야 졸업하게 될 학생에 비해 더 행복할 것이다. 이러한 정서적 결과는 현재 상태와 가야 할 상태 간의 실제 괴리의 양과는 무관한 것이다. 앞으로 4년이 남은 대학 1년생이 2년만 남은 대학 2학년보다 반드시 덜 행복하다고 할 필요가 없는 것이다. 통제이론에 따르면, 목표로 향한 진전 속도가 결정적 요소이다.

자기괴리 이론

자기괴리 이론(self-discrepancy theory)에 따르면, 자기조절은 '자기안내'에 의해 영향을 받는데, 이에는 실제 자기, 이상적 자기 및 '당위적 자기' 간의 비교가 포함된다(Higgins, 1987, 1996, 1997, 1998). 실제 자기는 자신이 현재 실제로 소유하고 있는 자질에 대한 개인의 신념이다. 이상적 자기는 이상적으로 되고 싶은 능력과 자질의 궁극적 추구이다. '당위적 자기'는 우리가 되어야만 한다고 생각하는 사회적 의무감, 책임, 도덕적 확신 및 의무이다. 통제이론과 대조적으로, 자기괴리 이론은 실제 자기, 이상적 자기, 그리고 당위적 자기 간의 괴리 정도를 긍정적 정서와 부정적 정서의 근거로 본다. 실제 자기와 이상적 자기 또는 당위적 자기 간의 괴리가 없으면, 사람들은 긍정적 정서를 경험하고 이 일관성을 유지하도록 동기화된다. 그러나 이상적 자기와 당위적 자기(도덕적 확신 또는 의무)에 미치지 못할 때에는, 부정적 정서를 경험하게 된다. 이상-현실 괴리는 실망, 불만족 및 슬픔과 관련된다. 당위-현실 괴리는 불편, 위협 및 공포를 낳는 것 같다. 이러한 부정적 감정은 자기안내된 목표지향 행동을 통해 괴리를 감소시키는 시도를 하게 만든다.

통제이론과 자기괴리 이론 둘 다 괴리를 자기조절의 핵심이라고 가정하지만, 정서적 결과에 대해 상이한 예언을 한다. 두 이론이 제안하는 괴리가 정서적 결과에 미치는 서로 다른 효과를 어떻게 설명할 수 있을까? 한 가지 가능성에 대한 예비적 증거가 Boldero와 Francis(2002)에 의해 제안되었는데, 이들은 사람들이 자기조절 행동에 사용하는 준거 가치가 서로 독립적인 두 가지 평가 기능을 할 수 있다는 것이다. 준거 가치는 현재의 자기를 평정하는 **기준**으로 사용될 수도 있고, 시간에 걸쳐 달성해야 할 **미래 목표**로 사용될 수도 있다는 것이다. 자기괴리 이론은 현재의 자기가 어떻게 해서 이상적 자기와 당위적 자기 기준에 따라가느냐에 초점을 둔다. 준거 가치가 현 시점에서 자신의 바람직한 상태를 측정하는 기준으로 사용될 때, 괴리는 우리가 되길 원하는 지점에서 모자란다는 것을 의미하는데, 그 결과 부정적 정서가 발생할 수 있다. 반대로, 통제이론에서 준거 기준은 자신의 미래 목표 기능을 한다. 통제이론의 지지자들은 사람들이 아직 목표를 아직 달성하지 못했다는 점에서 정의상 언제나 미래 목표에서 부족하다는 것이다(Carver & Scheier, 1998). 그런데 현재 상태와 미래 목표 간의 괴리가 반드시 부정적 감정을 야기하지는 않는다. 바람직한 미래 목표를 설정한다는 것은 목적과 방향성을 제공하는 긍정적 사건이다. 우리가 미래의 바람직한 성과에 초점을 맞출 때 문제가 되는 것은 그 성과를 향해 얼마나 빨리 움직이느냐 하는 것이다. 즉 괴리의 정도가 아니라 괴리 감소 속도가 우리가 경험할 수 있는 정서를 결정한다. 요약하면, 미래 목표와 비교하여 자기평가의 정서적 효과는 그 목표를 달성하는 진전 속도에 좌우되는 것 같다. 그러나 현 시점에서 자신의 바람직한 상태를 나타내는 기준이 되면, 긍정적 정서와 부정적 정서는 괴리의 양에 영향을 더 받을 것이다. 여기서는 사람들이 시간에 걸쳐 자신의 목표를 향해 어떻게 나아가느냐에 초점을 두기 때문에, 자기조절의 통제 관점을 강조하게 될 것이다.

개인적 목표 추구에 적용하면, 통제이론은 **기준**(standards), **검색**(monitoring), **힘**(strength)이라는 세 가지 요소로 자기조절을 서술한다. 성공적인 자기조절에는 달성해야 할 목표에 대한 분명한 기준이 있고, 그 목표를 향해 나아가고 있는지 검색하고, 그리고 목표 달성과정을 벗어나게 하는 유혹과 방해물에 저항하는 개인적 힘이 필요하다. 자기조절 실패에는 이 세 가지 요소 중 어느 하나가 포함된다. 분명한 목표와 기준 없이는 진전과 달성 여부를 가늠하기 어렵다. '더 나은 사람이 되는 것'과 같은 추상적이고 구체적이지 않은 목표는 '더 나은'을 규정하고 평가하는 행동적 기준을 명세화하지 않는다면 달성하기가 불가능하다. 또한 효율적인 검색 부족은 성공적인 자기조절의 방해가 될 수 있다. 흡연이나 음주를 줄이려는 사람은 매일 담배를 몇 개 피우고, 술을 얼마나 마시는지 점검하지 않고서는 시작부터 실패할 가능성이 높다. 자신의 목표를 붙들고 자신이 세운 기준을 지지하는 힘과 절제 또한 필수적이다. 다이어트를 하는 사람은 다이어트를 하는 동안 음식에 대한 유혹이 많다는 것을 말해 준다. 이 음식들은 당신에게는 먹을 수 '없는' 음식들이지만, 레스토랑 메뉴판에서 근사하게 보이는 것이며, 텔레비전과 잡지에서는 끊임없이 먹음직스럽게 광고하는 것이며, 가게에서는 맛있게 보이는 과자와 디저트인 것이다.

불행하게도, 연구 결과 기준, 검색, 힘의 세 가지 요소가 깨끗하게 분류되지는 않는다. 그리고 자기조절 과정의 세 측면은 서로 연결되어 있다. 예를 들어, 어떤 종류의 목표 기준은 자기통제 강도와 검색에 문제를 야기한다. 우리의 논의는 효율적인 자기조절과 비효율적인 자기조절 간의 차이에 초점을 둘 것이다. 기준, 검색 그리고 힘과 관련된 요인들은 목표지향 행동이 '언제, 왜, 그리고 어떻게' 성공하고 실패하는지 설명하는 데 도움을 줄 것이다.

자기조절 성공을 위한 계획

자기조절에서의 성공 또는 실패의 많은 것이 그러한 결과 발생 전에 사실 결정됨을 보여주는 연구들이 있다. 즉 능동적으로 목표를 추구하기 전에 세운 계획이 성공과 많은 관련이 있다는 것이다. Gollwitzer(1999)는 목표 의도와 실행 의도를 중요하게 구분한다. **목표 의도**(goal intention)는 특정 결과를 달성하겠다는 바람을 칭한다. **실행 의도**(implementation intentions)는 그 목표를 달성하는 데 필요한 정확한 단계를 구체화함으로써 행위 계획을 정한다. 실행 의도는 "x라는 상황이 벌어지면, 나는 y라는 반응을 할 것이다"라는 계획이다(Gollwitzer, p. 494). 따라서 예를 들어, 운동을 더 많이 하기를 원하는 것은 목표 의도인 반면에, 저녁 뉴스를 보면서 매일 자전거 타기를 30분씩 한다는 계획은 실행 의도가 된다. 실행 의도를 구체화하는 것은 시작한 목표를 이루는 핵심 요소이며, 일관되게 더 나은 목표달성과 관련된다. 수행 계획 없는 목표 의도는 목표지향적인 자기조절의 효율적인 기초가 되지 않는데, 특히 보다 어렵고 도전적인 목표에서 그렇다. 이것은 Gollwitzer와 Brandstatter (1997)의 연구에서 분명하게 보여주고 있다.

연구 초점 : 계획이 중요하다

Gollwitzer와 Brandstatter의 첫 번째 연구에서, 대학생들에게 겨울방학 동안 완수하고 싶은 힘든 프로젝트 하나와 쉬운 프로젝트 하나를 기술하도록 요구하였다. 프로젝트에는 논문 쓰기, 가족 간의 갈등해결, 운동하기 등이 포함되었다. 또한 학생들에게 각 프로젝트를 시작하기 위해 '언제, 어디서, 어떻게'에 관해 구체적인 계획이 있는지도 물었다. 프로젝트 완수는 학생들이 새학기가 시작될 때 확인하였다. 어려운 프로젝트에서는 실행 의도가 성공적 완수와 분명하게 관련이 있었다. 수행 계획을 한 학생들의 2/3가 프로젝트를 끝마쳤다. 수행 계획이 없는 학생들의 1/4만이 겨울방학 프로젝트를 끝마쳤다. 달리 말하면, 목표에 대한 구체적인 수행 계획 없는 대부분의 학생들은 그 프로젝트를 달성하지 못하였다. 쉬운 프로젝트에서는 실행 의도가 완수율과 관련이 없었다. 계획이 있든 없든 학생들의 80%가 덜 어려운 프로젝트를 끝마쳤다.

    Gollwitzer와 Brandstatter의 두 번째 연구에서는, 학생들에게 크리스마스 이브를 어떻게 보냈는지에 관해 보고서를 쓰도록 요구하였다. 이 보고서는 사람들이 휴일을 어떻게 즐기는지에 관한 연구를 위한 것이라고 생각하도록 만들었다. 학생들이 작성한 보고서는 12월 24일 이후 48시간 이내에 실험자에게 보내도록 지시하였다. 이 연구에 참여한 학생의 반에게는 그 보고서를 정확하게 언제 어디서 작성할 것인지를 기술함으로써 실행 의도를 만들도록 요구하였다. 나머지 반에게는 실행 의도를 계획하도록 요구하지 않았다. 미리 생각해 보는 것(계획)의 가치가 다시 한번 나타났는데, 실행 의도를 작성한 학생의 75%가 48시간 이내에 보고서를 보낸 반면에, 실행 의도가 없었던 학생의 경우에는 33%만이 보고서를 제시간에 보냈다.

힘든 목표를 달성하는 데 실행 의도가 유용한 것 이외에, 실행 의도는 특히 자기조절 기술이 부족한 사람들에게 유용한 것으로 나타났다. 수행 계획을 수립하는 것은 정신분열병, 약물중독자, 뇌의 전두엽이 손상된 환자들에게서 자기조절 행동의 효율성이 증진된다는 것을 보여주는 연구가 있다(Brandstatter, Lengfelder, & Gollwitzer, 2001). 유방암 점검, 순환계 정상화를 위한 운동, 그리고 정기적인 투약과 같은 건강증진 목표 역시 미리 실행 의도를 수립함으로써 증진된다(Gollwitzer, 1999).

계획이 도움이 되는 이유

분명하고 구체적인 실행 의도를 수립하는 것은 자기조절이 보다 효율적이고 자동적이 되며, 방해물이나 게으름에 영향을 덜 받도록 만드는 정신적 표시물과 환경적 표시물을 만들어 냄으로써 목표 성취를 증진시키는 것 같다. 우리 대다수가 바쁘게 산다. 우리는 달성하고 싶은 목표가 많고 요구도 많다. 우리 삶에 어떤 구조를 부여하지 않고서는 우리는 일상사 더미에 쉽게 파묻히게 될 것이고, 어떤 것도 달성하기 어렵다고 느낄 것이다. 개인 목표를 어떻게, 언제, 어디서 할 것인지에 관한 구체적 계획과 연계시키는 것은 목표를 기억하고 접근하는 것을 보다 용이하게 해 준다. 목표 활동을 위한 시간과 장소를 구체화함으로써, 우리는 목표지향 행동을 비교적 자동적으로 활성화할 수 있는 환경적 단서를 만들어낸다. 예를 들어, 매주 화요일과 목요일 점심 식사 후 오후 1시에서 3시까지 기숙사에서 어려운 경제학 과목을 공부하기로 한 학생을 생각해 보자. 시간이 지나면서 이 행동을 하는 데 그렇게 많은 의식적 노력이나 자기통제가 필요하지 않을 수 있다. 즉 특정 시간에 특정 장소에서 경제학을 공부하는 것은 매일 아침 샤워를 하는 것처럼 일상생활화될 수 있다. 샤워하는 것을 계획하는 사람은 거의 없다. 그것이 생활의 일부이기 때문에 자동적으로 그렇게 할 뿐이다. Gollwitzer(1999)는 실행 의도는 '행동의 통제를 환경에 옮김'(p. 495)으로써, 그리하여 보다 의식적이고 노력이 들어가는 자기통제에 영향을 주는 방해물과 유혹을 극복함으로써 효율적인 자기조절에 기여한다고 제안한다.

목표 행동의 자동적 활성화 Gollwitzer(1999)의 결론은 행동통제의 자동성에 관한 연구에 의해 지지받고 있다. Bargh와 그 동료들이 수행한 연구는 환경적으로 활성화된 비교적 자동화된 목표지향 행동의 가치에 대해 광범위하게 지지해 주고 있다(Bargh, 1996; Bargh & Chartrand, 1999; Wegner & Bargh, 1998). 내부 사건과 외부 사건을 충분히 반복해서 일관되게 연합시키면, 통제를 거의 의식하지 않거나 전혀 의식하지 않는 채 많은 행동이 나올 수 있다. 운전이 좋은 예가 된다. 초보운전자는 핸들, 교통신호, 주변 교통상황, 브레이크, 백미러 보는 것에 집중해서 의식적으로 주목해야 한다. 숙달된 운전자는 이 모든 것이 자동적으로 된다. 의식적인 통제가 필요 없도록 운전 환경의 변화(정지 신호, 앞차의 속도 변화 등)에 대한 적응이 일어났기 때문에 운전하면서 라디오를 듣고, 대화하는 것이 가능하다. 이런 '자동 안내 시스템'(Bargh & Chartrand, 1999, p. 476)의 가치는 에너지 소모를 하지 않고서 행동을 효율적으로 효과적으로 통제하는 것이다. 이와 대조적으로 의식적 자기통제는 에너지 소모가 많다. 빙판길이나 빗속을 운전해야 할 때에는, 집중을 요구하기 때문에 그곳을 통과하고 나면 종종 에너지가 소진된다.

자기통제 자원의 보존 자기조절은 종종 정신적·신체적 노력 모두를 요구하며, 고갈될 수 있는 제한된 자원을 갖고 있는 것으로 보인다(Baumeister, 1998). 운동으로 근육이 피로해지는 것처럼, 사람들의 자기통제 능력의 힘도 반복 사용으로 인해 약화되는 것 같다. Baumeister와 그의 동료들의 연구는 어느 활동에서 자기통제를 한 것이 이후의 활동에서의 자기통제를 감소시킴을 보여주고 있다(Baumeister, Bratslavsky, Muraven, & tice, 1998; Baumeister et al., 1994; Muraven & Baumeister, 2000). 연속된 두 개의 자기통제 과제를 포함하는 여러 연구에서, 사람들은 일관되게 두 번째 과제에서 수행이 저조하였다. 비교적 사소한 자기통제 행위조차도 자기통제 능력의 강도를 소모시키는 것 같다. 초콜릿 대신 야채를 먹으면서 자기통제를 하는 사람, 영화를 보면서 정서 반응을 억제하는 사람은 자기통제 요구가 없었던 사람에 비해 이후의 퀴즈 과제를 더 못 풀었고 오래 지속하지도 못했다. 최근 한 연구는 자기통제에 필요한 에너지가 혈중 포도당 수준과 관련될 수 있음을 시사한다(Gailliot et al., 2007). 뇌의 많은 기능, 특히 자기통제처럼 노력이 드는 집행 기능을 수행하는 데 필요한 에너지는 주로 포도당에서 얻는다. Gailliot와 그의 동료들은 포도당 수준이 자기통제 과제로 인해 실제로 감소되며, 포도당 수준 감소 후에는 이후 수행이 저조하였음을 발견하였다. 여기서 논의되는 사항은 제한된 자원으로서 자기통제에 대한 생각은 사전 계획이 자동성을 증가시켜 목표 성취를 촉진시킨다는 것인데, 자동성은 제한된 자기통제 에너지를 보존하도록 돕는다.

관여와 자신감

관여와 자신감은 성공적인 목표달성에 기여하는 또 다른 두 가지 주요 요인이다. 자신의 목표에 관여하고 그것을 달성할 능력이 있다고 자신하는 사람은 성공하기가 훨씬 더 용이하다(Brunstein, 1993). 관여란 목표 성취를 방해하는 장애물이 있음에도 불구하고 견뎌내겠다고 결정하고, 책임을 느끼고, 기꺼이 하겠다는 정도를 의미한다(Austin & Vancouver, 1996; Brickman, 1987). 관여는 의사결정을 하고 그것을 지켜내는 것이다(Fehr, 1988).

자신감은 자신이 원하는 것을 달성할 능력에 관한 개인의 신념이다. 널리 알려진 자신감 측정치인 자기효능감은 일관되게 목표달성을 증진시키는 것으로 나타나고 있다(Maddux, 2002). 자기효능감은 자신의 노력을 통해 원하는 성과를 산출할 수 있다는 개인의 역량에 대한 신념이다(Bandura, 1977, 1997). Albert Bandura는 지각된 능력감의 과제-특수적 성질을 강조하였다. 전반적으로 자신감이 있는 사람이 있기도 하지만, 대부분의 사람들은 상황에 따라 과제에 따라 능력감이 달라진다. 대인관계와 새로운 사람을 만나는 것에 자기효능감이 높은 사람이 성적 올리는 것에서는 자기효능감이 낮을 수 있다. 혹은 수학 능력에는 자신이 있지만 광범위한 기말 과제 작성에 대해서는 자신감이 낮을 수 있다.

관여와 자신감은 함께 작용하여 목표 추구 과정에서 장애물을 만났을 때 지속성과 인내력을 증진시킨다(Carver & Scheier, 2003). 이 둘은 중요하고 도전적인 목표로 나아가는 과정에서 불가피한 방해물과 난관을 만났을 때, 탄력성과 단호함을 제공하는 원천이 된다. 예를 들어, 관여는 결혼 만족과 안정성에 관한 여러 이론에서 중대한 역할을 한다(Berscheid & Reis, 1998). 모든 결혼에는 갈등과 불행 기간이 있기 때문에 결혼, 배우자, 가족에 대한 강한 관여는 그 어려운 시기를 뚫고 나가게 돕는다. 비슷한 맥락에서, 자기효능감은 더 많이 노력하는 것, 실패에 직면해서도 지속하게 하는 것, 그리고 성공적인 목표 달성과 관련된다. 예를 들어, 건강 행동에서 자기효능감이 높은 사람은 금연, 금주, 건강 유지를 더 잘하고, 천식이나 편두통으로 인한 고통을 더 잘 참을 가능성이 높다(Bandura, 1999; Maddux, 1995, 2002; Salovey, Rothman, & Rodin, 1998).

목표 성취와 웰빙에서 관여와 자신감 둘의 이중 중요성이 Brunstein(1993)의 연구에서 확인되었다. 가을학기 시작할 때, 대학생들에게 다음 몇 달 동안 자신에게 가장 중요한 개인적 목표를 적게 하였다. 학생들은 스페인어를 열심히 배워 스페인에서 공부를 할 수 있게 되는 것, 여친/남친을 더 잘 다룰 수 있게 되는 것, 연애가 더 진전되는 것, 보다 자기주장적이 되는 것, 그리고 부모로부터 더 독립적이 되는 것 등을 적었다. 그 다음 학생들은 각 목표에 대해 그것을 달성하는 데 얼마나 관여했는지, 그리고 그것을 달성하리라는 자신감이 어느 정도인지 평정하게 하였다. 가을학기 동안 4번에 걸쳐 주관적 안녕감을 측정하였다. 관여와 자신감의 시간적 안정성을 측정하기 위해, 관여와 자신감이 4번의 추적 검사 기간에 측정되었다.

통제이론의 예언과 일치되게, 목표 성취 쪽으로 나아가는 것은 웰빙에 긍정적 영향을 주는 것으로 나타났다. Brunstein의 결과 역시 목표로의 진전과 웰빙에서의 긍정적 변화 둘 다를 결정하는 데 관여와 지각된 자신감 간의 분명한 상호작용을 보여주었다. 높은 관여를 보이고 목표달성에 자신감을 보인 학생들은 연구 기간 내내 웰빙이 증가하였다. 반면에 목표 관여는 높지만 목표달성에 대한 자신감이 낮은 학생들은 웰빙이 감소하였다. Brunstein이 주목한 바와 같이, 어떤 목표에의 높은 관여는(아마도 개인에게 중요한 목표를 나타냄) 목표 추구로 인한 웰빙 효과의 시작 단계가 된다. 일부 관여는 성공에 필수 조건인 것 같다. 그러나 목표 추구 노력이 목표로 나아가는지 그리고 웰빙을 증가시키는지 감소시키는지는 목표달성 가능성에 대한 개인의 자신감에 따라 달라진다. 높은 관여 자체만으로는 충분하지 않다.

자기조절 문제를 야기하는 목표

접근 목표 대 회피 목표

많은 연구들은 바람직하지 않은 결과를 회피할 경우와 바람직한 결과를 얻고자 접근하는 경우에 자기조절 과정이 매우 다르다는 것을 보여준다. 스포츠팬들은 팀이 게임에서 이기는 것에 목표를 둘 때와 선두를 지키는 것에 목표를 둘 때 전략과 팀 운영이 매우 다를 수 있음을 알고 있다. "지지 않기 위해" 경기하는 것이 효과적일 수 있지만 그렇지 않을 수도 있다. 중요한 개인적인 목표를 달성하는데 일반적으로 회피 책략은 바람직하지 않다. 많은 연구들은 특정 결과(예를 들어, 대학 수업에서의 낙제)를 회피하고자 하는 사람은 긍정적인 결과(예를 들어, 좋은 학점을 얻는 것)를 얻고자 하는 사람보다 일반적으로 수행이 더 나쁘다는 것을 보여주고 있다. 자기조절의 원래 문제가 역능감을 훼손시키는 회피 목표와 관련되기 때문에, 이것은 어느 정도 사실인 것으로 보인다.

접근 목표(approach goals)는 사람들이 추구하거나 유지하기를 바라는(예, 룸메이트와 잘 지내는 것 혹은 체력을 유지하는 것) 긍정적 결과들이다. 긍정적 기준과 자기조절로서 접근 목표 기능은 기준과 현재 상태 간의 괴리를 줄이고자 한다. 특정 과목에서 'A' 학점을 얻기를 원하는 대학생은 수업을 제대로 이해하는지 확인하고, 과제물과 시험 점수를 관리하며, 'A' 학점을 얻기 위한 자신의 학습 습관을 조절할 가능성이 높다. 현재 학점과 그가 바라는 'A' 학점 기준과의 괴리가 커질수록 더 열심히 공부해야 할 것이다. 자기조절의 핵심은 괴리 감소이다. 반면에, **회피 목표**(avoidance goals)는 회피하거나 예방하기를 원하는(예, 룸메이트와 논쟁을 멈추는 것 또는 살찌는 것을 피하는 것) 부정적인 결과들이다. 부정적 기준과 자기조절로서 회피 목표 기능은 기준과 현재 상태 간 괴리를 증가시키고자 한다. 즉 우리가 회피하고자 하는 것으로부터 멀어질수록 더 좋은 것이다.

접근 목표와 회피 목표를 비교하는 연구는 전형적으로 사람들에게 개인적으로 중요한 목표들을 목록화하도록 요구하는 것으로부터 시작한다. 한 개인의 접근 목표 수와 회피 목표 수 간의 차이는 그 개인이 접근을 지향하는지 아니면 회피를 지향하는지를 나타내는 지표가 된다. 그 다음에 이러한 목표 지향이 안녕감과 목표, 성취에 대한 측정치들과 비교된다. 예를 들면, Emmons와 Kaiser(1996)는 접근 목표의 수가 많은 사람들에 비해 회피 목표의 수가 많은 사람들이 정서적 스트레스(특히 불안)와 신체적 문제를 더 많이 경험한다는 것을 발견하였다. 이들의 정서에 대한 전반적 측정치와 일상생활 측정치들은 모두 부정적 기분은 회피 목표를 추구하는 것과 관련되어 있었다. 이와 유사하게, Elliot와 그의 동료들은 회피 목표 수가 많은 대학생들은 목표 추구 과정에서 보다 많은 문제를 경험하고, 한 학기 동안 신체적, 정서적 안녕이 모두 감소되는 것을 발견하였다(Elliot & Sheldon, 1998; Elliot, Sheldon, & Church, 1997). 다른 연구자들은 회피 목표가 결혼생활(King & Emmons, 1991), 친구 관계(Elliot, Gabel, & Maper, 2006), 심리치료 결과(Elliot & Church, 2002), 신체적 건강(Elliot & Sheldon, 1998), 목표 추구 및 목표 성취에 대한 만족감(Elliot & Sheldon, 1997) 등과 모두 부적으로 관련된다는 것을 발견하였다.

모든 목표에는 접근 동기와 회피 동기가 둘 다 내재되어 있다. 예를 들어 무언가를 잘하고자 하는 욕구는 동시에 그것을 잘못하지 않으려는 욕구를 내포하고 있다. 이와 유사하게 실패를 회피하고자 하는 목표는 성공하고자 하는 동기를 내포하고 있다. 이러한 동전의 양면적인 측면이 있는데, 긍정적 결과로의 접근과 다르게 부정적 결과로부터 회피는 왜 이렇게 큰 차이를 보이는 것인가? 예를 들어, 다른 사람들로부터 칭찬받거나 친구들과 즐겁게 지내고자 하는 것과 다른 사람과 갈등을 일으키지 않거나 왕따를 당하지 않고자 하는 것은 결국 같은 것이 아닌가? 치료적 맥락에서, 사회적 관계에서 자신의 감정을 더 잘 이해하고 남으로부터 인정받으며 더 확신에 찬 관계를 갖는 것과 남들 앞에서 부끄러워하지 않고, 우울하거나 화내거나 초라해지지 않기를 바라는 것은 결국 같은 것이 아닌가? 회피 목표의 이런 효과와 관련된 다양한 인지적, 정서적, 행동적 기제가 있는 것 같다.

왜 회피 목표는 조절하기 힘든 것인가 첫째, 회피 목표보다 접근 목표를 조절하고 감시하는 것이 더 쉽기 때문이다. 접근 목표에서는 사람들은 성공 가능성이 높은 하나의 효과적인 경로만을 확인하면 된다(Schwarz, 1990). 이에 비해 회피 목표에서는 사람들은 원하지 않는 결과를 야기할 수 있는 모든 가능한 경로를 확인하고 차단해야만 한다. 이는 지속적인 감시와 경계를 요구한다. 만약 여러분의 목표가 좋은 친구가 되는 것이라면 여러분은 한 가지만 생각하면 된다. 반면에 남에게 피해를 주지 않기 원한다면 다른 사람들로부터의 부정적 반응에 항상 주의하고 그에 따라 여러분의 행동을 조절해야만 한다. 앞서 논의하였듯이, 자기조절을 위해 사용할 수 있는 에너지 자원은 한정되어 있다. 시간이 지남에 따라 에너지가 고갈된다면, 회피 목표를 위해 요구되는 지속적인 감시는 자기조절 과정을 파괴시킬 수 있다.

둘째, 회피 목표는 본질적으로 불안, 위협, 자기 방어를 야기하는 것으로 보인다(Elliot & Church, 1997; Elliot & Sheldon, 1997, 1998). 체중을 조절하고자 하는 사람은 단 음식이나 지방이 많은 음식을 피하기 힘들다는 것을 안다. 또한 이들은 몇 번의 실패 경험을 통해 유혹을 견딜 수 있는 자신의 능력을 걱정하고 빈번한 실패에 대해 죄책감을 느낄 것이다. 이들은 또한 가게, 텔레비전, 잡지 등을 통해 먹지 말아야 될 음식의 유혹에 끊임없는 유혹을 받는다. 이러한 모든 요인들 때문은 식이조절 실패율이 높고 식이조절에 대해서는 불쾌한 경험을 하게 되는 것이다. 부정적 정보에 대한 민감성 때문에 야기된 불안과 스트레스는 자기조절의 효율성을 낮추고 그 결과 목표 추구나 성취가 훼손당할 수 있다(Baumeister et al., 1994; Higgins, 1996; Wegner, 1994).

셋째, 회피 목표는 역능감, 자기존중감, 본능적 즐거움, 자기결정감의 감소와 관련되는 것으로 알려지고 있다(Elliot & Church, 2002; Elliot & Sheldon, 1998; Elliot et al., 2006). 이런 요인들은 부정적 정서와 자기조절 문제와 관련된 회피 목표가 왜 그렇게 자주 부정적 결과, 목표 추구에서의 불만족, 낮은 정서적/물리적 안녕감과 관련되어 있는가를 보여주고 설명하는 데 도움을 준다. 간단하게 말하면, 조절의 어려움과 좌절은 실패할 가능성을 지속적으로 증가시킴으로써 우리의 역능감과 자기존중감을 훼손할 수 있다.

넷째, 회피 목표는 자유롭게 선택되거나 내재적 즐거움을 경험할 가능성이 낮다(두 요소는 안녕감과 목표 성취를 향상시키는 것으로 알려졌다)(이에 대한 자세한 논의는 제7장을 보라). 부정적 목표는 습관적 행동이나 즐기는 행동을 억지로 하도록('완벽주의자가 되지 않는 것' 또는 '알코올 소비를 줄이는 것'과 같은) 스스로에게 부과하는 압력이 될 가능성이 높다. '해야만 한다'고 느끼기 때문에 오래된 습관과 좋아하는 활동을 회피하는 것은 재미나 즐거움이 있을 리가 거의 없다. 회피 목표, 조절 문제, 역능감, 자기존중감, 즐거움, 일반적 안녕감 간의 관계를 고려하면, 일반적으로 회피 목표를 추구하는 것은 개인적 취약성의 중요한 원천이 될 수 있다(Elliot & Sheldon, 1997, 1998). 즉 부정적 결과를 피하는 것이 주된 목표인 사람들은 안녕감을 손상시킬 수 있는 다양한 부정적 경험을 할 위험에 노출되어 있는 것으로 보인다.

마지막으로, 회피 목표와 관련된 몇 가지 문제들은 회피 목표에 깔려 있는 동기와 관련될 수 있다. 삶의 특정 경험은 접근 목표를 추구할지 아니면 회피 목표를 추구할지 알려줄 수 있다. 예를 들면, 혈관이 막혀 생기는 심장마비를 막기 위해 사람들은 기름진 음식을 피하게 될 것이지만, 그들의 일반적 목표 지향은 다를 수 있다. Higgins(1996, 1998)가 기술한 것처럼, 어떤 사람들은 향상하는 데 관심을 두는 **향상 초점**을, 또 다른 사람은 예방하는 데 관심을 두는 **예방** 초점을 갖고 있다. 이 장의 앞부분에서 논의하였던 Higgins의 자기괴리이론에서, 자기는 자기조절 행동의 안내자로서 개인이 추구하는 목표를 선택하고 전체적으로 어디에 중점을 두는지에 중요한 역할을 한다. Higgins는 이상적 자기 안내자를 향상 초점의 기초로서, 당위적 자기 안내자를 예방 초점의 기초로 제안하였다. 향상 초점과 예방 초점의 상대적 강도는 양육방식의 차이에서 기인할 수 있다. 자녀의 **성장**에 주 초점을 맞춘 부모들은 자녀의 긍정적 경험을 장려하고, 독립성을 키워주며, 도전을 극복할 수 있는 능력을 가질 수 있도록 도와주기를 원한다. 이들의 기본 메시지는 "이것이 네가 하기를 바라는 이상적인 것이다"이다. 예방 초점을 갖는 부모들은 자녀들의 안전을 걱정하며, 착한 일을 해야 한다와 같은 **사회적 의무**와 관련된 부정적 결과를 피하는 데 많은 신경을 쓴다. 이들의 메시지는 "이것이 네가 하지 말아야 할 것이다"라는 것이다.

이 두 가지 양육방식이 아이들로 하여금 서로 다른 개인적인 목표를 갖도록 한다고 가정한다. 성장 목표를 중시하는 부모들은 접근 목표, 열망, 그리고 긍정적 자기이미지의 충족을 통해 이상적 자기조절 시스템을 발달시킬 수 있도록 도울 수 있다. 반면에 하지 말아야 할 것에 주로 신경을 쓰는 부모들은 아동의 안전과 사회적 의무와 관련된 회피 목표에 대한 예방 초점을 통해 의무적 자기조절 시스템을 갖도록 이끈다. Higgins의 분석과 맥을 같이 하여, 최근의 연구들도 사람들은 접근 동기와 회피 동기에서 차이가 있고, 이러한 차이들은 안녕감과 관련이 있다는 것을 발견하였다. Updegraff, Gable과 Taylor(2004)는 보상과 긍정적 접근을 추구하는 사람들은 일상적 안녕감 판단의 기초로 긍정적 경험을 선택적으로 사용한다는 것을 발견하였다. 이에 반하여, 회피 지향적 개인은 일상의 부정적 일들에 대해 더 강한 부정적 정서 반응을 보이는데, 이것은 그들의 만족감을 낮추는 결과를 초래하였다.

또한 연구자들은 성취 목표와 대인관계 목표에서 접근 지향과 회피 지향에 깔려 있는 특정한 동기들에 대해서도 연구하였다. 실패 회피에 초점을 맞추는 사람들은 기본적 성취 동기로서 실패에 대한 두려움을 갖고 있다(Elliot & Sheldon, 1997). 이와 유사하게, 부정적 관계 경험을 예방하고자 신경 쓰는 사람들은 거절에 대한 두려움 때문에 동기화된다. Elliot과 동료들은 일반적 사회 동기인 다른 사람과의 유대관계를 바라는 것이 긍정적 우정, 긍정적 관계 경험, 낮은 외로움, 그리고 시간에 따른 증가된 안녕감과 관련이 있음을 발견하였다. 이와는 대조적으로, 거절에 대한 두려움 동기는 갈등, 창피, 배신 또는 친구로부터 상처받는 것과 같은 부정적 우정 목표와 관련되었다. 회피 지향적인 사람들은 부정적인 관계 사건들, 외로움, 그리고 신체적 증상(두통, 복통, 졸림, 근육통 등)을 더 많이 경험하였다.

목표 갈등

사람들은 대부분 주어진 시간 안에 노력과 주의를 많이 필요로 하는 여러 개의 목표를 갖고 있다. 목표들 간의 상호관련성은 성취를 향한 노력을 이끌고 조절하는 능력에 중요한 시사점을 갖는다. 우리는 앞에서(제7장) 개인적 목표 간의 갈등이 스트레스와 불행감의 원천임을 논의한 바 있다(Emmons & King, 1998; Palys & Little, 1983). 연구들은 갈등이 비만, 심장병, 우울과 같은 다양한 정서적, 신체적 갈등과 관련되어 있음을 밝히고 있다(Emmons, 1999b). 목표 갈등은 특정 목표의 추구가 다른 목표의 성취를 방해할 때 발생한다. 목표 갈등은 시간, 돈, 에너지와 같은 제한된 자원을 차지하기 위한 경쟁이 내포되어 있다. 하나의 목표를 달성하기 위한 활동들은 다른 목표를 추구하는 데 요구되는 자원을 감소시킨다. 예를 들어, 직장에서 성공하고자 하는 욕망은 직장에서의 성공만큼 중요한 가정에서 가족들과 보내는 시간과 에너지를 빼앗아 갈 수 있다. 갈등은 본질적으로 양립할 수 없는 것이기 때문에 발생한다. Emmons와 King(1988)의 연구에서 사람들에게 그들의 모든 개인적 목표들 간의 방해 정도를 평정하게 하였다. 한 피험자는 다음과 같이 양립할 수 없는 두 가지 목표를 기술한 바 있다. 그 하나가 "나는 실제보다 더 지적으로 보이고 싶다"와 "나는 항상 정직하게 보이고 싶다"였다(Emmons & King, 1988, p. 1042). 자신이 실제 있는 모습보다 더 지적으로 보이려고 하는 부정직함과 다른 사람에게 덜 지적인 모습으로 정직하게 보이고 싶다는 목표가 어떻게 동시에 충족될 수 있겠는가?

Carver와 Schier(1998)은 많은 목표 갈등 때문에 스케줄 문제가 야기된다고 제안한다. 즉 사람들은 여러 개의 목표를 갖고 있지만 사용할 수 있는 시간과 에너지는 제한되어 있다. Gollwitzer(1999)는 실행 의도의 중요성을 강조하였는데, 이것은 어떻게 목표를 달성할 것인지에 대한 의식적 계획의 형태를 갖는 것으로 많은 목표 갈등의 한 가지 해결책이 될 수 있다. 각 목표에 대해 시간과 장소를 구체화하는 것은 갈등의 느낌을 줄이고 여러 목표를 성공적으로 달성하는 데 도움이 된다. 목표달성을 위해서는 목표들 간의 우선순위를 설정하고 여러 중요한 목표들 간의 득실을 따져보는 것이 중요하다. 예를 들어, 이 책의 저자들은 이혼 후에 공부를 시작한 여학생들을 가르친 적이 있다. 이 여학생들은 대부분 어린아이가 있었고, 직장이 있었으며, 전일제로 대학을 다녀야 하는 부담이 있었다. 그들이 어떻게 그것을 다 해냈을까? 한 여학생은 아침 6시부터 저녁 11시까지 특정 활동들에 대해 구체적인 스케줄을 말해 주었는데, 여기에는 아이들을 보육원에 데려가는 것, 수업 듣는 것, 일하는 것, 가족과 시간을 보내는 것, 그리고 필요한 자기 공부를 하는 것 등이 포함되었다. 아이들이 아프지 않거나 직장에서 추가 근무를 요구하지 않는 한, 그녀는 이 모든 것을 해낼 수 있었다. 이러한 스케줄이 흐트러졌을 때(대개의 경우 아이들이 아파서), 그녀의 우선순위는 그녀의 가족에게 주어졌고, 학교에 다니는 것은 두 번째였다. 그 결과 그녀는 평균 'B' 학점으로 졸업하였는데, 이는 그녀가 수강한 과목들의 학점이 'A' 아니면 'C'를 받았기 때문인데, 이러한 학점은 그녀가 수업에 잘 참여할 수 있느냐에 따라 달라진 것이었다. 목표 갈등 연구 결과와 일치되게 그녀는 자신의 삶에 스트레스가 높다고 말하였고 졸업 후에 좀 더 '정상적인' 삶을 추구하였다.

최근 연구는 여러 목표를 달성할 수 있는 방법을 찾아낸 사람들은 목표 지향 행위에서 더 많은 개입과 더 높은 인내심을 보일 수 있었다고 제안했다. Riediger와 Freund(2004)는 개인적 목표들 간의 간섭과 촉진 둘 다를 평정하였다. **목표 간 촉진**(intergoal facilitation)이란 어떤 한 목표의 추구가 동시에 다른 목표의 달성을 향상시킬 수 있는 것을 말한다. 이것은 상호 촉진 때문에 발생할 수도 있고, 또는 하나의 목표 추구가 다른 목표 추구와 중복되기 때문에 이 두 가지 목표를 달성하는 데 도움이 되기 때문이다. 학점을 잘 받는 것, 자기 전공과 관련된 경력을 쌓는 것, 친구를 사귀는 것을 개인적 목표로 삼고 있는 대학생을 생각해 보자. 이러한 각 목표가 독립적으로 추구된다면, 이에 요구되는 시간이나 에너지에 갈등이 있을 것이다. 그러나 이 학생이 전공과 관련된 학교 조직이나 클럽에 참여함으로써 이 세 가지 목표를 모두 달성하는 데 도움을 받을 수 있을 것이다. 그와 같은 조직들은 같은 관심을 갖고 있는 학생들을 서로 알게 해 주고 학위를 받거나 직업을 선택하거나, 그리고 학교를 졸업하는 데 필요한 정보를 제공함으로써 사회적, 직업적, 학문적 기능을 모두 감당할 수 있다. 같은 전공의 다른 학생들과 관계를 맺는 것은 강의 요구, 연구 주제, 교수의 성격 등과 같은 '내부자' 정보를 제공해 줄 가능성이 높다. 간단히 말해, 학생 집단에 가입하는 것은 여러 목표를 달성하는 데 도움이 될 수 있는 것이다. Riediger와 Freund는 서로 촉진하는 목표들은 사람들로 하여금 목표 추구에 더 많이 개입할 수 있도록 한다는 것을 발견하였다. 이러한 효과는 자원 사용에서 효율성이 더 크기 때문일 것이다. 옛말에도 있듯이, '일석이조'는 시간과 에너지를 절약해 주고 갈등적 목표 때문에 발생할 수 있는 스트레스를 줄여준다.

'사소한 추구'와 '지나친 집착'

사람들의 목표는 집안을 말끔하게 정돈하는 것, 단정하게 보이는 것처럼 구체적이고 특정한 것에서부터, 더 나은 사람이 된다거나 더 독실한 신자가 되는 것처럼 추상적이고 일반적인 것까지 매우 다양하다. 통제이론의 관점에서 보면(Carver & Scheier, 1998), 우리의 개인적 목표는 위계에 따라 노력이 많이 드는 것도 있고 적게 드는 것도 있다. 삶의 중요한 목적을 의미하는 좀 더 추상적인 목표(예를 들어, 대학 교육을 받는 것)는 그 위계에서 높은 수준에 있다. 이러한 목표들을 어떻게 달성할 것인지를 나타내는 좀 더 구체적인 목표(예를 들어, 다음 2시간 동안 경제 퀴즈를 공부 하는 것)들은 위계에서 수준이 더 낮다.

추상적 목표와 구체적 목표 사이의 이러한 관련성은 사람들이 서로 다른 추상 수준에서 특정한 목표 혹은 행위를 생각한다는 것 때문에 더 복잡해진다. 이것은 다음에 기술될 행위동일시 이론을 통해 더 분명하게 살펴볼 수 있을 것이다.

이론 초점 : 행위 의미에 관한 생각

행위동일시 이론(action identification theory)에 따르면, 모든 행위는 하나 이상의 수준에서 설명될 수 있다(Vallacher & Wegner, 1987). 저차 수준이란 어떤 행위가 구체적/특정적 행동의 관점에서 이루어지는 것을 말한다. 고차 수준이란 좀 더 추상적이고 일반적인 이유에서 왜 어떤 행위가 수행되었는지를 말한다. 예를 들어, 자기 아들의 수학 숙제를 도와주는 아버지는 구체적 행위들(아이의 질문에 대답하거나 숙제가 정확한지 확인하는 것)의 관점에서 그가 무엇을 하고 있는지 확인하거나 설명할 수 있다. 또한 그 아버지는 좀 더 높은 수준(조력적 부모가 되는 것)과 그보다 더 높은 수준(좋은 부모가 되는 것)에서 그가 무엇을 하고 있는지 확인할 수 있을 것이다.

이 이론은 사람들은 자신의 행위를 좀 더 높은 수준으로 동일시하기를 선호하며, 가능한 오랫동안 그것을 유지하려 한다고 제안한다. 다시 말해, 일반적으로 우리는 자신이 하는 것을 구체적이고 특정적인 행동으로 보다 협소한 맥락에서 설명하기보다는, 그것을 왜 하는지와 같은 보다 큰 목적과 의미의 맥락에서 자신의 행위를 설명하기를 원한다. 그런데 이 이론은 행위의 높은 수준의 의미를 부여하지 못할 경우 사람들은 더 낮은 수준으로 행위의 의미를 이동한다고 제안한다. 높은 수준에서 확인된 행위를 유지하기 위해서는 낮은 수준의 행위가 비교적 잘 학습되었고, 자동적이며, 수행하기 쉬워야 한다. 따라서 아들의 숙제를 해결하는 데 아버지가 수학적 지식을 갖고 있지 않다면, '아이를 돕는 부모'라고 생각하였던 아버지는 더 낮은 구체적인 수준으로 이동해야 할 것이다. 만일 자기가 도움이 될 수 없다는 것을 발견한 아버지라면, 도움이 될 수 있는 길을 찾기 위해 아버지는 아들이 수학에 관해 설명하는 것을 듣거나 아들의 수학책을 읽어보고자 할 것이다.

Vallacher과 Wegner(1987)는 행위동일시 수준들이 자기에게 중요한 정도에 따라 달라진다고 주장하였다. 아들의 수학책을 이해하려고 노력하는 것과 같은 낮은 수준의 동일시는 좋은 부모가 되는 것과 같은 높은 수준의 동일시에 비해 자기에게 중요도가 더 낮다. 행위동일시 이론은 행위에 대한 높은 수준의 목표와 이유는 자기개념과 더 많이 관련되어 있기 때문에 더 중요하다는 일반적 생각을 지지해 준다. 우리는 자기와 밀접하게 동일시하는 목표들을 훨씬 더 중요시하는데, 그것은 그러한 목표들이 자기를 정의하고 자기를 표현하기 때문이다. 높은 수준의 목표를 달성하는 것과 자신의 행위를 고차원적으로 동일시하는 것은 바람직한 개인의 정체감에 대한 증거를 제공해 줌으로써 자기 확증 혹은 자기 성취를 나타낸다(Wicklund & Gollwitzer, 1982). 아들의 수학 숙제를 도와주는 아버지는 좋은 부모나 조력하는 부모로서의 자기이미지를 확증하는 반면에 수학책을 읽는 아버지는 그렇지 못하다. 즉 자기개념을 유지하는 것은 부분적으로는 우리의 행위와 목표 성취에 의해 제공되는 자기확증 증거에 따라 달라진다.

목표 수준 동일시에서의 개인차　행위동일시 이론이 설명하는 고차 목표와 저차 목표 간의 일반적 관련성이 다를 뿐만 아니라, 사람들은 자신의 목표를 생각하는 방식에서도 차이가 있다. Little(1989)은 이런 차이를 극적으로 표현하고 있는데, 그것은 자신의 삶을 '엄청나게 거대한 것에 집착'하는 사람들과 '지나치게 사소한 것의 추구'에 만족하는 사람들이 있다. 이와 유사하게, Waterman(1993)도 주로 **무엇을 할 것인지**에 초점을 두는 사람과 **어떤 사람이 될지**에 초점을 맞추는 사람을 비교하였다. 여러분은 범위가 좁고 구체적인 목표에 초점을 맞추는 사람에 비해 좀 더 추상적이고 자기 정의적인 목표를 추구하는 사람이 더 행복하고 자신의 삶에 더 만족할 것이라고 예상할 수 있을 것이다. 그러나 Little(1989)은 '가능함'과 '의미 있음' 간에는 득실 관계가 있을 수 있음을 제안하였다. 예를 들어, Emmons(1992)는 개인 목표의 추상적/구체적, 특수적/일반적, 그리고 자기성찰적/비성찰적 차원에 근거하여 고차 수준의 행위추구자와 저차 수준의 행위추구자들을 분류하였다. 고차적인 추구자는 심리적 스트레스와 우울이 더 높은 반면에, 저차적인 추구자는 부정적 정서는 낮았지만 신체적 질병이 더 높은 것으로 나타났다. 매우 추상적인 목표 지향 또는 매우 구체적인 목표 지향은 왜 문제가 있는 것일까?

　Little(1989)의 가능함/의미 있음의 득실 관계에 대한 생각과 맥을 같이 하여, Emmons(1992)도 각 목표 지향들은 각기 서로 다른 문제들을 갖고 있다고 제안하였다. 즉 추상적 목표들은 더 의미 있고 자기를 더 잘 드러낼 수 있지만, 조절하고 달성하기가 더 어렵다. Emmons의 연구에서 고차적인 목표 추구자들은 "모든 면에서 유식한 것처럼 보인다", "실제적인 것을 찾는다", "마음속에 긍정적인 사고방식을 갖는다"와 같은 목표들을 나열하였다(Emmons, 1999b, pp. 53-54). Emmons는 이러한 목표들이 경탄할 만하지만 매우 '모호'하다는 것에 주목하였다. 더 유식하게 보이기 위해 여러분은 구체적으로 어떻게 행동해야 하는가? 다른 사람에게 언제 더 유식하게 보이고 어떻게 하면 더 실제적이 되는지를 어떻게 아는가? 목표를 추구하는 데 필요한 행위와 목표 추구 정도와 성취에 대한 측정 기준 둘 다가 분명하지 않다. 더욱이 추상적 목표들은 장기적 목표일 가능성이 높다. 하룻밤 사이에 모든 문제에 대해 박학다식하게 보이기는 어려울 것이다. 이러한 요인들 때문에 추상적 목표는 달성하기 어렵게 된다. 그 결과, 추상적 목표를 추구하는 사람들은 좌절, 스트레스, 그리고 목표의 개인적 중요성과 유의미성 사이의 갈등으로 인해 부정적 정서를 느끼게 되고, 목표를 추구하고 달성하는 과정에서 어려움을 만날 가능성이 높다.

이에 반하여, 구체적 목표들은 그것이 분명하고 달성하기 쉽다는 점에서는 더 다루기 용이하지만 의미성은 오히려 더 떨어진다. Emmons(1999b, p. 53)의 연구에서 저차원 목표 추구자들은 '냉동음식 줄이기', '말끔한 외모', '단정한 자세', '물 많이 마시기'와 같은 목표들을 나열하였다. 그렇다면 왜 구체적 목표 지향이 더 많은 신체적 질병과 관련이 있는 것인가? Emmons(1992)는 억압적 성격유형과 구체적이고 좁게 정의된 개인 목표들 간에 관련이 있을 것이라고 주장하였다. 억압적인 사람들은 자신의 정서적 스트레스를 부인하고, 부정적 정서 상태를 생각하지 않기 위해 주의를 분산시킨다. 이러한 부인에도 불구하고, 억압적 성격의 소유자들은 생리적 각성 수준이 더 높고 심인성 질병에 걸리기 쉽다. 저차적 목표 추구자들은 억압적 성격을 갖고 있으며, 인생에서 중요한 것과 관련된 감정가가 실린 문제들을 피하고자 하는 욕구를 지니고 있다. 즉 구체적 목표들은 부정적 기분과 스트레스에 개인이 몰두하지 않도록 분산시키는 기능을 한다. '작게 생각'하는 사람들은 '크게 생각하는 것'으로부터 초래될 수 있는 스트레스를 피하고자 하는 구체적이고 특정적인 목표들로 자신의 인생을 채워나갈 수 있다.

Emmons(1999b)는 가능함/유의미함 간의 득실관계를 해결할 수 있는 하나의 해결책은 "개인적으로 의미 있고 고차적인 표상과 관련되면서 구체적이고 다룰 수 있는 목표를 선택하는 것"이라고 하였다(p. 54). 그의 관점에서 보면, 완전히 추상적인 목표 지향이나 반대로 완전히 구체적인 목표 지향 때문에 생길 수 있는 문제 중의 하나는 목표의 의미충만함과 달성 가능성 간의 단절이다. 일치가설과 이 장 앞에서 개관된 계획 세우기의 이점에 대한 Gollwitzer의 연구는 목표의 의미와 구체성의 이중 중요성을 제안하는 Emmons의 주장을 지지해 준다.

목표 난이도

고차원적 목표와 저차원적 목표 둘 다가 중요하다는 것이 목표 설정과 조직 수행에 대한 연구로부터 간접적인 지지를 받고 있다(Locke & Latham, 1990, 2002). 이 연구는 구체적/추상적 목표 차원보다는 목표 난이도와 구체성이 작업자의 수행에 미치는 효과를 검토하였는데, 흥미롭게도 비슷한 결과를 얻었다. 많은 연구들은 작업자들에게 단순히 "최선을 다하라"라고 격려하는 것이 수행 증진에 거의 도움이 되지 않음을 발견하였다. 추상적 목표처럼 '최선을 다하는 것'은 수행을 평가하는 데 필요한 분명한 외적 기준이 없는 것이다. 작업자들에게 자신의 수행수준을 스스로 결정하게 하면, 노력도 줄어들고 수행도 낮아졌다. 달성하기 쉬운 구체적 목표 역시 수행을 높이지 못하였다. 구체적 목표와 마찬가지로 쉬운 구체적 목표 역시 사람들의 재능과 동기에 영향을 미치지 못하여 사람들로 하여금 더 노력하게 만들지 못하였다. 사람들의 수행을 향상시키는 방안은 구체적이면서 동시에 어려운 목표를 제시하는 것이다. 이러한 조합은 일관되게 높은 수준의 노력과 수행을 이끌어낸다는 것을 보여주고 있다. 수행과 목표에 관한 연구들을 종합하면 다음과 같은 결론이 가능하다—효과적인 작업수행과 개인적 목표의 성공적 달성에는 목표달성에 필요한 분명하고 구체적인 책략이 마련되어 있는 의미 있고 도전적인 목표가 필요한 것이다.

정신 통제의 역설적 효과

매우 중요하지만 어려운 개인적 목표의 일부는 흡연이나 섭식, 과음과 같은 개인적 습관을 통제하는 노력처럼 자기향상에 목표를 둔다. 습관이 되어 버린 행동을 통제하는 것은 상당히 도전적인 것이 되는데, 이는 사람들의 이런 결정을 깨뜨리도록 위협하는 사고와 충동이 계속 괴롭히기 때문이다. 원치 않는 사고를 통제하는 것이 다이어트나 금연을 훨씬 더 용이하게 만들 수 있을 것이다. 다이어트를 하는 사람 중에 음식에 대한 생각을 멈추길 좋아하지 않는 사람이 누가 있겠는가? 금연하고자 하는 사람 중에 담배에 대한 생각이 마음속에서 사라지기를 바라지 않는 사람이 누가 있겠는가? 우리의 마음속에서 사라지기를 원하는 목록에 여러 가지 중독과 나쁜 습관들 이외에도, 슬픔, 죄책감, 불안, 걱정과 같은 부정적인 정서가 추가될 수 있다. 그런데 역설적이게도, 자기통제에서의 어떤 시도들은 의도된 효과와 정반대되는 결과를 낳기도 한다. 이 효과는 불면증에 시달리는 사람이 잠을 자려고 애쓸 때 나타나는 역설적 효과와 유사하다. 여러분이 잠을 자려고 노력하고 잠을 자야한다고 생각할수록, 여러분은 더 깨어 있게 된다. **정신통제의 역설적 효과**(ironic effects of mental control)에 대한 Wegner의 주장과 연구는 이런 류의 자기통제의 역설적 효과에 대한 한 가지 설명을 제공해 준다—노력하면 노력할수록, 그만큼 상황은 더 **나빠**진다(Wegner, 1994).

Wegner의 최초 연구에서 피험자에게 흰 곰에 대해 생각하지 않으려고 애쓰면서 생각이 나면 종을 치라는 단순한 요구를 하였다(Wegner, 1989; Wegner, Schneider, Carter, & White, 1987). 이런 단순한 사고를 억압하는 일이 여러분이 상상하는 것보다 훨씬 어려운 일이어서, 사람들은 부분적으로만 잘할 수 있다. 가장 흥미로운 것은 사고를 억압하려는 노력이 예상과 달리 반대의 역설적 효과를 낳는다는 것이다. 사고 억제 과제가 끝나면, 많은 피험자들이 흰곰에 대해 강한 **반향 효과**(rebound effect)를 나타내었다. 달리 말해서, 억압에 대한 시도가 사고의 출현을 감소시키는 것이 아니라 오히려 증가시킨다. 다이어트 중에 음식에 대한 생각을 줄이기 위해 다양한 주의분산 방법을 사용함으로써 체중을 줄이는 데 성공한 사람들에게서 이러한 반향 효과의 고통스러운 역설을 상상할 수 있을 것이다. 다이어트가 성공하여 억압에 대한 적극적 노력을 중지한다면, Wegner의 연구는 음식에 대한 침입적 사고와 이미지가 반향적으로 나타날 것으로 예측할 것이다. 다이어트를 하는 동안보다 음식에 대한 생각이 더 많아져 이것에 대처해야 할지 모른다.

Wegner와 동료들은 "…강박의 기원은 상당 부분 억압일 것이다"(Wegner et al., 1987, p. 11)라고 결론 내리고 있다. 어떤 것을 생각하지 않으려는 노력은 그것에 대해 생각하지 않을 수 없을 가능성을 증가시킬지 모른다. 연구는 이런 가능성을 지지해 준다. 사고 억압의 역설적 효과는 흰 곰에만 국한되지 않는다. 예를 들어, 성에 대해 생각하지 말라고 지시받은 사람과 성에 대해 생각하라고 지시받은 사람 간에 생리적 각성에서 거의 차이가 없었다(Wegner, Shortt, Blake, & Paige, 1990). 즉 성에 대한 사고를 억압하려고 노력하는 사람들은 성에 대해 적극적으로 생각한 사람들만큼 흥분하였다. 다른 연구에서는 우울한 사람들이 부정적인 사고의 출현을 통제하는 능력이 부족하여 어려움을 겪는다고 보고하고 있다(Wenzlaff, Wegner, & Roper, 1988). 우울한 사람과 우울하지 않은 사람들에게 극적으로 부정적인 상황을 묘사하는 이야기를 상상하도록 하였다. 이야기의 주인공(주요 등장인물)은 꿈꿔오던 직업을 가질 수 있는 중요한 면접이 있었는데, 알람시계를 맞추는 것을 잊어버려 늦게 일어나, 제시간에 면접받기 위해 과속 운전을 하였다. 노란불임에도 차를 몰다가 충돌사고가 일어나 영아가 사망하게 되었다. 이 이야기에서 피험자들은 마치 주인공인 것처럼 상상해 본 후에, 무엇이 마음에 떠오르든지 간에 그것을 글로 쓰도록 하였다. 연구참여자의 반에게는 이야기에 대해 생각하지 않도록 지시하였고, 매 순간 마음에 떠오르는 것을 기록하게 하였다. 예상하는 바와 같이, 어떤 사고를 억압하는 가장 흔한 방법은 다른 것을 생각하여 주의를 분산시키는 방법이다. 우울한 사람들은 이야기로 인한 원치 않는 사고를 억압할 능력이 부족할 뿐만 아니라, 주의를 분산시키기 위해 부정적인 사고들을 사용하였다. 즉 우울하지 않은 사람에 비해 우울한 사람들은 정신 통제 능력이 손상되었으며, 주의분산을 위해 긍정적 사고보다는 부정적 사고를 사용하였다. 우울한 사람들은 부정적 사고와 감정을 순환하게 만드는 만성적이고 자동적인 부정적 사고가 과도하게 나타나 고통을 겪는 것으로 보인다.

정신적 부하와 통제의 역설 정신 통제의 시도로 인한 이러한 역설적인 부메랑 효과를 어떻게 설명할 수 있는가? 역설적 과정 이론(Wegner, 1994, 1997)에 따르면, 이것은 정신 통제와 관련된 두 개의 시스템의 상호작용으로 인한 것이다. 한 시스템은 의식적인 노력을 필요로 하는 의도적인 조작 과정인데, 정신적 부하(예, 스트레스, 주의분산, 시간 압력, 피로 또는 음주)가 많아지면 붕괴될 수 있다. 금연하고자 애쓰는 흡연자는 흡연의 욕망에서 멀어지기 위해 억압하거나 주의를 분산하는 과정을 사용한다. 예를 들어, 만약 모닝커피를 한 후에 규칙적으로 흡연을 한다면, 이 시간에 흡연 대신 산책을 하거나 바쁘게 일하거나 나, 흡연의 유혹을 통제하기 위해 금연이 주는 이점을 생각할 수 있다. 그런데 두 번째 과정인 **역설적 감시과정** 또한 정신 통제에 사용된다. 이 과정은 매우 무의식적이며, 노력이 거의 들지 않고, 붕괴나 중단되기가 어렵다. 감시 과정은 금지 대상과 관련된 신호에 대한 환경, 기억, 현재 사고 등을 훑는다. 흡연에 대한 사고나 충동이 탐지되면, 그것을 인식하게 되고, 흡연에 대한 사고나 충동을 억압하려는 의식적 조작 시스템이 활성화된다. 모순되는 것은 장기 흡연자들은 흡연과 연합된 엄청나게 많은 환경과 정서 단서가 축적되어 있다는 것이다. 모닝커피, 식사가 끝난 후, 작업 중 쉬는 시간, 스트레스를 받을 때, 술 마시러 갔을 때, 쉬고 싶을 때 등 모든 것이 흡연과 연합된다. 따라서 감시과정은 탐지해야 할 엄청나게 많은 '금지된' 상황, 사고, 느낌들이 있기 때문에 흡연에 대한 인식이 증가하게 된다. 조작 시스템이 손상되지 않았다면, 이 두 가지 시스템은 흡연에 대한 충동을 줄이고 중화시키기 위해 공동으로 활동한다.

그러나 정신적 부하가 증가함에 따라 조작과정의 효율성이 줄어들면, 감시과정이 정신 통제 노력을 압도하여 흡연을 피하기가 매우 어렵게 만들 수 있다. 감시과정은 노력 없이 개인의 정신적 또는 정서적 부하 상태에 영향을 받지 않고 무의식적으로 지속되기 때문에, 정신 통제는 실패할 수 있다. 감시과정은 개인이 흡연에 대한 충동을 억제할 수 있을 때나 없을 때나 관계 없이, 흡연 충동에 대한 의식을 증가시킨다는 것이다. 여기서 모순은 효과적인 정신 통제에 필수적인 감시과정이 정신적 부하가 높은 상태에서는 도리어 정신 통제 실패의 근원이 된다는 점이다. 의도적 통제 대상이 되는 원치 않는 사고에 대한 인식이 증가함으로써 역설적 감시과정은 오히려 정신 통제를 못하게 만드는 것이다.

정신적 과부하 상태에서 역설적 과정이 어떻게 작동되는지를 잘 보여주는 한 연구에서, Wegner와 동료들은(Wegner, Ansfield, & Pilloff, 1998) 사람들에게 한 표적 위에서 일정하게 흔들리는 추를 붙잡도록 하였다. 흔들리는 추는 나일론 실에 수정으로 된 추가 달린 포인트 였으며, 표적은 유리판에서 '+' 모양으로 형성된 x축과 y축이었다. 유리판 아래에는 진자의 미세한 움직임을 기록하는 비디오 카메라가 달려 있었다. 삼각대 없이 접사 사진을 찍어보거나 아주 작은 구멍의 바늘에 실을 꿰려고 애쓴 적이 있는 사람이라면, 근육의 움직임을 정지하려고 애쓰는 것이 얼마나 어렵고 힘든 것 줄 알고 있을 것이다. 그리고 역설적이게도(특히 우리가 스트레스 상태에 있거나, 매우 서두르거나 산만할 때) 움직이지 않으려고 애쓰면 애쓸수록 우리는 더 흔들리고 더 떨린다. 이것이 진자 연구에서 정확하게 관찰된 내용이다. 일부 피험자들은 단순히 추의 움직임을 일정하게 유지하라는 지시를 받았고, 다른 피험자들은 구체적으로 x축상에서 어떤 움직임도 일어나지 않도록 하라는 지시를 받았다. 정신 부하 조건에서는 진자를 일정하게 유지하려고 노력하면서 피험자들에게 1000에서 3씩 빼도록 하였고, 반대 팔에는 무거운 벽돌을 들고 있도록 하였다.

정신 통제의 역설적 효과와 일관되게, 구체적으로 움직이지 말라는 지시를 받았던 집단에서 X축 방향에서 더 많이 움직였다. 이러한 효과는 정신 부하 조건에서 두드러지게 나타났다. 역산이나 벽돌을 들게 하는 정신분산은 금지된 방향에서 더 많은 움직임이 나타났다. 유사한 방법을 사용하여, Wegner와 동료들은 또한 사람들이 주의가 산만해질 때, 즉 골프에서 퍼팅을 더 멀리 보내지 않으려 할 때 오히려 더 멀리 보내게 되는 것을 발견하였다.

Wegner의 이론과 일치되게, 관련 연구들에 관한 개관은 어떤 종류의 주의분산이라도 자기조절 과정을 손상시킬 수 있고, 이것이 자기통제 노력의 실패를 이끌어 냄을 보여주고 있다(Carver & Scheier, 1998; Muraven & Baumeister, 2000). 다이어트를 하는 사람, 흡연자, 약물 중독자들은 종종 정서적 스트레스, 부정적 감정 또는 극도의 소음이나 혼잡과 같은 환경적 스트레스로 인해 고통을 겪게 되면, 자기통제에 실패하게 된다. 이러한 결과는 일반적으로 자기통제가 소모될 수 있는 한정된 자원이며 그 결과 실패할 수 있다는 생각과 맞아떨어진다. 의식적이고 노력이 드는 통제가 실패할 때, 자동적이고 습관적이며, 대체로 무의식적인 과정이 의식적 통제를 대신하게 된다. 이러한 관점에서는, 부정적인 상태(스트레스나 나쁜 감정과 같은)는 자기통제 자원을 소모시키는데, 그 이유는 사람들이 그것에 대응하기 위해 정신적이고 정서적인 에너지를 소모해야 하기 때문이다. 결과적으로 통제 자원은 감소하게 되고, 종종 다른 통제 영역에서 실패가 발생한다. 다이어트를 하는 사람들이 직장에서 받은 높은 스트레스에 대처하고 난 후에는 음식에 대한 유혹에 저항할만한 충분한 힘을 갖지 못할 수 있다. Wegner의 역설적 과정 이론은 이런 경우 엄청난 과식을 할 수 있음을 지적하고 있다.

최근 연구들은 통제 자원의 소모가 여러 요인으로 인해 중재될 수도 있다고 제안한다. 첫째, 사람들은 내적 유인이나 또는 외적 유인에 의해 크게 동기화되면, 소모된 자원을 보상할 수 있다. 자기통제를 수행하느라 통제 자원이 소모된 사람들이, 금전적인 보상이 주어지거나 자기통제 노력이 타인을 도왔다고 믿는 경우에는 후속 자기통제 과제에서도 수행을 잘 하였음을 보여주는 연구가 있다(Muraven & Slessareva, 2003). 다이어트의 예를 들면, 이러한 결과들은 다이어트를 하는 사람의 배우자나 친구가 비만이 건강의 위험요소라며 매우 관심을 보인다는 것을 알거나, 회사가 체중 감량을 위한 건강 비용의 일부를 지원해 준다면, 스트레스를 많이 받을 때라도 음식에 대한 유혹에 잘 저항할 것임을 시사한다.

두 번째로, 자기결정 이론의 지지자들은 최근 자기통제로 인해 에너지 자원이 소모되느냐 아니냐를 결정하는 것은 자율성이라고 주장하고 있다(Moller, Deci, & Ryan, 2006). 자율성은 개인이 자신의 행동과 결정이 자유롭게 이루어진 것이며, 진정한 자기를 표현한 것이라고 느끼는 것이다(Deci & Ryan, 2000). 매일 아침 4km를 걷기로 작정한 것은 자신이 걷기를 좋아하기 때문이거나, 규칙적인 운동을 통해 좋은 기분을 경험하기 때문일 것이다.

이러한 자율적인 행동들은 내적 입박이나(자기가 부과한) 외적 압박(타인이 부과한) 때문에 선택한 행동이나 결정과는 대조가 된다. 스스로 체중감량의 필요성을 느껴 걷기를 시작한 사람과, 의사가 더 많은 운동을 권유해서 걷는 사람, 또는 친구가 함께 걷자고 해서 걷는 사람이 있을 것이다. 여기서 결정적인 차이는 활동을 자유롭게 선택했다는 느낌과 통제당하고 압박받았다는 느낌이다. Moller와 동료들(2006)은 자기통제 고갈 연구는 이러한 중요한 구분을 하지 못했다고 생각한다.

자기통제 자원의 고갈을 완화시키는 자율성의 중요성은 여러 연구들에 의해서 지지되고 있다. 연구들은 자율적인 개입은 자기조절 행동을 감소시키기 않고 오히려 증가시키며, 에너지와 활기를 준다고 보고하였다(Moller et al., 2006). 개인이 자유롭게 선택하고 하고 싶은 것을 위해 하는 행동은 자기통제 에너지를 고갈시키지 않는 것으로 보인다. 이런 관점에서 보면, 자기통제 행위는 자기통제 자원을 항상 고갈시키는 것이 아니다. 걷기를 즐기기 때문에 매일 아침 걷는 것은 자기훈련의 짐으로 느껴지지 않는다. 반면에, 우리가 "걸어야만 한다"고 생각하기 때문에 걷는 것은, 걷기와 다른 것을 하고 싶은 바람 사이에서 긴장을 느껴야 하기 때문에 시간이 지날수록 자기통제를 시험하는 쪽으로 나아가기 십상이다. 세 연구에서 자율성의 중재 역할이 지지되었다(Moller et al., 2006). 예언과 일치되게, 자율적 선택 조건에 있는 사람들이 통제된 선택 조건에 있는 사람들에 비해 더 많은 에너지(더 큰 과제 지속성)를 보여주었다. 통제된 선택 조건의 사람들만이 자기통제 자원의 감소를 보여주었다.

자기통제의 실패에 대한 일상적 설명

목표 지향 행동의 성공적 조절과 목표달성을 방해할 수 있는 다양한 요인들에 관해 살펴보았다. 명확한 계획의 부족, 관여나 자신감의 부족, 회피적 목표 지향, 목표 갈등, 지나치게 추상적이거나 또는 구체적인 결과에만 집중하는 목표, 그리고 자기통제 자원이 줄어들거나 고갈되는 정신 통제의 역설적 효과 등이 그것이다. 이제 우리는 사람들이 자기조절에 실패하는 '일상적' 이유들을 생각해 보고자 한다. 연구들은 자기통제에 미치는 실질적 효과에 따라 이러한 이유들을 분류하는 일부 가이드라인을 제공해 준다. 즉 일상적 설명은 실질적 어려움 아니면 단순히 자기위주의 합리화이다.

변명

정해진 계획이 완수되지 못하면, 목표를 성취할 수 없거나 자기통제가 실패하게 되며, 자신과 남의 눈에 나쁘게 비춰질 수 있다. 실패를 설명하는 가능한 단어로 게으름, 방종, 충동성, 훈련 부족, 비조직화, 지연, 불신 등이 생각난다. 이런 부정적 추론을 피하기 위해, 사람들은 종종 왜 자신이 계획에 따르지 못했는지, 왜 목표에 계속 개입하지 못했는지 설명한다―"나는 해야 할 다른 일들이 너무 많았다", "나는 개인적으로 위급상태에 있었다", "나는 내가 무엇을 해야 하는지 명확히 알지 못했다", "나는 혼란스러웠다", "나는 담배를 피울 수밖에, 맛있는 디저트를 먹을 수밖에, 친구와 외출할 수밖에 없었다" 등. 이러한 설명들이 실제로 뜻하지 않은 고충을 나타내는 것인가, 아니면 단지 우리가 자기이미지와 대인관계를 유지하기 위해 사용하는 변명일 뿐인가? 이 질문에 대한 해답은 심판 판정이 필요하다. 우리는 계획이나 정해진 것을 수행하지 못했을 때 변명을 잘하는 사람들을 본다. 아울러 사람들이 통제할 수 없는 예측하지 못한 사건들로 인해 실제로 계획을 방해한다는 것도 안다.

Barry Schlenker와 동료들이 개관한 논문은 사람들이 사회와 개인의 삶 속에서 어떻게 변명을 정당화하는지에 관한 연구와 이론을 흥미롭게 바라보게 한다(Schlenker, Pontari, & Christopher, 2001). 이 논문은 더 이전에 행해진 Snyder와 Higgins(1998)의 더 포괄적인 개관을 기초로 하고 있다. 변명은 "문제가 되는 사건에 대한 개인적 책임을 줄여주기 위한 자기위주의 설명 또는 해석으로, 그 사건에서 자기의 핵심 요소를 분리시키는 것이다…"로 정의한다(Schlenker et al., 2001, p. 15). 이 정의는 변명이 실제인지 거짓인지에 관해서는 말하지 않고 있다. 이 정의는 동기와 목적에 초점을 맞추고 있다. 변명을 하는 목적은 사건의 원인을 다른 데 혹은 다른 사람에게 돌리거나, 자기의 덜 중심적이고 더 주변적인 특징에 귀인함으로써 개인적 책임과 부정적 사건에 대한 잘못을 줄이는 것이다. 자기의 주변적 측면은 단순한 부주의나 건망증일 수 있다. 보다 중심적인 자기 특징에는 불신, 무책임 등이 포함될 것이다.

무엇이 훌륭한 변명을 만드는가 Schlenker와 동료들은 우리가 변명의 정당성을 어떻게 판단하는지를 설명하기 위해 책임감 삼각 모델을 사용한다. 이 모델은 책임감에 대한 우리의 판단에 초점을 맞춘다. 변명은 책임감을 부인하거나 감소시키기 때문에 부정적 사건에 대한 개인적 책임을 어떻게 평가하는지가 변명을 평가하는 데 결정적이다. 모델의 세 가지 구성요소는 규범적 명료성, 개인적 의무, 개인적 통제이다. 이 구성요소들은 그림 8.2에 제시되어 있다. 규범적 명료성, 개인적 의무, 개인적 통제가 높으면 높을수록, 그 사건에 대해 개인에게 할당되는 책임감은 더 크다.

규범적 명료성(prescriptive clarity)은 그 사건과 관련하여 무슨 일을 해야 하는지, 어떻게 해야 하는지에 관한 규칙, 목표, 절차 및 기준이다. **개인적 의무**(personal obligation)는 행위의 규칙이나 규범을 따르도록 개인에게 요구되고 기대되며 부가되는 의무 정도를 말한

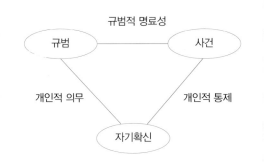

그림 8.2 개인적 책임감의 삼각 모델

출처 : Schlenker, B. R., Pontari, B. A., & Christoper, A. N. (2001).

다. 예를 들면, 아버지는 자녀들을 잘 돌봐야 하는 강한 의무가 있다. 마지막 구성요소로서 **개인적 통제**(personal control)는 문제가 되는 사건의 소산에 대한 개인의 통제의 양이다.

이 모델에서 변명은 개인적 책임감의 세 구성요소 중 하나 이상을 감소시키는 데 목표를 둔다. 규칙, 목표 혹은 기대가 불분명하거나 모호하다는 주장은 규범적 명료성에 근거하여 책임감을 낮출 수 있다. 대학 교수들은 시험이나 과제 평가에 불만을 가진 학생들이 이런 주장을 하는 것을 듣는다―"교수님께서는 시험에서 무엇을 평가할 것인지 명확하게 말씀하지 않았어요", "나는 교수님께서 과제를 어떻게 조직화하길 바라는지 몰랐고, 어떤 것을 해야 하는지 알 수 없었어요."

개인적 의무에 근거를 둔 책임감은 규범, 규칙 및 기준이 자신에게 적용되지 않는다는 주장으로 감소될 수 있다―"그건 내 일이 아니에요", "가족에게 큰일이 생겨서 제 시간에 일을 끝낼 수가 없었어요." 마지막으로, 개인적 통제와 관련된 변명을 통해 책임감을 감소시킬 수도 있다. 이러한 변명들은 행동에 따르는 능력이나 역량을 줄이는 요인들에 초점을 맞춘다. 많은 대학 교수들은 컴퓨터 바이러스 문제, 프린트 고장 또는 파일을 잃어버렸다는 이유를 들어 과제를 제출하지 못한 대학생들의 이야기를 듣는다. 낮은 성적이나 과제미제출 사유에는 다음과 같은 흔한 이유들도 포함된다, "교수님 시험을 준비하느라 밤을 새워 공부를 하다가 늦잠을 잤어요", "개인적인 문제가 있었어요", "저는 이런 종류의 시험은 잘 못해요."

변명의 이점 변명 만들기는 자기존중감을 보호하고, 수행 향상에 대한 동기를 제공하며, 사회관계에서 조화를 이루도록 돕는 긍정적인 이점이 있을 수 있다. 실패에 대한 합리적 변명으로 자신을 보호하는 것은 자기존중감과 자신감을 유지하는 데 도움이 된다(Schlenker et al., 2001). 어떤 경우에는 필요하고 적절하기도 하지만, 부정적인 사건에 대해 총체적 책임감을 지는 것은 사람들로 하여금 죄책감과 자기비난에 압도되게 할 수 있다. 상황이나 타인 탓으로 덜 돌리면서 자신의 책임감을 높이는 것은 그 사건과 자신을 유리시켜, 우울이나 불안과 같은 부정적 정서의 완화 효과를 잠정적으로 감소시킨다. 연구자들은 변명이 수행과 자기향상의 노력을 고무시킬 수 있다고 제안한다(Schlenker et al.,

2001; Snyder & Higgins, 1988).

변명은 타인과의 관계에서도 이와 유사한 긍정적 효과를 발휘할 수 있다. 냉혹한 정직성은 재난을 이끌어 낼 수 있다. 우리는 "나는 여러분과 여러분 아내에게 관심이 없기 때문에 여러분의 저녁 파티에 가지 않을 거야"라고 말하지 않는다. 대신에 우리는 "갈 수 없어서 미안해. 가고 싶지만 이미 선약이 있어"라고 말한다. 사회적 예의를 지켜야 하기 때문에, 우리는 타인의 감정을 고려하고 사회적 관계를 손상시키는 일은 피한다. Schlenker와 동료들의 개관에서는 많은 연구들이 변명이 인간관계의 잠재적인 방해요인들을 부드럽게 만들어 사회적 조화를 만들어가는 과정을 보여주고 있다고 지적하고 있다.

변명의 단점 변명은 대가를 치를 수 있는데, 특히 변명을 너무 많이 사용하거나, 뻔히 보이는 잘못이 있음에도 불구하고 변명할 때 그렇다. 어떤 변명은 그것이 진실인지 거짓인지에 대한 생각을 하게 만들고, 변명 뒤에 숨겨진 동기가 무엇인지, 변명하는 사람이 어떤 사람인지 궁금하게 만들기도 한다. 더욱이, 변명은 변명하는 사람의 자기조절 능력, 자신감, 효율성을 손상시킨다. 어떻게 이런 일이 벌어지는지 이해하기 위해 다음과 같은 직장동료를 상상해 보라. 그는 언제나 왜 할당된 일을 제시간에 완수할 수 없는지, 왜 새로운 과제에 스스로 지원하지 않는지, 왜 힘든 문제에 부딪치는지, 왜 약속을 거의 지키지 못하는지 계속 변명만 하는 사람이다. 여러분은 이런 사람을 어떻게 보겠는가? 신뢰할 수 없고, 통합능력이 부족하고, 자기중심적이며 비효율적인 사람이라고 생각하지 않겠는가? Schlenker와 동료들은 이것이 만성적인 변명자들이 받게 되는 일종의 판단이라고 주장한다. 습관적인 변명 만들기는 잠재적으로 그 사람의 평판이나 수행을 매우 손상시킨다.

또한 계속해서 변명을 사용하면 개인의 자기통제와 수행도 감소된다. 자기통제와 자기훈련의 중요한 요소 중 하나가 타인에 대한 책임감이다. 우리가 타인에게 책임이 있다고 아는 것은, 과제에 충실하며 의무를 다하려는 중요한 동기적 자원이 된다. 이러한 의무를 수행하지 못하면, 사람들은 그 행위에 대한 책임감으로부터 벗어나려는 변명을 할 수 있다. 이렇게 하여 타인에 대한 책임감이 감소되거나 변명이 신뢰롭지 못하여, 남들이 변명자에게 더 이상의 책임을 부여하지 않으면, 자기조절의 중요한 기제 또한 감소한다.

전체적으로 볼 때, 변명의 가장 일반적이고 부정적인 영향은 과제로부터 자기를 이탈시키는 것이다. Wegner의 연구에 따르면, 아마도 이런 현상은 '변명의 역설적 효과'라고 칭해야 할 것이다. 변명이 효과적이기 위해서는, 실패에 대한 책임감을 줄여야만 한다. 그러나 그 과정에서 변명은 우리의 능력, 결정, 성공하고자하는 동기에 영향을 줄 수 있다. Schlenker와 동료들은(2001) 변명은 "…변명자의 목적충만감과 통제감을 빼앗을 수도 있다"(p. 25)고 주장하였다. 만성적으로 변명을 하는 것은 자기존중감에 대한 위협과 타인의 부정적 시선에서 자기를 보호하기보다 오히려 정반대의 효과를 낼 수 있다.

어쩔 수 없는 충동

통제 실패에 대한 또 다른 일상적인 설명은 유혹이나 강렬한 정서를 억제하지 못하는 것이다. 사람들은 강한 유혹에 저항할 수 없었다고 말하거나, 화, 질투, 자책, 좌절이나 스트레스와 같은 압도적인 정서로 충동을 느꼈다고 말하는데, 과연 그것이 어떤 의미인가? 그들은 너무 강해서 억제할 수 없는 충동에 피해를 입은 사람들인가? 그들이 통제할 수 없는 어떤 것에 압도된 것인가? 아니면 포기하기로 결정하고 말하자면 충동에 타협한 것인가? 저항할 수 없었다고 말하는 것보다 저항하지 않기로 결정했다고 말하는 것이 더 정확하지 않을까?

자기통제에 관한 신념   Peele은 『The Diseasing of America(1989)』란 자신의 저서에서, 저항할 수 없는 충동의 힘에 대해 많은 반대의 예들을 제시하고 있다. 베트남 전쟁 중에 많은 군인들이 헤로인을 사용하였다. 미국에 돌아온 군인들의 대부분은 특별한 치료 없이 빠르게 회복되었다. 어떤 군인들은 중독되지 않고서 가끔 헤로인을 사용하였다. Peele의 분석에서 가장 두드러지는 것이 통제에 관한 개인적 신념과 문화적 신념이었다. 알코올 중독자의 폭음은 질병이나 신체적 의존보다 통제 부족에 대한 신면과 더 관련이 있을 수 있다. 특정 문화나 사회 내에서는(예를 들어 미국 유대인과 프랑스인) 사람들이 주기적으로 술을 마시지만 알코올 중독 비율은 매우 낮다. 책임감 없는 행동과 음주문화를 반대하는 강한 문화적 제재는 자기통제를 강화시키는 것으로 보인다. 이러한 예들은 저항할 수 없는 충동이 사실보다는 신념상의 문제와 더 관련 있음을 시사한다. 행동이나 정서에 얼마나 많은 통제를 투입하느냐는 충동의 힘보다는 자기통제를 해야만 하고, 할 수 있다는 문화적으로 내재화된 신념과 더 관련이 있는 것 같다.

충동적 시스템과 반성적 통제 시스템의 활성화   충동 대 제약의 주제를 고찰한 연구들은 전형적으로 Wegner의 역설적 과정 이론과 유사한 행동 통제의 이중 과정 모델에 그 기반을 두고 있다(최근 개관연구로 Carver, 2005; Carver & Scheier, 1998, 2002c; Smith & DeCoster, 2000, Strack & Deutsch, 2004을 보라). 두 과정의 이름과 세부 사항에는 차이가 있지만, 대부분의 모델들은 충동적이고 정서적이며 비교적 자동적이고 빠른 활성화 시스템과 더 반성적이며 신중하고 덜 정서적이며 느리게 활성화되는 시스템을 구분하고 있다. 예를 들어, Mischel과 동료들은 '뜨거운 시스템' 과 '냉정한 시스템' 을 기술하고 있다 (Metcalfe & Meschel, 1999; Mischel & MendozaDenton, 2003). **뜨거운 시스템** 또는 '행동하는' 시스템은 위협에 대해 대응하거나 즉각적인 쾌락 추구 기회를 포착하는 것과 같은 환경에 있는 정서적으로 각성시키는 사건에 의해 활성화된다. **냉정한 시스템** 또는 '알고 있는' 시스템은 느리고, 정서적이지 않으며, 유동적이고 합리적이다. 또한 종종 장기적 행동에 대한 전략이나 계획을 이끌기도 한다. Mischel의 모델에 따르면, 사람들이 충동에 따르느냐 아니면 충동을 통제하느냐는 어떤 시스템의 통제하에 있는지에 의해 결정된다. 뜨거운 시스템은 충동적인 행동을 이끄는 반면에, 냉정한 시스템은 통제된 행동을 산출한다.

Mischel의 고전적 연구인 마시멜로 연구에서, Mischel은 냉정한 시스템 또는 뜨거운 시스템을 활성화시켜 아동들의 만족 지연 능력을 증가시키거나 감소시킬 수 있었다(1974). 뜨거운 충동적 시스템을 활성화시키기 위해, Mischel은 한 집단의 아동들에게 마시멜로를 입안에 넣었을 때 얼마나 씹히는지 얼마나 달콤한지 그 느낌을 생각해 보라고 지시하였다. 냉정한 조건의 아동들에게는 마시멜로를 추상적이고 비정서적인 용어로 마치 '부푼 구름' 처럼 생각하라고 하였다. 냉정한 조건의 아동들은 뜨거운 조건의 아동들보다 더 많은 마시멜로를 보상으로 받기 위해 더 오래 기다릴 수 있었다. 즉 뜨거운 조건의 아동들은 욕구 만족 지연 능력이 눈에 띄게 손상되었다. 연구 결과는 **뜨거운 시스템과 냉정한 시스템**의 활성화를 조절하는 능력이 자기통제의 한 기제일 수 있다는 점을 시사한다. 뜨거운 상황에 직면했을 때, 냉정하게 사고하는 능력은 사람들의 자기통제 능력에 개인차를 설명하는 한 방안이 된다.

자기통제의 개인차 충동 통제가 부분적으로 개인의 특질로 인한 것이라는 점은 명백하다. 즉 사람들은 다소 자동적으로 자신의 충동 통제와 억제 수준에서 반응한다. 어떤 사람들은 다른 사람보다 자기통제를 더 잘하고 자기훈련을 더 잘한다. 더 충동적이고 단기간의 이익과 보상에 매우 민감한 사람들이 있는가 하면 자제를 더 잘하는 사람들도 있다. 자아통제, 자아탄력성, 강인성, 양심과 같은 개념들은 모두 행동을 조절하고, 내적·외적 위협을 통제하며, 욕구만족을 지연시키고, 계획을 따르고 관여하는 사람들의 능력을 나타내는 요소들이다(최근 개관연구로 Carver, 2005를 보라; Gramzow, Sedikides, Panter, & Insko, 2002). 이런 자질의 강도에서 개인차는 술을 억제하고, 성적 욕구만족을 지연하고, 더 좋은 장기적인 보상을 위해 즉각적 보상을 지연하는 등 다양한 자기통제와 관련된다. 예를 들어, Mischel은 더 작고 즉각적인 보상보다 더 큰 보상을 위해 아동들이 기다리는 능력에서도 안정된 개인차가 존재한다는 사실을 발견하였다.

유혹에 대한 저항 특질의 개인차를 지지하는 증거들은 자기통제를 향상시키는 방법을 학습해나간다는 점을 배제하지 않는다. 심장발작을 일으킨 많은 사람들은 음주, 흡연, 다이어트와 운동을 하도록 배운다. 심지어 어린 아동들도 자기통제를 증가시키는 것을 볼 수 있다. Mischel은 기다리는 동안 무엇을 할지 아무런 지시도 받지 않았을 때에 욕구 만족 지연을 할 수 없었던 아동들이 보상에 대해 냉정한 용어로 생각하도록 지시받았을 때에는 훨씬 더 오래 기다릴 수 있다는 것을 발견하였다. 즉 자기 생각대로 하도록 내버려두면 통제를 잘 못하는 아동들에게 도움이 되는 방안을 제공하면 통제능력은 극적으로 증가된다.

또한 연구자들은 낮은 수준의 사고를 높은 수준으로 끌어올림으로써 자기통제를 증가시킬 수 있다고 보고하였다. 즉 눈앞 상황의 정서에 몰두하기보다는 더 큰 그림을 보게 하는 것이다(Fujita, Trope, Liberman, & Levin-sagi, 2006). Fujita와 동료들은 더 높은 수준의 사고와 자기통제 증가를 이끄는 핵심 변인은 **심리적 거리**(psychological distance)라고 주장하였다. 여기서 거리란 자기와 상황, 사건, 또는 대상 간의 심리적 분리를 의미한다. 거리는 시간에 의해, 물리적·심리적 분리에 의해, 그리고 정신적으로 다른 대안을 고려하고 더 큰 그림을 그려보는 이동을 통해 증가될 수 있다. 사람들은 시간이 있거나, 관련된 상황이나 사람들과 신체적으로 떨어져 있거나, 더 넓은 조망을 가질 때, 종종 자신의 결정을 역으로 돌려보고 행위과정을 다시 고려해 본다. 종종 바로 행동하는 것보다 심리적 거리를 만들어 내는 것이 오히려 더 좋은 결정을 하고 자기통제를 더 잘하게 하는 투자가 된다.

저항할 수 없는 충동의 가장 밑바닥에 있는 것은 바로 이것일 수 있다—남에게 쉽게 하는 충고를 단순히 따르기만 한다면, 우리는 자기통제를 더 잘할 수 있을지 모른다. "생각하는 시간을 가져라", "충동적인 결정을 내리지 마라", "판단을 내릴 때 감정이 우선하면 안 된다." 친구나 사랑하는 사람들에게 하는 이러한 충고들을 우리 자신이 따라하기 어려울 때가 많다. Baumeister와 동료들은 한 가지 이유로 자기통제가 유쾌하지 않고, 어려우며, 정서적으로 메마른 느낌을 주기 때문이라고 생각한다(Baumeister et al., 1994). 이들은 저항할 수 없는 충동에 직면했을 때 자기통제를 못하는 것은 압도되기보다는 포기한다고 보는 것이 더 적절하다는 주장을 한다.

연구 초점 : 꾸물거리기의 득과 실

꾸물거리기는 아마도 사람들이 의무를 다하지 못했거나 약속을 지키지 못했을 때, 또는 개인적 목표를 달성하지 못했을 때 언급하는 가장 흔한 이유 중의 하나일 것이다. Tice와 Baumeister(1997)는 이러한 이유와 이후의 결과에 관해 살펴보았다. Tice와 Baumeister가 주목한 바와 같이, 꾸물거리기는 게으름과 방종의 증거로 널리 언급된다. 여러 연구들은 대부분의 사람들이 적어도 가끔은 꾸물거리기에 대해 죄책감을 느낀다고 보고하고 있다. 꾸물거리기에 대한 방어도 있다. 프로젝트를 끝내고도 동일한 시간을 그 프로젝트에

쏟고 있다면, 프로젝트 완수를 빨리 끝내지 않고 늦게 한다는 것이 무슨 문제가 되겠는가? 어떤 사람들은 임박한 마감 시간의 압박이 있을 때 최상의 작업을 할 수 있다고 주장한다. 시간 압력은 행동에 정서적 에너지를 더해 주며, 아마도 이런 것으로 인해 수행이 더 좋아질 것이다.

두 개의 종단 연구에서, Tice와 Baumeister는 꾸물거리기의 가능한 득과 실을 조사하였다. 꾸물거리기 효과를 평가하기 위해 연구자들은 건강심리학을 수강하는 대학생 중 꾸물거리는 학생과 꾸물거리지 않는 학생들의 정서적/신체적 건강과 학업수행을 비교하였다. 각 연구는 한 학기에 걸쳐서 이루어졌다. 꾸물거리는 경향성을 평가하는 표준화된 척도 점수를 기준으로, 꾸물거리는 학생과 꾸물거리지 않는 학생이 분류되었다. 건강 문제는 자기 보고에 의해 이루어졌는데, 여기에는 건강관리 전문가를 방문한 횟수 및 매일의 스트레스 수준과 질병 증상에 대한 보고가 포함되었다. 학업 수행 자료에는 학기말 보고서의 질과 학기말 보고서가 일찍 제출되었는지, 제때 또는 늦게 제출되었는지, 그리고 시험 성적과 학기말 전체 평점이 포함되었다.

전체적으로 볼 때, Baumeister와 Tice는 꾸물거리기가 단기간의 이익을 가져오지만, 장기적으로는 손실을 유발한다는 것을 발견하였다. 학기 초에는 꾸물거리는 학생들이 보고하는 스트레스 기간과 건강 문제가 더 적은 반면에, 꾸물거리지 않는 학생들은 일찍부터 보고서와 프로젝트를 하여 더 높은 수준의 스트레스와 건강문제를 겪고 있었다. 그러나 학기말 마감일자가 다가오자, 그 반대 양상이 나타났다. 꾸물거리는 학생들은 꾸물거리지 않는 학생에 비해 더 많은 스트레스와 건강 증상을 경험하고 있었다. 더욱이 꾸물거리기의 단기적 이득은 이후의 손실로 인해 상쇄되며, 그 손실은 초기의 이득보다 더 컸다. 학기 전체를 살펴보면, 스트레스 증가와 건강에 대한 부정적 영향이 꾸물거리지 않는 학생보다 꾸물거리는 학생에게서 더 높게 나타났다. 또한 꾸물거리는 학생들의 학업수행은 일관되게 질이 낮았다. 학기말 보고서와 시험 점수도 꾸물거리지 않는 학생에 비해 유의하게 더 낮았다. 이 연구에서는 스트레스 하에서 최상의 수행을 할 수 있다는 개인의 신념이 지지되지 않았다. 그 대신 이 연구 결과는 과제를 미루는 것은 결국에 가서는 학업수행의 저조와 스트레스와 질병의 증가를 초래한다고 제안한다. Baumeister와 Tice는 많은 경우에 꾸물거리기는 자멸을 초래한다는 결론 내리고 있다.

목표 포기

미국인들은 승자를 사랑하며 도중에 포기한 사람을 패배자라고 본다. 많은 사람들이 견디기 힘든 장애물을 극복하는 것처럼 보이는데, 이러한 주제는 TV쇼, 잡지 기사, 책, 영화 등에서 자주 다루어지는 주제이다. 이런 이야기는 사람의 강한 정신력을 높이 사며, 삶의 도전과 고충에 대해 '할 수 있는', '절대 포기하지 않는' 태도를 가지도록 고무시킨다. 심리학의 문헌들 또한 개인의 노력을 통해 얻어지는 덕목을 강조하고, 포기하는 사람들을 무기력과 불행한 것으로 간주한다(Carver & Scheier, 1998, 2003). 이러한 많은 언급에도 불구하고, Carver와 Scheier(2003)는 포기가 중요하며 그 안에 인간의 강인함의 진가가 숨어 있다고 강력하게 주장하였다. 그들은 개인의 인생 행로는 불가피하게 획득할 수 없는 목표에서 떨어져 나오거나 목표 포기가 포함되는데, 이런 포기가 종종 이점을 준다고 지적하였다. 포기는 막다른 골목과 종점에 들어섰을 때, 시간을 낭비하지 않도록 돕는다. 또한 성취할 수 없는 결과에 매달림으로 발생할 수 있는 스트레스를 피하도록 돕는다. Carver와 Scheier는 목표를 포기할 때와 목표를 밀고 나가야 할 때를 아는 것이 매우 적응적인 대처 기술로 간주되어야 한다고 결론 내리고 있다. 이런 기술은 Don Schlitz 노래 'The Gambler'의 가사 중 '여러분은 잡아야 할 때와 그만두어야 할 때를 알아야 한다'는 가사에서도 잘 나타나 있다.

많은 일상적 삶의 상황들이 우리에게 잡아야 할지 놓아야 할지 질문을 던진다. 우리는 포기해야 하는가, 아니면 계속 노력해야 하는가? 누군가에게 최고로 근사한 선물을 사주기 위해 계속 쇼핑을 해야 하는가, 중요한 시험을 위해 한 시간 더 공부해야 하는가, 힘든 관계를 지속해야 하는가 아니면 포기해야 하는가? 포기하기의 어려움과 그로 인한 정서적 결과는 우리가 추구하는 목표가 얼마나 중요한가에 따라 달라진다(Carver & Scheier, 1998). 낮은 수준의 구체적 목표(완벽한 선물 찾기)의 포기는 단기적으로는 좌절감을 주지만, 적어도 대부분의 사람들에게 중요한 삶의 붕괴를 야기하지는 않는다. 그러나 자기를 규정하거나 기본적인 인간 욕구를 반영하는 목표일 경우에는 (예, 중요한 관계를 유지하기 위해 노력하기) 이런 목표를 포기할 것인가 유지할 것인가에 관한 결정은 훨씬 더 중요한 의미를 지닌다. 낭만적 관계의 종결, 사랑하는 사람의 죽음 이후 삶의 변화, 또는 특정 직업에 대한 포부를 접는 것은 매우 도전적이며 큰 스트레스를 동반하는 결정들이다. 이러한 선택에는 죄책감, 불안, 실패감, 절망 등이 따를 수 있다. 여기서 핵심적인 질문은 중요한 목표에서 벗어나는 것이 적절한 때라는 것을 우리가 어떻게 아느냐는 것이다.

Carver와 Scheier(1998)는 이 질문의 해답은 명확하지 않으며, 어려운 딜레마가 포함되어 있다고 주장한다. 지나치게 오래 매달리는 것이나 너무 빨리 포기하는 것 모두 잠재적으로 대가가 있다. 성취하지 못한 목표, 실패, 또는 손실에서 정신적으로 벗어나지 못하는 능력은 우울이나 적응부족과 연관된다. 연구는 목표에 매달리는 것이 정서적 스트레스와 관련있음을 보여준다(Carver & Scheier, 1998, 제12장을 보라). 예를 들어, 실연에서 벗어날 수 없는 사람은 실패한 관계에 대해 정신적으로, 정서적으로 몰두하기 때문에 괴로움을 겪고 무력해질 수 있다. 이러한 몰두는 삶을 지속하고 새로운 관계를 발달시키는 것을 방해한다. 다른 한편으로, 어려움을 초래하거나 힘든 목표에서 매번 이탈하는 것도 명백히 성공적인 삶을 손상시킨다. 중요한 목표들은 도전을 요구하고 장애물에 대한 극복을 필요로 한다. 노력하면 실제로 얻을 수 있는 목표에 대한 너무 이른 포기는 우리의 잠재적 성취와 유능감을 위협하게 된다. 삶의 다양한 목표에 걸쳐 만성적으로 포기하는 것을 '무기력'이라고 정의하기도 한다(Seligman, 1975).

추측하는 바와 같이, 사람들의 성격과 삶의 상황들은 각기 다르므로, 특정한 개인이 어떤 목표를 달성할 수 있고 어떤 목표는 달성할 수 없는지는 아는 것은 어렵다. 대학 교수들은 학생들의 취업 계획에 충고해야 할 경우 이런 주제에 직면하게 된다. 이 책의 저자들은 임상심리학자가 되기를 원하는 학생들을 자주 만난다. 좋은 임상심리학 박사과정에 합격하려면 석사과정에서 좋은 성적을 받아야 한다. 평균 2.5의 학점을 받은 학생에게 무엇을 말해 주어야 하는가? "노력하면 될지도 모른다" 또는 "다른 직업을 고려해 볼 필요가 있다" 등을 할 수 있다. 우리가 좋은 충고자와 멘토라면 학생들이 자신의 목표와 꿈을 추구할 수 있도록 격려해야 한다. 그러나 우리는 또한 그들에게 현실적인 피드백과 조언을 해야 할 책임도 있다. 문제는 평균 학점을 받는 학생도 좋은 능력을 지니고 있어 훌륭한 임상가가 될 수 있다는 것이며, 반면에 학점이 아주 좋은 학생이라도 유능한 임상심리학자가 되기 위한 자질이 부족하면 실패할 수도 있다는 것이다.

중요한 목표를 성취할 수 있는 능력에 대한 판단의 기준이 무엇이든 간에, 한 가지는 확실하다. 예측하지 못한 사건들이 일어나거나 시간과 자원 모두 한계가 있을 때, 우리는 어떤 목표를 추구하고 어떤 목표를 포기할 것인지 선택을 내려야 한다. 최근의 연구는 이러한 결정이 중요한 정서적 결과를 가져온다고 제안한다. Wrosch, Scheier, Miller, Schulz와 Carver(2003)는 세 가지 질문에 역점을 두었다. 첫째, 획득할 수 없는 목표에서 쉽게 또는 어렵게 분리되는 능력에서 개인차가 있는가? 둘째, 이러한 개인차가 주관적 안녕감과 관련되는가? 특히, 획득할 수 없는 목표를 쉽게 포기하는 사람들은 포기하는 데 시간이 많이 드는 사람에 비해 주관적 안녕감을 더 높게 보고하는가? 셋째, 대안 목표를 향해 방향을 바꾸어 노력을 기울이는 능력이 획득할 수 없다고 지각된 목표를 포기한 부정적인 결과를 상쇄할 수 있는가? 즉 획득할 수 없는 목표에 직면했을 때, 목표 재개입은 적응적 자기조절 대처방식이 되는가?

대학생과 지역사회 성인들을 대상으로 한 세 개 연구 결과는 앞에서 제기된 질문 각각에 대해 확증적인 답을 제공해 준다. 사용된 측정도구는 획득할 수 없는 목표에서 분리되는 정도에 대한 피험자의 일반적 태도와 주관적 안녕감 척도이다. 연구 결과를 요약하면, 연령이나 삶의 상황이 다름에도 불구하고, 획득할 수 없는 목표에서 보다 쉽게 분리될 수 있다고 보고한 사람들은 목표를 어렵게 포기하는 사람들보다 주관적 안녕감이 높았다. 또한 목표에서 쉽게 분리되는 사람들은 자제력이 높고, 스트레스 수준과 삶의 문제에 대한 침입적 사고가 적었다. 목표 재개입(새로운 대안에의 투자) 또한 주관적 안녕감과 관련이 있는 것으로 나타났다.

전반적으로 보면, 이 결과들은 획득 불가능한 목표를 포기하는 것의 이점을 잘 보여주고 있다—특히 사람들이 삶의 대안적 방향성과 목표와 관련한 의미 있는 목표에 자신을 재개입시킬 수 있을 때, 목표 포기의 부정적 측면에 대한 신념이 널리 퍼져 있음에도 불구하고, 포기는 적응적 자기조절에서 중요한 위치를 차지한다. 적어도 성취할 가능성이 미미하거나 성취 가능성이 거의 없는 목표에 계속해서 매달리는 것보다는 목표를 포기하는 것이 더 건강한 적응적 대안으로 보인다.

이 장의 요약문제

1. Walter Mischel의 고전적 연구와 대학생을 대상으로 한 최근 연구는 성공적 삶에 대한 자기통제의 가치를 어떻게 보여주고 있는가?

2. 목표지향 행위와 자기조절 행위 모델로서 통제이론과 자기괴리 이론을 비교하라.

3. 왜 계획 세우기가 목표를 달성하는 데 도움이 되는가? 실행 의도는 어떻게 해서 목표추구를 자동적으로 만들고, 자기통제 자원을 유지하도록 돕는가?

4. Brunstein의 연구에서 목표 진전을 위한 관여와 자신감의 이중 중요성이 어떻게 드러나는가?

5. 통제이론의 관점에서, 접근 목표와 회피 목표의 차이는 무엇인가?

6. 회피 목표가 덜 성공적인 것과 관련이 있고 안녕감을 감소시키는 이유는 무엇인가? 검색, 자기통제 자원, 부적 정서, 유능감 및 스스로 부가시킨 목표의 역할에 관하여 논하라.

7. Higgins에 따르면 접근(촉진) 목표 또는 회피 (예방) 목표 지향의 발달과 관련된 양육방식에서의 차이는 무엇인가?

8. 어떻게 목표 내 촉진이 목표-갈등 문제를 해결하도록 돕는가? 이에 대해 설명하고 예를 제시하라.

9. 행위동일시 이론에 따르면, 보다 고차적 동일시와 저차적 동일시의 차이는 무엇인가? 이러한 차이가 개인의 자기상과는 어떤 관계가 있는가?

10. a. 관리할 수 있는 것과 의미충만함 간의 교환이란 무엇인가?

　　b. Emmons에 따르면, 억압적 성격 유형은 구체적 목표와 심리적 불편 간의 관계를 어떻게 설명하는가?

11. 반향 효과는 정신 통제의 역설적 효과를 어떻게 설명하는가?

12. 작업 과정, 검색 과정 및 정신부하 간의 상호관계는 정신 통제의 역설적 효과를 어떻게 설명하는가?

13. 자율적으로 선택한 행위는 자기통제 자원의 소모와 정신 통제 노력의 역설적 효과를 어떻게 감소시키는가?

14. Schlenker와 동료들의 연구에 따르면, 변명하기의 주요 장점과 단점은 무엇인가?

15. '뜨거운' 사고와 '냉정한' 사고 간의 차이는 무엇인가?

16. 심리적 거리는 우리의 자기통제 능력을 어떻게 향상시키는가?

17. Tice와 Baumeister의 연구에 따르면, 미루기는 어떤 단기적 이득과 장기적 손실을 가져오는가?

18. a. 개인적 목표에 대해 끈기 있게 매달리기 대 포기하기 딜레마는 어떤 양면을 가지고 있는가?

b. 목표 비개입과 재개입이 웰빙에 주는 이득은 무엇인가?

핵심용어

개인적 의무

개인적 통제

규범적 명료성

기준, 검색 및 힘

뜨거운 시스템/냉정한 시스템

목표 간 촉진

목표 의도

반향 효과

실행 의도

심리적 거리

욕구만족 지연

자기괴리 이론

자기통제

정신통제의 역설적 효과

접근 목표

통제이론

행위동일시 이론

회피 목표

관련 웹사이트

자기조절과 자기결정 이론

www.psych.rochester.edu/SDT/measures/selfreg.html 로체스터대학교의 자기결정 이론 사이트로, 자기결정 이론 시각에서의 자기조절이 개관되어 있으며, 자기조절 질문지의 예와 자기조절 연구 논문의 PDF 파일을 제공한다.

정신 통제에서의 역설적 효과

www.wjh.harvard.edu/~wegner/ip.htm 하버드대학교의 Daniel Wegner의 웹사이트로, 여기서는 정신 통제에서의 역설적 효과에 대한 그의 과거 연구와 최근 연구의 목록을 볼 수 있다. 또한 잘 알려진 흰 곰 연구도 포함되어 있다.

읽을거리

Baumeister, R. F., Heatherton, T. F., & Tice, D. M. (1994). *Losing control: How and why people fail at self-regulation.* San Diego, CA: Academic Press.

Carver, C. S., & Scheier, M. F. (1998). *On the self-regulation of behavior.* New York: Cambridge University Press.

Elliot, A. J., & Church, M. A. (2002). Client-articulated avoidance goals in the therapy context, *Journal of Counselling Psychology, 49,* 243-254.

Elliot, A. J., Gable, S. L., & Mapes, R. R. (2006). Approach and avoidance motivation in the social domain. *Personality and Social Psychology Bulletin, 32,* 376-391.

Gollwitzer, P. M. (1999). Implementation intentions: Strong effects of simple plans. *American Psychologist, 54,* 493-503.

Vallacher, R. R., & Wegner, D. M. (1987). What do people think they're doing? Action identification and human behavior. *Psychological Review, 94,* 3-15.

Wegner, D. M. (1989). *White bears and other unwanted thoughts.* New York: Vintage.

9

긍정적 특질

긍정심리학자들은 왜 어떤 사람들이 다른 이들보다 더 행복한지 그 이유와 관련된 다양한 개인차를 연구한다. 특질론적 설명을 선호하는 주된 이유 중의 하나는 사람들의 객관적 삶의 특징들이 개인의 웰빙에 아주 미약하게 영향을 미친다는 것이다. 제5장과 제6장에서 보았듯이, 인생 사건, 수입, 연령, 성, 그리고 교육수준은 개인의 행복 수준과 삶의 만족도에 관해 많은 것을 설명해 주지 못하고 있다. 오히려 개인적 자질의 차이가 웰빙의 차이와 강력하게 연관되어 있다. 최근의 한 논문에서는 사람들의 장기적 행복의 50%가 유전적으로 영향을 받는 기질 및 성격 측면과 연관되어 있을 수 있음을 시사해 준다 (Lyubomirsky, Sheldon, & Schkade, 2005).

긍정적 **특질**(traits)에는 성격, 정서, 신념, 그리고 자기개념과 연관된 다양한 개인적 특성이 포함되어 있다. 이 용어들은 모두 비교적 지속적인 개인적 성향을 지칭하는데, 이런 성향은 다양한 상황에서의 개인의 사고와 감정 및 행동방식을 나타낸다. 웰빙에 영향을 주는 대부분의 특질은 시간에 걸쳐 상당히 안정성을 보이는데, 이는 특질의 기초가 된다. 예를 들어, 많은 성격 특질이 전 생애 동안 아주 안정적인데, 특히 30세 이후에는 더욱 그렇다 (McCrae & Costa, 1990; Roberts & DelVecchio, 2000; Terracciano, Costa, & McCrae, 2006).

특질은 세상을 어떻게 보고 어떻게 해석할지를 좌우하는 내적 성향이다. 특질은 생애 사건에 의미를 부여하고, 무엇을 선택할지, 무슨 목표를 정할지, 그리고 어떤 행위를 취할지에 영향을 준다. 이는 Diener(1984)가 웰빙에 미치는 '상-하 방식' 영향이라고 칭한 것으로, 우리의 내적 성향(상)은 건강과 행복에 영향을 주는 삶의 많은 측면(하)에 안정적이고 전반적인 영향을 미친다는 것이다. 용어 간에 개념적 구분이 있을 수 있지만, 많은 개인적 특성이 서로 연결되어 있고 중복되는 의미를 공유하고 있다. 예를 들어, 성격 특질은 정서 (McCrae & Costa, 1991; Watson, 2002) 및 자기에 관한 일반화된 신념(Robinson & Clore, 2002)과 밀접하게 연관되어 있는 것으로 간주되어 왔다. 여기서는 포괄적 용어인 '특질'을 사용할 것인데, 이는 웰빙에 영향을 주는 것으로 확인된 다양한 개인적 특성을 지칭한다.

무엇이 긍정적 특질을 만드는가

인간 행동은 매우 복잡하고 평가 기준이 다양하기 때문에 긍정적 특성과 부정적 특성을 구분하는 것이 매우 어렵다. 긍정심리학자들은 이러한 어려움을 인정한 최초의 사람들일 것이다(Aspinwall & Staudinger, 2003). 명확한 구분에 대한 시도가 어려운 것에는 맥락, 문화적 차이, 발달적 변화, 그리고 긍정적 자질과 부정적 자질의 상호작용이 포함된다. 그 예를 쉽게 찾을 수 있다. 외상 후 성장(제4장에서 논의)은 중요한 긍정적 교훈이 어떻게 부정적 경험에서 나올 수 있는지를 보여준다. 제7장에서 보았듯이, 개인의 포부를 '포기하는 것'은 달성할 수 없는 목표를 쓸데없이 추구하지 않을 수 있기 때문에 긍정적 적응이 될 수 있다. 일부 특질은 어느 한 상황에서는 바람직한 효과를 나타낼 수 있으나 다른 상황에서는 바람직하지 않은 효과를 낼 수 있다. 예를 들어, 성공하는 데 필요한 여러 가지 개인적 자질(예, 경쟁력)이 가족과의 삶의 질을 저하시킬 수 있다.

긍정과 부정을 구분하는 명확한 지침을 개발하는 것이 긍정심리학에 관한 미래 연구에서 중요한 한 주제가 된다. 지금으로서는 웰빙 연구자들이 긍정적 질과 부정적 질을 구분하는 데 사용하는 네 가지 일반적 기준을 제시할 수 있다. 첫째, 웰빙의 쾌락적 개념화에 따르면, 주관적 안녕감(SWB) 연구자들은 특정한 개인 특성이 개인의 행복 수준을 고양시키는가 아니면 감소시키는가를 살핀다. 주관적 안녕감의 세 가지 요소를 보면, 긍정적 질을 갖는 것은 긍정적 정서 경험을 증진시키고, 부정적 정서를 감소시키며, 삶의 만족을 증진시킨다. 주관적 안녕감 측정치는 긍정심리학 연구에서 가장 흔히 사용되는 것이기 때문에, 주관적 안녕감에 미치는 효과는 긍정적 질을 규정하는 가장 일반적인 기초가 된다.

둘째, 웰빙의 행복론적 관점은 긍정적 질을 평가하는 데 앞의 기준과 관련되지만, 아직은 서로 구분되는 기준이 있다. 행복론 연구와 이론은 정서적 건강, 긍정적 사회관계, 삶의 의미와 목적의 발견 및 효율적인 대처와 적응에 초점을 둔다. 긍정적 질은 정신건강을 증진시키고, 타인과의 관계 질을 높이고, 인생의 많은 도전에 잘 대처하는 데 도움이 되는 것이다. 이 관점에서 행복은 어떤 특질을 긍정적으로 평가하는 핵심 준거도 아니며 유일한 준거도 아니다. 행복은 증가된 행복론적 웰빙에 의해 증진될 수 있다(제2장에서 논의). 그런데 건강을 증진시키는 많은 자질들이 개인의 행복을 증진시키지 못할 수도 있다. 자식에게 '안 돼'라고 말하는 것, 대인 갈등에 직면하는 것, 그리고 잘못된 관계를 끊는 것처럼 인생에서 힘든 일을 할 용기를 갖는 것은 자신과 타인의 정서적 건강을 위해서 좋다. 그러나 적어도 단기적으로는 인생의 즐거움을 감할 수 있다.

셋째, 많은 연구자들은 다양한 심리적 특질이 신체 건강에 미치는 장점과 단점에 초점을 맞춘다. 신체적 건강 지표에는 수녀 연구처럼(제1장) 수명, 심각한 질병(예, 심장병) 발병 수준, 질병 증상, 병이나 치료(예, 수술)로부터 회복률, 스트레스 수준 및 건강 유지를 위한 운동의 효율성 등이 포함된다.

제10장에서는 긍정적 특질을 규정하는 네 번째 준거와 관련된 연구들을 개관할 것이다. 여러 시기와 문화에 걸친 대규모 덕행에 관한 연구는 도덕적 관점에서 보는 특질 분류를 제공해 준다(Peterson & Seligman, 2004). 어떤 자질은 이 자질이 사람을 행복하거나 불행하게 만들기 때문이 아니라, 종교나 문화가 규정하는 도덕적으로 좋은 행동과 강인함을 나타내기 때문에 보편적으로 긍정적인 것으로 간주되기도 한다. 좋은 사람으로 규정하는 특

질의 예에는 겸손, 친절, 용서, 용기, 통합 등이 포함된다. 이런 자질들은 사람들이 알고 있는 도덕, 선행, 좋은 사람을 나타내기 때문에 긍정적인 가치를 부여받게 된다. 자질 강도는 삶의 만족을 증진시킬 수 있고, 인생을 보다 의미 있고 건강하게 만들 수 있다. 그런데 덕행은 종교 및 세상 관습과 연결되어 있기 때문에, 그 자체가 가치 있는 것으로 간주된다.

이 장에서는 앞의 세 가지 준거에 초점을 맞추어 긍정적 특질을 개관할 것이다. 여기서는 성격의 차이를 살피면서, 두 가지 질문에 대답하게 될 것이다. 첫째, 어떤 특질들이 웰빙에서의 차이를 야기하는가? (보다 구체적으로 말하자면, 행복하고 정서적으로 신체적으로 건강한 사람들을 예측하는 데 성격 특질과 신념의 어떤 측면들이 관련되는가?) 두 번째 질문은 보다 중요한 것으로, 특정 특질이 어떻게 웰빙에 영향을 주는가? 개인적 특성은 사람들 간의 차이를 나타내지만, 왜 이런 차이가 존재하는지 반드시 설명해야 할 필요는 없다. 낙관주의자가 비관주의자보다 더 행복하다는 것을 발견했다는 것이 낙관주의가 왜, 어떻게 웰빙에 영향을 주는지에 관해서는 설명해주지 못한다. '왜'와 '어떻게'에 대한 해답을 위해서는 낙관주의자의 생각과 행동을 비관주의자와 비교하는 보다 상세한 연구가 필요하다. 현재로서는, 어떤 특질이 웰빙에 어떻게 영향을 미치느냐보다는 어떤 특질이 웰빙과 관련되는지를 더 잘 아는 수준이다. 다행스럽게도, 최근에 특질이 웰빙에 미치는 구체적인 기제를 연구하려는 연구들이 많이 증가하고 있다.

성격, 정서 및 생물학

"어떤 사람들은 남보다 세 잔 덜 먹도록 태어난다"(Meehl의 "Wild West", 1975, p. 298에서 인용). Paul Meehl은 사람들의 쾌락 경험 능력의 개인차에 관한 강력한 서술을 통해 긍정적 정서 연구를 진보시킨 사람으로 인정받는다. 그는 이 능력을 '쾌락주의 역량'이라고 불렀는데, 보다 유머러스하게 표현하자면 '대뇌의 기쁨주스'라고 할 수 있다(Meehl, 1975, p. 299). Meehl은 쾌락주의 역량은 대체로 유전적 기원을 지닌 안정된 성격 측면임을 제안하였다. 또한 그는 쾌락주의 역량은 외향성 특질과 밀접하게 연관되어 있다고 생각하였다. 외향적이고 사교적인 것은 긍정적 정서와 함께 나타난다. 끝으로, Meehl은 긍정적 정서에 대한 역량은 부정적 정서 역량과는 독립적이고 분리되어 있는 것으로 주장하였다. 달리 말하면, 사람들의 쾌락주의 역량의 차이에는 가능한 모든 정서 경험의 조합이 다 포함된다. 긍정적 정서가 많으면서 부정적 정서도 많은 사람이 있을 수 있고, 둘 중 그 어느 것도 거의 없는 사람도 있고, 둘 중 어느 하나를 더 많이 경험하는 사람도 있다.

정적 정서성과 부적 정서성

정서적 역량의 개인차에 관한 Meehl의 초기 관찰을 지지하는 연구가 있다. Watson과 그 동료들이 수행한 연구는 인간의 장기적 정서 경험에서 정적 정서와 부적 정서가 실제로 서로 독립적인 두 개의 차원임을 보여주고 있다(Watson, 2002; Watson & Clark, 1992; Watson & Walker, 1996). 제2장에 소개된 PANAS 척도는 간단한 정서 경험을 측정할 수 있는 도구이다(Watson, Clark, & Tellegen, 1988). 응답자들은 자신이 경험하는 긍정적 정서 경험(예, 자부심, 흥분)의 수와 부정적 정서 경험(예, 고민, 죄책감)의 수를 평정한다. 정적 정서와 부적 정서 각각의 개수가 별도로 계산된다. 정적 정서와 부적 정서의 상호독립성은 사람들이 두 차원 중 어느 한 차원에서 높거나 낮은 경우 또는 두 차원 모두에서 높거나 낮은 경우가 있다는 것을 의미한다.

짧은 기간에 걸쳐 사용하면, PANAS는 개인의 현재 정적 감정과 부적 감정 상태에 영향을 주는 상황적 사건에 민감하게 반응한다. 그러나 보다 장기간에 걸쳐 사용하면, PANAS 점수는 개인의 정서경험의 특성인 **정적 정서성**(positive affectivity)과 **부적 정서성**(negative affectivity)으로 칭해지는 정서적 특질 차이를 보여준다. 정적 정서성이 높은 사람은 자주 즐겁고 신나는 기분을 강하게 느끼고, 대체로 명랑하며, 열정적이고, 삶에 대해 자신감이 있다. 반면에 부적 정서성이 높은 사람은 분노, 슬픔, 죄책감 및 공포와 관련된 정서 경험을 더 많이 한다(Watson et al., 1988).

이 특질들이 장기적으로 안정적이고 여러 상황에 걸쳐 일관성이 있음을 보여주는 연구들은 지속적인 특질로서 정적 정서성과 부적 정서성 개념을 지지해 준다. 정적 정서성과 부적 정서성은 몇 주에서부터 24년에 이르기까지 상당히 안정적임을 보여주고 있다 (McCrae et al., 2000; Watson, 2002; Watson & Walker, 1996). Diener와 Larsen(1984)은 개인의 정서적 경험은 활동이 달라지더라도 일관성이 있음을 발견하였다. 한 개인이 보고하는 감정은 타인과 어울릴 때이든, 일할 때, 쉴 때이든, 또는 혼자서 시간을 보낼 때이든 아주 유사하였다. 우리의 기본 정서적 지향은 우리가 어디를 가든지 무엇을 하든지 그 자체가 드러나는 것 같다.

긍정적 정서는 행복을 가장 강력하게 예측하는 요소 중의 하나다. 주관적 안녕감의 세 요소는 잦은 긍정적 정서 경험, 상대적으로 낮은 부정적 정서 경험 그리고 삶의 만족도임을 기억하라(제2장 참조). 정적 정서성은 주관적 안녕감의 정서적 요소이다. 행복한 사람들을 규정하는 가장 핵심적인 특성이 정적 정서성임을 확인했다는 점에서 Watson의 연구는 주목받을 만하다. 행복과 정적 정서성은 함께 가는데, 이는 긍정적 정서에 의해 행복의 차이가 나타나기 때문이 아니라 이 둘이 본질적으로 같기 때문이다. 행복한 사람들을 가장 잘 규정하는 것이 긍정적 정서를 많이 경험하는 사람인 것 같다. 행복을 측정하는 데 긍정적 정서가 두드러진 요소라는 점과 다른 변인들 간의 관계 양상도 이런 결론을 지지해 준다. 주관적 안녕감과 인구학적 변인들 간의 여러 관계(제5장과 제6장에서 논의)가 긍정적 정서를 단독으로 측정했을 때에도 나타난다. 주관적 안녕감처럼, 정적 정서성의 수준은 수입, 교육수준, 연령 및 성과 약하게 관련되어 있고, 관계 만족에 영향을 주는 변인에 의해 영향을 받고, 그것이 강력한 예측변인이 된다(Watson, 2002). Watson의 연구에서 행복 수준의 핵심은 정적 정서성과 부적 정서성의 차이로 요약된다.

유전과 행복

Meehl의 생각은 사람들은 '석 잔을 덜 먹도록' 또는 '석 잔을 더 먹도록' 태어날 수 있다는 것이다(Watson, 2002, p. 116). 제5장에서 보았듯이, 유전성의 추정치는 유전자가 100% 일치하는 일란성 쌍생아와 유전자의 50%가 일치하는 이란성 쌍생아를 비교한 연구에 토대를 두고 있다. 일부 연구에서는 동일한 환경에서 양육된 일란성 쌍생아와 서로 다른 환경에서 양육된 일란성 쌍생아를 비교하기도 하였다. 이 경우, 일란성 쌍생아가 이란성 쌍생아보다 더 유사하거나, 서로 다른 환경에서 길러졌음에도 불구하고 일란성 쌍생아가 서로 아주 비슷하다면 이는 유전의 영향에 대한 증거가 된다. Tellegen과 그 동료들의 연구는 유전이 장기적인 정적 정서수준 차이의 40%와 부정적 정서수준의 차이를 55%를 설명할 수 있음을 시사해 준다(Tellegen et al., 1988).

정서적 지향의 개인적 특성에 대한 생물학적 근거는 기질의 차이가 생의 초기에 나타난다는 연구에 의해 지지되고 있다. **기질**(temperament)이란 환경에 대해 안정적이고 전형적인 방식으로 반응하는 유전적으로 결정된 신체적 성향이다. 생후 몇 주 되지 않아, 영아는 활동수준, 기분, 반응성, 그리고 부모에 의해 얼마나 수월하게 달래지는가에서 기질적 차이를 보인다. 어떤 영아들은 성마르고, 까다롭고, 쉽게 당혹해하고, 새로운 상황이나 환경 변화에 대해 울어버린다. 반면에 조용하고, 잘 달래지고, 새로운 것에 피하지 않고 접근하는 영아들도 있다. 아마도 기질의 차이에 관해 가장 잘 알려진 연구를 수행한 연구자 중 한 사람은 Jerom Kagan일 것이다. Kagan은 '**반응적**(reactive)' 영아와 '**비반응적**(non-reactive)' 영아로 불리는 양극단적인 기질을 갖는 영아가 약 20% 있음을 발견하였다(Kagan, 1994; Kagan & Snidman, 2004). 아주 반응적인 영아는 환경 속에 있는 모든 새로운 것에 당혹해한다. 보모가 바뀌거나, 큰 소리가 나거나, 낯선 아이와 놀게 되면, 반응적 아이는 보다 위축되고, 수줍어하고, 더 불안해한다. 비반응적 영아는 새로운 환경과 환경 변화에 대해 더 편안해하고 느긋해한다. 이들은 보다 외향적이고 호기심이 많고 세상과 사람에 대해 더 열심히 탐색하려고 한다.

반응성의 생물학적 기초는 교감신경계 활동과 관련된 생리적 각성에서의 차이라 할 수 있다. 심장박동률의 증가, 대뇌 활동 및 스트레스 호르몬의 생성은 모두 약한 스트레스 상황에 대해 반응적 아동이 보이는 반응과 연관된다. 비반응적 아이는 이런 '초조한' 반응을 보이지 않는다. Kagan은 또한 초기 아동기 기질이 이후의 성격 및 행동의 개인차와 연계되어 있음을 발견하였다. 반응적 영아는 수줍음 많고, 불안하고, 위축된 성인으로 되기 십상인 반면에, 비반응적 영아는 외향적이고, 편안하고, 잘 웃는 사교적인 사람으로 되는 경향이 있다. 개인의 기본 생물학적 기질은 이후의 보다 구체적인 성격 특질의 발달적 근간이 된다고 생각하는 연구자들이 많다(McCrae et al., 2000; Rothbart, Ahadi & Evans, 2000).

성격과 행복 : 5요인 특질

정적 정서성과 외향성 특질과의 관계에 대한 Meehl의 예측은 후속 연구로 이어졌다. 연구를 통해 부적 정서성과 신경증 성향 간의 강력한 연계성을 발견하였다. 외향성과 신경증 성향은 소위 성격의 **5요인 모델**(five factor model)에 포함된 두 요인이다. 정서성과 성격 간의 연결을 살피기 전에, 5요인 모델을 요약하기로 한다. 지난 30년간 성격연구자들은 다섯 개의 비교적 상호독립적인 요인들이 성격의 핵심 특성을 서술한다는 것을 입증하는 많은 자료를 수집하였다(John & Srivastava, 1999; McCrae & Allik, 2005). 5요인은 전 생애에 걸쳐 아주 안정적이며 여러 문화권에서 타당한 것으로 확인되었다(McCrae & Costa, 1997; McCrae & Terracciano, 2005). 5요인(외향성, 신경증 성향, 경험에 대한 개방성, 상냥함 및 성실성) 각각은 보다 구체적인 하위 특질들로 구성된다. 가장 널리 사용되는 검사는 5요인 각 차원마다 6개 하위 문항으로 구성되어 있다(Costa & McCrae, 1992; McCrae, Costa, & Martin, 2005).

외향성

외향적인 사람들은 사교적이며 세상에 적극적으로 관여한다. 외향성에 해당되는 보다 구체적인 특질에는 따뜻함, 사교성, 자기주장성, 흥분 추구 및 빈번한 긍정적 감정과 같은 특성들이 포함된다. 이 차원의 반대 극에 해당되는 내향성은 외향성 검사에서 낮은 점수를 받는데, 타인과 떨어져 있고, 사회적으로 물러나 있고, 자기주장을 하지 않고, 조용하며, 정서표현이 절제된 사람들이다.

신경증 성향

신경증 성향이 높은 사람은 긴장되고, 불안하고, 기분에 쉽게 영향을 받고, 사건에 보다 정서적으로 반응하는 경향이 있다. 이들은 분노나 우울과 같은 부정적 정서를 더 자주 경험하고,

보다 충동적이고 자의식이 높고 상처를 잘 받는다. **정서적 안정성**은 신경증 성향과 반대 개념으로 침착하고, 정서적 통제가 가능하고, 안정감이 있고, 예민함이 적고, 상대적으로 지속적인 부정적 감정이 적다는 것이 특징이다.

상냥함

상냥함은 타인들과 잘 어울리고 협동하고자 하는 개인의 배려로, 자신의 이익을 양보하고서라도 그렇게 한다는 것을 의미한다. 상냥함과 관련된 구체적 특질로는 신뢰감을 주고, 정직하고, 남을 잘 도와주고, 고분고분하며, 겸손하고, 마음이 모질지 못한 것(타인의 정직과 선함을 믿는다는 점에서) 등이 포함된다. **대립** 또는 **비상냥함**은 이 차원의 반대 극으로, 타인을 의심하고 신뢰하지 못하며, 이기적이고, 반항하며, 마음이 냉정하고, 타인에게 신랄한 특징을 지닌다.

성실성

성실성은 개인의 자제력, 자기통제 및 조직화 수준을 말한다. 성실성이 높은 사람은 잘 조직화되어 있고, 유능하며, 자제력이 있고, 인내심이 있고, 의무감을 느끼며, 성취를 위해 열심히 노력한다. 이 차원의 반대 극에 있는 **비방향성**은 유능감이 부족하고, 성취지향적이지 않고, 와해되어 있고, 충동적이며, 부주의하고, 게으른 특징을 지니고 있다.

경험에 대한 개방성

경험에 대한 개방성은 상상력이 풍부하고 독창적인 사람들과 인습적이고 현실적인 사람이 다름을 말해 준다. 경험에 대한 개방성에는 공상, 다양함과 새로움의 추구, 심미적 취향 및 독립성과 관련된 구체적 특질이 포함된다. 반대로, **비개방성**의 특징은 실용적 자세, 반복되는 일의 선호, 복잡함보다 단순함에 대한 선호, 동조 등을 들 수 있다.

성격의 5요인을 살펴본 후, 여러분은 이것이 내 성격의 전부를 다 말한 것인지 궁금해할 수 있다. 이 5요인이 여러분 성격의 많은 특성을 잘 말해 주고 있는가? 두 가지 점을 고려할 필요가 있다. 첫째, 성격연구자들이 전집에서 엄청나게 많은 수의 특질을 측정해 보면, 실제로 대부분의 특질이 이 5요인 중의 하나와 연계된다는 것을 발견하게 된다. 즉 무엇을 측정했는지 간에, 이와 동일한 다섯 가지 구조가 나타난다. 둘째, 각 차원은 개인의 고유한 성격을 포착할 수 있는 보다 많은 구체적인 특질로 구성되어 있다는 것이다. 5요인 특질에 대한 자신의 점수가 궁금하다면, 현재 인터넷상에 있는 다양한 5요인 검사 중의 하나를 구하면 된다. 구글에서 '성격의 5요인 검사' 검색어를 친 후, 자기보고 검사를 해 보면, 자기 성격의 5요인 프로파일이 어떤지 알 수 있을 것이다.

성격의 5요인의 각 특질이 상당히 유전에 의한 것임이 밝혀지고 있다. 입양아와 쌍생아 연구는 5요인의 유전성 추정치가 .40∼.60 사이에 있음을 보여준다(Bouchard, 2004; Loehlin, 1992; Loehlin, McCrae, Costa, & John, 1998; Lykken & Tellegen, 1996; Tellegen et al., 1998; Yamagata et al., 2006). 평균적으로 볼 때, 특정 집단에서 성격 특질 변량의 약 50% 정도는 유전적 차이 탓으로 돌릴 수 있다. 정서성의 유전적 기초를 밝힌 연구와 함께, 이 결과는 사람들의 전반적이고 장기적인 행복과 웰빙 수준에 유전성이 강력한 역할을 함을 보여준다.

원인과 결과의 추출 Meehl의 초기 예측과 일관되게, 정적 정서성은 외향성과 밀접하게 관련되어 있다. 또한 부적 정서성과 신경증 성향 간에도 일관된 관계를 보여주는 연구도 있다(DeNeve & Cooper, 1998; McCrae & Costa, 1991; Watson & Clark, 1992). 정적 정서성과 외향성 간의 인과적 관계는 아마도 양방향일 것이다(Watson & Clark, 1992). 한편에서 보면, 쾌활하고 삶에 대해 열정적인 사람들은 혼자 활동하는 것보다 사회적 상호작용을 더 좋아할 것이다. 긍정적 정서가 친구에 대한 열망을 증가시킬 수 있다. 그러나 다른 한편에서 보면, 대인관계가 긍정적 정서 경험의 중요한 원천 중의 하나가 된다. 좋은 시간의 대부분이 타인과 함께 보낸 시간이다. 따라서 정적 정서성은 타인과의 즐거운 상호작용의 원인이자 결과일 수 있다. 신경증 성향과 부적 정서성 역시 양방향적 관계를 지닐 수 있다. 신경증 성향은 개인으로 하여금 부정적인 정서를 더 많이 경험하고 인생 사건에 과잉반응하도록 편향시킬 수 있는데, 이 경험이 또 다시 불쾌한 정서를 유발하게 된다.

외향성, 신경증 성향과 정서성 간의 관계에 대한 또 다른 설명은 개념과 측정치의 중복 가능성이다. 부적 정서성과 신경증 성향 모두 부적 기분을 관할하는 동일한 차원에서 나온 것이기 때문에 이 두 가지가 함께 나타날 수 있다. 부적 정서성과 신경증 성향 간에 상관이 높다는 것은 이 두 변인이 아주 유사하며, 실제로 서로 분리된 개별 특질이 아닐 수 있음을 말해 준다(Diener & Lucas, 1999; Diener, Suh, Lucas, & Smith, 1999; McCrae & Costa, 1991). 기분과 성격 특질을 측정하는 데 사용된 질문지 문항에 대한 비교와 통계적 분석을 보면, 신경증 성향과 부적 정서성은 구분하기 매우 힘들다는 것을 보여준다.

동일한 종류의 중복이 정적 정서성과 외향성에서도 나타날 수 있다. 즉 정적 정서성은 외향성과 아주 상관이 높은데, 이는 하나가 다른 하나의 원인이 되기 때문이 아니라 본질적으로 동일한 것, 즉 정적 정서를 측정하기 때문에 그런 현상이 나타날 수 있다. 예를 들어, 외향성에는 그 정의와 측정 둘 다에서 긍정적 정서가 포함되어 있다. 아마도 우리는 서로 분리된 네 가지 특질을 말하는 것이 아니라 2개만을 말하고 있는지 모른다. 정적 정서성-외향성은 정적 정서성을, 그리고 부적 정서성-신경증 성향은 부적 정서성을 대표할 것이다. 이런 가능성은 외향성과 신경증 성향 특질이 원인이 되어, 행복에서의 개인차를 일으킬 것이라는 가정을 복잡하게 만든다.

외향성과 신경증 성향이 정서성과 중복된다는 것은 이 두 특질과 주관적 안녕감과의 연결이 다소 동어반복적임을 암시해 준다. 달리 말한다면, 주관적 안녕감이 외향성과는 정적 상관을 보이고 신경증 성향과는 부적 상관을 보인다는 것은 인과성을 보여주는 것이 아니라, 이 두 변인이 주관적 안녕감을 규정하는 핵심 요소인 정서성과 강력한 관계가 있음을 반영하는 것일 수 있다. 외향성과 신경증 성향 이 두 변인이 정서성과의 연계를 넘어서 개인의 행복에 별도로 기여할지에 관해서는 앞으로의 연구에서 밝혀져야 할 것이다.

성격의 5요인에 속하는 다른 요인들은 주관적 안녕감과 중간 정도의 상관을 보여준다 (DeNeve & Cooper, 1998; Diener & Lucas, 1999; McCrae & Costa, 1991; Watson & Clark, 1992). 연구자들은 경험에 대한 개방성은 행복과 아주 미약하게 연관된다는 것에 동의하는 것 같다. 타인과 잘 지내고자 하고, 인간에 관한 긍정적이고 낙천적인 입장을 반영하는 상냥함은 긍정적 정서와 약한 정적 상관을 보이고 있다. 상냥함-긍정적 정서 연계는 사회적 조화에 대한 관심으로부터 자연스럽게 나오는 인간관계의 증진에서 유래한 것일 수 있다. 낙천적 관점에서 나온 긍정적 인생관은 긍정적 정서를 높일 것이다. 절제되고 조직화되어 있으며 성취지향적인 성실한 사람은 주관적 안녕감 측정치 중 삶의 만족도에서 높은 점수를 얻는 경향이 있다(DeNeve & Cooper, 1998). 이는 목표지향적 활동과 목표달성에 필요한 자기통제의 기초가 되는 성실성에서 나온 것일 수 있다. 삶의 만족이 높아지는 것은 성공적인 자기지향적 행위로부터 나온 성취감과 목적성으로부터 기인한 것일 수 있다.

성격과 행복론적 웰빙 행복론 관점의 긍정심리학자들은 성격의 5요인 특질과 삶이 도전에 대처하는 적절한 기능과 성공을 고려하여 규정한 심리적 안녕감(PWB) 측정치 간의 관계를 조사하였다. Schmutte와 Ryff(1997)은 5요인에 속하는 각 특질과 심리적 안녕감 측정치 간의 관계 양상을 발견하였는데, 성격의 영향력은 행복을 넘어서 훨씬 더 확장될 수 있음을 제안하고 있다. 심리적 안녕감에 대한 Ryff의 개념(제2장에서 개관)은 심리적 기능의 여섯 가지 측면을 언급하고 있다.

- 자기수용 : 자신과 자신의 과거에 대한 긍정적 평가
- 환경에 대한 극복 : 개인의 삶과 환경을 유능하게 다루는 능력
- 긍정적 관계 : 타인과 높은 질적 연계
- 삶의 목적 : 삶의 의미와 목적에 대한 강한 인식
- 개인적 성장 : 개인의 지속적인 성장과 계발에 대한 인식

● 자율성: 자신이 행동과 선택의 방향을 잡고 결정하는 존재임을 인식

Schmutte와 Ryff(1997)의 연구에서, 215명의 중년 성인(44~65세)들이 5요인 성격 질문지와 심리적 안녕감의 여섯 개 차원에 대해 자기보고식 응답을 하였다. 연구 결과, 신경증 성향은 심리적 안녕감 여섯 개 차원 각각과 역상관을 보여준 반면, 외향성, 상냥함, 성실성은 심리적 안녕감과 일관된 정적 상관을 보여주었다. 경험에 대한 개방성은 전반적인 웰빙과 약한 정적 상관을 보여주었다. 이 결과는 대체로 주관적 안녕감 연구에서 얻어진 결과와 일치하였다. 신경증 성향은 행복(SWB)과 적절한 심리적 기능(PWB)을 약화시키는 반면, 외향성, 상냥함과 성실성은 행복과 건강의 기초가 되는 것으로 보인다. 전반적인 결과 양상이 주관적 안녕감과 유사하지만, 중요한 차이도 있었다.

Schmutte와 Ryff의 발견은 주관적 안녕감 연구에서 제안하듯 성격이 긍정적 정서에 영향을 주는 것만이 아니라 다양한 방식으로 웰빙에 기여할 수 있음을 시사한다. 주관적 안녕감 연구에서는 신경증 성향과 외향성이 행복에 미치는 영향은 주로 이런 특질이 긍정적 정서와 부정적 정서 요소에 미치는 효과의 결과로 본다. 정서와 직접적으로 연결되지 않는 특질은(성실성이나 경험에 대한 개방성처럼) 일반적으로 행복과 상관관계가 낮다. 반면에, 심리적 안녕감 모델에서 성실성은 심리적 건강의 주요 요소인 자기수용, 환경에 대한 극복, 삶의 목적과 비교적 높은 상관을 보인다. 성실성을 규정하는 자기절제, 지구력 및 성취 추구는 행복감(주관적 안녕감)을 높이지는 않는다 해도, 건강하게 기능하는 데 중요한 역할을 한다. 비슷하게, 경험에 대한 개방성도 행복과는 관계가 약하지만, 개인 성장에 도움이 된다.

Schmutte와 Ryff의 연구에서 중요한 점은 웰빙의 쾌락주의적 개념 대 행복론적 관점을 구분하는 것으로 회귀한 것이다. 성격이 웰빙에 미치는 효과는 부분적으로 웰빙을 어떻게 정의하느냐에 따라 달라진다. 성격은 행복과 건강 둘 다와 분명하게 관련이 된다. 그런데 어떤 특질은 행복보다는 건강을 증진시키고 다른 특질은 건강보다는 행복을 증진시킨다. 예를 들어, 성실성은 좋은 신체 건강 훈련의 강력한 예측 요인으로 따라서 수명의 강력한 예측 요인이 된다. 성실성과 건강 간의 관계를 개관하면서, Roberts와 그 동료들은 보고에 따르면, " … 8세 때 부모와 교사에 의해 더 성실하다고 평정된 사람들이 더 오래사는 경향이 있다. 더욱이 성실성의 영향은 심장병의 영향과 동등함을 보여주고 있다"(Roberts, Wilson, & Bogg, 2005, p. 156). 성실한 사람들은 다이어트와 운동으로 자신을 잘 관리하며, 흡연, 지나친 음주, 위험한 운전 습관과 같은 모험적 행동을 피한다. 다시 한번 지적하고자 하는 것은, 성실한 사람이 더 행복하냐 아니냐에 관계없이, 더 건강하게 더 오래 사는 것이 웰빙의 중요한 부분이라는 것이다. 웰빙의 온전한 모습을 말하려면, 건강과 행복

둘 다 고려되어야 한다.

신경생물학과 접근/회피 동기

정서성, 성격 및 기질은 우리 삶의 다양한 측면에 영향을 주는 안정된 유전적 기초에 근거한 성향이기 때문에 웰빙의 기초로 간주될 수 있다. 예를 들어, 정적 정서성이 높은 사람은 부적 정서성이 높은 사람과는 인생을 아주 다르게 경험한다. 그리고 대체로 이런 차이는 전 생애에 걸쳐 나타날 것이다. 웰빙에 기저하는 또 다른 기본적인 성향은 접근 또는 회피 경향성의 차이와 연관되어 있다.

제8장에서 우리는 긍정적 목표를 추구하는 것과 부정적 결과를 회피하려는 것 간에 나타나는 성취 성과와 정서적 결과의 차이를 보여주는 연구들을 개관하였다. 목표에 접근하려는 사람들은 성공적이며, 보다 긍정적인 정서를 경험하고, 그 과정에서 자기조절의 어려움을 덜 겪는 경향이 있다. 반면에, 회피 목표를 취하는 사람은 성취를 덜 하게 되고, 부정적 정서를 더 많이 경험하고, 긍정적 웰빙을 방해하는 자기조절에서의 어려움을 겪게 된다. "왜 어떤 사람들은 접근 목표를 추구하고, 어떤 사람들은 바람직하지 않은 목표를 피하는 것에 관심을 두는가?"라는 식으로 접근/회피 동기의 개인차에 관한 질문을 던질 수 있다. 한 가지 대답은(제8장에서 논의) Higgins의 자기괴리 이론(1987, 1996, 1998)과 관련된 연구에서 제안되었다. Higgins는 서로 다른 양육방식이 아동으로 하여금 예방(회피)을 선택하느냐 목표 추구를 위한 촉진(접근)을 선택하느냐와 연관되어 있음을 발견하였다.

Higgins처럼, 많은 심리학자들은 접근과 회피 경향성을 보다 복잡한 행동의 기초로 간주한다. 접근/회피 주제에 대한 이러한 관심의 증가는 많은 정서적 경험, 동기, 성격 성향 및 자기조절 행동이 접근/회피 경향성으로 요약될 수 있다는 것을 최근의 개관들은 지적하고 있다(Carver, Sutton, & Scheier, 2000; Carver & White, 1994; Elliot & Church, 1997; Gable, 2006). 이전에는 서로 분리된 연구 영역들이 공통적으로 접근/회피 설명을 공유하기 때문에 함께 모여질 수 있을 것으로 보인다. 더욱이, 신경심리학 분야에서의 진척은 개인의 접근/회피 경향성이 생물학적 기초를 지니고 있음을 암시해 준다(Carver et al., 2000).

예를 들어, Gray(1990)는 **행동활성 시스템**(BAS)과 **행동억제 시스템**(BIS)을 구분한다. 이 두 시스템을 구성하는 구체적인 신경학적 기제는 아직 분명하지 않다. 그러나 동물과 사람을 대상으로 한 연구는 서로 다른 신경전달물질 경로와 대뇌 영역이 이 두 시스템의 조작에 관련될 수 있음을 시사한다. BAS는 보상, 비처벌 및 도피에 관한 기회를 알리는 환경적 단서에 반응한다. 유인물에 민감한 이 시스템은 긍정적 목표를 향한 이동을 촉진하는 접근 행동을 동기화시킨다. 반면에, BIS는 처벌과 비보상을 알리는 단서에 반응한다. 위협에 민감한 이 시스템은 부정적 결과를 피하기 위해 목표지향적인 행동을 억제한다. 활성 시스템과 억제 시스템은 서로 독립적으로 작동하며, 보상과 위협으로 생기는 정서적 경험의 차이와 연관되어 있을 것으로 짐작된다. BAS는 행복, 기분 좋음, 희망과 같은 긍정적 정서와 관련된다. BIS는 공포, 슬픔, 불안, 좌절과 같은 부정적 정서와 관련될 가능성이 높다. 이를 명료하게 밝히는 연구가 더 필요하지만, 연구자들은 BAS와 BIS 모델이 사람들의 정서와 성격 차이를 이해하는 생물학적 기초가 될 수 있을 가능성에 대해 많은 흥미를 보이고 있다.

사람들의 접근/회피 성향이 근본적으로 다른 것인가? 만약 다르다면, 접근/회피 지향에서의 차이가 정서경험, 성격, 그리고 행동의 차이와 연계되며, 따라서 웰빙에 영향을 주는 것인가? Carver와 White(1994)는 Grey의 BAS/BIS 개념에 상응하는 행동활성 민감성과 행동억제 민감성을 재는 자기보고 척도를 만들고 타당화하였다. BAS 민감성 척도는 긍정적 목표에 대한 적극적 관심, 보상에 대한 강한 반응, 보상을 얻을 수 있는 기회를 열심히 재빨리 추구하는 것 등을 포함하는 전반적인 접근 경향성을 잰다. 이 척도에는 "원하는 것이 있을 때, 흥분되고 에너지가 솟는다", "원하는 것이 있을 때, 그것을 얻기 위해 최선을 다한다", "재미있을 것으로 생각되는 새로운 것을 항상 시도하려고 한다" 등의 문항이 포함되는데, 사람들에게 이런 문항을 제시하고 각 문항에 대해 동의하는 정도를 평정하게 한다(Carver & White, 1994, p. 323). BIS 민감성 척도는 부정적 결과에 대한 과잉반응과 염려를 나타내는 전반적인 회피 경향성을 평가한다. 이 척도에는 "안 좋은 일이 일어날 것 같다는 생각이 한 번 일어나면 계속 그 생각에 집착하게 된다", "누군가 나 때문에 화가 났을 것이라고 생각되면 매우 당혹스럽고 안절부절해진다", "뭔가 내가 제대로 못했다고 생각되면 마음에 근심이 쌓인다"와 같은 문항들이 포함된다(Carver & White, 1994, p. 323).

정서와 성격 차이를 설명하는 BAS/BIS 민감성 개념과 일치되게, 다른 연구자들과 마찬가지로 Carver와 White는 BAS 민감성과 정적 정서, 외향성 간에, 그리고 BIS 민감성과 부적 정서 및 신경증성향 간에 보통 정도의 상관이 있음을 발견하였다. 접근-동기화된 개인은 자극을 추구하고 보상과 정적 정서 경험에 예민하다는 점에서 매력적으로 보일 수 있는데, 이는 이들이 왜 정적 정서성이 높은지를 설명하는 데 유용하다. 관계는 가장 의미 있는 즐거움을 주는 원천 중의 하나이기 때문에, 접근지향성이 외향성과 함께 나타난다는 것은 이해할 만하다. 회피-동기화된 개인은 아마도 불쾌한 정서를 회피하려고 하지만, 부정적 결과에 강하게 반응하고 민감하게 반응하기 때문에 현재와 과거 관련 기억에서 만성적으로 보다 부정적인 정서를 두드러지게 할 수 있다는 점에서 매력적이지 않을 수 있다. 인생의 좋은 측면보다 부정적 측면에 더 예민한 민감성은 회피지향성과 연관된 부적 정서성을 더 높이는 데 기여할 것이다. 부정적 경험을 반추하는 신경증적 성향 역시 과거에 일어났던 부정적 사건과 미래에 일어날 수 있는 부정적 사건에만 집중하게 만들 수 있다.

접근/회피 경향성에 대한 자기보고식 측정이 이런 경향성과 연관된 신경생리적 과정을 직접 측정하지는 못한다는 것은 분명한 사실이다. 그러나 Carver와 White의 척도는 Grey가 언급했던 BAS와 BIS의 의식적 표현을 측정할 수 있다. 광범위한 특질과 행동의 기초로서 접근/회피 경향성을 생각하는 것은 적어도 새로운 개념적이고 경험적인 연구를 할 수 있는 근거를 제공한다. 정서성, 신경증 성향 및 외향성 간의 연계 이외에, 접근/회피 동기에서의 성향적 차이는 일상적인 정적 정서와 부적 정서의 빈도(Carver & White, 1994), 사회적 관계(Elliot, Gable, & Mapes, 2006), 성취동기(Elliot & Church, 1997), 자기통제와 자기조절(Carver & Scheier, 1998; Fishbach & Shah, 2006; Higgins, 1998), 치료자/내담자 만족(Elliot & Church, 2002) 및 행복판단(Gable, 2006; Updegraff, Gable, & Taylor, 2004) 등 많은 요인들과 관련되어 있다. 목표연구자들의 연구(제8장에서 개관)와 더불어, 이런 결과는 생물학적으로 조직화되고 유전적 영향을 받는 접근/회피 경향성의 개인차가 웰빙에 영향을 주는 많은 요인들의 기초가 될 수 있음을 보여준다.

접근/회피 동기에 관한 연구를 확장할 수 있는 한 가지 이유는 앞서 논의되었던 특질의 순환론을 해결할 수 있을 것으로 보인다는 것이다. 정적 정서성이 높기 때문에 행복하다고 말하는 것은 행복한 사람은 행복한 정서를 많이 경험하기 때문에 행복하다고 말하는 것과 같다. 그런데 접근동기와 회피동기는 이 동기들이 어떻게 해서 그리고 왜 웰빙과 연계될 수 있는지를 알려준다. 각 동기는 개인의 행위, 삶의 지향, 그리고 세상에 대한 해석을 하는 데 상이한 기초를 제공한다. 이런 차이는 사회적 관계에서부터 개인적 목표에 이르기까지 많은 행동의 기저가 될 수 있기 때문에, 접근/회피 경향성은 웰빙에 많은 영향을 줄 수 있다. 최근에는 접근-동기화된 사람들이 웰빙을 증진시키는 어떤 것을 하는지 그리고 회피-동기화된 사람들이 웰빙을 감소시키는 어떤 것을 하는지에 관한 연구가 시작되었다. 현재로서 한 가지 분명한 것은 삶에 대한 접근-동기적 지향성은 모두 긍정적 특질류에 속한다는 것이다.

유전과 변화

우리 논의의 출발점은 유전적 영향을 받은 성격, 정서성, 기질 및 접근/회피 지향성에서의 개인차는 장기적 행복 수준 변량의 절반 정도를 설명한다는 것이다. 이 말은 우리 모두 기본적으로 행복을 유전적으로 물려받는다는 의미인가? 우리는 각자 유전적으로 정해진 일관된 행복 수준을 갖고 있다는 말인가? 우리는 운명적으로 정해진 쾌락의 쳇바퀴를 돌면서, 간혹 일시적으로 행복을 증진시키는 긍정적 삶의 사건들을 체험하는 것은 아닌가? 일부 연구자들은 많은 것을 제안하고 있다. Lykken과 Tellegen(1996)은 "더 행복해지려고 노력하는 것은 키가 더 커지려 노력하는 것처럼 쓸데없는 일이고, 오히려 역효과가 나타난다"고 말하고 있다. 이런 가능성은 장기적 행복은 "세포가 수정될 때 발생하는 유전적 운에 의해 결정된다"는 사실에 근거하고 있다(p. 189).

그런데 많은 연구자들은 유전적으로 정해진 쾌락의 쳇바퀴 개념의 아이디어와 개인의 행복 고정점이 변경될 수 없다는 유전적 영향에 관한 아이디어 둘 다 수정해야 할 필요가 있음을 보여주는 새로운 증거에 근거하여 이 결론에 반대하고 있다. 예를 들어, Diener와 동료들은 몇 가지 경험적 연구에 근거한 쾌락의 쳇바퀴 모델의 수정을 제안하였다(Diener, Lucas, & Scollon, 2006). 이 연구자들은 유전적으로 결정된 사람들의 행복 수준이 다른 경우에라도, 그 수준이 꽤 높게 설정될 수 있음에 주목하였다. 연구가 거듭됨에 따라, 대부분의 사람들은(75% 정도) 대부분의 시간에 아주 행복하거나 꽤 행복한 것으로 보고함이 밝혀졌다. 단기적으로 행복을 높이거나 낮출 수 있는 생애 사건을 경험한 후, 사람들은 쾌락의 쳇바퀴 이론에서 언급된 강력한 적응과정에 의해 시사되는 수준(중립)이 아니라 약간 긍정적인 행복 수준으로 되돌아온다. 또한 Diener와 동료들이 개관한 연구에서는 사람들은 하나의 고정점이 아닌 다중 고정점을 갖고 있음을 보여준다. 웰빙은 삶의 여러 영역(예, 일과 가족)과 관련하여 서로 분리될 수 있는 요소들(긍정적 정서와 부정적 정서, 삶의 만족도)로 구성되어 있다. 각 요소들과 삶의 영역은 독립적으로 서로 증가하거나 감소할 수 있다. 긍정적 정서가 감소하더라도 삶의 만족도는 증가할 수 있다. 직장에서 행복한 것이 가정에서는 불행할 수 있다. 고정점 아이디어와 일치되게 전반적인 행복 수준은 안정되어 있지만, 삶의 영역과 행복의 서로 다른 측면에서 고정점이 다를 수 있다. 한 기저선 또는 행복의 고정점에 대한 생각은 웰빙의 서로 다른 차원들이 어떻게 해서 시간에 걸쳐 다른 방향으로 이동할 수 있는지를 설명하지 못한다.

보다 최근의 연구는 쾌락의 쳇바퀴 이론을 반대하고, 행복의 고정점이 장기적으로 거의 변할 수 없다는 아이디어에 반대하는 강력한 일부 증거를 보여주고 있다. 몇몇 대규모 장기적 연구는 사람들의 행복 기저선 수준에 큰 변화가 있음을 보여준다. 예를 들어, 17년에 걸친 종단 연구에서, Fujita와 Diener(2005)는 이 연구에 참여한 피험자의 24%가 처음 5년간에서 마지막 5년 사이에 행복의 기저선 수준에 큰 변화가 있었다. 특히 이혼, 배우자의 죽음, 그리고 거동불편과 같은 부정적 사건은 장기적으로 행복 수준을 감소시켰다. 생애 사건에 대한 적응에서 개인차가 있다는 것도 사실이다. 전체 평균만을 살피는 연구에서는 이런 차이가 사라질 수 있다. 예를 들어, 제5장에 소개된 Lucas와 동료들(2003)의 연구는 결혼 효과에 큰 차이가 있음을 보여주었다. 전체적으로 보면, 연구참여자들은 결혼으로 단기적으로 행복하였다. 그런데 연구에 참여한 사람의 절반 정도는 장기적으로도 행복하였으나, 나머지 절반은 행복이 감소하였다. 일반적인 결론을 내리자면, 행복은 유전적인 영향을 받는 것이 분명하지만, 생활 사건과 개인적 선택이 우리의 행복 조준점을 변경시킬 수 있다는 것 또한 분명한 사실인 것 같다. 예를 들어, 제7장과 제8장에 소개된 연구에서 '올바른' 개인적 목표 선택을 하는 것이 행복하고 건강한 삶으로 가는 주요 길에 중요한 역할을 한다는 것을 시사해 준다.

긍정적 신념

행복한 시각과 불행한 시각으로 보는 세상

행복은 긍정적 정서성과 외향성처럼 장기적으로 안정되고 유전적으로 영향을 받는 성향과 연계되어 있기 때문에 행복 그 자체는 긍정적 특질로 간주될 수 있다(McCrae & Costa, 1991). Lyubomirsky와 동료들은 이러한 성격 특질로서의 행복 접근을 취하고 만성적으로 행복한 사람과 불행한 사람이 삶에 대해 생각하고 해석하는 방식에서 어떻게 다른지를 살펴보았다. 그녀의 연구는 "… 행복한 개인과 불행한 개인은 서로 다른 주관적 세계를 경험하는(실제로 그 속에서 사는) 것으로 보인다"는 입장을 지지해 준다(Lyubomirsky, 2001, p.244). 달리 말하면, 행복한 사람과 불행한 사람은 삶을 보는 방식이 아주 다른데, 이는 개인의 두드러진 정서 상태를 반영하고 유지해 주는 것이다.

Lyubomirsky는 자신을 행복한 사람으로 생각하거나 불행하다고 생각하는 사람을 구분해 주는 간단하고 직접적인 근거가 되는 4개 문항의 주관적 행복 척도를 개발하였다(Lyubomirsky와 Lepper, 1999와 이 책의 2장 참조). 행복한 사람과 불행한 사람에게(이 척도에서 높은 점수를 얻거나 낮은 점수를 얻은 것으로 정의) 다양한 판단과제를 제시하고 그들의 반응을 비교하였다. 당신의 삶이 순탄할 때와 비교해서 불행하다고 느낄 때 자신이 어떤 모습이 되는지를 생각해 본다면, Lyubomirsky가 발견한 사실의 많은 부분을 예상할 수 있을 것이다. 기분이 좋지 않을 때, 우리는 우리가 갖지 못한 것을 갖고 있는 다른 사람을 부러워하고 질투하며, 타인의 실패나 불운을 보고 위안을 얻거나 심지어 기쁘기까지 하며, 타인의 삶의 긍정적 측면보다 부정적 측면을 강조하기 십상이다. 반대로, 행복하면 보다 긍정적 양상이 나타난다. 우리가 가진 것에 감사하며, 타인의 실패나 성취에 대해 그렇게 민감하지 않으며, 삶의 긍정적 측면에 초점을 둔다.

행복한 기분과 불행한 기분이 보이는 이러한 일시적 효과는 Lyubomirsky 연구에서 발견된 행복한 사람과 불행한 사람들이 보이는 지속적인 차이를 설명해 준다(Lyubomirsky, 2001). 예를 들어, 또래와 비교하여 자신의 수행에 관한 정보를 제공하는 것은 행복한 사람보다는 불행한 사람들에게 더 큰 효과가 있다. 행복한 사람들은 사회비교 정보에 관해 덜 민감하였는데, 특히 그 정보가 부정적인 것일 때(예, 자신이 또래에 비해 수행이 더 저조하다) 그러하였다. 반대로 불행한 사람들은 타인과의 비교에 매우 민감하였으며, 다른 사람의 수행이 더 우수하다고 할 때 의기소침해졌다. 불행한 사람들은 타인이 자기보다 수행을 더 못했을 경우에만 자기수행에 관해 좋게 생각하였다. 이런 효과는 대체로 실제 수행과는 무관하게 나타났다. 불행한 사람들은 자신이 잘했지만 남들이 더 잘했을 때보다 자신이 못했지만 남들이 더 못했을 때 더 행복함을 느꼈다.

행복한 사람과 불행한 사람이 다양한 삶의 사건들을 어떻게 평가하는지 비교한 연구에서 행복한 사람은 보다 우호적으로 해석하고, 부정적 경험보다 긍정적 경험을 더 많이 기억하고, 부정적 사건에서도 유머와 자기발전의 기회를 발견하는 것으로 나타났다. 반대로, 불행한 사람은 부정적 사건과 놓친 기회를 회상하고, 자신과 비교해서 남들이 어떻게 행동하는지 생각하는 데 더 많은 시간을 보낸다. 행복한 사람과 불행한 사람은 실제로 서로 다른 세상에서 사는 것처럼 보인다. 삶에 대한 지각, 해석 및 평가에서의 차이는 행복한 사람과 불행한 사람으로 하여금 정반대의 정서적 결과를 갖는 상이한 개인적 현실을 구성하도록 만든다.

자기존중감

여기서 자기존중감에 관한 논의는 북미 지역에 제한된다. 제5장에서 보았듯이, 보다 집단주의적 문화(일본처럼)에서는 긍정적 자기정서에 그렇게 큰 비중을 두지 않는 매우 다른 자기개념화를 갖고 있다. 자기존중감은 여러 문화에서(Diener & Diener, 1995) 삶의 만족감과 연관되어 있지만, 긍정적 자기상에 대한 욕구는 개인주의 사회에서와는 달리 집단주의 사회에서는 그렇게 현저하지 않은 것이 분명하다(Heine, Lehman, Markus, & Kitayama, 1999). 미국에서 자기존중감은 심리학에서 가장 비중 있게 연구되는 영역 중 하나이다. 그리고 일반적인 미국 문화에서 자기존중감은 다양한 사회 문제 해결을 위한 많은 자조용 서적과 프로그램의 가장 중요한 주제이다.

자기존중감은 자기개념의 평가적 요소이다(Baumeister, 1998; Coopersmith, 1967). 자기존중감은 개인이 자신을 판단할 때 발생하는 자기가치에 대한 느낌이다. 가장 널리 사용되는 자기존중감 측정 중의 하나는 사람들에게 자신에 관해 어떻게 느끼는지를 직접 평정하게 하는 것이다(Rosenberg, 1965). 자기존중감이 높은 사람들이 지지하는 문항은 다음과 같다—"나는 좋은 자질이 많다고 생각한다", "나는 자신에 관해 긍정적으로 생각한다", "나는 다른 사람들만큼 괜찮은 사람이라고 생각한다." 자기존중감이 낮은 사람들이 지지하는 문항은 다음과 같다—"나는 내 자신을 좀 더 존경할 수 있으면 좋겠다", "나는 자랑할 만한 것이 별로 없다고 생각한다", "나는 때때로 쓸모없는 사람이라는 생각이 분명하게 든다." 우리가 자신에 관해 긍정적 태도를 취하느냐 부정적 태도를 취하느냐 아니면 중립적인가 하는 것은 자신의 능력, 재능, 타인과의 관계 및 중요한 목표달성에 대한 주관적 판단에 좌우된다. 자기존중감이 높은 사람은 자신이 유능하고, 좋아할 만하고, 매력적이고, 성공한 사람이라는 관점을 갖고 있다. 극단적인 경우(예, 우울증)에, 자기존중감이 낮은 사람은 이와 반대로 자신이 무능하고, 실패한 사람이라는 관점을 보여준다. 그런데 연구 결과, 낮은 자기존중감은 인생의 굴곡에 지나치게 민감하게 된 자신에 관한 불확실하고 갈등적인 관점과 연관되어 있음을 보여준다(Baumeister, Tice, & Hutton, 1989; Campbell, Chew, & Scratchley, 1991). 자기존중감이 높은 사람과 비교해 볼 때, 자기존중감이 낮은 사람은 개인적 목표를 달성할 수 있다는 자신감이 적다(McFarlin & Blascovich, 1981).

자기존중감은 타인에 의해 영향을 받으며, 개인의 실제 능력과 재능과도 관련이 있다. 우리 모두 우리가 좋아하는 사람들로부터 칭찬을 받게 되면 기분이 좋아지며, 'all A'를 받은 학생은 유능하다고 느낄 만한 분명한 이유를 갖게 된다. 그런데 자기존중감은 자신에 대한 주관적 지각도 포함되어 있기 때문에, 타인이 보는 관점이나 객관적인 자질이나 성취와 일치할 수도 있고 일치하지 않을 수도 있다. 자신의 실제 능력과 일치하지 않게 과장된 자기관을 갖는 사람도 있는가 하면, 남들로부터 존경을 받거나 인생의 다양한 영역에서 성공하거나 유능하다고 인정받음에도 불구하고 자신을 싫어할 수도 있다.

많은 성격 특성처럼, 자기존중감은 특질과 상태 두 가지로 간주될 수 있다. 발표된 50개 논문에 대한 최근의 분석과 75,000명을 대상으로 한 국가적 표집에서 얻어진 자료에서 6세부터 83세에 이르기까지 자기존중감이 안정적으로 나타난다는 강력한 증거를 얻었다(Trzesniewski, Donnellan, & Robins, 2003). 한편, 자기존중감은 타인의 수용이나 거부와 같은 피드백에 따라서 달라질 수 있음을 보여주는 연구들도 있다(Heatherton & Polivy, 1991; Leary, Tambor, Terdal, & Downs, 1995). 자기존중감이 특질임을 보여주는 증거와 상태임을 보여주는 증거는 사람들이 구체적인 사건으로 인해 한시적으로 자기존중감이 고양되거나 낮아진(상태적 자기존중감) 후에 다시 되돌아오는 비교적 안정된 자기존중감의 기저선(특질적 자기존중감)을 갖고 있음을 시사한다.

자기존중감과 행복 자기존중감은 일관되게 행복과 삶의 만족을 예측하는 강력한 예언자임이 확인되었다. 31개 국가 13,000명의 대학생을 상대로 한 연구에서, Diener와 Diener(1995)는 자기존중감과 삶의 만족도 간에 전체적으로 .47의 상관계수를 보고하였다. 이 상관계수는 개인주의적 문화권 국가에서는 더 높았다(예, 미국의 경우 $r = .56$). 성인 전집을 대상으로 한 연구에서도 자기존중감과 행복 간에 동일한 상관을 보여주었다(Baumeister, Campbell, Krueger, & Vohs, 2003). 또한 자기존중감은 타인과 대화를 시작하거나 도전적인 일을 지속하고, 사람들 앞에서 말하거나 타인의 영향에 저항하는 것과 같은 새로운 일을 시도하는 데에서의 자신감과 주도성과도 관련이 있다(Baumeister et al., 2003; Baumeister, Campbell, Krueger, & Vohs, 2005). 자기존중감이 낮은 사람은 행복하지도 않고 자신감도 없고 모험적이지도 않으며, 어려운 도전에 직면하거나 초기에 실패할 때 더 열심히 노력하기보다는 포기할 수 있다.

자기존중감의 가치 많은 심리학자들은 긍정적 자기존중에 대한 욕구는 가장 강력한 인간 동기 중의 하나라고 생각한다(Baumeister, 1998; Sheldon, Elliot, Kim, & Kasser, 2001; Taylor & Brown, 1988; Tersser, 1988). 사람들은 긍정적 자기이미지를 보호하고 고양시키며 유지하려고 한다. 여러 연구에서 대부분의 사람들이 이런 노력을 잘하고 있다는 것을 보여준다(Baumeister, 1999; Diener & Diener, 1995; Myers, 1992). 대부분의 사람들은 자기존중감 척도에서 중간 정도의 값을 얻는다. 극단적으로 자기존중감이 낮은 사람은 드문 편이다. 무엇이 자기존중감 욕구를 동기화시키는가? 긍정적 자기관이 건강과 행복에 어떤 가치를 지니고 있는가?

Myers(1992)가 제안한 한 가지 대답은 삶의 만족이 자기만족에서 시작될 수 있다는 것이다. 일반적으로 자신에 관한 긍정적 관점은 삶에 대한 관점에 영향을 줄 수 있다. 자신을 아주 긍정적으로 생각하는 사람이 자신의 삶에 대해 아주 부정적이 될 수 있겠는가? 여러분도 아마 이 관계를 파악할 수 있으리라 생각되는데, 자기평가와 삶에 대한 평가는 밀접하게 얽혀 있다. 전반적인 삶의 만족은 친구, 가족, 수입 및 직업에 대한 만족보다는 자기존중감과 더 강한 관계를 보여준다. 이런 상관 연구는 인과관계를 말해 주지는 못하지만, 강력한 자기수용과 자기존중 없는 행복하고 만족스러운 삶을 상상하기란 어렵다.

높은 자기존중감은 또한 자기이미지를 위협하고 위축시킬 수 있는 인생경험으로 야기된 스트레스와 불안을 감소시키는 완화제 역할을 할 수 있다(Baumeister, 1992; Steele, 1988). 자기존중감은 실패, 상실, 비난 그리고 타인과의 갈등이 있을 때 자신을 지지해 주는 대처 원천으로 작용한다. 자기존중감이 낮거나 취약한 사람은 스트레스를 더 크게 지각하고 그런 사건에 대해 지나치게 걱정할 가능성이 높다. 이들은 실패를 하면 낙담하고 기가 죽게 된다. 자기존중감이 높은 사람은 부정적 사건에 의해 쉽게 압도되지 않으며 긍정적 시각을 잘 지속하고 유지한다. 이들은 '비축' 자기존중감이 더 많은데, 이는 자기존중감에 대한 타격을 흡수하도록 돕는다. 이러한 완충 효과는 높은 자기존중감이 정신적 신체적 건강의 중요한 원천으로 간주되는 이유를 설명해 준다. 공포관리 이론에 따르면, 자기존중감은 자신에 대한 궁극적 위협(죽음)으로 야기된 불안을 완화될 수도 있다(제7장 참조). 이 이론은 한 문화가 그 문화에 속한 구성원들에게 사회적 지위와 가치 있는 존재임을 인식시킴으로서 가치에 대한 감각을 얻는 수단을 제공하는데, 이 가치감각으로 인하여 죽음에 대한 공포에 압도되는 것을 피할 수 있게 된다고 주장한다.

또 다른 주요 이론에 따르면, 자기존중감은 우리의 건강과 웰빙에 매우 필요한 사회관계를 유지하는 데 중요한 역할을 한다. **사회측정이론**(sociometer theory)은 진화론적 조망을 취하는데, 자기존중감의 목적은 사회적 포함과 배제를 검색하는 것이라고 주장한다(Leary & Baumeister, 2000; Leary et al., 1995). 인간 생존은 타인과의 친밀한 관계를 유지하는 것에 좌우될 가능성이 매우 큰데, 거대한 동물로부터 보호와 생의 초기 스스로 살아가기 힘든 영아의 안전 확보라는 점 둘 다를 고려해 볼 때 그렇다. 사회적 거부와 배제에 민감한 내적 검색 시스템이 있다는 것은 우리에게 생존에 매우 중요한 사회관계를 회복할 수 있는 개선에 대한 욕구가 있음을 나타낸다.

Leary와 동료들은(1995) 자기존중감을 하나의 시스템으로 간주한다. 꼬르륵거리는 배와 바싹 마른 입은 우리 생존에 매우 중요한 두 가지인 먹고 마시는 것이 언제 필요한지를 알려준다. 마찬가지로 자기존중감의 감소는 인간관계에서 중요한 것을 알려줄 수 있다. 자동차의 연료잔량 표시기에 비유하자면, Leary와 그 동료들은 자기존중감을 사회관계를 알려주는 표시기로 생각한다. 연료잔량 표시기처럼, 자기존중감은 그것이 무엇을 측정하며, 그것이 우리에게 무엇을 하도록 하는지를 알려주기 때문에 중요하다.

연료잔량 표시기는 여러분의 자동차를 더 효율적으로 움직이거나 더 빨리 달리게 하지는 못한다. 그것은 단지 이제 연료 충전이 필요하며 연료를 충전하지 않으면 어디선가 자동차가 멈추게 될 것이라는 것을 말해 줄 뿐이다. 자기존중감도 이와 유사한 표시기 기능을 갖는다. 그것은 당신을 대인관계를 개선할 때가 되었으며, 당신에게 친구나 가족이 없다면 어디선가 당신이 오도가도 못할 것이라는 것을 알게 해 준다. 자기존중감은 사회적 수용을 점검하는 내적이며 주관적인 탐색자 기능을 한다.

여러분은 쉽게 여러분의 체험을 바탕으로 사회계량 이론의 주요 가정을 지지하는 증거를 찾을 수 있다. 자신에 대해 아주 좋게 느껴졌던 시기와 아주 나쁘게 느껴졌던 시기를 생각해 보라. 좋았던 자기느낌에는 남들로부터 칭찬이나 인정을 받았던 시기와 친구나 연인과 함께 했던 순간들과 공유했던 활동들이 주로 포함될 것이다. 최악의 느낌으로는 종종 조롱받고, 거부당하고, 실연하고, 남들 앞에서 당혹스럽고 부끄러운 행동을 했던 순간들이 생각날 것이다. Leary와 동료들은 자기존중감이 사회적 포함과 배제에 매우 민감하고, 남들로부터 사랑받는 것과 긍정적 자기평가가 서로 관련된다는 것을 발견하였다(Leary & Baumeister, 2000; Leary et al., 1995; Srivastava & Beer, 2005). 자기존중감이 우리의 인간관계가 어디쯤 있는지를 알려주는 사회표시기라는 생각과 일치되게 사회적 수용은 자기존중감을 증가시키고 거부는 자기존중감을 낮춘다.

자기존중감은 또한 개인적 특질에 대한 사회표시기가 되기도 한다. 유능성, 호감, 매력, 및 도덕성과 같은 특질은 높은 자기존중감과 연계되어 있으며, 이와 같은 특질은 사람들의 마음을 움직이는 특질들이다. 자기존중감은 또한 우리가 남들로부터 인정받을 만한 자질을 어느 정도 지니고 있는지를 알려주는 것 같다. 자기존중감이 높은 사람들은 일반적으로 자신이 남들이 좋아할 만한 사람이라는 것을 알기 때문에 사회적 수용을 보다 편하게 얻고 유지할 수 있다. 이와 일치되게, 사회적 불안 측정치(수용과 거부에 대한 관심)는 자기존중감과 부적 상관을 보인다(Leary & Kowalski, 1995). 달리 말한다면, 자기존중감이 낮은 사람들과 비교해서 자기존중감이 높은 사람은 남들에게 맞추고 남들로부터 사랑받는 것에 대해 별로 염려하지 않는다.

필요한 것이 오로지 자기존중감인가 당신이 자신에 대해 행복해한다면 자신의 삶에 대해서도 행복해할 가능성이 높다. 자기이미지가 낮은 사람과 비교해 볼 때, 긍정적 자기관을 갖고 있는 사람은 보다 주도적이고, 장애물이 있을 때 더 잘 견디어 내고, 보다 효율적으로 스트레스에 대응하고, 보다 긍정적인 사회관계를 맺을 것이다. 이런 장점이 있다면, 행복한 사람을 위해 필요한 전부가 자기존중감이 아니겠는가? 자기존중감을 고양시키는 것이 불행을 막는 해독제가 되지 않겠는가? 특히 대중문화 속에서 이에 대한 해답은 "그렇다"라고 생각된다. 한때는 낮은 자기존중감이 개인 문제의 핵심적인 심리적 요인으로 간주되어, 자기존중감을 증진시키는 프로그램이 널리 치료제로 사용되었다.

지난 30여 년 동안, 심리학자들은 자기존중감의 가치, 한계 및 복잡성을 분류하는 데 초점을 맞춘 집중적인 연구를 수행하였다. 이 연구들은 대중문화에서 엄청나게 많은 자기증진 서적을 출판하게 하였다. 한 개관 논문에서는 자기존중감에 관한 15,000개 이상의 연구논문과 자신에 관해 더 좋게 느끼는 방안에 관심을 둔 수많은 자기조력 서적을 확인하였다(Baumeister et al., 2003). 자기존중감 연구에 대한 간략한 역사는 대량의 자기존중감 연구를 분류하고 대중문화와의 연결을 분류하는 데 도움이 될 것이다. 자기존중감과 개인과 사회적 문제에 미치는 그 역할에 대한 심리학자들의 이해는 1970년에 시작하여 현재까지 서로 중복되지만 구분 가능한 세 단계를 지나왔다. 이러한 역사적 조망은 지나치게 단순화된 것으로, 시간에 따른 아이디어의 발달이라기보다는 상이한 연구 프로그램과 더 관련이 있다. 그러나 자기증진 문헌에서 주장하는 많은 미확인된 자기존중감과 기질에 대한 역설적이고 모순적인 일부 연구 결과를 조직화하는 데 도움을 줄 것으로 기대한다.

개인문제와 사회적 문제의 주요 변인으로서 자기존중감 처음 단계에서, 많은 심리학자들과 전문가들은(예, 교사, 학교관리자, 사회기관의 리더들) 현존하는 많은 사회적 문제를 설명하고 해결하기 위해 자기존중감 연구에 높은 희망을 걸고 있었다(Dawes, 1994; Hewitt, 1998; Mecca, Smelsor, & Vasconcellos, 1989). 주로 상관 연구를 토대로, 낮은 자기존중감은 저조한 학업성취, 집단괴롭힘, 공격성, 십대 임신, 약물남용, 흡연, 비행, 섭식장애, 우울, 자살, 수줍음, 고독감을 포함한 많은 사회적 문제를 일으키는 잠재적으로 중요하며 지배적인 원인으로 생각되었다. 개업전문가들 중에는 자신에 관해 나쁘게 느끼는 것은 국가적으로 퍼진 바이러스성 질병 같아 자기존중감을 증진시키는 것이 확실한 '사회적 백신주사'라고 본다(California Task Force to Promote Self-Esteem and Personal and Social Responsibility, 1990). 캘리포니아는 자기존중감을 고양시키기 위한 예산을 승인하고 프로그램을 개발하였다. 예를 들어, 학교에서 학생들이 자신에 관해 기분 좋게 느끼도록 도와주는 것은 학업성취의 증가라는 형태로 커다란 배당금을 받은 것으로 간주되었다.

행동의 원인이 아니라 징후로서 자기존중감 많은 자기존중감 프로그램들의 결과가 실망스러웠기 때문에 두 번째 단계에서 자기존중감 운동에 대한 열정은 사라지기 시작하였다. 자기존중감을 높이려는 노력은 괄목할 만한 성과를 낳지 못하였으며, 학생들의 사회적 승격(더 낮은 학년의 기술을 학습하지 못했음에도 불구하고 그 다음 수준으로 나아가는 것)과 같은 다른 문제를 초래하였다. 또한 심리학자들도 자기존중감 연구를 비판적으로 보기 시작하였다. 몇몇 개관 논문에서는 낮은 자기존중감은 개인문제와 분명하게 연관되지 않으며, 높은 자기존중감은 생각했던 것보다 훨씬 더 제한적이라는 결론을 내리고 있다(Baumeister, 1992; Baumeister, 1998; Baumeister et al., 2003, 2005).

연구자들은 자기존중감 연구에서 사실과 허구를 구분하는 두 가지 주요 문제에 직면하게 되었다. 첫째, 자기존중감의 이점을 보여주는 대부분의 발견이 상관 연구에 근거하고 있으므로 인과관계를 결정짓기 힘들다. 자기존중감과 학업 성취 간에 정적 상관이 있다는 것은 자기존중감이 수행을 더 잘하게 한다는 것을 의미하거나 성적이 좋은 학생은 자신에 관해 좋게 느끼기 때문에 자기존중감이 높다는 의미인가? 동일한 질문을 자기존중감이 낮은 사람에게도 할 수 있는데, 낮은 자기존중감은 저조한 수행의 원인인가 아니면 결과인가? 둘째, 긍정적 자기관의 많은 이점이 자기보고 측정에 의해 보고되었다는 것이다. 자기존중감이 높은 사람은 자신에 관해 많은 긍정적 신념을 갖고 있다. 이들은 자신을 매력적이고, 좋아할만하고, 유능하며, 다른 사람들보다 더 낫다고 생각한다. 그런데 객관적 기준으로 평가했을 때, 이들이 정말로 그러한가?

개관 논문에서, Baumeister와 동료들은 성과와 판단의 객관적/행동적 측정치가 포함된 연구들만을 살펴보았다. 높은 자기존중감은 행복과 삶의 만족과 강하게 관련이 있었고, 새로운 도전을 시도하고 장애물에 직면해서 인내를 보이는 데 주도성을 보였다. 그러나 높은 자기존중감은 독립적으로 평가된 학업성취, 직업적 성공, 인기, 매력과도 대체로 무관하고, 십대 흡연, 임신, 약물 중독과도 대체로 무관한 것으로 나타났다. 더 나아가, 나르시즘(아주 방어적이고 과장된 자기존중감)과 같은 특정 자기존중감을 가진 사람들은 폭력에 취약하다. 이런 사람들은 자신의 고견에 도전하는 사람에게 지나치게 민감하며, 자신의 과장된 자기상을 위협하는 사람들에게 공격적으로 반응한다. 낮은 자기존중감은 우울 증후와 유의하게 연관되었으며, 스트레스에 인한 부정적 효과에 취약함을 보였다. Baumeister가 제안하는 핵심은 낮은 자기존중감이 대부분의 사회적 문제의 저변에 깔려 있다고 볼 수 없고, 높은 자기존중감의 이점들은 객관적 증거에 의해 입증되지 않는다는 것이다.

유관적 자기존중감 : 수준이 아니라 존중감의 기초가 문제 자기존중감 연구의 세 번째 단계에서, 연구자들은 개인적 삶과 사회적 삶에서의 자기존중감의 역할에 관한 일부 논란을 명료화하려는 시도로서 보다 복잡한 모델을 개발하기 시작하였다. 예를 들어, Crocker와 동료들은 자기존중감 연구자들이 자기존중감의 수준(높은 수준 대 낮은 수준)에 지나치게 주목했으며, 자기존중감의 기초에 관해서는 거의 주목하지 않았다고 주장한다(Crocker & Wolfe, 2001). 말하자면, 사람들은 다양한 활동과 능력, 그리고 다양한 삶의 영역에서 자기존중감에 "목을 매고 있다." 지적 능력에 자부심을 느끼는 사람이 있는가 하면 사람들에게 인기가 있어 자부심을 느끼는 사람이 있다. 삶의 경험에 어떻게 반응하느냐는 자기관련성에 따라 달라진다. 예를 들어, 대학 수업에서 C를 받는 것은 학업능력에 따라 자기가치를 부여하는 개인에게는 치명타가 되지만, 대인관계를 중시하거나 학업 성취가 높은 사람에게는 그렇게 큰 타격이 되지 않는다. 대부분의 연구자들은 전반적인 자기존중감 측정을 하는데, 이는 개인마다 자기가치를 평가하는 구체적인 다양한 영역을 측정하지 않는다. 연구자들은 오로지 개인의 자기존중감 수준만을 말한다. Crocker는 수준만으로 자기가치를 생각하는 것은 자기존중감이 사회적 문제에 미치는 역할에 관해 오해할 수 있게 만드는 지나치게 단순화한 입장이라고 본다.

  "**자기가치의 유관성**(contingency of self-worth)이란 개인이 자기존중감을 걸고 있는 결과의 영역이나 범주로, 자신의 가치에 대한 자기관은 그 영역에서 자기기준을 달성했는지 실패했는지 또는 집착하고 있는지에 좌우된다"(Crocker & Park, 2004, p. 594). Crocker와 그녀의 동료들은 자기존중감의 근거가 되는 일곱 개 원천을 측정하는 척도를 개발하였다(Crocker, Luthanen, Cooper, & Bouvrette, 2003). 각 원천은 자기가치감에 필요한 서로 다른 유관적 기초를 서술하고 있다. 이 척도에 사용된 문항의 예가 표 9.1에 제시되어 있다. 일부 유관 차원에는 자기가치 유관성의 부재와 존재와 관련된 문항들이 포함되어 있다(Crocker et al., 2003, p. 899). 제시된 자기가치의 유관성 목록은 대표적인 것이긴 하지만

표 9.1 자기가치의 유관성—문항의 예

---

1. 타인의 인정
"나는 다른 사람이 나를 어떻게 생각하는지 별로 관심이 없다."
"다른 사람들이 나를 존중하지 않으면 나 자신을 존중할 수 없다."

2. 외모
"내 자신에 대한 존중감은 나를 매력적이라고 느끼느냐 아니냐에 좌우되지 않는다."
"내가 매력적이라고 생각할 때, 나는 기분이 좋다."

3. 경쟁
"내가 남보다 잘 할 때 내 자신에 대해 존경심이 든다."
"내가 남보다 잘 한다고 느낄 때 자기존중감이 증가한다."

4. 학업능력
"나 자신에 대한 평가는 학교에서 공부를 얼마나 잘하느냐와 무관하다."
"성적이 좋으면 자기존중감을 느끼게 된다."

5. 가족의 지원
"가족과의 어떤 관계를 맺고 있느냐는 나의 가치에 거의 영향을 주지 않는다."
"가족들이 나를 자랑스러워 할 때, 자기가치감이 올라간다."

6. 도덕
"비윤리적으로 행동하면 나의 자기존중감이 타격을 받게 될 것이다."
"내 도덕을 따르지 않는 나를 존경할 수 없을 것이다."

7. 신의 은총
"신의 은총을 받을 때 내가 가치있다고 느끼게 된다."
"신의 은총을 받지 않으면 내 자기존중감이 손상될 것이다"

모두를 다 망라한 것은 아니다. 여러분은 자부심과 가치를 부여하는 추가적 원천을 쉽게 생각할 수 있을 것이다(예, 운동능력, 신체적 건강, 공공봉사). 이러한 '자기가치의 유관성' 모델은 자기 유관 영역이 개인의 행동을 안내하는 강력한 길라잡이임을 보여주는 연구들에 의해 지지되고 있다(Crocker & Luthanen, 2003; Crocker & Wolfe, 2001; Park & Crocker, 2005). 사람들이 자기존중감을 보호하고 유지하며 고양시키는 것은 그 원천에 좌우된다. 외모에 자부심을 갖는 사람은 화장하고, 쇼핑하고, 파티에 참가하는 데 보다 많은 시간을 보내는 것으로 확인되었다. 자기존중감의 원천이 신의 은총에 있는 사람들은 파티에 덜 참석하고, 기도를 더 많이 하고 교회를 더 열심히 다닌다. 자기존중감의 근거가 학업능력인 사람은 대학원에 입학하는 경우가 많다. 역사적 개관에서 보다 중요한 것은 자기유관성 모델은 사회적 문제들(학업실패, 약물남용, 폭력 등)이 전반적인 자기존중감 수준

과 별로 관계가 없으며, 자기존중감의 원천과 더 관련이 있을 것임을 보여준다. 전반적 자기존중감 수준을 탐구한 연구들에 근거하여, Baumeister와 동료들은 낮은 자기존중감이 문제의 주요 원인이 아니라는 결론을 내렸다. 그런데 Crocker와 동료들은 자기존중감 수준이 결정적 요인이 아님을 제안한다. 자기가치의 유관성은 많은 개인 문제와 사회적 문제를 가진 사람들에게 핵심적인 것이 될 수 있을 것이다.

사회적 문제와 관련하여 자기가치 유관성이 제안하는 한 가지 함의는 자기존중감을 확증하려고 애쓰는 삶의 영역에서 계속적으로 좌절을 느낄 때에는 그 영역을 포기하라는 것이다. 자기가치를 확증할 수 없는 영역에다 자기가치를 위해 목을 매는 사람이 누가 있겠는가?

한 예로, Steele(1997)은 대학에서 흑인들의 학업 탈락률이 높은 것은 자기가치와 학업 수행을 연계시키지 않기 때문이라고 주장한다. 이러한 비관여는 성공하기 위해 쏟은 노력이 헛될 것이라는 기대, 즉 성적이 좋아질 것 같지 않거나 더 나빠질 수 있으리라는 기대로 인해 발생할 수 있다. 유사한 딜레마로 흑인 청소년들은 자신은 또래에게 인기가 있든지 아니면 공부를 잘하든지 둘 중에 하나를 선택해야만 한다고 생각하고 있음을 보여주는 연구 결과가 있다(Arroyo & Zigler, 1995; Steinberg, Dornbusch, & Brown, 1992). 고등학교 성적에 대한 또래의 지지는 백인이나 아시아계 학생보다는 흑인에게서 더 약한 것으로 보인다. 자기존중감의 한 기초로서 매일 함께하는 같은 인종 또래와의 결속 유지가 학업 성취보다 더 중요할 수 있다. 만약 또래에 기반을 둔 자기존중감이 개인의 전반적 자기존중감 수준에 영향을 주는 일차적 요인이라면, 전반적 자기존중감 측정치만을 사용한 연구들은 자기존중감이 학업 수행을 예측하지 못한다고 쉽게 결론 내릴 수 있다. 이는 Crocker와 동료들이 지적하고자 했던 결정적 핵심을 놓치는 것이 된다. 즉 자기가치의 유관성을 고려해 본다면, 일부 학생들에게만 자기존중감이 학업 성취와 아주 밀접하게 관련될 수 있다는 것이다. 따라서 학생의 자기존중감을 높이는 것이 학업 수행을 증진시키지 않을 수도 있다는 Baumeister의 주장이 옳을 수 있다. 학생들의 적극적 관여와 학교와의 동일시를 높이는 방안을 찾는다면 학업 성취를 높일 수 있을지도 모른다.

자기존중감의 어두운 측면 Crocker와 그녀의 동료들은 전반적 자기존중감과 유관적 자기존중감을 중요하게 구분하였다. 이 구분의 장점은 자기존중감의 기초가 관건이라는 것이다. 모든 긍정적 자기이미지가 다 좋은 것만은 아니다. Crocker의 최근 연구는 긍정적 축으로서의 자기존중감의 추구가 어떻게 잠재적으로 자기패배적이고, 심지어 해가 되는 어두운 측면을 지닐 수 있는가를 고찰하였다. 그녀의 연구는 자기존중감의 기초에 관한 고전적인 인본주의 심리학의 아이디어를 지지해 준다.

유관적 자기존중감 대 비유관적 자기존중감 Carl Rogers(1961)는 자녀에 대한 부모 사랑의 기초로서 무조건적인 긍정적 존중의 가치를 주장하였다. 무조건적인 사랑을 경험한 아동은 자신의 내재적 가치를 믿는 사람으로 성장할 것이다. 반면에, 사랑과 인정을 받는 것이 부모의 기준과 기대와 일치하느냐 아니냐에 따라 달라지는 조건적인 긍정적 존중은 아동에게 해를 끼치는 것으로 간주되었다. 가치의 조건을 충족시키지 못할 때마다 사랑이 철회될 수 있기 때문에 조건적 사랑은 아동에게 지속적으로 불안정의 원천이 된다. Rogers는 자기가치가 외적 기준에 따라 달라지는 사람은 취약하고, 방어적이고, 자기존중감이 불안정하기 쉬우며, 그 결과 보다 많은 문제를 겪을 수 있다고 주장하였다. 최근의 이론적 연구와 경험적 연구는 Rogers의 초기 관찰을 지지해주고 있다.

첫째, 연구자들은 가치의 외적 기준을 충족시키려는 압박을 느끼는 유관적 자기존중감을 갖는 사람과 무조건적인 자기수용과 개인적 가치를 느끼는 비유관적 또는 '진정한' 자기존중감을 갖는 사람을 구분해 왔다(Deci & Ryan, 1995; Kernis, 2003a, 2003b). 이런 구분을 지지해 주는 연구들은 유관적 자기존중감이 죄책감, 갈등, 압박 및 불안과 같은 많은 부정적 정서와 취약하고 불안정한 자기존중감, 실패 후 적응 곤란, 방어성 및 우울에 취약한 것과 같은 문제와 관련되어 있음을 보여준다(Baumeister at al., 2003, 2005; Crocker & Wolfe, 2001; Deci & Ryan, 1995; Kernis, 2003).

자기존중감의 추구 둘째, Crocker와 그녀의 동료들은 일차적 삶의 목표로 자기존중감을 추구하는 것의 효과는 물질주의와 연합된 효과와 매우 비슷함을 보여주었다(Crocker & Park, 2004; Crocker & Wolfe, 2001; Park & Crocker, 2005). 제7장에 있는 물질주의와 그 단점에 대한 논의를 기억해 보라. 자기결정 이론에서 보면, 물질적 열망과 관련된 문제는 물질이 행복을 초래하지 않으며, 건강과 행복의 근간이 되는 기본 욕구(예, 자율성, 유능감, 소속감)의 충족을 방해할 수 있다는 것이다. Crocker는 일차적 삶의 포부로 자기존중감을 추구하는 것은 이렇게 중요한 세 가지 기본 욕구의 만족을 파괴할 수도 있다. 따라서 웰빙을 손상시킬 수 있다는 주장과 아울러 그 증거를 제시하고 있다. 얄궂게도 동일한 과정으로 자기존중감에 손상을 끼칠 수 있다.

Crocker의 분석 논리를 이해하기 위해, 유능감에 대한 욕구가 자기존중감을 위해 희생될 수 있음을 보여주는 다음의 예를 생각해 보자. 자기존중감을 주로 좋은 학업 수행에 기반을 두는 한 대학생은 열심히 공부하고 좋은 성적을 얻도록 매우 동기화될 수 있다. 그런데 학업에서의 긍정적 자기이미지가 가장 중요한 한 가지 목표가 된다면, 이러한 긍정적 이미지를 보호하고 유지하려는 욕구에 의해 실질적인 유능감과 학습이 타협을 하게 된다. 이 책의 두 저자는 대학원 입학을 꿈꾸면서 대학원에서 필요한 기술 습득은 하지 않고 학부 성적 평점에 아주 보호적인 학생들을 만났다. 대학원 입학을 위해 학부 성적을 잘 받기 위해 일부 학생들은 쉬운 과목을 이수하였고, 어렵지만 더 유용한 수업은 피하고(고급심리통계와 같은), 평점이 낮아질 수 있는 과목은 중도에 철회하였다. 필요하고 재미있는 수업을 듣지 않는 대신, 이들은 평점이 높아 자신의 학업 이미지를 고양시키는 과목들을 선택하였다. 더욱이, 이들은 저조한 수행과 비판을 학습을 증진시키는 유용한 피드백으로 여기지 않고, 자기존중감을 위협하는 것으로 받아들일 수 있다. 이런 식의 결과로 자기존중감은 올라갈지 모르나 이 과정에서 유능감은 희생될 수 있다.

유사한 논리가 자율성과 소속감에 대한 욕구를 충족시키는 능력을 없애면서 자기존중감을 추구하는 것에 적용된다. 자유롭게 선택한 행동에서 나오는 웰빙이 자기존중감에 대한 지나친 관심 때문에 약화될 수 있다. 예를 들어, 자기존중감이 타인의 인정에 좌우되는 사람은 자신보다는 타인을 기쁘게 하는 것이 무엇인지에 따라 선택하고 행동하게 될 것이다. 자신보다 타인의 기대에 맞추는 삶은 자율성, 내재적 동기, 개인적으로 하고 싶은 행동을 손상시킨다. 유사한 맥락에서, 자기존중감이 친구와의 친밀감과 상호존중 대신 경쟁심을 초래하게 되면 자기존중감을 추구하는 것은 대인관계와 소속에 대한 욕구를 방해할 수 있다. 관계만족은 자기중심적 태도보다는 자기양보적 태도에서 더 많이 나온다. 물질주의처럼, 자기존중감 자체를 위해 자기존중감을 추구하는 것은 보다 중요한 욕구로부터 주의를 분산시킴으로서 웰빙을 감소시킬 수 있다.

지난 30년간의 자기존중감 연구에 대한 추가 사항으로서, 이런 인기 있는 개념을 이해하는 것이 자기존중감 연구에 대한 온전한 이해가 될 것이라고 주장하는 한 연구가 있다(Swann, Chang-Schneider, & McClarty, 2007). 이 논문은 낮은 자기존중감이 낮은 학업 성적에서부터 약물남용과 폭력에 이르기까지 광범위한 중요한 행동을 예측한다는 잘못된 신념으로 시작하고 있다. 그런 다음 이 개념이 많은 비판을 받고 있으며, 많은 연구자들이 자기존중감은 중요한 사회적 문제와 개인적 문제와 관련하여 많은 것을 예측하지 못한다는 결론을 내리게 하고 있다. Swann과 동료들은 최근의 연구들은 자기존중감을 개인의 삶에 매우 중요한 자기의 총체적인 측면으로 이해하고 있음을 지지한다고 주장한다. 이들이 주목한 것처럼, 자기존중감 연구 역사는 다른 개념과 그 괘를 같이 하는데, 초기의 환상이 비판받고 환상이 깨어지는 점에서 그렇다(예, 사회심리학에서 태도 연구). 이들은 너무 많은 구체적 예측력이 너무 빨리 기대된 경우들이다. 즉 그 개념에 대한 환상이 연구자들로 하여금 엄청나게 많은 구체적 행동을 예측하리라고 가정하게 만든 것이다. 구체적 예언이 맞지 않을 때, 연구자들은 기본 개념에 문제가 있다고 가정한다. 그런데 Swann과 동료들이 주목했듯이, 자기존중감은 대부분 구체적인 행동이 아니라, 총체적인 행동성과에 영향을 주고 예측하는 자기의 총체적 측면으로 인식된 것이다. 예를 들어, 우울은 낮은 자기존중감과 강하게 연관된 전반적 상태를 서술하는 총체적 개념이다. 이 저자들이 개관한 연구는 자기존중감이 자기의 구체적 측면이 아니라 총체적인 전체 측면으로 간주된다면, 자기존중감은 심리학에서 잘 설정된 다른 개념들과 잘 맞아 떨어질 것이라는 것이다. 예를 들어, 자기존중감은 십대들의 알코올 섭취와 같은 구체적 행동과 아주 약하게만 관련될 것이다. 그런데 건전한/불건전한 십대 생활방식의 전반적 측정치들이 묶여진다면(약물 사용, 우울, 불안, 흡연, 저조한 학업 성적, 비행), 자기존중감은 의미 있는 예측 변인이 될 것이다. 낮은 자기존중감은 불건전한 생활방식과 높은 자기존중감은 건전한 생활방식과 관련될 것이다. 이러한 관점에서 보면, 자기존중감은 건강과 행복의 중요한 근간이 된다.

개인적 통제감

제7장은 목표지향 행동의 조절에서 개인적 통제에 대한 확장된 논의를 제공하였다. 여기서는 "자신이 자기 삶, 자기 행동의 원천이라는 느낌"에의 욕구가 자기에 관한 기본 동기로서 그리고 웰빙의 원천으로서 오랫동안 간주되어 왔다는 것만을 지적하고자 한다. 자기효능감 이론, 자기결정 이론 및 통제 이론과 같은 웰빙과 관련된 유명한 이론들은 개인적 통제를 건강하고 적응적인 기능의 중심에 둔다. 개인적 통제에 대한 신념의 중요성은 이러한 신념의 상실을 정서적 문제를 일으키는 주요 요인으로 간주하는 우울 이론에 의해서도 지지되고 있다. 초기 연구는 부정적 사건의 반복은 자신감을 잃게 만들고, 사람들이 전혀 통제할 수 없는 고통스러운 상황에서 무기력해지고 희망이 사라지는 '학습된 무기력'을 낳는다고 제안하였다. 그런데 나중 연구에서는 부정적 사건의 경험빈도가 아니라 통제의 신념이 중요하다는 주장으로 바뀌었다(Seligman, 1990). 우울한 사람들은 자신에게 부여된 상황이나 부정적 감정에 대해 거의 통제력이 없다고 믿는 경향이 있다. 제7장에서 언급된 바와 같이, 통제감과 개인의 능력함양은 건강 및 웰빙과 널리 연관되어 있다.

낙관주의

일상의 지혜에 의하면, 낙관주의자와 비관주의자의 근본적 차이는 "컵의 물이 반밖에 없는가? 아니면 아직도 반이 남아 있는가?"라는 질문에 대한 대답으로 파악할 수 있다. 동일한 현실을 보면서, 비관주의자는 빠진 것에 주목하면서 보다 부정적인 측면을 택하는 반면, 낙관주의자는 이용 가능한 것에 주목하면서 긍정적 입장을 취한다. 심리학자들은 낙관주의/비관주의를 일차적으로 미래에 대한 사람들의 일반적인 긍정적 또는 부정적 기대를 나타내는 개인차 변인으로 간주해 오고 있다. 사람들은 낙관주의/비관주의 정도가 다르며, 이런 차이는 광범위한 생활 활동과 선택의 구색에 잠재적으로 중요한 역할을 한다. 우리는 중요한 타인을 위한 근사한 선물을 찾는 것, 손님이 오기 전에 청소를 하는 것, 두통에서 회복되는 것, 승진하는 것, 투자로 돈을 버는 것, 휴가 때 날씨가 좋은 것에 관해 낙천적일 수도 있고 아닐 수도 있다.

사람들의 신념이 구체적 상황에 영향을 받을 수 있다는 것은 물론 부정할 수 없는 사실이다. 자신이 지지하는 정치후보가 현 여론조사에서 뒤지는 경우 선거에서 이길 수 있을지에 대해 비관적이 되고, 인부를 추가로 고용하였다면 겨울 전에 집공사가 마무리될 수 있을지에 대해 낙관적이 될 수 있을 것이다. 그런데 연구 결과는 사람들은 낙관주의/비관주의의 전반적 수준에서 분명하게 다르다는 것을 보여주고 있다. 또한 미래에 관한 긍정적 기대와 부정적 기대는 웰빙 측정치와 일관성 있는 관계가 있음을 보여준다.

우리는 심리학 연구에서 낙관주의에 대한 두 가지 주요 접근을 살펴볼 것이다—개인적 성향 또는 특성으로서 낙관주의와 설명방식으로서 낙관주의인데, 후자는 사람들이 삶에서 벌어지는 부정적 사건의 원인을 어떻게 해석하는지에 관한 것이다. 또한 낙관주의와 비관주의에 관한 다른 해석과 낙천적 태도가 언제나 좋은 것인지 살펴볼 것이다. 방어적 낙관주의, 비현실적 낙관주의, 그리고 현실적 낙관주의에 관한 연구는 미래 사건에 관한 상이한 기대가 보여주는 장점과 단점을 밝히는데 도움을 줄 것이다.

성향적 낙관주의 Scheier와 Carver(1992)는 **성향적 낙관주의**(dispositional optimism)를 미래에 좋은 일들이 많이 일어나고 나쁜 일들은 거의 일어나지 않을 것이라는 전반적 기대로 정의한다. 비관주의는 낙관주의의 반대로, 미래에 좋은 일보다는 나쁜 일이 더 많이 일어날 것으로 기대한다. 삶의 여러 영역에 적용할 수 있는 일반적 기대로서, 낙관주의자는 목표를 달성할 수 있을 것으로 확신하는 반면에, 비관주의자는 자신의 능력에 회의를 던진다. 최근 연구에서, 성향적 낙관주의는 Life Orientation Test(LOT)의 수정판으로 측정된다(Scheier, Carver, & Bridges, 1994). 여섯 개 문항으로 구성되어 있으며, 각 문항은 0점에서 4점으로 평정하도록 되어 있는데, 0점은 전혀 동의하지 않는다이고 4점은 매우 동의한다는 것이다. 아래에 여섯 개 문항이 소개되어 있는데, 'R' 은 역으로 채점해야 되는 문항이다.

1. 불확실할 때, 나는 언제나 최선을 기대한다.
2. 나에게 잘못될 수 있는 일은 일어나고야 말 것이다. (R)
3. 나는 언제나 미래를 낙천적으로 본다.
4. 나는 나에게 유리하게 진행되는 일을 거의 기대하지 않는다. (R)
5. 나에게 좋은 일이 일어나리라고 거의 기대하지 않는다. (R)
6. 대체로 나는 나에게 나쁜 일보다는 좋은 일이 많을 것으로 기대한다.

Scheier와 Carver는 낙관주의를 개인적 통제를 달성하는데 목적을 둔 자기조절 행위라는 맥락에서 본다(제8장 참조). 이들의 자기조절 모델에서, 사람들이 도전에 직면하고 목표달성에 대한 방해물이 있을 때 기대와 확신은 중요해진다. 어려움에 처했을 때, 낙관주의자는 그것을 극복할 수 있다고 믿고, 따라서 노력을 지속한다. 반면에 비관주의자는 자신감이 적고 긍정적 기대를 적게 하기에 수동적이 되거나 노력을 포기하기 십상이다.

예상하는 바와 같이, 낙관주의는 이 장에서 논의된 다른 긍정적 특질과 관련되어 있다. 구체적으로 LOT로 측정된 성향적 낙관주의는 자기극복과 자기존중감과 같은 특질과 중간 정도의 정적 상관을 보이며, 신경증 성향, 불안 그리고 우울과 같은 웰빙을 저해하는 특질과는 부적 상관을 보인다(Scheier, Carver, & Bridges, 2002; Scheier et al., 1994). 이런 상관은 낙관주의와 비관주의가 다른 긍정적 특질, 부정적 특질과 어느 정도 중복됨을 시사한다. 예를 들어, 자기존중감이 높은 사람은 낙천적일 가능성이 크다. 그런데 Scheier와 그 동료들이 수행한 연구는 다른 특질들의 효과를 통계적으로 통제했을 때, 낙관주의가 여전히 긍정적 결과를 유의하게 예측하는 변인으로 남아 있었다. 낙천적 태도는 개인의 건강과 행복에 중대한 역할을 하는데, 특히 사람들이 인생에서 어려움에 직면했을 때 그렇다(Carver & Scheier, 2002b; Scheier et al., 2002; Chang, 2002a).

낙관주의와 웰빙

아마도 성향적 낙관주의는 고통에 대항하는 힘을 주는 최고의 개인 자원으로 간주될 것이다. 연구자들은 다양한 삶의 도전에 직면한 사람들을 연구하여 낙관주의는 개인적 고통이 적고 비관주의는 고통수준이 높다는 것을 일관성 있게 발견하였다. 인생의 여러 시점에서 측정한 고통수준과 관련해 분명하게 낙관주의의 장점을 보여주는 종단 연구가 있다.

고통과 삶의 전환에 대한 대응 여성에게 첫 아이는 때때로 산후 우울을 낳게 하는 주요한 삶의 전환점이 된다. 몇몇 연구는 낙관적 태도가 산후 우울을 완화시킬 수 있음을 보여준다(Carver & Gaines, 1987; Fontaine & Jones, 1997; Park, Moore, Turner, & Adler, 1997). 이 연구에 참여한 여성들은 임신 중과 산후 몇 주일 안에 여러 번 LOT 검사를 받았다. 낙관적 여성은 보다 비관적인 여성에 비해 임신 기간과 산후에 모두 우울 증상을 덜 보고하였다. 임신 기간 중 낙관주의가 높을수록 불안이 더 낮고, 보다 긍정적 관점을 유지하였다(Park et al., 1997).

심장의 관상동맥 절제 수술을 받고 회복 중인 사람들 역시 낙관적 태도가 도움이 되었다(Fitzgerald, Tennen, Affleck, & Pransky, 1993; Scheier et al., 1989). 수술을 받은 남자들은 수술 전 후에 여러 번 검사를 받았다. 비관적 환자에 비해 낙천적 환자들은 수술 전 스트레스가 덜했고, 치료에 대해 더 확신을 갖고, 만족해했으며, 수술 후에 보다 위안과 행복감을 느꼈고, 수술 몇 달 후의 삶의 만족도가 더 높았다. 초기 유방암 치료를 받는 여성에게서도 유사한 양상이 나타났다(Carver et al., 1993). 초기에 발견되면 비교적 예후가 좋지만, 그래도 유방암은 공포와 우울을 유발하는 심각하고도 생명을 위협하는 질병임에 틀림 없다. 진단 시의 LOT 점수는 수술 전후에(일주일, 3개월, 6개월, 9개월) 측정된 자기보고 스트레스 수준을 잘 예측하였다. 진단 시 낙천적이었던 여성들은 수술 전에 정서적 혼란이 적었으며, 수술 후 일주일과 수 개월 후 보다 탄력적이었다.

여성의 유방암 대처를 도와주는 낙관주의는 이들을 보살피는 사람들에게도 도움이 된다. 암이나 치매와 같은 심각한 장기적 병에 걸린 사람들을 보살피는 가족들은 정서적으로 부담스럽고 에너지를 소진시키는 일을 맡는다. 낙천적 태도는 소중한 자원이다. 연구들은 낙천적 돌보는 이는 우울을 덜 겪고, 신체 건강이 더 낫고, 일상의 계획이 덜 방해받는다는 것을 보여준다(Given et al., 1993; Hooker, Monahan, Shifren, & Hutchinson, 1992).

고등학교에서 대학으로의 입학은 매년 수백만 명의 대학 신입생들에게 중요한 사건이 된다. 교수, 상담가, 입학관리자 및 많은 부모들이 일부 학생들은 늘어난 자유시간과 학업상의 부담에 잘 적응한다는 것을 안다. 새로운 대학 환경에 효과적으로 적용하는 데 어떤 개인적 자질이 기초가 될까? Aspinwall과 Taylor(1992)는 성공적 적응의 잠재적 예언치로서 자기존중감, 지각된 통제, 그리고 낙관주의의 세 가지 개인차 변인을 고찰하였다. 이 변인들을 각각 도전과 변화에 대한 대처를 돕는 개인적 자원으로 간주되고 있다. Aspinwall과 Taylor는 676명의 대학 신입생들을 대상으로 자기존중감, 개인적 통제 및 낙관주의 척도(LOT)에 응답하게 하였다. 3개월 후, 이 학생들에게 스트레스 수준, 행복 수준, 전반적 웰빙 수준 및 대학적응과 관련된 네 가지 측정치를 얻었다. 연구 결과, 세 가지 개인적 성향 각각 대학 적응과 관련이 있었는데, 낙관주의만이 직접적이고 독립적인 긍정적 효과를 나타내었다. 자기존중감과 개인적 통제는 보다 간접적이고 대학 스트레스에 대한 회피적 대응보다는 적극적 대응과의 관계에 종속된 효과를 나타내었다. 즉 높은 자기존중감과 높은 개인적 통제는 학생들이 적극적으로 해결책을 찾을 때에만 적응을 증진시켰고, 적응문제에 도움이 되었다. 대학생들이 문제를 직면하지 않고 회피하는 경우에는, 자기존중감과 개인적 통제는 그 효과가 감소하였다. 반대로, 낙관주의는 성공적인 대학 적응, 보다 효과적이고 적극적인 대응과 직접적으로 관련되었다.

신체건강과 정서건강 비관주의와 비교해 볼 때, 낙천적 태도를 가진 사람들은 신체건강과 정신건강이 더 좋음을 보고하는 연구가 많다(Affleck, Tennen, & Apter, 2002; Carver & Scheier, 2002b; Peterson & Bosio, 2002; Scheier et al., 2002). 낙관주의자들은 비관주의자들에 비해 우울로 인한 고통을 덜 받기 쉽다. 낙관주의자들은 의학전문대학원이나 법학전문대학원과 같은 새로운 인생 과업에 적응하는 데 불안을 적게 경험한다. 그리고 금연이나 약물 또는 알코올 남용이 되지 않도록하고, 건강한 다이어트를 하며, 규칙적으로 운동하고, 병을 예방하고 치료하려는 의사의 충고를 잘 따름으로써 자신을 잘 관리한다. 류마티스, 천식과 같은 만성질환에 시달리는 낙천적 사람들은 같은 질환을 앓고 있지만 덜 낙천적인 사람들에 비해 일상에서 긍정적 기분을 유지한다. 절제 수술 후, 덜 낙천적인 사람들에 비해 낙관주의자들은 기초적 행동(침대에 앉기, 걷기, 반복 운동, 직업으로 복귀 등)에 더 빨리 도달한다(Scheier et al., 1989).

　삶에 대한 낙관주의적 태도의 누적 효과는 수명을 연장시킴을 보고하는 연구도 있다. 제1장에서 수녀들 연구를 상기해 보라. 명랑쾌활한 수녀들이 가장 명랑쾌활하지 않은 수녀들에 비해 평균적으로 10년이나 더 오래 살았다. 839명의 환자들을 30년간 추적한 연구에서 낙관주의는 더 낮은 사망률과 상관이 있음을 보여준다(Maruta, Colligan, Malinchoe, & Offord, 2000). 긍정적 사고와 긴 수명 간의 관계를 보여주는 마지막 예는 자신과 노화에 대한 노인의 태도에 초점을 맞추고 있다(Levy, Slade, Kunkel, & Kasl, 2002). 연구참여자들의 태도는 죽기 전 23년 동안이나 측정되었다. 긍정적 태도(예, "나는 작년과 같은 기력을 갖고 있다", "나이가 들면서 생각한 것보다 더 나아지는 것 같다")를 보인 사람들은 부정적 견해(예, "나이가 들면서 점점 쓸모없게 되어 간다")를 가진 사람들보다 평균 7.5년 더 오래 살았다.

설명방식으로서 낙관주의　연구들은 다양한 부정적 인생 사건에 대응할 때 낙천적 시각을 갖는 것의 장점을 지지해 준다. 낙관주의자의 장점에 대한 한 가지 근거는 나쁜 일이 왜 일어나는지에 관한 설명과 관련된다. 절망적 타격을 완화시키고 자기이미지와 인생에 대한 긍정적 시각을 보호해 주는 설명이 있는가 하면, 부정적 자기이미지와 보다 우울한 인생관을 낳게 하는 설명방식도 있다. Seligman과 그 동료들은 낙관주의와 비관주의를 **설명방식**(explanatory style)으로 개념화하고 있는데, 이는 부정적 사건을 설명하는 사람들의 특징적 방식을 지칭한다(Peterson, 2000; Reivich & Gillham, 2003; Seligman, 1990). 원래 우울한 사람들의 사고 양상에 초점을 둔 설명방식이(Abramson, Seligman, & Teasdale, 1978), 불행한 삶의 사건에 대한 낙천적 해석과 비관적 해석 사이에 차이를 서술하는 것으로 발전되었다(Peterson & Villanova, 1988). 비관주의자는 특정 난관이나 불행의 원인을 안정되고, 총체적이고, 내적인 원인으로 설명한다. 안정된 원인은 지속적이며 미래에도 잘 변하지 않을 법한 원인이다. 총체적 원인이란 개인의 삶에 관한 거의 모든 것에 영향을 주는 일반적 원인을 말하며, 내적 원인이란 외적 환경이 아닌 개인의 특질과 신념으로부터 발생되는 원인이다.

비관적인 설명방식은 중요한 수학 시험에 실패한 한 대학생의 다음과 같은 말에서 찾아볼 수 있다. "나는 수학을 전혀 못한다" 또는 "나는 시험을 잘 못 치는 사람이다." 이 두 가지 설명 각각 안정된 원인(예, 오늘 수학 시험을 잘 못 치면, 다음 번에도 수학 시험을 못 칠 것이 뻔하다), 총체적 원인(예, 시험을 잘 못 치는 사람이면 모든 과목에서 좋은 성적을 받지 못할 것이다), 그리고 내적 원인(예, 내가 잘못한 것이다. 시험문제가 괴상해서도 아니고 시험 전날 다른 일 때문에 공부할 시간이 부족해서도 아니고 모두 내 탓이다)을 말해 주고 있다. 이와 반대로, 낙관주의자는 실망스럽고 불행한 일들이 불안정하고, 구체적이고, 외적인 원인에 의해 발생한 것으로 본다. 낙관주의자는 시험 실패에 대해 다음과 같은 설명을 할 것이다. "강사가 시험 범위를 명확하게 말하지 않아 시험을 망쳤다", "수업 시간에 배운 것과는 관련없는 문제와 모호한 문제가 출제되었다", "밤늦게까지 일해야 했기 때문에 공부할 시간이 많지 않았다." 실패에 대한 이런 해석은 불안정한 원인(예, 다음 번에는 강사가 시험범위를 명확하게 말할 것이다), 구체적 원인(예, 밤늦게까지 일해야 했다), 그리고 외적 원인(예, 내 능력 부족과 게으름 탓이 아니라 강사가 서툴렀고, 시험이 잘못되었으며, 밤늦게까지 일해야 했기 때문이다)과 관련됨을 보여준다.

설명방식은 흔히 귀인양식 척도(Peterson et al., 1982)나 언어설명 내용 분석(Peterson, Bettes, & Seligman, 1985)을 사용하여 측정된다. 귀인양식 척도(ASQ)는 여섯 개의 부적 사건과 여섯 개의 정적 사건을 간단히 제시한 후, 사람들에게 각 사건이 왜 발생했는지 상상하도록 한다. 정적 사건의 예로는 "당신에게 중요한 타인(배우자, 남자/여자친구)이 당신에게 매우 친절하게 대한다", "당신이 격찬받을 만한 프로젝트를 완수했다" 등이 있다. 부적 사건의 예에는 "당신을 적대적으로 대하는 친구를 만났다", "다른 사람들이 당신에게 기대하는 일을 완수하지 못했다" 등이 있다. 그 다음 사람들에게 각 사건의 가장 중요한 원인 하나를 기술하도록 한 후, 그 원인이 외적-내적, 안정-불안정, 그리고 총체적-구체적 차원에서 어느 정도인지를 평정하게 한다. 그 원인이 자신에게 있는지(내적) 아니면 상황에 있는 것인지(외적)? 그 원인이 영구적인 것인지(안정) 아니면 변화 가능하며 일시적인 것인지(불안정)? 그 원인이 삶과 성격 전반에 영향을 미치는 것인지(총체적) 아니면 이번 한 상황에 국한된 것인지(구체적)? 정적 사건과 부적 사건에 개별 점수가 계산된다.

언어설명 내용 분석(CAVE)에서는, 연구자들은 쓰여진 기록물을 근거로 설명방식의 다양한 차원을 분류한다. 이 기록물에는 개인의 수필, 편지, 일기 또는 면접이 사용될 수 있다. 연구자들은 이 기록물에서 부적 사건에 대한 자연스럽게 이루어진 설명을 확인한다. 그 다음, 평가자들이 그 설명을 ASQ 척도에 따라(내적-외적, 총체적-구체적, 안정-불안정) 평정한다. CAVE 측정은 연구자들로 하여금 종단 연구를 하지 않고서도 삶에서 일어난 일들과 낙관주의/비관주의와의 관계를 측정할 수 있게 해 준다. 예를 들어, Peterson, Seligman과 Vaillant(1988)는 CAVE 측정을 사용하여 1930년대 후기와 1940년대 초기의 하버드 대학생들의(평균 25세) 면접을 평가하였다. 그 후 35년이 지난 1970년대에 수집된 신체건강과 정신건강 정도 자료와 낙관주의/비관주의 점수와는 관련이 있었다. 25세 때의 신체건강과 정신건강의 차이를 통제하고서도 낙천적인 젊은 대학생은 이후 삶에서 신체건강과 정신건강이 더 좋은 것으로 나타났다.

연구들은 사람들의 부적 사건에 대한 설명방식이 정적 사건에 대한 설명방식보다 행동을 더 잘 예측함을 보여주었다. 또한 내적-외적 차원은 안정성 차원과 총체성 차원보다 예측력이 더 낮다는 것을 보고하는 연구도 있다(Abramson, Metalsky, & Alloy, 1989; Peterson, 1991). 설명방식 관점에서 보면, 낙관주의자와 비관주의자 간의 차이는 부적 사건을 비교적 지속적인 것으로 보느냐 아니면 일시적으로만 보느냐(안정적 또는 불안정), 이것이 삶의 전반에 영향을 주느냐(총체적) 아니면 특정 상황에 국한된 것으로 보느냐(구체적)에 관한 것이다. ASQ나 CAVE로 측정한 설명방식으로서 낙관주의는 성향적 낙관주의 연구에서 보여준 것과 유사한 정적 관계를 보여준다(Peterson & Park, 1998).

낙관주의의 작동방식

첫째, 낙관주의는 동기의 한 원천이다. 우리의 행위가 긍정적 결과를 낳을 것이라고 믿을 때 행동을 시작하기가 훨씬 쉽다. 이것은 우리가 지속하는 것을 막는 장애물을 만났을 때 특히 중요하다. 실망스러운 일을 당할 때, 낙관주의는 행위를 지속시키도록 힘을 주는 반면에, 비관주의는 포기하도록 할 수 있다. 낙관주의자의 설명방식은 이렇게 동기적 이점을 제공한다. 좋지 않은 사건을 일시적이고 구체적인 상황으로 제한하는 해석을 함으로써, 낙관주의자는 자신감을 해치고 효율적인 대응을 방해할 수 있는 강력한 부적 정서로부터 자신을 보호한다(Carver & Scheier, 2002b).

낙관주의와 효율적인 대응과의 연결은 낙관주의가 작동하는 두 번째 방식이다(Aspinwall, Richter, & Hoffman, 2002; Ness & Segerstrom, 2006). 비관주의자에 비해 낙관주의자는 문제해결에 목표를 둔 능동적인 대응 책략을 더 많이 사용한다. 대학 스트레스에 대한 대학생의 적응 연구에서, Aspinwall과 Taylor(1992)는 낙천적 학생들이 새로운 수업을 듣고, 시험을 준비하고, 보고서를 작성하고, 새로운 관계를 형성하는 일에 직접적으로 대응하는 방법을 찾는다는 것을 발견하였다. 낙천적 학생들이 사용하는 능동적인 스트레스 완화책에는 공부하기, 시험에 대비하기, 다른 학생들과의 대화, 계획된 시간 사용 등이 포함되었다. 보다 비관적인 학생들은 그런 스트레스가 없는 것처럼 가정하거나, 그런 스트레스가 사라져 주면 좋겠다고 바라며, 친구들과 어울리는 것을 오히려 피하는 식의 문제를 회피하는 경향을 보였다.

낙관주의가 갖는 세 번째 장점은 다양한 대응책을 사용하는 융통성이다. 성향적 낙관주의와 대응에 관한 개관에서, Ness와 Segerstrom(2006)은 낙관주의자는 스트레스원이 통제 가능한 것인지 불가능한 것인지를 구분하여 그에 적절하게 대응책략을 동원함을 보여주었다. 생명을 위협하는 질병과 같은 통제하기 힘든 어려움에 처했을 때, 낙관주의자들은 적어도 단기적으로는 쓸데없는 노력을 하지 않고 해결할 수 없는 문제를 풀려고 애쓰지 않는다. 그 대신, 이들은 능동적인 문제해결에서부터 바뀔 수 없는 현실을 수용하는 보다 정서 중심적 대응 쪽으로 이동한다. 정서적 대응은 스트레스를 주는 사건과 상황으로 인한 부적 정서를 완화시키거나 다루는 방법을 찾는 것이다. 여기에는 즐거운 활동하기, 타인과 감정을 공유하기 또는 스트레스를 주는 현재 상황을 보다 긍정적인 미래로 바라보는 것 등이 포함된다. 자신이 무엇을 변화시킬 수 있고 무엇을 변화시킬 수 없는지를 아는 것은 효율적인 대응의 핵심 요소인데, 이는 익명의 알코올 중독자 재활단체로 인해 유명해진 다음과 같은 평화의 기도에 잘 반영되어 있다—"신이여, 내가 바꿀 수 없는 것들을 받아들일 수 있도록 평온을 주시옵고, 바꿀 수 있는 것을 바꿀 수 있도록 용기를 주시옵소서. 그리고 그 차이를 아는 지혜를 주시옵소서"(Rheinhold Niebuhr). 낙관주의자는 그 차이를 알고 있음을 보여주는 연구가 있다(Aspinwall et al., 2002).

낙관주의자와 비관주의자의 대응 책략을 비교한 연구들에 관한 요약이 표 9.2에 제시되어 있다. 이 결과는 Scheier와 Carver(1992)에 의해 개발된 성향적 낙관주의를 재는 LOT 측정치에 근거를 둔 것이다.

넷째, 낙천적 태도가 긍정적 정서를 더 자주 경험하게 하는 것과 관련해서, 낙관주의자는 Fredrickson의 정적 정서의 확장-구축 이론에서 기술된 이득(제3장)을 획득할 수 있다. 정적 정서는 보다 창의적인 문제해결에 도움을 주며, 부정적 정서의 효과를 없애며, 고통에 직면해서 탄력성을 증진시키며, 타인으로부터 사회 지원을 받을 가능성을 증가시킨다. 끝으로, 낙관주의-정적 정서 연결에는 정적 정서가 신체건강에 미치는 좋은 효과가 포함되어 있다. 분명한 것은 부적 정서가 면역시스템의 기능을 억제한다는 것이다. 최근 연구는 정적 정서가 질병과 싸울 수 있는 신체 역량을 높일 수 있음을 강력하게 시사한다. 낙관주의의 건강에 대한 이점과 비관주의의 건강에 대한 위험은 부분적으로 정적 정서와 부적 정서 경험 정도의 상대적 차이와 관련된 심리적 요인에서 나올 수 있다.

표 9.2 낙관주의자와 비관주의자의 대응 책략

낙관주의자	비관주의자
정보 추구	사고의 억압
능동적 대응과 계획	포기
긍정적 재해석	자기혼란
장점 찾기	인지적 회피
유머 사용	불편에 초점
수용	외현적 부인

출처: Scheier, M. F., Carver, C. S., & Bridges, M. W.(2002).

낙관주의와 비관주의의 다양성

희망이론 성향적 낙관주의는 목표지향적 행동을 동기화하는 미래에 대한 긍정적 기대에 초점을 둔다. 설명방식으로서 낙관주의는 나쁜 사건을 긍정적 태도로 설명함으로써 목표 달성 과정에서 어떻게 하는지를 서술하는 행위주체에 대해 초점을 둔다. Snyder의 **희망이론**(hope theory)은 희망을 의지력과 '과정의 힘'으로 규정함으로써 기대와 행위주체 두 요소를 결합시킨 것이다. 행위주체는 개인적으로 중요한 목표를 추구하는 데 있어 에너지를 제공하고 지속하도록 결정짓는 의지력이다. Snyder가 '경로 사고'라 부른 '과정의 힘'은 정해진 목표를 달성할 수 있는 경로가 확인될 수 있고, 장애물을 만나면 대안 경로를 찾을 수 있으리라는 확신이다. 희망 척도는 행위주체와 경로 둘 다를 측정하는 문항들로 구성되어 있다(Snyder, 1994; Snyder et al., 1991). 문항의 예가 아래에 제시되어 있다. 사람들은 각 항목이 어느 정도 자기에게 해당되는지 평정하며, 총 점수는 개인의 희망 정도를 나타낸다.

1. 나는 열정적으로 내 목표를 추구한다. (행위주체)
2. 내 과거 경험은 더 좋은 미래를 위한 준비였다. (행위주체)
3. 혼란에서 벗어날 수 있는 많은 방안을 생각할 수 있다. (경로)
4. 낙담이 될 경우라도, 나는 문제를 해결할 수 있는 방안을 찾을 수 있으리라 생각한다. (경로)

희망은 낙관주의와 상당한 상관을 보여주고 있다. 희망적인 사람들은 낙관주의적 경향이 있다(Snyder, 2000; Snyder, Rand, & Sigmon, 2002). 그런데 희망에는 추가적으로 유연한 사고, 문제해결 능력, 그리고 낙관주의가 지닌 대응 능력의 이점을 이해하려는 자기동기화가 포함된다. 덜 희망적인 사람들에 비해 희망적인 사람들은 원래 계획을 방해하는 장애물을 만났을 때 목표달성을 위한 대안적 수단을 더 잘 만들어 낸다. 희망적인 사람들은 더 좋은 문제해결자이다. 이들은 장애물을 만났을 때 동기를 유지하기 위해 스스로 긍정적이 될 가능성이 크다(예, "나는 이것을 할 수 있다"). 희망적인 사람들은 이미 벌어진 잘못된 것을 계속 생각하기보다는 일을 완성하려면 무엇이 필요한지에 주목한다. 희망은 낙관주의와 비슷하게 적응, 성취, 건강과의 정적 관계를 보여준다.

'부정적 사고의 긍정적 힘' 일상생활에서 우리는 미래에 관한 다양한 기대를 나타내는 표현들을 접한다. 사람들은 흔히 어떤 이가 "조심스럽게 낙관적이다" 또는 "지나치게 비현실적이다", "몽상적이다" 또는 "현실감 있게 미래를 바라본다"와 같은 말을 한다. 낙관주의와 비관주의가 미래를 생각하고 준비하는 유일한 대안이 아님은 분명하다. 예를 들어, 다음과 같은 사람을 생각해 보자. 앞으로 할 과제 수행에 대해 매우 불안해하고, 최악을 예상하며, 모든 것이 잘못될 것이라고 예견하지만, 대체로 아주 성공적인 사람이 있다. Norem과 그 동료들은 이런 류의 사고와 행동을 **방어적 비관주의**(defensive pessimism)라고 말한다(Norem & Cantor, 1986). Norem의 책 『부정적 사고의 긍정적 힘 : 불안에 대한 방어적 비관주의의 사용과 최상의 수행』은 이런 방어적 비관주의에 관한 연구 결과들을 간결하게 요약해놓았다. 방어적 비관주의는 잠정적 실패에 관한 불안을 성공적 성취로 나아가게 하는 부정적 사고이다.

방어적 비관주의는 질문지로 측정하는데, 사람들에게 다양한 상황(예, 학업적 상황과 사회적 상황)에 관해 어떻게 생각하고 어떻게 준비하는지를 생각하도록 요구한다. 그 다음 아래에 소개된 문항들이 어느 정도 자신에게 해당되는지 평정하게 한다(Norem, 2002, p. 83). 방어적 비관주의를 측정하는 문항들은 다음과 같다.

"잘될 것이라고 알고 있을지라도, 나는 최악을 예상하고 그 상황에 들어간다."

"이런 상황에서 나는 내 의도대로 실행할 수 없을지 모른다는 걱정을 자주 한다."

"나는 종종 이런 상황에서 무엇이 잘못될 수 있을지 파악하려고 한다."

"이런 상황 중 하나가 발생할 것에 관해 대비하는 데 많은 시간을 보낸다."

방어적 비관주의는 세 가지 긍정적 기능을 한다. 첫째, 낮은 기대수준을 설정하는 것은(예, 최악의 상황), 만약에 일어날 실패로 인한 타격을 약화시킨다. 만약 성공을 기대한다면, 실패는 낙담이 될 것이다. 둘째, 최악의 결과를 예상함으로써, 그런 실패가 일어나지 않도록 미리 준비할 수 있다. 셋째, 다양한 상황에서 어떻게 할지 걱정하면, 실패할 수 있는 모든 가능성을 생각함으로써 잠정적 실패의 원천을 피하도록 준비할 수 있고, 불안을 생산적 목적으로 바꿀 수 있다. 무엇을 할 것인지, 잠정적 어려움을 어떻게 피할지 정신적으로 연습함으로써, 자신감이 증가하고, 불안이 낮아지고, 그 상황에 대한 통제감을 더 느낄 것인데, 이 모든 것이 성공의 기회를 최대화하는 데 도움이 된다. 연구들은 방어적 비관주의의 이 세 가지 정적 기능을 지지해 준다(Norem, 2001, 2002; Norem & Chang, 2002를 보라).

방어적 비관주의자는 미래 수행에 관해 낙관주의자와는 아주 다르게 생각한다. 대학생들에게 시험에 관한 생각과 감정을 서술하도록 한 연구에서 이런 차이가 분명하게 드러났다(Norem & Cantor, 1986). 표 9.3은 낙천주의자 대 방어적 비관주의자의 상이한 반응을 보여준다.

방어적 비관주의자는 낙관주의자들만큼 수행을 잘한다. 그러나 아주 상이한 책략을 사용

표 9.3 다가올 시험에 관한 낙천주의자와 방어적 비관주의자들의 사고

낙천주의자의 진술

1. 나는 교재를 공부하고 있다.

2. 자신있다.

3. 약간 신경이 쓰인다.

4. 편안하다.

5. 준비된 것 같다.

6. 시험 문제에 흥분된다.

7. 잠자고 공부하는 계획을 수립한다.

8. 별로 걱정되지 않는다.

방어적 비관주의자의 진술

1. 성적이 안 좋을 것이라 예상된다.

2. 신경이 쓰인다.

3. 불안하다.

4. 더 열심히 공부하기 위해 무엇이 준비되지 않았는지 생각한다.

5. 가능한 한 열심히 공부한다.

6. 시험에 관해 생각한다.

7. 시험에 실패하면 어떻게 될까 생각한다.

8. 대체로 기대한 것보다 더 잘한다.

출처: Norem, J. K., & Cantor, N.(1986).

한다. 낙천주의자들은 기대수준이 높고 미래 결과에 대해 광범위하게 생각하기를 피한다. 이들은 모든 것이 잘되어 갈 것으로 확신한다. 방어적 비관주의자들은 기대 수준이 낮고 불안하며 실패를 걱정하지만 성공하기 위해 철저하게 준비한다. 앞으로의 과제에 관해 가능한 결과를 생각하고 걱정하는 것을 차단하는 연구에서 이들의 수행이 낮아짐을 보여주는 것처럼, 실제로 방어적 비관주의자는 성공하기 위해 이런 책략을 따르는 것이 '필요하다.'

수행 성공에도 불구하고, 방어적 비관주의자들은 정서적 대가를 지불할 수 있다(Norem, 2002). 수행 불안이 높고 부정적인 것에 초점을(잘못될 것에 관하여) 두는 것과 관련하여, 방어적 비관주의자들은 특성불안과 신경증 성향 측정치가 높다. 실패할지 모를 상황에 대한 부정적 생각은 자기평가로 이어지는 것 같다. 방어적 비관주의는 낮은 자기존중감과 관련이 있다. 끝으로 구체적인 연구는 없지만, Norem(2002)은 방어적 비관주의의 부정적 사고와 불안은 타인을 힘들게 하며 대인관계에 어려움을 초래할 것이라고 제안한다. 사람들은 방어적 비관주의자의 끊임없는 걱정, 특히 잘된 일에 대해서조차 걱정하는 것을 달래는

데 지쳐버릴 수 있다.

긍정심리학 관점에서 보면, 방어적 비관주의는 낙관주의가 좋은 성과를 초래하고 비관주의는 나쁜 성과를 초래한다는 널리 알려진 가정에서 다소 예외적인 것이다. 긍정적 결과를 초래하는 부정적 기대와 부정적 정서로 정의되는 일종의 비관주의가 여기 있는 것이다. Norem과 Chang(2002)은 방어적 비관주의는 긍정심리학자들에게 "사람들이 인생에서 긍정적으로 되는 방법을 연구할 때, 하나의 경로의 힘이 자신의 목표달성을 위한 대안적 경로들을 보지 못하게 하도록 해서는 안 된다는 것을 고려할 필요가 있다"는 것을 기억하게 하는 것이라고 주장하고 있다(p. 999).

비현실적 낙관주의 낙관주의의 다양성에 관한 또 다른 구분은 현실적 낙관주의와 비현실적 낙관주의 간의 차이에 관한 것이다. 모든 낙관주의가 다 유익한 것은 아니다. 낙관적 기대가 현실과 너무 거리가 멀 때, 이익보다는 해를 끼칠 수 있다. 예를 들어, Weinstein이 수행한 연구에서는 암, 심장병, 실연, 심각한 사고, 알코올 중독 및 이혼과 같은 부정적 인생사건을 경험할 가능성에 대한 평가에서 비현실적으로 낙관적인 편파가 있음을 보여주었다(Weinstein, 1980, 1982, 1989; Weinstein & Klein, 1996). 이런 사건들이 우리에게 일어날 가능성을 추정하게 했을 때, 대부분의 사람들은 이런 일들이 '언제나 다른 사람들에게 일어나는 것'이지만 자신에게는 일어나지 않을 것으로 믿는 것 같다. 우리 모두 이런 심각한 문제들이 자신에게는 평균 확률 이하로 일어난다고 생각하는데, 물론 이는 틀린 것이다. 누군가에게는 나쁜 일이 일어나지 않는가! 이런 낙관주의는 위로가 될 수는 있지만, 예방적 행동을 억제할 수 있다. 나에게 그런 일이 일어나지 않는다면 군이 걱정해야 할 필요가 있는가? 정기적 신체검사를 하지 않고, 계속 담배를 피우고, 피임을 하지 않는 것 모두 개인적 민감성을 약화시키는 비현실적인 낙관적 태도로 인한 잠재적 위험을 반영하는 것이다.

연구 초점과 이론 : 낙관주의 연구에서 미해결된 주제

방어적 비관주의와 비현실적 낙관주의에 관한 연구는 낙관주의는 언제나 좋고 비관주의는 언제나 나쁘다는 단순한 결론을 흔들어 놓는다. 낙관주의의 의미와 측정에 관한 다른 주제들 역시 복잡한 문제들을 제기하고, 긍정적 사고가 무조건 바람직한 것은 아니라는 제동을 건다. 언뜻 보기에는, 이런 주제들이 전문가들에게만 흥미로울 거리라고 생각할지 모른다. 그런데 낙관주의의 가치에 대한 열성적 추종은 아동들과 일반 대중에게 낙관적 사고를 가르치도록 시도하게 한다(Norem & Chang, 2002, Seligman, 1990). 연구자들은 이 장의 앞부분에서 소개되었던 자기존중감의 무제한적 가치에 관해 제기했던 것과 유사하게 낙관주의의 복잡성에 관심을 갖는다. 자기존중감과 마찬가지로, 많은 심리학자들은 사람들의 삶을 증진시키는 한 방법으로서 낙관주의를 권장하기 전에 낙관주의가 갖는 유익, 대가, 측정 및 유형이 밝혀져야 한다고 생각한다.

현실주의와 낙관주의

낙관주의가 긍정적 효과를 낳기 위해서는 현실적이어야 한다고 제안하는 연구가 있다(Schneider, 2001). 불행하게도, 연구자들은 개인의 긍정적 기대의 근거가 되는 정보, 원천, 판단을 제대로 평가하지 못하고 있다. Peterson과 Chang(2003)은 연구자들이 낙관주의가 현실적 근거에 기초하고 있다고 가정하거나 현실주의(현실에 기초한 것이냐 아니냐)는 문제되지 않고 낙관주의(낙관적이냐 비관적이냐)만 문제된다고 가정하는 것에 주목하고 있다. 이 가정에는 두 가지 문제가 있다. 첫째, 낙관주의에 관한 연구들은 서로 상반되는 효과를 낳기 때문에 현실적 낙관주의와 비현실적 낙관주의를 구분해야만 한다. 언제 낙관주의가 필요하고 언제 필요하지 않은지를 아는 것은 연구자들뿐만 아니라 일반 대중에게도 유용한 정보인데, 왜냐하면 이는 낙관주의 효과의 한계를 규정하는 조건을 말해 주기 때문이다. Peterson(2000)은 현실적 낙관주의의 중요성을 보여주는 **John Henry주의** 연구를 언급한다. John Henry주의란 용어는 증기동력으로 움직이는 기계와 경쟁하여 이겼던, 그러나 그 결과 죽은 John Henry라는 남자에 관한 철도전설에서 따온 것이다. John Henry주의는 열심히 그리고 충분히 오래 일하면 꿈과 포부는 실현될 수 있다는 신념으로 정의되는 성격 특성을 지칭한다. 성과를 통제하는 원천이 없는 강력한 낙관주의는 건강문제를 일으키는 지속적인 스트레스의 주요 원천이 될 수 있다. 연구는 이런 특성이 사회경제적 수준이 낮은 미국 흑인들의 고혈압과 심장병 위험의 증가와 관련되어 있음을 보여준다(James, Storgatz, Wing, & Ramesey, 1987). Peterson이 주목했듯이, 사람들의 생활환경의 영향이 낙관주의의 가치를 평가하는 데 고려되어야 할 것이다. 낙관주의가 관건이지만, 사람들의 실제적 통제수준과 원천의 범위 안에서만 그렇다.

둘째, 개인이 처한 상황의 현실에 대한 이해 없이는 낙관주의가 어느 정도의 성과를 낳는지, 그리고 어느 정도 상황 변인들이 성과에 영향을 주는지를 결정하기 힘들 것이다. Peterson과 Chang(2003)은 매달 지불해야 할 지출에 관해 낙관적인 아주 부유한 사람의 예를 들고 있다. 이 사례에서, 지불을 결정하는 것은 낙관주의가 아니라 은행 계좌의 잔액이다. 우리가 충분히 많이 가지고 있음을 아는 것이 우리를 낙관적으로 만들지만, 우리의 신념은 대체로 성과와 무관하다. 낙관주의가 성과에 중요하다면, 긍정적 기대 효과는 상황요인으로 야기된 효과를 능가해야만 한다.

낙관주의와 비관주의는 서로 반대적인가 아니면 서로 독립적인가?

일반적으로 비관주의와 낙관주의는 단일 차원의 반대 극에 있는 것으로 가정한다. 달리 말하면 낙관주의가 높은 사람은 비관주의가 적고 비관주의가 높은 사람은 낙관주의가 낮다는 것이다. 생활지향검사(LOT)를 검사를 만드는 초창기에, 대학생들을 대상으로 한 연구에서 낙관주의 문항과 비관주의 문항 간에 역상관($r = -0.64$)이 나타났다(Scheier & Carver, 1985). 그런데 후속 연구에서, 특히 나이 든 사람들을 대상으로 한 연구에서 이보다 훨씬 낮은 상관을 보여줌으로써, 두 개념이 단일 차원의 양극이라기보다는 두 개의 서로 독립적인 구성개념이 될 수 있음을 시사해 준다(Carver & Scheier, 2003; Kubzansky, Kubzansky, & Maselko, 2004; Norem & Chang, 2002; Peterson & Chang, 2003). 만약 두 개의 서로 다른 구성개념이라면, 낙관주의의 반대는 비관주의가 아니라, 낙관주의의 부족일 것이다. 또한 비관주의의 반대는 낙관주의가 아니라, 비관주의가 없는 것일 것이다. 낙관주의 정도를 측정하기 위해 하나의 종합 점수를 사용한 연구들은 낙관주의와 비관주의의 독립적이고 상이한 효과를 상쇄할 것이다. 이런 가능성과 일치하게, 낙관주의 점수와 비관주의를 따로 잰 몇몇 연구들은 비관주의가 보다 중요한 예언자임을 보여주었다. 즉 낙관주의가 있느냐보다는 비관주의가 없는 것이 긍정적 효과와 더 강력한 상관을 보여주었다(Robinson-Whelen, Kim, Maccallum, & Kiecolt-Glaser, 1997; Schulz, Knapp, Scheier, & Williamson, 1996).

유사한 문제가 귀인양식척도(ASQ)에 관해서도 제기되었다. 낙관주의를 측정하는 이 척도는 개인이 긍정적 사건과 부정적 사건을 어떻게 설명하느냐에 근거한 것이다. 대체로 긍정적 사건에 대한 설명과 부정적 사건에 대한 설명방식은 서로 독립적이다. 부정적 사건을 어떻게 설명하느냐가 가장 좋은 예언자이다. 현재 ASQ 개정판 중 하나는 낙관적 설명방식 대 비관적 설명방식을 측정하는 데 부정적 사건만 포함시키고 있다(Peterson & Villanova, 1988). 몇몇 연구자들이 주목하는 것처럼, 사람들이 부정적 사건을 어떻게 설명하는가에 따라 낙관주의를 규정하는 것은 완전 후퇴가 아니라면 약간 '신기한' 것으로 보인다(Norem & Chang, 2002; Peterson, 2000; Snyder, 1995). 낙관주의라면 사람들이 긍정적 사건의 원인에 관해 어떻게 생각하는지를 반영하는 것이 되어야 하지 않겠는가? 그리고 긍정적 사건에 대한 설명방식이 긍정적 결과와 적응의 증가를 예측해야 되지 않겠는가? 이것이 사실이 아니라는 것은 설명방식으로서 낙관주의는 사람들이 자기존중감을 보호하고 긍정적 미래관을 유지하는 방식으로 설명함으로써 부정적 사건의 효과를 상쇄하는 것임을 보여준다. 긍정적 사건에 대한 사람들의 생각이 어떻게 건강과 행복을 증진시킬 수 있는지에 관해 밝혀진 것은 별로 없다. 앞으로 이런 측정 문제로 제기된 개념적 문제를 해결하고 명료화하는 지속적인 작업이 필요할 것이다.

연령과 문화

"젊었을 때 이상(理想)이 없다면 심장이 없는 것이고, 나이 들어 약간의 냉소가 없다면 머리가 없는 것이다"라는 말이 있다. 젊은이들의 낙관주의는 역경과 삶의 실망에 의해 흔들리게 된다. 심리학의 대부분의 연구처럼, 낙관주의 연구는 주로 대학생들에게 의존하고 있다. 낙관주의와 비관주의가 젊은이들에게 다르게 작용할 가능성은 앞서 언급된 연구에서 제기되었다. 대학생들에게는 낙관주의와 비관주의는 한 차원으로 구성된 구조이지만, 보다 나이든 성인들에게서는 2개의 서로 독립적인 차원을 지닌 구조임을 보여주었다(Norem & Chang, 2002). 더욱이, 낙관주의와 비관주의의 이득과 손해가 나이에 따라 변할 수 있다는 것을 보여주는 연구도 있다. 예를 들어, 중년의 암환자들에 관한 한 연구에서 비관적일수록 더 일찍 사망함을 보여주었다. 그런데 낙관주의는 수명의 연장을 예측하지는 못하였다(Schulz et al., 1996). 이 결과는 젊은이들에게서 낙관주의의 긍정적 효과를 보여주는 수많은 연구들과 대조된다. 확고한 결론을 이끌어 낼 만한 연구는 거의 없지만, 나이듦에 따라 낙관주의와 비관주의에 관한 생각이 보다 복잡하고 덜 흑백논리적일지 모른다. 낙관주의의 이득과 비관주의의 손해가 시간에 따라 달라질 수 있다.

낙관주의 연구의 비교문화적 타당도에 관한 문제 제기도 있다. 제6장에서 논의된 바와 같이, 긍정적 사고는 미국 문화에서 아주 가치 있는 것으로 적극적으로 권장하는 덕목이다. 부모, 교사, 및 대중매체는 "할 수 있다"와 "될 수 있는 모든 것이 되라"는 태도를 권장한다. 반면에, 아시아 문화권은 대인관계에서 조화에 초점을 둔 겸손, 양보, 자기비판적 태도를 중시한다. 개인의 자기규정에 영향을 주는 문화 효과에 관하여, 연구자들은 문화가 낙관주의를 얼마나 가치 있게 여기느냐에 영향을 줄 수 있는지 살펴보았다. 낙관주의가 미국에서처럼 아시아 문화권에서도 동일한 방식으로 작용하는가? 그렇지 않음을 보여주는 연구들이 점차 나오고 있다(Chang, 2002b; Peterson & Chang, 2003).

예를 들어, LOT를 사용한 연구들은 아시아계 미국인과 유럽계 미국인이 전반적인 낙관주의 수준에서 서로 다르지 않은 반면에, 비관주의 수준에서는 유럽계보다 아시아계가 더 높게 나타나 이 둘 간에 차이가 있음을 발견하였다. 더 나아가 낙관주의는 미국인의 긍정적 대처를 예측하지만, 아시아계 사람들에게는 비관주의가 효율적 대처를 예측한다. 즉 아시아계 미국인들의 비관주의는 미래의 부정적 결과를 예언하는 데 기초가 될 수 있고(비관주의 요소), 그런 일들이 벌어지지 않도록 막는 조치(방어적 요소)를 취할 수 있다. 방어적 비관주의는 긍정적 가치를 지니고 있으며, 부정적 결과를 막도록 작동하기 때문에 그 자체가 영속될 수 있다. 부정적 가능성에 대한 초점은 나쁜 결과를 감소시키고 좋은 결과 가능성을 증진시키는 예방적 행동을(예, 문제해결) 취하도록 동기화한다. 여기서 최저선은 낙관주의와 비관주의의 의미, 조작 및 이득/손해가 서구 문화와 동양 문화 간에 유의하게 다를 수 있다는 것이다.

서구 문화권의 실용적 관점으로 보면, 낙관주의의 개념적, 경험적 복잡성은 낙관주의와 비관주의를 하나의 선택으로 생각함으로써 부분적으로 해결될 수 있을 것 같다. Seligman(1990)은 그의 책 『학습된 낙관주의』의 결론 부분에서 경계를 넘어선 낙관주의와 습관적인 낙관주의의 손해와 한계를 인식하는 '융통성있는 낙관주의'를 권장한다. (그의 주장은 습관적으로 비관적인 사람들에게도 적용될 수 있다.) Seligman은 변화시킬 수 없는 것과 변화시킬 수 있는 것을 변별할 수 있는 지혜를 기원한 평화의 기도를 상기하면서 사건과 결과에 대한 통제 평정은 주어진 상황에서 어느 정도 낙관주의적인지 그 정도에 관한 정보를 제공해야 한다고 생각한다. 우리가 통제할 수 없고 잠재적 위험부담이 큰 상황에서는 현실주의, 수용, 심지어는 비관주의가 적응에 더 도움이 될 수 있다. 목표포기 이론에 관한 연구는 고정되고 경직된 낙관주의가 아닌 융통성있는 낙관주의의 가치와 현실적 평가의 중요성을 지지해 준다. 제8장을 돌아보면, 달성할 수 없는 목표를 포기하는 것은 욕구좌절을 피하고 달성될 수 없는 결과를 추구함으로써 발생할 수 있는 정서적 고갈을 피하는 건강한 반응이다. 현실적 평가와 비관적 기대는 시간과 에너지 소모를 막는다. 평화의 기도에 따르면, 자신이 바꿀 수 있는 것과 바꿀 수 없는 것 간의 차이를 아는 것은 낙관주의와 비관주의의 손해와 유익을 골라내는 한 방안이다.

긍정적 착각

Shelly Taylor와 그 동료들의 연구는 긍정적 신념에 관한 토론을 명쾌하게 정리할 수 있게 해준다. 사람들은 행복, 자기존중감 및 낙관주의 정도에서 차이가 있지만, Taylor의 연구는 대부분의 사람들은 스트레스 상황에서조차 긍정적 시각을 유지한다는 것을 시사해 준다(Taylor & Armor, 1996; Taylor & Brown, 1988; Taylor, Kemeney, Reed, Bower, & Gruenewald, 2000). 낙관주의의 일부는 또 다른 날을 맞기 위해 아침에 잠자리에서 일어나게 하는 삶의 기본 요건으로 인간의 속성을 형성할 수 있다(Peterson, 2000). 우리의 인생관이 현실과 '너무' 일치하면, 세상에 있는 모든 고통과 괴로움 때문에 우울하게 될지도 모른다.

대부분의 사람들이 네 가지 긍정적 착각을 공유한다는 증거가 있다. 첫째, 사람들은 자신이 남들과 비교해 볼 때 더 낫다는 이기적인 관점을 지니고 있다. 우리는 남보다 더 유능하고 더 낫다고 생각하며, 자신을 주로 긍정적 용어로 서술하는 경향이 있다. 둘째, 사람들은 '비현실적으로' 낙관적이며, 자신의 미래에 대해 좋은 일이 많고 나쁜 일이 적으리라는 장밋빛 미래를 예견한다. 셋째, 우리 대부분은 자신의 삶에 대한 통제를 과장한다. 넷째, 사람들은 종종 자신의 실패를 능력이나 노력 부족 탓으로 돌리기보다는 환경 탓으로 돌리는 이기적인 편향을 보여준다. 이런 편향은 부정적인 사건이나 자기패배적 사건을 접했을 때 긍정적 자기이미지를 유지하도록 돕는다. 이런 신념들은 문자적으로는 사실이 아니기 때문에 착각으로 볼 수 있다. 모든 사람들이 자신을 평균 이상으로 간주하고 장밋빛 미래를 예견하는 것은 아니다. 그러나 이런 신념들은 건강한 삶을 방해하는 망상이나 불합리한 사고만큼 현실과 그렇게 멀리 떨어진 것은 아니다. 실제로, 정반대이다. 긍정적 착각은 건강, 행복 및 스트레스와 외상경험에 대한 대응을 증진시키도록 하는 인생과 자신을 보는 방식에 대한 약간의 왜곡이다.

긍정적 착각은 현실과 극단적으로 떨어진 것이 아니라 우리 세상관의 긍정적 축이 되는 일관되며 적절한 편향이다. 환경, 특히 타인으로부터의 피드백은 우리를 극단으로 가지 않게 한다. 자기능력을 지나치게 부풀려 말하는 것을 참아주고 실현될 수 없는 미래에 대한 기대를 지지해 주는 친구나 가족은 거의 없다. 너무 극단적인 긍정적 착각은 우리가 현실적 정보에 기인한 '현실 검증'을 무시하기 위해 모래에 머리를 처박고 있지 않는 한 현실적인 것으로 되돌려질 것이다.

사람들의 착각에 도전을 가하는 상황에서(심각한 질병과 같은) 사람들은 긍정적 입장을 회복하려는 적극적 노력을 한다는 것을 보여주는 다양한 연구들이 있다. 낙관주의처럼, 긍정적 착각은 일관되게 건강한 심리적 적응과 관련이 있다(Taylor, 1989; Taylor & Armor, 1996; Taylor, Lerner, Sherman, Sage, & McDowell, 2003). 자신에 관해 긍정적 관점을 유지하려는 시도(비현실적이라 하더라도), 개인적 통제감 및 미래에 관한 낙관적 관점은 스트레스 상황에 대처하는 적응적 기제들이다. 더 나아가 긍정적 착각의 부재는 경증 우울증과 관련이 있다(Alloy & Abramson, 1979). **우울 현실주의**(depressive realism)('더 슬프지만 더 현명한 효과'로 알려진)란 약간 우울한 사람들이 우울하지 않은 사람들에 비해 자신과 삶에 대한 판단에서 실제로 더 정확하다(현실적)는 놀라운 발견을 지칭한다. 부정적 왜곡과 심한 비관주의는 중증 우울증의 지표이지만, 약간 우울한 사람들의 경우, 긍정적 착각의 부족과 현실적인 관점이 그들의 우울을 초래한다. 약간 우울한 사람들과 우울하지 않은 사람들 간의 이러한 상이한 신념은 표 9.4에 제시되어 있다.

가벼운 우울자들은 비우울자들과 달리 자신의 능력이나 호감도를 과장하지 않는다. 우울한 사람들은 자신이 어느 정도 통제력이 있는가에 대해 보다 정확한 평가를 하며, 비우울자들의 특징인 통제감 착각에 덜 영향을 받는다. 우울한 사람들은 비우울자들이 갖고 있는 '만사형통'이라는 장밋빛 낙관주의가 아니라 미래에 벌어질 좋은 일과 나쁜 일에 균형감각을 지니고 있기 때문에 자신의 미래에 관해 보다 현실적이고 정확한 관점을 갖고 있다. 또한 우울한 사람들은 이기적 편향을 따르지 않고 실패에 대해 개인적 책임감을 진다. 요약하면, Taylor(1989, p.214)는 "… 보통 사람들은 자기존중, 통제감 착각 및 미래에 관한 비현실적 비전이 높은 반면에, 우울한 사람들은 이런 편향을 보여주지 않는다. '더 슬

표 9.4 우울 현실주의 대 긍정적 착각

가벼운 우울자 : 우울 현실주의	우울하지 않는 자 : 긍정적 착각
정확한 자기 지각	자신에 대한 과장된 지각
과거에 대한 현실적 평가 및 미래에 대한 긍정적 예측과 부정적 예측의 균형	과거에 대한 긍정적 회상과 장밋빛 미래 예견
삶에 대한 통제력의 현실적 평가	과장된 자기 통제감
부정적 결과에 대한 책임감 수용	실패를 개인의 통제를 넘어선 환경 탓으로 돌리는 이기적 편향

프지만 더 현명한' 것이 실제로 우울증에 적용되는 것 같다"라고 결론짓고 있다.

　Taylor의 연구는 지나치게 비현실적인 낙관주의는 문제를 일으키지만, 지나치게 현실적인 것도 대가가 있다는 것을 상기시켜 준다. 실제 있는 것보다 자신을 조금 더 낮게 보는 것, 일어날 수 있는 것보다 미래를 조금 더 긍정적으로 보고, 그리고 실제로 할 수 있는 것보다 삶을 더 잘 통제할 수 있다고 믿는 것은 '비현실적이고' 착각적인 것이 될 수 있다. 하지만 이런 관점은 행위를 동기화하고 자신의 현재와 미래에 관해 긍정적 관점을 유지시키며 삶에서 접하는 불가피한 실망, 난관, 외상에 대처하고 회복할 수 있게 해 준다. Schneider(2001)가 주장했듯이, 특정 결과가 발생할 가능성을 평가하는 데 사용되는 현실적 정보가 아주 결정적이어서 오직 하나의 가능성으로만 단정할 수 있는 경우는 거의 없다. 좋은 직업을 구하는 것에서부터 행복한 결혼을 하는 것, 암을 극복하는 것까지 현실은 항상 우리가 기대할 수 있는 것에 관해 어떻게라도 해석할 수 있는 여지가 있게 해 준다. 즉 다양한 결과가 발생할 가능성이 동등하게 존재한다. 현실에 있는 여지의 한계 내에서 긍정적 관점을 취하는 것의 유익은 긍정심리학의 연구에서 보여주는 핵심적인 메시지 중의 하나이다.

　이 장에서는 긍정적인 특질이 행복, 정서적 안녕감, 효율적인 대처, 삶의 만족 및 신체건강에 기여하기 때문에 긍정적 특질에 초점을 맞춘 연구와 이론에 관해 개관하였다. 정적 정서성, 외향성, 명랑한 기질, 접근 동기, 자기존중감, 낙관주의 및 긍정적 착각은 모두 건강과 행복을 평균 이상으로 누리게 하는 데 기여한다. 긍정심리학의 핵심 주제와 일치되게, 행복은 슬픔이 없는 상태만은 아니고, 건강은 불행이나 병이 없는 상태만은 아니고, 좋은 삶은 나쁜 삶이 없는 것만은 아니다. 긍정적 특질들은 부정적 사건에 대처하고 극복하도록 도울 뿐만 아니라, 이 특질들은 행복, 긍정적 정신건강, 그리고 신체건강에 기여하기도 한다.

이 장의 요약문제

1. 긍정적인 요소로서 특질을 정의하는 네 가지 기준은 무엇인가?

2. a. Pual Meehl은 "어떤 사람들은 '세 잔 덜 먹도록' 태어난다"고 하였는데, 이것은 어떤 의미인가?

   b. Meehl의 예측으로 지지되는 정적, 부적 정서성에 대한 연구는 어떻게 이루어졌는가?

3. Kagan의 연구에 따르면, 반응적 유아와 비반응적 유아 간에는 어떤 차이가 있는가?

4. 정적·부적 정서성, 외향성, 신경증성향 및 주관적 안녕감 간의 관계에서 중첩되고 얽힌 부분은 무엇인가?

5. 행복론적 웰빙의 준거, 주관적 안녕감의 준거 그리고 5요인 성격특질 간의 관계 양상은 어떻게 나타나는가?

6. 개인의 목표 접근 또는 목표 회피 경향성의 차이를 설명하는 행동활성 시스템과 행동억제 시스템은 어떻게 서로 연관되는가?

7. 사람들의 행복 고정점이 바뀔 수 있고 '쾌락의 쳇바퀴'에 매이지 않을 수 있다는 것을 보여주는 최근의 증거와 주장은 무엇인가?

8. Lyubomirsky가 행복한 사람들과 불행한 사람들이 서로 다른 세계에서 산다고 결론짓게 된 이유는 무엇인가?

9. 전반적 삶의 조망과 대처 자원으로서, 자기존중감은 어떤 가치가 있는가?

10. 진화론적 관점에서 사회측정 이론은 자기존중감의 중요성을 어떻게 설명하는가? 무엇으로 자기존중감을 측정하는가?

11. 연구 개관에 근거해 볼 때, 1980년대 자기존중감에 관한 가정에 관한 주요 문제는 무엇이었는가? 자기존중감과 관련된 것은 무엇이었고, 관련이 없는 것은 무엇이었는가?

12. Crocker와 동료들에 따르면, 자기가치의 유관성이란 무엇을 뜻하며, 이러한 유관성이 사회 문제와 개인적 문제와 어떻게 연관되는가?

13. Carl Rogers가 기술하고 Crocker와 동료들이 최근에 연구한 자기존중감 추구에서 자기존중감의 잠재적인 부정적 측면은 무엇인가?

14. 낙관주의와 비관주의는 자기조절 행위에 어떤 역할을 하는가? Scheier와 Carver의 성향적 낙관주의 모델로 설명해 보라.

15. Seligman과 동료들이 주장한 설명방식으로서 낙관주의에 따르면, 낙관주의자와 비관주의자는 부정적 사상들을 설명할 때 어떤 차이가 나타나는가?

16. 낙관주의는 어떻게 작동하는가? 낙관주의가 제공하는 긍정적 기능은 무엇인가?

17. 연구자들은 미래에 대한 낙관적 기대를 가진 사람들의 정보나 자원을 측정하고 평가하려고 시도하였으나 실패하였다. 실패를 야기한 두 가지 문제점은 무엇인가?

18. 설명방식 모델 안에서 낙관주의에 대한 측정이 힘든 이유는 무엇인가?

19. 미국과 아시아 문화에서 낙관주의와 비관주의의 수준, 의미, 이득이 어떻게 다르게 나타나는가?

20. a. 대부분의 사람들이 공유하는 긍정적 착각은 무엇인가?

    b. 우울 현실주의에 대한 연구에서 긍정적 착각의 이득은 어떻게 나타나는가?

핵심용어

긍정적 착각

기질

반응적, 비반응적 기질

방어적 비관주의

부적 정서성

사회측정 이론

설명방식으로서 낙관주의

성향적 낙관주의

우울 현실주의

자기가치의 유관성

자기존중감

정적 정서성

특질

행동활성 시스템

행동억제 시스템

희망이론

5요인 모델

John Henry주의

관련 웹사이트

성향적 낙관주의

www.psy.miami.edu/faculty/ccarver Charles Carver의 웹페이지로, 성향적 낙관주의에 대한 많은 참고문헌들과 그의 연구를 살펴볼 수 있다. 또한 낙관주의 측정도구인 LOT-R과 BIS와 BAS의 측정도구를 무료로 인쇄할 수 있다.

Sonja Lyubomirsky

www.faculty.ucr.edu/~sonja/index.html 행복한 사람들과 그렇지 않은 사람들의 차이점에 대한 Sonja Lyubomirsky의 연구를 기술한 웹사이트로, 사람들의 행복 수준을 증가시키는 방법에 대해서도 나와 있다.

자기존중감

www.discoveryhealth.queendom.com/self_esteem _abridged_access.html 몇 개의 자존감 검사를 받을 수 있으며, 온라인으로 채점된다. 웹페이지에서 사례를 볼 수 있다.

유관된 자기존중감

www.rcgd.isr.umich.edu/crockerlab/projects.htm 미시간대학교의 Jennier Crocker의 웹사이트로, 그의 연구에 대해 알 수 있으며 유관된 자기존중감의 측정도구를 제공하고 있어 인쇄할 수 있으며 채점도 가능하다.

진정한 행복

www.authentichappiness.sas.upenn.edu 펜실베이니아대학교의 Martin Seligman의 웹사이트로, 많은 긍정심리학의 특질 검사를 이용할 수 있다. 회원가입을 하면 검사의 인구통계학적 정보를 알 수 있으며, 그에 따른 당신의 점수의 위치도 알 수 있다. 모든 검사의 점수 프로파일은 컴퓨터로 처리되며 언제든 이용 가능하다. 이 사이트에서 제공되는 낙관주의 검사는 낙관주의의 귀인양식 질문지이다.

방어적 비관주의

www.defensivepessimism.com Julie Norem의 웹사이트로, 방어적 비관주의와 부정적 사고의 힘에 대한 연구들이 기술되어 있다. 방어적 비관주의 검사를 무료로 이용할 수 있다.

읽을거리

Baumeister, R. F., Campbell, J. D., Krueger, J. I., & Vohs, K. D. (2005). Exploding the self-esteem myth. *Scientific American, 292*, 84-91.

Carver, C. S., & White, T. L. (1994). Behavioral inhibition, behavioral activation, and effective responses to impending reward and punishment: The BIS/BAS scales. *Journal of Personality and Social Psychology, 67*, 319-333.

Chang, E. C. (Eds.). (2002). *Optimism and pessimism: Implications for theory, research and practice.* Washington, DC: American Psychological Association.

Crocker, J., & Park, L. E. (2004). The costly pursuit of self-esteem. *Psychological Bulletin, 130*, 392-414.

McCrae, R. R., & Costa, P. T., Jr. (1997). Personality trait structure as a human universal. *American Psychologist, 52*, 509-516.

Ness, L. S., & Segerstrom, S. C. (2006). Dispositional optimism and coping: A meta-analytic review. *Personality and Social Psychology Review, 10*, 25-251.

Norem, J. K. (2001). *The positive power of negative thinking: Using defensive pessimism to harness anxiety and perform at your peak.* New York: Basic Books.

Peterson, C. (2000). The future of optimism. *American Psychologist, 55*, 44-55.

Seligman, M. E. P. (1990). *Learned optimism.* New York: Pocket Books.

Seligman, M. E. P. (2002). *Authentic happiness: Using the new positive psychology to realize your potential for lasting fulfillment.* New York: Free Press.

Taylor, S. E. (1989). *Positive illusions: Creative self-deceptions and the healthy mind.* New York: Basic Books.

Watson, D., Wiese, D., Vaidya, J., & Tellegen, A. (1999). The two general activation systems of affect: Structural findings, evolutionary considerations, and psychobiological evidence. *Journal of Personality and Social Psychology, 76*, 820-838

10
덕목과 성격 강점

당신 자신과 다른 이의 모델로 대단히 존경할 만한 누군가를 생각해 보라. 아마도 친구, 친척 혹은 역사 속의 어떤 인물이나 동시대를 살고 있는 누군가가 떠오를 것이다. 존경받을 만한 사람들의 개인적인 자질을 생각해 보고, 당신이 가지고 있는 타인에 대한 존경심의 토대가 되는 점들을 어떻게 기술할 것인지에 대해 생각해 보라. 존경심을 불러일으킬 만한 네다섯 가지의 자질들에 대한 심적인 목록을 만들어 보자. 이제 당신의 그 목록과 제9장에서 논의한 긍정적인 특성을 비교해 보라. 얼마나 많이 겹치는가? 당신의 목록에는 외향성, 우호성, 자기존중감, 낙관주의가 포함되어 있는가? 당신의 목록에는 있는데 제9장에서는 언급되지 않은 특성은 무엇인가? 당신의 목록에는 다음의 자질들, 즉 통합, 용기, 정직함, 친절함, 종교적 신념, 지혜, 공정함 혹은 겸손함 중의 어떤 것이 포함되어 있는가? 우리가 존경하는 사람들에 대해 어떤 식으로 생각하는지로부터 단언할 수 있는 요점은 이렇다. 도덕적으로나 윤리적으로 '훌륭하기' 때문에 긍정적이라고 판단되는 개인적인 자질을 포함하지 않고서는 긍정적인 인간 특성에 대한 기술은 불완전하다는 것이다. 우리가 외향적이고, 낙천적이며, 미래에 대해 긍정적인 사람을 높이 평가하는 것은 사실이지만, 마찬가지로 분명한 것은 아마도 심층적 수준에서는 통합, 친절함, 연민과 같은 덕목을 반영하는 성격의 강점을 보여주는 개인들을 존경할 것이라는 점이다. 요컨대, 덕목과 성격의 강점은 긍정적인 인간 특성의 목록에 속한다.

제9장에서 개관한 그러한 긍정적인 인간 특성은 개인의 안녕감에 대한 신념 덕분에 긍정적인 것으로 평가받는다. 덕이 있는 행동은 삶의 만족도를 증가시키고 우리의 삶을 더욱 의미 있고 건강하게 해 준다. 그렇지만, 덕목은 어떠한 이익이나 '대가'와는 별개로 긍정적인 특성으로 간주되어야 한다. 덕목은 종교적 규범과 세속적 규범 간에 연계를 가지고 있고 또한 사회적 가치를 가지므로 그 자체로 긍정적인 것으로 간주된다. 덕목과 성격의 강점을 고려함으로써 우리는 '긍정적'이라는 의미를 또 다른 방식으로 생각하게 된다. 이장에서 우리는 우선 덕목과 성격의 강점에 대한 포괄적인 최신의 분류 방법을 개관한 후, 덕목과 성격의 강점이 웰빙과 더 나은 삶에 어떻게 공헌하는지를 검토하고 두 가지 기본적인 덕목(즉 지혜와 종교)에 대해 더 자세하게 초점을 맞추어 살펴볼 것이다.

인간 덕목에 대한 분류체계 개발

심리학의 역사에서 상당 기간 동안, 덕목은 과학적인 연구에 적합한 구성개념으로 여겨지지 않았다. 덕목에 대한 연구는 연구자의 도덕적 신념과 그 당시의 문화 규범에 쉽사리 영향을 받아 편향된 것으로 치부되었다(Tjeltveit, 2003). 많은 심리학자들은 과학은 단지 사람들이 어떻게 행동하는지에 관한 객관적인 사실만을 다루어야 한다고 생각하였다. 사람들이 어떻게 처신해야만 하는가에 대한 질문들, 즉 그들의 행위가 좋은지 나쁜지 도덕적인지 비도덕적인지에 관한 물음들은 철학자와 신학자들이 결정할 몫으로 남겨두어야 한다고 생각하였다. 그러나 성격 강점에 재개된 관심사로 인해 많은 심리학자들이 인간 행동에 대한 완전한 설명에는 사람들의 삶에 대한 도덕적인 차원이 포함될 필요가 있다는 것을 깨닫기 시작하였다(Fowers & Tjeltveit, 2003).

Enron사의 로비스트 Jack Abramoff의 권력남용 스캔들에 관한 최근의 사건들은 윤리적인 행동의 중요성을 더 강조하였다. 이런 종류의 부적당한 사건들에 대한 사람들의 분노는 주로 도덕적인 사고에 기인한다. 요컨대, 사람들은 어느 정도는 자신과 타인에 대한 평가와 도덕 기준에 따라서 도덕적인 삶을 산다.

훌륭한 삶에 대한 특징을 기술하는 것은 긍정심리학의 핵심 주제이다. 좋은 사람과 훌륭한 삶의 의미는 덕목과 밀접하게 관련되어 있고, 긍정심리학은 덕목을 특별히 두드러진 가치를 지닌 것으로 보았다. 이것은 최근의 협동 연구(행동 가치에 관한 프로젝트, Peterson & Seligman, 2004)에서 가장 뚜렷하게 나타났는데, 이것은 미국 정신의학회(2000)에서 개발한 **정신장애의 진단 및 통계 편람**(DSM)에 대응하여 성격 강점과 덕목에 관한 분류 개발이라는 원대한 목표를 가진 프로젝트였다. DSM은 정신장애에 대한 분류를 제시하고 인간의 심리적 약점과 병리를 기술하기 위한 광범위한 '언어'를 제공한다. **행동 가치에 관한 프로젝트**(Values in Action Project : VIA)는 DSM과 유사하게 포괄적인 분류 체계를 만들고자 했는데, 인간의 약점이 아니라 강점에 초점을 맞추고자 한 것이었다. 그들은 또한 훌륭한 삶을 영위하는 건강한 사람을 정의하는 긍정적인 인간의 질적 측면들을 기술하고자 하였다. DSM은 '영하(below zero)'의 삶을 기술하고 있다(여기에서 '영점(zero)'은 정신건강과 정서적 질병을 나누는 역치를 표상한다). VIA의 한 가지 목표는 '영상(above zero)'의 삶을 기술하는 것이었다(즉 정신적인 건강함과 강점을 정의하는 특질을 확인하는 것). 이러한 목표는 문제가 있는 인간 행동에 초점을 맞추었던 심리학의 전통적인 관점 대신에, 균형 회복이라는 점을 강조한 긍정심리학의 목표와 일치하는 것이다.

성격 강점에 대한 분류체계를 개발하는 것은 만만찮은 작업이었다. 덕목과 성격 강점은 확실히 복잡한 주제이다. 인간의 덕목과 성격 강점이란 정확히 무엇인가? 사람들은 덕목이라고 인정할 만한 특질들에 대해 공통적으로 이해하고 있는가? 이러한 물음들에 답하는 것이 VIA의 주요 목적이다. Christopher Peterson과 Martin Seligman(2004)이 공동 연구한 VIA는 역사적으로 그리고 다양한 문화권에서 가장 두드러진 성격 강점들로 기술된 것들을 연구하고 있던 연구자들을 하나의 집단으로 모았다. 긍정적인 덕목으로 간주되는 인간의 보편적인 측면들이 있는가? 이 물음에 답하기 위해 다양한 철학적, 종교적, 문화적 전통에서 기술된 덕목과 강점들을 검토함으로써 가능한 '후보'들의 목록이 만들어졌다. 이 목록은 주요한 종교와 철학(예, 유교, 불교, 힌두교, 기독교 및 고대 그리스 철학), 유명한 역사적 인물들(예, 벤자민 프랭클린), 그리고 인기 있는 문화(예, 보이스카우트와 걸스카우트 지침, 연하장의 문구, 팝송 등)에서 기술된 덕목들을 포함한다.

후보들의 긴 목록으로부터 24개의 성격 강점이 추출되어 6개의 덕목으로 체제화되었다. 6개의 덕목은 지혜, 용기, 인간애, 정의, 절제, 초월로 역사상 그리고 다양한 사회에서 보편적인 것으로 드러났기 때문에 선택되었다. 이것들은 대부분의 종교와 윤리적인 철학자들에 의해 정의된 것으로 도덕적인 덕목을 표상하였다. Peterson과 Seligman은 이 덕목들을 선한 성격에 대한 핵심적인 정의적 특징으로 간주하였다. 각각의 덕목은 덕목 계발의 구성요소, 표현, 그리고 잠재적인 의미를 표상하는 성격 강점들의 세트에 의해 규정되었다. 예컨대, 덕목으로서의 절제는 지나침을 피하는 사람들의 강점을 말한다. 절제의 구성요소와 표현은 자기통제, 타인에 대한 감사, 겸손, 신중한 의사결정, 그리고 자신의 타인의 잘못을 용서하는 능력을 포함한다. 이러한 덕목을 계발하기 위해서는 자기통제의 노력을 더 경주하고, 더 겸손하고 자기과장을 덜며, 타인과의 관계에서 더 감사하고 용서하는 마음을 가져야 한다.

성격 강점들은 이 프로젝트의 첫 번째 단계에서 확인된 강점의 목록에 준거 세트를 적용함으로써 추출되었다. 사용된 준거 세트의 예가 표 10.1에 제시되어 있다. 최종 분류에 포함된 성격 강점은 이 준거들에 완전히 부합되거나 거의 부합된 것이었다.

추출된 강점들의 절반은 준거의 전체 세트에 부합되었다. 나머지 절반은 부분적으로 부합되었다. Peterson과 Seligman이 언급하였다시피, 준거에 불일치한 것은 하나 혹은 또 다른 강점들이 내포되고, 어느 특정한 덕목 아래에 주어진 강점을 두는 문제가 있으며, 아니면 어떤 다른 중요한 강점이 빠졌기 때문에 발생할 수 있다. 하지만 이러한 분류체계는 무엇이 보편적으로 인간의 강점과 덕목으로 간주되는지를 기술할 때 합리적인 첫 번째 수렴적 성과에 '부합하는' 것이다. 강점과 덕목에 대한 최종 분류가 표 10.2에 기술되어 있다. 준거 선택과 이전 분류 모델에 대한 완벽한 기술을 보기 위해서, 그리고 각각의 성격 강점들에 대한 자세한 문헌 개관을 살펴보기 위해서는 Peterson과 Seligman의 『성격 강점과 덕목 : 핸드북과 분류체계』(2004)를 보라.

지혜와 지식

덕목으로서의 지혜는 지식을 발전시키고 사용하는 것과 관련된 일반적인 지적 강점을 일컫는다. 지혜에 정규 교육이나 높은 지능지수가 반드시 수반되는 것은 아니다. 지혜는 고난을 통한 인생의 경험에서 오는 실제적인 지능과 훌륭한 판단을 말한다. 현명한 사람은 대상들에 적절한 관점을 투영함으로써 편협함과 자기 본위로 이해하는 것을 피한다. 지혜

표 10.1　성격 강점 추출을 위한 준거

실제적으로 이득이 되든 안 되든, 가치 있는 도덕적인 것으로 간주되어야 함

표현성, 의미충만함, 만족, 행복을 증진시키는 의미에서 개인적 충족에 공헌해야 함

안정적인 개인차가 있어야 함

다른 강점들과 구분되어야 하며 겹치지 않음

확실하게 부정적인 반대 개념이 있어야 함(예컨대, 용기의 반대는 비겁함)

강점을 표현했을 때 다른 사람을 위축시키기보다는 고양시킴(즉 질투, 열등감 혹은 저하된 자기평가의 측면보다는 감탄과 존경을 불러일으켜야 함)

강점 계발을 증진시키기 위해서 제도적인 노력(예, 교육, 교회)에 초점을 맞추어야 함

란 어떻게 삶을 살아야 하고 어떻게 이해해야 하는지에 대해 다른 이들에게 좋은 조언을 제공할 수 있는 핵심적인 개념으로 용기, 불확실성, 선택과 같은 것을 다룬다.

용기

용기는 저항과 역경에 직면했을 때 두려움을 극복하는 정서적 강점이다. 자기 자신의 죽음에 직면하여 수용하는 것, 병마와 싸워 이기는 것, 자신의 한계와 나약함 혹은 나쁜 습관에 정직하게 직면하는 것, 부정적인 결과의 가능성에도 불구하고 누군가의 확신에 편을 들어주는 것 등은 용기의 예이다.

인간애

인간애는 동정하고, 공감하며, 연민을 느끼고, 사랑으로 타인과의 관계를 맺는 능력을 말한다. 인간애는 나의 요구와 이득보다는 타인의 요구에 초점을 맞추어 관계를 형성하고 유지하기 위한 토대가 된다. 인간애는 도움이 필요한 타인을 기꺼이 도와주고, 친절하고 너그러우며, 타인의 감정과 가치를 존중하는 것으로 표현된다.

정의

정의는 건강한 사회와 공동체 그리고 타인과의 건전한 관계를 위한 필수적인 구성요소이다. 이 덕목은 사람들이 자기본위라기보다는 공정한 마음을 가지고 있을 때 드러난다. 정의는 타인과 협력하고 목표를 이루기 위해 주도권을 가지는 것에서처럼 공동체의 웰빙에 공헌하는 강점 또한 포함한다.

표 10.2 덕목과 성격 강점의 분류

I. 지혜와 지식 ─ 지식 획득과 사용에 관한 인지적 강점

    1. 창의성 : 새롭고 생산적인 방식으로 생각함
    2. 호기심 : 현재의 모든 경험들에 대해 관심을 가짐
    3. 개방성 : 모든 측면들을 다 고려함
    4. 학구열 : 새로운 기술과 주제, 지식의 요체를 익힘
    5. 통찰력 : 타인에게 지혜로운 조언을 해 줄 수 있음

II. 용기 ─ 외적 혹은 내적인 반대에 직면했을 때의 의지에 관한 정서적 강점

    6. 진실 : 진실을 말하고 스스로를 진실된 방식으로 표현함
    7. 용감 : 위협, 도전, 고난 혹은 고통으로부터 위축되지 않음
    8. 인내 : 장애물에도 불구하고 시작한 것을 끝마침
    9. 열정 : 흥분과 에너지를 가지고 삶

III. 인간애 ─ 타인을 돌보는 것에 관한 개인 내적인 강점

    10. 친절 : 타인에게 호의를 베풀고 선한 행동을 함
    11. 사랑 : 타인과의 밀접한 관계에 가치를 둠
    12. 사회적 지능 : 자신과 타인의 동기와 느낌을 인식함

IV. 정의 ─ 건전한 사회생활에 기저하는 시민적 강점

    13. 공정 : 모든 사람들을 공평함과 정의의 개념에 따라 동등하게 대우함
    14. 리더십 : 집단 활동을 체제화하고 조치를 취함
    15. 팀워크 : 집단이나 팀의 구성원으로 훌륭하게 일함

V. 절제 ─ 지나침을 억제하는 강점

    16. 용서 : 잘못한 이를 용서함
    17. 겸손 : 어떤 사람의 성취를 스스로 말하도록 내버려 두는 것
    18. 신중 : 조심스럽게 선택함, 나중에 후회할 일을 말하거나 행하지 않음
    19. 자기규제 : 느끼고 행하는 것을 제한함

VI. 초월 ─ 더 큰 세상과의 관계를 구축하고 의미를 창출하는 것과 관련된 강점

    20. 미와 경이로움에 대한 인식 : 미, 경이로움, 인생의 모든 영역에서의 숙련된 수행에 대한 인식
    21. 감사 : 좋은 일이 발생한 것을 알고 그것에 대해 고마워함
    22. 희망 : 최고가 되기를 기대하면서 그것을 이루기 위해 노력함
    23. 유머 : 웃고 웃기는 것을 좋아함, 타인을 미소 짓게 함
    24. 종교/영성 : 인생의 더 큰 목표와 의미에 대한 응집적인 믿음을 가짐

출처 : Seligman, M. E. P., Steen, T. A., Park, N., & Peterson, C. (2005)

절제

절제는 지나침을 통제하고 자기와 타인에게 해가 될지도 모를 충동을 억제하는 것이다. 유혹에 대한 '의지력'으로 표현된다. 유혹에 굴복하는 것과 참아내는 것의 이점은 먹고 마시기, 흡연하기, 타인에 대한 분노와 증오심 혹은 오만함을 표현하기 혹은 타인을 희생시켜서 자신을 드러내는 것 등의 문제에 집중된다. 제8장에서 절제와 관련하여 자기통제와 자기결정적 행위와 관련된 심적 과정들을 기술하였다. 절제는 "돌다리도 두들겨 보고 건너라"는 일상적인 지혜의 금언을 확언하는 일종의 현재 진행 중인 자기자각과 자기규제이

다. 절제는 또한 타인의 경솔함과 해가 되는 행동들을 눈감아 주고 용서하는 능력이다.

초월

초월은 일상적인 것을 넘어서는 것을 의미한다. 초월적 사고는 일상적으로 실재하는 선입견에서 벗어나게 해 주며, 세상에 대한 더 넓은 관점을 제공함으로써 개인화된 편협한 견지에서부터 벗어나게 해 준다. 초월은 실제로 존재하지 않는 것에 대해 걱정하거나 그러한 것들과 애써 겨루려고 하지 않도록 해 준다. 종교와 영성은 더 큰 인생의 목표와 더 큰 힘에 대한 믿음과 관련되기 때문에 초월의 가장 확실한 예가 된다. 형태가 어떻든지 간에, 초월적인 믿음은 인생을 더 포괄적으로 이해하게 해 주고 삶에 대한 더 깊은 의미를 찾게 해 준다. 종교적인 성격의 강점은 초월의 덕목에 완전히 부합한다.

초월하에서 보면 언급되는 다른 강점들은 어쩌면 잘 들어맞지 않을지도 모르지만, Peterson과 Seligman(2004)은 여기에서 언급하고 있는 일반적인 주제가 세상에 대한 더 큰 그림을 만드는 기회를 제공하고 있다고 믿는다. "미의 진가를 아는 것은 어떤 사람의 뛰어남과 관련된 강점이다. 감사하는 마음은 어떤 사람의 선함과 직접적으로 연결된다. 희망은 어떤 사람의 미래에 대한 꿈과 직접적으로 관련된다"(Peterson & Seligman, 2004, p. 519). 유머는 초월의 표현으로서 일종의 스트레칭과 같은 것이다. Peterson과 Seligman은 유머가 우리 자신과 우리의 덕목들을 너무 심각하게 받아들이지 않도록 해 준다는 점을 지적한다. 유머는 우리를 "한결 쉽게 해 준다." 웃음에는 신성한 것이 아무것도 없고, 중요한 문제들에 대한 격렬한 갈등이 있을 때 독선적인 것들로부터 모든 것을 헤치고 나갈 수 있는 힘이 있다. Jay Leno와 David Letterman[미국의 유명한 토크쇼 진행자(역주)]은 고통과 비극, 이라크 전쟁과 같은 정치적인 사건에서 유머를 만들어 낸다. 유머는 인생의 부조리에 우리를 직접적으로 연결시켜 그러한 부조리와 어리석음을 비웃게 함으로써 보호 기능을 수행하는 것으로 보인다.

성격의 강점 측정하기

VIA 프로젝트의 주요한 목표는 성격의 24가지 강점들에 대한 측정치를 개발하는 것이었다. 각각의 강점에 대한 지식과 측정 도구들에 근거해서, 240문항의 자기보고식 질문지를 만들었다. 10개의 문항들은 각각의 성격 강점들을 측정하는 데 사용되었다. 예컨대, 용서는 "나는 항상 다른 사람들이 과거에는 실수를 했지만 새로운 출발을 하는 것을 받아들인다"와 같은 문항으로 측정한다. 친절은 "나는 언제나 친구를 돕는다"와 같은 문항으로, 호기심은 "나는 지루하지 않다." 같은 문항으로 측정한다. "나는 언제나 약속을 지킨다"와 같은 문항은 **성실함**을 측정한다(Peterson & Seligman, 2004, pp. 629-630). 응답자는 자신에게 해당되는 정도를 1점(전혀 그렇지 않다)부터 5점(매우 그렇다)까지의 척도상에 답한다. 24개의 성격 강점 각각에 대한 개인의 상대적인 위치에 대한 프로파일로 평정치들은 요약되어 제시된다. 성격 강점을 측정하는 VIA 검사에는 30~40분 정도가 소요된다. 여러분도 온라인(www.authentichappiness.sas.upenn.edu)에서 VIA 검사를 해 볼 수 있다. 이 사이트에는 몇 개의 질문지가 있는데, VIA 인증 강점 질문지(VIA Signature Strength Questionnaire)를 선택하길 바란다. 이 검사는 여러분에게 성격 강점 프로파일을 제공해 주며, 소위 '인증된' 상위 다섯 가지 강점들을 확인하게 해 준다. 검사를 실시하기 위해서는 이 사이트에 접속하여 기본 정보를 입력하고 패스워드를 만든 뒤 검사를 실시하여 결과 프로파일을 얻게 된다.

비록 이 직업은 아직 진행 중이지만, VIA 강점 검사는 우수한 내적 일치도와 검사-재검사 신뢰도를 가지고 있다. 개인의 자기보고 측정치들은 본 검사에 정통한 관찰자들에 의해 타당화되었다. 청소년용 VIA 검사도 개발되어 검증되었다(Peterson & Seligman, 2004). 검사는 다양한 연령대의 배경을 가진 미국의 모든 주와 59개국 이상에서 거주하는 35만 명 이상의 사람들에게서 실시되었다(Peterson, 2006; Peterson & Seligman, 2004; Seligman, Streen, Park, & Peterson, 2005).

응답자의 배경과 관련하여 성격 강점 프로파일을 분석한 결과 흥미로운 몇몇 패턴이 밝혀졌다. 세계 곳곳에 사는 사람들에게서 '매우 그렇다'로 평정한 강점들이 상당히 일치하였다. 50개 국가에서 사람들이 가장 일반적으로 동의하는 본인의 성격 강점은 공정, 친절, 진실, 감사, 개방성이다. 가장 덜 동의하는 성격 강점은 신중, 자기규제, 겸손이다. 국가와 성격 강점 순위의 상관은 +0.8이었다. 상당히 다른 문화 차이에도 불구하고, 종교와 윤리적 배경은 사람들로 하여금 성격 강점과 덕목에 대한 일반적인 이해를 공유하는 것 같다. 미국에서는 종교와 상관없이 성격 강점 순위의 동일한 패턴이 뚜렷하였는데, 이러한 결과는 미국의 남부 지역에서 가장 강하게 나타났다.

흥미롭게도 다른 국가에서보다 미국의 십대들과 성인들 간에는 이러한 순위가 덜 일치하였다. 미국의 청소년들은 희망, 팀워크, 열정에서 '매우 그렇다'라고 응답한 반면, 미국의 성인들은 진실함, 미의 진가를 앎, 리더십, 개방성에 더 높은 점수를 주었다.

관계(즉 사랑)와 긍정적 정서(예, 열정, 희망, 감사)와 관련된 성격 강점들은 지적-인지적 강점들(예, 호기심과 학구열)보다 삶의 만족도와 더 강하게 관련되어 있다. Perterson과 Seligman이 '마음의 강점(strength of the heart)'이라고 부른 것들(친절, 사랑, 감사와 같은 경험)이 개인의 행복에 가장 크게 공헌한다.

성격 강점의 프로파일은 또한 제7장에서 논의된 맞춤가설에도 들어맞는다. 사람들은 개인적인 경험을 보상과 만족스러운 직업과 취미 그리고 '가장 진실한' 사랑과 그들의 친구들과 관련하여 생각하도록 요구받는다. '이제껏 경험한 것 중 가장 만족스러운' 것으로 선택한 그들의 경험은 그들의 성격 강점에 맞는 것들이었다. 예컨대, 친절한 사람들은 타인의 멘토가 된 경험을 즐거워하였고, 호기심이 강한 사람들은 모험적으로 위험을 감수하는 상대방과의 로맨스를 즐겼다.

끝으로, 요인분석을 통해 밝혀진 성격 강점에 대한 5요인 차원 구조는 여섯 가지 덕목에 대한 원래의 강점 구조와 유사하였다(동일하지는 않다). 다섯 가지 요인은 억제(예, 겸손, 신중함, 자비), 학식(예, 창의성과 호기심), 관계(예, 사랑과 친절), 정서(예, 용기, 희망, 자기규제), 종교(예, 영성과 감사)이다. Peterson과 Seligman은 여섯 가지 핵심 덕목에 대한 성격 강점 구조의 불확실한 본질을 인정하였다. 후속 연구들이 덕목 범주와 성격 강점들을 더 자세하게 규명해 줄 것이다. 예컨대, 42개의 긍정적인 성격 특질에 대한 요인 구조를 검토한 최근 연구는 VIA의 여섯 가지 덕목 모델과 부분적으로만 겹친다고 보고하였다(Haslam, Bain, & Neal, 2004). 이 연구 결과는 자기통제, 사랑, 지혜, 추동, 쾌활함의 범주가 성격 강점들에 대해서 사람들이 어떻게 생각하고 체제화하는지를 더 잘 설명해 준다고 제안하였다. 최종적인 체제가 어떻든 간에, VIA 프로젝트는 세부적인 성격 강점 목록을 제시하고 시간과 공간을 뛰어넘는 강력한 증거를 제시함으로써 연구의 유용한 시발점이 된 것은 분명하다.

다시 한번 언급하자면, 우리는 이 장에서 지혜와 초월의 덕목과 관련하여 연구와 이론을 개관할 것이다. 제11장에서는 사랑의 덕목에 초점을 맞출 것이다. 다른 강점들과 관련된 문헌들은 다음의 표에서 보듯이 앞 장에서 논의되었다. Peterson과 Seligman(2004)은 각각의 성격 강점들에 관한 연구와 이론들을 광범위하게 개관하였다.

강점	주제	장
호기심	5요인 모델 경험에 대한 개방성	제9장
학구열	접근/회피 목표 내재적/외재적 동기	제7장
인내	헌신 인내와 자기존중감	제7장 제9장
통합	자율성 자기결정 이론	제2장, 제7장
신중	5요인 모델 ― 성실성	제9장
자기규제	자기통제와 규제	제8장
희망	낙관주의/희망	제9장

기본적인 강점과 덕목으로서의 지혜

고대 그리스에서부터 현대에 이르기까지, 지혜와 훌륭한 삶을 산다는 것은 밀접하게 관련되어 있다. 특정한 것들에서의 문화 차이에도 불구하고(Yang, 2001), 지혜란 인생의 문제를 철학적으로 이해하는 것을 말하며 그 문제들을 어떻게 해야 하는지에 대한 실제적인 지식을 의미하는 것으로 이해된다(Baltes & Freund, 2003b; Peterson & Seligman, 2004; Robinson, 1990). 따라서 이론적인 지혜와 실제적인 지혜는 밀접한 관련이 있으며, 행복하고 만족스러운 삶을 가져온다. 지혜는 개인적인 행복을 넘어 인생의 더 깊은 목표를 확인하고 추구하게 해 준다. 지혜는 자신과 타인의 요구와 행복의 균형을 맞출 수 있는 능력이다(Sternberg, 1998). 지혜는 자신과 타인의 균형을 찾아줌으로써 순수하게 개인적인 선이라기보다는 공동의 선으로서 기능한다. 많은 심리학자들은 훌륭히 영위된 삶과 인간의 가장 중요한 강점을 위한 토대로 지혜를 언급한다(Baltes & Freund, 2003a, 2003b; Baltes, Gluck, & Kunzman, 2002; Csikszentmihalyi & Rathunde, 1990; Sternberg, 1990, 1998a).

지혜란 무엇인가

지혜의 의미를 탐색하는 한 가지 방법은 사람들의 일상적인 이해를 살펴보는 것이다. 각자 우리들은 지혜에 대한 암묵적인 생각을 가지고 있으며 '지혜로운' 사람들의 예에 내포된 문화적인 설명을 그려낼 수 있다. 과거와 현재의 인물들 중, 당신이 지혜로운 사람이라고 예를 들 수 있는 유명한 사람들을 생각해 보자. 누가 떠오르는가? 대학생들이 응답한 상위 15명이 표 10.3에 제시되어 있다. 흥미롭게도 간디, 공자, 예수, 마틴 루터 킹, 소크라테스와 같은 잘 알려진 현자들로부터 오프라 윈프리와 앤 랜더스와 같은 '현자 후보자'들까지 포함되어 있다(Paulus, Wehr, Harms, & Strasser, 2002).

이 연구는 또한 사람들이 지혜, 지능, 창의성 그리고 얄팍한 명성을 구별하는지도 연구하고 있다. 표 10.3에서 보듯이, 각 범주에서 지혜로운 사람들로 꼽힌 사람들에는 역사적 인물과 현대 인물들이 섞여 있다. 사람들은 지혜로운 사람, 똑똑한 사람, 창의적인 사람, 단지 유명한 사람을 다르게 지각한다. 단 한 사람, 오프라 윈프리만이 지혜로운 사람과 똑똑한 사람의 리스트에 모두 들어 있다. 창의적인 사람과 지혜로운 사람들 중 중복되는 인물은 없었고, 창의적인 사람과 똑똑한 사람 간에는 27%의 중복이, 지혜로운 사람과 창의적인 사람 간에는 7%가 중복되었다. 사람들은 단순한 명성이나 악명을 현명한, 창의적인 혹은 똑똑한 사람을 평가하는 기초로 삼지 않는 것이다. 단순히 유명한 후보들은 이들 세 개의 범주상에서 20%가 넘지 않았다.

지혜를 정의하는 구체적인 요인들을 얻기 위하여 연구자들은 사람들에게 지혜로운 행동

표 10.3   똑똑한 사람, 창의적인 사람, 지혜로운 사람, 유명한 사람

똑똑한	창의적인	지혜로운	유명한
1. 아인슈타인	다빈치	간디	다이애나
2. 빌 클린턴	피카소	공자	엘비스 프레슬리
3. 레오나르도 다빈치	미켈란젤로	예수	마이클 조던
4. 국무총리	모차르트	마틴 루터 킹	무하마드 알리
5. 빌 게이츠	스필버그	소크라테스	마이클 잭슨
6. 셰익스피어	세익스피어	마더 테레사	빌 클린턴
7. 스티븐 호킹	마이클 잭슨	솔로몬	마돈나
8. 오프라 윈프리	베토벤	부처	웨인 그레츠키
9. 뉴턴	월트 디즈니	교황	빌 게이츠
10. 모차르트	로빈 윌리엄스	오프라 윈프리	존 F. 케네디
11. 에디슨	살바도르 달리	윈스턴 처칠	넬슨 만델라
12. 스즈키	마돈나	달라이 라마	메릴린 먼로
13. 마돈나	프로이트	앤 랜더스	히틀러
14. 고르바초프	알렉산더 그레엄 벨	넬슨 만델라	조지 부시
15. 트루도	마거릿 애트우드	엘리자베스 여왕	예수

출처: Paulus, D. L., Wehr, P., Harms, P. D., & Strasser, D. H. (2002).

을 물어보고 문화적, 역사적, 철학적 작품들에서 묘사된 지혜의 특성들을 분석하였다. 예컨대, Sternberg(1985)는 대학교수들과 일반인들에게 그들이 알고 있는 지혜로운 사람들의 성격을 목록화해 주기를 요청하였다. 그리고 나서 연구자들은 상위 40개의 성격을 추출하여 대학생들에게 "어떤 행동들이 한 사람 내에 공존할 것 같은지"에 대하여 추출된 성격 목록들을 분류하게 하였다. 학생들의 분류에 근거하여, Sternberg는 지혜로운 사람을 규정하는 여섯 가지 속성을 확인하였다.

1. **추론 능력** : 지식을 특정 문제에 적용하고 새로운 방식으로 정보와 이론을 통합하며 방대한 지식을 처리함으로써, 문제를 바라보고 훌륭한 논리적 추론 능력으로 그 문제를 해결하는 비범한 능력

2. **명민함** : 인간의 본성, 사려 깊음, 공정함, 타인의 말을 경청하는 능력, 자기에 대한 지식을 가짐, 그리고 타인에 대한 조언과 관심에 가치를 두는 것을 예리하게 이해함

3. **아이디어와 환경으로부터 배움** : 아이디어에 가치를 두고 타인의 실수로부터 배움

4. **판단력** : 항상 올바르고 분별력 있게 판단하고, 근시안보다는 장기적인 관점을 가지며,

말하고 행동하기에 앞서 생각함

5. **신속한 정보 사용** : 경험(실수와 성공 모두)으로부터 배우고 새로운 경험에 근거하여 기꺼이 이전의 마음을 바꿈

6. **통찰력** : 예민하고 직관적이며 사물을 뚫어보는 능력이 있고, 행간의 의미를 읽으며, 진리와 진실을 분별함

Baltes(1993)는 철학적 작품들에서 지혜를 분석하여 지혜의 본질을 설명하는 일곱 가지 속성을 확인하였다(Baltes & Staudinger, 2000, 부록 A, p. 135 참조).

1. "지혜는 중요하고 난해한 물음들과 행동과 인생의 의미에 대한 책략들을 다룬다."
2. "지혜는 지식의 한계에 대한 지식과 세상의 불확실성을 포함한다."
3. "지혜는 지식, 판단, 충고보다 상위 수준을 표상한다."
4. "지혜는 보통 이상의 범위, 깊이, 측정, 균형을 가진 지식을 구성한다."
5. "지혜는 마음과 강점의 완벽한 시너지와 관련되는 것으로, 즉 지식과 덕목의 오케스트라와 같은 것이다."
6. "지혜는 자신과 타인의 선과 웰빙을 위해 사용되는 지식을 표상한다."
7. "지혜는 성취하고 구체화되기 어렵지만 명백히 드러날 때에는 쉽게 인식된다."

그런데 지혜는 기술적인 지식, 책에서 배울 수 있는 앎, 명성 혹은 지능검사로 측정되는 지적인 능력과 동일한 것이 아니다. 교육을 많이 받아서 '똑똑한' 사람이 되거나 주어진 분야의 전문가가 되는 것이 지혜로운 사람 그 자체를 규정할 수는 없다. 많은 사람들은 총명하고 똑똑하며 혹은 어떤 분야의 전문가가 되지만, 그들 중 지혜로운 사람은 극소수이다. 지혜는 특정한 종류의 지식, 지능, 그리고 가치 있는 삶을 사는 것에 초점을 맞춘 판단을 포함한다. 지혜로운 사람은 인생의 가장 중요한 가르침들을 배워 왔다. 그들은 인생의 불확실성을 이해하고 있다. 즉 그들은 확실하게 알 수 없는 것들이 있다는 것을 알고 있다. 두 개의 뛰어난 이론이 지혜의 필수적인 요소들을 밝혀내는 시도를 하였는데, Sternberg의 균형이론과 인생을 살아가는 전문성으로서의 지혜에 초점을 맞춘 Paul Baltes의 연구가 바로 그것이다.

지혜에 관한 이론

균형이론　Sternberg의 균형이론은 인생에서 어렵고 복잡한 상황이 닥쳤을 때 지혜롭게 행동하는 데 필요한 실제적인 지능을 기술하고 있다(Sternberg, 1990, 1998a). 지혜는 사람들이

어떻게 가치 있는 목표를 성공적으로 추구하여 이루어 내는지에 대해서 오랜 시간에 걸쳐 형성된 암묵적 지식을 토대로 한다. 암묵적 지식은 실제적 지능의 행위 지향적 구성요이다(즉 '무엇'을 알기보다는 '어떻게' 해야 하는지에 대해 아는 것). Sternberg는 어떻게 하면 인생을 성공적으로 살지에 대한 지식은 정규 교육이나 직접적인 타인의 가르침을 통해서가 아니라 인생의 경험을 통해 배우게 되는 것이라고 생각하였다. 암묵적 지식은 자기 본위의 이득이 아니라 공동선을 위해서 사용될 때, 실제 삶에서 이해와 선택이 상충할 때 균형을 찾는 방법을 모색하는 것에 초점을 맞출 때, 지혜를 위한 토대가 된다.

Sternberg의 **균형이론**(balance theory)에 따르면, 지혜로운 사람들은 인생의 문제들에 대한 해결책에 도달하기 위해 세 가지 이해 관계와 세 가지 가능한 행동 방식 간에 균형을 맞추는 데 능숙하다. 세 가지 이해 관계는 (a) 자신의 이득과 요구(개인 내적인), (b) 배우자, 친구 혹은 고용자와 같은 중요한 타인들의 이득과 요구(개인 간), (c) 공동체, 국가, 세상 혹은 종교와 관련된 이득과 요구(개인 외적인)이다. 공동선을 추구하기 위하여 이러한 여러 가지 이해관계들 간에 균형을 맞추는 것은 개인들이 (a) 그들 스스로를 변화시키고(적응), (b) 타인을 포함하여 세상을 변화시키며 혹은 (c) 다함께 새로운 세상을 선택할 필요성을 얼마나 갖는지와 관련해서 세 가지 행동방식을 고려하는 것을 필요로 한다.

베이비 붐 때 출생한[미국의 경우 보통 1946년에서 1965년 사이의 출생자를 말함(역주)] 많은 사람들이 직면하는 딜레마의 예를 보면, 그들은 그들의 부모와 자녀들의 요구 사이에 '끼여 있기' 때문에 '샌드위치 세대'라고 불린다. 여러분이 이러한 상황에 처해 있다고 상상해 보자. 당신과 당신의 배우자는 성공적으로 살고 있지만 경력을 쌓아야 한다. 여러분에게는 2명의 자녀가 있는데 1명은 대학생이고 다른 1명은 고등학생이어서 2년 뒤에는 대학에 진학한다. 은퇴까지는 여전히 많이 남았지만 어느 정도는 자녀들의 대학 등록금을 내주어야 한다. 여러분의 부모님은 점점 쇠약해져 가고 있다. 부모님에게는 몇 가지 조심해야 할 건강 문제가 있고, 그들은 노인 요양 시설로 가기를 원치 않는다. 이런 상황에서 어떻게 행동하는 것이 지혜로운 것일까?

Sternberg의 지혜 준거에 맞춰본다면 당신 자신의 이득과 당신 가족들의 요구 간에 균형을 맞출 수 있는 방안을 모색해야만 한다. 여러분은 다음과 같은 질문들에 대한 답을 생각하여 그 답을 찾아야만 한다. 즉 여러분의 가족은 얼마나 희생해야 하며, 또 여러분의 부모님은 얼마나 희생하셔야 하는가? 이와 같은 상황에서 여러분은 모든 이해관계들의 균형을 어떻게 맞출 수 있는가? 특정한 행동의 견지에서 보면, 이 물음은 누구의 환경과 삶이 가장 많이 변해야 하는가로 귀결된다. 여러분의 삶? 여러분 가족의 삶? 부모님의 삶? 여러분 부모님의 요구에 맞게 여러분 삶을 조정하여 부모님과 더 가까운 곳으로 이사해야 하는가? 부모님이 여러분과 함께 살거나, 아니면 여러분 집 근처로 이사해야 하는가? 부모님을 노인 요양 시설에 모시도록 설득해야 하는가? 그런 문제들은 정말 어려운 선택이다! 지혜롭게 해결하기 위한 이해관계와 행위의 균형이 무엇인지를 알기란 쉽지 않다. 지혜는 이해관계와 행위들 간에 완벽한 균형을 이끄는 것이 아니며, 어떤 의미에서 사람들은 변화를 수용하지 않고 희생하지 않아야 행복해질 것이다. Sternberg의 지혜란 적응과 변화와 관련된 다양한 이해관계와 가능한 행위 간에 균형을 맞추기 위하여 최고의 가능한 해결책들을 모색하는 데에 암묵적 지식을 적용하는 것을 의미한다. 이해관계들의 균형은 공동선을 정의하고, 공동선을 수반하는 균형 잡힌 행위들은 지혜를 정의한다.

인생의 전문가 지식으로서의 지혜　독일 베를린에 있는 막스 플랑크 연구소의 Baltes와 그의 동료들은 현재 진행 중인 프로그램에서 경험적 연구의 토대를 제공한 지혜를 정의하고 측정하기 위한 특정 준거 세트를 개발하였다. 베를린의 지혜 모델은 '삶에 대한 근본적인 실용성'과 관련하여 전문가 지식으로서의 지혜로 정의한다(Baltes, 1997; Baltes & Smith, 1990; Baltes & Staudinger, 2000). '삶에 대한 근본적인 실용성'이라는 표현은 '…개인 상태에 대한 본질과 좋은 삶을 계획하고 관리하며 이해하는 것의 방법과 수단에 관한 지식과 판단'을 일컫는다(Baltes & Staudinger, 2000, p. 124). 지혜는 다음의 다섯 가지 준거로 측정된다.

1. 실제적 지식 : 삶의 실용성에 대한 방대한 지식. 개인의 상태와 인간 본질이 '무엇'인지를 아는 것(예, 사람, 사회적 관계, 사회, 사회 규범 등 간의 차이).
2. 절차적 지식 : '방법'을 아는 것. 삶의 문제들을 해결하고, 목표를 달성하며, 갈등에 대처하기 위한 책략과 접근법을 아는 것
3. 전 인생 맥락주의 : 상이한 삶의 조건과 사회 환경(예, 일, 교육, 가족, 레저, 친구)에 대한 지식. 개인을 위해 그리고 사회를 위해 혹은 둘 다를 위해, 이것들이 어떠한 역할을 하며 시간이 지남에 따라 어떻게 변하는지를 아는 것
4. 가치의 상대주의 : 가치와 인생의 우선순위에서 개인차와 문화 차이를 아는 것. 상대주의는 서로 다른 배경을 가진 사람들 간에 존재하는 가치 차이에 대한 고려와 민감함을 의미함
5. 불확실성에 대한 인식과 관리 : 지식을 한계를 아는 것. 미래를 미리 알 수는 없으며, 세상에 대한 지식의 불확실성을 가지고 효과적으로 대처하는 것을 이해하는 것

지혜는 인생에서 상위 지식에 의해 정의되기 때문에, 지혜의 다섯 가지 준거를 모두 만족시키는 사람은 거의 없다. 지혜의 측정은 사람들의 지혜와 관련된 지식의 정도를 나타낸다. 지혜는 가설적인 인생 상황과 딜레마를 가지고 도전하는 연구참가자들을 제시함으로

써, 그리고 그들에게 각각의 딜레마에 상황에 응답하기 위해 무엇을 생각하고 어떻게 행동할 것인지를 소리 내어 보고하게 함으로써 측정된다. 참가자들의 응답은 녹음되고 훈련받은 패널들에 의해 평가되었는데, 이 패널들은 참가자들의 반응과 다섯 가지 지혜 준거 간의 부합 정도를 측정하도록 훈련받은 사람들이었다. 인생 딜레마는 다음 두 개의 예와 같은 상황을 포함하는 것이었다(Baltes & Staudinger, 2000, p. 126).

1. "누군가가 지금처럼 계속 살 수는 없어서 자살하기로 결심했다는 친한 친구의 전화를 받는다. 이러한 상황에서 어떻게 생각하고 행동해야 할까?"
2. "사람들의 삶을 생각해 보면, 사람들은 종종 계획했었던 것을 이루지 못했다는 것을 깨닫게 된다. 이러한 상황에서 그들은 어떻게 생각하고 무엇을 해야 할까?

참가자들의 응답에 대한 패널들의 평가는 상당한 평자가 간의 일치를 보여주었고, 검사-재검사 신뢰도도 높았다. 다음의 인생 딜레마에서 낮게 평가된 응답과 높게 평가된 응답의 예시 발췌문이 아래에 제시되어 있다.

"열다섯 살짜리 소녀가 지금 결혼하고 싶어 한다. 그녀는 무엇을 생각하고 어떻게 해야 할까?"

낮은 지혜로 평가된 응답 예시
"열다섯 살짜리 소녀가 결혼하고 싶어 한다구요? 안 되죠, 절대 안 되죠, 열다섯 살에 결혼하는 것은 완전히 잘못된 거죠. 누군가는 그녀에게 결혼은 불가능하다고 말해 줘야 해요. (심층 조사 후) 그런 생각은 무책임한 것이죠. 안 되죠, 이건 정말 미친 것이라구요."

높은 지혜로 평가된 응답 예시
"음, 표면적으로 이것은 쉬운 문제 같아요. 평균적으로, 열다섯 난 소녀가 결혼하는 것은 좋은 일이 아니죠. 하지만 평균적인 경우가 들어맞지 않는 상황들도 있어요. 아마도 이 경우에는, 특별한 삶의 환경들이 관련되어 있을 것이고, 예컨대 이 소녀가 말기 환자일 수도 있잖아요. 아니면 부모님을 두 분 다 잃었거나 하는 상황 말이에요. 그리고 이 소녀는 다른 문화권이나 다른 역사적인 시대에 살고 있는 것인지도 모르겠어요. 그러니까 우리는 이 소녀와 적절하게 얘기할 방법을 생각해 봐야 하고 또 그녀의 정서 상태에 대해서도 생각해야 돼요."

인생 딜레마 측정치를 사용하여 Baltes와 그의 동료들은 몇 가지 흥미로운 지혜와 관련된 물음들을 제안하였다(연구 요약을 위해 Baltes & Staudinger, 2000; Baltes et al., 2002; Kramer, 2000; Kunzmann & Baltes, 2003을 보라).

나이가 들수록 지혜로운가 지혜에 대한 전통적인 지혜는 나이가 들어감에 따라 인생 경험이 쌓여 더 지혜로워진다고 제안하였다. 연구 결과는 단지 부분적으로만 이러한 믿음을 지지하고 있다. 지혜는 청소년기와 성인 초기에 극적으로 증가해서 75세 정도까지 비교적 안정적으로 지속되고, 그 이후에는 감소하기 시작한다. 나이가 들어갈수록 저절로 지혜로워지는 것은 아니다. 그렇지만 지혜로운 사람들의 상위 20%를 검토해 보니 '매우 지혜로운' 사람들은 중년인 사람들에게서 더 높은 비율로 관찰되었다(Baltes & Staudinger, 2000).

'전문가'들은 비전문가보다 더 지혜로운가 임상심리학자들은 사람들을 도우면서 그들의 삶을 개관하고, 계획하며, 관리하는 방대한 경험을 가지고 있다. 그들은 또한 임상 수련과 심리치료사로서의 일을 통하여 삶에서 겪을 수 있는 딜레마에 대한 이해를 발전시킬 수 있는 것으로 기대된다. 임상심리학자들은 인생 딜레마에 초점을 맞추어 경력을 쌓지는 않은 같은 수준으로 교육받은 사람들에 비해 더 지혜로운가? 몇몇 연구들(Baltes & Staudinger, 2000)은 임상심리학자들이 심리학자가 아닌 전문가들로 구성된 통제집단보다 지혜 점수가 더 높다는 것을 보여주었다. 그렇지만 이들의 연구에는 몇 가지 고려할 만한 점들이 있다. 첫째, 임상심리학자들은 통제집단보다 더 높은 점수를 유의미하게 나타내었지만, 그들의 점수가 척도의 최상위에 다다른 것은 아니었다(척도는 1점에서부터 7점까지였는데, 7점이 가장 높은 지혜 수준을 나타내었다. 임상심리학자들의 평균은 3.8로 척도의 중앙값보다 약간 높았다). 둘째, 지혜로운 성향을 가진 사람이 임상심리학자를 직업으로 선택했을 가능성이 있다. 이러한 가능성의 선상에서, 직업적인 전문화는 지능이나 성격 요인들에 비해 지혜 점수의 더 많은 변산을 설명하였다. 셋째, Baltes는 임상심리학자들의 더 높은 수행이 지혜 측정치에 내포된 직업적인 편향을 반영하는 것은 아닌지에 의문을 가졌다. 즉 검사를 실시한 사람과 검사를 받은 사람 모두 심리학자였기 때문에, 임상심리학자들은 응답자의 입장이라기보다는 검사 개발자처럼 생각해서 심리학자가 아닌 전문가 집단에 비해 더 큰 강점을 가진 것은 아닐까? 이 물음에 대한 답을 찾기 위해, 연구자들은 임상심리학자들의 수행을 심리학자가 아닌 독립적인 패널에 의해 지혜로운 것으로 평가된 개인들의 표본과 비교하였다. 지혜로운 사람들의 수행은 임상심리학자들의 수행과 마찬가지였다. 즉 이 결과는 지혜 측정치가 심리학자가 아닌 사람들에 반하여 편향된 것이 아니라는 것을 말한다.

지혜로운 사람들은 더 행복한가　지혜와 좋은 삶이 연관되어 있는지 묻는 사람들은 그 답은 '그렇다'라고 생각할 것이다. 그러나 지혜는 단순히 행복을 추구하는 것을 넘어서는 인생의 더 깊은 의미와 딜레마와 관련되어 있다. 지혜는 '쾌락원리'를 따르지 않는다(Kunzmann & Baltes, 2003). 심지어 지혜가 개인의 행복을 감소시키는 것도 가능하다. 사실적인 지식과 복잡한 이해가 세상과 불확실한 삶에 대한 더 큰 고통을 인식하게 했다면, 지혜에는 정서적인 가격표가 달려 있는 셈이다. 아마도 무시하는 것이 실제로 나을 것이다. 또 다른 가능성은 지혜로운 사람들은 인생의 정서적인 오르내림으로 겪는 문제에 있어 다른 사람들보다 더 나을 것이라는 것이다. 훌륭한 삶을 사는 그들의 전문성은 더 큰 마음의 평화와 덜 극단적인 기분 변화를 담고 있다.

　이 질문들을 평가하기 위하여 Kunzmann과 Baltes(2003)는 성인 초기(15~20세), 성인 중기(30~40세), 노인(60~70세) 집단에서 감정적인 경험들 간의 관계를 연구하였다. 더 높은 지혜 점수는 부적 감정(예, 분노, 슬픔, 두려움, 실망, 수치심, 냉담함)을 덜 빈번하게 경험하는 것과 관련되어 있었고, 쾌락 지향적인 긍정적인 감정(예, 행복, 기분 좋음, 재미, 윤택함, 자부심)을 덜 빈번하게 경험하지만, 세상과 관련된 감정은 더 자주 경험하였다(예, 흥미를 느낌, 각성, 영감을 느낌, 정중함, 적극적인 개입). Kunzmann과 Baltes는 이러한 결과가 지혜와 정서적인 규제 간의 관련성을 의미하는지에 대해 논의하였다. 지혜로운 사람들은 아마도 그들의 인간과 세상에 대한 '큰 그림'과 자기통제 기술 때문에 긍정적인 것이든 부정적인 것이든 세상사에 대해 덜 반응적일 것이다. 대신에 그들은 적극적인 개입과 배움을 증진시키는 정서들로 힘을 얻는다. 지혜로운 사람은 인생의 복잡함과 역설을 탐구하고 이해하기 위해 동기화된다. 지혜는 세상에 대한 적극적인 개입을 동기화시키고 그 결과 초래되는 정서들을 더 자주 경험하는 것과 연합되어 있다(예, 영감을 느낌, 흥미를 가짐, 주의를 기울임).

행동에서의 지혜 : 효과적인 삶의 관리에 대한 SOC 모델

Baltes와 그의 동료들은 최근에 훌륭한 인생의 필수적인 세부특징들을 확인하기 위하여 지혜에 기반한 틀을 기술하기 시작하였다(Baltes & Freund, 2003a, 2003b; Baltes & Staudinger, 2000; Freund & Baltes, 2002; Kramer, 2000; Kunzmann, 2004). Baltes와 그의 동료들의 초기 연구에서 정의된 지혜는 훌륭한 삶의 더 깊은 목표와 의미를 이해하고 좋은 삶에 도달할 수 있는 방법들을 이해하는 것이었다. 베를린 지혜 모델은 초기에는 지혜 관련 행동보다는 지식 관련 지혜에 더 직접적으로 관련되어 있었다. 최근 모델은 행동에 관한 더 특정한 모델로 수정되어, 인생의 어떤 문제들에 대한 이론적인 지혜로부터 그러한 문제가 발생하는 삶을 어떻게 살아야 하는지에 대한 실제적인 지혜로 초점이 이동하였다. 실

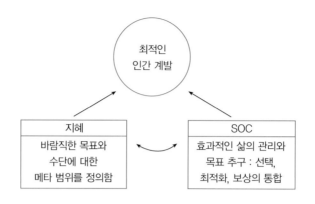

그림 10.1 **효과적인 삶의 관리에 대한 SOC 모델**

출처 : Baltes, P. B., & Freund, A. M. (2003b).

제적인 지혜는 효과적인 삶의 관리에 대한 SOC 모델에 의해 기술되었다. SOC는 선택 (select), 최적화(optimize), 보상(compensate)을 말한다. 이 모델은 효과적인 삶의 관리와 최적인 인간 기능에 있어서 지혜의 역할을 기술한다(그림 10.1 참조).

SOC 모델은 성공적인 삶의 관리에 관한 세부사항을 명세화하는 것이 아니다. 각각의 명세는 개인의 요구, 가치, 책임, 자원, 인생의 단계, 환경적인 맥락에 의존한다. SOC 모델은 개인적으로 중요한 목표를 성취하기 위하여 인생 전반에 걸쳐 적용할 수 있는 세 가지 일반적인 책략들을 명세화한다. 다양한 방법으로 SOC 모델은 인생 설계에 대한 접근법을 기술한다. Baltes와 그의 동료들은 최근 연구에서 목표와 SOC를 확실하게 연결시켰다(Baltes & Freund, 2003a, 2003b).

선택　선택은 인생 설계의 첫 단계로 개인 발전과 웰빙의 통합적 부분이다. 다양한 대안 중에 적합한 목표를 선택하는 것은 목표 지향적이고, 의미가 있으며, 체제화된 삶에 공헌한다. '적합하다'는 것의 정의는 개인의 자원과 생활환경에 따라 다르지만, 목표 탐색은 웰빙을 증진시키는 목표와 웰빙을 저하시키는 목표를 구별하는 지침을 제공한다. 개인적으로 표현할 수 있는 목표에 접근하라. 내재적인 욕구와 관련되어 있고 자유롭게 선택가능한 목표는 강한 헌신과 성공적인 성취, 그리고 웰빙의 증가와 삶의 만족을 불러일으킨다.

최적화　최적화는 성공적인 목표 성취로 이끄는 모든 선택과 행동을 말한다. 최적화는 제8장에서 기술한 많은 과정들과 중복된다. 목표 성취는 자기규제, 진척 상황에 대한 모니터링, 개인적인 통제와 역량에 대한 믿음 그리고 장기적인 목표를 추구함으로써 단기적인 만족을 지연시키는 능력과 관련된다. 최적화 구성요소에는 반복적인 연습의 중요성과 목표 성취를 위해 필요한 기술을 개발하는 노력도 포함된다.

보상 보상은 사전에 효과적인 수단들이 차단되었을 때, 목표를 달성하고 유지하는 데 필요한 대안적인 수단들을 개발하는 것을 말한다. 보상 책략은 새로운 수단과 자원을 찾아서 사용되지 않은 자원을 활성화하거나 타인의 도움과 지지에 의지하는 것과 관련된다. 등록금의 절반 정도를 벌 정도로 수입이 좋은 여름철 일자리를 잃은 어떤 학생은 학생 융자를 받거나 부모님께 재정적 자원의 손실을 보상하기 위한 경제적 도움을 요청할 수도 있다.

SOC 모델에 대한 경험적 검사에서, Freund와 Baltes(2002)는 사람들의 SOC를 측정하기 위하여 자기 보고식 질문지를 개발하였다. 웰빙, 성격, 인지 양식도 측정되었고, 연구참가자들은 14세부터 89세까지였다. 선택을 측정하는 문항들은 명확함, 중요성, 개인 목표의 우선순위에 초점이 맞추어졌고, 목표 헌신도가 어느 정도인지도 측정하였다. **최적화** 문항들은 노력의 소비, 목표 계획, 그리고 타인의 성공적인 행동을 모방하는 것 등에 관한 물음이었다. **보상**은 목표 성취를 위한 다른 방법의 모색 노력, 재개된 노력과 헌신 그리고 원래 계획되었던 목표 성취를 위한 경로가 차단되었을 때 타인에게 도움을 요청하는 것에 관한 진술들로 측정되었다.

언급할 만한 가치가 있는 두 가지 발견은 SOC가 나이와 웰빙과 관련되어 있다는 것이다. 지혜 연구들의 결과 패턴과 부합되게, SOC 책략은 성인 초기에서 중기로 갈수록 증가하다가 노인이 되면 감소한다. 성인 중기가 효과적으로 삶을 관리하기 위하여 SOC 행동을 하는 기술을 연마하는 시기로는 정점이다. SOC 모델 각각의 구성요소들은 심리적 안녕감에 대한 Ryff의 여섯 측정치와 유의미하게 관련되어 있다(제2장 참조). 이 측정치는 웰빙의 자기실현적 개념에 근거하여 자기수용 정도, 개인적 성장, 목표에 대한 인식, 환경적인 지배력, 자율성 그리고 타인과의 긍정적인 관계를 평가한다. Freund와 Baltes도 SOC 책략과 긍정적 정서들의 상위 수준 간에 강한 정적 관계가 있다는 것을 밝혀내었다. SOC 모델은 웰빙을 결정하는 요인들을 생각하기 위한 정보적인 틀로 보인다(Baltes & Freund, 2003b를 보라). SOC 모델은 개인 목표를 달성하는 데 필요한 일반적인 기술들을 명세하고, 실패를 보상하며, 웰빙과 관련하여 목표의 중요성을 인식시킨다.

여러분은 SOC 모델이 선택해야만 하는 **목표가 무엇인지**를 명세하지는 않는다는 것을 알아차렸을지도 모르겠다. 오히려, SOC는 단지 방법에 초점을 맞출 뿐이다. Baltes와 Freund가 언급하였다시피, "범죄자들과 마피아 두목도… SOC에 통달할 수 있다"(2003a, p. 30).

다시 말해서, 이 모델은 어떤 목표가 좋은지, 윤리적·도덕적 관점에서 목표를 달성하기 위하여 어떤 방법이 수용 가능하며 바람직한지에 관한 물음들에는 답할 수 없다. Baltes와 그의 동료들은 어떤 목표와 방법이 가장 중요하고 도덕적으로 바람직한지를 결정하는 것이 바로 지혜의 역할이라고 논의하였다. "지혜는 어떤 목표와 방법이 인생 여정에서 본질적으로 중요하며, 아울러 윤리적으로 도덕적으로도 바람직한지에 관한 선택지를 제공한다"(Baltes & Freund, 2003a, p. 34). 다시 말해서, 인생과 덕목에 대한 이해의 폭 덕분에, 지혜로운 사람들은 자신의 선과 공동선 둘 다에 공헌하는 개인적으로 의미 있는 목표에 헌신할 수 있는 것이다.

요약하면, 행동에 있어 지혜의 관점으로 본 훌륭한 삶이란 지혜에 대한 지식과 덕목을 가지고 효과적인 삶의 관리 책략에 생기를 불어넣는 것으로 기술될 수 있다. Baltes와 Freund(2003a, p. 33)가 말하기를, "…우리는 삶의 근본적인 실용성에 관한 지식인 지혜가 보상을 수반한 선택적인 최적화를 통해 기능할 수 있는 인간 계발의 바람직한 목표 상태로 간주되기를 바란다."

이론 초점 : 덕목을 지배하는 것은 지혜인가 자기통제인가

지혜를 덕목의 지배자로서 생각하기 쉽다. 지혜의 발달은 동정, 친절, 겸손, 공정, 신중함과 같은 덕이 있는 다른 행동들의 발달을 수반하는 것을 포함하고 있다. 실제로 우리는 지혜로운 사람을 덕목이 있는 것으로 생각하는데, 주로 지혜로운 사람들은 여러 가지 덕목을 가지고 있기 때문이다. 토대가 되는 본질적인 어떤 단일한 덕목을 생각하기란 다소 더 어려운 일이다. Baumeister와 Exline(1999)은 자기통제 또한 덕목을 지배하는 후보자가 될 수 있다고 제안하였다. 그들은 많은 덕이 있는 행동들 뒤에 있는 '도덕적인 근육'으로서 자기통제를 기술하였다. 그들의 논문에는 상호 상관적이고 경험적으로 근거가 있는 많은 논쟁들이 개관되어 있다(자기통제에 관한 개관은 제8장을 보라).

Baumeister와 Exline은 그동안 심리학자들이 도덕성과 덕목에 대한 탐구에는 관심을 가지지 않았다고 생각하는 점증하는 심리학자들 중의 한 사람들이었다. 덕목과 도덕성은 성격심리학자들이 연구한 특질들보다도 개인의 정체성을 더 잘 정의해 줄지도 모르는 대단히 중요한 개인 자질이다. 예컨대, 그들은 사람들이 정직함, 진실함, 충실함과 같은 도덕적인 특질들을 미래의 배우자가 가져야 할 가장 바람직한 자질로 생각하고 있다는 것을 지적하였다.

도덕성과 덕목의 한 가지 중요한 기능은 조화로운 관계의 발달과 유지를 촉진하는 것인데, 이러한 기능은 개인과 사회의 웰빙에 결정적으로 중요하다. 주요한 연구에서 소속에 대한 욕구가 인간의 가장 기본적인 동기들 중 하나이며, 그 욕구가 만족되는 것이 웰빙의 토대가 된다고 결론 내리고 있다(Baumeister & Leary, 1995). 관계의 조화를 해치는 주된 장애물은 사람들이 자기 본위의 욕구를 추구할 때 발생한다. 이것은 개인들 간의 관계 혹은 개인과 더 큰 사회와의 관계와 관련되어 있다. 이러한 문화에서 도덕성의 역할은, 마찬가지로 개인 내에서의 덕목의 역할은 더 큰 공동선을 희생시키는 개인의 이기적인 관심을 통제하는 것이다. 덕이 있는 행동이라고 간주되는 많은 것들과 성공적인 관계에 대해 우리가 알고 있는 많은 것들은 우리 자신의 이득에 앞서 타인의 욕구를 두는 것을 뜻한다. 이기적인 것을 억제한다는 것은 자기통제를 경주함을 의미한다. Baumeister와 Exline은 자기통제가 대부분의 덕목과 덕목에 반하는 것에 있어 심리적인 토대가 된다고 믿는데, 즉 죄를 범하거나 부도덕한 것은 자기통제에 실패하였기 때문이라고 보았다.

Baumeister와 Exline에 따르면, 자기통제의 실패는 기독교 신학에서 말하는 7대 죄악과 뚜렷한 관련이 있다. 즉 탐닉, 나태, 탐욕, 정욕, 질투, 분노, 오만이다. 이들 각각은 하나 혹은 그 이상의 통제에 실패한 형태를 예시한다. 즉 자기 방종에 의한 탐닉과 지나친 쾌의 추구, 진취적인 동기 부여의 실패에 의한 나태, 단지 자신의 욕구를 충족시키는 것에만 초점을 맞춤으로써 이기적으로 타인을 착취하는 탐욕, 정욕, 그리고 질투, 감정 억제와 충동 통제의 부족으로 인한 분노, 그리고 남을 희생시켜서 자신을 자화자찬하는 오만이다.

죄악과 실패한 자기통제의 관계는 덕목과 자기통제 간의 관계와 대응된다. 예컨대, 신중함은 즉각적인 욕구보다는 장기적인 함의에 대한 고려에 의해 유도되는 이성적인 행위이다. 만족 충족을 지연시키고 장기적인 목표를 가지는 것은 자기통제와 자기규제의 핵심적인 특징이다. 이와 유사하게, 정의는 공동선을 목표로 한 행동 기준에 따라 이기심을 통제하는 것이 필요하다. 정서적으로 억제하고 지나침을 피하는 것을 일컫는 절제의 덕목 또한 자기통제를 필요로 한다.

자기통제와 특정한 덕목과의 관련성에 덧붙여, 자기통제와 자기규제는 어떻게 덕목이 행동을 유도하는지에 대해서도 설명해 준다. 제8장에서 자기규제가 행동을 모니터링하고 변화시킨다는 것을 언급하였다. 개인적은 목표에 적용시켜 보면, 자기통제는 목표를 세우고, 진행과정을 모니터링하며, 시간이 지남에 따라 행동과 자기를 변화시킨다. 우리 대부분은 도덕적으로 책임감 있기를 원하는 사람들이다. 우리 각각은 현재 우리의 행동을 감시하는 데 사용될 수 있는 도덕 기준을 가지고 있다. 만약 우리가 어떤 수준의 자각을 유지한다면, 어떤 행동이 우리 기준에 일치하거나 불일치하는 정도를 알 수 있다. 죄책감을 느끼는 것은 확실한 불일치 신호이다. 자기통제는 유혹이나 순간적인 정서적 충동에 주어지는 것이라기보다는, 우리 자신의 기준을 충족시키는 데 필요하다. 행동을 우리의 도적 기준선상에 유지시키는 것이 바로 자기통제이며, Baumeister와 Exline이 언급한 대로 도덕 기준은 덕목에 기저하는 '도덕적 근육'이다. 따라서 덕목은 자기통제와 관련이 있다. "죄악은 자기통제의 실패를 뜻하며, 반면에 덕목은 자기통제의 노력과 일치한다. 자기통제는 덕목의 지배자로 간주될 수 있음에 틀림없다"(Baumeister & Exline, 1999, p. 1189).

초월 : 종교와 영성

의미에 대한 탐구

Viktor Frankl(1976/1959)은 인생의 의미를 찾는 것이 생존에 필수적이라고 주장한 초기 정신의학자이다. Frankl의 주장은 제2차 세계대전 동안 나치 수용소에서 수감자로 있었던 경험에 바탕을 두고 있다. 그는 수용소에 대한 두려움의 상당 부분은 본인의 경험을 이해하는 사람들은 능력, 즉 내재하는 의미를 모색하고 미래에 대한 희망적인 관점을 가지는 것에 의존한다는 것을 관찰 결과 알게 되었다. 죽음의 수용소에 있던 많은 사람들이 엄청난 고통에 직면해서도 그런 의미를 정말로 찾아내었다는 사실은 의미를 모색하려는 인간의 능력에 대한 증거이다. Frankl 이후 많은 심리학자들이 의미 추구를 삶의 핵심적인 특징으로 생각해 왔다(Baumeister, 1991). 삶의 특정한 목표와 광의적인 목표를 이해한다는 견지에서 인간은 '의미를 만들어 내는 자'이다(Bruner, 1990).

의미의 중요함은 기본적인 인간 욕구와의 관련성을 반영한다. 그의 저서 『인생의 의미』에서 Roy Baumeister(1991)는 의미 추구에 기저하는 네 가지 욕구, 즉 목표, 자기, 자기효능감, 자기가치를 기술하였다. 이 네 가지 욕구는 의미 있는 삶을 모색하는 사람들의 동기에 대한 기초를 설명해 주지만, 욕구 만족에 대한 특정한 근원을 명세하지는 않는다. 욕구 만족의 근원은 어느 정도 상호교환 가능하다. Baumeister는 아이를 양육하기 위하여 직장을 그만 둬야 하는 커리어우먼의 예를 들고 있다. 만약 자녀를 양육하는 것이 개인적인 의미의 중요한 원천이 된다면, 직장으로 돌아가고 싶은 마음은 시들해질 것이다. 사회생활에 수반되었던 삶의 의미는 자녀를 양육하는 것으로 대체될 수 있다. Baumeister는 대부분의 종교적인 사람들이 그들의 종교가 다른 것으로 상호교환 가능하다는 생각에 조소를 보내고 공격적일 것이라는 점을 인정하긴 했지만, 그는 이러한 상호교환 가능성이 종교에도 적용될 수 있는 것으로 보았다. '나의' 종교에 대한 독특한 긍정적인 믿음에도 불구하고, Baumeister는 개념적인 수준에서는 모든 종교가 유사한 심리적 목표를 가지는 것으로 보았다.

목표(purpose)에 대한 욕구는 삶의 방향에 대한 원망이다. 개인적으로 의미 있는 목표와 이상적인 목표 상태를 추구함으로써 삶을 체제화하는 것은 목표에 대한 사람들의 욕구를 충족시키는 주요한 방법이다(제7장 참조). 계속해서 발전을 도모하여 중요한 목표를 성취하는 것은 의미의 중요한 원천이 된다. 두 번째 욕구는 **가치**(value)이다. 삶에 대한 긍정적인 가치를 확인하는 행동을 정당화함으로써 가치에 대한 욕구는 충족된다. 사람들은 가치 체계로 판단한 결과, 그들의 행동이 '옳고' '선한' 것으로 생각되기를 원한다. 가치와 행동 규범은 옳고 그르며 도덕적이고 비도덕적인 행동이라고 판단하기 위한 기준을 제시하고, 특정한 행동과 전반적인 삶의 질을 평가하는 지침을 제공한다.

세 번째 욕구는 **자기효능감**(self-efficacy)에 대한 인식이다. 사람들은 자신에게 일어나는 일에 대한 통제력을 가지고 있다고 느낄 필요가 있다. 도전하고 목표를 이루는 것은 자기 효능감을 발달시키는 주요한 두 가지 방법이다. 통제는 개인의 욕구와 목표에 맞도록 환경을 변화시키는 형태가 되거나 환경을 변화시킬 수 없는 경우에는 개인이 환경에 적응하는 방식이 된다(Rothbaum, Weisz, & Snyder, 198). 특히 종교와 영성과 관련된 통제의 중요한 형태는 **해석적 통제**(interpretive control)이다. Baumeister가 언급하기를, 어떤 일이 왜 발생했는지를 이해할 수 있게 해 주는 존재는 의미의 중요한 원천이 된다. 우리가 결과를 바꿀 수 없는 경우라도 인생사에 대한 의미 있는 해석을 모색하는 것은 통제감에 영향을 주고 도전을 위한 적응의 토대가 된다. 예컨대, 죽음이 신의 계획 중 일부분이라는 것과 사후에 죽은 이와 천국에서 다시 만날 것을 믿는 사람들은 죽음의 현실을 받아들이기가 보다 쉬울 것이다.

자기가치(self-worth)는 의미의 네 번째 토대이다. 자기가치는 긍정적인 자기평가와 자아존중감을 위한 사람들을 욕구를 반영한다(제9장 참조). 주로 도덕성과 밀접한 관계가 있는 가치와는 달리, 자기 가치에 대한 인식은 다양한 도덕적 본질들과 행위들에 기반하고 있다. 재능, 성취, 타인에 대한 인정과 존중 그리고 우호적인 사회비교(예컨대, 다른 사람들 보다 잘함)는 자기가치에 대한 인식에 크게 기여한다.

이 네 가지 욕구(즉 목표, 가치, 자기효능감, 자기가치)는 의미 충만한 인생과 Emmons (1999a)가 인간의 '최고 중대사(ultimate concerns)'가 무엇인지에 대해 언급함에 있어 인간 존재의 최고 순위의 의미라고 한 종교의 역할에 관한 심리학적 토대가 된다. Baumeister 의 관점에서 보면, 목표를 뚜렷하게 인식하고 있고, 도덕 판단을 위한 확실한 가치가 있으며, 본인 스스로의 효능감과 통제를 신뢰하고, 자기가치를 긍정적으로 생각하고 있을 때 인생은 의미 충만한 것으로 경험될 것이다. 반면에 의미가 부족하거나 의미 없는 삶은 목표 상실, 가치 혼란, 지각된 통제감의 결여 그리고 낮은 자기가치감으로부터 기인된다. 의미와 의미충만함은 비교적 구체적인 바로 지금 여기 일상의 행위로부터 인간 존재에 대한 추상적이고 영속적인 의미에 이르기까지 다른 수준에서 존재한다. 종교와 영성은 의미의 가장 높은 수준에서 네 가지 욕구 각각을 만족시킨다. Baumeister가 언급하였다시피, 종교는 인생의 목표를 정의하고, 도덕 가치의 규범을 제시하며, 삶의 의미와 기원을 설명함으로써 해석적 통제를 가능하게 하고, 종교적 틀 안에서 자기가치의 토대를 제공한다.

위에서 언급하였듯이, Baumeister는 의미 추구를 위한 네 가지 욕구를 만족시킨다는 점 안에서는 종교가 어느 정도는 상호교환 가능하다고 보았다. 신앙, 교리, 의식에서 차이가 있지만, 세상의 주요한 종교들과 영적인 전통들은 핵심 특징들을 공유하고 인간 욕구에 공통적으로 도움이 되는 것 같다. 인류학자인 Joseph Campbell은 누구보다도 다양한 문화권의 독자들을 위해 종교의 보편적인 측면들에 대한 이해를 증진시키는 저술 작업을 해 왔다. Bill Moyers와 함께 저술한 베스트셀러 저서 『신화의 힘』(1998)에서 그는 동서양의 종교에서 공통적으로 언급되는 존재에 대한 보편적인 물음들을 제시하고 사람들의 삶을 이끌고 변화시키는 종교의 답이 갖는 영향력에 대해 기술하였다.

종교는 인간 존재에 대한 근본적인 물음들에 대한 해답을 제공한다. 생명과 우주는 어떻게 시작되었는가? 사후에는 어떻게 되는가? 삶의 목표는 무엇인가? 어떤 도덕 가치가 인간 행동을 이끄는가? 물론 종교만이 이런 물음들에 답할 수 있는 것은 아니다. 과학, 자연, 그리고 인본주의 철학자가 답할 수 있을지도 모른다. 일부 어떤 사람들은 이런 물음 자체에 관심이 없거나 인생 최고의 미스터리인 이런 질문들에 대한 답이 있다는 것을 믿지 않는다는 것 또한 사실이다. 그러나 조사연구 결과 미국인의 절대 다수는 영성적 혹은 종교적 관점을 가지고 이런 물음들에 대해 진지하게 생각하고 있다(Gall & Lindsay, 1999와 개관을 위해서는 제6장의 Spilka, Hood, Hunsberger, & Gorsuch, 2003을 보라). 지난 50년 간의 국가 조사에서 미국인의 90~95%가 신을 믿고 거의 90%는 기도한다고 응답하였다. 거의 70%의 사람들이 교회에 다니고 40%의 사람들은 규칙적으로 예배에 참석한다고 보고하였다. 여론 조사 결과, 미국인의 60%는 종교가 인생에서 매우 중요하다고 응답하였고, 26~30%는 상당히 중요하다고 하였다. 미국에서 종교적 소속은 개신교와 가톨릭 교도들에 의해 주도된다. 미국 통계국의 자료를 요약한 결과, Spilka와 그의 동료들(2003)은 1999년의 자료에서 미국인의 55%가 개신교 신자이고, 28%가 가톨릭 신자이며, 2%가 유대교 신자, 6%가 기타 다른 종교, 그리고 8%는 종교적인 소속이 없다고 보고하였다. 흥미롭게도 미국에서 신을 믿는다고 보고한 사람들의 비율이 대부분의 유럽 국가에서보다 높다(표 10.4 참조). 이 통계 자료는 미국인의 개인적 그리고 문화적 삶에서 종교의 중요성을 보여주고 있다.

종교와 영성 : 관점의 다양성

종교와 영성을 정의하는 것은 대단히 어려운 과제이다. 조작적 수준에서, 연구자들은 포괄적인 자기보고식 측정치들에 의존함으로써 정의의 복잡함을 종종 비켜갔다(측정 문제에 관한 개관은 Tsang & McCullough, 2003을 보라). 연구자들은 종교성 정도, 예배에 참석하는 빈도 혹은 종파에 대해 조사하였다. 이러한 포괄적인 측정치들이 종종 건강이나 웰빙과

표 10.4 국가별 신을 믿고 종교적 경험을 했다고 보고한 사람들의 비율

국가	신을 믿음(%)	종교적 경험(%)
미국	95	41
체코 공화국	6	11
덴마크	57	15
프랑스	52	24
영국	69	16
헝가리	65	17
아일랜드	95	13
이탈리아	86	31
네덜란드	57	22
북아일랜드	92	26
노르웨이	59	16
폴란드	94	16
러시아	52	13
스페인	82	19
스웨덴	54	12

출처 : Spilka, B., Hood, R., Hunsberger, B., & Gorsuch, R. (2003).

유의한 관계가 있음을 내포한다는 사실이 밝혀졌음에도 불구하고, 연구자들은 종교적이라는 것이 무엇을 의미하는지에 대해서도 인생의 다른 중요한 문제들로부터 영성을 어떻게 구분할 것인지에 대해서도 말하지 않았다. 예컨대, 어떤 사람은 종교적 헌신이나 영성에 대한 관심 때문이 아니라 단지 사회적 친교를 위해 교회에 다닐 수도 있다.

경험적 연구들은 사회과학자, 성직자 그리고 종교에 관심이 많은 보통 사람들 간의 다다양한 관점들을 확인시켜 준다(Zinnbauer et al., 1997). 예컨대, Pargament와 그의 동료들(Pargament, Tarakeshwar, Ellison, & Wuffer, 2001)은 대학생과 성직자에게 가설적인 사람들에 대한 100개의 프로파일을 주고 이 사람의 종교성 정도를 평정하게 하였다. 각각의 프로파일은 10개 단서들의 서로 다른 조합으로 구성되어 있었는데, 이들 단서는 예배 참석, 기도하고 명상하는 빈도, 신의 존재에 대한 느낌, 교회에 하는 금전적 기부, 교리에 대한 지식, 종교적 믿음으로부터 얻는 개인적 이득(편안함, 지지받음, 의미 있음), 그리고 자선과 같은 이타적 행동 등이었다. 연구참가자들이 종교성을 판단할 때 비교적 일관적으로 특정 단서에 의지한다는 것이 관찰되었다. 그러나 대학생들과 성직자들이 '종교적인 사람'을 지적하는 데 사용하는 단서는 달았다. 어떤 사람의 종교성을 평가할 때 대학생들의

55%는 종교적 믿음으로부터 얻는 개인적 이득 단서를 사용하였고, 반면에 성직자들은 86%가 예배 참석을 중요한 단서로 사용하였다. 종교성은 다양한 연구참가자들에게 대단히 다른 어떤 것을 의미하였다.

연구자들은 종교와 영성에 대하여 독특하고 차별적인 그 무엇을 포착하기에 충분히 구체적인 정의를 내리려고 대단히 노력하였지만, 모든 혹은 대부분의 종교에 적용하기에는 너무 광의적이었다. 견해가 다양하다면, 종교와 영성에 관한 어떤 단일한 정의도 모든 학자들과 종교 수행자들을 만족시킬 수는 없을 것이라는 것은 명백하다. 이것은 Yinger(1967)에 의해 자주 언급되 인용문에 간단명료하게 나타나 있다. "종교에 대한 어떤 정의도 정의내린 그 사람만을 만족시킨다(p. 18)." 그렇지만 종교심리학의 경험적 연구와 개념적인 연구는 지난 10년간 극적으로 그 지평을 넓혀 왔다. 그 분야의 뛰어난 연구자들은 여러 연구자들과 신학자들이 제안한 다양한 정의들에서 어떤 공통점을 찾아내기 시작하였다(Emmons, 1999a, 1999b; Hill & Pargament, 2003; Hill et al., 2000; Pargament, 1997, Zinnbauer, Pargament, & Scott, 1999; Zinnbauer et al., 1997).

최근 개념화 작업의 중심은 종교와 영성의 관계이다. William James(1902)의 고전적인 저서인 『종교적 경험의 다양성』 이래로 심리학 내에서는 종교를 제도적 의미와 개인적 의미 모두를 가지는 것으로 간주하였다. 제도로서의 종교는 여러 종교와 각 종파와 관련된 신앙, 예식, 교리, 예배 장소(예컨대, 기독교 교회와 유대교 교회)로 조직된 세트이다. 종교의 개인적 의미는 그가 믿는 신과의 독특한 관계, 경험, 행위에 의해 정의되는 신앙의 개인적 측면이다.

최근에는 종교의 제도적 측면과 개인적 측면 간의 보완적이고 중복되는 관계가 특히 미국 교회에서는 양분되는 것으로 정의되어 왔다(Hill et al., 2000; Zinnbauer et al., 1999). 여러분은 누군가가 "영적이지만 종교적이지는 않다"라고 말하는 것을 들었을지도 모르겠다. 종교가 고정된 교리와 예식과 관련된 것임에 반해, 영성은 종교적 체험의 보다 더 주관적이고 개인적인 측면들을 정의하게 되었다. 종교와 영성의 분리는 특히 1960년대의 미국 교회에서 두드러졌다. 베이비 붐 세대의 초창기에 나타난 '반체제 문화'는 종교를 포함하여 확립된 제도에 대해 대단히 비판적이었다. 종교는 독단, 권위주의, 맹목적 신앙, 복종 등과 연합되게 되었다. 영성은 전통적인 종교 밖에서도 추구할 수 있다고 주장한 Abraham Maslow(1968)와 같은 인본주의 심리학자들에 동의하여, 베이비 붐 세대는 종교를 떠났다. 이 시기에 대두된 '뉴에이지' 철학은 전통적인 종교와의 형식적인 관계를 거부하는 베이비 붐 세대의 영적 욕구와 성장 욕구에 어필하였다. 많은 심리학자들은 이러한 종교와 영성의 분리가 불행한 양극화를 초래하였다고 생각한다(예, Hill & Pargament, 2003; Hill et al., 2000; Zinnbauer et al., 1999). 어떤 사람의 개인적인 성격과 발달의 관점에서 보았을 때, 개인적 영성은 '좋은' 것으로 제도적 종교는 '나쁜' 것으로 간주된다. 어떤 심리학자들은 종교를 영적 이해에 대한 장해물로 간주하기까지 한다(Hill et al., 2000; Zinnbauer et al., 1999).

영성과 종교의 상호관계를 탐구할 필요성은 적어도 미국에서는 대부분의 사람들이 그들 스스로를 영적이면서도 동시에 종교적이라고 생각한다는 것을 보여주는 경험적인 연구들에 의해 제안되었다. 이것은 Zinnbauer와 동료들(1997)이 수행한 연구에서 뚜렷하게 드러난다. 346명의 연구참가자들은 다양한 종교적 배경을 가지고 있었고, 평균 나이는 40세로 15세에서 84세까지 다양한 연령대에 속했다. 이 연구의 한 가지 측정치는 참가자들에게 네 개의 보기 중 그들의 종교성과 영성을 가장 잘 정의하고 있는 진술을 한 가지 고르도록 한 것이었다. 보기는 다음과 같았다. "나는 영적이고 종교적이다, 나는 영적이지만 종교적이지는 않다, 나는 종교적이지만 영적이지는 않다, 나는 영적인 것도 종교적인 것도 아니다(p. 553)." 참가자의 대부분(74%)은 영적이면서 종교적이라는 진술을 선택하였고, 19%는 영적이지만 종교적이지는 않다라고 하였으며, 4%는 종교적이지만 영적이지는 않다라고, 3%는 영적이지도 종교적이지도 않다라고 응답하였다. 단지 극소수(6.7%)만이 의미 중복 없이 영성과 종교는 완전히 다르다고 하였고, 2.6%는 두 개념이 완전히 동일한 것이라고 생각하였다. 전반적으로 이 연구는 두 개의 주요한 결론을 제안하였다. 첫째, 대부분의 사람들은 종교와 영성을 확실히 구분한다. 둘째, 대부분의 사람들은 스스로를 영적이면서 동시에 종교적이라고 생각한다.

Zinnbauer와 동료들은 스스로를 영적이면서 종교적이라고 규정한 74%의 사람들(SR 집단)과 영적이지만 종교적이지는 않다고 생각하는 19%의 사람들(SnR 집단) 간의 차이에 대해서도 연구하였다. 흥미롭게도 SnR 집단은 베이비 붐 세대의 일반적인 프로파일과 일치하였다. SR 집단에 비해 SnR 집단은 교회에 덜 열심히 나가는 부모 아래에서 자랐고, 교육 수준이 더 높고 더 개인주의적이었으며, 전통적인 기독교인의 믿음을 덜 가지고 있고, 더 불가지론적이고 '뉴에이지'적인 믿음을 가지고 있으며, 또한 타인보다 더 우월하다고 느끼는 욕구를 반영하는 것으로서 혹은 비본질적인 어떤 것(예컨대, 사회적 이미지나 사회적 지위)을 추구하는 사람들이 가진 것으로서 종교성에 대해 다소 더 부정적으로 생각하였다. SR 집단은 예배 참석, 기도하는 빈도, 정통적인 종교적 신앙과 관련이 있었다. 이러한 결과는 일반적으로 '영적이지만 종교적이지는 않은' 사람들의 성격과 사회적 태도가 전통적인 종교적 믿음을 가진 사람들의 그것과는 다르다는 것을 밝힌 최근의 연구와 일맥상통하는 것이다(Sucier & Skrzypinska, 2006). 종합해 보면, 종교와 영성에 대한 사람들의 이해에는 차이점도 공통점도 있다는 것을 말한다. 종교심리학의 가장 최근 연구는 많은 차이점들을 인정하고 있으면서도, 대부분의 사람들이 종교와 영성에서 공통적으로 가지고 있는 것은 무엇인지에 더 초점을 맞추고 있다.

종교와 영성에 대한 정의

최근의 개념화 작업에서는 종교와 영성의 의미를 분리하기보다는 함께 묶으려고 시도하고 있다(Hill & Pargament, 2003; Hill et al., 2000; Pargament, 1997, 1999; Zinnbauer et al., 1999). Pargament의 명저 『종교와 대처의 심리학』에서 요약되었듯이, Pargament의 연구 (1997)는 특히 최근의 종교와 영성의 정의에 영향을 준 것 같다. Pargament의 분석은 보기에 직접적인 물음으로부터 출발한다. 무엇이 종교를 특별하게 만드는가? 종교를 삶의 다른 영역들과 관심사로부터 구별하게 해 주는 본질적인 속성은 무엇인가? 선행연구들에 대한 그의 개관과 종합에 근거하여, Pargament는 종교를 특별하게 만드는 것이 바로 종교의 고유한 본질과 기능이라고 결론 내렸다. 본질적으로, 종교의 본질을 정의하는 것은 신성하다. 신성함은 신과 성직자와 연관이 있기 때문에, 즉 절대적인 진리와 궁극적인 실재인 초월적인 힘과 관련되어 있기 때문에 일상생활로부터 벗어난 어떤 것이다. 신성함은 경외심, 존경심, 공경심, 숭배심을 불러일으킨다. 이것은 존재에 대하여 고차원적인 실재와 궁극적인 진리에 관한 믿음, 예식, 감정들을 총망라한다.

종교가 가진 신성한 본질에 덧붙여, 종교는 인간의 삶에서 독특한 종교적 기능에 의해 차별화된다. 종교가 단지 신앙과 예식의 세트인 것만은 아니다. 종교는 또한 인생의 가장 심오한 문제들에 대해 답하는 데 종교적 믿음이 어떻게 사용되고 인생에서 가장 어려운 도전들에 대해 신앙이 어떻게 대처하는지와 관련이 있다. 종교는 삶의 의미와 삶의 피할 수 없는 고통, 비극, 고통, 부조리, 죽음의 결말에 관한 존재론적인 물음들을 다룬다. 사람들의 종교적 믿음은 존재에 대한 이런 근본적인 물음들에 대처하고 삶의 중요성과 의미를 찾는 방식에 큰 영향을 미친다.

Pargament는 종교와 영성에 대한 그의 정의에서 본질과 기능을 통합하려고 하였다. 그는 **종교**(religion)는 "신성함과 관련된 방식으로 의의 있는 것을 추구하는 것"으로(1997, p. 32), **영성**(spirituality)은 "신성함을 추구하는 것"으로 정의하였다(1997, p. 39). '추구한다'는 것은 삶의 가장 중요한 문제들을 다루는 수단으로서 종교와 인생의 기능적 관점을 구체화한 것이다. '신성하다'는 것은 삶의 다른 영역으로부터 종교와 영성을 구분 짓는 이러한 추구의 특별한 본질을 다룬다. 이렇게 보았을 때, 종교는 신성한 목적과 세속적인 목적 둘 다를 포함하기 때문에 보다 더 광의적인 개념이다(Pargament, 1999; Pargament & Mahoney, 2002). 종교적 맥락에서 '의의 있는 것에 대한 추구'는 세속적인 방식과 수단과 겹친다. 종교에는 여러 가지 목적이 있는 것이지, 본질적으로 어떤 것만이 신성한 것은 아니다. 예컨대, 많은 사람들은 교회를 통해 보살펴 주고 지지해 주는 관계를 찾는다. 그들은 또한 사적인 모임이나 조직에서 그러한 관계를 찾기도 한다. 교회 관계는 신성한 것과 '관련된' 것이지만, 그들 스스로가 신성해질 필요는 없는 것이다. '의의 있는 것'은 앞서 기술한 의미의 네 가지 욕구와 관련한 것들을 포함하여, 이 용어의 의미에 개인차가 있는 것을 뜻한다. 사람들은 종교를 통해 마음의 평화, 가치, 자기통제, 친밀함, 보살펴 주는 관계, 삶의 방향 혹은 개인 성장을 구한다. 한 번 더 말하지만, 의의 있는 것의 이런 형태들은 신성한 것으로 간주될 수도 간주되지 않을 수도 있다.

종교의 고유하고 차별적인 기능은 영성에 의해 정의된다. '신성함'은 종교적 관점을 가지고 특별한 이해에 대한 의의를 추구하는 것에 관한 것이다. 사람들은 어느 정도는 영적이다. "…사람들은 신성한 것을 찾으려고 하고, 알기를 원하며, 또 경험하고자 한다. 혹은 그들이 지각한 것을 신성한 것과 관련지으려 한다(Pargament & Mahoney, 2002, p. 648)." 신성함의 비물질적인 세상은 물질적인 것의 불경스러운 세상과 일반적으로 대조된다. 그렇지만 불경스러운 것도 신성한 의미가 스며들면 신성한 것이 된다. Pargament는 이러한 의미의 변환을 **신성화**(sanctification)라고 불렀는데, 이것은 "영적인 의미와 성격을 가진 것으로 대상을 지각하는 것"이다(Pargament & Mahoney, 2002, p. 649). 대부분 어떤 보통의 대상은 신성한 상징적 의미를 드러낼 수 있다. 성체[가톨릭에서의 성찬용 빵(역주)]의 형태를 가진 음식은 많은 종교의식에서 신성한 것이다. 침례교에서의 물은 목사의 축복을 받아 성수가 된다. 많은 미국인들은 성조기를 숭배할 만한 신성한 상징으로 여긴다. 국기에 대한 존중은 어겼을 때 처벌받도록 법에 명시되어 있다.

세속적인 대상에 신성한 의미가 스며들거나 신성한 방법으로 세속적인 목표를 추구할 때, 사람들은 더 존경하고 보호하며 돌보는 것 같다. 예컨대, 종교적이든 종교적이지 않든 만족스러운 결혼생활은 많은 사람들의 목표이다. 그런데 종교적이고 신성한 관점으로 결혼을 생각하는 부부는 그들의 관계를 신성한 의미를 가진 어떤 것으로 전환한다. 흥미롭게도 어떤 연구는 결혼을 신성한 것으로 생각하는 부부들이 그렇지 않은 부부들에 비해 결혼 만족도가 더 높고, 더 건설적으로 문제를 해결하며, 갈등이 덜하고, 결혼생활에 더 헌신적이라고 보고하였다(Mohoney et al., 1999).

Pargament의 관점에서 종교는 구조화된 종교에만 국한되는 것이 아니고, 영성도 신에 대한 믿음에만 제한되는 것이 아니다. 신성함을 추구하는 데에는 여러 가지 경로가 있다. Pargament와 Mohoney가 언급하기를 "…신성함은 천국에서뿐만이 아니라 지금 이 세상에서도 찾을 수 있다(2002, p. 649)." 신성함에 대한 추구는 명상, 알코올 중독자 갱생회의 12단계 프로그램의 일부분인 초월적 믿음, 동물과 자연에 대한 미국 인디언들의 숭배와 영적인 관점, 사이언톨로지, 그리고 신성함에 초점을 맞춘 많은 사람들의 개인적 추구와 같은 것들을 포함한다. Pargament와 Mohoney(2002)은 기도하기, 전통적인 종교 예식에 참석하기, 성경 읽기, 종교적인 텔레비전 프로그램 시청하기, 음악 감상하기, 미술 감상하기, 신성한 목표와 직접적으로 관련된 사회 행동을 하거나 교육 기회 갖기 등도 언급하였다. Pargament(1990)는 종교와 영성을 보편적으로 선한 것으로 간주하지 않는다. 그의 정의는 종교에 기반한 정부의 독재와 탄압으로부터 헛된 약속과 교활한 방법으로 신도들의 돈을 갈취하는 종교 집단의 음모에 이르기까지, 신성한 방법과 목적의 다양한 사용과 오용을 허락한다. 영성과 종교의 가치는 그것의 특정한 형태와 사용에 달려 있다. 믿음과 예식에 대한 어떤 다른 복잡한 체제처럼, 사람들은 종교와 영성을 건설적인 목적을 위해서도 파괴적인 목적을 위해서도 사용할 수 있고, 따라서 부정적인 결과도 긍정적인 결과도 경험할 수 있다(Exline, 2000).

종교와 영성 그리고 웰빙

종교와 영성의 형태가 다양함을 감안한다면, 종교/영성과 웰빙의 일반적인 관계를 찾는 것은 다소 놀라운 일이다. 이것은 특히 대부분의 연구가 예배 참석 빈도와 종교적 소속과 같은 포괄적인 자기보고식 종교성 측정치를 사용하고 있다는 점에서 신중히 고려해야 할 문제이다. 이런 포괄적인 측정치로는 사람들의 종교적 오리엔테이션에 대한 특정한 측면, 헌신 정도 혹은 그들의 삶에서 종교와 영성의 기능을 알 수 없다. 그렇지만 뛰어한 연구자들의 많은 주요한 개관들은 종교는 건강과 웰빙과 작지만 일관적인 정적 관계를 갖는 것으로 결론 내리고 있다. 평균적으로 종교적인 사람들이 더 행복하고 그들의 삶에 더 만족한다 (Argyle, 2001; Diener & Clifton, 2002; Diener, Suh, Lucas, & Smith, 1999 Myers, 2000a, 2000b; Peterson & Seligman, 2004). 신과 가까이 있음, 영적 노력 혹은 영적 헌신과 같은 종교적 개입의 정도를 측정한 연구는 종교적 헌신이 높을수록 삶의 만족도가 높다는 것을 보여주었다(Argyle, 2001; Emmons, 1999b; Myers, 2000a). 종교와 행복의 정적인 관계는 나이든 사라들에게서 조금 더 강하다. 흥미롭게도 아동과 청소년은 종교적 개입이 클수록 비행행동을 적게 일으키고, 알코올과 약물복용을 덜 하며, 이른 성행위의 출현이 낮다.

『종교와 건강 핸드북』에서 Koenig, McCullough와 Larson(2001)은 종교적 개입과 건강과의 관계에 대해 방대하게 개관하였다. 정신건강의 결과에는 우울증, 자살, 불안장애, 알코올과 약물남용, 비행행동, 그리고 불안정한 결혼의 여부가 포함되어 있었다. 신체적 건강의 결과에는 장수, 심장병과 고혈압, 그리고 암의 여부가 포함되어 있었다. 전반적으로, 증거의 절대 다수는 종교적 개입의 긍정적인 이득을 지지하였다. 가장 일관된 결과는 신체건강에서 관찰되었다. 정신건강의 결과는 다소 섞여 있긴 했지만, 이 증거는 일반적으로 긍정적이었는데, Koeing과 동료들(2001)은 "…대다수의 경우 종교적 믿음과 예식의 확실한 이득이 위험보다 더 큰 것 같다(p. 228)"라고 결론 내렸다(Worthington, Kurusu,

McCullough, & Sandage, 1996을 보라).

네 개의 주요한 변인이 종교와 영성을 측정하는 데 전형적으로 사용되었다(George, Ellison, & Larson, 2002). 이 변인들은 예배 출석과 종교 활동(기도 모임과 성경 공부 모임) 참여, 주요 종교와 종파에의 소속, 기도와 명상, 성경 읽기와 같은 개인적인 종교 활동, 그리고 삶의 문제와 도전에 대처할 때 종교를 사용하는 것이었다. 개관에서 George와 그의 동료들(2002)은 네 가지 변인 중에 종교 예식에 참석하는 것이 건강(신체적, 정신적 모두)과 가장 큰 정적 상관관계를 가진다고 하였다. 교회에 정기적(일주일에 한 번 이상)으로 가는 사람들은 그렇지 않은 사람들에 비해 전반적으로 더 건강하였고, 병에서 더 빨리 회복되었으며, 더 오래 살았다. 시간에 흐름에 따라서 병의 추이 과정을 살펴본 연구는 종교적 대처가 가장 강력한 예언자임을 알아내었다. 즉 병마와 싸우는 수단으로 종교에 의존하는 사람들은 더 빨리 회복하였고, 질병을 더 잘 이겨냈으며, 수술(예컨대, 관상동맥 바이패스 수술)에서도 더 잘 회복하였다.

확실히 종교와 건강의 관계는 다른 건강 예측 변인들이 제외되고 통제된 뒤에 살펴볼 필요가 있다(George et al., 2002; Koenig & Dohen, 2002; McCollough & Laurenceau, 2005; Powell, Shahabi, & Thoresen, 2003). 잠재적으로 경쟁하는 변인들로는 나이, 성별, 인종, 결혼 상태, 흡연, 비만, 현재 건강 상태, 사회적 지위, 교육수준, 사회 환경으로부터의 스트레스(예, 빈곤) 등이 있다. 최근의 연구에서는 이런 변인들이 통계적으로 통제된 후에도 종교의 효과가 여전히 있는 것으로 밝혀졌다. 예컨대, 잘 설계된 종단 연구에서 일 주일에 한 번 이상 교회에 가는 사람들에게서는 23%라는 낮은 사망률이 관찰되었다(Strawbridge, Cohen, Shema, & Kaplan, 1997). 이 연구는 5,000명 이상의 성인들에 대한 건강 기록을 거의 30년(정확히는 28년) 동안 관찰하였다. 자주 교회에 가는 사람들의 낮은 사망률은 생존에 대한 일반적인 예측변인이 통제된 후에도 여전하였다. 다른 많은 대규모 종단 연구 또한 교회 출석 빈도와 더 길고 건강한 삶과의 관계를 확인하였는데, 이 결과는 건강과 장수에 관한 다른 예측 변인들이 통제된 이후에도 관찰되었다(최근의 개관은 Koenig & Cohen, 2002; Koenig et al., 2001을 보라).

종교의 건강상 이점을 어떻게 설명할 수 있는가? 연구자들은 여러 가지 가능한 기제와 경로를 제시하였다. 초기 단계에는 종교와 건강의 잠재적인 매개 변인을 평가하였다. 여기에서 논의된 요인들은 경험적으로 타당화된 해석들로 잘 확립된 것이라기보다는 잠재적인 것으로 보는 것이 옳다. George와 동료들(2002)은 개관에서 종교와 건강의 관계를 설명해 주는 주요한 매개 변인들로 건강 습관을 증진시키고, 사회적 지지를 증가시키며, 심리적 자원을 가용하게 하고, 의미를 고양시키는 것에 초점을 맞추었다. 이들 각각은 다음 절에서 보다 더 자세히 다룰 것이다.

건강 습관   어떤 종교는 좋은 건강을 위한 확실한 처방책을 포함하고 있다. 예컨대 몰몬교는 흡연, 음주 그리고 혼외정사를 명시적으로 금지한다. 많은 다른 종교들도 '영혼의 집'으로서 신체를 신성하게 본다. 이러한 믿음은 개인의 건강에 특별하고 종교적인 의미를 부여함으로써 좋은 신체적/정신적 웰빙을 유지하는 것에 관심과 노력을 기울이게 한다. 좋은 건강관리 습관의 역할은 정기적으로 교회에 나가는 사람들이 흡연을 덜하고 알코올과 다른 물질남용을 덜한다는 결과로부터 지지된다.

사회적 지지   교회 신도들 간에 형성된 서로 보살펴 주고 지지하는 관계는 건강상 이득에 있어 가장 의미 있는 원천들 중의 하나이다. 종교와 교회 참석은 똑같은 영적 헌신을 공유하는 이들로부터 강한 지지를 얻을 수 있는 안정적이고 장기적인 토대가 될 수 있다. 종교적 지지는 필요할 때 받는 시의적절한 실제적인 도움, 위안의 지속적인 원천, 위기 때 스트레스를 줄여주는 완충제와 같은 많은 이점을 제공한다. Hill과 Pargament(2003)는 사회적 지지가 종교적 토대에 의해 증진될 수 있음을 언급하였다. 다른 사람이 우리를 위해 기도해 주는 것을 알거나 신은 타인을 통해 우리 안에 역사한다는 것에 대한 믿음을 통해 우리는 특별한 위안을 얻을 수 있다.

심리적 자원과 의미   종교적 믿음은 개인 가치, 효능감, 통달함 그리고 인생 목표에 대한 초월적 의식의 토대를 제공할 수 있다. 영적으로 강하게 노력하는 사람들은 더 높은 수준의 만족, 인생에서 더 큰 목표의식 그리고 더 높은 수준의 웰빙을 보고한다(Emmons, Cheung, & Tehrani, 1998). 연구들은 종교적인 소속을 낙관주의와 희망과 연관 짓는다(Koenig & Cohen, 2002). 기쁨과 같은 긍정적인 정서는 예배 참석과 다른 종교적 활동과 연합되곤 한다(Argyle, 2001). 긍정적 정서에 대한 Fredrickson의 확장-구축 이론(제3장)과 대처와 건강에 대한 긍정적인 태도의 역할(제9장)을 함께 고려해 보았을 때, 이러한 발견은 종교적 믿음이 건강을 증진시키고 사람들의 대처 자원을 고양시켜 주는 개인 강점의 중요한 원천이 될 수 있다고 제안한다. 게다가 앞에서 우리가 언급하였듯이 종교와 영성은 인간 존재에 대한 궁극적인 물음과 관련하여 의미에 대한 고유하고 특별한 원천을 제공한다. 삶과 죽음에 대한 종교적 이해는 특히 삶을 위협하는 사건이나 질병에 직면했을 때, 강점과 의미의 강력한 원천이 될 수 있다.

종교 오리엔테이션

종교적 개입은 일반적으로 긍정적인 이점을 가지는 것 같다. 그러나 이렇게 결론내리기 위해서는 필요조건들이 요구된다. 첫째, 종교 연구가 주로 개신교와 가톨릭에 의해 지배된

북미의 표본들에 제한되어 왔다. 중동(예, 이슬람교와 힌두교)이나 극동(예, 신도─일본의 민간종교(역주)─나 불교)에 대한 경험적인 연구는 거의 없다. 더욱이 미국에서 유대교 신앙은 연구자들의 관심을 거의 끌지 못하였다. 최근의 발견들이 모든 혹은 대부분의 종교에 적용될지, 혹은 단지 일부분의 종교적 전통에만 적용되는 것인지는 여전히 물음으로 남아 있다. 둘째, 종교의 '평균적인' 이점은 이야기의 전체가 아니라는 것이다. 균형잡힌 연구는 종교의 오용과 부정적인 결과의 가능성 또한 지적해야만 한다(Exline, 2002). 역사와 현대를 통해, 무차별적 폭력과 잔학 행위는 "신은 우리 편이다"라는 종교의 명목하에 자행되어 왔다. 학자들은 결코 종교의 역설은 해결하지 못하였다. 심리학자들 중에서는 Peterson(2006)이 '좋은' 종교와 '나쁜' 종교의 구별은 "…내가 들어서고 싶지 않은 위험한 지역(p. 291)"이라고 언급함으로써 일반적으로 널리 퍼져 있는 생각을 요약하였다. 그러나 개인적인 수준에서 보았을 때, 심리학자들은 그들의 경험적인 연구에서 종교의 혼란스러움과 모순적인 영향들을 발견하였다. 이런 다양한 결과들을 설명하려는 시도로 연구자들은 종교에 대한 사람들의 오리엔테이션 차이에 주목하였다.

본질적/비본질적 종교 오리엔테이션 Gordon Allport는 종교와 편견을 갖는 태도 간의 혼란스러운 관계를 연구한 초기의 심리학자이다. 그의 고전적인 저서인 『편견의 본질』에서 Allport는 "종교의 역할은 역설적이다. 종교는 편견을 만들기도 하고 없애기도 한다. 위대한 종교들은 보편적이며 모든 종교는 인류애를 강조하지만, 이들의 예식은 종종 불화를 조장하고 비인도적이다(1958, p. 413)." 즉 대부분의 종교는 타인에 대한 관용과 동정을 설교하지만, 이러한 가르침이 항상 종교적 추종자들의 편견에 영향을 미치는 것은 아니다. 이런 역설의 경험적 토대는 교회에 다니는 사람들이 다니지 않는 사람들에 비해 다양한 집단(예, 흑인과 유태인)에 대한 편견을 더 가지고 있다는 태도 조사 결과에서 알 수 있다. 태도 조사에 대한 주요한 개관들은 교회 출석과 편견적 태도 간의 정적 상관관계를 보여주었다(Batson, Schoenrade, & Ventis, 1993; Wulf, 1997). Allport는 만약 종교 그 자체가 편견의 원인이라면, 가장 종교적인 사람들이 가장 편견이 심할 것이라고 언급하였다(Allport & Ross, 1967). 그러나 그는 연구들이 이러한 결론을 지지하지 않는다는 것을 지적하였다. 많은 연구들은 교회에 자주 가는 사람들이 자주 가지 않는 사람들보다 편견이 적다고 제안하였다. 만약 종교적 헌신과 종교적 영향의 노출에 대한 측정치로서 교회 참석의 빈도를 잰다면, 가장 종교적인 사람이 가장 덜 편견적일 것이다. Allport의 최초 연구 이래로, 이 문제는 여러 연구자들 간의 논쟁의 원천이 되어 왔다(Spilka et al., 2003).

　　종교와 편견의 관계를 밝히기 위해, Allport는 본질적 종교 오리엔테이션과 비본질적 종교 오리엔테이션을 구분하였다. 이 둘 간의 차이는 사람들이 개인적 종교 신념과 예식에 대하여 의미, 목표, 기능을 달리하는 것과 관계가 있다. 비본질적 오리엔테이션은 마음에 드는 사회 활동을 하거나 공동체에서 우호적인 사회적 지위를 유지하는 것과 같은 비종교적인 목표를 위하여 그들의 종교를 '사용'하는 사람들을 기술한다. 이에 반해 본질적 오리엔테이션은 종교적으로 '살고' 종교의 근본적인 가르침을 받아들이는 사람들을 기술한다. Allport와 Ross(1967)는 두 가지 오리엔테이션을 측정하는 척도를 개발하여, 비본질적 오리엔테이션을 가진 사람들이 본질적 오리엔테이션을 가진 사람들보다 유의미하게 편견을 더 가지고 있다는 것을 밝혀내었다. 아래에 언급되고 있다시피, Allport와 Ross(1967)는 그들 연구의 결론적인 논의에서 본질적-비본질적 종교 오리엔테이션의 차이를 요약하고, 어떻게 이 두 개의 오리엔테이션이 종교와 편견의 뚜렷한 역설을 설명하는지를 정리하였다.

비본질적 종교 오리엔테이션

"…비본질적 종교 오리엔테이션을 가진 사람은 그의 종교적 관점을 확신, 위안, 지위 혹은 사회적 지지를 얻는 데 사용하고 있다. 즉 종교는 그 자체로 옳은 가치가 있는 것이 아니라, 타인의 욕구에 봉사하는 것이며, 이것은 순전히 실용적인 형태를 띤다. 여기에서 편견은 '유용한' 형태가 되는 것이다. 즉 편견은 확신, 위안, 지위, 사회적 지지를 제공한다. 비본질적 종교의 지지에 의존하는 삶은 편견의 지지에 의존할 것이다. 따라서 비본질적 오리엔테이션과 편협함은 정적으로 상관된다"(Allport & Ross, 1967, p. 441).

본질적 종교 오리엔테이션

"반대로, 본질적 종교 오리엔테이션은 도구적이지 않다. 이것은 단순한 동조의 양식이 아니며, 정신적 지주도 신경안정제도 사회적 지위를 위한 노력도 아니다. 모든 욕구는 가장 우선적인 종교적 헌신에 종속된다. 종교의 신조를 내재화함에 있어, 개인은 인류애, 동정그리고 이웃에 대한 사랑에 대한 그 종교의 가치를 내재화할 필요가 있다. 종교가 내재적이고 우선적인 가치를 갖는 삶에는 거절, 경쟁이나 오만의 여지가 없다"(Allport & Ross, 1967, p. 441).

본질적 오리엔테이션의 측정치는 가장 흔히 사용되는 종교성의 측정치들 중 하나가 되었다. 원래의 척도가 몇몇 개의 버전으로 개정되었다(Gorsuch & McPherson, 1989; Hoge, 1972). 사람들의 종교적 오리엔테이션이 종교와 웰빙, 특히 정신건강에 관한 웰빙과의 관계에서 중요한 변인이다(Batson et al., 1993; Worthington et al., 1996). 종교성이 정신건강과 다른 웰빙 변인들(가족 삶의 질, 약물남용, 자기존중감)에 영향을 미치는지의 여부는 부분적으로 본질적-비본질적 오리엔테이션에 달려 있다. 본질적 오리엔테이션이 높은 것은 일반적으로 긍정적인 결과와 연합된다. 예컨대, 최근 연구는 본질적 종교성이 삶의 만족도와는 정적으로 연합되어 있지만, 비본질적 종교성과 삶의 만족도와는 아무런 관계가 없다는 것을 밝혔다(Salsman, Brown, Brechting, & Garlson, 2005). 본질적으로 종교적인 사람들에게서 낙관주의와 사회적 지지가 더 높다는 것이 삶의 만족도를 높이는 것을 부분적으로는 설명한다. 비본질적 오리엔테이션을 가진 사람들에 비해 본질적 종교 오리엔테이션을 가진 사람들이 더 낙관적이고, 타인으로부터의 사회적 지지를 더 즐긴다.

탐색적 종교 오리엔테이션 비록 널리 받아들여지긴 하지만, Allport의 본질적-비본질적 종교 오리엔테이션에 관한 개념과 측정에 비판이 없는 것은 아니다(Pargament, 1997; Spilka et al, 2003). 종교와 편견에 관한 후속 연구들은 어떤 사람의 종교적 믿음과 공동체가 특정 집단(예, 게이와 레즈비언)을 향해 비난한다면, 본질적 오리엔테이션이 편견을 감소시키기만 하는 것은 아니라는 것을 언급하였다. 편견이 금지되지 않거나 종교적 허가를 받는다면, 본질적 오리엔테이션은 편견을 감소시키기는커녕 오히려 증가시키는 것과 관련된다(예, Herek, 1987). Batson과 그의 동료들은 그들이 '탐색적 종교 오리엔테이션'이라고 부른 종교 오리엔테이션의 세 번째 차원을 개발함으로써 이 문제를 다루었는데(Batson et al., 1993), 이 오리엔테이션을 측정하기 위해 그들은 12개의 문항으로 구성된 척도를 개발하였다. **탐색적 종교 오리엔테이션**은 종교와 영성에 대한 복잡하고, 유연하며, 임시적인 관점이다. 이것은 명확한 답을 수용하기보다는 종교적 진리 추구를 더 강조한다. 탐색적 오리엔테이션을 가진 사람들은 종교와 세상의 복잡함을 인지하고 이를 이해하기 위해 기꺼이 이 문제에 직면하여 고군분투해 나간다. 그들의 인생에서 가장 중요한 물음들에 대한 단순하거나 '최종적인' 답들에 대해 회의적이고 의심을 품는다. 강한 탐색적 종교 오리엔테이션은 더 낮은 편견 수준과 도움이 필요한 이들에 대한 높은 민감도와 일관적으로 연합되어 있다(Batson et al., 1993). 다른 연구들은 종교에 대한 유연한 오리엔테이션(높은 탐색적 오리엔테이션)과 강한 종교적 헌신(높은 본질적 오리엔테이션) 두 가지 모두를 가진 사람들이 신체적으로 더 건강하며 부정적인 인생 사건에 대해 더 잘 적응한다고 보고하였다(McIntosh & Spilka, 1990).

애착이론과 신과의 관계

신, 신성한 것, 영적인 것, 초월적인 것과의 관계는 대단히 개인적이다. 이런 관계는 신의 현존과 사랑에 대한 느낌, 신이나 자연에 대한 분노, 경외심과 감탄, 경배와 존경, 확신과 위안, 영감, 공포, 죄책감, 그리고 불안과 같은 다양한 형태로 나타난다. Kirkpatrick(1992)은 신과 신성한 것에 대한 이런 다양한 심상이 사람들이 그들의 부모에 대해 가지는 심상과 대단히 유사하다는 점을 지적하였다. 발달심리학에서 **애착이론**(attachment theory)은 건강한 가족과 이후 발달의 토대가 되는 중요한 지표로서 부모와 아동의 애착에 대한 본질을 기술하였다. Kirkpatrick은 신을 애착 대상으로 보는 것이 정보적이라고 하였다. 이것이 신을 프로이트 학파의 종교에 대한 개념화에서 기술된 '아버지 상'으로 축소시키는 것을 의미하는 것은 아니다. 종교는 삶에 대한 고유하고 신성한 토대를 제공하며, 상징적인 자애로운 아버지로 신을 바라보는 프로이트 학파가 제안하는 보호와 위안을 완전히 뛰어넘는다. 그러나 부모와의 안정적이고 사랑이 깃든 애착처럼, 신과의 안정적인 관계는 인생에 대한 탐색과 많은 도전을 위한 토대로서의 기능 또한 가진다.

애착 관점은 신성한 것과의 개인적 관계가 부모와의 애착과 어떤 대응을 보여준다고 제안한다. 부모와의 안정적인 관계는 신과의 안정적이고 긍정적인 관계를 위한 단계가 될 수 있다. 유사한 맥락으로, 부모와의 불안정하고 갈등적인 관계는 신과의 안정 애착으로 보상되거나 혹은 신과도 불안정하고 갈등적인 관계를 맺는 것 둘 중 하나로 나타난다. 연구들은 아동기 때 부모와의 애착이 성인의 종교적 애착과 유의한 관계가 있다는 것을 지지하였다(Birgegard & Grantqvist, 2004; Granqvist, 2002; Kirkpatrick & Shaver, 1990). 연구자들은 또한 자각된 애착 양식이 웰빙의 측정과 관계가 있음을 보여주었다. Kirkpatrick과 Shaver는 성인들에게 세 가지 애착 양식 중 자신과 신과의 관계를 가장 잘 기술하는 것을 한 가지 선택하게 하였다. 세 가지 애착 양식은 다음과 같다.

안정 애착 "신은 나에게 대개 응답하시며 따뜻하다. 신은 항상 나를 지지해 주고, 보호해 주어야 할 때를 알고 계시며, 실수를 범하도록 나를 내버려 두어야 할 때도 알고 계신다. 나와 신과의 관계는 항상 편안하고, 나는 매우 행복하고 만족한다"(Kirkpatrick & Saver, 1992, p. 270).

회피 애착 "신은 대개 비인간적이고, 거리감이 있으며, 때로는 나의 개인적인 일과 문제들에 거의 관심이 없거나 아예 관심이 없는 것 같다. 신은 나를 돌보지 않거나, 나를 미워하는 것 같다는 느낌을 자주 가진다"(Kirkpatrick & Saver, 1992, p. 270).

불안/양가적 애착 "나에 대한 신의 응답은 비일관적인 것 같다. 때로는 나의 요구에 응답하시고 따뜻이 대해 주지만, 때로는 그렇지 않다. 나는 그를 사랑하고 그가 나를 돌봐 주신다는 것을 확신하지만, 때로는 내가 정말로 이해할 수 없는 방식으로 보여지기도 한다"(Kirkpatrick & Saver, 1992, p. 270).

안정적인 종교 애착을 가진 사람들에 비해, 불안정 애착(회피 애착과 불안/양가적 애착)을 가진 사람들은 더 낮은 삶의 만족도와 신체 건강 그리고 더 높은 불안과 외로움 및 우울을 보고한다. 종교성에 대한 애착 기반 측정치는 연구에서 일반적으로 사용되는 몇몇의 종교성 측정치들보다 웰빙과 정신건강의 더 나은 예언자가 된다고 밝혀졌다.

종교적 대처 양식

종교와 영성에 대한 우리 논의는 인생의 의미를 찾는 것의 중요성으로부터 출발하는데, 특히 심각한 병이나 죽음과 같이 직면해야 할 도전거리들이 있을 때 더 그러하다. 옛 속담에 "참호 속에서는 무신론자가 없다"라는 말이 있다. 이 의미는 거의 모든 사람들은 죽음에 직면했을 때 신이 구원해 줄 것이라는 희망을 가지며 종교적으로 되는 것을 의미한다. 물론 참호 속에서도 신을 믿지 않는 어떤 이들이 있겠지만, 이 말은 위기가 닥쳤을 때의 종교와 영성의 중요함을 잘 포착하고 있다. 종교가 인생의 본질적인 의미를 다루기 때문에, 종교적 믿음은 삶의 실제적인 문제들에 대해 잠재적으로 강력한 대처 방법을 제공한다. 종교적 믿음과 오리엔테이션의 다른 측면들처럼, 사람들마다 각기 다른 종교적 대처 양식을 가진다. 어떤 종교 오리엔테이션이 다른 것보다 더 도움이 되는 것과 마찬가지로, 대처 양식은 긍정적 혹은 부정적 결과를 달리 양산한다. Kenneth Pargament(1997)는 사람들이 대처 자원으로서 종교적 믿음을 어떻게 사용하는지를 다양한 방법으로 평가하고 기술하기 위하여 다른 어떤 심리학자들보다 많은 연구를 수행하였다. 그는 종교적 대처가 사람들의 종교적 헌신과 매우 밀접한 관련이 있다고 언급하였다. 종교가 인생에 대한 사람들의 전반적 오리엔테이션의 중요한 일부일 때, 종교는 대처의 중요한 수단이 된다.

초기 연구에서 Pargament와 그의 동료들은 종교적 대처와 문제 해결의 세 가지 다른 양식을 확인하였다(Pargament, 1997; Pargament et al., 1988). 각 양식의 독립성과 각 양식을 측정하는 척도들은 장로교와 루터파에 속한 성인 신도들에게서 타당화되었다.

정의와 예시 문항은 아래에 기술되어 있다(Pargament, 1997, pp. 180-182).

자기결정 양식 사람들은 문제를 해결하는 데 있어 신보다는 자기 스스로에게 더 의지한다. 교회 소속을 유지하지만, 종교성 측정치 점수는 낮다. "고난에 대해 생각할 때, 나는 신의 도움 없이 내 스스로 가능한 해결책으로 처리하려고 한다." "힘든 시기를 겪은 후, 신에게 의지하지 않고 고난에 대해 이해하려고 한다." 자기결정 양식은 인생에 대한 개인의 높은 통제감, 높은 자기존중감 그리고 탐색적 종교 오리엔테이션과 관련이 있다.

의존 양식 의존 양식은 신의 섭리 안에서 문제에 대한 해결책을 찾으려고 하는 것이다.

"내 스스로 문제의 해결책을 처리하기보다는, 나는 신이 그 문제를 해결하시는 대로 둔다." "문제가 생겼을 때, 이것이 나에게 의미하는 것이 무엇인지를 알기 위해 신에게 의탁한다." 이 대처 양식은 종교적 정통성과 비본질적 종교 오리엔테이션과 더 연합된다. 세 가지 양식 중 이 양식은 가장 낮은 자신감 수준과 자기존중감 그리고 가장 비효과적인 문제해결과 관련이 있다. 대처할 때 외부 원천에 강하게 의지하는 것은 무기력하고 수동적인 느낌에 영향을 미친다.

협력 양식　이 양식에서 인간과 신은 문제 해결 과정에 있어 적극적인 파트너 관계이다. "문제를 해결해야 할 때, 신과 나는 파트너로서 함께 일한다." "나에게 문제가 생겼을 때, 나는 그 문제를 신에게 말하고 그것이 무엇을 의미하는지를 함께 결정한다." 협력 양식은 강한 본질적 종교 오리엔테이션, 그리고 종교적 믿음과 예식에 대한 큰 헌신과 연합되어 있다. 문제해결에 대한 협력적 접근은 개인 통제, 역량, 자기존중감과 정적인 상관을 보인다.

　Pargament와 그의 동료들은 사람들이 스트레스와 도전거리에 직면했을 때 종교를 사용하는지를 다양한 방법으로 포착하는 더 많은 포괄적인 종교 대처 측정치들을 지속적으로 개발해 왔다(Pargament, 1997; Pargament, Smith, Koenig, & Perez, 1998; Pargament et al., 2001). 확장된 종교적 대처 척도(RCOPE)의 개발과 타당화 작업에서, Pargament와 동료들(1998, 2001)은 대처 양식이 웰빙 결과와의 관계에 근거하여 긍정적 혹은 부정적으로 분류될 수 있다는 것을 밝혔다. **긍정적 대처 책략**은 신과의 안정적 관계와 더 깊은 의미가 있을 것이라는 믿음을 자신의 인생과 타인과의 영적인 관계 속에서 찾는 것이다. 긍정적 대처 방식은 우호적인 종교적 판단(예컨대, 영적 성장을 위해 스트레스 상황을 재정의하기), 협력적인 종교적 대처, 신의 사랑과 보호를 통한 영적 지지 추구, 성직자나 교회 신도들에게 도움을 청함, 그리고 신의 용서와 축복을 구하는 영적 정화를 포함한다. **부정적 대처 책략**은 신과의 덜 안정적인 관계와 세상에 대한 더 불확실하고 위협적인 관점을 반영한다. 부정적 대처 방식은 부정적인 종교적 판단(예컨대, 죄악에 대한 신의 처벌로서의 비극적인 사건), 신의 권능에 대한 재평가(신의 구원 능력에 대한 의심), 영적인 불만(신에 대한 혼란과 불만족), 내적인 종교적 불만(성직자나 교회에 대한 불만), 그리고 의존적 종교 대처(신이 문제를 해결해 주기를 수동적으로 기다림)를 포함한다.

　긍정적/부정적인 종교적 대처가 웰빙 결과에 미치는 영향은 다양한 표본들(즉 오클라호마 폭탄 사고에 대한 대처하는 공동체 구성원, 사랑했던 사람의 죽음이나 연애 실패와 같은 스트레스에 대처하는 대학생, 입원 중인 환자, 성직자들)에게서 검증되었다(Pargament et al., 1998, 1998, 2001). 연구참가자들이 처한 위기가 다양함에도 불구하고, 좋은 결과는 긍정적인 대처 양식과 관련되고 중성적이거나 나쁜 결과는 부정적인 대처 양식과 관련된다는 일관적인 패턴이 관찰되었다. 대부분의 참가자들은 긍정적인 종교적 대처 방법을 사용하는 것으로 보고하였다. 긍정적인 종교적 대처는 일반적으로 더 높은 수준의 웰빙, 더 큰 종교적 성장, 낮은 스트레스, 더 좋은 정신건강과 관련이 있었다. 부정적인 종교적 대처는 더 낮은 웰빙 수준, 더 큰 정서적 스트레스 및 우울과 상관이 있었다.

Pargament와 그의 동료들이 수행한 연구들 중 한 가지(2001)는 장로교에서 성직자, 교회 원로, 일반 신도들을 비교한 것이었다. 흥미롭게도 긍정적/부정적인 종교적 대처의 효과는 성직자들에게서 가장 강하게 나타났다. 성직자의 절대 다수는 긍정적인 대처 방식을 주로 사용하였다. 그러나 성직자들은 다른 두 집단에 비해 부정적인 대처도 더 많이 하는 경향을 나타내었다. 부정적 대처와 우울증과의 관계는 다른 두 집단에 비해 성직자 집단에서 특히 강하게 관찰되었다. 왜 이런 결과가 나왔을까? Pargament와 그의 동료들(2001)은 부정적 대처는 일종의 종교적 분투를 반영하는 것으로 보았다. '신의 사람'으로서의 성직자들의 개인적 정체감은 불가피하게 그들의 종교적 신념과 관련이 있다. 이런 확신에 대한 의심은 그렇게 깊게 헌신하지 않는 다른 사람들보다 더 큰 혼란을 야기할 수 있다. 성직자들의 경우, "…그들에게 고난이 닥쳐 영적으로 고군분투하게 되면(예컨대, 신이 그들을 버렸다고 느낌, 신에 대한 분노, 종교적 의심) 성직자들에게는 이 대처 과정이 더 가혹한 것이 된다. 종교적인 전문가와 리더는 그런 고통스러운 분투를 그들의 수련과 경력에 근본적으로 비부합되는 것으로 인식하기 때문에 그들의 정체성에 더 위협적인 것이 된다"(Pargament et al., 2001, p. 510).

'종교를 설명하는 것 대 종교를 벗어나 설명하는 것'

이 절의 제목은 Pargament의 통찰력 있는 논문 제목인 "종교는 아무것도 아닌가? 그러나…? 종교를 설명하는 것 대 종교를 벗어나 설명하는 것"(Pargament, 2002)에서 가져왔다. 이 제목의 핵심은 심리학적, 사회학적, 생물학적으로 설명할 수 없었던 종교와 영성에 어떤 특별하고 독특한 점이 있는지를 물어보고 있다는 것이다. 예컨대, 만약 우리가 사회적 지지의 효과를 배제한 채, 인생의 의미와 목표, 증가된 자기존중감과 자신감, 그리고 면역체계 기능에 대한 긍정적 태도의 이점을 찾는다면, 영성 단독의 결과만이 남을 것인가? 이 물음에 대한 답은 아마도 영적인 사람과 영적이지 않은 사람들을 나누는 기준이 되거나, 종교는 '아무것이 아니지만'이라고 생각하는 사람과 종교는 인생의 고유한 차원이라고 생각하는 사람들을 나누는 기준이 될 것이다.

이 물음에 대한 심리학자들의 답은 종교가 어떻게 연구되는지에 대한 중요한 함의를 가진다. 만약 종교의 효과가 전적으로 사회적 지지와 같은 다른 요인들에 의해 매개되는 것이라면, 이러한 다른 요인들만이 연구될 필요가 있다. 그러나 만약 삶의 종교적 차원이 독립적인 기여를 한다면, 심리학자들은 종교에 더 진지하고 심사숙고하는 주의를 기울일 필요가 있다. 언급했다시피, 건강 증진 요소와 건강을 해치는 요소들을 통제한 연구 결과, 종교와 영성의 이점이 감소된다고 밝혀졌지만, 그렇다고 해서 이점이 없어지는 것은 아니다. 그러한 발견들은 영성의 차별적인 효과를 제안한다. 이 시점에서 Pargament가 내릴 수 있는 아마도 최고의 결론은, 이 물음에 대해 "배심원들은 여전히 밖에 있다"라는 것이다.

종교와 덕목

이 장의 앞 부분에서 논의한 VIA 프로젝트(Peterson & Seligman, 2004)는 세상의 주요한 종교들에 내재된 도덕적 원리들에 주로 초점을 맞추었다. 종교 없이도 어떤 사람에게 덕목이 있을 수 있지만, 종교는 도덕성, 덕목, '옳고 그른' 행동 간의 차이에 대해 생각하게 해주는 토대를 제공한다. 종교와 덕목의 관계에 관한 경험적 연구는 초기 단계에 수행되었다. 조사연구는 종교가 현대의 문제들에 대하여 전통적으로 더 보수적인 도덕적 태도와 관련이 있음을 밝혔다. Spilka와 동료들(2003)은 개관 연구에서 평균적으로 더 종교적인 사람일수록 포르노그라피, 결혼의 불행함에 대한 해결책으로서의 이혼, 동성연애와 에이즈 교육, 혼전 성교, 그리고 랩 뮤직에 더 반대한다는 것을 보여주었다. 종교적인 사람들은 또한 범죄자에 대한 가혹한 선고에 더 찬성하고, 성적이고 폭력적인 프로그램에 대한 검열을 지지하며, 정치적으로 더 보수적이다. 확실히, '평균적인' 결과라는 것이 가진 문제는 많은 종교적인 개인들을 정치적, 도덕적으로 가두어 둔다는 것이다. 그들의 종교 신념에 기반하여, 많은 사람들은 사형에 반대하고, 범죄자들에게 더 동정적이며, 성교육과 에이즈 교육을 지지한다. Perterson과 Seligman(2004)은 종교와 덕목적인 행동(예, 건전한 관계, 용서, 친절, 동정, 이타심, 자원봉사 활동)의 긍정적인 연합을 지지하는 연구들을 개관하였다. 그들은 또한 종교적 신념과 덕목과의 관계는 개인적 다양성에 의해 일반적으로 복잡한 관계를 보인다는 것도 언급하였다. 앞서 논의하였다시피, 종교와 영성의 효과는 종교적 믿음과 헌신의 수준에 대한 특별하고 개인화된 행태에 대단히 의존하고 있다.

연구자들은 종교와 덕목의 관계를 탐색하고, 종교적 토대가 있든 없든 덕목이 어떻게 개인과 사회적 삶 속에서 기능하는지에 대해 검증하기 시작하였다. 용서와 감사는 최근 연구에서 주로 연구되는 덕목이다. 둘 다 종교적 삶에 대한 본질적인 구성요소로서 종교에서 특별히 강조된다. 죄에 대한 신의 용서, 신의 사랑에 대한 감사, 은총, 축복은 많은 종교적 전통과 가르침의 공통적인 요소이다.

용서

대부분의 연구자들은 용서의 가치를 분노와 적개심을 상쇄하고 가라앉히는 용서의 잠재적인 능력에 둔다(Fincham & Kashdan, 2004; McCullough, Pargament, & Thoresen, 2000; McCullough & Witvliet, 2002; Worthington, 1998). 모욕당하고, 배신당하며, 이득을 빼앗기고, 혹은 타인에 의해 잘못되어지는 것은 피할 수 없는 인생의 고통스러운 측면이다. 내적 일탈에 의해 발생하는 분노와 적개심은 관계를 파괴할 수 있고, 위해 행동에 대한 강박적인 되새김질에 우리를 가둘 수 있다. 용서는 관계를 개선시키고 복수와 분노에 관한 부적 감정들을 되돌릴 수 있는 잠재력을 가진다.

비록 용서에 대해 합의된 정의는 없지만, 몇몇 개관은 주요한 개념화 간에 공유하는 핵심 속성을 지적한다(Fincham & Kashdan, 2004; McCullough et al., 2000; McCullough & Witvliet, 2002; Peterson & Seligman, 2004). Fincham과 Kashdan은 "용서에 대한 다양한 접근들의 핵심이 내적 일탈이 누그러짐에 따라 복수하려는 원망이 접촉을 피하려는 자유롭게 선택된 동기 전환 과정을 거치는 것으로, 이 과정은 종종 '이타적인 선물'로 기술된다"(p. 618). 대부분의 연구자들은 양해(상처를 입힌 것이 잘못이나 의도를 가진 것이 아닌 것으로 결론남), 묵인(행위를 실제로는 죄를 짓지 않은 것으로 다시 생각함), 부인(잘못에 직면하지 않음), 그리고 망각(잘못에 대한 기억이 사라지게 함)과 같은 관련된 개념과는 다르다는 데 동의한다(Enright & Coyle, 1998). 화해도 관계를 회복하려는 상호 노력의 개입 때문에 용서와는 다른 것으로 보인다(McCullough & Witvliet, 2002).

연구자들은 용서에서 잘못을 범한 이에 대한 긍정적 감정과 행동(예, 친절해짐, 동정함)이 필요조건인지, 아니면 부정적인 반응의 부재(예, 복수, 적개심, 회피의 감소)가 충분조건인지에 대해 의견을 달리 한다. 연구자들은 긍정적인 반응과 부정적인 반응이 다른 결과들을 이끄는 용서의 독립적인 차원이고, 이 결과들은 용서의 단계와 관련이 있다고 제안하였다. 예컨대 Enright와 그의 동료들(1998)은 용서를 용서의 단계와 정도에 관한 발달 과정으로 보았다. 용서하는 행동은 마음으로부터 우러나오거나 솔직하지 않을 수 있다. 진실된 용서는 잘못한 이에 대한 동정, 자비, 사랑을 필요로 한다.

최종적인 정의적 복잡함의 문제는 일반인들과 심리학자들 간의 용서에 대한 이해 차이에 있다. 일반인들의 용서에 대한 이해가 심리학자들의 개념과 상당히 중복되기는 하지만, 또한 중요한 차이도 있다(Kantz, 2000; Kearns & Fincham, 2004). 심리학자가 어떤 사람들 용서한다고 표현하는 것이 단지 양해하고, 묵인하며, 부정하고, 망각하며 혹은 화해하는 것을 의미하지 않는다는 것을 떠올려 보라. Kearns와 Fincham(2004)은 심리학자들의 정의와는 달리 일반인들의 28%가 잘못에 대해 망각한 것을 용서의 중요한 속성이라고 생각하였고, 28%는 화해가 용서의 중요한 잠재적 결과라고 생각하였다.

또 다른 연구는 용서의 결과에 대해 복합한 그림을 제시한다. 이것은 부분적으로는 연구자들이 다른 방식으로 용서를 정의하고 측정하기 때문이다(Thompson & Snyder, 2003). 어떤 개관은 용서는 일반적으로 건강과 웰빙에서 작지만 일관적인 정적 결과를 낳는다고 보고하였지만(McCullough & Witvliet, 2002), 반면에 다른 연구자들은 그런 결론은 시기상조라고 주장한다(Fincham & Kearns, 2004). 모든 연구자들은 새로운 연구 분야에서 결론들의 임시적인 속성을 알고 있고, 용서의 효과를 매개하는 많은 요인들을 이해할 필요성에 대해 인식을 같이 한다. 예컨대, 사람들이 용서하는 이유는 용서의 효과에 중요하다. 한 연구에서, 사랑보다는 구속에서 벗어나기 위해 용서한 사람들은 분노가 줄어들지 않았고 혈압과 같은 관련된 생리적 반응도 달라지지 않았다(Huang & Enright, 2000). 이제 우리는 개인적 잘못으로 인해 유발된 적개심의 효과를 감소시키는 용서의 잠재력을 예시하는 연구들을 살펴볼 것이다.

분노와 적개심은 심장병과 밀접한 관계가 있다(Friedman & Rosenman, 1974). Witvliet, Ludwig과 Vnder Lann(2001)의 최근 연구에서 보듯이, 용서는 적개심의 부정적인 효과에 대한 해독제가 될 수 있다. 이 연구에서 다양한 생리적 측정치들이 대학생들에게서 측정되었는데, 이들은 실생활의 범죄에 대해 용서하는 것과 용서하지 않는 것을 상상하였다. 용서하는 상상 조건에서, 학생들은 범죄자에 대한 인간애로 그를 공감하고 용서해 주었다. 용서하지 않는 조건에서, 학생들은 잘못으로 인한 상처를 심적으로 되뇌기하였고 범죄자에 대해 원한을 품었다. 용서하는 조건에 비해 용서하지 않는 조건의 학생들에게서는 심장병 반응이 더 관찰되었고(심박률과 혈압 상승), 교감신경계가 더 각성되었으며(피부 전도 반응), 부정적 감정이 더 많이 보고되었다(예, 분노, 슬픔). 반면에 용서하는 조건의 학생들에게서는 더 낮은 생리적 반응, 더 긍정적인 정서 그리고 더 큰 통제감이 관찰되었다. 비록 단기간의 연구이긴 하였지만, 이런 결과들은 용서의 잠재적인 건강상의 이득을 확인해 준다.

용서는 관계에서 발생한 불가피한 갈등에 대한 가능한 회복 기제로서 특히 중요하다. 여러 번 언급하였다시피, 타인과의 보살핌 관계는 우리의 건강과 행복에 있어 더 중요한 요인들 중 하나이다. 용서는 결혼생활의 질에 영향을 미치고 용서와 다른 요인들과의 관계(예, 전반적으로 더 높은 관계 만족도, 파트너에 대한 더 큰 공감, 관계에 대한 더 강한 헌신, 과거의 잘못에 대한 되뇌기)와도 관련성이 있다(Fincham & Beach, 2004; Fincham, Beach, & Davila, 2004; Finkel, Rusbult, Kumashiro, & Hannon, 2002; McCullough & Worthington, 1997; McCullough et al., 2000; Paleari, Regalia, & Fincham, 2005). 용서는 밀접하고, 보살펴 주며, 건전한 관계라는 것을 표현하고 강화하는 것 같다. 이 호혜적인 관계를 조금 더 심층적으로 살펴보자. 결혼생활의 질에 대한 표현으로서의 용서는 사람들이 서로를 용서할 것인지를 예측하는 특정한 변인들을 보여주는 연구들에서 예증되어 왔다.

특히, 관계에 대한 강한 헌신, 높은 수준의 만족과 친밀함, 잘못한 파트너에 대한 높은 수준의 정서적 공감, 그리고 잘못에 대한 낮은 수준의 되뇌기가 사랑했던 사람을 용서할 것인지를 예측하는 모든 변인이다. 용서의 긍정적 효과는 더 높아진 결혼생활의 질, 미래의 용서 가능성 증가, 그리고 친밀함의 회복이라는 형태로 나타난다(McCullough et al., 1998; Paleari et al., 2005).

감사

용서처럼 감사도 대부분의 종교 전통과 밀접하게 관련되어 있다. 감사는 덕목으로, 배은망덕은 악덕으로 널리 간주된다(Bono, Emmons, & McCullough, 2004). 용서의 감정은 우리를 행복하고 기쁘게 해 주는, 가장 보편적으로 경험되는 긍정적인 정서이다(Bono et al., 2004; Emmons, & McCullough, 2004). 감사의 표현은 일상생활에서의 공손한 "감사합니다"라는 인사에서부터 삶 그 자체에 대한 감사함에까지 이른다. 감사의 두드러진 특징은 다른 원천(예, 타인, 신 혹은 자연)으로부터 전해진 증가된 웰빙을 인식하는 것이다. 내가 받은 이득이 자발적으로 주어졌고 나에게 호의를 베푼 대상이 대가를 지불했거나 희생했을 때에는 감사의 감정과 표현이 특히 더 강해지는 것 같다(Emmons & Shelton, 2002).

McCullough, Kirkpatrick, Emmons와 Larson(2001)은 처음으로 감사를 개념화하였다. 그들은 감사의 기원과 결과가 타인의 웰빙을 향한 것이기 때문에 **도덕적 감정**으로서 감사를 정의하였다. 즉 감사는 덕목과 관심으로부터 나온다. 도움을 주는 사람과 도움을 받는 사람 모두에게 긍정적 결과가 있기 때문에, 덕목을 유지하고 강화하는 것은 또한 친사회적인 행동이 된다. 감사는 수치심과 죄책감과 같은 다른 도덕적 정서와는 구별된다. 감사는 타인에게 도움을 받은 수혜자로부터 나온다.

McCullough와 그의 동료들은 감사가 세 가지 도덕적 혹은 사회적 기능을 가진다고 보았다. 즉 감사는 도덕적 지표, 도덕적 동기, 도덕적 강화자로서 기능할 수 있다. **도덕적 지표**로서의 감사는 수혜자(도움을 받는 사람)와 공여자(도움을 주는 사람) 모두가 서로의 웰빙에 있어 그들의 역할을 인정하므로 사회적 관계상의 변화를 신호해 준다. 긍정적 느낌이 이런 변화의 지표이다. **도덕적 동기**로서의 감사는 호혜적이라는 면에서 고맙다는 느낌을 고양시킨다. 특정한 호의를 입은 사람 또한 다른 사람들이 그들에게 행한 친절한 행위를 이제 다른 사람에게 행하는 것을 생각하기 시작할 것이다. **도덕적 강화자**로서의 감사는 미래에도 다른 사람을 돕겠다는 공여자의 욕구에 활기를 불어넣는 것이다. 다시 말해, 타인의 긍정적인 정서로부터 마음에서 우러나오는 감사 인사를 받으면, 강력한 강화가 되어, 미래의 도움 가능성을 더 증가시킨다. 감사의 세 가지 기능에 관한 경험적 증거들을 평가해 보면 도덕적 지표로서의 감사는 보통 수준으로 지지되고, 도덕적 동기 측면은 약하게 지지되며, 도덕적 강화자로서의 감사는 매우 강하게 지지된다(Bono et al., 2004; Emmons & McCullough, 2004; McCullough et al., 2001).

연구 초점 : 축복받은 것을 생각함으로써 웰빙 증진시키기

감사는 긍정적인 정서와 연합되어 있으므로, 사람들에게 그들이 축복받은 것을 계속 생각하게 함으로써 웰빙을 증진시킬 수 있을까? 이것은 Emmons와 McCullough(2003)가 세 개의 분리된 연구들을 통해 검증한 물음이다. 첫 번째 연구에서 대학생들은 세 집단 중 한 집단에 할당되었다.

감사 조건에서는 학생들에게 다음과 지시가 주어졌다. "우리의 삶에는 감사해야 할 크고 작은 일들이 있습니다. 지난주를 생각해 보세요. 그리고 당신에게 일어난 일들 중 감사할 만한 일을 다섯 개까지 쓰세요"(Emmons & McCullough, 2003, p. 379). 이 조건에서 학생들은 친구가 도와주었던 일, 훌륭한 보모님을 가진 일, 그리고 삶에서의 신의 도움과 같은 일들을 적었다.

부담 조건에서는 학생들에게 다음과 같은 지시가 주어졌다. "부담스러운 일은 귀찮습니다. 귀찮은 일들은 관계, 직장, 학교, 주거, 재정, 건강 등을 포함하여 인생의 여러 영역에서 발생합니다. 오늘 하루를 돌아보고 당신의 삶에서 일어난 귀찮고 부담스러운 일들을 다섯 개까지 쓰세요"(Emmons & McCullough, 2003, p. 379). 이 조건의 학생들이 언급한 부담들에는 아무도 치우지 않은 지저분한 주방, 낮은 시험 성적, 친구들이 인정해 주지 않는 것 등이 포함되었다.

사건 조건의 지시문은 다음과 같았다. "지난주에 당신에 영향을 미친 사건이나 환경에는 어떤 것들이 있습니까? 지난주를 생각해 보세요. 그리고 당신에게 영향을 미친 사건을 다섯 개까지 적으세요"(Emmons & McCullough, 2003, p. 379). 언급된 사건들에는 축제참가, 새로운 기술을 배움, 여행, 집 청소 등이 포함되었다.

학생들은 기분과 전반적인 웰빙, 신체적 건강 상태, 서른 가지의 상이한 긍정적 기분과 부정적 기분에 대하여 평정하였다. 각 조건(감사, 부담, 사건)의 학생들은 일주일에 한 번씩 10주에 걸쳐 모든 측정을 다 마쳤다. 두 번째 연구에서 학생들은 다시 감사와 부담 조건 중 하나에 할당되었고, 하향 비교 조건이 사건 조건을 대신하였다. 하향 비교에서 학생들은 자신들이 다른 사람들보다 더 나은 점들을 생각하라고 요구받았다. 두 번째 실험은 2주에 걸쳐 매일 진행되었으며 학생들의 반응은 녹음되었다.

부담 조건과 사건 조건의 학생들이 비해, 감사 조건의 학생들이 많은 웰빙 이득을 얻는 것 같았다. 그들은 더 감사함을 보고하였고, 일반적으로 삶에 대해 더 좋게 느꼈으며, 더 긍정적인 정서를 경험하였고, 부정적인 정서는 거의 보고하지 않았으며, 미래에 대해 더 낙관적이었다. 10주 동안, 학생들은 건강 문제를 거의 보고하지 않았고, 수면의 양과 질 모두 증가함을 경험하였다. 단기간이었기 때문에 건강상 이득은 2주짜리 연구에서는 관찰되지 않았다.

세 번째 연구에서는 신경근육계에 질병이 있는 성인 참가자들이 대학의 신경근육 질병 클리닉을 통하여 모집되었다. 참가자들은 21일 동안 매일 일기를 썼고, 앞의 연구와 같은 감사 조건과 웰빙 측정치들만 평정하는 '비조작' 조건 중 한 조건에 할당되었다. 배우자나 중요한 타인들로부터의 보고도 수집되었는데, 이것은 참가자가 자기보고한 측정치들의 타당화를 돕기 위한 것이었다. 비조작 집단과 비교하여, 감사 조건에 할당된 참가자들은 전반적으로 더 높은 주관적 안녕감, 미래에 대한 더 낙관적인 견해, 더 빈번한 긍정적 정서, 부정적 정서의 감소, 수면 시간과 수면의 질 증가, 타인과의 더 강한 유대감 등을 보고하였다. 이러한 변화는 비조작 조건의 참가자들에 비해 감사 조건 참가자들에 대한 타인의 보고(즉 더 증가된 웰빙)에서도 확증되었다.

Emmons와 McCullough는 감사의 표현이 긍정적인 정서를 증가시키기 때문에, Fredrickson의 긍정적 정서에 대한 확장-구축 이론(제2장 참조)에서 기술된 웰빙의 증가에 중요한 요소로 작용하는 것으로 보인다고 결론 내렸다. 즉 감사는 긍정적 정서를 증진시키는 잠재력을 갖고 관계를 회복시켜 주며, 복수하고 싶은 적개심을 누그러뜨리는 효과를 가진다. 이러한 효과는 긍정적 정서가 건강과 적응적 기능화를 위한 심리적 · 사회적 자원을 형성한다는 Fredrickson의 생각과 일치한다.

우리는 인간의 덕목과 성격 강점에 대한 분류 체계를 개발시킨 기념비적인 노력(VIA 프로젝트)을 기술함으로써 이 장을 시작하였다. 이러한 노력의 목적은 심리학에서 오랫동안 진행되어 온 '나쁜' 것과 무엇이 잘못되었는지에 초점을 맞춘 연구들과 균형을 맞추기 위해서였는데, 인간 행동에서 '좋은' 것과 무엇이 올바른지를 기술할 수 있게 해주는 언어를 제공하고자 하였다. 정신장애의 진단 및 통계 편람은 인간에게 고통을 주는 심리적 문제와 정서적 문제를 목록화한 것이다. 정신보건 전문가들은 심리장애를 다루는 다양한 치료법들을 개발해 왔다. 다양한 방식으로 VIA 프로젝트는 아날로그적인 노력을 경주했지만, 이 프로젝트는 웰빙과 행복에 초점을 맞춘 것이었다. VIA 프로젝트는 웰빙과 행복에 기저하는 긍정적 행동들을 상술하는 것을 목표로 하였다. 이런 측면에서, 용서하기와 감사하기를 연습하는 것은 심리치료에 대응하는 예가 되는데, 이것은 질병 자체를 다루었다기보다는 영(zero)의 긍정적인 측면에서 삶을 증진시키고자 한 것이다.

이 장의 요약문제

1. 왜 심리학자들이 도덕성과 미덕에 관한 연구를 피하는 경향이 있었는가?

2. 행동 가치 프로젝트는 여섯 가지 미덕과 24개의 성격 강점을 개발하고 선택하기 위하여 어떻게 하였는가?

3. 지혜와 '책에서 배움', 지능, 기술적 지식 혹은 '똑똑하게' 되는 것의 차이는 무엇인가? 지혜롭다는 것이 의미하는 것은 무엇인가?

4. Sternberg의 균형 이론에 따르면, 지혜로운 사람들이 균형을 맞추는 세 가지 이해 관계는 무엇인가?

5. Baltes와 그의 동료들이 '삶에 대한 근본적인 실용성'으로 전문가 지식으로서의 지혜를 기술했을 때 의미한 것은 무엇인가?

6. Baltes와 그의 동료들의 연구에 의하면, 지혜는 행복과 어떻게 관련되는가? 지혜로운 사람들이 더 행복한가?

7. Baltes와 그의 동료들에 의하면, 효과적인 삶의 관리에 대한 SOC 모델에서 지혜의 역할은 무엇인가?

8. 미덕의 지배자로서 자기통제를 지지하는 주장은 무엇인가? Baumeister와 그의 동료들에 따르면, 자기통제의 실패와 7대 죄악이 어떤 관련이 있는가?

9. 종교가 어떻게 의미 충만한 삶에 기저하는 네 가지 욕구(목표, 가치, 자기효능감, 자기가치)를 충족시키는가?

10. 어떤 사람이 스스로를 "영적이지는 하지만, 종교적이지는 않다"라고 기술할 때 의미하는 것은 무엇인가?

11. Pargament는 종교와 영성을 어떻게 정의하고 있는가? 각각의 정의 속성은 무엇이며, 왜 종교는 더 넓은 개념으로 생각되는가?

12. 종교와 웰빙의 관계에 대해 연구자들이 밝힌 일반적인 결론은 무엇인가? 종교성 측정에 사용된 네 가지 측정치들 가운데 어떤 것이 웰빙을 가장 강력하게 예측하는가?

13. 건강과 종교의 관계는 어떻게 설명될 수 있는가(세 가지 요소)?

14. Gordon Allport의 고전적인 연구에 의하면, 본질적 종교 오리엔테이션과 비본질적 종교 오리엔테이션이 종교와 편견의 복잡한 문제를 해결하는 데 어떻게 적용되는가?

15. 신에 대한 애착과 부모에 대한 애착은 어떤 면에서 유사한 기능을 수행하는가?

16. a. Pargament와 그의 동료들에 따르면, 긍정적 대처양식과 부정적 대처양식은 어떻게 다른가?
b. Pargament와 그의 동료들에 따르면, 성직자의 '종교적 분투'가 왜 일반 신도들에 비해 성직자로 하여금 부정적인 대처 양식을 더 많이 사용하도록 하는가?

17. Pargament에 의하면, '종교를 설명하는 것 대 종교를 벗어나 설명하는 것'은 어떻게 다른가?

18. 연구자들은 왜 용서가 분노와 복수심과 같은 부정적인 정서를 누그러뜨린다고 생각하는가? 어떤 연구가 이런 가능성을 제안하고 있는가?

19. a. McCullough와 그의 동료들에 의하면, 도적적 지표, 도덕적 동기, 도적적 강화자로서 감사는 어떤 기능을 하는가?
b. 대학생들과 신경근육계 질병으로 고통 받고 있는 성인을 대상으로 한 Emmons와 McCullough의 최근 연구에 의하면, 감사와 연합되어 있는 긍정적인 결과에는 어떤 것들이 있는가?

핵심용어

가치

감사

균형 이론

긍정적 대처 양식

목표

본질적-비본질적 종교 오리엔테이션

신성화

영성(Pargament)

애착 이론

용기

용서

자기가치

자기효능감

전문가 지식으로서의 지혜

절제

정의

종교(Pargament)

지식

지혜

초월

해석적 통제

행동 가치에 관한 프로젝트

SOC 모델 : 선택, 최적화, 보상

관련 웹사이트

행동 가치 프로젝트

www. viastrengths. org/index. aspx? ContentID=1
행동 가치 프로젝트들 관련 사이트로, 이 사이트
에는 VIA 측정도구가 링크되어 있고, 여기에서 성
격 강점 검사를 받을 수 있도록 무료 회원으로 등
록하는 것도 가능하다. 성격 강점에 관한 온라인
연구에 사용될 수 있도록 당신의 인구통계학적인
정보를 입력해야 한다.

진정한 행복

www. authentichappiness. sas. upenn. edu 펜실베
이니아대학교의 Martin Seligman 홈페이지이다.
이 사이트에서는 성격 강점에 관한 VIA 프로젝트
측정치뿐만 아니라 용서에 관한 측정치들도 제공
된다. 로그인해서 비밀번호를 입력한 후 당신의
인구통계학적인 정보를 입력하면, 검사시행 후 결

과를 제공받을 수 있다. 검사들의 결과 프로파일
을 언제라도 볼 수 있다.

종교심리학

virtualreligion. net/vri/psych. html William James
의 고전적인 연구로부터 최근 연구에 이르기까지,
종교심리학 분야의 연구와 연구자들이 방대하게
링크되어 있다.

www. apa. org/about/division/div36. html 미국 심
리학회의 제36분과인 종교심리학 사이트. 학회 정
보와 최근 연구들에 관한 자료들이 제공되고 있다.
*www. bgsu. edu/departments/psych/page33124. ht
ml* 종교심리학 분야의 선도적 연구자들 중 한
명인 Bowling Green University의 Kenneth
Pargament 교수 홈페이지. 그의 연구 목록을 볼

수 있다.

감사와 용서

www.psy.miami.edu/faculty/mccullough/index.ht
ml Michael McCullough의 사이트로, 감사와 용서에 대한 연구 논문과 감사 측정 질문지를 제공하며, Robert Emmons를 비롯한 이 분야의 다른 연구자들 사이트와 링크되어 있다.

읽을거리

Baumeister, R. F. (1991). *Meaning of life.* New York: Guilford.

Baumeister, R. F., & Exline, J. J. (1999). Virtue, personality, and social relations: Self-control as a moral muscle. *Journal of Personality, 67,* 1165-1194.

Baltes, P. B. (1997). On the incomplete architecture of human ontogeny: Selection, optimization, and compensation as foundations of developmental theory. *American Psychologist, 52,* 366-380.

Emmons, R. A. (1999). The psychology of ultimate concerns: *Motivation and spirituality in personality.* New York: Guilford Press.

Hill, P. C., & Pargament , K. I. (2003). Advances in the conceptualization and measurement of religion and spirituality. *American Psychologist, 58,* 64-74.

Koenig, H. G., & Cohen, H. J. (2002). The link between religion and health: *Psychoneuroimmunology and the faith factor.* New York: Oxford University Press.

Koenig, H. G., McCullough, M. E., & Larson, D. B. (2001). *Handbook of religion and health.* New York: Oxford University Press.

Linley, P. A., & Joseph, S. (2004). *Positive psychology in practice.* Hoboken, NJ: John Wiley & Sons.

McCullough, M. E. (1999). *Forgiveness: Theory, research and practice.* New York: Guilford Publications.

Pargament , K. I. (1997). *The psychology of religion and coping: Theory, research and practice.* New York: Guilford Publications.

Paulus, D. L., Wehr, P., Harms, P. D. & Strasser, D. H. (2002). Use of exemplars to reveal implicity types of intelligence. *Personality and Social Psychology Bulletin, 28,* 1051-1062.

Peterson, C., & Seligman, M. E. P. (2004). *Character strengths and virtues: A handbook of classification.* New York: Oxford University Press.

Spilka, B., Hood, R. W., Jr., Hunsberger, B., & Gorsuch, R. (2003). *The psychology of religion: An empirical approach.* New York: Guilford Press.

11
밀접한 관계와 웰빙

인간은 근본적으로 사회적 존재이다. 그러므로 타인들과의 관계가 바로 우리의 건강과 행복의 결정적인 열쇠가 된다. 이미 이 책의 여러 곳에서 명시했듯이, 웰빙과 인간관계가 연계되어 있다는 증거는 엄청나게 많다(제3장과 제5장 참조). Myers는 인간관계가 건강과 행복에 기여하는 것을 가리켜 '심오한 진리'라고 하였다(1992, p. 154). 웰빙-인간관계의 연계는 보편적인 '진리'인 것 같다. 웰빙에 기여하는 많은 요인들 중에서, 유독 인간관계만이 광범위한 문화권에 걸쳐서 일관되게 행복을 예언해 주는 요인이다(Diener & Diener, 1995).

인간관계는 우리에게 가장 큰 기쁨을 제공해 주기도 하지만, 가장 고통스러운 슬픔도 제공한다. 우리의 신체적 웰빙과 정서적 웰빙은 우리를 지원해 주고 보살펴 주는 타인들과의 연계를 통하여 훨씬 고양된다. 반면에, 사회고립 및 불량한 인간관계는 우리의 신체적 웰빙과 정서적 웰빙을 위협한다. 흡연, 비만, 다이어트, 그리고 운동부족과 같은 건강 위험요인들이 우리의 건강과 수명에 미치는 악영향과 마찬가지의 크기로, 우리를 지원해 주고 보살펴 주는 타인들과의 연계는 우리의 건강과 수명에 이로운 효과를 미친다(제3장 참조). 우리의 인간관계의 질은 우리의 정신건강과 행복에 이와 마찬가지의 강력한 효과가 있다. 건강한 사람들은 타인들과 강력한 지원적인 연계를 맺고 있으며, 행복한 사람들은 풍부한 사회생활과 만족스러운 우정, 그리고 행복한 결혼생활을 하고 있다(제3장과 제5장 참조).

긍적적인 인간관계의 중요성은 심리학자들에게서나 일반인들에게서나 똑같이 널리 인정되고 있다. 전형적으로 사람들에게는 밀접한 관계가 그들의 가장 중요한 삶의 목표이며, 그들 삶의 의미의 일차적인 원천이다(Emmons, 1996b). 한 연구에서 73%의 대학생들이 포기해야 한다면, 다른 중요한 삶의 목표(예, 훌륭한 교육, 직업)를 먼저 포기하겠지만, 만족스러운 낭만적 관계는 제일 마지막으로 포기하겠다고 대답하였다(Hammersla & Frease-McMahan, 1990). '임종 테스트'의 답변을 보면, 대부분의 사람들이 인간관계야말로 만족스럽고 의미충만한 삶에 기여하는 가장 주요한 요인이라고 지적한다(Reis & Gable, 2003; Sears, 1977). 인생의 보다 중요한 교훈들 중의 하나는 밀접한 관계의 진가를 아는 것인데, 종종 생명을 위협하는 사건에 직면하여 깨닫는 교훈이다(외상 후 성장에 관한 제4장을 참조).

우리는 인간관계가 웰빙에 기여하는 여러 가지 방법들을 논의해 왔다. 인간관계는 중요한 대처 자원이 된다. 즉 사회지원, 친밀성 욕구의 충족, 자기개방을 통한 생의 부담을 나누어지기, 그리고 타인들과의 상호작용을 통해서 얻는 즐거움과 긍정적인 정서를 제공해 주는 대표적인 원천이 인간관계인 것이다. 많은 심리학자들이 이러한 긍정적인 효과는 우리의 진화 유산을 반영하고 있는 생물학적 토대 위에서 이룩된 것이라고 생각한다. 인간이 선사시대에 맞섰던 다른 동물들과 비교했을 때, 인간이라고 해서 특히 뛰어난 존재는 아니다. 인간의 유아는 여러 해 동안 비교적 방어력을 못 갖춘 채 지낸다. 유전적으로 체계화된 유대과정이 선택되도록 진화가 이루어졌을 수 있다. 혼자 지낸다는 것은 한 개인의 유전적 혈통의 종말을 의미하기 십상이다. 요컨대, 인간은 타인들과 협동적 유대를 형성하고 자손들과 보육적 연계를 맺으려는, 타고난 생물학적 동기가 없다면, 아마도 생존하지 못했을 것이다. 제5장에서 밝혔듯이, 인간 연계의 진화론과 인간 유대의 중요성을 보여주는 방대한 문헌을 토대로 해서, Baummeister와 Leary(1995)는 소속감 욕구가 근본적인 인간 욕구, 즉 그들이 "적어도 최소량의 지속적이고, 긍정적이며, 의의 있는 대인관계를 형성하고 유지하려는 왕성한 추동"(p. 497)이라는 결론을 내리고 있다. 음식과 물은 건강한 삶의 필수품이다. 이와 마찬가지로, 타인과의 보살핌 관계 역시 웰빙의 필수요인으로 생각된다.

최근의 연구들이 우리의 소속 욕구의 생물학적 토대 일부를 탐구하기 시작하였다. 예를 들어, **옥시토신**(oxytocin)은 도주-공격 스트레스 반응의 피해를 상쇄해 주는 생리적 효과가 있는 뇌하수체 호르몬이다. 즉 이 호르몬은 이완과 평온상태를 만들어서, 공포감과 스트레스와 연합된 생리적 각성을 경감시킨다(Carter,1998; Taylor, Klein, Lewis, et al., 2000; Uvnas-Moberg, 1998). 만져줌, 껴안아줌, 그리고 키스해줌이 옥시토신의 방출을 자극하기 때문에, 옥시토신을 '포옹 호르몬'이라고 지칭할 때도 있다(Hazan, Campa, & Gur-Yaish, 2006). 이 호르몬에 의해서 생성되는 평온한 정서상태와 안전감이 유아와 엄마의 유대에 기여하는 것 같다. 남성과 여성 모두에게서, 성적인 절정 동안에 옥시토신의 수준이 최고조에 달한다(Uvnas-Moberg, 1997). 이러한 발견들이 시사하는 바는, 다른 사람들과의 친밀한 연계를 희구함과 친밀한 연계가 주는 안락감이 적어도 부분적으로는 생물학적 반응에 의해서 매개된다는 것이다. 분명히, 껴안아줌에는 생물학적인 것 이상의 그 무엇이 있지만, 생물학적 바탕이 없다면 껴안아줌이 그렇게 좋은 것이라고 느끼지는 못할 것이다.

만족스러운 인간관계와 웰빙은 분명히 연계되어 있다. 다만 사람들이 좋은 인간관계를 발전시키고 유지하는 방법이 무엇인가가 분명치 않을 뿐이다. 이 장에서, 우리는 심리학자들이 밀접하고 친밀한 관계에 관해서 밝혀낸 다음과 같은 사항들을 탐구해 보려고 한다. 밀접한 관계와 가볍게 알고 지내는 사이와의 차이는 무엇인가? 두 사람 간에서 친밀한 연계가 발전하는 방식은 무엇인가? 누군가의 친구가 된다는 것의 의미는 무엇인가? 누군가와 사랑하는 관계가 된다는 것의 의미는 무엇인가? 좋은 관계와 나쁜 관계의 특징들은 무엇인가? 밀접한 관계의 중요성을 믿고 있는 사람들이 대부분인데도 불구하고, 결혼의 절반이 이혼으로 끝나는 이유는 무엇인가? 만족스럽게 오래 지속되는 결혼생활이 그다지도 어려운 이유는 무엇인가? '행복한' 부부가 파경 없는 행복한 결혼생활에 대해서 무엇인가를 우리에게 알려줄 수 있을까?

밀접한 관계의 정의

자질(또는 특징)

우리는 매일같이 장보면서, 전화통화를 하면서, 약속하고 만나면서, 방문하면서, 직장에서, 학교에서, 종교모임에서 많은 사람들을 만난다. 그리고 일과를 마친 후 식구들이나 친구들이나 배우자와 함께 휴식을 취한다. 이러한 만남에 포함된 모든 관계들이 잠재적으로 의의 있는 관계이기는 하지만, 연구자들은 특히 우정, 낭만애(낭만적 사랑), 결혼과 같은 가장 밀접한 관계를 연구하는 데에 대부분의 시간을 할애한다. 가장 친한 친구, 애인, 그리고 배우자는 우리 인생에서 가장 중요한 인물이며, 우리 인생의 전 주기에 걸쳐 우리의 전반적인 웰빙에 가장 큰 영향력을 발휘한다.

밀접한 관계와 가볍게 알고 지내는 사이는 여러 모로 구별될 수 있는데, 친밀도가 이 둘을 구별해 주는 가장 중심적인 요인으로 보인다. 일상생활 용어로서의 친밀감은 종종 성적이고 낭만적인 관계의 의미를 함축하고 있다. 우리는 좋은 친구를 가리켜 친밀한 친구라고 일컫기보다는 최고의 친구라거나 가까운 친구라고 일컫기 십상이다. 그런데 인간관계 연구자들은 어떤 관계가 성적 관계이든 아니든 상관없이, 상호이해, 연계의 깊이, 그리고 관여의 정도를 나타내는 말로서 '친밀감'이라는 용어를 사용한다. '친밀감'이라는 용어는 친구와 애인 둘 다에 적용할 수 있다. 그래서 가장 밀접한 관계는, 그것이 성적 관계이든 아니든 상관없이, 가장 친밀한 관계이다. 비록 일부 연구자들은 밀접한 관계와 친밀한 관계가 구별되며 독립적인 관계형태라고 생각하지만(Berscheid & Reis, 1998 참조), 우리는 가장 밀접한 관계를 기술하는 데에 '친밀한'이라는 용어를 사용하려고 한다.

Miller, Perlman과 Brehm(2007)은 방대한 문헌의 개관에 기초해서, 일반인들이나 심리학자들이 모두 친밀한 관계와 일상적인 관계를 구별 짓는 여섯 가지 핵심적 자질(또는 특징)에 대해서는 의견의 일치를 보이는 것 같다고 주장한다. 즉 앎, 신뢰, 배려(보살핌), 상호의존성, 상호성, 그리고 헌신이 친밀한 관계와 그렇지 않은 관계를 구별 짓는 여섯 가지 핵심적 자질이다(Berscheid & Reis, 1998; Harvey & Weber, 2002). 이 여섯 가지 자질에 대한 간략한 서술이 표 11.1에 나와 있다.

앎 우리의 가장 가까운 친구들과 친밀한 파트너들은 우리에 대해서 다른 누구보다도 더 많이 알고 있다. 우리와 가장 가까운 사람들은 우리의 사적인 개인사, 마음속 깊은 감정, 강점, 그리고 결함에 대해서 대단히 많은 것을 알고 있다. 밀접한 관계에서는 사적인 정보와 감정을 상호 간에 **자기개방**(self-disclosure)하는 데에서 사밀한 것까지도 알게 되는 것이다. 자기개방은 자기의 사적인 세부사항들을 타인에게 드러내 보임을 의미한다(Derlega,

---

표 11.1   친밀한 관계의 자질

앎 – 상호적인 자기개방에 기초한 상호이해

신뢰 – 나에게 해를 끼칠 사람이 아니라는 가정. 비밀을 지킴

보살핌 – 진정한 관심과 관계의 유지 및 지속적인 감찰

상호의존성 – 생활에서의 연계와 상호영향

상호성 – '우리'라는 생각과 생활에서의 겹침

헌신 – 좋을 때나 궂을 때나 한결같이 관계를 지속하려는 의향

Metts, Petronio, & Margulis, 1993). 이러한 세부사항들은, 일상의 상호작용에서 덜 친밀한 사람들에게 보여주는 공적인 자기와는 다르기 십상인, 우리의 '진정한 자기'와 우리의 생활에서 벌어지는 일들의 실상이다. 즉 우리가 낯선 사람들이나 가볍게 알고 지내는 사람들에게는 비밀로 하는 것들을 친밀한 사람들과는 함께 나누며 공유한다. 사적인 정보를 공유하게 되면, 가볍게 알고 지내는 사람들과의 연계보다 더욱 더 깊은 연계를 발전시키게 되는 바탕이 마련된다. 여러분이 자신에 대해 알고 있는 것과 마찬가지로 여러분을 잘 아는 사람들이 여러분을 받아들여 주고, 좋아하거나 사랑해 주면, 여러분은 그 사람들이 여러분의 '자기'의 핵심과 전체성에 대해 강력하게 긍정해 주는 것이라고 생각한다. 사람들이 좋은 친구나 낭만적인 관계의 파트너로부터 거부당하면 심한 고통을 받는 이유를, 상대로부터 자기 긍정을 받지 못한 데에서 찾을 수 있다. 자기에 대한 앎을 비교적 완벽하게 공유하고 있는 사람으로부터 거부당하게 되면 그 충격은 대단히 클 수가 있다. 이와는 대조적으로, 우리에 대해서 부분적이며 최소한으로 알고 있는 사람의 거부는 우리의 마음을 덜 상하게 하기 십상이다. 그 이유는 '자기'의 보다 피상적인 측면만이 알려져 있었기 때문이다.

　연구가 제시하는 바는, 자기개방은 서로의 호감과 애정의 전조도 되며 호감과 애정을 향상 시킨다는 것이다. Collins와 Miller(1994)는 주요 개관에서 자기개방의 세 가지 효과를 강력히 지지해 주는 경험적 증거를 발견하였다. (1) 우리는 우리가 좋아하는 사람들에게 자기를 개방한다. (2) 우리는 덜 사밀한 정보를 개방하는 사람들보다는 사밀한 자기 정보를 개방하는 사람들을 좋아한다. (3) 우리는 우리를 개방한 상대 사람들을 좋아한다. 또한 **상호적 자기개방**(disclosure reciprocity)이라고 부르는 효과, 즉 자기개방은 상대도 자기개방을 하게 만드는 효과를 확인한 연구(Derlega et al., 1993; Miller, 1990; Reis & Shaver, 1988)가 있다. 사람들은 상호적으로 자기개방을 하며, 개방하는 사밀성의 수준을 상대가 개방한 사밀성의 수준에 맞추어 가는 경향이 있다. 자기개방의 과정은 비사적인 정보를 개방하는 것을 시작으로 하여, 시간이 경과함에 따라 보다 사밀한 사실과 정서를 개방하는 것이 보통이다. 처음의 대화에서 보상을 얻게 되면, 점차적으로 대화의 폭(화제의 다양성)

이 넓어지고 대화의 깊이(사적으로 중요함과 민감한 정도)가 깊어진다(Altman & Taylor, 1973). 간단한 대화에서 보다 민감한 사적 정보의 교환으로 의사소통이 진전되는 과정을 관계 발전의 중심 과정이라고 말할 수 있다. 우리가 누군가를 알아가는 과정의 요체가 바로 상호적 자기개방이다. 자기개방을 통해서 알게 되는 앎이 바로 우리가 누군가에 대해서 아는 그것이고, 누군가에게 우리에 대해 알려준 그것인 것이다.

대화 상대방인 두 사람의 친밀도를 조변한 연구(Aron, Melinat, Aron, Vallone, & Bator, 1997)에서, 가깝다는 느낌이 들게 하는 자기개방의 위력을 볼 수 있다. 참가자들은 전혀 모르는 낯선 관계에서 서로의 정보를 교환하기 시작하였다. 참가자들은 처음에 지시받기를, "최근에 혼자 노래 부른 때는 언제입니까?"와 같은 비교적 친밀도가 낮은 사적 화제들에 대해서 15분간 대화를 하라는 것이었다. 그 다음 15분간은 "당신의 가장 소중한 추억은 무엇입니까?"와 같은 질문을 포함하는 정도로 화제의 친밀도를 높였다. 마지막 15분간은 "최근에 남 앞에서 운 것은 언제였고, 혼자서 운 것은 언제였는지?" "다음 문장을 완성하시오―'나는 나의 삶을 함께 할 누군가가 있었으면 좋겠다.'"와 같은 질문을 포함하는 정도로 매우 사적인 화제들로 대화하도록 하였다. 45분간 간단한 대화를(예, "어느 휴일을 제일 좋아합니까?" 등등) 나누었던 비개방 참가자 집단과 비교했을 때, 자기개방 조건의 실험참가자들은 대화를 마칠 즈음에, 대화 상대방과 대단히 가깝다는 느낌이 들었다고 보고하였다. 연구자들은 '자기개방 조건'과 '간단한 대화 조건'의 실험참가자들 각각의 밀접성(가깝다고 느낀 정도) 평정치를 비교하였다. 놀랍게도, '간단한 대화 조건'의 참가자들은 3분의 1만이 상대방에 대해 실생활에서의 가장 가까운 사람에게 느끼는 것과 같은 느낌이 들었다고 보고한 데 비해서, '자기개방 조건'의 실험참가자들은 모두가 대화 상대방에 대해 실생활에서의 가장 가까운 사람에게 느끼는 것과 같은 느낌이 들었다고 보고하였다!

상호적인 자기개방은 관계가 시작되는 시점에서 가장 뚜렷하였고, 관계가 잘 정립되고 나면 자기개방 상호성은 덜해지는 것으로 나타났다(Altman, 1973; Derlega, Wilson, & Chaikin, 1976). 새로운 우정관계를 맺게 된 시점에서는, 상대가 우리에게 사적인 정보를 개방했을 때, 우리도 상호적으로 상대에게 개방해야만 한다는 의무감을 느끼기가 십상이다. 연애관계(또는 로맨스)의 상대에게 여러분의 가장 깊숙한 비밀과 여러분 내면 깊숙이 자리 잡은 감정들을 개방한다는 것은 실로 가슴이 설레는 일인데, 특히 상대도 상호적으로 반응해 줄 때 정말로 가슴이 설레는 경험이 된다. 연애에서의 아이러니 중 하나인데, 우리가 상대에 대해 더 많은 것을 알면 알수록, 자기개방으로 인해 설레지는 마음은 점점 줄어든다는 것이다. Baumeister와 Bratslavsky(1999)는 열정과 친밀성의 심화가 강하게 연계되어 있다고 주장한다. 그들은 부부가 서로에 대해 이미 거의 모든 것을 알고 있음이 오래된 결혼생활에서 열정이 사라지는 이유 중의 하나라고 주장한다.

정립된 관계에서는 친밀감이 상호성보다는 **감응성**에 의해서 유지된다(Reis & Patrick, 1996). 즉 가장 친한 친구들, 가족 구성원들, 그리고 결혼 배우자와 상호작용하는 데에서는 상호성은 덜 중요하다. 보다 더 중요한 것은 지원해 주고, 보살펴 주고, 애정어린 마음으로 반응해 주는 것이다(Laurenceau, Barrett, & Pietromonaco, 1998). 여러분이 직장에서 일진이 사나웠던 어느 날 일과를 마치고 귀가해서 배우자에게 직장 상사에 대한 분한 감정을 모두 쏟아놓을 때, 배우자도 여러분에게 상호적으로 배우자의 분한 감정을 쏟아놓기를 바라지는 않을 것이다. 그때에 여러분은 배우자로부터 일진 사나웠던 일에 대한 것을 듣고 싶지는 않을 것이다. 여러분이 진정으로 원하는 것은, 비유하자면 반향판과 동정어린 귀, 그리고 위로의 말과 여러분의 감정에 공감해 주는 표현인 것이다.

신뢰 상호신뢰는 친밀하고 밀접한 관계의 또 하나의 필수 요소이다. 누군가를 신뢰한다는 것은 누군가가 여러분에게 해를 끼치지 않을 것이라고 믿는 것이다. 우리가 당할까 봐 걱정하는 해 중에서 가장 큰 해는 우리의 비밀이 남에게 퍼지는 것이다. 우리가 다른 사람에게 우리 자신을 개방하는 경우, 우리는 우리 자신을 위험에 노출시키게 된다. 다시 말하자면, 여러분이 옷을 다 벗고서 완벽하지 못한 몸매에 대해 느끼는 자의식과도 같은 것이다. 친구나 동료와의 연결망에서, 민감한 정보는 여러분에게 손상을 입히는 결과를 초래할 수 있다. 만약에 누군가가 여러분이 어떤 인물, 예를 들어 여러분의 상사에 대해서 여러분이 '진짜로' 느끼며 생각하고 있는 그것을 다른 사람에게 털어놓는다면, 여러분에게 손상을 입히는 결과가 생길 수 있다. 개방된 사적 정보를 퍼뜨리는 것과 같은 신뢰의 위반은 관계를 손상시키고, 배신을 당한 사람으로 하여금 자기개방을 주저하게 만들고, 차후 사적인 민감한 정보의 개방을 꺼리게 만들기 십상이다(Jones, Crouch, & Scott, 1997). 신뢰가 밀접한 관계의 필수 요소인 이유가 일부는 신뢰가 자기개방의 선행 필요조건이라는 데에 있다.

배려(보살핌) 배려(또는 보살핌)란 다른 사람을 걱정해 주고 다른 사람의 감정에 주의를 기울여 주는 것을 말한다. 우리는 대부분의 다른 사람들에게보다 가까운 파트너에게 더 많은 애정과 감사의 정을 느낀다. 우리가 일상적으로 알고 지내는 사람에게 "어떻게 지내십니까?"라고 묻는 경우, 우리는 대부분 당연하고 상투적인 답변인 "좋아요", "지낼 만해요", "괜찮아요" 등등의 말을 기대하며, 실제로도 그런 답변들을 듣는다. 깊숙한 사적 감정에 대해 듣기를 기대하는 사람은 아무도 없다. 지나치며 인사를 나누는 수준에서, 우리는 상대방이 실제로 어떻게 지내고 있는지를 묻는 질문은 하지 않는다. 우리는 그저 예의에 따라 사람들을 만날 때면 인사하고 아는 체해 주는 것이다. 그런데 친밀한 관계에서는 위의 여러 상투적인 답변과는 다른 대답을 기대하면서 위와 똑같은 질문을 한다. 우리는 진정으로 대답하는 자세한 답변을 기대하고 원한다. 특히, 사태가 좋지 않은 경우에는 더욱 그렇다. 그리고 우리는 친밀한 상대방이, 친밀하지 않은 사이의 사람들에게 하는 상투적인 답변으로써 질문을 넘겨버리지 않고, 자신이 실제로 느끼고 있는 것을 가급적 정확하게 대답하리라고 기대한다. 배려에는 사소한 일일지라도, 관계에 대한 감사와 관계의 가치가 높음을 표현할 수 있는 모든 일들이 포함된다. 즉 도움이 필요할 때 지원의 손길을 펴기, 생일, 휴일, 그리고 기념일과 같은 특별한 경우를 챙겨주기, 저녁식사에 초대한다거나 함께 하는 행사에 초대하기, 그리고 전화로라도 계속 연락을 취한다거나 커피나 점심을 함께 하자고 초대하기 등이 모두 배려이기도 한 것이다. 친밀한 관계일수록 우리의 생활에서 우선순위가 높다는 단순한 사실이 이러한 모든 일에 반영되어 있다. 우리가 밀접한 관계에는 더 많은 것을 투자했기 때문에, 밀접한 관계의 품격을 유지하기 위해 배려를 많이 한다.

상호의존성 친밀한 관계를 맺고 있는 사람들의 생활은 서로 깊숙이 얽혀 있다. 밀접한 관계를 맺고 있는 사람들은 각자 상대의 행위, 감정, 그리고 사고에 상호 영향을 미치고 있기 때문에, 일부 연구자들은 이러한 상호 영향이 밀접한 관계를 정의하는 자질이라고 생각한다(Berscheid & Reis, 1998). 우리는 잘 알지 못하는 사람들의 충고와 판단보다는 가족 구성원, 친구, 그리고 배우자의 충고와 판단에 더 많은 비중을 두며 더 많이 배려한다. 자기와 관계가 있는 쟁점과 행위가 관련된 경우에 특히 그러하다. 우리는 컴퓨터가 작동하지 않는 경우에는 전문가의 상담을 받겠지만, 직장에서의 대인갈등이나 노인부모 봉양과 같은 사적인 난제가 생긴 경우에는 배우자와 친구의 지원과 충고를 구하기가 십상이다. 우리의 감정과 행위 역시 서로 얽혀 있다. 친밀한 파트너의 정서적 기복은 우리 자신의 정서상태와 행위에 영향을 미친다. 친밀한 파트너는 서로의 정서적 경험을 공유한다. 일상적 관계와 비교했을 때, 우리의 생활에서 밀접한 관계의 자질인 상호 영향은 더욱 더 빈번해지고 더 많은 영역에서 일어난다. 그리고 상호 영향은 오래도록 지속된다. 예를 들어, 대부분의 부모들은 자녀들에게 관심을 보이고, 충고를 하고, 도움과 지원을 해 주는 등 부모로서의 역할을 결코 멈추지 않는다. 자녀들도 부모의 영향이 자신들이 부모의 집을 떠나 독립된 생활을 하기 시작할 때에도 부모의 영향이 끝나지 않으리라는 데에 동의하기 십상일 것이다.

상호성 상호성은 밀접한 관계의 또 하나의 특이한 자질이다. 상호성이란 두 사람의 삶이 겹쳐 있다고 느끼는 정도를 가리킨다. 즉 상호성은 사람들이 서로가 별개의 존재라고 느끼는 한쪽 극에서 마치 한 쌍의 커플 같다고 느끼는 다른 쪽 극에 이르는 정도를 말한다. 이러한 느낌은 우리가 다른 사람과 우리와의 관계를 서술하는 언어에 나타난다. '우리가', '우리를' 같은 복수 인칭대명사는 밀접한 관계임을 표현하며, 밀접한 관계가 되도록 기여하는 것임이 밝혀졌다(Fitzsimons & Kay, 2004). 사람들은 가까운 사이임을 나타내려고 할 때 '우리가'라는 표현을 쓴다. 발전 중인 관계에서, 단수 인칭대명사(예, '그녀가', '내가')를 쓰다가 복수 인칭대명사('우리가' 또는 '우리를')를 쓰게 되면, 밀접성과 상호성을 느끼게 해 준다.

또한 사람들로 하여금 자기를 나타내는 원과 타인을 나타내는 원이 겹쳐지는 정도를 가리키도록 함으로써 상호성과 밀접성의 정도를 측정한다(그림 11.1 참조). '자기 안에 타인을 포함시키는 척도'로 불리는 이 척도는 대인밀접성을 평가하는 데에 효과가 있다(Aron, Aron, & Smollan, 1992). 이 척도의 일부 문항이 그림 11.1에 나와 있다. 사람들은 연구자가 가리키는 상대방(예, 가장 가까운 사이, 가장 친한 친구, 배우자 등)과의 관계를 가장 잘 나타내 주는 한 쌍의 원을 뽑으면 된다. 상호성을 그림으로 형상화한 방법은 사람들이 다른 사람과의 관계에서 느끼는 밀접성(또는 가까움)을 표현하는 직접적이고 의미 있는 방법이라고 할 수 있다.

헌신 친밀한 관계의 최종 요소는 헌신이다. 헌신은 관계를 내내 지속시키려는 의도나 바람(또는 희구)을 말한다. 연구자들은 사람들이 충성심, 성실성, 철저한 약속이행, 열심히 일함, 최선을 다함 등이 헌신과 연합되어 있는 것이라고 생각한다고 말한다(Fehr, 1988, 1996). 요컨대, 헌신이란 좋은 때나 궂은 때나 시종여일하게 관계를 유지하는 것을 가리킨다. 헌신은 '좋은 때만 친구'와 같은 헌신의 결여와 대비될 수 있다. '좋은 때만 친구'란

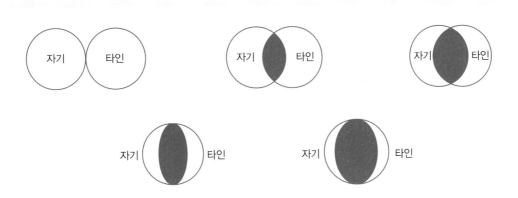

그림 11.1 **자기 안에 타인을 포함시키는 척도의 보기 문항**

일이 잘 풀리고 있을 때는 나타나지만, 정작 친구의 지원이 필요한 때에는 나타나지 않는 친구를 의미한다. 우정이나 결혼이나 그것을 잘 유지하려면 상당한 노력을 기울여야 한다. 즉 밀접성을 유지하는 데에 시간과 에너지를 쏟아야 하고, 장기적인 관계에서는 불가피한 갈등과 문제점들을 극복해 내야 한다는 의미이다. 밀접한 관계의 지속을 위해서는 어느 정도의 개인적인 희생과 사적인 이익의 양보가 필요한 것이다. 그런데 상호적으로 헌신을 해야만 서로가 친밀한 관계를 지속시키는 데에 필요한 희생과 양보를 제대로 할 것이다.

가장 만족스러운 관계는 다음의 여섯 가지 자질을 모두 갖춘 관계이기가 십상이다. 그 여섯 가지 자질은 앎, 신뢰, 배려(보살핌), 상호의존성, 상호성, 그리고 헌신이다(Miller et al., 2007). 연구를 통해서도 개인적 경험을 통해서도 이 여섯 가지 자질이야말로 가까운 친구라든지 친밀한 파트너라든지 하는 것이 뜻하는 바의 필수 요소에 해당함을 알 수 있다. 만약 우리가 이 여섯 가지 자질을 이상적인 기준이라고 한다면, 우리는 각각의 자질이 갖는 상대적 현저성에 따라 친밀성과 밀접성의 정도를 평가할 수 있을 것이다. Fehr(1996)는 친구, 친한 친구, 그리고 가장 친한 친구 간의 차이는 주로 정도의 차이 문제라고 주장한다. 우리의 가장 친한 친구란 우리가 그(녀)에 대해서 더 많은 것을 알고 있고, 그(녀)를 더 많이 신뢰하고, 그(녀)를 더 많이 배려해 주고, 그(녀)에게 더 깊이 헌신하는 친구를 말한다.

관계의 다양성을 인정하는 것이 중요하다. 즉 밀접한 관계는 여섯 가지 자질로써 전모를 포착했다고 하기에는 너무도 복잡한 성질의 것이다. 여섯 자질 검사를 통과하지 않더라도, 밀접한 관계에는 깊은 애정과 보살핌이 존재할 수가 있다. 예를 들어, (월터 멧호와 잭 레몬이 연기한) 〈심술궂은 노인들(Grumpy Old Men)〉이란 영화에서, 2명의 노인이 한 여인의 사랑을 얻기 위해서 경쟁하고, 서로를 끊임없이 비판하고 모욕하고, 상해죄를 저지르기 일보 직전에서 끝난 복수극을 계획하고 실행에 옮기는 데에 상당한 시간을 보냈다. 그럼에도 불구하고 그 두 노인의 관계는 정이 넘치고, 서로를 보살피는 애정 어린 것이었으며, 좀 괴팍스럽긴 해도 사랑하는 관계였다. 이처럼 오랜 동안 이룩되어 온 우정을 여섯 자질에 비추어 판단하는 일은 참으로 어려운 숙제가 아닐까? 이와 마찬가지로, 결혼이라는 것도 각양각색인 바, 배우자들의 성격과 욕구가 독특하고 유별날 수가 있다. 이상적인 관계에 들어맞지 않는 결혼관계임에도 불구하고, 곧잘 지내는 결혼관계가 가능할 수 있다. 예를 들자면, 이 교과서의 저자들은 상호의존성보다는 고도의 독립성에 기초한 성공적인 결혼의 사례를 알고 있다. 그 커플은 직장, 휴가여행, 서로의 친구들이나 심지어 집에서의 공동활동을 통해서 서로에게 영향력을 행사하지 않는 것을 자랑으로 삼는다. 상당수의 사람들이 이 커플처럼 하는 것을 만족스러운 관계를 유지하는 처방책이라고 생각하지 않는다. 그렇지만 이 두 사람은 그들의 결혼생활을 매우 행복한 것으로 여기며, 결코 이와 다른 방식으로 결혼생활을 해나가려고 하지 않을 것 같다.

그런데 이 여섯 자질 중 어떤 것도 그 자체가 그리고 그 자체로서 친밀한 관계를 형성시킬 수는 없음을 유의해야 한다. 예를 들어, 자기개방이 친밀감이나 깊은 애정을 보장하지는 않는다. 때로는 여러분이 어떤 사람을 잘 알게 되었을 때, 그 사람이 싫은 경우가 있다. 그 사람이 오랜 동안 자주 만나왔던 친척이거나 직장 동료일 수가 있다. 이와 마찬가지로, 헌신이 관계를 잘 맺어가거나 더욱 향상시키겠다는 바람을 의미하는 것이 아닐 수가 있다. 결혼생활이 불행한 부부가 자식 때문에 상호적 헌신으로서의 결혼생활 지속을 택할 수 있다. 요컨대, 관계란 간단치가 않고 복잡한 것이다. 친밀한 관계의 여섯 가지 자질도 친밀한 관계를 결정짓는 확고한 준거라기보다는 일반적인 기준으로 보아야 한다.

교환관계와 공동관계

친밀한 관계를 정의하는 여섯 가지 자질에 덧붙여서, 우리가 그 관계에 대해서 어떻게 생각하고 그 관계를 어떻게 평가하느냐에 따라서 친밀한 관계 여부가 결정되기도 한다. Clark과 Mills에 의하면, 인간관계는 두 가지 기본 형태인 교환관계와 공동관계로 나뉜다 (Clark, 1984; Clark & Mills, 1979, 1993). 인간관계 내에서 벌어지는 평가, 사고, 행동의 유형 및 친밀감과 밀접성의 수준에 따라서 두 가지 형태의 관계로 나뉜다. Clark과 Mills가 제시하는 증거에 따르면, 친밀감이 증가함에 따라 사람들의 관계는 교환 형태의 관계에서 공동 형태의 관계로 옮겨간다.

교환관계(exchange relationships)는 보다 공식적이며, 덜 사적이며, 관계발달의 초기 단계에서 나타나는 것이 전형이다. 교환관계는 공정성과 상호적 호혜성에 기초해서 이루어진다. 즉 교환관계에서는 양측이 모두 내가 혜택을 베풀었으면 상대도 상호적으로 혜택을 갚아줄 것이라고 기대한다. 교환관계에서는 우리가 상대에게 베푼 혜택이 무엇인지를, 상대가 우리에게 베푼 혜택이 무엇인지를 기억하여 비교하고 따져봄으로써 관계를 평가한다. 만약 교환의 비가 상당히 동등하다면 우리는 만족스럽게 느낄 것이다. 반면에, 만약 우리는 상대에게 내주었는데, 상대로부터는 아무것도 받은 것이 없다면, 못마땅하고 불쾌할 것이다. 빚진 느낌이 드는 경우란 내가 상대보다 잘해 주는 데에서 '뒤진다'는 생각이 들 때이다.

공동관계(communal relationships)는 가까운 친구 사이, 연애하는 사이, 그리고 가족들과의 사이가 그 전형적인 관계이다. 공동관계에서는 '하나 주면(받으면) 하나 받는(주는)' 식의 교환관계에서의 호혜성은 우스꽝스럽게 느껴질 수 있고 자칫 관계를 해칠 수도 있다. 회계사가 원장에 자산과 부채를 일일이 기록하듯이, 여러분의 가장 친한 친구가 여러분이 준 혜택 하나 하나에 대해서 매번 되베풀어 준다면, 여러분의 마음이 어떨 것 같은가?

Clark과 Mills(1979, 1993)가 발견한 바, '하나 주면(받으면) 하나 받는(주는)' 식의 호혜성은 친밀감이 낮은 관계와 공식적인 관계에서는 호감을 증가시키지만, 친구 사이나 보다 친밀한 관계에서는 호감을 떨어뜨린다. 오랜 친구들, 가족 구성원들, 그리고 배우자 사이에서는 단기간의 호혜성을 따지는 것이 아니라 장기간의 호혜성을 따진다. 공동관계에서는 우리가 상대에게 구체적으로 무엇을 베풀었는지 상대가 우리에게 구체적으로 무엇을 베풀었는지를 따지기보다는, 서로가 상대방 욕구의 궤적을 따라가는 데에 더 많은 주의를 기울인다. 우리는 상대의 정서 상태를 민감하게 살펴서 그에 적절하도록 반응한다. 공동관계에서는 관계의 전체적인 질과 상대의 욕구 및 복지에 초점을 맞추어 상호적인 관심과 배려를 함께 나눈다. 공동관계에서는 우리가 베푼 낱낱의 선행이 보상받기를 기대하지는 않는다.

교환관계와 공동관계가 완연하게 구별되는 것은 아니다. 모든 관계에는 모종의 교환이 들어 있을 가능성이 크다. 밀접한 관계라고 해서 각자가 다 공동체가 우선이라는 생각을 한다고 볼 필요는 없다(Clark & Mills, 1993; Mills & Clark, 2001). 내가 결혼생활에 투입한 것은 얼마이고 결혼생활에서 얻은 것은 얼마인지를 따진다는 것이 건강치 못하고 미숙한 관계임을 나타내는 징표이기는 하지만, 기혼 부부들 중 일부는 그런 것을 집중적으로 따진다는 것은 의심의 여지가 없다. 그런데 밀접한 관계가 한쪽의 자기위주의 욕구 충족을 위해서 다른 쪽에게 상처를 입히거나 갈등을 일으키거나 지배적으로 군림하거나 할 때에는, 다른 쪽의 배우자가 밀접한 관계에서 발생하는 비용과 이득을 따져보는 일은 전적으로 적절한 처사인 것 같다.

관계의 보다 경쾌한 측면

사랑과 우정의 형성 기반은 동일하다. 앎, 신뢰, 배려(보살핌), 상호의존성, 상호성, 그리고 헌신은 모든 밀접한 관계 형성의 기본 요소(또는 소재)인 것이다. 이러한 기본 요소들이 발달해감에 따라, 교환시각으로부터 보다 공동체적인 시각으로 우리의 생각이 옮겨간다. 관계가 그토록 강력하게 건강 및 행복과 관련되는 한 가지 이유는, 우리가 생활에 시달려 균형을 잃을 때, 관계가 우리를 붙잡아 주는 일종의 안전망이 된다는 데에 있다. 밀접한 관계의 자질인 앎, 보살핌, 배려, 그리고 신뢰가 우리로 하여금 혼자서 전전긍긍하지 않아도 된다는 자신감을 갖게 해 준다. 우리가 곤경에 처했을 때 친구들, 가족 구성원들, 그리고 친밀한 파트너들로부터 받는 지원이 우리의 가장 강력한 대처 재원임은 일관되게 입증되어 온 사실이다(Berscheid & Reis, 1998; Ryff & Singer, 2000; Salovey, Rothman, Detweiler, & Steward, 2000; Salovey, Rothman, & Rodin, 1998; Taylor et al., 2000). 또한 일이 순조롭게 진행되어 나가는 경우, 관계는 우리의 웰빙을 증진시킨다. 우리 인생의 '호

시절'을 채우고 있는 것은 가족 및 친구들과 함께 했던 활동과 함께 즐겼던 것들이 대부분
이다. 이러한 호시절은 우리로 하여금 더 자주 정적 정서를 경험하게 만들어 준다. 그리고
이러한 정적 정서경험은 우리로 하여금 정적 정서의 이득을 수확하도록 해 준다. 정적 정
서의 이득을 보여주는 연구도 있고, 정적 정서에 관한 Fredrickson의 확장-구축 이론에도
서술되어 있다(제3장 참조).

농과 유머

보다 강렬하지만 (적어도 나이가 더 들면) 덜 빈번하게 경험하는 정적 정서의 출처인 '섹
스' 말고서, 우리가 가장 흔하게 경험하는 정적 정서의 출처 중 하나가 웃음이다. 웃음은
아동기로부터 노년기까지 경험하는 보편적인 정적 정서경험이며, 거의 항상 사회경험(즉
사람으로 인한 경험)이다(Lefcourt, 2002). 우리는 혼자 있을 때 웃는 경우가 없지는 않지
만, 다른 사람들과 함께 있을 때가 더 재미있다. 우리는 우리를 웃겨 주는 사람들과 즐겁게
지낼 뿐만 아니라 그러한 사람들을 찾아 나서기도 한다. 대규모 조사연구에서 밝혀진 바,
유머감각은 사람들이 이성친구와 동성친구, 데이트 상대, 그리고 결혼 상대를 선택하는 데
에서 추구하는 가장 가치 있는 자질이다(Sprecher & Regan, 2002). 학교에서 깡패 같은 애
들을 비하하려고 하는 농처럼, 유머는 부정적인 목적으로도 사용될 수가 있다. 그렇지만,
만족스러운 관계에서는 유머가 친사회적인 성격을 띠며 긍정적인 기능을 하는 것이 전형
적이다(Keltner, Young, Heerey, & Oemig, 1998). 농을 하고, 장난 삼아 놀리고, 농담을 주
고받는 것, 그리고 웃음이 전염되어 함께 웃는 것은 밀접한 관계의 전형적인 자질이며, 우
리가 밀접한 관계를 즐겨 맺는 가장 중요한 이유 중의 하나인 것이다. 심각한 경우에서조
차도 종종 유머가 사용된다. 예를 들어, 장례식장의 조문객을 받는 곳에서 돌아가신 분에
관한 유머가 담긴 이야기를 하는 것을 흔히 볼 수 있는데, 특히 돌아가신 분이 고령이시고
천수를 다 누리신 경우에 그렇다. 상실에 직면한 상황에서는, 유머가 긍정적인 대처 전략
이 된다(Bonanno & Keltner, 1997). 유머는 부정적인 정서를 긍정적인 정서로 대체시킴으
로써 심각한 상황을 완화시켜 줄 수가 있다. 유머는 스트레스와 관련된 긴장을 이완시키
고, 민감한 문제를 다루고, 대인갈등에 직면하고 해결하도록 해 주는 데에 효과적이라는
사실은 널리 알려진 바이다(Argyle, 2001; Lefcourt, 2002; Martin, 2007). 웃음은 몸과 마음
모두를 편안하게 해 준다.

유머는 사회결속을 형성하고 다지는 데에 중요하다. 우리는 중고등학교 때 선생님들과
대학교 때 선생님들을 포함해서, 우리를 웃게 만드는 사람들을 좋아하고 더 가깝게 느낀다
(Fraley & Aron, 2004). 연구들에서 보여지는 바, 학생들은 유머감각이 수업시간을 즐겁게
생각하고, 수업에 몰두하게 하고, 학습효과를 높이는, 가장 바람직한 선생님의 자질 중 하

나라고 생각한다(Martin, 2007, 제11장 참조). 또한 연구가 일관되게 밝히고 있는 바, 유머는 만족스러운 장기적 관계를 맺는 데에 기여한다(이에 대한 개관은 Martin, 2007을 보라). 결혼한 사람들이 배우자의 유머감각을 가치 있다고 생각할수록, 결혼생활에 더 많은 만족을 느끼는 경향이 있다. 요컨대, 상호 간에 오가는 유머의 수준이 높다는 것은 결혼생활이 행복하다는 표시인 것이다. 사실 유머는 성공적으로 오래 지속되는 결혼생활이 되게 하는 핵심 요소일 수가 있는데, 그 이유가 부분적으로는 우리에게 즐거움을 주는 데 있어서 유머가 섹스보다 생명력이 더 오래간다는 데에 있다. 50년이 넘게 결혼생활을 유지해 온 부부들에게 그처럼 오래도록 결혼생활을 유지해 올 수 있었던 이유를 물었을 때, "함께 자주 웃었다"는 것이 최상위 이유들 중의 하나였다(Lauer, Lauer, & Kerr, 1990). 그 부부들은 '환상적인 섹스'라는 대답이 없었다. 섹스가 주는 즐거움의 빈도와 중요성은 나이가 듦에 따라 감소하고, 유머가 즐거움의 원천으로서 더욱 중요시되는 것으로 보인다. 인생의 후반기에 접어들면, 우리는 규칙적으로 섹스를 즐기려는 욕망과 섹스를 즐길 수 있는 능력이 없어질 지 모르나, 즐겨 웃는 능력이나 함께 웃고 즐기는 사람들에게 애정을 주는 능력이 없어진다는 증거는 어디에도 없다.

밀접하며 발전되고 있는 관계가 갖는 유머와 관련된 보다 현저한 자질 중의 하나는 장난기 어린 친사회적 농이다. 데이트 커플들이 흔히 하는 것 중의 하나가 장난기 어린 농이며(Keltner et al., 1998), (미국이 아닌) 다른 문화권들에서도 장난기 어린 농은 기본적인 '우정의 규칙'으로 간주된다(Argyle & Henderson, 1984, 1985). 다른 네 문화권을 대상으로 수행한 대규모 조사연구에서 Argyle과 Henderson이 발견한 바, 사람들은 우정의 자질로서 농과 농담을 기대하고 있었다. 농이란 무언가 역설 같은 것임에도 불구하고, 농이 우정의 자질로 여겨진다는 것은 참이다. Keltner와 그의 동료들이 밝혔듯이, "농은 상대를 비평하는 것이지만 칭찬의 의미가 담겨 있고, 공격하면서도 더 가까움을 느끼게 하고, 비하하면서도 애정을 표시한다"(Keltner et al., 1998, p. 1231). 농은 표면상으로는 부정적인 것이지만, "내가 너에게 농을 걸 만큼 나는 너를 좋아한다"는 의미이고, "나는 우리가 함께 선의의 재미를 즐기자는 거야"라는 의미이다. 농은 가까움, 신뢰, 보살핌, 그리고 상호이해의 표시이다. 이와는 대조적으로, 선의의 농과 가시 돋친 비평 간의 차이가 백지 한 장 차이이기 때문에, 서로 알지만 친하지 않은 사이에서는 농이 오해를 만들 위험이 있다. 흥미롭게도, 농을 하지 않거나 농을 글자 그대로 받아들이는 것은 그 관계가 좋지 않다는 표시가 된다. 만약 우리의 가장 친한 친구가 우리에게 농을 걸지 않거나 우리의 선의의 농에 대해서 공격적인 자세를 취한다면, 우리는 좋지 않은 낌새를 금방 알아차리고 무엇이 잘못된 것인가를 찾으려고 궁리할 것이다. 말할 필요도 없지만, 농이 공격적인 것이 되거나 마음 상하게 하는 것으로 바뀐다면, 이것 역시 관계에 손상을 입힌다(Keltner, Capps, Kring,

Young, & Heerey, 2001).

연구 초점 : 정적인 인생사는 함께 나누기

아껴 주는 관계는 긍정적인 정서 경험을 증가시키기 때문에, 그러한 관계는 현재진행형으로 우리의 웰빙을 고양시킨다. 사회지원의 **직접효과 가설**(direct effects hypothesis)과 일치하는 바, 우리가 스트레스 상황에 처하지 않은 경우에라도, 밀접한 관계는 우리를 건강하게 만들고 행복하게 만든다(제3장 참조). 여기서 말하는 기본 아이디어는 정적 정서는 부적 정서의 효과와는 독립적으로 우리에게 유익한 효과를 미치며, 부적 정서의 효과를 넘어서서 유익한 효과를 미친다는 것이다. 즉 정적 정서는 부적 정서의 해로운 효과를 지워주는 것에 덧붙여 독자적으로 우리 생활의 질을 높여준다. Shelly Gable과 그녀의 동료들은 최근에 직접효과 가설의 예언대로, 우리가 어려움에 처했을 때 사회지원을 받는 것이 중요한 것과 마찬가지로 우리의 정적인 인생경험에 대해서도 사회지원을 받는 것이 중요하다는 것을 보여주었다(Gable, Reis, Impett, & Asher, 2004). 우리가 정적인 인생경험을 다른 사람과 함께 나누고 축하해 주는 경우에는, 정적인 인생경험 자체의 효과를 넘어서는 추가의 이득을 얻게 된다. Gable과 동료들은 이전의 연구에서 도출한 바, 이러한 과정을 가리켜 **편승효과**(capitalization)(즉 정적 사상(event)에 편승하여 추가 이득을 받는 효과)라고 하였다. 편승효과로 인한 이득이 발생하는 이유는 다른 사람들과 정적 사상을 공유하게 되면 정적 정서의 효과가 더욱 현저해진다는 데에 있다. 우리가 행운을 얻은 것이 진정으로 기뻐서 열광하는 파트너의 반응을 보게 되면, 우리의 정적인 감정은 더욱 고양된다. Gable과 그녀의 동료들은 정적 사상의 공유가 주는 개인 웰빙의 이득과 대인 웰빙의 이득을 검토하는 네 가지의 연구를 수행하였다.

첫 번째 연구에서, 실험참가자들은 매일 경험하는 정적 정서와 부적 정서를 일기에 기록하였고, 평균적으로 5일간에 걸친 삶의 만족도를 기록하였다. 또한 참가자들은 그날그날의 가장 중요한 정적 사상과 그 정적 사상을 다른 사람들과 함께 나누었는지 여부도 기록하였다. 결과가 보여주는 바, 참가자들은 관찰일수의 70%에 해당하는 일수에서의 가장 중요한 정적 사상을 다른 사람들과 함께 나누었다. 나날의 정적 정서와 나날의 삶의 만족도 평정치에서 볼 수 있는 바, '공유하지 않은' 날의 웰빙에 비해서 '공유한' 날의 웰빙이 더 높았다.

두 번째 연구와 세 번째 연구에서는, 데이트 커플(즉 교제 중인 커플)과 기혼 커플을 대상으로 정적 사상의 공유에 대한 파트너의 지각된 민감성이 관계의 질을 증진시키는지를 알아보았다. 관계의 질에 대한 다양한 측정치(예, 헌신, 만족도, 신뢰, 그리고 친밀감)를 각 파트너로부터 독립적으로 받아냈다. 이 두 연구의 중요한 면모는 새로 개발된 '편승효과

시도에 대한 지각된 민감성 척도'를 사용하였다는 것이다. 이 척도는 참가자들에게 다음과 같은 질문에 답하도록 함으로써 정적 사상에 대한 파트너의 민감성의 정도와 성질을 측정하는 것이었다. "당신에게 생겼던 어떤 좋은 일에 대해서 파트너에게 얘기했을 때를 떠올려 보시기 바랍니다. 그리고 그 때 파트너가 어떻게 반응하였는지를 생각해 보십시오"(Gable et al., 2004, p. 233, 좋은 일은 원전에서 강조한 것임). 정적 사상의 예로서는 직장에서의 승진, 가족 구성원과의 긍정적인 대화, 상을 탔다거나 학교에서 공부를 잘했다거나 하는 것들이 있었다. 각 참가자가 파트너의 반응을 평정하는 데에 사용한 문항은 정적 사상의 공유에 대한 네 가지 형태의 반응이 서술된 문항이었다. 네 가지 형태의 문항은 (1) **능동적-건설적**(예, "나는 때때로 나보다 내 파트너가 더 기분 좋아하고 열광한다는 느낌을 받는다"), (2) **수동적-건설적**(예, "내 파트너는 일을 크게 생각하지 않으려고 노력하지만, 나를 위해서 기분 좋아한다"), (3) **능동적-파괴적**(예, "그(녀)는 좋은 일이 있으면 나쁜 일도 생길 수 있음을 지적한다"), 그리고 (4) **수동적-파괴적**(예, "내 파트너는 내게 별로 신경 쓰지 않는다")이다(Gable et al., 2004, p. 233). 두 연구에서 발견된 바, 정적 생활경험의 공유에 대한 능동적-건설적 반응만이 관계의 질 향상과 관계가 있었다. 다른 세 가지 반응은 관계의 질 저하와 관계가 있었다. 따라서 편승효과는 파트너가 능동적이고, 열광적이고, 지원해 주는 반응을 해 주는 경우에서만 생긴다. 10일 동안 일기를 쓰도록 한 최종 연구에서, Gable과 그녀의 동료들은 편승효과의 개인적 이득을 검토하였다. 정적 사상을 공유하고 능동적-건설적 반응을 받는다는 것이 개인의 주관적 안녕감(SWB)도 증진시킬까? 그 대답은 '그렇다'이다. 사람들이 다른 사람들에게 정적 사상에 관해서 얘기해 준 날들에서는 삶의 만족도와 정적 정서 모두가 증가하였다. 얘기를 들려준 사람의 수가 많을수록 웰빙은 더 많이 증가하였고, 특히 얘기를 들은 사람들이 열광적으로 반응하고 지원해 주는 경우에 더욱 그러하였다. 이 네 연구 모두가 우리에게 일어나고 다른 사람과 공유한 좋은 일에의 편승효과가 갖는 가치를 강력하게 지지해 주고 있다. 또한 이 네 연구는 관계와 웰빙을 연결시켜 주는 기초를 제공해 준다. 즉 웰빙을 고양시키는 정적 정서의 효과가 되살아날 수가 있고, 다른 사람을 보살피는 과정을 통해서 그 효과가 확장될 수 있는 것이다.

우정과 낭만애

호감과 사랑 그리고 우정과 낭만애는 서로 중첩되는 부분이 상당히 많다(Rubin, 1973). 우리는 친한 친구를 사랑하고 열애 중인 파트너를 좋아한다. 사람들에게 열애관계에 대해서 서술해 보라고 했을 때, 사람들이 서술하는 주된 주제는 우정이었다. 즉 실험참가자의 절반은 열애 파트너가 그 전에는 가장 친한 친구였다고 대답하였다(Hendrick & Hendrick,

1993). 우리는 많은 가장 가까운 사이(관계)들을 서술할 때 '사랑'이라는 어휘를 사용하지 만, '사랑 중(연애 중)'이라는 말 속에는 성적 바람 및 매력과 관련된 보다 구체적인 의미 가 담겨 있는 것 같다. Meyers와 Berscheid(1997)는 사람들에게 그들의 관계를 세 가지 범 주, 즉 사랑, 연애 중, 그리고 성적 매력/바람 범주 각각에 적합한 파트너의 이름을 적게 하 였다. 사람들은 사랑 범주에 가장 많은 이름을 적었고, 그 다음은 성적 매력/바람 범주였다. 연애 중 범주에는 이름이 가장 적게 적혀 있었는데, 여기에 적힌 사람들의 이름은 성적 매 력/바람 범주에도 중첩되어 적혀 있었다. 요컨대, 연애 중이란 낭만애를 의미하며, 강렬한 성적 바람과 매력의 의미를 내포하고 있는 것이다. 여기가 우정과 사랑의 분기점이다. 연 애 파트너에게 "그냥 친구로 지내자" 또는 "나는 너를 사랑해. 그렇지만 내가 너와 연애 중 (사랑 중)인 것은 아니야"라는 말은 보통 성적 매력이나 바람이 약하거나 더 이상은 없다 는 의미이다. 낭만애에는 황홀함, 열정, 심취함, 성적 바람, 관계에 온전히 몰두함 등이 포 함되어 있다. 우리는 동성의 친한 친구에 대해 서술하는 경우(동성애자는 이성의 친한 친 구에 대해 서술하는 경우), 낭만애를 서술할 때 사용하는 어휘를 거의 사용하지 않는다. 우 정은 정서의 강렬한 정도가 적은데, 그 이유의 일부는 우정에는 성적 친밀성이 없는 것이 전형적이라는 데에 있다.

　　정서의 강렬함 이외에도, 우정과 낭만애를 구분 지어주는 요인은 관계를 다스리는 규칙 의 명료성에서의 차이, 정서의 복합성에서의 차이, 관계에서 얻는 정서적 결과에 대한 기대 에서의 차이 등이다.

규칙의 명료성

Argyle과 Henderson(1984)의 획기적인 연구가 보여주는 바, 누군가의 친구가 된다는 것의 의미는 보편적으로 이해된다는 것이다. Argyle과 Henderson은 여러 문화권(영국, 이탈리 아, 홍콩, 그리고 일본)의 실험참가자들에게 우정을 다스리는 수많은 규칙들을 제시하고 서, 참가자들이 선택하는 규칙들을 가리키도록 하였다. 흥미롭게도, 표 11.2에 서술된 규 칙들 중 수많은 규칙들이 여러 문화권에 걸쳐서 공통적으로 선택되었다.

　　여러분은 이러한 규칙들을 사람들이 자신들의 우정을 평가하기 위해서 사용하는, 널리 공유된 일종의 테스트라고 생각할 수가 있다. 우정에는 친구라면 그렇게 행하는 것이라고 정해진 규칙과 의무가 포함되어 있다. 만약에 여러분이 이러한 의무들을 이행하고 규칙에 따라 살아간다면, 여러분은 우정 테스트를 통과한 것이지만, 그렇지 않다면 여러분은 우정 테스트에 걸리게 된다. Argyle과 Henderson이 발견한 바, 실제로 사람들은 과거에 금이 간 우정에 대해서 친구들이나 자신들이 이러한 규칙들을 따르지 않았던 것이 그 이유라는 식 으로 생각한다.

표 11.2 우정의 규칙

지원해 주기
도움이 필요할 때 자원해서 도와주기
정서적인 지원을 해 주기
그 자리에 없는 친구를 변호해 주기

신뢰로운 막역한 친구가 되어 주기
친구의 프라이버시를 존중해 주기
친구를 믿고 친구에게 비밀을 털어놓기
비밀을 지켜 주기
여러 사람 앞에서 친구 간에 비평을 하지 않기
친구에게 사적인 감정이나 문제들을 털어놓기

즐거움과 유머의 원천이 되어 주기
함께 있을 때 서로를 기분 좋게 해 주기
동반자가 되어 주기
농이나 농담을 주고받기
성공 소식을 함께 나누기

관용과 포용을 베풀기
친구의 다른 관계들에 대해 질투하거나 비평하지 않기
친구의 친구들을 관용적으로 대하기
개인적인 충고를 구하기
잔소리 하지 않기

이러한 규칙들이 낭만애에도 적용이 되는 것일까? 사랑관계를 다스리는 어떤 규칙들이 있을까? (미국의 경우) 확실한 것은, 보통 서점 서가의 '오프라 윈프리' 섹션과 '닥터 필' 섹션과 '자가학습용 서적' 섹션에는 결혼과 연애관계를 발전시키고 유지시키는 데 필요한 충고를 제공해 주는 서적이 가득하다. 그리고 관계에 관한 연구를 수행하고 있는 연구자들은 건강한 관계를 유지시키는 일반 안내지침을 내놓고 있다(Gottman & Silver, 1999; Harvey & Omarzu, 1997, 1999). 그렇지만, 우리는 우정의 규칙처럼 상당히 분명하고 공유된 낭만애의 규칙을 사람들이 가지고 있음을 입증하는 경험적 연구를 알지 못한다(Baxter, 1986). "사랑과 전쟁에서는 모두가 공평하다"는 생각과 일관되게, 연애와 열정은 복잡하고 정서적인 폭발력을 갖고 있다는 성질 때문에, 사랑을 다스리는 분명한 규칙들이 성립되기 어렵다. 사실 사랑에서는 자발성, 열정, 그리고 타인배제성이 중요하기 때문에, 여러분이 규칙들을 따른다면, 그것은 여러분이 사랑에 빠진 것이 아니라고 주장할 사람들이 있을 것이다. 우정과 비교했을 때, 사랑은 그 표현의 형태와 사적인 의미가 보다 다양한 것 같다. 이것은 여러 형태의 사랑을 논의하는 절에서 살펴보기로 하겠다.

감정의 복합성

낭만애는 우정보다 더 복합적인 감정을 갖고 있으며, 요구함이 더 절박하고, 기대함이 더 높다. 사랑의 복합성은 연구자들이 사랑을 정의하는 것이 거의 불가능하다고 여기는 데에도 반영되어 있고, 사랑과 관련된 주제들이 음악, 영화, 그리고 대중문화에서 주류를 이루고 있다는 데에도 반영되어 있다. 저명한 관계전문가인 Ellen Berscheid는 "… 공통점이라고는 다른 사람과의 관계에서 발생한 사상들이라는 것밖에 없는, 수많은 다양한 행동 사상들을 모아놓은 잡다하고 거대한 복합체가 사랑이다"(Sternberg & Barnes, 1988, p. 362)라고 논평하였다. Harvey와 Weber(2002)는 Berscheid의 논평이야말로 사랑을 옳게 말한 것이라고 보았다. 음악, 영화, 그리고 대중문화에서 다루는 사랑에는 사랑의 다면적 신비가 없고, 유명인사들이 벌이는 정사 세부적인 측면들은 탐색된 바가 없다. 취업 사랑, 금전 사랑, 권력 사랑, 생명 사랑, 운명적으로 끌림, 사랑의 비극, 만사를 정복하는 것은 사랑임, 사랑을 위해서 모든 것을 바침, 미움이 변해서 사랑이 됨, 사랑이 변해서 미움이 됨 등과 같이 모든 것에 "사랑 자(字)를 붙인다." 사랑에서 느끼는 황홀감에 해당하는 것이 우정에 는 없다. 우정의 '신비들'을 탐색하는 노래와 영화가 얼마나 될까?

더욱이, 우리는 충성심, 성실성, 타인배제성 등을 연애 파트너에게 요구하는 만큼 친구들에게 요구하지는 않는다(Miller et al., 2007). 누군가와 친한 친구 사이가 되었다고 해서, 또 다른 사람과 친한 친구가 되지 못한다는 규칙은 없다. 친한 친구가 다른 친구와 함께 영화를 보려고 외출했다는 말을 들었다고 해서, 그것을 경계할 필요는 없다. 그렇지만, 연애 파트너나 결혼한 배우자 사이에서는 이야기가 달라진다. 여러분의 배우자가 다른 사람과 '저녁 먹고 영화 보는' 데이트를 하려고 외출한 것이라면, 아마도 여러분은 화를 내거나 적어도 설명을 요구할 것이다. 만약에, 연애 중인 한쪽 파트너가 다른 쪽 파트너를 참석시키지 않은 채로 만나는, 다른 이성과의 우정관계를 맺는다면, 부정이 아닌가 하는 의심을 받게 된다. 그렇지만, 친한 친구 사이에서는 친구가 다른 사람에게 강한 관심을 보이거나 다른 사람과 농담을 주고받고 대화를 나누더라도, 그것 때문에 친한 친구가 모욕을 당했다고 생각하지는 않는다. 그런데 같은 행동이라도 남녀 간의 희롱으로 해석되는 경우에는, 연애 파트너와 벌이는 분쟁으로 이어질 수 있다.

기대

끝으로, 우정과 사랑은 정서적 기대에서 차이가 난다. 관계를 관찰하는 수많은 관찰자들이 말하는 바, 사람들이 과거보다도 오늘날에 와서는 결혼 배우자와 연애 파트너로부터 더 많은 정서적 충족을 얻으려고 하며, 우정에서 기대하는 것보다 더 많은 것을 기대한다(Myers, 2000b; Phillips, 1988). 역사적으로 볼 때, 결혼 성립의 토대는 약혼자, 두 가족 간의 연대, 그리고 자녀양육과 같은 실용적인 문제들과 관련되어 있다. 낭만애가 중요하기는 하지만, 낭만애만이 결혼의 토대가 되어야 한다고 할 수는 없고, 낭만애가 가장 의의 있는 토대라고 할 수도 없다. 대규모 조사연구가 가리키는 바, 오늘날 사랑이 결혼의 주요한 바탕이 되며, 결혼생활을 지속시키는 중요한 요건은 사랑의 유지이다(Simpson, Campbell, & Berscheid, 1986). 과거에 그랬던 것보다 오늘날에 더 그러한데, 우리는 결혼이 우리의 가장 깊숙이 자리 잡고 있는 정서적 욕구를 충족시켜 줄 것이며, 열광케 해 주고, 행복하게 해 줄 것이라고 기대한다. 우리는 결혼이 개인적 충족을 이루게 해 주고, 평생 지속되며, 낭만을 구가하게 해 주고, 성적인 만족감을 주리라고 기대한다. 그러나 많은 연구자들이 말하기를, 그것은 결국은 실망으로 끝나게 되어 있는, 터무니없는 욕심이라는 것이다. 여기서 말하고자 하는 것의 요점은, 우리가 친구에게는 개인적 충족과 행복의 책임을 지우지 않는다는 것이다. 분명히, 친구들이 우리의 인생을 즐겁게 해 주지만, 개인적 충족과 생활의 만족은 우리의 책임이지 친구들의 책임은 아니다. 친구들은 우리가 우리 자신의 독특한 재능과 흥미에 따라 우리 방식대로 인생을 도모해 감에 있어서 여유를 갖게끔 도와준다. 이와는 대조적으로, 결혼생활에서 상호 간에 정서적 충족을 지나치게 기대하는 것은 서로의 행복을 뒤얽히게 하는 것이다. 유전적 소질에서 인생에서의 선택에 이르기까지 행복에 기여하는 수많은 요인이 있다는 것을 감안한다면, 결혼이 여러분을 행복하게 해 주리라고 기대하는 것은 너무 많은 것을 기대하는 셈이며, 다른 사람의 행복의 책임을 짊어진다는 것은 감당하기 힘든 짐이 될 수 있다.

다양한 종류의 사랑

열정애 대 동료애

사랑은 형태와 크기가 다양하다. 사랑을 가장 기본적으로 구분한다면, 열정애(또는 낭만애)와 동료애로 구분된다(Berscheid & Walster, 1978; Hatfield, 1988; Walster & Walster, 1978). 이러한 구분은 우리가 사랑과 우정은 그 의미가 중첩되는 부분도 있지만, 서로 다른 의미를 갖는다고 구분한 것과 맥을 같이 한다. **열정애나 낭만애**(passionate or romantic love)는 강렬한 성적 매력(끌림), 심취, 전념, 타인배제성(나에게는 오로지 당신만, 당신에게는 오로지 나만), 그리고 환희에서 번민에 이르는 전 범위에 걸친 정서를 포함한다. 열정애의 구체적인 성분들은 사랑하는 사람에게만 전념함, 사랑하는 사람의 개인적 속성(자질)을 이상화하기, 사랑하는 사람과 함께 있으면 생리적으로 각성됨, 신체적으로 가까이 하고 싶은 바람, 그리고 강한 호혜성의 욕구(즉 내가 사랑하니까, 나도 사랑받고 싶다는 마음) 등이다(Hatfield & Sprecher, 1986). 여러분도 추측할 수 있을 터인데, 열정애의 초기 단계에서는 낭만이 있다. 이 책의 저자 중 첫 번째 저자는 결혼한 지가 40년이 되었는데, 그의 아내가 이제는 그를 이상화시키지 않으며, (유머나 자극함이 없이) 그가 있다고 해서 그의 아내가 특별히 각성되지도 않고, 그가 관계에 심취하거나 전념하지도 않는다고 장담한다.

반면에, 결혼한 지 40년이 되는 첫 번째 저자의 결혼을 적합하게 표현해 주는 사랑은, 특별한 류의 애정 어린 우정에 바탕을 둔 **동료애**(companionate love)라고 할 수 있다. 몇 년 전에 아내와 나는 결혼기념일에 똑같은 홀마크 카드를 주고받았다. 그 카드로 경축하려는 것은 깊고 변함 없는 우정을 경축하려는 것이었지, 낭만애나 열정애를 경축하려는 것이 아니었다. 그때쯤에는 벌써 우리 둘 다 "빨리 잠자리에 들자", "당신은 내 인생을 완전한 것으로 만들어 주는 존재야", "당신이 없다면, 나는 아무것도 아닌 존재야"와 같은 말은

'감상적인' 표현에 지나지 않는 것이라고 여기고 있었다. 우리는 서로를 진정으로 사랑하지만, 그것은 불같이 뜨거운 열정이 아니라, 우리의 결혼을 만족스럽게 만들어 준 인생의 보금자리 속에서 함께 40년을 살아오면서 쌓은, 따사로운 빛을 발하는 애정과 감사의 마음인 것이다. 천천히 발전해 나가는 이러한 동료애는 열정애보다 정서는 약하지만, 더 온화하고 더 평온하다. 이것은 여러분의 배우자가 여러분 인생의 여정에서 동행하는 가장 친한 친구이며 영적인 배우자가 되었음을 의미한다. 수십 년을 함께 살아 온 배우자보다 여러분을 더 잘 아는 사람이 누가 또 있겠는가? 배우자 말고 여러분 인생에서 수많은 것을 함께 나누며 살아 온 사람이 누가 또 있겠는가? 아무도 없다면, 함께 살아 온 그 햇수는 대치시킬 수 없는 것이다. 지금 나이가 60인 나로 말하자면, 결코 다른 사람과 한번 더 40년의 결혼생활을 하지는 않겠다. 물론 나도 내가 100살까지 살 수 없다는 것은 안다! 분명히 해야 할 것은, 동료애와 가까운 우정관계는 유사성이 있기는 하지만, 다르다는 것이다. 동성의 친한 친구의 진심 어린 포옹과 아내의 따뜻한 포옹은 다르다. 두 포옹 모두 우리의 기분을 좋게 해 주지만, 여러분은 포옹에 대한 반응식에서 섹스를 빼놓을 수는 없다. 나이가 많은 커플이라 할지라도, 결혼 초보다는 횟수가 잦지 않지만, 여전히 "섹스를 한다."

사랑의 삼각형 이론

사랑의 필수 요소에는 세 가지가 있다는 Sternberg의 이론을 보면, 다양한 종류의 사랑이 있음을 알 수 있다(Sternberg, 1986, 1987). Sternberg의 이론에서, 두 사람이 공유하는 사랑이라는 삼각형의 세 변은 각각 친밀감, 열정, 그리고 헌신이다. **친밀감**(intimacy)은 상호 이해, 온정, 그리고 상대의 복지에 대한 상호 간의 염려(또는 배려)를 가리킨다. **열정**(passion)은 강렬한 정서, 열광, 그리고 종종 성적인 바람 및 성적인 끌림(매력)과 연계된 생리적 각성을 의미한다. **헌신**(commitment)은 오랫동안 관계를 지켜나가겠다고 의식적으로 내린 결정을 말한다. 즉 관계를 위해 헌신하고 있다는 느낌과 관계를 유지하기 위한 노력을 기꺼이 하겠다는 마음이 헌신이다. Sternberg의 이론은 이 세 가지 요소가 어떠한 조합을 이루고 있느냐에 따라 다양한 종류의 사랑이 성립됨과 앞에서 논의한 낭만애와 동료애의 구체적인 요소에 대해 서술하고 있다.

낭만애(친밀감 + 열정) Sternberg의 이론에서는, 고 친밀감과 고 열정이 조합된 사랑을 낭만애라고 한다. 낭만애에 헌신이 포함되지 않아서 이상하게 보일지 모르지만, Sternberg는 헌신은 낭만애를 정의해 주는 자질이 아니라고 주장한다. 예를 들어, 한 여름의 로맨스에는 친밀한 상호개방과 강렬한 열정이 포함될 수는 있지만, 여름이 지나간 뒤에도 관계를 지속하겠다는 헌신은 포함되어 있지 않다.

동료애(친밀감 + 헌신) 우리가 이미 말했듯이, 동료애는 고도의 친밀감과 강력한 헌신의 기초 위에서 서서히 발전하는 사랑이다. 청춘의 열정이 결혼에 이르게 해 준다면, 깊고 애정 어린 우정의 기초 위에 세워진 동료애는 지속적이고 성공적인 관계를 만들어 주는 견고한 토대가 된다.

미성숙한 사랑(열정 + 헌신)과 얼빠진 사랑(열정뿐) 이 두 종류의 사랑은 열정에 기초한 것인데, 미성숙한 사랑, 맹목적이거나 비합리적인 사랑이라고 간주될 수 있다. 미성숙한 사랑이란 친밀감은 빠지고 열정과 헌신으로 조합된 사랑이다. 이 사랑은 서로에 대해서 아는 바는 하나도 없이, 휘몰아치는 열정적인 로맨스에 사로 잡혀 있는 사랑을 말한다. 이 두 사람의 헌신은 열정에 기초하고 열정만으로 유지되는 것이다. 열정은 시간이 지나면 시들게 마련이기 때문에, 착각인 사랑관계는 지속되기가 어렵다. 친밀감이나 헌신은 없이 열정에만 기초한 얼빠진 사랑도 이와 같다고 할 수 있다. 성적인 열정을 사랑으로 착각하는 십대의 로맨스이거나, 서로 아는 바도 없고 관계를 발전시켜 나가겠다는 의향도 없는, 하룻밤의 풋사랑 같은 것이라고 말할 수 있다. 또한 얼빠진 사랑이란 사람들이 좋아하는 헐리우드의 유명 배우나 유명 가수에 대해서 느끼는 경외심, 흠모하는 마음, 그리고 성적인 감정일 수도 있다.

공허한 사랑(헌신뿐) 열정도 없고, 친밀감도 없고, 오직 헌신만이 있는 사랑이 공허한 사랑이다. 공허한 사랑이라고 부르는 것이 적합한 이러한 사랑은, 어떤 이유에서인가 지속시켜야 하지만 정서적으로는 '죽은' 관계인 사랑이다. 관계지속의 이유는 편의성, 재정적인 혜택, 체면유지, 또는 의무감 등일 수 있다.

완성애(친밀감 + 열정 + 헌신) 완성애 또는 종결애는 친밀감, 열정, 헌신 등이 모두 높은 수준인 사랑이다. 이러한 형태의 사랑은 모든 사람들이 바라는 사랑이지만, Sternberg는 이러한 사랑이 과연 지속될 수 있을까에 대해 의문을 품고 있다. 낭만애에서 볼 수 있듯이, 열정이라는 요소는 시간이 지나면 감소하게 마련이다. 그렇지만 Hacker(1979)는 많은 사람들이 이러한 사랑의 전형으로 보이는 부부에 대해서 알고 있음을 지적한다. "우리는 결혼한 지 이삼 십 년이 되었는데도 여전히 서로에게 열정적으로 애착하는 부부들을 알고 있다. 마치 방금 침대에서 나온 것처럼 보이거나, 다시 침대로 돌아가지 못해서 안달인 부부들이 있다. 우리는 그러한 부부들이 레스토랑에서도 2인 전용 테이블에 앉아서, 자녀 얘기는 한 마디도 없이, 두 사람 간의 얘기를 나누는 것을 본다. 그러한 부부들은 가정에서도 둘만이 함께 있고 싶어 한다. 독서를 하더라도 서로 마주보고 앉은 상태에서 독서 삼매경에 빠지는 것이 아닌가 생각된다"(p. 27).

　Sternberg의 사랑의 삼각형 이론은 경험적으로 지지되고 있는 이론이다. 사람들이 이해하고 있는 사랑의 주요 자질과 다양한 종류의 사랑관계 간의 차이가 친밀감/열정/헌신의 개념과 잘 들어맞는 것처럼 보인다(Aron & Westbay, 1996; Sternberg, 1998b). 예를 들어, 이상적인 연인에 대한 평정을 보면 세 요소 모두에서 점수가 높았고, 우정에 대한 평정은 친밀감과 헌신에서는 높았지만 열정에서는 낮았다. 형제자매 관계에 대한 평정에서는 헌신은 높았지만 친밀감과 열정은 낮았다. 복합적인 사랑의 의미와 다양한 사랑의 종류들을 경험적으로 포착하는 데에 유용한, 다른 분류체계들도 개발되어 있다(Hendrick & Hendrick, 1993; 2003; Lee, 1988). 많은 종류의 사랑 중에서, 낭만/열정과 우정이라는 요소의 내포된 정도와 요소들이 조합되는 방식에서의 차이에 따라 낭만애와 동료애로 구분하는 것이 가장 기본적인 구분인 것 같으며, 가장 밀접한 관계에 대해서 생각해 보려고 하는 경우에, 사랑을 낭만애와 동료애로 구분하는 것이 가장 널리 적용될 수 있는 방법인 것 같다.

사랑, 결혼 그리고 이혼의 문화적 맥락

　이제부터는 우리의 가장 중요하고 친밀한 관계, 즉 결혼에 대하여 중점적으로 살펴보기로 한다. 결혼과 복지는 강하게 연결되어 있다. 성공적인 결혼은 개인의 건강과 행복의 증진에 기여하는 보다 강력한 요인 중의 하나이다(제5장 참조). 이와 마찬가지로, 불행한 결혼은 개인의 불행 및 건강의 쇠약과 강하게 연결되어 있다. David Myers가 말했듯이, "…잘못된 결혼은 결혼을 하지 않음만 못하다"(1992, p. 158). 대부분의 사람들이 결혼을 하기 때문에, 사회 전체의 웰빙 수준 역시 개인들의 결혼 상태와 결혼의 전반적인 질에 영향을 받는 것으로 보인다. 미국 인구통계청의 자료를 보면, 약 90%의 사람들이 생애의 어느 시기에선가는 결혼을 한다(Goldstein & Kenney, 2001; Noller & feeney, 2006). 2002년도 미국 인구조사 자료를 보면, 총 인구조사가 끝난 시점을 기준으로 남자의 60%와 여자의 57%가 결혼한 상태였다. 또한 통계 수치는 과거와 비교했을 때 오늘날의 결혼의 상태가 어떠한지에 대해 무언가를 말해 주고 있다. 대부분의 소식은 좋지 않은 것이다. 결혼이 행복을 지속시켜 주는 데에 기여하는 잠재요인임에도 불구하고, 성공적인 결혼/실패한 결혼의 비가 높지 않다. 총 인구조사 자료의 주요 개관, 전국 태도조사, 그리고 기혼 커플에 관한 종단 연구들이 과거와 비교해서 현재의 결혼 상태를 보여주는 그림은 상당히 암울한 그림이다(Berscheid & Reis, 1998; Bryant, Bolland, Burton, Hurt, & Bryant, 2006; Goldstein & Kenney, 2001; Miller et al., 2007; Myers, 2000b; Popenoe & Whitehead, 2004).

　1960년대 중반에 시작해서 1970년대 내내 진행된 결혼에서의 극적인 변화는 지금까지도 계속 이어져 왔다. 우리들 대부분에게 친숙한 가장 의미심장한 변화는, 결혼이 더 이상 오래 지속되는 관계가 아니라는 것이다. 이혼율을 계산하는 방법은 몇 가지 있지만, 기본적인 결론은 동일하다. 오늘날 미국사회에서, 새로 결혼한 사람들의 약 50%는 이혼하거나 별거하게 될 것이다(Myers, 2000b; Popenoe & Whitehead, 2004). 네덜란드, 스웨덴, 캐나다, 그리고 영국 같은 서양사회에서도 역시 이혼의 증가를 보이고 있지만, 미국의 이혼율이 다른 서양 선진국 이혼율의 거의 두 배에 달한다. 이혼율은 결혼 후 5년 내지 7년 이내의 기간 중에서 더 높은데, 이러한 현상은 '7년이 고비'라는 민간의 지혜와도 일치한다. 그런데 오늘날에는 7년 고비를 넘긴(즉 10년을 넘긴) 결혼도 파국을 맞는 경우가 많다. 비록 결혼 기간이 15년을 넘기면 이혼율이 감소하기는 하지만, 결혼이 확실히 지속될 것이라고 '안심할 수 있는' 시점이 없는 것이 아닌가 싶기도 하다. 그리고 대부분의 사람들이 이혼 후에 결국은 재혼을 할 터인데, 재혼과 삼혼에서의 이혼율이 초혼에서의 이혼율보다 더 높다.

다른 통계 자료들을 보면, 사람들이 결혼을 미루고 있는 것처럼 보인다(Bryant et al., 2006; Miller et al., 2007; Myers 2000b; Noller, 2006 참조). 1950년대와 1960년대에 비해서, 오늘날에는 사람들이 늦은 나이에 결혼을 한다(그 당시에는 20대 초반에 결혼하는 것이 보통이었는데, 오늘날에는 20대 후반이 보통임). 오늘날에는 30대 중반인데도 미혼인 사람들이 33%가 넘는다. 또한 결혼하지 않고 혼자 살겠다는 사람들이 더 많아졌다는 사실, 즉 이혼한 사람들의 재혼율이 감소했는데, 특히 이혼한 여자들의 재혼율이 감소했으며, 그리고 동거하는 사람들의 비율이 증가했다는 데에서도, 결혼을 미루는 현상을 볼 수 있다. 혼전에 동거하는 사람들의 백분율이 극적으로 높아졌다. 미국 전체 가구 중 거의 3분의 1이 결혼을 하지 않은 채로 동거하는 가구이다. 결혼하지 않고 연애 파트너와 동거하는 대학생의 백분율은 50%로 추산된다. 동거는 장래의 결혼이 성공적인 결혼이 되게 해 주는가? 약혼 후의 동거가 아닌, 혼전 동거 커플들의 이혼율이 혼전 비동거 커플들보다 더 높다는 사실로 인해, '시험' 결혼이 서로가 '맞는' 상대인지를 확인하는 데에 도움이 될 수 있으리라는 아이디어의 실효성은 떨어진다. 혼전 동거는 오히려 사람들로 하여금 헌신을 덜하게 만들고, 장기적 관계에서 불가피하게 겪는 갈등들을 해결하고자 기꺼이 노력하겠다는 마음을 내지 않게 만드는 것처럼 보인다. 또한 동거는 결혼을 덜 바람직한 것으로 여기게 만들고, 불만족스러운 경우에 관계를 해체하는 것을 더 용이하게 만들 수가 있다. 동거는 안정된 결혼의 대안이 되는 형태일까? 분명, 아니다. Noller(2006)가 인용한 증거가 가리키는 바, 동거 커플의 50%는 2년 이내의 기간 중에 헤어지고, 5년쯤 되어서는 90%가 헤어졌다.

왜 결혼이 지속되지 못하는 것일까

문화적인 변화가 미국의 높은 이혼율에 영향을 미친 것은 분명하다. 만약에 이혼율이 50%

가 아니라 1%라면, 결혼 실패의 원인이 개인에게 있는 어떤 것이라고 할 것이다. 그래서 소수의 이혼한 커플들에게 "대부분의 사람들이 순탄한 결혼생활을 하는데, 당신의 결혼은 왜 순탄치 못한 것입니까?"라고 물을 수 있을 것이다. 그리고 이혼한 커플들은 무엇이 독특하고, 무엇이 다른 것인지를 연구해 볼 것이다. 그렇지만 50%나 되는 이혼율이 시사하는 바는 두 가지가 있다. 첫째, 여기에는 공통적인 이혼 사유가 있음에 틀림없다. 미국에는 연간 이혼 건수가 100만 건이나 된다. 그렇다고 실패한 결혼의 이유가 100만 가지가 될 수 있을까? 둘째, 높은 이혼율이 시사하는 바는, 점점 유별난 현상이 되어 가는 것은 이혼이 아니라 성공적인 결혼이라는 것이다. 말하자면, "더 많은 사람들이 그렇지 못한데, 당신은 어떻게 결혼생활을 그렇게도 잘 꾸려갈 수 있는 것입니까?"라고 묻는 것이 점점 더 적절한 질문이 되는 것 같다.

늘어난 자유와 줄어든 제약 수많은 연구자들이 밝힌 바, 사람들이 관계를 지속할 것인가 떠날 것인가를 결정할 때, 내적 요인들과 외적 요인들이 상호작용한다(Kelley, 1979; Kelley & Thibaut, 1978; Levinger, 1976; Levinger & Levinger, 2003; Myers, 2000b). 예를 들어, Levinger(1976)와 Rusbult(1983)는 커플의 만족수준, 관계를 떠나는 것과 관련된 부담과 장벽, 가용한 대안들, 그리고 결혼에의 개인적 투자 등이 결혼에의 헌신에 미치는 효과를 설명하는 이론을 개발하였다. 만약 여러분이 지난 40여 년간에 걸쳐 이러한 요인들과 관계 있는 문화적/역사적 변화를 살펴본다면, 이혼의 증가를 설명해 주는 한 가지 설명이 분명하게 나타날 것이다. 그것은 간단한 설명인데, 과거에 비해 오늘날은 불행한 결혼에서 벗어나기가 더 쉬워졌고 부담은 더 적어졌다. 요컨대, 자유가 늘어나고 제약이 줄어들면 이혼은 증가한다.

　과거에는, 불행한 결혼생활로 이혼을 고려하는 커플들이 관계를 청산하려면 수많은 장벽에 부딪쳤다(Bryant et al., 2006; Harvey & Weber, 2002; Miller et al., 2007; Myers, 2000b. 첫째, 여성 운동과 맞벌이 가정 이전의 시기에서는, 많은 가정주부들이 생계유지를 위한 재정을 남편에게 의존하고 있었다. 그러니까 이혼을 하면, 수입은 급격히 감소하고, 자녀를 키워야 하는 장래는 암담하기만 하고, 직무기술이 별로 없고 경험이 거의 없는 사람들이 취업할 수 있는 일자리를 얻을 가망도 없다. 둘째, 한때 이혼은 남자에게나 여자에게나 사회적인 낙인이 찍히는 것이었다. 예를 들어, 저명한 정치인들은 이혼이 정치경력에 커다란 손상을 입힐 수 있기 때문에, 좋은 가정을 이끌어 가고 있다는 이미지를 지키기 위해서, 가정의 골치 아픈 문제들이 외부에 노출되지 않게 해야 할 필요가 있었다. 셋째, 모든 사람들이 '자녀를 위해서' 가정을 지키는 것이 중요하다는 생각을 하고 있었다. 부모는 자녀들의 웰빙을 위해서는 자신의 행복을 희생해야 한다는 생각을 하고 있었다. 넷째, 결혼은 어떤 희생을 치르더라도 반드시 지켜야 한다는 것, 즉 결혼의 신성함에 대한 신념은 이혼을 다루는 사회규범들과 법률들에 반영되어 있었다. 예를 들어, 여성이 결혼으로 인해 겪는 어려움 때문에 친구나 부모나 카운슬러나 성직자에게서 충고를 구하는 경우에, 이혼을 고려해 보라는 충고를 듣기보다는 "키스하고 화해를 하라"(즉 결혼생활을 원만하게 해 줄 방도를 찾아라)는 충고를 듣기 십상이었다. 법률체계 역시 비교적 심각한 공격을 받았다거나 오래도록 끌어온 갈등의 증거를 내보일 수 있는 경우에 한해서만 이혼을 승인함으로써 결혼의 중요성을 강조하였다. 과거에는, 결혼생활이 행복하지 못한 경우라 할지라도, 부부들이 결혼에의 헌신을 유지해야 하는 이유가 많이 있었다. 이 때문에 일부 부부들은 결혼으로 인해서 겪는 어려움들을 극복하고 만족스러운 결혼으로 발전시키기도 하였다. 다른 일부 부부들은 정서적으로 공허한 결혼생활 속에 갇혀 지내거나, 갈등을 안은 채로 관계를 지속해 나갈 수밖에 없었을 것이다.

1960년대 이후로는 문화의 변화 방향이 이혼을 가로막는 장벽과 이혼의 부담을 줄이는 쪽으로 변하였다. 지금은 전문적인 직업을 가진 두 사람이 결혼하는 것이 매우 흔해졌다. 그러니까 결혼이 파국을 맞더라도, 배우자들은 각자 자립할 수가 있다. 미국 내에서 보자면, 여성 취업의 증가는 이혼율의 상승과 강한 상관관계가 있다. 그리고 남편의 수입과 같거나 적은 여성보다 남편보다 더 많은 수입이 있는 여성은 장차 이혼할 위험이 높다(Miller et al., 2007). 재정자립도가 높아지면 불행한 결혼을 벗고 떠날 수 있는 자유의 폭은 더 넓어진다. 지금은 이혼한 배우자들에게 사회적으로 낙인이 찍힐 개연성이 훨씬 줄어들었다. 거시적으로 보아 이혼이 아주 흔해졌기 때문에, 이혼했다고 해서 과거처럼 낙인이 찍히지는 않는다. 정치인들, 큰 회사 임원들, 그리고 저명인사들도 이제는 더 이상 실패한 결혼을 덮으려고 하지도 않으며, 그로 인해 당하는 불이익도 별로 없다. 조사연구들이 보여주는 바, 오늘날에는 자녀들이 이혼을 저지하는 장벽이 되는 경우도 역시 줄어들었다. Thornton(1989)이 발견한 바, 1985년 현재 조사대상 여성의 20%만이 불행한 결혼이라도 자녀가 있으면 유지해야 한다고 응답하였다. 오늘날에는, 감정문제를 안고 있는 '양쪽 부모 가정'보다 안정되고 갈등이 없는 '한쪽 부모 가정'이 자녀들에게 더 좋은 환경이라고 믿고 있는 사람들이 훨씬 더 많다.

끝으로, 법정과 일상적 지혜 역시 결혼의 문화적 맥락이 변화해 가는 대로 맞추어간다. 이제는 미국의 많은 주에서 '하자 없는' 이혼을 승인하는 법률을 채택하고 있다. '하자 없는' 이혼이란 '따분하고 행복하지 않다'에서부터 "나는 (이 사람 말고) 다른 사람과 사는 것이 더 낫다고 생각한다"에 이르기까지 모든 것을 포함한, '화해가 안 되는 차이' 때문에 하는 이혼을 말한다. 이혼을 흔하게 받아주기 때문에, 결혼생활에 문제가 있는 커플들이 다른 사람들에게서 듣는 충고와 도움은 '이혼하라'는 것이기 십상이다. 요약하면, 과거에 비해서 오늘날에는 이혼이 결혼생활의 문제를 해결하는 합리적이고 유효한 방법이라고 생각하는 사람들이 더 많은 것 같다. 과거 사람들을 결혼에 묶어둔 제약들과 마찬가지로, 결혼해체의 자유 역시 양날을 가진 칼과 같을 수 있다. 한편으로, 결혼해체의 자유는 불행한 결혼생활에 묶여 있지 않고 더 나은 인생을 영위할 가능성을 의미한다. 다른 한 편으로, 결혼해체의 자유(증가된 자유)는 문제해결책으로서 결혼해체라는 방법을 너무 쉽게 선택하도록 만들 수 있다. 즉 결혼해체의 자유가 많아지니까, 사람들이 결혼생활의 어려운 고비들을 극복하고 해결하려는 노력을 경주하겠다고 다짐하기보다는 이혼이야말로 가장 간단하고 가장 용이한 해결책이라고 생각할 수 있다.

결혼하기 및 결혼 유지하기 : 사랑이 그 해답인가 결혼을 전제로 해야만 섹스를 할 수 있는 것이 아니고, 자녀를 두려고 결혼하는 것도 아니며, 여자가 재정적 웰빙을 위해서 결혼하는 것도 아니라는 풍조는 과거보다 오늘날에 더 심하다. 미국에서는 결혼을 전제로 하지 않은 섹스가 널리 용인되고 있다(Myers, 2000b). 아동의 3분의 1이 결혼하지 않은 가운데에서 태어난 아동들이며(Miller et al., 2007), 많은 여성들이 재정적으로 자립하고 있다. 재정적으로 자립하고 있는 여성들에게는 남성들의 가족 부양 능력이 그다지 중요한 자질이 못 된다. 과거에는 여자가 혼전에 임신했다면 그 커플은 "반드시 결혼을 해야 한다"는 것이 사람들의 생각이었다. 그 커플이 결혼하기를 거부하는 경우, 우리는 신부의 아버지가 뱃속의 아이에 대한 책임과 자신의 딸에 대한 사회적 책임을 신랑에게 물어, 강압적으로 결혼시키는 장면(즉 신부의 아버지가 신랑에게 총을 들이댄 '강압적' 결혼의 이미지)을 떠올린다. 그런데 오늘날에는 결혼을 당사자들이 선택할 수 있는 문제라고 간주한다. 즉 오늘날에는 결혼이 과거의 제약, 사회규범, 그리고 실용적인 필요성 등에서 보다 더 자유로워졌다. 조사연구가 시사하는 바, 결혼은 사랑을 기초로 한 자유선택이며, 사랑이 기초가 된 경우에만 결혼한다는 풍조가 점점 늘어나고 있다.

다음의 질문을 생각해 보자. 만약에 여러분이 바라는 모든 자질을 갖추고 있는 어떤 사람이 나타났다. 그런데 여러분과 그 사람이 서로 사랑하고 있는 사이는 아니다. 여러분은 그 사람과 결혼하겠는가? 미국 대학생들을 대상으로 1967년에 수행한 조사연구에서, 응답한 남학생의 35%와 여학생의 76%가 '하겠다'고 대답하였다(Simpson et al., 1986). 남자들이 결혼의 기초로 생각하는 것은 보다 로맨틱한 것인 반면에, 여자들은 보다 실용적인 면을 우선시하고 있었다. 여자들에게는 사랑보다는 자신들이 바라는 자질이 더 중요하였다. 그런데 거의 30년 후에 실시한 조사에서는, 동일한 질문에 대해 "안 하겠다"는 대답이 압도적으로 많았다(남자 응답자의 86%, 여자 응답자의 91%)(Hatfield & Rapson, 2006에 인용된 Allgeier & Wiederman, 1991), 현재 미국 문화권에서는, 사랑하고 있다는 것이 가장 주된 결혼의 이유로 보인다. 로맨스 영화에서 주요한 주제인 사랑은 사회적 지위, 종교, 배경, 그리고 생활환경에서의 차이를 뛰어넘게 하는 위력이 있다는 것이다. 영화 〈귀여운 여인〉에 묘사된 고전적 사랑에 대해 생각해 보자. 왜 부자이며 막강한 검사가 매춘부와 결혼하려 했겠는가? 그가 사랑에 빠졌다는 것이 그 해답이다.

낭만애를 중시하는 것이 개인주의적인 서양문화만의 독특한 특징일까? 한때 역사적으로 검토해 본 결과, 낭만애는 서양 문화가 만들어 낸 현상이고, 비서양 문화권에서는 낭만애를 우선시하지 않았다. 집단주의 문화권, 특히 부모가 결혼을 정해 주는 문화권들에서는 유산, 사회적 지위, 그리고 종교(가 맞는지) 등과 같은 보다 실용적인 측면에 대한 고려가 강조되었다. 그렇지만 인류학자들이 더 광범위하고 세부적인 데까지 연구한 결과를 보면, 몇 안 되는 예외를 제외하고는, 거의 모든 문화권에서 열정애(낭만애)를 강조하는 것으로 보인다(Jankowiak, 1995). 어떤 종류의 사랑을 강조하느냐와 사랑 표현의 독특한 형식을 조성하는 것은 문화인데, 열정애가 개인주의적인 서양문화에만 독특한 것은 아니다.

대규모 조사연구가 확인해 주는 바, 열정애(낭만애)를 결혼의 기초로 삼는 현상은 보편적이다. Buss(1994)는 배우자 선택에 관한 그의 기념비적 연구에서, 37개국의 10,000명이 넘는 사람들을 대상으로, 18개의 특성들이 갖고 있는, 배우자 선택에 있어서의 선희도(desirability)를 측정하였다. 조사대상자들의 빈부, 언어, 종교, 민족/종족, 그리고 정치적 신념 등에서의 수준은 광범위하게 분포되어 있었다. 그런데 모든 문화권의 남녀 응답자들이 지목한 가장 바람직한 특성, 즉 선희도 1위인 특성은 사랑/서로 끌림(상호매력)이었다. 사랑 다음으로 선희도가 높은 특성들은 문화에 따라 달랐다. 예를 들어, 중국, 인도네시아, 이란, 그리고 이스라엘에서는 순결이 중요했다. 그러나 프랑스, 노르웨이, 그리고 스웨덴 사람들에게는 순결이 중요한 특성이 아니었으며, 일부 사람들은 오히려 순결을 불리한 특성으로 여긴다.

"만약에 사랑하지 않는 어떤 사람이 여러분이 바라는 모든 자질들을 다 갖고 있다고 했을 때, 여러분은 그 사람과 결혼하겠는가?"라고 물어본 비교문화 연구에서도 사랑과 결혼의 연계를 지지하는 증거를 얻었다(Levine, Sato, Hashimoto, & Verma, 1995; Sprecher et al., 1994). 여러 다양한 문화권의 사람들 중에서 사랑 없는 결혼을 선택하는 사람은 거의 없었다. 열정애의 문화차와 시대적 변화에 관한 개관 연구를 토대로 해서, Hatfield와 Rapson이 결론 내리기를, 동양과 서양의 차이가 '급속도로 사라지고 있는 것' 같다. '… 다양한 전통 문화권의 젊은이들이 점점 더 '사랑하고 있음'에 높은 가치를 부여하고, 사랑과 섹스에서의 평등한 권리를 주장하고, (정해준 결혼에 동의하기를 거부하고) 사랑이 결혼의 기초가 되어야 한다고 주장한다" (2006, p. 240).

결혼의 이유로서 열정과 로맨스가 훨씬 중요시되고 있다. 그렇다면, 열정과 로맨스가 이혼의 이유로서는 어떠한가? 여러분이 우정과 낭만애 간의 차이에 대한 우리의 논의를 상기해 본다면, 그 해답을 예상하기가 쉬울 것이다. 첫째, 많은 관계연구자들이 열정/로맨스를 강조하는 풍조가 늘어나는 것과 결혼에서 정서적 충족을 기대하는 것이 커지는 풍조가 연계되어 있다고 생각한다(Miller et al., 2007; Myers, 2000b; Phillips, 1988). 결혼의 실용적 이유가 물러난 자리를 개인적 만족과 충족의 기대가 대신 차지한 것으로 보인다. 오늘날 결혼은 '결혼 내용의 꿀 맛(달콤함)'에 점점 더 많이 의존하는 것 같다. 여러분의 결혼이 행복하지도 않고, 만족스럽지도 않고, 흥분을 자아내지도 않고, 성적으로/정서적으로 충족되지 못하는 데에도, 여러분은 왜 결혼관계를 계속 지키고 있는 것이냐? 과거에는 그 대답이 자녀 때문에, 가계재정 때문에, 그리고 사회적 책무 때문에 마지못해 산다는 것이었다. 오늘날에는 그 대답이 이러하다. 여러분이 행복하지 않고 충족감을 느끼지 못한다면 여러분의 결혼은 무언가 문제가 있는 것이다. 여기서 문제가 되는 것은 기대가 지나치게 높다는 것이다. 사람들이 결혼해서 기대했던 바에 미치지 못한다고 느끼는 순간이 찾아오는 경우에 금방 실망하고 만다. 결혼에 대해 환멸을 느끼게 되면 이혼할 가능성이 높다. 사람들이 결혼에 대해 지나치게 기대한다는 말은 기대의 범위가 너무 넓고 정도가 너무 심하다는 의미이다. 좋은 결혼은 분명히 개인적 행복의 확실한 원천이다. 불행한 결혼을 기대하거나 원하는 사람은 1명도 없다. 그런데 얼마나 지나쳐야 비합리적인 기대라고 할지, 그 지나친 정도를 꼭 집어 말하기는 쉽지 않다.

낭만애-결혼 연계의 두 번째 문제는 합리적 기대인지 비합리적인 기대인지를 분명히 가려주는 데에 도움이 된다. 여기서 그 증거는 상당히 분명한 것이다. 열정적 로맨스에서의 문제는 그것이 오래 가지 못한다는 데에 있다. 낭만적 사랑 때문에 결혼한다는 것과 낭만적 사랑이 지속되는 한에서만 결혼생활을 계속한다는 것은 별개의 문제이다. 결혼을 주로 낭만적 정서의 강도와 열정적 정서의 강도를 기초로 해서 평가하는 데에서 환멸과 이혼이 생겨난다. 종단 연구에서 일관되게 발견되는 사실은, 남녀 모두의 결혼 만족도, 결혼의 질에 대한 전체적인 평가, 그리고 애정표현의 빈도가 감소 곡선을 그린다는 것이다(Bradbury, 1998; Karney & Bradbury, 1995; Kurdek, 1999). Kurdek(1991)의 자료에 기초한 그림 11.2에서 볼 수 있듯이, 결혼 만족도는 결혼 후 이삼년 사이에서 가장 급격히 떨어지고, 그 후에는 다소 안정된 추세를 보이다가, 8년 내지 10년이 지난 시점에서 또 한 번 떨어진다. 20년 이상 지속되고 있는 장기결혼에 관한 연구들을 보면, 장기결혼의 만족도 수준이 매우 안정된 상태로 유지됨을 알 수 있으며, 매우 오래도록 지속되는 결혼에서는 만족도가 상승하기도 한다는 일부 주장도 있다(Berscheid & Reis, 1998). 이러한 자료들이 의미하는 바는, 커플들이 처음에는 행복하다가 비참한 지경에 이르는 현상이 전형적이라는 것은 아니다. 이 자료들의 의미는 자신들의 결혼이 '매우 행복하다'라고 응답한 사람들의 수가 결혼

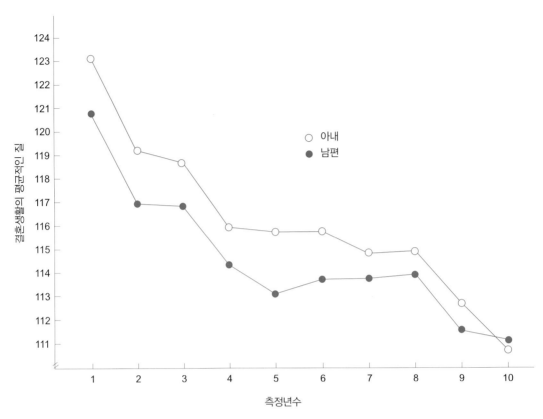

그림 11.2 결혼생활이 10년 이상인 부부의 결혼 만족도 감소

출처 : Kurdek, L. A. (1999).

초에는 많다가, 결혼 기간이 경과함에 따라 적어진다는 것이다. 한때 결혼 만족도가 떨어지는 현상이 자녀를 두고 부모로서의 의무감에 부담을 느끼는 것과 연관되어 있다고 생각하였다. 그러나 최근의 연구가 보여주는 바, 자녀를 두지 않은 커플들에게서도 결혼 만족도가 떨어지는 현상이 생긴다(Berscheid & Reis, 1998).

Huston과 그의 동료들이, 결혼 만족도의 변화가 어떻게 이혼과 관계되어 있는지를 밝힌 교훈적인 예를 제시해 주고 있다(Huston, Caughlin, Houts, Smith, & George, 2001; Huston, Niehuis, & Smith, 2001). 이 연구를 PAIR 프로젝트라고도 부르는데, 이는 '친밀한 관계에서의 적응과정' (The Process of Adaptation in Intimate Relationships : PAIR)을 뜻한다. 이 연구는 1981년도에 결혼한 168쌍의 부부들을 대상으로 한 종단 연구인데, 현재도 연구는 진행 중이다. 초기 13년간에서 얻은 결과가 보여준 바는, 35%가 이혼하였고, 20%가 불행하다고 하였으며, 45%만이 결혼이 행복하다고 하였다. 결혼이 행복하다고 응답한 커플들조차도 결혼 초보다는 애정도 적어졌고 만족도도 떨어졌다고 하였다. PAIR 프로젝트의 연구자들은 결혼 만족도와 이혼에 관한 '환멸이론'을 강력하게 지지해 주는 증거를 찾아냈다. 이혼할 위험도가 가장 큰 부부는 결혼 만족도와 사랑의 감정과 로맨스가 가장 급격한 하강을 보이는 부부이다. 이율배반적인 바, 결혼하고 7년 이상이 되어 이혼한 부부들이 결혼할 당시에는 애정과 로맨스의 수준이 모두 더 높았다. "결혼한 지 7년 이상 되어 이혼한 부부들도 신혼 초에는 현기증이 날 정도로 애정을 표현하였다. 7년 이상이 되어도 행복한 결혼생활을 지속하고 있는 부부들보다 거의 3분의 1 정도 더 많은 애정을 표현하였던 부부들이다. 이는 환멸이론의 설명과 일치하는 결과인데, 그들이 결혼 초 1년간 서로에게 쏟아 부은 로맨스의 강도가 얼마나 컸던가는 그들의 애정의 수준이 급격히 낮아진 것과 서로가 서로에게 민감한 반응을 보여주지 않는다고 생각하게 된 데에 잘 반영되어 있다 (Huston et al., 2001, p. 249).

현실주의인가, 이상주의인가 대부분의 커플들이 결혼의 현실을 받아들이게 되고, 상대(배우자)를 이상적인 존재로 보던 것이 시들해지고, 관계 자체가 시들해지기 시작하는 기간, 즉 환멸의 기간을 겪는 것 같다. 이것은 행복한 커플(부부)들은 보다 현실적인 결혼관을 가지고 결혼을 시작해서, 환멸을 모면할 수 있었다는 의미인가? 아니면, 행복한 커플들은 환상을 가지고 결혼을 시작해서, 계속 그 환상을 유지하는 방법을 찾았다는 의미인가? 이러한 의문에 대한 확정된 해답을 내놓고 있는 연구문헌은 없다. 현실주의도 가치가 있으며, 이상주의도 가치가 있다. Murray와 그녀의 동료들은 어느 정도의 이상주의는 커플(부부)의 행복과 만족에 기여한다고 주장한다(Murray, Holmes, & Griffin, 1996a, 1996b). 서로 상대의 개인적 자질에 대해 가장 긍정적인 견해를 가지고 있는 커플들은 더 행복할 뿐만 아니라, 관계가 파탄이 날 개연성도 낮다. Murray와 그녀의 동료들은, 우리가 파트너를 파트너가 자신을 평가하는 것보다 더 긍정적으로 평가하는 경향성은 우리가 파트너의 결점들을 묵과하거나 보완해 주는 것이라고 생각한다. 이것은 어머니가 자기 자녀들에 대해 갖고 있는 생각과 같은 것이라고 할 수 있다. 어머니는 자기 자녀들의 장점만 보고 결점은 대수롭지 않게 보거나 무시해 버린다. 그런데 이러한 이상화가 일방적이 아니라 상호적으로 하는 그만큼 각자의 자존감과 관계 만족도가 고양된다는 것을 알 수 있다.

　자기확증 이론(self-verification theory)은 사람들이 바라는 평가는 자신들의 자기관을 긍정하거나 확증하는 평가라고 가정(생각)하고 있다(Swann, 1983, 1987). 구체적으로 말한다면, 사람들은 자신들의 긍정적인 자질에 대해서는 긍정적인 피드백을, 부정적인 자질에 대해서는 부정적인 피드백을 받기를 원한다. 우리는 각자 자신의 자기관을 확증하기를 원한다. Swann(1990)이 지적하듯이, 사람들은 바르게 '알려지기'를 원하지, 꼭 '찬미받기'를 원하는 것은 아니다. 여러분의 파트너가 여러분이 자기관을 확인해 줄 때 관계가 좋아지는데, 그 까닭은 파트너가 여러분이 자신에 대해 알고 있는 바와 똑같이 여러분을 알고 있는 것이기 때문이다. 파트너가 '여러분의 있는 그대로의 모습'을 이해해 준다는 진솔성이 여러분에게 강렬한 친밀감을 일으킨다.

이상적 평가와 실제적 평가가 갖는 상반된 성질은 실제보다 더 분명할 수가 있다. 그 이유는 (a) 이상적 평가의 효과와 실제적 평가의 효과가 관계가 지속된 기간과 관계의 발전 단계에 따라 다를 수 있다는 데에 있다. 또한 그 이유가 (b) 건강한 관계에서는 이상적 평가와 실제적 평가가 공존할지 모른다는 데에 있다. 연구가 시사하는 바, 단기간의 연애관계와 신혼 초에는 파트너가 이상화시켜서 보고 긍정적으로 보는 것이 만족도와 친밀감에 기여한다. 그렇지만 관계가 성숙되어 감에 따라, 더 정확한 정보가 중요해지고 만족도와 친밀감에 기여한다(Campbell, Lackenbauer, & Muise, 2006; Swann, De La Ronde, & Hixon, 1994). 실제로, 지나친 이상화는 장기적인 관계를 난처한 국면에 이르게 할 수 있다. 어느 정도는 정확하게 파트너의 강점과 약점을 아는 것이 중요하다. 여러분이 파트너의 지나친 음주를 강점으로 여기고, 재정적인 계획을 세우지 못하고 가계수표 계좌의 균형을 유지하지 못하는 것을 감싸준다고 가정해 보자. 아마도 건강한 장기적 관계에는 현실주의와 어느 정도의 긍정적인 이상화가 공존할 것이다. 구체적인 특성과 능력에 대한 현실주의는 친밀감과 각자의 강점과 약점에 따른 역할 및 책임의 효과적인 배정에 기여할 것으로 보인다.

다른 한편으로, 어느 정도의 이상화는 파트너가 긍정적으로 배려해 주고 수용해 준다는 느낌을 받도록 해 주는 데에 중요하다는 것은 의심할 바가 없다. 즉 우리는 실제로는 불완전하더라도 파트너에게 사랑받고, 긍정적으로 비춰지고, 파트너가 우리를 감사하게 생각하고 있다는 느낌을 갖기를 원한다. Neff와 Karney(2005)가 수행한 최근의 종단 연구가 확인해 준 바, 정확성과 전반적인 찬미(또는 이상화)는 둘 다 중요하였다. 상호적이고 전반적인 찬미("당신 최고야!")는 신혼부부들 사이에 널리 퍼져 있다. 그런데 이러한 찬미가 득이 될 것인지는 파트너의 구체적인 특성을 정확히 이해하고서 하는 찬미냐 아니냐에 달려 있다. 찬미만으로는 충분치 않다. Neff와 Karney는 "구체적인 정확성이 결여된 전반적 찬미는 관계가 진행되는 과정에서 파트너의 결점이 드러나는 경우에 배우자를 실망시킬 수 있을 뿐만 아니라, 파트너에게 배우자의 사랑의 신빙성을 의심하게 만들 수도 있다"(2005, p. 495).

만족과 갈등 연구들이 시사하는 바, 오늘날의 기혼 부부들은 과거에 비해 더 많은 갈등을 겪으며 결혼 만족도는 다소 더 떨어진다. 오늘날의 결혼생활은 더욱 더 복잡해지고 바빠졌다. 그 이유가 일부는 남편과 아내가 모두 직업이 있는 것이 보통이며, 함께 보내는 시간이 적어졌다는 데에 있다(Amato & Previti, 2003; Rogers & Amato, 2000). 아이들 돌보기와 가계를 꾸려가기로부터 학교에 다니는 자녀들의 방과 후 활동 챙기기까지의 가사를 돌보는 일은 결혼에 타격을 입힐 수 있다.

전국 조사연구가 보여주는 바, 오늘날 행복한 결혼생활을 영위하고 있다고 응답한 기혼부부의 백분율이 1970년대에 비해서 약 5% 정도 떨어진다(Glenn, 1991; Glenn & Weaver, 1988). 백분율이 떨어지게 된 원인은 분명치 않다. 갈등의 증가로 인해, 실제적으로 결혼 만족도가 떨어진 것일까? 또는 행복한 결혼에 대한 기대가 지나쳐서 결혼의 현실에 실망한 때문이거나, 결혼의 현실과 기대의 크기 양자의 어떤 조합이거나? 어떤 경우가 되었든지 간에, 다음 두 가지 사실은 기억해 둘 만한 가치가 있다. (1) 기혼자들은 결혼을 해 본 적이 없는 독신자들보다 더 행복한 사람들이라는 것은 여전히 일관되게 발견되는 사실이다. 그리고 (2) 행복한 사람들은 결혼도 역시 행복하고 만족스럽다고 보고하는 경향이 크다(Myers, 2000a). 그렇다면, 과연 "행복한 결혼의 요소는 무엇인가?" 그 해답의 일부는 결혼하는 사람들의 성격특성과 여러 자질들에 관한 연구들에서 찾을 수 있다.

낭만적 관계와 개인적 자질

전문가들은 오늘날 행복한 장기 결혼생활을 유지하기가 과거보다 더 어려운 것은 문화의 변화 때문이라는 데에 동의한다. 또한 결혼의 성공 여부는 두 배우자가 갖고 있는 특징들의 특정한 배합에 달려 있다. 낭만적 관계를 맺는 사람들은 다양한 성격특성과 관계에 대한 다양한 가정들(또는 신념들)을 갖고 있다(Fitness, 2006; Vangelisti, 2006). 다른 사람들보다 친밀한 관계를 맺기에 더 적합한 사람들이 있다. 예를 들어, 정서가 불안정하고 부정적인 정서의 경향성이 높으며 신경증적 성격특성을 가진 사람들은 만족스러운 관계를 맺기가 힘들다. 그리고 우리는 약물남용, 알코올 중독, 상습폭행 등이 자주 이혼의 원인이 됨을 알고 있다(Miller et al., 2007). 서로 맞지 않는 사람들이 결혼했기 때문에, 결혼이 실패하는 경우가 꽤 많다는 것은 의심할 바가 못 된다. 인생을 함께 살아가고자 할 때, 배우자 사이에서 차이가 벌어지면 갈등을 증폭시키고 사랑을 지속시키기가 어렵다. 결혼하는 사람들의 매우 중요한 자질들 중의 하나가 친밀한 파트너와 관계를 맺는 특정한 양식이다.

애착양식

여러분이 처음으로 맺은 밀접하고 친밀한 관계에 대해서 잠시 생각해 보라. 여러분은 언제 처음으로 누군가를 믿는 것을 배웠고, 언제 처음으로 누군가에게 정서적 욕구를 갖는 것을 배웠으며, 언제 처음으로 누군가를 좋아하고 관심을 기울이는 것을 배웠는가? 언제 처음으로 여러분의 깊숙한 감정, 두려움, 그리고 욕구를 겉으로 드러냈는가? 언제 처음으로 여러분의 인생에서 이 사람의 자리를 대신할 수 있는 사람은 아무도 없다고 느꼈는가? 언제 처음으로 껴안고, 키스하고, 포옹하였는가? 언제 처음으로 이 관계가 인생에서 함께 할 관계라고 알았는가? 우리들 대부분은 부모(더 자주는 모)와의 '사랑' 경험이 최초의 사랑 경험이다. 우리들 거의 전부는 우리의 일차 보호자(대부분의 경우, 우리의 생물학적 부모)와 강렬한 애착 유대를 형성한다. **애착이론**(attachment theory)은 친밀성에 대한 우리의 가장 기본적인 무의식적 정서 반응이 우리가 부모와 맺은 종류의 관계에 의해 조성되었을 가능성을 제기하고 있다. 이러한 주장이 무리라는 생각이 든다면, 다음의 사실들을 살펴보자. 여러분이 그(녀)의 사소한 기벽과 괴팍한 성질까지도 다 알고 있을 정도로 잘 아는, 그(녀)와의 낭만애를 떠올려 보라. 그러고 나서 여러분이 처음 파트너의 가족들을 만났을 때를 생각해 보라. "이제야말로, 왜 당신이(네가) 우리 사이에서 정서를 유발시키는 쟁점들을 피해왔는지 이해가 된다. 당신의 가족들도 모두 그러하였지!"와 같은 '아하' 경험이 있는가? 또는 "당신은 그것이 부정적이고 비평적인 생각이라 할지라도, 생각나는 것은 무엇이든지 말하는 것이 전혀 이상하지 않다. 당신의 가족은 누가 상처를 입든지 괘념치 않고, 100% 정직하게 감정을 표현하는 가족인, TV 드라마 〈브라더즈 앤 시스터즈(Brothers and Sisters)〉와 어쩌면 그렇게도 똑같으냐!"와 같은 '아하' 경험이 있는가? 초기의 관계가 그 후의 관계에 영향을 미칠 수 있다는 생각은 유아와 아동에 관한 연구에서 비롯된 것이다.

유아의 애착

아동과 부모 간 애착의 유형에 관해서 처음으로 밝힌 사람은 정신과 의사인 John Bowlby였다. 제2차 세계대전 당시, 영국의 많은 부모들이 런던에 가해지는 독일군의 야간공습으로부터 자녀들을 보호하기 위해서, 그들의 자녀들을 시골로 보냈다. Bowlby가 관찰한 바로는, 부모에게서 격리된 아동들의 반응이 매우 달랐는데, 그것은 부모와 자녀의 유대 또는 애착이 달랐기 때문인 것으로 보였다(개관을 위해서는 Bowlby, 1988을 보라). Ainsworth와 그녀의 동료들은 '낯선 상황 검사'로 알려지게 된 검사를 이용하여, 보다 더 공식적으로 애착양식을 밝혀냈다(Ainsworth, Blehar, Waters, & Wall, 1978). Bowlby의 연구에서 밝힌 것과 마찬가지로, Ainsworth와 그녀의 동료들은 유아와 엄마(또는 보모)와의 애착양식이 세 가지로 뚜렷이 구별됨을 발견하였다. '낯선 상황 검사'는 장난감은 있지만 유아에게 친숙하지 않은 방에 유아와 엄마, 그리고 낯선 어른이 있는 가운데에서 유아를 관찰하는 것이다. 엄마와 낯선 이는 미리 정해 놓은 일련의 순서에 따라 방을 들락날락한다. 어떤 때는 유아가 엄마하고만 같이 있고, 어떤 때는 낯선 이와만 함께 있고, 또 어떤 때는 유아 혼자만 있었다. 이러한 상황에서 검사를 받은 대다수의 유아들은 안정애착양식을 보였다. 안정애착양식은 엄마가 있을 때 유아가 자신감을 가지고 방을 이리저리 돌아다니면서 탐색하고, 장난감을 가지고 놀다가, 엄마가 방을 나갔을 때(유아 혼자 있거나, 낯선 이와 함께 있을 때) 약간 긴장하고 불안해하며, 장난감 가지고 노는 것이 뜸해진다. 엄마가 다시 방으로 들어오면, 유아는 좋아하고 안심을 하며, 방을 이리저리 돌아다니면서 탐색을 재개한다. 가정에서 관찰한 결과는, 안정애착을 보이는 유아의 엄마는 유아를 따뜻하게 대해 주고, 유아가 엄마와의 접촉을 통해 위안 받고 싶어 할 때 즉각 안거나 보듬어 주는 엄마였다는 것이다.

소수의 유아들은 **회피애착양식**을 나타내 보였다. 회피애착양식은 유아가 엄마와 떨어져 있을 때는 내색하지 않다가, 엄마가 다시 방에 들어왔을 때 엄마와의 접촉을 완강하게 거부한다. 유아가 엄마와의 접촉을 완강하게 거부한다는 데에서, 이것이 회피애착양식임을 알 수 있는 것이다. 가정에서 보면, 회피애착을 보이는 유아의 엄마는 유아가 긴장하거나 불안해할 때 접촉을 통한 위안을 해 주지 않는다. 즉 엄마가 유아에 대해서 늘 부정적이고, 거부하며, 비평을 가하고, 종종 모른 채 방치한다.

그 수는 더 적지만, 일부 소수의 유아들은 **불안-양가적 애착양식**을 보였다. 불안-양가적 애착양식은 엄마와 함께 있을 때도 유아가 방을 이리저리 돌아다니면서 탐색하지도 않고, 엄마가 방을 나가려고 할 때 심하게 떼를 쓰고, 엄마가 다시 방에 돌아와 안아주려고 할 때 유아가 안기고 싶어 하면서 동시에 안아주려는 엄마를 거부한다. 불안-양가적 애착양식을 보이는 유아의 엄마는 위안 받고 싶어 하는 유아에 대한 반응이 종잡을 수가 없다. 어떤 때는 긍정적인 반응을 보였다가 어떤 때는 거부하거나 제압하는 식의 반응을 보였다.

아동기 애착이 어떤 성질의 애착인지를 알면, 그 후 관계에서의 행동을 예언할 수 있다 (Ainsworth, 1989; Schneider, Atkinson, & Tardiff, 2001). 여러분도 예상할 수 있듯이, 안정된 애착을 보이는 유아들은 일반적으로 다른 사람들과 더 건강한 관계를 형성한다. 예를 들어, 종단 연구에서 불안정한 애착을 보이는 아동에 비해서 안정된 애착을 보이는 아동들은 더 많은 사회기술을 가지고 있으며, 유능하고, 가족 구성원들과도 친구들과도 사이가 좋고, 장기적인 낭만애 관계를 유지할 가능성도 높다(Carlson, Sroufe, & Egeland, 2004). 초기에 형성된 애착양식은, 어느 한 관계에 국한되지 않고 다른 관계에로도 전이될 수 있음을 밝힌 연구가 있으며(Brumbaugh & Fraley, 2006), 배우자 각자의 개인적 애착양식을 보면, 첫 아이 출생 후에 배우자들이 서로를 어떻게 지각하고, 서로에 대해 어떻게 느끼며, 또 서로의 관계가 어떠할지를 예측할 수 있음을 밝힌 연구도 있다(Wilson, Rholes, Simpson, & Tran, 2007). 후자의 연구를 보면, 불안하고 회피하는 애착양식이 배우자를 지원해 주는 행동은 더 적게 하고, 유아를 질투하는 행동은 더 많이 하는 것과 관계가 있었다.

연구자들은 아동 초기의 경험이 성인의 운명을 결정한다고 믿지는 않는다(Hazan et al., 2006). 생애 초기 19년간에 걸쳐 애착양식이 상당한 정도로 안정된 수준을 유지한다는 증거가 있기는 하지만(Fraley, 2002), 사람들이 관계에 대해 지향하는 바는 인생에서의 경험에 의해 변경되고 변화될 수가 있다. 이혼, 배우자나 부모와의 사별, 새로운 관계의 경험, 그리고 새로운 배우자 등 이 모든 것이 우리의 기본 애착양식에 영향을 미칠 수 있다. 이에 덧붙여, 애착양식의 안정성을 밝힌 연구들에는 유전적으로 정해진 기질의 효과가 혼입되어 있을 수 있다. 일부 유아들은 타고난 기질이 '느긋하거나', '신경이 날카롭거나' 한데, 부모가 그 애를 어떻게 다루었기 때문이 아니라, 그러한 유아들의 기질이 부모와 아동 관계의 성격을 결정할 수 있다.

다른 양식의 애착이 미국과 같은 서양의 개인주의 사회에 특유한 의미와 가치를 가질 수 있다는 사실도 분명히 할 필요가 있다. 예를 들어, 일본의 부모들은 서양의 애착 기준으로 볼 때 불안정 애착을 보이는 아동들과 '보채는' 아동들을 더 보살피는 것 같다(Rothbaum, Weisz, Pott, Miyake, & Morelli, 2000). 서양 사람들의 눈에는 일본 부모들이 관대하고, 허용적이며, 과보호를 하는 것으로 보인다. 일본 부모들은 안정애착을 정의하는 자질인 독립성과 자신감에 필요한 안정 기반을 중시하지 않는 것 같다. 그러나 이런 식으로 판단하는 것은 서양의 기준과 편향을 반영하는 것이다. 일본이나 다른 모든 문화권이 관계에 대한 그 나름의 고유한 기준을 갖고 있어서, 그 기준에 따라 자녀들을 양육하고 있다. 그들은 그들 문화에 잘 적응하는 건강한 사람으로 성장하도록 자녀들을 키운다. Rothbaum과 그의 동료들은 서양식의 애착이론과 측정이 서양화되지 않은 문화권에서는 잘 맞지 않음을 지적하고 있다.

서양식 애착이론에는 수정해야 할 부분들이 있기는 하지만, 적어도 서양에서는 아동기의 경험이 의의가 클 가능성은 남아 있다. 예를 들어, 아동기에 온정과 사랑을 받지 못한 사람은 십대이든 성인이든, 모든 걸 다 빨아들일 듯한 낭만애를 갈구할지 모른다. 그리고 이것도 가능하지 않을까? 즉 부모의 사랑을 원하는데, 부모로부터 호된 야단과 거부당함을 겪은 사람은 '놀란 토끼 가슴'이 되어, 성인이 되어서 친밀한 관계를 맺으려고 할 때 곤란을 겪을 수 있다. 끝으로 여러분이 부모와 건강하고, 따뜻하고, 애정 어린 관계를 경험했다면, 그것이 여러분에게 장래의 바람직한 관계와 바람직하지 못한 관계가 어떠한 것인지를 알게 해 주지 않겠는가, 그리고 배우자를 구할 때 어떤 자질을 고려하도록 영향을 미칠 수도 있다. 프로이트식 정신역동 이론의 설명을 제쳐두더라도, 그들의 부모가 행복한 결혼생활을 영위하는 좋은 부모이기에, 부모를 사랑하고, 존경하고, 찬미하고 있으며, 아동기에 부모와의 관계가 즐겁고 좋았던 젊은 남녀들이 어떻게 엄마나 아빠와 같은 사람과 결혼해야 하겠다는 생각을 하지 않을 수 있겠는가?

애착양식이 설명력을 가질 수 있는 부분과 수정해야 할 부분이 있음을 염두에 두고서, 연구자들은 애착양식이 낭만애와 여러 밀접한 관계에 대한 성인들의 인지적 지향과 정서적 지향을 파악하는 데에 대단히 유용하다는 사실을 발견하였다(Cassidy & Shaver, 1999). 우리가 종종 우리 자신이나 우리가 잘 아는 누군가가 어떤 애착양식의 전형적인 사람인지, 어떤 애착양식들이 조합된 애착양식을 보이는 사람인지를 알 수 있다는 데에서, 성인의 애착양식을 측정하는 도구의 안면타당도는 인정된다.

성인의 애착양식

다음 중 여러분이 밀접한 관계에 대해서 생각하고 있는 바를 가장 잘 나타내 주고 있는 것은 어느 것입니까?(Hazan & Shaver, 1987에서 인용)

A. 나는 다른 사람들과 가까워지는 것이 다소 불편하다. 나는 다른 사람들을 완전히 믿기가 힘들다. 나는 다른 사람들에게 의존한다는 것이 마음 내키지 않는다. 나는 누군가가 나와 너무 가까워지려고 하면 불안하고, 종종 다른 사람들이 내가 편안하게 생각하는 친밀한 정도보다 더 친밀해지기를 내게 바란다고 생각한다.

B. 나는 다른 사람들과 쉽게 가까워지고, 마음 편하게 다른 사람들에게 의존하고, 다른 사람들이 내게 의존하는 것을 편하게 받아들인다. 나는 다른 사람들에게 버림받으면 어쩌나 하고 걱정하지 않으며, 다른 사람들이 나와 너무 가까워지려 한다고 걱정하지도 않는다.

C. 나는 다른 사람들이 내가 바라는 만큼 나와 가까워지기를 싫어한다고 생각한다. 나는 종종 나의 파트너가 나를 진정으로 사랑하지 않으면 어쩌나 하고 걱정하고, 나와 함께 지내려고 하지 않으면 어쩌나하고 걱정한다. 나는 내 파트너와 아주 가까워지기를 원하는데, 때로는 이 때문에 사람들이 두려워하며 나를 떠나고 만다.

Shaver와 그의 동료들은 이렇듯 단순한 한 문항 검사로 충분히 사람들의 애착양식을 신뢰롭게 가려낼 수 있음을 밝혔다(A는 회피형, B는 안정형, 그리고 C는 불안-양가형 애착양식임)(Bartho-lomew & Shaver, 1998; Hazan & Shaver, 1987).

성인 애착양식에 관한 개념화와 측정은 해를 거듭하면서 정교해지고 있다. 현재의 견해로는 애착양식은 불연속적 범주가 아니라 연속적 범주라는 것이며, 그 기저에는 **불안**과 **회피**라는 두 개의 차원이 있다고 본다(Bartholomew & Horowitz, 1991; Brennan, Clark, & Shaver, 1998; Fraley & Waller, 1998; Hazan et al., 2006). 불안 차원은 버림받음과 거부에 대한 두려움을 나타내며, 낮은 자존감과 부정적인 자기관으로 나타난다고 가정한다. 자신감의 결여와 자신이 부적합한 존재라는 신념은 밀접한 관계에서 불안을 유발시키는데, 그 까닭은 아마도 자신의 결점이 발각될 것이라는 느낌이나, 자신은 누구도 사랑해 주지 않을 그런 사람이라고 생각한다는 데에 있을 것이다. 이와 반대로, 긍정적인 자기관을 가진 사람들은 불안이 적고, 버림받음에 대한 두려움이 없으며, 친밀한 관계를 편안하게 여기고, 친밀한 관계를 맺는 데에 자신만만하다.

회피 차원은 다른 사람들과 친밀해지는 데에서 느끼는 안락함과 신뢰감의 정도(또는 결여된 정도)를 나타내 주는 차원이다. 고도의 친밀감-회피는 다른 사람들을 불신하고 의심의 눈으로 보는 데에서, 또는 자기확신감이 너무 강해서 친밀한 관계를 불필요한 것으로 여기는(즉 "나는 친밀한 관계가 필요치 않아"라고 하는) 데에서 유래했을 것 같다. 이와는 반대로, 회피가 적은 사람들은 다른 사람들을 더 신뢰하고, 친밀한 관계를 즐기며, 부당한 취급을 받을지 모른다는 걱정은 하지 않는다. 사람들이 불안과 회피 차원에서 고·저로 분류될 수 있으므로, 네 가지 애착양식이 나온다. 이 네 가지 양식은 중첩되는 부분이 있지만, 구분의 명료성을 높이기 위해, 네 가지 구분되는 애착양식으로서 각각에 대해 서술하기로 하겠다. 서술되는 내용은 애착양식에서의 개인차와 밀접한 관계 및 낭만애 관계의 특징들 간의 연계성을 검토한 여러 연구들에서 발견한 것들이다(이에 대한 개관은 Bartholomew, 1990; Collins & Feeney, 2000; Feeney, 1999; Hazan et al., 2006을 보라). 불안과 회피 두 차원에 의해 구분된 네 가지 애착양식이 그림 11.3에 나와 있다.

안정형 애착(secure attachment)은 관계에 대한 불안과 회피가 적으면서 긍정적인 자기관을 가지고 있는 사람들이 보이는 애착양식이다. 이러한 사람들은 자신에 대해서 그리고 관계가 자신의 욕구를 충족시켜 준다는 것에 대해서 확신감을 가지고 있다. 다른 애착양식과 비교했을 때, 안정애착양식을 가지고 있는 사람들이 맺고 있는 친밀한 관계와 낭만애 관계는 여러 특징을 가지고 있다. 즉 신뢰와 친밀도가 높고, 부적 정서보다는 정적 정서가 더 많고, 질투 수준이 낮고, 결혼 만족도와 결혼 적응도가 높고, 그리고 파트너의 욕구에 대한 반응이 민감하며, 지원행동이 더 많았다. 안정애착을 보이는 사람들은, 시름에 잠기게 될 때 편한 마음으로 다른 사람에게 지원을 요청한다. 조사연구에 따르면, 약 60%의 사람들이 안정애착양식에 속한다(Mikelson, Kessler, & Shaver, 1997). 대체로, 안정애착은 보다 장기적이고, 보다 강하고, 보다 만족스러운 친밀한 관계와 연관이 있다.

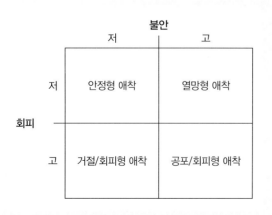

그림 11.3 **불안수준 및 회피수준에 의해 구분된 네 가지 애착양식**

열망형 애착(preoccupied attachment)은 친밀성을 원하고 즐기기 때문에 회피수준은 낮은데, 자존감이 낮기 때문에 불안수준이 높은 사람들이 여기에 속한다. 이 애착양식은 이전의 분류에서 불안/양가형 애착양식이라고 지칭하였던 것이다. 열망형은 자신의 자존감을 보강하기 위해서, 다른 사람들로부터 인정받고 싶어 하며, 사랑받고 싶어 하는 욕구가 반영된 애착양식이다. 이러한 양식의 애착을 보이는 사람들은 친밀감과 수용에 대한 욕구가 커서 '보채는' 사람, '거머리'처럼 안 떨어지려고 하는 사람, 또는 '탐심이 큰' 사람으로도 불릴 수 있다. 이러한 형의 사람들도 파트너의 요구에 민감하게 반응하고, 보살펴 주며, 지원해 주는 것처럼 보이지만, 이러한 행동이 진정으로 파트너를 위하려는 뜻에서 나온 것이라기보다는 자기중심적인 욕구에서 나온 것이다. 버림받음의 두려움 때문에, 그들은 파트너를 더욱 통제하려고 들며, 광범위한 기분의 변화를 맛보려고 하며, 낭만애와 관련해서 강렬한 질투심을 갖게 된다. 비록 극단적인 예가 되겠지만, 열망형 애착의 최악의 자질을 예시하기 위해서는, 영화 〈Fatal Attraction〉에서 Glenn Close가 연기한 신경증 환자인 연인을 떠올리지 않을 수 없다.

공포/회피형 애착(fearful avoidant attachment)을 보이는 사람들은 회피수준도 높고 불안수준도 높다. 이 형의 사람들은 거부당할까 봐 두려워서 다른 사람들과 가까워지는 것을 피하는데, 자기관이 부정적인 것이 주요 원인으로 보인다. 사람들이 자신을 사랑하지 않는 경우에는, 다른 사람들도 그들을 사랑하지 않을 것이라고 생각할 수가 있다. "나는 남의 사랑을 받을 자격이 없어"라고 생각하고 있는 사람들은, 다른 사람들이 그들을 잘 알게 되면 그들을 거부할 것이라는 두려움 때문에, 다른 사람들과 친밀해지는 것을 피한다. 이 형의 사람들은 다른 사람들을 믿지 못할 사람들로 보고, 다른 사람들을 실망시키기 십상이다. 이 형의 사람들은 다른 사람들에게 의지하는 것은 위험천만하다고 느끼고, 지속적으로 유지되는 사랑은 없다고 비관적으로 생각한다. 여러분도 예상할 수 있듯이, 공포/회피형 애착은 기꺼이 다른 사람들을 위안해 주고, 지원해 주려는 마음이 없다든지, 다른 사람들에게 정서적으로 거리감을 느끼게 하고, 심지어는 적대감을 가진 사람으로 보이는 등, 여러 가지의 대인기술이 모자라는 데에서 겪는 어려움과 연관이 있다.

거절/회피형 애착(dismissing avoidant attachment)은 회피수준은 높으나 불안수준은 낮은 애착양식이다. 이 형의 사람들은 자신감이 있고, 자기신뢰가 높고, 독립적임에 대해 자부심을 가지고 있다. 이러한 사람들은 다른 사람들이 근본적으로는 자신과 무관한 존재라고 생각한다. 즉 다른 사람들이 자신을 좋아하거나 말거나 상관없다는 것이다. 왜냐하면 혼자서도 해낼 수 있다고 생각하기 때문이다. 이 형의 사람들은 다른 사람들과 친밀한 관계를 맺는다는 것은 문제만 잔뜩 안게 되는 일인데, 친밀한 관계가 그런 문제들로 골머리를 앓아도 괜찮을 만큼 가치 있는 것이라고 생각하지 않는다. 이 형의 사람들과 맺은 관계를 보면, 안정형이나 열망형의 사람들과 맺은 관계에 비해서, 즐거움, 헌신, 그리고 친밀감 등의 수준이 더 낮다. 여러분이 우리가 이전에 인간의 애착욕구가 보편적이라고 논의했던 바를 상기해 보았을 때, 여러분은 이 거절/회피형 애착을 보이는 사람들은 그 보편적 규칙의 예외가 아닐까 생각할지 모른다. 표제가 '인간은 외딴 섬과 같은 존재가 아니다: 소속욕구와 거절/회피형 애착양식'인 최근의 연구(Carvallo & Gabriel, 2006)가 시사하는 바는, 거절/회피형 애착을 보이는 사람들이 그 보편적 규칙의 예외가 아니라는 것이다. 이 연구에서는, 다른 사람들이 그들을 좋아하고 수용한다는 피드백을 받았을 때, 거절/회피형 애착을 보이는 사람들은 거절/회피의 수준이 낮은 사람들보다 더 긍정적으로 느낀다는 것을 찾아냈다. 그 까닭은 아마도 거절/회피형의 사람들은 다른 사람들로부터 확인받는 일이 드물기 때문인 것 같다. 거절/회피형의 사람들도 다른 사람들이 확인해 주었을 때 많은 영향을 받았던 것이다. 그들이 큰소리치는 것과는 달리, 거절/회피형의 사람들도 다른 사람들이 그들에 대해 어떻게 생각하는지에 신경을 쓰는 것이 확실해 보인다. 카르발로와 가브리엘(Carvallo and Gabriel)은 "… 또한 거절/회피형의 애착을 보이는 사람들은 근본적으로는 다른 사람들과 유대를 맺고 싶은 욕구가 있지만, 그 욕구를 '부정'이라는 방어기제에 묻어놓았고, 무관심이라는 견고한 껍질 속에 감춰두었기 때문에, 모든 사람이 원하고 바라는 바인, 사람들 속에 포함됨과 사람들에게 수용됨의 맛을 보게 함으로써, 그들이 감추고 있는 그 욕구를 살짝 엿볼 수 있을 뿐이다"(2006, p. 707).

전체적으로 볼 때, 안정형 애착이 건강하고 만족스러운 관계의 강력한 기반인데, 특히 낭만애의 양 당사자가 모두 안정형 애착을 가지고 있는 경우에 그러하다. Miller와 그의 동료들(Miller et al., 2007)은 안정형 애착과 관련된 긍정적인 소산들의 긴 목록을 제공해 주고 있다. 다른 양식의 애착과 비교했을 때, 안정형의 사람들이 더 많이 파트너를 지원해 주는데, 특히 파트너가 시름에 잠길 때 위로와 지원을 해 준다. 안정형의 사람들은 서로 사적이고 세부적인 면모들을 서로 공개하고, 친구들이나 연인들과 더욱 만족스럽게 지낸다. 또한 그들은 정서적 웰빙의 수준은 높고, 정서적으로 시름에 빠지는 일은 드물다. 안정형의 애착을 보이는 사람들은 부모와의 관계를 다시 건강한 관계로 만드는 것으로 보이는데, 이것은 행복한 생활에 크게 기여하는, 풍성하고 만족스러운 관계의 튼튼한 기반이 된다.

연구가 시사하는 바, 우리 중 다수(60%)는 안정형 애착양식을 가진다. 그렇지만, 네 가지 양식의 애착이 불연속적 범주가 아니라 연속적 범주라는 사실을 상기하는 것이 중요하다. 안정애착이 장점을 가지고 있으나, 우리의 대부분은 아마도 불안수준과 회피수준에 의해 정의되는, 조합된 애착양식을 가지고 있는 것일지 모른다. 우리는 누가 열망형, 공포/회피형, 또는 거절/회피형의 애착을 보이는지 생각해 낼 수 있는데, 불화를 일으키는 이러한 애착양식을 가진 사람들은 소수이다. 그런데 여기서 여러분이 섣불리 어느 하나의 부정적인 애착양식에 속한다고 생각해서는 안 된다는 것을 반드시 유념해야 한다. 여러분이 단지 자신에 대한 자신감이 많지 않다고 해서, 또는 다른 사람들에게 자신을 공개하는 것을 다소 조심스럽게 생각한다고 해서, 여러분이 이러한 부정적인 애착양식 중의 어느 한 범주에 속하는 사람이고, 그래서 장차 맺는 관계에서 불화를 일으킬 것이라는 의미는 아니다. 또한 애착양식 하나만 가지고 여러분이 일으키는 불화들을 다 설명할 수 있는 것도 아니다. 그리고 높은 자존감과 낮은 자존감 간의 거리, 조심하는 것과 회피하는 것 간의 거리는 멀다. 자존감이 높지 않다고 해서 자존감이 낮은 사람이라고 할 수 없으며, 조심한다고 해서 회피하는 것이라고 말할 수는 없다. 우리가 비록 '순수한' 안정형 애착양식을 가지고 있지 않다고 하더라도, 우리는 충분히 만족스러운 관계를 영위할 수 있다.

갈등과 의사소통 기술

애착양식은 친밀한 관계에 대한 우리의 전반적인 지향에 들어 있는 중요한 자질들을 서술해 주고 있다. 또한 관계를 고양시키거나 손상시키는 구체적인 행동들과 사고방식들에 대해서도 광범위하게 연구가 수행되어 왔다. 수많은 연구들이 관계의 양 당사자인 파트너들이 갈등을 처리하는 방법과 부정적인 행동을 해석하는 방식에 초점을 맞추어 왔다. 왜냐하면, 어느 정도의 갈등은 친밀한 관계에서 불가피한 것이기 때문이다. 결혼한 부부들은 가계재정의 관리, 여가활용, 섹스의 횟수, 애정의 표현, 자녀양육, 친척 대하기, 집안청소 등에 대한 기대와 바람이 달라서 생기는 문제에 봉착한다. 연구자들은 결혼의 성공여부는 서로의 기대와 바람이 불일치할 때, 터놓고 의사소통을 하는 것과 문제를 해결할 수 있는 부부의 능력에 크게 좌우된다는 것을 분명히 밝혔다.

연구 초점 : '불선'(不善, bad)의 위력

관계연구의 흥미로운 함의는, 일단 관계가 잘 정립되고 나면, 애정의 현존[유선(有善)]보다 갈등의 부재[무불선(無不善)]가 관계의 존폐(또는 성공 여부)를 좌우하는 것 같다는 것이다 (Reis & Gable, 2003). 부부의 결혼 만족도는 긍정적인 행동의 수준보다는 갈등의 수준과 더 강하게 연계되어 있다. 일기작성법을 사용한, 잘 알려진 연구에서 발견된 바, 거의 3분의 2에 해당하는 부부들의 결혼 만족도가 부정적인 행동의 발생빈도(또는 부재빈도)와 관계가 있었으며, 긍정적인 행동의 발생빈도(또는 부재빈도)와는 그 관련성의 정도가 훨씬 낮았다(Wills, Weiss, & Patterson, 1974). 친밀한 관계에서는, 불선의 위력이 선의 위력보다 훨씬 더 강한 것 같다. 단 하나의 부정적인 행동이 수없이 많은 애정과 자상한 행동들을 '무력화' 시킬 수 있는 것 같다.

　　결혼의 갈등에 관한 가장 방대한 연구가 Gottman과 동료들에 의해 수행되었다

(Gottman, 1994, 1998, 1999; Gottman & Krokoff, 1989; Gottman & Levenson, 1992). Gottman의 연구들 중에서 많은 연구가 그의 '사랑 실험실'에서, 결혼한 부부들을 광범위하게 관찰한 것이었다. '사랑 실험실'은 Gottman이 내놓은 화제를 놓고서 부부가 대화를 나누는 동안에 부부의 언어적 행동, 비언어적 행동, 그리고 생리적 반응을 비디오로 녹화할 수 있도록 장치가 되어 있는 아파트였다. 일부 화제는 갈등의 출처에 관한 것과 서로의 강점과 약점이 무엇인지에 대해서 대화를 하도록 한 것이었다. 그런데 여기서 중요한 점은 부부에게 대화를 나누도록 유도해서, 그들의 의사소통 양식을 분석하는 것이었다. 남편과 아내의 언어적 행동과 비언어적 행동을 주의 깊게 녹화하였다. (미세한 찡그림이나 눈썹의 치켜올림 등과 같은) 미묘한 비언어적 행동은 물론, (미소, 한쪽 배우자가 다른 쪽 배우자의 말을 끊는 것, 분노, 적의, 애정, 그리고 지원 등과 같은) 보다 분명하게 볼 수 있는 행동들을 모두 포착한 관찰이었다.

Gottman과 동료들이 일관되게 발견한 바는, 애정과 자상함을 표출하는 것이 결혼만족도와 전반적인 관계의 질을 예언해 주는 것보다 부정적인 의사소통 유형이 결혼만족도와 전반적인 관계의 질을 예언해 주는 것이 더 정확하였다는 것이다. 부정적인 상호작용이 관계를 파괴하는 효과를 갖고 있기 때문에, 부정적인 상호작용의 유형을 '요한묵시록(또는 요한계시록)에 나오는 4명의 기수'로서 요약하였다. '4명의 기수'는 다음과 같다.

1. 비난하기 : 긍정적인 논평, 소견, 그리고 비언어적 의사소통보다 부정적인 논평, 소견, 그리고 비언어적 의사소통이 더 많음.
2. 방어적임(또는 자격지심) : 배우자의 논평과 비평을 자신에 대한 공격으로 받아들이고, 자신들이 서술하고 있는 배우자의 행동에 대해서 반응하지 않고, 자신이 만들어 낸 감정에 대해서 반응함. 여기에는, "나는 더 이상 믿지 않을 거야" 또는 "다음에는 남편이/아내가 '내가 말하려고 한 것은 …' 식으로 말할 거야" 같은, 방어적인 생각을 되뇌는 것이 포함됨.
3. 염장지르기(또는 가슴에 못박기) : 입을 다물기, 응대하지 않기, 그리고 분노, 적의, 상한 감정을 속에 담아두기 등을 통한 '침묵으로 일관하기'로써 배우자에게 처벌을 가함.
4. 멸시하기 : 언어적 수단과 비언어적 수단(예, 눈알을 부라림)을 통해 경멸과 분노와 거부의 표시를 함. 그리고 일반적으로는 배우자의 행동, 동기, 성격을 매도함.

부부간에 언쟁이 한참 달아오르면 서로 어느 정도의 비난과 마음 상하게 하는 말을 주고받는 것이 결혼생활이다. Gottman의 연구에서 발견한 바는, 단순히 부정적인 행동이 현존한다는 것이, 행복하고 안정된 부부와 이혼을 바로 눈앞에 둔 부부를 구별해 주는 것이 아니라는 사실이다. 문제는 긍정적 행동 대 부정적 행동의 비와 배우자들 사이에서 부정적 행동이 오고가는 정도('부정성의 상호성 유도 효과')에 있었다. 다소 놀랍기도 한데, 관계의 성패를 가르는 분기점은, '사랑 실험실'에서 관찰된 바로서, 긍정적 상호작용 다섯에 부정적 상호작용 하나인 5대 1의 비였다. 즉 건강한 관계가 지속되려면 긍정적 상호작용이 부정적 상호작용의 다섯 배는 되어야 하는 것이다. 불화가 일어난 관계에서는 그 비가 아주 낮은데, 긍정적 상호작용과 부정적 상호작용이 거의 비슷하거나, 부정적인 상호작용이 오히려 더 많았다. 5대 1의 비는 "불선이 선보다 더 강력하다"는 일반원리를 지지해 준다. 만족스러운 결혼생활이 되려면, 하나의 나쁜 일이 끼친 해를 상쇄할 수 있는 다섯의 좋은 일이 있어야 한다. 5대 1의 비는 관계의 질을 향상시킬 수 있는 상당히 분명한 방법을 시사한다. 즉 여러분의 배우자에게 보상을 주는 방법들을 찾으라는 것이다. Gottman과 Levenson(1992)은 자상함, 배려, 보살핌, 그리고 애정을 나타내는 단순한 행위들을 자주 하면, 5대 1 이상의 비로 바뀔 수 있다고 주장한다. 이렇게 하면, 갈등이 적어지기 십상이고 갈등이 생겼을 때라도 더 쉽게 해결된다.

　　부정성의 상호성 유도 효과(negative affect reciprocity)가 불행한 부부의 긍정성 대 부정성의 비를 낮게 만드는 하나의 이유가 될 수 있다. 부정성의 상호성 유도 효과는 (언어적 및 비언어적인) 부정적 표현의 주고받기식(TFT) 교환을 의미한다. Gottman과 그의 동료들은 부정성의 상호성 유도 효과가 관계를 하강소용돌이 속으로 몰아넣는 데에 기여함을 발견하였다. 여러분 자신의 관계를 떠올려 보았을 때, 여러분은 친밀한 파트너가 여러분을 비난하거나 마음 상하게 하는 말을 했을 때, 보복하지 않고 가만히 있기가 얼마나 어려운가를 알 수 있을 것이다. 한쪽 파트너의 부정적인 비난의 말은 다른 쪽 파트너의 상호성(보복)을 불러들이고, 이것은 다시 또 보복을 불러들이면서 사태는 열띤 언쟁으로 격앙된다. Gottman이 밝히듯이, 분노, 갈등, 그리고 의견의 불일치는 상호이해를 심화시켜 주고 미래의 만족을 더 높여줄 수 있는 기회가 될 수도 있는 것이다. 성공적인 부부는 의견의 불일치를 그들 관계의 성장 동력으로 바꾸는 방법과 갈등으로 인한 손상을 치유하는 방법을 찾아내는 부부이다. 그런가 하면, 시름(또는 비탄)에 잠긴 부부는 '부정성의 상호성 유도' 패턴(즉 늪)에 빠져 있는 것으로 보이며, 보다 건설적인 해결방법을 찾으려는 마음도 능력도 없는 것으로 보인다.

　　요구/철수(demand/withdraw)를 고트만의 연구에 서술된 부정적인 상호작용 유형의 목록에 추가할 수 있겠다. 이 유형은 갈등에 대한 반응에서의 전형적인 성차로 보이는 현상이 반영된 것이다(Grossman & Wood, 1993). 여성들은 밀접한 관계의 현재적(또는 진행 중의) 질에 관심과 초점이 맞추어져 있어서, 남성보다 더 많이 지금 문제를 해결하기를 요구하고, 지금 결혼생활의 질을 향상시키기를 요구한다(Christensen & Heavey, 1993). 한쪽 파트너가 제기한 관계에서의 문제는 민감한 사안이 되는데, 그 까닭은 그것이 직·간접적으로 다른 쪽 파트너에 대한 비난의 의미를 함축하고 있기 때문이다. 이러한 문제들을 제기함에 있어서, 여성들은 일반적으로 남성보다 더 많이 정서적인 표현을 사용하고, 더 강렬한 정서를 표현한다(Grossman & Wood, 1993). 일반적으로 남성들은 관계의 문제들에 덜 민감한 것 같고, 관계의 문제들을 놓고서 대화하는 것을 마음 편하게 느끼지 않는 것 같다. 이러한 차이 때문에, 여성들은 관심사에 대해 대화를 하자고 요구하고, 남성들은 철수하거나 방어적이 되거나 문제에 직면하기를 기피하는 유형의 상호작용이 생길 수 있다(Eldridge & Christensen, 2002). 이렇게 되면, 여성들은 좌절감을 느끼게 되니까 더 많은 요구를 하고, 이것은 다시 남성들의 곱지 않은 철수를 유도한다. 즉 발을 구른다든지 문을 쾅 닫는다든지 하면서 나가버린다. 이러한 유형의 상호작용은 남편과 아내 모두를 좌절시키기 십상이며, 문제가 해결될 가능성도 떨어뜨리기 십상이다.

귀인

부정적인 의사소통 유형에 덧붙여, 파트너의 비행과 잘못을 해석하는 방식 역시 관계 만족도와의 관련성이 크다(Bradbury & Fincham, 1990). 여러분의 파트너가 여러분이 요청한 부탁을 잊어버린 탓에 부탁을 들어주지 않았거나, 생일이나 기념일 같이 중요한 날을 그냥 지나쳐 버렸다고 가정해 보자. 여러분은 파트너의 그러한 행동을 어떻게 해석하겠는가? 파트너가 정말 여러분에게 관심이 없다는 뜻으로 해석할 것인가? 또는 '왜 그랬을까 궁금해하면서, 그럴 만한 정당한 이유가 있었을 거야'라고 좋게 보아줄 것인가? 아마 여러분도 추측했을 법한데, 행복한 부부는 최선의 이유를 가정하고, 불행한 부부는 최악의 이유를 가정할 것이다. **관계-고양 귀인**(relationship-enhancing attribution)은 파트너의 잘못과 비행이 파트너의 성격특성이나 자신에 대한 관심이 없어서가 아니라 불가피한 상황 때문에 그랬다고 보기 때문에, '봐줄 만한' 잘못이라고 해석하는 귀인인 것이다. 즉 '일진이 사나워서'라거나 '다른 일에 몰두하느라 단순히 잊은 것 뿐이야'라는 식으로, 달리 생각하면 부정적이고 마음 상하게 하는 행위일 수 있는, 파트너의 잘못을 좋게 보아 넘기는 것이다. 관계를 고양시키는 귀인은 긍정적인 행동에 대해서도 마찬가지로 작용한다. 즉 파트너의 긍정적인 행동에 대해서 파트너의 성격이 좋아서라든가 자신에 대한 배려와 관심이 커서라는 식으로 해석하는 것이다. 좋은 일이 생겼을 때, 그 원인을 상황에 귀착시키지 않고 파트너에게 귀착시키는 것이다. "그(녀)는 정말 자상하고 사랑스러운 사람이야, 기념일 선물로 받은 이것 좀 봐!" 이와는 대조적으로, 불행한 부부는 **비탄-유지 귀인**(distress-maintaining attributions)을 한다. 즉 부정적인 행동, 마음 상하게 하는 말, 그리고 특별한 날을 잊어버림 등의 행동의 원인을 파트너의 지속적인 성향에 귀착시킨다. "이건 당신이

나에게 관심이 없다는 증거일 뿐이야, 원래 그런 사람이니 뭐가 달라지겠어!' 이것은 조금 도 이상스러운 게 아닌데, 종단 연구를 보면, 비탄-유지 귀인과 결혼생활 내내 지속되는 낮 은 결혼 만족도가 연계되어 있다(Fincham, Harold, & Gano-Phillips, 2000; Karney & Bradbury, 2000).

암묵이론과 기대

사람들은 관계가 어떻게 진행될지에 대한 각자의 암묵이론이나 비공식이론을 가지고서 관 계를 맺는다. 이러한 전반적인 생각이 친밀한 관계에서 사람들이 반응하고, 평가하는 보다 구체적인 방법을 조성할 수 있다. Knee와 그의 동료들은 낭만애운명에 관한 신념이나 관 계성장에 관한 신념으로 정의되는, 두 개의 특이한 암묵이론을 확인했다(Knee, 1998). **낭 만애운명론**(romantic destity)의 기본적인 전제는 두 사람이 화합 가능하다거나 화합 불가 능하다는 것이다. 만약 결혼이 난관에 봉착하면, 그것은 화합 불가능의 징표이다. 즉, "우 리는 서로 맞지 않아"라고 생각한다. 다른 한편으로, 관계성장론(relationship growth)은 관계는 난관이 있어야 그것을 극복하고 성장, 발달하는 것임을 가정한다. Knee와 그의 동 료들이 서술한 바, 관계성장론을 따르는 사람들은 주로 "관계의 발달에 가장 관심을 가지 며, 장애 때문에 성장이 멈추는 것이 아니라, 장애 때문에 관계가 성장한다"고 믿는다 (Knee, Patrick, & Lonsbary, 2003, p. 41). 관계에 대한 암묵이론 척도에서 추출한 몇 가지 문항은 두 이론간의 구별을 명확하게 해 준다. 낭만애운명론을 고수하는 사람들은, "관계 의 성공 여부는 처음부터 화합 가능한 파트너를 찾는다"라는 문항, "관계를 맺은 초기에 문제가 발생한다는 것은 화합 불가능한 사람이라는 것을 의미한다"라는 문항에 동의한다. 관계성장론을 옹호하는 사람들은 "관계에 있는 도전거리와 장애물은 사랑을 더 강렬하게 만들 수 있고, 좋은 관계를 만드는 데에는 많은 시간과 노력이 필요하다"라는 문항에 동의 한다(Knee et al., 2003, p. 41).

Knee와 그의 동료들이 시사하는 바, 이러한 전반적인 신념은 관계의 수많은 측면에 영 향을 준다. 아마도 가장 중요한 영향은 관계를 지속하느냐 마느냐에 관한 의사결정에 미치 는 영향일 것이다(Knee, Nanayakkar, Vietor, & Neighborsm, 2002.; Knee, Patrick, Vietor, Nanayakkar, & Neighbors, 2002; Knee, Patrick, Vietor, Nanayakkar, & Neighbors, 2004). 낭만애운명을 굳게 믿는 경우, 갈등들은 부부가 극복할 수 없는, '화합 불가능'의 징표라고 해석된다(즉 "우리는 맞는 짝이야, 또는 우리는 맞지 않는 짝이야"). 문제가 발생했을 때 그 귀인은 상황보다는 ("성격이 맞지 않아"와 같은) 개인의 성격특성에 초점을 맞추기 십 상이다. 이러한 귀인이, 관계에서 생기는 문제들을 해결하지 않은 채로 남아 있게 만들고, 결국에는 문제들이 해결 불가능한 것이 되고 만다. 결혼생활이 진행되는 동안, 낭만애운명관을 지닌 사람들은, 떨어질 만한 시기가 되어서 떨어지는 결혼 만족도를 가리켜, 잘못된 선택이었음을 나타내 주는 확실한 징표라고 말한다. 실제로, 연구가 제시해 주는 바, 낭만애운명론을 굳게 믿고 있는 사람들은 결혼 초에 결혼생활이 만족스럽지 않으면 관계를 끝내버릴(또는 이혼할) 개연성이 매우 높다(Knee, 1998).

관계성장론의 해결지향적 조망은 분명히 보다 유용하고, 보다 현실적인 결혼에의 접근 방식이다. 물론, 우리에게 정말 잘 '맞는' 짝이 실제로 나타난 경우와 우리가 천정배필을 찾아서 결혼을 주선하는 직업에 종사하는 경우가 아니라면 말이다. 관계성장론을 믿는 사람들은, 결혼한 부부들이 당면하게 되는 불가피한 갈등과 실망들을, 보다 긍정적으로 생각하며, 그대로 받아들인다. 관계성장론의 입장에서 보면, 모든 관계에서 갈등은 자연스러운 것이지, 누가 잘못해서라거나 파트너가 화합불가능한 사람이어서 생긴 것이라고 생각하지 않는다. 그 대신에, 문제들을 일시적인 것으로 보고, 상황 때문에 생긴 것으로 본다. 그리고 문제들은 해결될 수 있으며, 사라지기 십상인 것이라고 여긴다. 그러므로 노력과 헌신을 쏟으면 성공적인 관계로 발전하고, 노력과 헌신이 없으면 관계는 실패로 끝나게 된다.

사고의 양식 : 행복한 결혼의 윤곽

지금 여러분이 희망차게 배우고 있는, 긍정심리학의 두 가지 교훈은 다음과 같다. (1) '불선'의 부재가 '선'의 현존을 의미하는 것은 아니다. (2) 긍정적 정서경험과 부정적 정서경험은 별개의 경험이다. 이것을 결혼생활에 적용해 보자. 우리가 개관한 바 있는, 관계에서의 부정적인 행동들이 결혼생활을 나쁘게는 만들지만, 부정적인 행동들이 없다고 해서 결혼생활이 좋아지는 것은 아니다. 또한 관계에서의 좋은 행동이란 단순히 파괴적인 행동이 아니면 좋은 행동이라는 의미의 행동이 아닌 것이다. Reis와 Gable이 지적하듯이, "관계를 잘 맺는다는 것은 관계를 나쁘게 맺지 않는다는 것과는 다르다"(2003, p. 152). 무엇이 결혼을 ('−'에서 '0' 그리고 '+'로 이어지는 연속선상에서) '0' 이상의 위치에 놓이게 만드는가? 단순히 불선이 부재하는 상태에 머물지 않고, 그 상태를 넘어서서 어느 정도의 즐거움과 만족과 행복이 현존하는 상태로 나아가야, 결혼을 '0' 이상이 되게 하는가? 행복한 결혼생활을 장기간 영위하고 있는 부부들에 관한 연구들이 그 단서들을 제공해 주고 있다.

행복한 부부가 우리에게 알려주는 것은 무엇인가

Lauer와 Lauer의 획기적인 연구에서, 결혼한 지 15년 이상 되는 351쌍의 부부에게, 39개의 문항들 중에서 그들의 장기적인 결혼생활을 가장 잘 설명해 주는 문항들을 선택하도록 하였다. 남편과 아내는 따로따로 응답하였다. 절대 다수의 부부가(300쌍이) 그들의 결혼생활이 행복한 결혼생활이었다고 응답하였다. 그리고 왜 당신의 결혼생활이 행복하고 성공적이었느냐는 질문에 대한 대답에서, 남편과 아내의 대답이 경이로운 수준의 일치를 보였다. 행복하고 장기적인 결혼생활을 가능케 해 준 이유로서 가장 많이 선택된 이유는 두 가지 일반적인 범주, 즉 우정과 헌신으로 나눌 수 있었다.

우정 깊고 오래가는 우정이 부부들이 찬택한 결혼생활 지속의 첫째가는 이유였다. 남편과 아내 모두 "나의 배우자는 나의 가장 친한 친구이다"라는 이유를 첫째로 꼽았다. 다른 문항들을 보면 이 문항이 의미하는 바가 분명해진다. "나는 나의 배우자를 한 인간으로서 좋아한다", "나의 배우자는 갈수록 재미있는 사람이 되었다", "나는 배우자를 신뢰한다." 설문조사 중 개방형 질문에 대한 응답에서, 한 여성이 자기는 그 사람(남편)과 결혼하지 않았더라면 친구가 되어 달라고 했을 것이라고 대답하였다. 이것으로 보아, 그 여성이 남편을 얼마나 좋아하는지를 알 수 있다. 30년 동안 결혼생활을 지속해 온 남성은 자신의 결혼생활에 대해 이렇게 말했다. "연속적으로 다른 여자와 결혼하는 것 같았다." 왜냐하면, 그는 그의 아내가 세월이 흐름에 따라 계속 성장하고 변화하는 것을 지켜보았기 때문이다(Larer & Lauer, 1985, p. 24). 그는 그의 아내가 처음 결혼했을 당시보다 지금 더 재미있는 사람이 되었다고 생각한다. 다른 부부들도 결혼생활에서 서로 좋아하는 것이 서로 사랑하는 것만큼 중요하다는 생각을 갖고 있었다. 배우자에 대한 호감은 즐거움을 함께 나누는 것으로 표출된다. 즉 "우리는 같이 웃어요." 남성들이 선택한 문항은, "우리는 옥외활동의 취미와 흥미가 같아요"였다. 여성들이 선택한 문항은, "우리는 아이디어를 교환하면서 서로를 자극해 준다"였다. 재미있고 신나고 각성되는 활동들을 함께 즐기는 것은 장기 결혼생활에 찾아들 수 있는 무료함을 쫓아내는 데에 아주 중요하다. 이러한 가능성은 실험적으로 증명되었다. 연구에서, 부부가 신기하며 생리적 각성을 일으키는 활동을 함께 하고 나면, 전반적인 결혼 만족도가 올라간다는 결과를 얻었다(Aron, Norman, Aron, McKenna, & Heyman, 2000). 이 연구에서, 부부가 원통 모양의 베개를 두 사람의 몸이나 머리 사이 긴 채로 장애물을 통과하였다. 베개가 땅에 떨어지지 않게 하려고 손이나 다리나 이빨을 사용하는 것은 금지되어 있었다. 부부들은, 여름 캠프에서 했던 자루 경주(자루에 들어가서 목만 내놓고 달리기하는 놀이)를 생각나게 하는, 이러한 활동이 재미있고 신난다고 하였다. 분명, 부부들이 경험한 긍정적인 정서는 그들의 관계에 일반화되어서, 관계를 더욱 긍정적으로 평가하게 한다. 성공적인 결혼생활의 한 가지 요소는 함께 하면서 재미있고 신나게 즐길 수 있는 재미거리를 찾아내는 능력이다.

또한 행복한 결혼생활을 영위하는 남편과 아내들은, 결혼생활에서 잠재적으로 많은 논란거리가 될 수 있는 문제에 대해서 비슷한 시각을 갖고 있다. "우리는 목표와 목적에 대해 의견이 일치한다." "우리는 삶의 철학에 대한 의견이 같다." "우리는 어떻게 얼마나 자주 애정을 표현할 것인지에 대해 같은 의견이다." "우리는 우리의 성생활에 대해서도 같은 의견을 갖고 있다." 흥미롭게도, 즐거운 성관계가 그들의 결혼생활을 유지시켜 주는 것이라고 믿고 있는 부부들은 10% 미만이었다. 대부분의 부부들이 성생활에서 행복을 느꼈지만, 일부 사람들은 비록 성생활에서 행복을 느끼지 않거나, 아예 성관계를 끊었다고 해도, 여전히 그들의 결혼생활이 행복하다고 하였다(Lauer et al., 1990). 분명한 것은 여러분이 적어도 15년 이상의 결혼생활을 하고 있는 경우라면, 여러분에게 함께 즐거운 시간을 보낼 수 있는 친밀한 친구 같은 배우자가 있다면, 결혼생활의 성공에 섹스가 그렇게 중요한 것은 아니다.

헌신 행복한 부부들은 결혼생활이 원만하게 진행될 수 있도록 하기 위해서는 커다란 헌신이 중요함을 인식하고 있었으며, "결혼은 곧 장기간의 헌신이다"라는 진술 내용에 동의하고 있었다. 또한 다른 응답들(예컨대, "결혼은 신성한 것이다", "사회의 안정에는 오래가는 결혼이 중요하다", "나는 관계가 성공적이기를 원한다" 등)은 행복한 부부들이 무엇을 헌신의 기반으로 삼는지에 대해 시사해 준다. 관계성장론에 관한 Knee의 연구와 일관되게, 성공적인 부부들은 모든 결혼생활에는 문제가 발생하기 마련이라고 생각하고 있었으며, 해결책을 찾아낼 때까지는 그저 문제를 '안고' 있을 수밖에 없지 않느냐고 생각하고 있었다. "우리는 조용히 문제에 대해 의논한다"는 문항을 선택한 것을 보아, 행복한 부부들이 갈등을 해결하기 위해서 긍정적인 접근을 취한다는 것을 알 수 있다.

이러한 결과들은 우리가 앞에서 우정과 열정애(낭만애) 간의 차이에 대해 논의한 바를 확인해 준다. Lauer의 연구에 참가한 행복한 부부들이 표현하고 있는 깊은 우정, 강렬한 호감, 존경, 위안, 그리고 즐김 등은 미약하고 변덕스러운 성질을 갖고 있는 열정애(낭만애)와는 정반대이다. 우정이 안정적인 결속력을 가지고 있는 것에 비하면, 열정은 안정적인 결혼의 기반으로서는 너무나도 불안정해 보인다. 많은 관계연구자들이 우정에 기초한 동료애가 열정에 기초한 낭만애보다 더 오래간다는 데에 동의할 것이다. 결혼의 미래에 대해서 심사숙고하는 가운데에서, Hendrick과 Hendrick(2002)은 친밀한 관계에 대해서 생각하고 있는 젊은이들의 마음속에서 동료애와 열정애의 균형이 더 잘 잡혀가고 있다는 희망적인 징표를 본다. 대학생들이 가장 가까운 친구로서 낭만애 파트너의 이름을 자주 거명한다는 사실을 보여주는 연구들이 있다. Hendrick과 Hendrick은, 만약 어떤 사람이 열정애 파트너에게 친구, 그것도 가장 친한 친구가 되어줄 수 있다면, 두 사람의 관계는 들쭉날쭉 요동치는 열정을 넘어서, 오래도록 지속될 수 있다는 결론을 내리고 있다(2002, p. 473).

Lauer와 Lauer의 연구에 참가한 부부들이 이러한 가능성을 강력하게 확인해 주었다.

유머와 화합 가능성

사고의 양식 중 마지막 한 술의 양식은, 우리가 이 장의 앞부분에서 그 중요성을 논의하였던, 모든 밀접한 관계에서의 농, 유머, 그리고 웃음인 것이다. 사회지원, 친밀감, 그리고 배려 모두가 중요한 것임에 틀림이 없다. 순전한 쾌와 락을 즐기기 위해서, 여러분은 여러분이 아끼는 사람과 재미있게 놀지 않을 수 없다. 행복한 부부들이 말하기를 부부가 함께 웃고 즐긴다고 하는 것이나, 유머감각이 배우자감의 바람직한 자질로서 높게 평정되는 것이 결코 우연한 일이 아니다. 행복한 결혼생활에서도 섹스의 횟수는 하향 곡선을 그린다. 비록 Hendrick(2002)이 주장하기를, 꼭 껴안기, 키스, 그리고 다른 신체적 애정표출을 섹스 행동에 포함시키는 경우에는 '섹스 표현'의 횟수가 그리는 하향 곡선이 훨씬 더 완만해진다고 하지만 말이다. 그런데 유머는 분명히 감소하지 않는다. 결혼 50주년을 맞는 부부들이 '부부가 함께 웃으며 즐기는 것'이 결혼생활을 지속시키는 것이라고 말하는 이유는 무엇인가?(Lauer et al., 1990) 의심할 여지 없이, 유머는 행복한 부부들이 (인생에서) 서로의 동반을 즐거워하게 만드는 가장 주요한 이유인 것이다. (오래도록 함께 즐겁게 살고 있어서) 성공적인 부부들은 건강지수도 높았고 행복지수도 높았다. 이 책에서 내내 긍정적인 정서의 이로움에 대하여 서술해 온 바, 이는 하등 놀라운 것이 아니다. 또한 이 장의 앞부분에서 이미 언급했듯이, 유머는 관계에서 발생하는 갈등이라는 독소를 해독시켜 주고, 스트레스를 풀어준다.

유머는 함께 하는 부부의 생활을 더 즐겁게 해 주는 역할로서 갖는 가치 이상의 가치를 가질 수 있다. 남편과 아내가 비슷한 유머감각을 가지고 있는 경우는, 보다 더 심층적인 자질, 즉 성격과 정서적 지향을 공유하고 있는 경우일 수가 있다. "재미있어 죽겠다고 웃게 만드는 그것은 성격의 창문이다"(어떤 사람이 무엇 때문에 '재미있어 죽겠다고 웃는' 경우, 그 사람을 웃게 만든 그 '무엇'은 그 사람의 성격을 들여다볼 수 있게 해 주는 창문이다). 이것은 유머 이론가들과 연구자들 사이에서 널리 공유되고 있는 생각이다(Martin, 2007). 이러한 주장의 논리는 (연기하는 배우는 제외하고) 대부분의 사람들이 감출 수가 없는 정서반응이 바로 웃음이라는 것이다. 의무적으로 웃는 웃음이나 강제로 웃는 웃음과 진짜 웃음은 쉽게 구별된다. 웃음은 의식적으로 거의 통제할 수 없기 때문에, 진짜 웃음은 웃는 사람이 실제로 느끼고 있는 정서가 정직하게 표현되고 있는 것이라고 간주된다. 그래서 웃음은 진실로 표출된 성격의 측면들을 반영하는 것이고, 의의가 큰 성격의 측면들을 반영하는 것이라고 간주되는 것이다. 연구를 통해서나, 일상생활의 상호작용을 통해서 이러한 가능성이 확인되고 있다. 연구들이 밝힌 바, 유머와 성격은 연계되어 있으며, 유머가 우리의 성격 가운데에서 현저한 특성들을 반영하기 십상이다(이에 대한 개관은 Martin, 2007, 제7장을 보라). 예를 들어, 공격적인 사람들은 거칠고 공격적인 농담을 선호하고, 신중한 사람들은 동음이의인 익살과 같은 '안전한' 농담을 선호한다. 그리고 애매한 것에 대한 인내력이 크고 새로운 경험에 대해 개방적이며, 지적이면서 위험을 감수하려는 사람들은 보다 더 이상야릇하고 고도의 상상력이 발휘된 유머를 즐긴다. 우리들이 직접 경험했던 바로도, 우리들 대부분은 인신공격적인 것이라고 생각되는 농담을 듣고서 통쾌하게 웃는 사람들과 같은 자리에 있었던 경험을 갖고 있다. 이것은 그러한 사람들과 즉각적으로 결별하게 만드는 원인이 될 수 있다. 우리는 이렇게 생각할 수가 있다. "그런 농담을 듣고서, 재미있어 죽겠다고 웃는 걸 보니, 당신은 나와 같은 부류의 사람이 아니야!" 그런데 즐기는 유머가 같은 경우에는 그 반대의 감정을 느낀다. "당신이 재미있어 하는 그 농담은 바로 내가 좋아하는 농담이야. 그러니 당신은 나와 같은 부류의 사람이야!'

유머가 의식의 밑바닥에 깔려 있어서 자각되지 않는 감정과 생각을 들여다볼 수 있게 해 주는 창문임을 예시한 책이 있다. Leon Rappoport(2005)의 흥미진진한 저서인 『농담의 정곡 : 인종, 민족, 그리고 성의 유머』가 그것이다. Rappoport는 주장하기를, 인종, 민족, 성을 소재로 한 유머는 사람들이 모욕적이고 편견이 반영된 유머라고 보는 것이 일반적인데, 실제로도 모욕이 될 수 있고, 실제의 편견일 수도 있다. 그런데 그와 같은 유머는 심층 수준의 생각과 감정을 표출시키는 기능을 한다. 즉 예의바른 사회, 그리고 최근에는 정치적 공정(여성·흑인·소수민족·장애자 등의 정서나 문화를 존중하고 그들에게 상처 주는 언동을 배제하는 것)의 이유로 인해서, 직설적 표현 대신에 유머로 깊숙이 묻혀 있는 금지된 생각과 감정들을 표출시킬 수가 있다. 자신의 인종, 민족, 성을 소재로 해서 사람을 웃기는 코미디언들은, 고정관념과 적개심을 가지고 있는 사람들의 불안과 긴장, 그리고 죄책감을 감소시킴으로써, 고정관념과 적개심을 정직하게 고려해 보도록, (즉 안을 들여다 볼 수 있게) 대문을 열어놓는 것이다. 웃음은 의식적으로는 부정하지만, 정직하게는 느끼고 있는 감정과 신념 때문에 생긴 긴장을 해소시키고, 그러한 감정과 신념들을 밖으로 끄집어 내놓게 한다. Rappoport는 주장하기를, 유머는 고정관념과 편견을 대중들의 조롱거리로 내세움으로써, 고정관념과 편견의 독소를 해독시키기 때문에, 고정관념과 편견의 효력을, 증가시키지 않으면서 약화시킨다는 것이다.

유머가 결혼생활에서도 유사한 기능을 발휘할 것이라고 Rappoport는 믿는다(L. Rappoport와의 개인적으로 통신, 2007년 4월 20일). 사람들은 재미있어 하는 것에서 차이를 보이기 때문에, 유머가 사람들의 성격에 관해 중요한 무엇인가를 반영하는 것일 수 있다. 더욱 흥미로운 아이디어는 진짜 웃음은 자발적인 것이고 요청해서 자아낼 수 없는 것이기 때문에, 유머는 그 사람에 대한 정확한 정보가 될 수 있다는 것이다. 사람들이 다른 사람들

에게 나타내 보이는 것 중 많은 것이 진짜가 아니다. 꼭 남을 조종하려는 뜻에서 진짜가
아닌 모습을 보이는 것이 아니라, 사람은 예의가 발라야 한다든지, 남에게 좋은 인상을 주
기 위해서라든지, 특정한 관계상황에서는 어떻게 행동해야 한다는 기대에 부응하기 위해
서라든지 등의 이유로도 진짜가 아닌 모습을 보이는 것이다. 사람들이 의식적으로 통제할
수 있는 행동에서 보이는 유사성과는 대조적으로, 유머에 대한 반응은 두 사람의 심층적인
면에서의 진정한 유사성을 나타내는 것일 수 있다.

　유사성이 성공적인 밀접한 관계의 필수기반으로서의 가치가 있음을 지지해 주는 연구들
이 있다(Noller & Feeney, 2006). 민간에 전해지는 지혜에 따르면, 상반된 사람들이 흥미를
일으킬 수 있을 텐데, 실제로는 상반적인 사람들은 서로가 끌리지 않는 것 같다. 반면에,
유사성이 큰 사람들은 서로에게 끌린다. 더구나 상반적인 배우자들에게서는 가장 골치 아
픈 문제들이 발생한다. 그런데 여러분이 누군가와 보다 심층적인 수준에서 유사한지를 알
기가 어렵다는 것이 문제이다. 결혼한 지 1년쯤 되었을 때의 배우자가, 데이트 할 때나 갓
결혼했을 때의 그 사람이 아니라 다른 사람인 것 같아서 의아해하는 부부들이 얼마나 많은
가? 그런데 부부가 같은 유머감각을 가지고 있는 경우에는, 의식적인 인상관리의 왜곡된
효과가 사라졌을 때에도, 어느 정도의 기본적인 화합 가능성이 여전히 남아 있을 개연성을
높여준다.

　유머감각의 공유가 관계에서 갖는 가치를 검토한 문헌들이 많지는 않지만, 가치가 있음
을 지지해 주는 연구가 있다(Martin, 2007, 제5장 참조). 유머에서의 유사성은 시초의 매력
(끌림)의 기반임이 확인되었다. 우리는 재미있어 하는 것에서 우리와 유사한 사람들을 좋
아하는데, 그 일부 이유는 그 사람들과 우리가 다른 자질과 신념에서도 유사하리라고 가정
한다는 데에 있다. 결혼한 부부들은 유머감각이 유사한 경향이 있다. 그렇지마는, 유머유
사성의 평정치가 높으면 결혼 만족도가 높을 것이라는 예언은 신뢰롭지 못하다. 여기서 문
제가 되는 것은 부분적으로, 유머의 공유 정도를 자기보고를 통해 측정했다는 제한점과 관
련이 있을 수 있다. 왜냐하면 실생활에서의 유머는 자발적으로 나오는 것이기 때문에, 그
리고 실생활의 맥락에서 실제의 유머가 터져 나온 순간으로부터 멀리 떨어진 시점에서 측
정하는 것이기 때문에, 자기보고식 질문지법은 그러한 유머를 측정하는 최선의 방법이 될
수 없다. 이 점에 있어서, Gottman의 '사랑 실험실' 연구는 행복한 부부의 상호작용이 수
많은 유머와 상호적인 웃음으로 가득함을 밝히고 있다. 행복한 결혼생활은 유머도 있고,
조화도 있으며, 관계에서 생기는 문제도 효과적으로 해결한다. 우리는 결혼생활에서 전형
적으로 발생하는 상황들, 쟁점들, 그리고 문제들에 대한 유머러스한(또는 해학적인) 반응에
서 부부가 같은지 다른지를 구체적으로 평가할 수 있는 '유머 실험실'이 필요한 것 같다.

　비록 경험적으로 증명해야 하는 일이 남아 있지만, 유머감각의 공유라고 하는 것을 친밀

한 파트너들 사이의 기본적인 화합 가능성을 가늠하는 지표로 생각해 본다는 것은 흥미롭다. 누군가가 여러분의 '맞는' 짝인지 아닌지를 아는 데에, 그리고 서로가 즐겁게 오래도록 관계를 지속시켜 나가는 데에 있어서, 유머에서의 유사성이 중요할지도 모른다. 우리의 추측은 이러하다. 결혼관계를 맺을 당시에 그들의 유머감각이 유사하다는 것을 알았든지 몰랐든지 상관없이, 성공적인 부부는 공통적인 유머감각을 갖고 있다. 우리는 재미있어 웃는 것이 동일한 사람들에게 끌린다는 것을 연구가 보여주고 있다.

이제 여러분은 알 수 있을 것이다. 성공적인 결혼이라는 요리를 만드는 데에 들어가는 세 가지 필수 재료는 우정과 유머와 헌신이라는 것을! 낭만애 파트너를 찾는가? 그렇다면, 여러분이 재미있어 웃는 것에서 100% 일치하는, 가장 친한 벗/친구를 찾아라. 그러면 여러분은 틀림없이 오래도록 헌신하며 살아가는 일이 보다 더 수월해질 것이다.

이 장의 요약문제

1. a. 소속욕구가 기본적 욕구라는 결론을 지지해 주는 진화론적 논증은 무엇인가?

   b. 옥시토신이 어떻게 다른 사람들과의 관계형성의 생물학적 기초가 되는가?

2. 상호적인 자기개방이 어떻게 밀접한 관계를 형성하는 데에 기여하는가?

3. 신뢰와 아껴줌이 어떻게 밀접한 관계에 기여하는가?

4. 밀접한 관계는 상호의존성과 상호성의 수준이 높은 특징이 있다는 의미는 무엇인가?

5. 왜 헌신이 밀접한 관계에서 중요한가?

6. 알고 지내는 정도의 관계와 밀접한 관계의 차이를 교환관계와 공동관계로서 서술하라.

7. 밀접한 관계의 발전과 성공적인 장기적 결혼을 달성하는 데에 연구가 밝히고 있는 농과 유머의 역할은 무엇인가?

8. Gable과 그녀의 동료들이 밝혔는데, 편승효과가 어떻게 개인의 웰빙과 관계의 웰빙을 고양시키는가?

9. 규칙의 명료성, 감정의 복합성, 기대의 차이 등이 어떻게 우정과 낭만애가 다른 것임을 설명하는가?

10. Sternberg의 '사랑의 삼각형 이론'에서 말하는, 사랑의 필수 3요소는 무엇인가?

11. 동거가 장차 결혼의 성공률을 증가시키지 못하는 이유는 무엇인가?

12. '늘어나는 자유와 줄어드는 제약' 현상이 미국문화권에서의 50%에 달하는 이혼율을 잘 설명한다는 증거는 무엇인가?

13. 낭만애가 결혼의 기반이 되는 현상은 유독 미국문화권에만 있는 현상인가?

14. a. 결혼의 기반으로서 사랑을 중시하는 것이 높은 이혼률을 부추기는가?

   b. Huston과 그의 동료들의 연구가 어떻게 사랑에 관한 환멸이론을 지지해 주는가?

15. Neff와 Karney의 연구는 어떻게 현실주의와

이상주의가 모두 결혼 만족도에 기여하는 중
요한 요인임을 밝히고 있는가?

16. 애착이론에 입각해서 볼 때, 유아와 부모의 관
계와 성인의 낭만애 관계 간의 연계성을 지지
하는 주장은 무엇인가?

17. 성인의 여러 가지 애착양식에는 불안 차원과
회피 차원이 어떻게 반영되어 있는가?

18. Gottman이 그의 '사랑 실험실'에서 발견한,

행복한 결혼과 불행한 결혼의 분기점이 되는
결정적 비는 몇 대 몇인가?

19. Lauer의 연구에 의거했을 때, 장기간의 행복한
결혼생활을 영위하는 부부들에게 특징적인 자
질들은 무엇인가?

20. 유머감각의 공유가 낭만애 파트너 간의 화합
가능성을 재는 중요한 측정치이며, 결혼 만족
도에 기여한다는 주장과 증거는 무엇인가?

핵심용어

거절/회피 애착

공포/회피 애착

교환관계와 공동관계

관계고양 귀인

관계성장론

낭만애운명론

동료애

부정적 감정 상호성

비탄유지 귀인

사랑의 삼각형 이론

상호적 자기개방

안정형 애착

애착이론

열망형 애착

열정

열정애

요구/철수

자기개방

자기확증 이론

직접효과 가설

친밀감

편승효과

헌신

관련 웹사이트

Gottman의 관계 연구

www.gottman.com/research/about   여기는 관계
에 관한 연구를 위해 마련한 Gottman 연구소 사
이트로, 수많은 유용한 정보, 연구논문, Gottman
의 사랑 실험실 연구, 다른 관련된 논문이나 사이
트와 링크된다.

사랑과 친밀한 관계

www.hawaii.edu/~elaineb   Elaine Hatfield이 마
련한 이 사이트는 널리 사용되고 있는 열정애와
동료애 척도뿐만 아니라 참고할 많은 연구논문들
을 제공하고 있다.

사랑의 삼각형 이론

psychcentral.com/lib/2007/sternbergs-triangular-theory-of-love-scales 정신건강전문가들에 의해 운영되는, PsychCentral을 위한 사이트로, 다양한 종류의 유용한 정보가 있다. 위의 주소는 Sternberg의 사랑의 삼각형 이론과 사랑의 세 가지 기본 차원 각각을 측정하는 질문지에 대해 알아보는 주소이다.

애착이론

psychology.ucdavis.edu/labs/Shaver/measure.htm 여기는 Phillip Shaver와 R. Chris Farley의 애착 실험실을 위해 마련된 사이트로, 최근의 출판물 목록과 다른 애착 이론가들의 연구 및 실험실과 연계된 링크들의 목록이 있다.

읽을거리

Baumeister, R., & Leary, M. R. (1995). The need to belong: Desire for interpersonal attachments as a fundamental human motivation. *Psychological Bulletin, 117,* 497-529.

Gable, S. L., Reis, H. T., Impett, E. A., & Asher, E. R. (2004). What do you do when things go right? The intrapersonal and interpersonal benefits of sharing positive events. *Journal of Personality and Social Psychology, 87,* 228-245.

Gottman, J. M. (1994). *What predicts divorce? The relationship between marital processes and marital outcomes.* Hillsdale, NJ: Erlbaum.

Keltner, D., Capps, l., Kring, A. M., Young, R. C., & Heerey, E. A. (2001). Just teasing: A conceptual analysis and empirical review. *Psychological Bulletin, 127,* 229-248.

Meyers, S. A., & Berscheid, E. (1997). The language of love: The difference a preposition makes. *Personality and Social Psychology Bulleting, 23,* 347-362.

Miller, R. S., Perlman, D., & Brehm, S. (2007). *Intimate relationships*(4th ed.). New York: McGraw Hill.

Noller, P., & Feeney, J. A. (Eds.). (2006) *Close relationships: Functions, Forms, and processes.* New York: Psychology Press.

Ryff, C. D., & Singer, B. (2000). Interpersonal Flourishing: A positive health agendafor the new millennium. *Personality and Social Psychology Review, 4,* 30-44.

Simpson, J. A., & Rholes, W. S. (Eds.). (1998) *Attachment theory and closerelationships.* New York: Guildford Press.

Sternberg, R. J. (1998b). *Cupid's arrow: The course of love through time.* New York: Cambridge University Press.

12
영상의 삶

긍정심리학의 재고찰

긍정심리학에 대한 책에 이 장의 제목을 포함시키는 것이 낯설어 보일는지 모르겠다. 그러나 새롭게 떠오르고 있는 긍정심리학 영역에서 만트라와 극히 유사한 핵심 주제를 강조하려는 것이다. 그 주제란 행복과 건강이 그저 불행이나 질병이 없다는 것을 훨씬 넘어선다는 것이다. 우울하지 않고 불행하지 않으며, 지겹지 않고 스트레스를 받지 않으며, 중차대한 도전거리나 실패에 직면하지 않고 가족이나 자신에게 중요한 사람과 다투고 있지 않다는 사실은 단지 당신이 불행하지 않으며, 정서적 난관을 마주하고 있지 않다는 사실만을 의미할 뿐이다. 긍정적 측면들이 존재하지 않는 상태에서 부정적 측면들이 없다는 것은 '영점의 삶(life at zero)'을 정의하는 것으로 간주할 수 있다. 영점의 삶이란 삶의 흥미와 목표 그리고 즐거움이라는 측면에서 잘못된 것도 별로 없지만 제대로 된 것도 별로 없는 일종의 중립 영역을 일컫는다. 전통적 심리학은 주로 스트레스의 해로운 효과, 불행한 결혼, 콩가루 가족에서부터 정신질환에서의 유전적 영향에 이르기까지 '영하의 삶(life below zero)'에 대해서 언급해 왔다. 따라서 무엇이 잘못되어 고난과 불행이 초래되는 것인지를 알려줄 뿐, 건강한 삶을 만들어 내기 위해서 무엇이 제대로 되어야 하는 것인지에 대해서는 알려주는 것이 없다. 긍정심리학은 '영상의 삶(live above zero)'을 초래하기 위해서 무엇을 올바르게 해야 할 필요가 있는 것인지에 대한 것이다.

긍정적으로 기능하는 것을 질병의 부재를 통해서 추론하는 것이 아니라 직접적으로 측정하게 되면, 건강과 행복의 모습은 극적으로 달라진다. 이 사실은 심리적 건강의 토대에 대한 Carol Ryff의 연구를 확장시킨 Corey Keyes의 선구자적인 개념적 연구와 경험적 연구에서 명확하게 볼 수 있다(Keyes, 2003, 2005; Ryff, 1989; Ryff & Keyes, 1995). Keyes는 자신의 정신건강 모델에서 완전한 정신질환으로부터 완벽한 정신건강으로 이어지는 연속선을 기술하고 있다. 심리사회적 웰빙에 대한 행복론 모델(제2장 참조)에 근거하여, 긍정적 건강과 최적 기능의 기준이 정신질환을 정의하는 전통적 징후들에 첨가되었다.

건강의 기준과 질환의 기준 모두에 근거하여, **정신질환**(mental illness)은 높은 수준의 정신질환 징후들과 낮은 수준의 정신건강 지표로 정의되었다. 완벽한 정신건강[**융성** (flourishing)]은 정신질환 징후의 부재 그리고 현저한 정신건강 징후의 존재로 정의되었다(전통적 정신질환 모델에서 함축하듯이, 단순한 질환 징후의 부재가 아니다). 이러한 양극단 사이에 놓여 있는 건강과 질환의 정도가 가장 흥미를 끈다. **온건한 정신건강**(moderate mental health)에는 어느 정도의 긍정적 기능과 낮은 수준의 정신질환 징후가 수반된다. 영점의 삶이라는 생각과 잘 들어맞는 **쇠약**(languishing)은 낮은 수준의 정신질환과 동시에 낮은 수준의 긍정적 정신건강으로 정의되었다. Keyes(2003)는 쇠약을 불완전한 정신건강

상태로 기술하고 있다. 질병의 징표도 거의 없지만, 건강의 징표도 거의 없기 때문이다.

Keyes는 25세에서 74세에 이르는 성인 3,032명의 표본을 대상으로 자신의 '완벽한 건강 상태 모델'을 검증하였다[MIDUS(Midlife in the United States Survey), Keyes, 2003, 2005]. 참가자들은 전화로 인터뷰하였으며, 정신건강과 정신질환 징후를 평가하는 자기보고식 질 문지에도 답하였다. Keyes는 자신의 성인 표본의 대부분이 온건한 정신건강 기준을 만족 하고 있는 반면(대략 60%), 완벽한 정신건강 또는 쇠약을 보이는 것으로 간주할 수 있는 사람은 1/5에도 미치지 못한다는 사실(대략 17%)을 발견하였다. 흥미있는 사실은 쇠약의 특징을 보이는 성인의 백분율이 융성으로 간주할 수 있는 성인의 백분율과 거의 동일하다 는 점이었다. 이 표본의 결과를 가지고 전집을 추정해 보면, 25세에서 74세에 이르는 미국 인 중에서 상당한 비율이 쇠약한 상태에 놓여 있다는 사실을 시사한다(Keyes, 2003, 1,860 만 명 정도로 추정된다). 이 사람들은 상당히 절망적이고 고통스러운 삶을 영위함에도 불 구하고 정신질환을 정의하는 데 사용하는 전통적인 기준이라는 레이더에는 잡히지 않는 다. Keyes는 이 집단을 향후 정신건강 문제의 위험군으로 간주한다. Keyes는 긍정적 건강 의 증진이 정신질환의 치료에 못지않게 중요한 한 가지 이유가 바로 이것이라고 믿고 있 다. 그리고 영점을 넘어서는, 즉 영상의 삶에 대한 모델을 개발하는 것이 중요한 이유도 바 로 이것이다(Keyes, 2007). 쇠약 상태의 사람들은 고통의 치료에 초점을 맞추는 전통적인 정신건강 서비스 못지않게 긍정적 삶을 살아가는 방법을 배움으로써 더 많은 도움을 받을 수 있다.

'좋은 것'과 '나쁜 것'의 상호연계

긍정심리학이 최적 기능, 융성, 그리고 행복에 초점을 맞춘다는 사실을 긍정심리학은 단지 좋은 경험, 바람직한 개인적 자질, 또는 만사형통식의 어떤 목가적 삶에 관한 것이라고 받 아들여서는 안 된다(Ryff & Singer, 1998). 오히려 이 책의 첫 장에서 언급한 바와 같이, 그 목표는 오랫동안 간과되어 왔던 삶의 선한 측면들, 즉 긍정적 건강과 행복에 초점을 맞춤 으로써 인간 행동에 대한 심리학적 이해에서 균형을 추구하려는 것이다. 다시 말해서 긍정 심리학은 삶의 사건과 정서에서 긍정적인 것들과 부정적인 것들 간의 상호연계에 대한 오 래전부터 추구해 오고 있는 이해를 대치하기보다는 보완하려는 것이다.

심리학자들은 오래전부터 인간의 탄력성 그리고 긍정적 결과는 부정적 경험에서 싹틀 수 있다는 사실을 알고 있었다. 동요, 좌절, 갈등, 실패, 비탄을 겪지 않는 삶이란 존재하지 않는다. 삶의 고단함을 통해서 수많은 값진 교훈들을 얻을 수 있다는 사실은 외상후 성숙 (posttraumatic growth : PTG) 연구 그리고 많은 사람들이 심장마비나 뇌졸중을 겪은 후에 보다 건강한 라이프스타일을 견지한다는 사실에서 볼 수 있다. 도전거리에 직면하고 그것을 극복하는 것은 개인적 성숙과 발전의 중요한 촉진제이다. 삶을 위협하는 사건이나 비탄으로부터 발생할 수 있는 탄력성이나 PTG 또는 건강과 행복에 대한 강력한 동기를 긍정심리학자들이 발견한 것은 아니다. 새롭게 출현하고 있는 긍정심리학이라는 분야가 이러한 주제들을 포괄하기에 앞서서 발달심리학과 건강심리학에서 다루어 왔던 것들이다. 유사한 맥락에서 유머, 사랑, 그리고 친구와 가족의 애정 어린 지지에서 유래하는 긍정적 정서가 스트레스로 가득 찬 경험의 효과를 상쇄시키는 데 도움을 줄 수 있다는 사실을 보여주는 연구들은 한동안 건강심리학의 준거가 되어 왔다. 마지막으로 긍정적 조망이 부정적 조망보다 선호된다는 사실도 전혀 새로운 뉴스거리가 아니다. 긍정심리학이 등장하기 이전부터 낙천성, 강건함, 자기존중감과 같은 다양한 긍정적 특질들이 좋은 결말과 효율적인 대처법과 연계되어 있었다.

우리가 볼 때, 진정으로 새로운 것은 주류심리학에서 대체로 지엽적인 것으로 간주되어 왔던 이러저러한 생각들을 긍정심리학이 받아들여 왔으며, 이러한 생각들을 분명하게 핵심적 구성체로 다루고 있다는 점이다. 특히 긍정심리학의 눈에 뜨이는 공헌은 '좋은 것'과 '나쁜 것'의 상대적 독립성을 명확하게 만들고, 건강과 행복을 정의하는 경험기반의 긍정적 기준을 개발하고 있는 것이라고 생각한다. 정신건강에는 정신질환이 없어야 하고 또한 그 부재로부터 출발하며, 행복에는 비탄과 우울이 없어야 하며, 행복한 결혼에는 불행한 결혼보다 갈등과 적대감이 적다고 가정할 수 있다(심리학자들은 오래전부터 이러한 가정을 해 왔다). 그렇지만 긍정심리학자들은 이러한 가정들에 대해 새로운 조망을 개발하는 데 도움을 주어 왔다. 첫째, 이미 언급한 바와 같이 나쁜 것의 부재가 반드시 좋은 것의 존재를 의미하지 않는다. 제11장에서 보았던 바와 같이, 예컨대 결혼에서 좋은 관계 맺기와 나쁜 관계 맺기는 단순히 대립되는 것이 아니다. 둘째, 긍정심리학은 긍정적 정서상태가 나쁜 것을 상쇄시키는 능력을 넘어서서 건강과 행복에서 매우 중요하다는 사실을 강조해 왔다. 제3장에서 기술한 바와 같이, 긍정적 정서는 질병을 이겨내는 면역시스템의 능력을 고양시키고, 정신건강과 정서적 건강을 증진시키며, 개인의 성공을 촉진시키고, 결혼에서의 만족감에 기여하는 것을 포함한 수많은 잠재적 이점을 가지고 있다. 이러한 이점들은 긍정적 정서가 부정적 저성의 부작용을 감소시키는 능력을 넘어서는 것이다. 긍정적 정서는 우리가 비탄에 빠져 있든 아니든 간에 우리에게 항상 이롭게 작용한다. 영상의 삶이란 좋은 것들이 만족스럽고 의미충만한 삶에 기여하며, 단순히 나쁜 것을 보상하는 것을 넘어서는 것임을 의미한다.

세 번째이며 보다 중요한 사실은 긍정심리학이 등장하기 이전에 전통적 심리학은 건강하고 행복하다는 것의 의미에 대해서 거의 아무런 주장을 내세우지 않았으며, 이 의미를 기술하는 경험적 연구는 더욱 없었다는 점이다. 인본주의 심리학자(즉 Maslow와 Rogers)와 다른 관념적 사상가(Jahoda, 1958; World Health Organization, 1948)들이 긍정적 기능의 중요성과 긍정적 정신건강 기준의 개발 필요성을 지적한 바 있다. 여러 가지 측면에서 긍정심리학은 이러한 과거 생각들을 보다 체계적이고 경험적인 성과로 이끌어가기 위한 시도로 간주할 수 있다. 새로운 것이란 인간의 긍정적 기능에 대한 연구에 헌신하고 있는 심리학자의 수와 연구의 양이 증가하고 있는 점이다. 긍정심리학은 '영상의 삶'을 무대의 주변에서 중앙으로 이동시켜 왔다.

긍정적 삶의 모습 : 의미와 수단

의미

어느 긍정심리학자도 긍정적 삶의 의미나 수단에 대해서 명확한 답을 가지고 있다고 뻔뻔스럽게 생각하지 않는다. 고대 그리스인으로부터 오늘날의 철학자, 종교학자, 사회문화학자, 그리고 종교지도자들에 이르기까지 헤아릴 수 없이 많은 사상가들이 좋은 삶의 모습을 기술해 왔다. 여기에 긍정심리학자들이 덧붙일 수 있는 것은 무엇인가? 우선 긍정심리학자들은 웰빙에 공헌하거나 그렇지 않은 복잡한 요인들을 분류해 내는 데 도움을 주는 풍부한 경험적 연구들을 내놓고 있다. 긍정적 정서, 삶의 환경과 단계들, 돈과 행복, 물질만능주의, 개인적 목표, 긍정적 특질, 인성의 강점, 초월적 목표, 그리고 긴밀한 관계 등과 관련된 연구들은 웰빙을 지속적으로 증가시키거나 단지 일시적으로만 증가시키거나 아니면 실제로 우리의 건강과 행복을 감소시키는 삶의 선택, 개인적 강점, 그리고 삶의 관여 유형들에 대한 상대적 밑그림을 제공해 준다.

특정한 연구 결과들에 덧붙여, 긍정심리학자들은 좋은 삶의 근본 모습에 대한 모델과 이론들도 발전시키고, 그 모습에 대해서 다양한 사고방식을 제공하는 연구 결과 패턴들을 확인해 왔다. 여기에는 행복의 주관적 안녕감(SWB)이라는 개념화, 긍정적 건강과 최적 기능에 대한 행복론 모델, 미덕과 인성 강점의 분류시스템, 좋은 삶에 대한 지혜기반 선택-최적화-보상(select-optimize-compensate : SOC) 모델, 그리고 웰빙에 대한 영향력에 따른 개인적 목표를 평가하는 연구와 이론 등이 포함된다. 이러한 연구영역들은 좋은 삶을 판단하는 기준에 대한 차별적이면서도 중첩된 조망들을 제공해 준다.

사회문화적 연구는 좋은 삶의 의미가 문화와 맥락에 의해서 조성된다는 사실을 상기시킨다. 자기, 가치, 관계, 삶의 과제, 그리고 목표에 대한 사람들의 근본적인 가정은 문화와 역사 그리고 사회적 환경의 영향을 강력하게 받는다. 제6장에서 본 바와 같이, 서구문화에서 행복과 건강의 정의적 자질들은 동아시아 사회와 비교할 때 상당히 다르다. 마찬가지로 사회문화적 변화도 '참'인 것과 '좋은' 것으로 간주되는 것에 영향을 미친다. 지난 40년에 걸쳐서 여성의 역할과 동성애에 대한 서구문화의 견해에서 발생한 극적인 변화가 좋은 사례이다. 사회적 조건도 중요하다. 가난 그리고 양질의 교육과 건강과 같은 자원의 가용성도 좋은 삶의 의미에 영향을 미칠 수 있다. 그렇지만 문화와 역사 그리고 사회적 조건의 역할을 인정한다고 해서, 건강하고 행복하며 좋은 삶의 본질적 성분에 대하여 공유하고 있는 이해를 배제할 수는 없다. 개인 삶의 특정한 사건들이 다양한 문화적이고 사회적인 영향을 반영하고 있기는 하지만, Seligman과 Csikszentmihalyi(2001, p. 90)는 사람들이 '사회적 경계와 문화적 경계를 초월하는' 목표와 욕구에서 보편적인 인간성을 공유하고 있다고 주장한다. 이들은 "신체적 건강과 적절한 영양공급 그리고 위해와 착취로부터의 자유로움이 보편적인 가치를 갖는 것과 마찬가지로, 심리학자들은 궁극적으로 모든 문화가 가치를 부여하는 긍정적 상태와 특질 그리고 제도를 이해하는 데 목표를 두어야 한다"고 믿고 있다(Seligman & Csikszentmihalyi, 2001, p. 90). 보편성 대 문화 상대성의 문제를 다루는 것이 긍정심리학의 미래 연구주제에서 중요한 부분이 될 가능성이 크다.

좋은 삶의 의미는 문화에 덧붙여 일생에 걸친 발달이라는 맥락 속에 포함시켜야 할 필요도 있다. 좋은 삶은 고정되거나 정체된 상태가 아니다. 끊임없는 성숙과 변화의 과정을 수반하면서 최적 기능을 향한 투쟁이다. 이 사실은 웰빙에 대한 행복론 모델에서 특히 강조되고 있는데, 이 모델은 라이프사이클의 각기 다른 시점에서 건강한 사람을 특징짓는 변화하는 적응패턴, 유능성, 자기감, 그리고 사회적 관계에 주목한다. 발달연구자들은 문화의 영향에 대한 주장과 마찬가지로, 서로 다른 발달 단계에서 건강을 정의하는 독특한 과업, 기술, 그리고 개인적 자질들을 지적한다. 15세에서의 행복하고 건강한 삶은 80세에서의 행복하고 건강한 삶과 확실하게 다르다. 그렇지만 공유하는 목표와 심리적 욕구가 문화적 차이를 초월하는 공통적 인간성을 만들어 내는 것과 마찬가지로, 유사한 집합의 목표와 욕구들이 연령과 관련된 과업과 도전거리의 차이를 초월할 수 있다. Ryff(1989)가 기술하는 심리적 웰빙의 다음과 같은 여섯 차원을 생각해 보자―환경의 숙달, 삶의 목표, 자기수용감, 개인적 성숙, 자율성, 그리고 긍정적 관계(제2장 참조). 이러한 긍정적 건강 특성 각각은 십대와 노인에게서 어떻게 표현되겠는가? 여기서 핵심은 명확하다. 특정한 표현방식과 수반된 발달과업의 차이는 있겠지만, 십대와 노인은 모두 숙달, 목표, 성숙 등의 공통적인 건강기준에 따라서 평가될 수 있다. 공통적 인간성이라는 주장은 좋은 삶의 의미에서 보편성의 가능성을 지지해 준다. 심리적 건강의 핵심적인 정의적 자질들은 상이한 연령대와 삶의 단계에서 좋은 삶을 기술하는 데 있어서도 마찬가지로 보편성의 가능성을 부여해 준다.

문화와 발달의 중요성을 명심함으로써, 우리는 좋은 삶에 대한 요약으로써 행복에 대한 Seligman의 세 성분 분석(제1장에서 기술함)으로 되돌아가 볼 수 있다. Seligman은 즐거운 삶, 몰두하는 삶, 그리고 의미충만한 삶에 대한 기술에서 쾌락주의적 조망과 행복론적 조망의 주요 성분들을 결합시키고 있다(Seligman, 2002a; Seligman, Rashid, & Park, 2006).

즐거운 삶 즐거운 삶은 행복과 건강에서 긍정적 정서와 경험의 중요성을 강조한다. 행복에 대한 주관적 웰빙 개념과 마찬가지로, 전반적 삶의 만족도와 결합된 풍부한 긍정적 정서와 최소한의 부정적 정서가 행복의 즐거운 측면을 정의한다. 이 책 전반에 걸쳐서 보았던 것처럼, 긍정적 정서(그리고 그 정서를 증진시키고 유지시키는 특질과 관계 그리고 삶의 관여)는 일관성 있게 건강과 행복 모두를 증진시키는 것으로 나타났다. Fredrickson의 이론에 따르면(제3장 참조), 긍정적 정서는 삶의 조망을 확장시키며 신체적, 심리적, 사회적 웰빙 자원을 구축하는 데 도움을 준다. 따라서 긍정적 정서를 배양하는 활동과 선택 그리고 자기변화는 삶의 질을 증진시키는 경향이 있다. (제3장에서 강조하였던) '몰입(flow)'과 '음미하기(savoring)'는 긍정적 정서를 증진시키는 경험의 두 가지 사례이다. 제11장에서는 타인과 긍정적인 삶의 경험을 공유하는 것이 웰빙에 주는 이점 그리고 대인관계에서 유머의 가치를 기술하였다. 여기에서의 결론은 이렇다. 내재적 즐거움에 근거하여 재미삼아 하는 일들은 스트레스와 불안 그리고 우울과 같은 부정적 정서를 감소시키는 능력을 넘어서서 웰빙에서 중차대한 공헌자들로 간주되어야만 한다.

몰두하는 삶 몰두하는 삶이란 욕구 충족 그리고 직업과 가족과 여가와 같이 개인적으로 자신을 표출하는 삶의 추구물들에 적극적으로 관여하는 것이다. 개인의 특별한 재능이나 '서명적 강점'을 사용하는 삶의 관여는 특히 개인적으로 의미충만하고 만족스러운 것일 가능성이 크다(Seligman, 2002b). 몰두는 삶에 방향감을 제공하고 개인적 성숙에 기여하는 유능감과 목표감을 제공한다(Ryff & Singer, 1998). 가장 만족스럽고 건강촉진적일 가능성이 큰 몰두의 유형은 웰빙의 행복론 이론 그리고 개인적 목표에 대한 연구들이 제안하고 있다. 예컨대, 자기결정 이론(SDT)의 조망에서 볼 때, 자율성, 개인적 유능감, 그리고 타인과의 긍정적 관계를 증진시키고 표현하는 활동이 웰빙에 상당히 공헌한다. 목표에 대한 연구들은 스스로 자유롭게 선택하고 내재적으로 즐거우며 심리적 욕구와 대응하며 그 욕구를 표출하는 목표를 추구하는 것의 중요성을 입증함으로써 SDT를 지지하고 있다. 개인적 가치와 사람들의 독특한 개인적 정체감을 반영하는 목표들도 웰빙을 고양한다. '올바른' 목표와 '잘못된' 목표를 구분하는 것이야말로 몰두라고 하는 Seligman의 생각에 맞아떨어지는 활동을 선택하는 토대인 것으로 보인다.

올바른 목표의 선택은 자각과 이해의 방책을 필요로 한다. 자각은 삶의 목표가 자신의 독특한 욕구와 관심사 그리고 재능과 가장 잘 들어맞는다는 이해를 가져다준다. 그러한 이해는 타인의 소망이 부과하는 삶을 살거나 물질만능주의 문화의 "돈으로 행복을 살 수 있다"는 메시지에 현혹되는 것을 방지하는 완충장치이다. 희망컨대, 이 책이 웰빙과 행복을 증진시키는 삶의 선택과 그렇지 않은 삶의 선택 간의 차이점들에 대한 개인적인 자각을 증진시켰기를 바란다. 물론 개인적 선택을 지원하는 자원도 중요하다(예컨대, 사회적 지원과 의지 그리고 재정). 가난은 여러 가지 이유로 웰빙을 갉아먹지만, 한 가지 중요한 이유는 자원의 결핍이 개인적으로 표출할 수 있는 선택을 제한한다는 것이다.

의미충만한 삶 몰두와 의미는 밀접하게 관련되어 있다. 개인적으로 의미충만하지 않은 활동에 계속해서 몰두하는 것은 어렵기 때문이다. Seligman은 의미충만한 삶이 우리를 우리 자신보다 더 원대한 무엇인가에 연계시켜 줌으로써 스스로 가지고 있는 삶의 관심사를 뛰어넘을 수 있게 해 준다고 믿고 있다. 행위 동일시 이론이 제안하는 바와 같이(Vallacher & Wegner, 1987, 제8장), 어떤 활동이든 개인과 맥락에 따라서 서로 다른 수준의 일반성과 의미로 간주될 수 있다. 예컨대, 한 잔의 와인은 친구들과의 사교, 하루의 일과를 마친 후의 피로회복, 사랑하는 사람과의 만찬에서 낭만의 상징 또는 종교의식에서의 성스러운 은총이 될 수 있다. Seligman은 많은 긍정심리학자들과 마찬가지로 높은 수준의 초월적 의미를 더욱 만족스럽고 지속적이며 삶의 만족감에서 중요한 것으로 간주한다. 이렇게 원대한 삶의 의미에는 종교, 영성, 인간의 덕목, 타인 섬기기, 타인과 축적된 삶의 지혜를 공유하기, 지역사회에서 봉사하기, 그리고 가치 있는 이상에 시간과 노력을 투자하기 등이 포함된다(제10장). 크든 작든 간에 삶에서 목표를 발견하는 것은 심리적 건강에 필수적인 성분이다(Ryff & Keyes, 1995). 의미의 중요성은 인간이 넓고 깊으며 영속적인 삶의 목표를 추구한다는 의미에서 의미생성자라는 사실을 반영한다. 삶은 가장 근원적인 수준에서 '의미의 탐색'이라고 할 수 있다(Frankl, 1976/1959). 요컨대, 의미충만한 삶은 개인적 만족감과 건강에 중요한 토대이다. 그 반대도 참이다. 무의미한 것으로 간주되는 삶에는 뿌리 깊은 불행과 정서적 비탄이 수반되기 십상이다(Baumeister, 1991).

수단

좋은 삶의 의미를 기술하는 것이 어렵다고 하지만, 그 수단들을—좋은 삶을 만들어가는 방법들을—상세화하는 것은 더욱 혼란스러운 문제다. 인간 행동은 확실히 복잡하며 우리는 습관의 존재이다. 따라서 지극히 위협적이지 않은 한 변화는 어렵다. Lyubomirsky, Sheldon과 Schkade(2005)는 장기적인 수준의 행복을 증진시키는 사람들의 능력에 대해서 비관적일 수밖에 없는 세 가지 이유를 상기시키고 있다. 첫째, 유전적으로 결정된 행복의 수준에 관한 상당한 양의 연구들이 있는데, 그 결과는 개인마다 행복의 조절점이 존재한다는 생각으로 요약된다. 제9장에서 기술한 바와 같이, 어떤 사람들은 '이미 석 잔의 술을 마신 것처럼', 그리고 다른 사람들은 '석 잔의 술을 마시기 전인 것처럼' 태어나며, 이 상태에 대해서 할 수 있는 일은 거의 없다. 각각의 사람들은 특징적이며, 비교적 고정된 행복 수준을 가지고 있으며, 삶의 사건들이 일시적으로 그 기저수준 이상이나 이하로 밀어낸 후에는 다시 그 수준으로 되돌아오게 된다.

둘째, 성격연구자들은 웰빙과 강력하게 관련된 여러 기본 특질들이 시간이 경과하여도 상당히 안정되어 있다는 사실을 보여주어 왔다. 예컨대, 신경증과 외향성(5요인 성격특질 중 두 가지이다)은 개인의 행복 수준과 강력하게 관련되어 있을 뿐만 아니라 전 생애에 걸쳐 지극히 안정되어 있다. 5요인 성격특질은 유전성이 강력한 것으로 알려져 있기 때문에, 행복의 조절점 수준과 삶에 대한 조망에 기여할 가능성이 크다(제9장). 마지막으로 인간의 생물학적 특성은 어떤 정서도 지속적이지 않으며 사람들은 정서를 유발하는 사건들에 신속하게 적응한다는 사실을 확신시켜 준다. 쾌락적 쳇바퀴(제6장)라는 생각은 비록 확고한 주장은 아닐지라도 즐거운 사건들을 끊임없이 추구하는 것에 기반한 행복이 일시적 효과에 근거한 터무니없는 소망일 수 있다는 것을 의미한다. 실제의 쳇바퀴에서와 마찬가지로, 끊임없이 걷지만, 어느 곳에도 도달하지 못한다. 쳇바퀴 이론에 따르면 단지 단기적인 행복의 증가만이 가능할 뿐이다.

그렇기는 하지만 Lyubomirsky와 그녀의 동료들은 낙관적 이유를 찾고 있다. 유전과 생물학적 소인이 반드시 운명적인 것은 아니다. 이들의 추정치에 따르면, 행복의 기저수준에서 50%가 유전적 요인에 의해 결정되며 10%는 삶의 환경에 의해 결정된다. 아직도 40%는 이들이 의도적 활동이라고 부르는 것의 효과로 남아 있다(그림 12.1 참조). 의도적 활동이란 사람들이 의식적으로 선택하며 지속적인 노력이 요구되는 활동을 의미한다. 이러한 40%의 변화 가능성과 맞물려서 Fordyce(1977, 1983)의 초기 연구들은 사람들의 웰빙이 자각과 노력을 통해서 고양될 수 있다는 사실을 시사한다. Fordyce는 행복한 사람들을 특징짓는 '14가지 행복의 토대'를 개발하였으며, 보통사람도 무리하지 않고 이러한 특징들을 받아들일 수 있다고 제안하였다. 그의 프로그램이 가지고 있는 논리는 간단하다. 만일 보다 행복한 사람처럼 행동하면, 행복이 증가할 수밖에 없다는 것이다. Fordyce는 자신의 심리학 강의를 수강하는 대학생들을 대상으로 행복 증진 프로그램을 검증하였다. 그는 행복 연구들을 개관하면서 아래에 기술한 14가지 행복의 토대를 증가시키는 책략을 위한 세부적 지침을 제시하였다(Fordyce, 1983, p. 484).

1. 보다 적극성을 보여라.

2. 다른 사람과의 사교활동에 더 많은 시간을 보내라.

3. 의미 있는 일에서 성과를 보여라.

4. 보다 체계적이고 효율적으로 계획을 세워라.

5. 걱정의 양을 줄여라.

6. 기대와 야망을 낮추라.

7. 보다 긍정적이고 낙관적이 되라.

8. 보다 현재중심적이 되라.

9. 보다 건강한 성격을 개발하라.

10. 보다 외향적이고 사교적인 성격을 개발하라.

11. 본래의 자신을 유지하라.

12. 부정적 감정과 문제를 줄여라.

13. 밀접한 관계가 행복에 결정적임을 깨달아라.

14. 행복을 삶의 우선순위에서 앞에 놓아라.

Fordyce는 학생들에게 행복 연구에 대한 일반적 논의에 덧붙여 14가지 행복의 토대 각각에 대한 상세한 정보를 제시하였다. 여기에는 각각의 토대가 중요한 이유 그리고 그것들이 행복에 공헌하는 방식과 관련된 연구 결과들과 이론들이 포함되었다. 또한 행복의 토대를 구현하는 방법들과 관련된 세부적인 제안도 제시하였다. 여기에는 즐거운 활동들을 일상생활의 스케줄에 포함시키는 것, 목표 설정과 우선순위 설정 전략을 배우는 것, 일상의 걱정거리들을 기록하고 그 중요성과 실제에 기반하여 걱정거리들을 평가하는 전략 등이 포함되었다.

몇 주에서부터 1년에 걸칠 만큼 기간이 다양한 여러 연구들을 통해서, Fordyce는 자신의 프로그램이 통제 집단과 비교할 때 개인의 행복을 증진시킨다는 일관성 있는 증거를 얻었다. 일곱 연구에 걸쳐서, 81%의 참가자들이 자신의 행복 수준이 증가하였다고 보고하였으며, 38%는 '훨씬 행복해졌다'고 보고하였다. 그렇지만 Fordyce도 인정하고 있듯이, 이러한 결과는 조심스럽게 들여다볼 필요가 있다. 첫째, 이 결과는 14가지 행복의 토대가 가지고 있는 상대적 중요성에 대해서 아무것도 알려주는 것이 없다. 14가지 모두

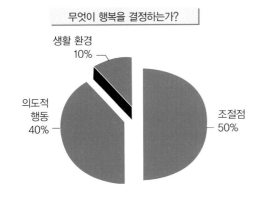

그림 12.1 **행복 수준에 영향을 미치는 주요한 세 요소**

출처 : Sheldon, K. M., & Lyubomirsky, S. (2004).

가 행복을 증진시키는 데 똑같이 중요한 것인가? 단지 소수만이 중요한 것인가? 그 중요성이 사람마다 달라지는 것인가? 둘째, Fordyce 자신이 프로그램을 직접 적용하였기 때문에, 그 자신의 성격과 적용방식을 결과에서 분리해 내기가 쉽지 않다. 즉 증가된 행복 중에서 얼마만큼이 프로그램의 내용에 의한 것이며 프로그램 적용자의 동기와 열정에 의한 것인가?

의도적 활동과 자기조화적 목표 최근에 Lyubomirsky와 그녀의 동료들(2005)은 목표 연구를 토대로 웰빙 증진에 보다 초점을 맞춘 연구를 수행하였다. 이들은 사람들이 (1) 개인적 특성과 대응되거나 잘 들어맞는 목표를 추구하며, (2) 그 목표가 자율적으로 선택된 것이고, (3) 구현계획이 잘 마련되었기 때문에 목표의 추구가 비교적 자동적이며 제한된 자기통제 자원을 보존할 수 있을 때, 행복의 장기적 증진이 가능하다고 주장한다.

이 견해를 지지하는 상당한 양의 연구들을 제7장과 제8장에서 개관한 바 있다. Lyubomirsky와 그녀의 동료들의 논문도 이 연구들 대부분을 개관하고 있다. 예컨대, 대학생들을 대상으로 수행한 연구들은 학기초에 자기조화적 목표를 채택하는 것이 학기말에 보다 높은 비율의 목표 성취도와 보다 높은 수준의 웰빙을 초래한다는 사실을 보여주었다(Sheldon, Kasser, Smith, & Share, 2002). 1년에 걸친 연구들은 많은 대학생들이 자기조화적 목표를 추구하면서 경험하는 초기의 성공에 근거하여 솟구치는 웰빙을 즐기게 된다고 제안한다(Sheldon & Houser-Marko, 2001). 그러나 증가한 웰빙의 지속 가능성은 성공의 계속 여부에 달려 있다. 많은 학생들이 자신의 개인적 목표를 향한 진보가 지지부진해짐에 따라서 초기에 증가한 웰빙을 상실하였다. 자신의 개입 연구에 근거하여 Lyubomirsky는 행복의 증진이 매우 어려운 일이라는 사실을 밝혀 왔다(Lyubomirsky, Krakovsky와의 대담, 2007, Scientific American). 연구가 종료된 후에 연구자의 개입 훈련을 중지한 사람들은 증가하였던 행복감을 상실하기 십상이었다.

덕목을 개발하고 표현하기 다른 많은 개입들도 웰빙을 증가시키는 것으로 나타났으나, 지속 가능성이라는 골치 아픈 문제에 똑같이 직면하고 있다. 덕이 있는 행동의 긍정적 웰빙 효과에 관한 연구들은 친절한 행위(Lyubomirsky et al., 2005), 용서하는 행위(McCullough & Worthington, 1997), 호의적 행위(Emmons & McCullough, 2003)를 나타내도록 요구받은 사람들의 웰빙 수준이 증가한다는 결과를 밝혀 왔다(이 연구들의 자세한 내용은 제10장 말미에서 개관하였다).

많은 덕목 중에서 지혜가 좋은 삶의 토대로서 가장 많은 관심을 받아왔다. 지혜에는 자기이해 그리고 삶에서 중요한 것이 무엇인지를 아는 것이 포함된다. Baltes와 그의 동료들이 개발한 SOC 모델에서 기술한 바와 같이, 좋은 삶이란 지혜와 목표 선택 그리고 목표 추구의 통합에 토대를 둔다(제10장). 지혜는 삶에서 보다 중요한 목표의 선택을 촉진시킨다. 심지어는 개인적 목표에 대한 글쓰기조차도 사람들로 하여금 자신에게 중요한 것을 명확하게 만들어 주고 우선순위에서 앞에 두도록 만들며, 또한 보다 자각할 수 있게 해 준다. 이러한 가능성과 병행하여 King(2001)은 '최선의 가능한 미래의 자기'와 관련된 목표에 대해서 글쓰기를 하였던 사람들이 웰빙의 증가를 보여주었으며, 그 증가가 5개월 동안 유지되었다는 결과를 얻었다. 지혜는 추구할 가치가 있는 목표를 선택하는 데 있어서의 역할에 덧붙여서 그 목표를 달성하는 수단의 선택도 **최적화**하는 데 도움을 준다. 대부분의 최적화는 자기조절이라는 문제와 관련되어 있다(제8장에서 논의). 마지막으로 중요하고도 도전적인 목표의 추구는 전형적으로 그 과정에서 장애물에 직면하게 된다. 지혜로운 사람은 가능성 있는 대안을 개발함으로써 과거에 효과적이었던 수단을 상실하는 것을 **벌충**하는 방법을 찾는다. 예컨대, 사람들은 나이가 들어감에 따라서 만족스러운 삶을 영위하기 위하여 쇠약해지는 신체적 활력과 기동성을 벌충하는 방법을 찾아야만 한다.

우울 치료에 긍정심리학을 사용하기 Seligman과 그의 동료들(Seligman et al., 2006)은 자신들이 **긍정심리치료**(positive psychotherapy : PPT)라고 부르는 우울증 치료법에서 이러저러한 개입방법들을 통합해 왔다. PPT는 덕목과 인성의 강도에 관한 Seligman과 Peterson의 연구에 근거한 것이며, 사람들로 하여금 덕이 있는 행동을 하도록 권장함으로써 서명 강도를 발달시키고 웰빙을 증진시키고자 하는 접근이다(제10장). 경증의 우울을 보이는 참가자들은 삶의 긍정적 측면 그리고 부정적 경험들을 다른 틀에서 바라다보는 방법에 초점을 맞춘 토론과 발표에 참여하였다. 또한 참가자들에게는 특정한 숙제 활동들이 주어졌다. 그 활동에는 자신의 독특한 서명 강도를 확인하고 배양시키며, 자신들에게 무례하게 행동하였던 사람에게 용서의 편지를 쓰고, 자신을 도와주었지만 한 번도 감사의 표시를 하지 않았던 사람에게 고마움을 표현하며, 일이 제대로 풀려나가지 않을 때 손실보다는 기회를 찾음으로써 긍정적이고 보다 낙관적 태도를 함양하고, 삶에서 즐겁고 의미충만한 순간들을 음미하며, 자신의 서명 강도를 표현하는 방식으로 타인을 돕는 데 시간을 할애하는 것 등이 포함되었다. 여러 PPT 개입 연구들의 결과들을 보면, 통제 집단과 비교하여 6개월에서 1년에 걸쳐 우울증상이 현저하게 감소된 것을 알 수 있다. 많은 사람들은 그 경험을 '인생을 변화시키는' 것으로 기술하였다. Seligman과 그의 동료들은 이렇게 고무적인 결과를 예비적인 것으로 간주하고 있다. PPT 전략은 단지 소집단에서만 검증되었기 때문이다.

심리적 웰빙을 증대시키기 최근에 Ruini와 Fava(2004)는 심리적 웰빙에 대한 Ryff(1989)의 행복론 모델에 근거한 웰빙 치료(Well-Being Therapy : WBT)에 관한 자신들의 개관을 내놓았다. WBT의 목적은 Ryff가 기술한 건강의 여섯 가지 속성에서 정의한 바와 같이, 사람들을 손상된 기능에서 개선된 기능으로 전이시키고자 하는 것이다. Ruini와 Fava는 Ryff의 모델이 임상군에 쉽게 적용할 수 있다는 사실을 확인하였다. 환자들은 전형적으로 여섯 가지 기능 중 하나 이상에서 손상을 보이며, Ryff 모델은 심리치료의 치료 결과 목표들이 가지고 있는 요소들을 정의하는 데 유용하다. Ryff 모델을 임상군에 적합하도록 수정한 내용이 표 12.1에 요약되어 있다.

　WBT는 현재 개발 초기 상태에 있다. 이 말에는 WBT가 기존의 잘 만들어져 있는 심리치료법들을 대치하기보다는 도움이 되는 동반자가 되고자 한다는 의미가 들어 있다. Ruini, Fava, 그리고 이들의 동료들은 한 세션이 30분에서 50분간 계속되는 8주짜리 WBT 프로그램을 개발하였다. WBT는 자기관찰에 크게 의존하는데, 환자들은 일기에 자신의 사고와 감정을 기록한다. WBT의 궁극적 목표는 환자들로 하여금 자신의 생각과 감정이 어떻게 일상생활에서 건강한 웰빙의 토대를 갉아먹는지 보도록 하려는 것이다. 첫 번째 세션에서는 환자들에게 건강한 웰빙의 에피소드들을 기록하고 그러한 에피소드들이 발생하였던 상황을 명세하도록 요구한다. 중간 세션들은 웰빙의 에피소드들을 방해한 사고와 감정들을 확인하는 데 사용된다. 즉 무엇이 웰빙을 중지시켰는가? 흔히 비합리적이고 스트레스를 유발하는 사고가 환자들을 원래의 비탄 수준으로 되돌려놓는다. 초기 세션에서 수집한 정보들은 후기 세션에서 특정한 손상을 평가하는 데 사용된다(건강에 대한 Ryff의 6차원 모델의 수정모델에 근거한다). 개별 환자의 보고와 일기는 적절하고 도움이 될 때 수정모델(표 12.1 참조)과 관련하여 논의한다. 비록 자신들의 결과가 지극히 예비적인 것이라고 간주하고 있기는 하지만, Ruini와 Fava는 WBT가 심리적 웰빙을 증가시킴으로써 비탄에 대처하는 유용한 개입으로 판명될 것이라는 희망적 신호를 보고하고 있다.

긴밀한 관계를 유념하기 우정, 결혼, 그리고 가족의 자질은 우리 삶의 자질과 밀접한 관계가 있다. 건강하고 행복한 사람들은 만족스러운 관계를 유지한다. 이것은 수없이 많은 연구들이 보고하고 있는 사실이다(제11장). 이 사실은 긴밀한 관계의 자질을 유지하고 증진시키려는 노력이 우리 자신과 상대방의 웰빙을 고양시킬 가능성이 크다는 것을 의미한다. 관계 연구자들은 사람들이 자신의 중요한 관계들을 유지하고 개선시키기 위하여 어떻게 하는가를 기술하는 수많은 모델들을 개발해 왔다(Harvey & Weber, 2002; Miller, Perlman, & Brehm, 2007; Noller & Feeney, 2006). '긴밀한 관계를 유념하기'는 긴밀한 관계를 유지하고 증진시키는 방법에 대한 일반 가이드라인을 제공하는 포괄적 이론의 하나이다

표 12.1 심리적 웰빙에 대한 Ryff의 여섯 차원의 수정모델

차원	손상된 수준	최적 수준
환경의 숙달	일상사를 처리하는 데 어려움을 느낀다. 주변 환경의 변화시키거나 개선시킬 수 없다고 느낀다. 주변의 기회를 자각하지 못한다. 외부세계에 대한 통제감이 결여되어 있다.	환경에 대처하는 데 있어서 숙달과 유능감을 가지고 있다. 주변의 기회를 효과적으로 사용한다. 개인적 욕구와 가치에 적합한 맥락을 만들어내거나 선택할 능력이 있다.
개인적 성장	개인적 침체감을 가지고 있다. 시간이 지나도 개선이나 발전의 느낌이 없다. 삶이 지루하거나 흥미 없다고 느낀다. 새로운 태도나 행동을 발달시킬 수 없다고 느낀다.	지속적인 발전을 느낀다. 자신이 성장하고 발전하고 있는 것을 본다. 새로운 경험에 개방적이다. 자신의 잠재력을 실현한다는 느낌이 있다. 시간이 경과하면서 자신과 행동에서 개선된 면을 발견한다.
삶의 목적	삶의 의미감이 결여되어 있다. 목표가 거의 없으며, 방향감각을 상실하고, 과거 삶에서 아무런 목표도 찾아볼 수 없다. 삶에 의미를 부여하는 조망이나 신념이 없다.	삶의 목표와 방향감을 가지고 있다. 현재와 과거의 삶에 의미가 있다고 느낀다. 삶에 목표를 제공하는 신념을 유지하고 있다. 삶에 대한 목표를 가지고 있다.
자율성	타인의 기대와 평가를 지나치게 염려한다. 중요한 결정을 하는 데 있어서 타인의 판단에 의존한다. 사회적 압력에 동조하여 특정한 방식으로 생각하거나 행동한다.	자기결정적이고 독립적이다. 사회적 압력에 저항할 수 있다. 스스로 자신의 행동을 조절한다. 자신을 개인적 기준에 의해서 평가한다.
자기수용성	자신에 대해서 불만을 느낀다. 과거 삶에서 일어났던 사건에 대해서 실망한다. 특정한 개인적 자질을 괴로워한다. 현재의 자신과 다른 사람이 되기를 소망한다.	자기에 대해서 긍정적 태도를 가지고 있다. 자신의 좋은 자질과 나쁜 자질을 모두 수용한다. 자신의 과거 삶에 대해서 긍정적으로 느낀다.
타인과의 긍정적 관계	타인과 밀접하고 신뢰로운 관계가 거의 없다. 개방적이기 어렵고 대인관계에서 고립되고 좌절한다. 타인과의 중요한 연계를 유지하기 위하여 타협하기를 거부한다.	타인과 원만하고 신뢰를 갖는 관계를 유지한다. 타인의 안녕에 관심을 갖는다. 강한 공감과 애정 그리고 친밀감을 가질 수 있다. 인간관계에서 주고받기의 원리를 이해하고 있다.

출처: Ruini, C., & Fava, G. A. (2004).

(Harvey & Omarzu, 1997, 1999; Harvey, Pauwels, & Zickmund, 2002). Harvey와 Omarzu(1997, 1999)는 '유념하기'를 관계를 맺고 있는 양방이 오랜 기간에 걸쳐 시행할 때 안정적이고 만족스러운 관계에 기여하는 다섯 가지 상호관련된 사고와 행동 패턴의 집합(잠시 후에 설명한다)으로 기술하고 있다. 다섯 가지 '유념하기' 성분 각각은 긴밀감을 고양시킨다. 관계를 유념한다는 것은 정원을 돌보는 것과 같다. 하고 싶어질 때 어쩌다 가끔씩 하거나, 잡초가 무성해졌을 때에만 하는 그런 일이 아니다. 좋은 정원은 오랜 기간에 걸쳐 끊임없이 기울이는 주의와 상당한 양의 노력을 요구하는 것이다.

알기와 알리기

알기와 알리기는 대체로 서로가 상대방의 사고와 감정 그리고 개인사에 대해서 알고 싶다

는 공유된 원망이 동기화시키는 상보적 자기노출의 문제이다. Harvey와 Omarzu는 자신의 감정만을 표현하면서 상대방에게도 동일한 반응을 권유하지 않기보다는 서로가 상대방으로부터 솔직하고 개방적인 자기표현을 적극적으로 추구하는 파트너의 중요성을 강조한다. 유념하는 관계에서는 개방성의 분위기가 만들어지는데, 이 분위기에서는 양방이 모두 어려운 문제와 희망 그리고 두려움 등에 대해서 편안하게 이야기하게 된다. 이러한 개방성이 자기방어를 감소시키는 신뢰감을 만들어 내며, 둔감하다거나 관심이 없다는 느낌을 감소시킨다. 시간이 경과하면서 상대방에 대해서 많은 것을 알게 됨에 따라서 상대방에게만 개별화된 파트너 행동과 의사소통이 이루어질 수 있다. 예컨대, 오랫동안 함께 생활한 부부는 비언어적 단서를 통해서 배우자가 생각하고 느끼고 있는 것이 무엇인지를 직관적으로 알 수 있게 된다. 부부는 집단 상황에서 자신들만이 이해하는 농담을 듣고는 서로에게 미소를 지을 수 있다. 이러한 부부만의 독특한 행동은 부부관계의 모든 측면에서 표출될 수 있다. 이렇게 특별한 의사소통은 각자의 독특한 성격, 버릇, 취향, 강점과 단점을 반영하기 때문에 긴밀감을 유지하고 고양시키는 것이다. 사람이나 삶의 환경은 세월이 흐르면서 변하기 때문에, 알기와 알리기는 상대방이 삶의 여정에서 어떻게 반응하고 적응하는 것인지를 알아가는 끝없는 과정이 된다. 자기노출을 촉진하는 특정한 행동들을 아래에 기술한다 (Harvey & Omarzu, 1997, p. 235).

감정/행동에 대해서 파트너에게 물어보기

듣는 사람에게 효과적인 반응을 활용하기

파트너의 자기노출에 대한 정확한 판단

파트너의 선호도/의견에 대한 정확하고 상세한 지식

귀인

귀인은 전형적으로 파트너 행동에 주어지는 설명 패턴을 말한다. 제11장에서 관계고양 설명과 파트너의 무례함을 비난하고 처벌하려는 욕망을 반영하는 설명 간의 차이를 논의한 바 있다. 성공적인 관계는 파트너에게 의심스러운 점을 유리하게 해석해 주고 성급한(그래서 오해를 사는) 설명을 피함으로써 형성된다. 일반적으로 이것이 의미하는 바는 긍정적 행동은 긍정적인 내적 특질(예컨대, 배려와 감수성)을 반영하며 부정적 행동은 외부 상황(예컨대, 직장에서의 마찰) 때문에 일어나는 것으로 간주하는 것이다. 그렇지만 유념하는 관계에서는 파트너의 성격을 정확하게 이해함으로써 내부적 설명과 외부적 설명의 균형을 유지하고 파트너 행동에 대한 일방적이거나 왜곡된 설명을 피하기 위하여 이러한 보편적 설명 패턴이 가감될 수 있다. 다시 말해서 설명이 파트너에 대한 이해에 맞추어지게 된다.

긴밀감은 파트너에 대한 이해의 진정성과 정확성에 의해서 조성된다. 침에 발린 설명이나 부정적 설명에 일방적으로 의존해서 이루어지는 것이 아니다. 조장적 귀인을 촉진하는 특정한 행동에는 다음과 같은 것들이 있다.

> 파트너 행동에 관하여 일반적으로 긍정적 귀인하기
> 부정적 관계 사건들을 외부 요인들에 귀인하기
> 파트너에 대해서 파트너의 자기귀인과 대응하는 귀인하기

유념하기의 다섯 가지 기본 성분의 하나에 포함되지는 않았지만, 진정성은 성공적 관계의 중요한 성분이다. **진정성**이란 자신과 상대방에게 진실한 것을 의미한다(Harter, 2002). 일상생활에서 진정성의 경험은 타인과의 관계에서 '자연스러움'의 느낌으로 가장 잘 이해될 수 있을 것이다. 다시 말해서, 자신에게 솔직한 것이다. 가식적이지 않고, 진정한 느낌을 감추지 않으며, 성의 없는 아첨으로 좋은 인상을 남기려고 하거나 상대를 즐겁게 하려고 시도하지 않는 것이다. "너 자신에게 충실하라"(Shakespeare, 『Hamlet』)는 오래된 경구를 따르고 관계가 여전히 유지된다면, 이 사실은 타인과의 관계를 유지하기 위하여 본래의 자신을 손상시킬 필요가 없는 진정성 있는 관계의 의미를 나타낸다. Harter(2002)는 자신의 연구에 근거하여 성공적인 관계에서 사람들은 그녀가 **상호성**이라고 부르고 있는 관계 스타일에서의 자율성과 연계성의 균형을 이루고 있다고 주장한다. 이 말은 사람들이 자기초점적(자신의 욕구가 타인의 것보다 우선하는 것)이거나 타인초점적(타인의 욕구를 위해서 자신의 욕구를 희생하는 것)이지 않다는 것을 의미한다. 상호성으로 특징짓는 관계에서 사람들은 상당한 수준의 진정성 있는 자기행동을 보여주는 동시에, 파트너를 수용하고 인정한다. 사람들은 관계 속에서 자기감을 상실하지 않는다. 오히려 연계성이라는 중요한 욕구와 똑같이 독립성이라는 욕구의 균형을 유지한다. 상호성은 유념하는 관계를 특징짓는 수용과 존경에 의해서도 고양될 수 있다.

수용과 존경

수용과 존경의 반대는 비난, 거부적 방어, 그리고 경멸이다. Harvey와 Omarzu는 건강한 결혼과 건강하지 않은 결혼 간의 차이를 상세하고 있는 Gottman의 사랑 실험연구(제11장에서 개관)에 의존한다. 건강한 관계에서 사람들은 존경심을 가지고 경청하며, 파트너의 모든 자질(좋은 자질과 나쁜 자질)을 포용하고, 파트너의 감정을 거부하기보다는 수용하며, 차이점을 보완하고 해결하는 방법을 찾는다. 건강하지 않은 결혼은 본질적으로 상반된 패턴을 보여준다. 유념하는 관계에서는 오랜 기간에 걸친 부정적 상호작용에 빠져드는 위

험을 자각하고 있다. 수용과 존경은 자신의 파트너를 인식하는 토대와 모든 상호작용의 기본 요구조건들을 제공하는 원리가 된다. 갈등과 민감한 문제를 수반하는 상호작용에서조차 그렇다. 시간이 경과함에 따라서 수용과 존경은 상호신뢰와 성실성 그리고 배려하고 하는 강력한 감정의 발달을 촉진시킴에 따라서 긴밀감을 조성한다. 수용과 존경에 기여하는 몇 가지 행동을 아래에 기술한다.

> 파트너의 능력에 긍지를 갖는다.
> 신뢰와 관여의 감정을 표현한다.
> 파트너의 선호/관심사를 인정하는 행동을 한다.
> 자기노출을 인정하는 행동과 언어적 표현을 한다.

호혜성

호혜성이란 서로의 파트너에게 있어서 자신들의 관계를 유념하도록 만들려는 욕구를 지칭한다. 호혜성은 서로에 대해서 알고자 하고, 그렇게 알게 된 지식에 근거하여 조정을 하고 귀인을 하며, 상호 수용과 존경을 교환하는 데 있어서 서로가 비교적 동등한 수준의 노력을 기울이는 것을 의미한다. 남성에 비해서 여성이 긴밀한 관계에 보다 잘 유념한다. 그렇지만 Harvey와 그의 동료들은 "유념하기는 남성이 여성과 동일한 방식으로 관계를 자각하게 되는 것을 요구하는 것이 아니라, 개인 간의 관계에서 파트너들이 상대방을 그리고 상대방의 욕구를 똑같이 자각하고자 애쓸 것을 요구하는 것이다"라고 주장한다(Harvey et al., 2002, p. 429). 호혜성과 관련된 특정 행동에는 다음과 같은 것들이 있다.

> 관계에서 파트너의 노력은 내 자신의 노력에 상응한다고 지각하는 것
> 관계를 유지하기 위한 파트너의 공헌을 확인하는 능력
> 파트너의 지원과 노력을 인정하는 것
> 시너지(혼자 있을 때보다 함께 함으로써 더 강해진다는 느낌)의 지각

연속성

연속성은 성공적 관계에 시간이 필요하며 유념하기는 관계의 지속적인 건강성에 필수적인 끊임없는 과정이라는 사실을 반영한다. 다시 말해서 유념하기는 관계의 항구적 자질이 될 필요가 있으며, 유념하기가 긍정적 효과를 갖기 위해서는 시간이 필요하다. 긴밀한 관계의 유념하기에 대한 경험적 연구는 이제 막 시작되었지만, Harvey와 그의 동료들은 유념하는 관계에 근거하여 개인 삶의 역사를 구축해 나가는 파트너들이 다음과 같은 이점을 향유할 가능성이 크다고 믿고 있다.

'우리' 또는 '함께'라는 느낌이 관계에 스며들어 있다.

시간이 경과함에 따라 관계의 부침에 대한 동의

관계의 미래에 대한 낙관적 견해

관계에 영향력을 미친다는 느낌

미래 일반에 대한 희망

마음챙김과 웰빙

위에서 기술한 웰빙 고양 전략의 목록에 덧붙여서, 동양철학과 서양심리학의 회합으로부터 전혀 다른 접근방법이 발달해 왔다. 동양의 명상 훈련은 불교 전통의 명상과 마찬가지로 그 자체로 오랜 역사를 가지고 있지만, 심리학에서는 지극히 짧은 역사만을 가지고 있다. 그렇지만 불교철학, 특히 마음챙김의 개념과 훈련이 서양의 경험심리학으로 들어옴에 따라서 변화를 겪기 시작하였다. 아마도 가장 주목할 만한 시작은 Ellen Langer의 연구일 것이다(Langer, 1989, 2002; Langer & Moldoveanu, 2000). 역사적으로 볼 때, 주류심리학은 마음챙김과 명상을 '의식의 상태'—1970년대와 1980년대에 유행하던 주제다—라는 보호막 속에 들어 있는 것으로 간주해왔다. 이 주제에 대한 수많은 교과서와 철학선집들이 이 시기에 출판되었다(Ornstein, 1973; Wallace & Fisher, 1983). 그 이래로 일반적인 심리학 교과서에는 인간 의식에 대한 장이 상당히 보편화되었다.

마음챙김은 이해하기 쉽지 않은 개념으로 후속 논의에서 보다 철저하게 정의하도록 한다. 여기서는 마음챙김을 경험의 현 시점에 초점을 맞추는 현재중심적 주의집중이라고 생각하라. 다시 말해서 원망과 소망 그리고 욕구로 인해서 지각이 왜곡되지 않으면서 삶에서 실제로 진행되고 있는 것을 명료하게 보는 것이다. 마음챙김 명상은 자기를 관찰하고 깨닫게 됨으로써 지각의 명료성을 증진시키는 수단이다. 명상의 목표는 자기이해의 정확도를 증가시키고 자기계발과 고양된 삶의 질을 위한 토대를 마련하려는 것이다.

명상은 다양한 정신질환과 신체질환 특히 높은 수준의 스트레스가 야기하는 질환을 겪고 있는 사람들을 위한 치료수단으로 광범위하게 연구되어 왔다. 혹자는 이러한 연구가 엄격성을 결여하고 있다고 비난해 왔지만(Bishop, 2002), 다른 사람들은 지난 30여 년에 걸쳐서 상당한 양의 연구들이 다양한 문제들과 씨름하는 사람들의 삶을 개선시키는 데 있어서 마음챙김 명상의 가치를 입증해 왔다고 주장한다(Shapiro, Schwartz, & Santerre, 2002; Walsh & Shapiro, 2006). 그러한 문제들에는 정신신체장애와 심혈관장애, 천식, 고혈압, 만성 통증, 암, 공황발작, 불안, 공포증, 그리고 섭식장애 등이 포함된다. 마음챙김에 근거한 가장 잘 알려진 임상개입 프로그램은 Jon Kabat-Zinn이 개발한 것이며, 그는 미국 매사추세츠 대학교 의과대학에 설치된 의학, 건강관리 그리고 사회에서의 마음챙김센터(Center for Mindfulness in Medicine, Health Care and Society : CFM)의 창립자이기도 하다. CFM 웹사이트는 많은 유익한 정보를 제공하고 있다. 자신의 유명한 저서 『Full Catastrophe Living: Using the Wisdom of your body and Mind to Face Stress, Pain, and Illness』(1990)[1] 에서 Kabat-Zinn은 자신의 마음챙김 훈련 프로그램을 상세하게 기술하였다.

그렇지만 심리학자들이 마음챙김을 정의하고 측정하며 비임상 장면과 대중들의 웰빙에 미치는 효과를 평가하기 시작한 것은 지극히 최근의 일이다(Brown & Ryan, 2003, 2004; Wallace, 2005, 2006; Wallace & Shapiro, 2006; Walsh & Shapiro, 2006). 이러한 작업의 기본 가정은 마음챙김이 자기변화와 개선된 웰빙을 위한 중요한 수단일 수 있다는 점이다.

마음챙김이란 무엇인가

마음놓음에 대한 해독제로서의 마음챙김 마음챙김의 존재보다는 그 부재를 기술하는 것이 더 용이하다고 여러 연구자들이 언급해 왔다. 마음챙김의 반대가 마음놓음이며, "전등은 켜 있지만 집에는 아무도 없다" 또는 "행동을 하고는 있지만, 마음이 그 속에 들어 있지 않다"와 같은 구절로 표현될 수 있다. 여기서 마음놓음이란 제정신이 아니라거나 무모하다는 것을 의미하는 것이 아니다. 물론 자기 앞에 놓여 있는 것에 주의를 기울이지 않는 것이 곤경에 빠뜨릴 수는 있지만 말이다. **마음놓음**(mindlessness)은 현 시점에서 일어나고 있는 것을 자각하지 못하는 의식 상태를 지칭한다. '지금 이 순간에' 일어나고 있는 것보다는 '규칙과 일상적 순서가 지배하는' 상태이다(Langer, 2002, p. 214). 우리는 책을 읽거나 다른 사람과 대화를 나누면서도 마음은 자신의 생각, 정서, 걱정거리, 관심사, 미래에 대한 불안 또는 과거사를 곱씹는 데 빠져 있을 수 있다.

제8장에서 다룬 자기조절 연구의 개관은 마음놓음 행동의 또 다른 중요한 원천을 지적하고 있다. 일상적인 하루 동안에 우리가 행하는 많은 행동들은 습관적이고 자동적이어서 (예컨대, 자동차 운전하기) 의식적 주의집중을 별로 요구하지 않는다. Bargh와 Chartrand(1999)는 이러한 사실이 가지고 있는 함의를 '존재의 참을 수 없는 자동성'이라고 기술한다. 이들은 자동적이고 무의식적으로 통제되는 행동의 가치가 대단한 것이라고 하더라도, 자기지시적 행위를 의식적이고 자발적으로 통제하고 있다는 심리학자와 일반인들의 신념과 상충되기 때문에 '참을 수 없는 것'이라고 생각한다. Bargh와 Chartrand는 자동성의 이점에는 사람들로 하여금 끊임없이 주의를 기울이는 통제라고 하는 부담에서 벗

---

1) 이 책은 영남대학교 심리학과 명예교수인 장현갑 교수가 『마음챙김 명상과 자기치유』라는 제목으로 번역하여 2005년도에 학지사에서 상하 두 권으로 출판되었다.(역주).

어나게 해 주고, 자기 행동에 대하여 의식적으로 진술하는 이유에서 드러나는 것보다 더 진실에 가까운 선호를 비의식적으로 표현하는 것 등이 포함된다고 주장한다. 그러한 가치에도 불구하고 자동성은 자신이 하고 있는 행동의 이유를 알고 있다는 사람들의 생각과 상충되기 때문에 부정적인 것으로 간주된다.

마음챙김의 주장자들은 잘 학습된 자동적 행동의 효율성 그리고 의식적 자기통제 자원을 보존시켜 준다는 가치를 인정하고 있다. 그러나 이들은 사람들이 손쉽게 자신의 무의식적 습관과 무릎반사와 같은 정서적 반응의 희생자가 될 수 있다는 사실을 지적한다. 금연을 원하는 흡연자나 과식을 원치 않는 다이어트하는 사람에게 물어보라. 새벽의 커피 한 잔, 저녁식사 후의 음주, 스트레스 또는 권태 등과 같이 많은 외적 단서와 내적 단서에 의해서 자동적으로 촉발되는 바람직하지 않은 습관은 깨뜨리기 어렵다. 마음챙김의 조망에서 볼 때, 언제 그리고 왜 흡연을 하거나 과식을 하는지를 자각하는 것이 그 습관을 통제하는 데 필수적이다.

Brown과 Ryan(2003)은 보다 보편적인 수준에서 행동의 자기조절에서 주의집중의 중요성에 관한 상당한 연구들이 웰빙 증진에 대한 마음챙김의 잠재적 가치를 시사하고 있다는 점을 지적한다(제8장 참조). 성공적인 목표 추구는 상당한 정도의 끊임없는 주의집중(마음챙김)을 함으로써 목표를 향한 진행을 모니터링하고, 필요한 조정을 가하며, 목표달성을 위한 노력이 흩뜨려지기보다는 집중된 채로 남아 있는 것을 필요로 한다. 이에 덧붙여서 마음챙김은 보다 자기결정적이고 자율적인 행위에 도움을 줄 수 있다. 제7장에서 본 바와 같이, 자유롭게 선택한 개인적 목표는 자기표출적이기 때문에 환경이나 타인에 의해서 부과된 목표보다 더욱 만족스러울 가능성이 크다.

자율성이란 여러 가지 선택지가 주어졌을 때 선택을 하는 것을 의미한다. 정의상 '생각이 없는'(즉 마음놓음) 자동적 행동은 선택지에 대한 이해를 제한함으로써 자유롭게 선택하는 의도적 행위까지도 제한할 수 있다. 어떤 면에서 자동적 행동은 변화에 대한 잠재적 차단물을 대표하기 때문에 행복의 유전적 조절점과 같이 작동한다. 자동적 행동이 자기표출적이거나 바람직한 것이 아닐 때(예컨대, 나쁜 습관이나 성마름), 중차대한 문제가 될 수 있다. 이러한 경우에 자기변화는 무엇보다도 과거 행동이 대체로 자각하지 못한 요인들에 의해서 통제되어 왔다는 사실을 의식적으로 인식하는 것이 필요한 것으로 보인다. 그러한 인식에는 행동에 대한 의식적 통제를 수행하려는 지속적인 주의집중과 노력이 뒤따라야 할 필요성이 있다. 현 시점에 초점을 맞추고 있는 마음챙김 상태는 사람들이 마음놓음 상태에 빠져들 때 나타날 수 있는 자동적 행동을 의식적으로 지배할 수 있게 되는 가능성을 열어놓는다(지지 증거에 대한 개관을 보려면, Brown과 Ryan, 2004를 참조하라. 또한 Chatzisarantis와 Hagger, 2007의 최근 연구도 참조하라). 마음챙김은 보다 큰 자율성을 향한 잠재력이 큰 통로이다. 사람들을 반사적 사고 패턴과 습관적/자동적 반응에서 벗어나게 함으로써 선택에 대한 자각을 확장시켜 주기 때문이다. 그리고 보다 많은 선택지가 주어질 때, 자신의 웰빙을 고양시키는 자유롭고 자기표출적인 의사결정을 할 가능성이 보다 커진다.

현재중심의 자각과 주의집중으로서의 마음챙김 Weston(1999)은 의식을 자각과 주의집중의 상호관계로 기술한다. 자각은 현재 마음에 존재하는 모든 것을 나타낸다. 자각에는 내적 환경과 외적 환경에 대한 끊임없는 모니터링이 수반된다. 어느 한 시점에서 사람들은 즉각적인 상황과 행위(외적인 것), 사고와 감정 그리고 경험의 풍성한 연계(내적인 것)를 의식할 수 있다. 주의집중은 의식적 자각을 보다 제한된 경험의 집합에 초점을 맞추도록 만든다. 시각을 예로 들어보자. 우리는 시야의 주변영역(자각)과 중심영역(주의집중) 모두에서 일어나고 있는 사건들을 의식할 수 있다. 대상에 대해서 반응하거나 그 대상을 주의집중의 중심부에 위치시키지 않고도 자각할 수 있다. 자각과 주의집중은 밀접하게 연계되어 있기 때문에 "주의집중은 자각이라는 배경에서 '전경'을 끊임없이 이끌어내서는 오랫동안 주의집중의 중심부에 놓아둘 수가 있다"(Brown & Ryan, 2003, p. 822).

　　Brown과 Ryan(2003)이 지적한 바와 같이, 마음챙김의 중심 자질은 개방적이고 수용적이며 현재중심의 주의집중과 자각이다. **마음챙김**(mindfulness)은 과거를 곱씹거나 미래에 대한 불안과 소망적 사고에 사로잡히기보다는 현 시점에 초점을 맞추는 것을 의미한다. 이 말은 현재를 살아가는 것을 의미한다. 결코 현재를 위한 삶이 아니다. 마음챙김은 미래를 고려하지 않은 채 순간만을 위해 살아가는 것을 의미하지 않는다. 이러한 측면에서 마음챙김은 Csikszentmihalyi가 '몰입 경험'이라고 기술한 현재중심의 자각과 행위에 초점을 맞춘 주의집중과 유사하다(Csikszentmihalyi, 1990; 제3장). 둘째, 마음챙김은 자기분석의 수단일 수 있는 반면에, 자기를 평가하기보다는 단순히 관찰하는 것을 지향한다. 이러한 측면에서 마음챙김의 증진은 특정한 대상만을 탐지하도록 프로그램 되어 있지 않은 레이더 시스템의 민감도를 증가시키는 것에 유추할 수 있다. 많은 대상들을 보면서, 특정한 대상에만 주의를 집중함으로써 보는 것을 제약하거나 편향시키지 않는다. 레이더 요원은 어느 것이 주의를 집중할 가치가 있고 없는지를 결정할 수 있다. 그렇지만 일차적 이점은 실제로 환경에 존재하는 것들을 더 많이 볼 수 있는 능력에 있다. 요란스러운 삶으로 인해 초래되는 무디어진 자각능력, 잘못을 반성하는 데 있어서 구차하게 변명하는 것, 그리고 우리가 어떻게 삶을 영위해야 할 것인가에 대한 무절제한 문화적 가정 등에 대하여 마음챙김을 강력한 해독제로 만들어 주는 것이 바로 이렇게 '보다 많은 것을 보는 것'이다. 마음챙김은 현재라는 실제를 기존에 만들어진 틀 속에 억지로 꾸겨 넣는 습관적인 반응과 사고방식에 의존하기보다, 우리가 판단하고 분석하며 평가하기에 앞서 "현상들이 존재하는 방식"을 이해하는 데 있어서 개방적인 자세를 견지할 수 있게 해준다.

이 말이 전지전능한 지혜의 이상적인 상태처럼 들릴 수도 있겠지만, 우리 모두는 실제로 일어나고 있는 사건들 그리고 정말로 중요한 것이 무엇인지를 보게 될 때 명정과 통찰의 경험을 겪은 바 있다. 많은 사람들에게 있어서 그러한 통찰은 자기 자신과 삶에 대한 가정들을 다른 방식으로 생각해보게 만드는 극적인 사건들에서 초래된다. 제4장에서 보았던 바와 같이, 죽음과 상실 그리고 비극적인 사건들이 많은 사람들로 하여금 자신과 삶을 보다 명료하게 바라다볼 수 있게 해준다. 마음챙김 명상을 이와 같은 많은 목표를 향한 고상하면서도 점진적인 접근방법으로 간주하기에 앞서, 죽음과 직면함으로써 초래될 수 있는 외상후 성장(PTG)과 삶의 가치 변화와 관련된 몇몇 최근 연구들을 개관하기로 한다.

연구 초점 : 삶의 핵심요소를 밝혀내기

삶을 위협하는 사건들에 직면한 많은 사람들이 그러한 경험으로부터 삶의 긍정적 이득을 보고한다는 사실을 보여주는 자연관찰 연구들을(제4장 참조) 회상해 보라(개관을 보려면 Tedeschi, Park, & Calhoun, 1998). 이러한 사건들에는 이혼, 성폭행, 골수이식, 암, 심장마비, HIV 감염, 집 화재, 그리고 사랑하는 사람의 죽음 등이 포함된다. 연구자들은 죽음 직전까지 갔었거나 임상적으로 사망선고를 받았던 사람들의 임사체험의 후유증도 연구하였다. 때때로 이러한 위기에 뒤따라 출현하는 긍정적 성장의 패턴에는 삶의 외재적 가치로부터 보다 내재적인 가치로 전환하는 것이 수반된다. 돈, 소유물, 외모, 사회적 지위와 같은 물질적인 문제에 관심을 덜 갖게 되며, 개인적 관계, 타인에 대한 연민, 그리고 삶의 초월적 의미와 목표에 더욱 초점을 맞추게 된다. 비극적 사건이나 죽음 문턱에 도달하였던 경험 후에는 부와 성공이 천박하고 무의미한 것처럼 보이기 십상이다. 많은 사람들은 자율성, 자기의존성, 탄력성, 그리고 삶에 대해 감사하는 마음과 열성이 증가한다는 사실도 보고한다. 요컨대, 비참한 사건에 직면하는 것이 사람들의 우선순위를 뒤흔들어놓기 때문에 삶에서 가장 중요한 것들이—말하자면, 핵심요소들—보다 명료해지는 것이다. 이미 주목하였을 것이라고 생각되지만, 이렇게 새로운 우선순위와 자기지각의 대부분은 긍정심리학 연구에서 확인된 행복하고 건강한 사람들이 지향하는 삶과 맥을 같이 하는 것이다.

이 책의 첫 번째 저자인 Baumgardner가 긍정심리학 수업시간에 외상후 성장(PTG)을 설명할 때, 학생들은 예외 없이 다음의 두 가지 질문을 던진다. 첫째, 비극적 사건에 뒤따르는 긍정적 변화는 얼마나 오랫동안 지속되는가? 장기적인 것인가, 아니면 곧바로 일상적 삶으로 되돌아오는 것인가? 둘째, 학생들은 이러한 변화가 실제의 비극적 사건이나 삶과 신체에 대한 위협에 직면하지 않고도 일어날 수 있는 것인지를 묻는다. 우리가 삶에서 당연한 것으로 받아들이는 자기만족감을 뒤흔들어놓고 삶에서 중요한 것을 더욱 염두에 두도록 하는 데 비극적 사건이 있어야만 하는 것인가? 상상을 통해서(예컨대, 우리 자신의 죽음에 대한) PTG를 대리경험할 수는 없는가? 반드시 실제 경험을 요구하는 것인가? 최근의 몇몇 연구들은 PTG 변화가 비교적 장기적인 것이며 상상 경험을 통해서도 발생할 수 있다는 사실을 시사한다.

이제 개관하고자 하는 두 연구는 PTG 연구(제4장)와 테러 대처 이론(제7장) 간에 외현적으로 상충되는 것으로 보이는 측면에 초점을 맞추었다. PTG 연구는 자신의 죽음을 예리하게 자각하도록 만들어 주는 생명을 위협하는 실제 사건에서 초래되는 삶의 가치변화를 다룬다. 테러 대처 이론과 Earnest Becker(죽음의 부정)의 연구는 죽음을 자각하는 것이 자신의 필연적인 죽음에 대한 생각과 연합된 불안을 감소시키고자 하는 욕구로 인해서 정반대되는 방어적 반응을 야기한다고 주장한다. 테러 대처 이론은 죽음의 자각이 삶의 우선순위를 변화시키기보다는 자기가치감에 대한 신념을 재확신시키고 물질의 소유와 부의 축적을 통해서 안도감을 추구하게 만들 것이라고 예언한다. 요컨대, PTG 연구는 죽음 자각의 역할이 내재적 가치로 전환시키고 죽음을 수용하는 방향으로 전환시키는 것이라고 주장한다. 테러 대처 이론은 죽음의 자각이 죽음을 부정하기 위하여 외재적이고 물질적인 가치를 강화한다고 예언한다.

이렇게 상충되는 예언을 중재하려는 시도들은 PTG 연구자들과 테러 대처 연구자들이 연구한 전혀 다른 죽음 자각 경험에 초점을 맞추어 왔다. 테러 대처 연구자들은 죽음의 자각을 일으키기 위해서 **생자필멸의 현저성**(mortality salience)이라고 부르는 실험적 처치를 사용한다. 여기에는 죽음과 관련된 장면(예컨대, 장례식장)과 단어들에 짧게 노출시키는 것이 수반된다. 일반적인 절차에는 사람들에게 자신의 죽음에 대해서 생각할 때 발생하는 사고와 감정 그리고 정서를 적어보도록 요구하는 것이 포함된다. 반면에 PTG 연구자들은 실험실 연구에서 결코 반복할 수 없는 비극적이고 삶을 위협하는 사건들을 실제로 경험하였던 사람들을 연구한다. 연구들이 지적해 왔던 것처럼, PTG는 보다 구체적이고 정서적으로 몰입시키며 훨씬 긴 기간에 걸쳐 발생함으로써, 자신의 목숨을 거의 잃어버릴 뻔 하였던 경험이라는 렌즈를 통해서 자신의 삶을 뒤돌아볼 수 있게 해 준다(Cozzolino, Staples, Meyers, & Samboceti, 2004; Lykins, Segerstrom, Averill, Evans, & Kemeny, 2007). Cozzolino 등(2004) 그리고 Lykins 등(2007)의 연구는 PTG 효과(즉 내재적 가치로의 전환)와 테러 대처 이론이 예언하는 효과(즉 외재적 가치의 재확인)를 구분해 내기 위하여 죽음 위협의 심각도, 그러한 위험의 지속기간, 그리고 삶의 재고의 중요성을 평가하였다.

Lykins와 그녀의 동료들(2007)은 1994년에 대지진을 경험한 캘리포니아 주민들 그리고 뉴욕 세계무역센터의 9 · 11 테러를 대중매체를 통해서 간접적으로 경험하였던 대학생들 사이에서 삶의 가치 변화를 살펴보았다. 적절한 통제 집단과 비교할 때, 직접적으로든 간접적으로든 자신의 죽음을 강력하게 생각나게 만들었던 사건을 경험하였던 사람들이 외재적 목표(돈, 외모, 그리고 사회적 지위와 관련된)로부터 멀어지고 내재적 목표(친밀한 관계를 조성하고, 남에게 자신의 것을 제공하며, 개인적 성장에 몰두하는 것 등을 포함한)로 상당히 전환하게 되었다고 보고하였다. 예측한 바와 같이, 삶의 위협에 대한 지각된 강도와 지속시간이 가치의 전환 정도와 관련되었다. 대지진 연구에서 죽었을 수도 있었다는 사실을 예리하게 자각하였던 사람들이 내재적 가치로의 강력한 전환을 보여주었다. 9 · 11 테러 연구에서는 내재적 가치로의 전환이 테러가 발생하고 수개월이 지난 후에 더욱 현저하였다. Lykins와 그녀의 동료들은 PTG에서 시간 요인과 위협의 강도가 중요하며 PTG 효과를 테러 대처 이론이 예언하는 효과와 차별화하는 데 도움을 준다고 주장한다. 다시 말해서 죽음에 대한 방어적 반응은 위협에의 노출이 낮은 수준이고 단기적인 것일 때 일어난다. PTG는 생존에 대한 위협을 강력하게 지각하는 것이 요구되며, 사람들이 그 사건을 생각하고 삶의 우선순위를 재평가할 시간이 필요하다. 삶을 위협하는 사건에 대한 사람들의 일차적 반응은 방어적인 것일 수 있다. 그러나 시간이 경과함에 따라 지속되는 죽음의 자각은 긍정적인 심리적 성장에 도움을 줄 수 있다.

Cozzolino와 그의 동료들(2004)은 임사체험의 핵심적 자질들에 대응되는 대리적 **죽음 숙고**(death reflection) 처치방법을 개발하였다. 임사체험의 긍정적 성장 효과는 삶의 재고 과정에서 그리고 타인의 조망을 받아들이는 과정에서 초래되는 것으로 생각된다. 삶의 재고와 조망 받아들이기는 임사체험을 겪었던 사람들의 보고에 근거한다. 그러한 사람들은 자신의 삶 그리고 중요한 타인과의 상호작용을 강력하게 소생시켰다고 보고한다. 자신의 조망과 타인의 조망을 통해서 삶을 재탄생시키는 것이 임사체험과 관련하여 삶의 우선순위와 자기개념의 변화를 초래하는 것으로 생각된다.

죽음 숙고 조건의 참가자들에게는 다음의 사건내용을 읽고 자신에게 실제로 일어났던 것으로 상상해 보도록 요청하였다(Cozzolino et al., 2004, p. 290, 부록 A).

당신이 시내 중심가의 낡은 아파트 20층에 살고 있는 친구를 방문하고 있다고 상상해 보세요. 한밤중에 비명소리와 숨이 막히는 연기냄새로 깊은 잠에서 갑자기 깨어납니다. 침대 머리맡에 있는 스탠드에 손을 뻗어 전등을 켭니다. 당신은 온 방이 빠르게 번지고 있는 두터운 연기로 가득 찬 것을 발견하고는 쇼크를 받습니다. 문으로 달려가 손잡이를 잡습니다. 손잡이의 타는 듯한 열기에 통증을 느끼면서 손을 뺍니다. 침대보를 벗겨서 손에 감싸고는 손잡이를 돌려 겨우 문을 엽니다. 거의 즉각적으로 거대한 화염과 연기가 방으로 밀려들어오면서 당신을 문자 그대로 바닥에 내동댕이칩니다. 방을 빠져나갈 방법이 없습니다. 숨을 쉬기가 점점 어려워지고, 화염의 열기는 더 이상 참을 수가 없습니다. 공포에 질린 채 허둥지둥 방에 있는 유일한 창문으로 기어가서는 열어보려고 애를 씁니다. 애를 쓰다가 낡은 창문은 네 모툉이가 모두 단단하게 닫혀 있다는 사실을 깨닫습니다. 전혀 움직일 기미를 보이지 않습니다. 이제 눈은 거의 뜰 수가 없으며, 연기로 인한 눈물로 뒤범벅이가 되어 있습니다. 도와달라고 부르짖고자 하지만, 외침소리를 전달한 공기마저 그 방에는 더 이상 없습니다. 솟아오르는 연기를 피하고자 바닥에 웅크려보지만 너무 늦었습니다. 방은 천장부터 바닥까지 두터운 유독가스로 가득 차고 사방이 화염에 휩싸여 있습니다. 심장이 쿵쾅거리는 순간 갑자기 시간이 멈춘 것처럼 당신은 죽음 직전에 직면해 있다는 생각이 떠오릅니다. 항상 당신을 기다리고 있었던 피할 수 없는 미지의 세계가 드디어 다가왔습니다. 숨이 멎으면서 당신은 눈을 감고 종말을 기다립니다.

이러한 죽음 시나리오를 읽은 참가자들에게 다음의 질문들에 답하도록 요구하였다 (Cozzolino et al., 2004, p. 281).

질문 3과 4는 실제로 임사체험에서 소생한 사람들이 기술한 삶의 재고와 조망 받아들이기와 대응되도록 하려는 것이었다. 통제조건의 참가자들은 보다 긍정적인 시나리오를 읽고 상상하였으며, 죽음 숙고 조건의 질문과 대응되는 질문에 대해서 자신들의 사고와 감정을 적도록 요구받았다.

1. 시나리오를 상상하는 동안 당신의 생각과 감정을 상세하게 적어주십시오.
2. 만일 이 사건을 직접 경험하였더라면, 최종 순간에 어떻게 대처하였을 것이라고 생각하십니까?
3. 다시 이 사건이 당신에게 일어났다고 상상하면서, 그 시점까지 당신이 살았던 삶을 기술해 보십시오.
4. 만일 이 사건이 당신에게 일어났다면 당신의 가족들은 어떻게 반응하였을 것이라고 생각하십니까?

후속 연구에서는 죽음 숙고의 효과를 생자필멸 현저성의 효과와 비교함으로써 PTG의 예언과 테러 대처 예언을 평가하였다. '생자필멸 현저성' 조건(테러 대처 연구의 방법론을 사용함)에서는 참가자들에게 단지 자신의 죽음을 고려할 때의 생각과 감정을 기술하도록 요구하였다.

죽음 숙고 처치(화재로 죽어가는 것을 상상함)는 통제조건이나 생자필멸 현저성 조건과 비교할 때 유의한 정서적 변화와 가치 변화를 초래하는 것으로 나타났다. 죽음 숙고 조건에서 참가자들의 반응에 대한 내용분석 결과를 보면, 자신들의 삶에서 중요한 사람들에 대한 후회와 생각에 초점을 맞춘 삶의 재고가 상당한 정도로 나타나는 것을 알 수 있다. 임사체험 연구의 결과들과 마찬가지로, 화재 속에서 자신이 죽어가는 것을 상상하는 경험은 삶의 재고와 타인의 조망을 받아들이는 것을 촉진시키는 것으로 나타났다. 이에 덧붙여서 욕심의 행동적 측정치로 평가하였을 때 죽음 숙고는 외재적 가치 지향적인 사람들로 하여금 보다 내재적 가치 지향적이 되도록 만들었다(로또 복권을 나누어 가질 때, 더 많이 가지려고 할 가능성이 낮아졌다). 죽음의 대리적 경험이 가지고 있는 힘에 대한 증거로 다음의 두 인용문을 보도록 하자(Cozzolino et al., p. 2004, 289).

> "나는 이제 이 세상에서의 시간이 비교적 짧다는 것을 깨달았으며 이 사실은 내가 삶을 마음 껏 살아가게 만듭니다. 물질주의적 사고양식에 함몰하게 되는 것은 귀중한 시간을 낭비하는 것처럼 보입니다."

> "나의 삶을 의미충만한 것으로 만들 수 있도록 최선을 다해왔는지 걱정하였습니다. 내가 가족들에게 사랑한다고 말했는지를 생각했습니다. 내가 마음에 상처를 주었던 사람들이 있는 지 걱정하였으며 그 사실을 미안하게 생각하였습니다."

첫 번째 인용문은 강에서 래프팅 사고로 인해서 실제로 임사체험을 하였던 사람의 것이다. 두 번째 인용문은 죽음 숙고 조건의 참가자의 것이다.

Lykins, Cozzolino, 그리고 이들의 동료들은 자기들의 결론이 잠정적인 것이라는 사실을 인정한다. 그럼에도 불구하고 이들은 첫 번째 저자의 강의를 듣는 학생들이 제기한 두 가지 질문에 대하여 시사하는 바가 있는 답을 제안하고 있다. PTG 효과는 지속적인가? Lykins와 동료들은 그럴 가능성이 크다고 주장한다. 이들이 지적하는 바와 같이, "내재적 목표로의 전환은 중요한 자원의 구축(즉 긴밀한 관계, 유능감 등)으로 이끌어 가는 것으로 보이기 때문에, 이러한 효과가 잠정적인 것이라고 상상하기 힘들다. 따라서 목표 가치에서의 장기적 변화는 죽음에 직면하는 것과 PTG를 연계시킬 가능성이 있는 것으로 보인다"(Lykins et al., 2007, p. 1097).

PTG 효과는 실제로 삶을 위협하는 경험에 직면하지 않고도 일어나는가? 위에서 개관한 두 연구의 결과는 이 질문에 대한 답도 상당히 '그렇다'는 사실을 시사한다. 다음과 같은 세 가지 조건은 자신의 죽음을 숙고하는 것이 삶의 핵심 요인(즉 삶에서 중요한 것)에 대한 자각의 가능성을 증가시키는 것으로 보인다. 첫째, 죽음의 숙고는 어느 정도의 기간에 걸쳐서 일어날 필요가 있다. 잠시 생각해 보는 것은 방어적 반응을 초래할 가능성이 있을 뿐이다. 둘째, 죽음에 대한 생각이 삶의 재고를 촉진시킬 필요가 있는데, 그 재고에서는 죽음이 삶과 합체를 이루며, 부정하기보다는 수용되게 된다. 셋째, 죽음의 숙고에는 자신의 죽음에 대해서 친구와 가족들이 어떻게 반응할 것인가에 대한 고려가 포함되는 것이 중요한 것으로 보인다. 삶의 중요한 요인 중의 하나는 자신을 사랑하는 사람들과의 중요함에도 불구하고 당연한 것으로 받아들이기 십상인 연계이다.

죽음의 자각과 다음 주제인 마음챙김 간의 연계는 Cozzolino와 동료들이 출판한 논문의 논의 부분에 명확하게 나와 있다. Cozzolino와 그의 동료들은 죽음 자각의 심오한 존재론적-철학적 의미를 다루면서 다음과 같이 적고 있다. "… 사람들은 이 세상에 존재하는 두 가지 길 중 하나를 택할 수 있다. 하나는 존재의 사실 자체를 망각하고 있는 길이며, 다른 하나는 존재를 유념하는 길이다." 첫 번째 길은 죽음의 사실을 망각하고 있다는 것을 의미하며 사람들로 하여금 일상의 물질주의적 세상에 빠져들게 만든다. 그렇지만 "… 존재를 유념하는 사람들은 자신의 존재를 소중하게 자각하며, 자신의 삶을 변화시키는 데 책임감을 느낀다(그리고 그러한 능력을 가지고 있다). 자신의 잠재력을 기꺼이 받아들이고 자신의 한계를 뛰어넘을 수 있는 능력을 자각할 수 있게 되는 사람이 바로 이러한 사람이다"(Cozzolino et al., 2004, p. 289). 뛰어넘어야만 하는 가장 중요한 한계는 죽음의 현실에 대한 우리의 불안이다. 마음챙김과 죽음의 수용은 공포 그리고 죽음을 부정하는 것의 해로운 효과를 감소시킴으로써 사람들로 하여금 보다 충만하고 풍부한 삶을 영위할 수 있게 해 준다.

마음챙김 명상

동양철학(예컨대, 불교, 도교 등)에서 명상과 좌선의 형태를 갖춘 마음챙김 훈련은 명정과 웰빙을 증진시키는 한 가지 수단으로써 오랜 전통을 가지고 있다. 선(禪) 명상과 훈련에 관한 멋진 소개는 Shunryu Suzuki의 책 『Zen Mind, Beginner's Mind』(禪心初心, 1986)에서 볼 수 있다. '앉기와 달리기 명상'으로 한 해를 보낸 한 사나이의 탐험기를 보려면 Leo Diporta의 『Zen Running』(선 달리기, 1977)을 참조하라. 불교와 웰빙심리학에 관한 유익한 논의는 「American Psychologist」에 게재한 Walsh와 Shapiro(2006) 그리고 Wallace와 Shapiro(2006)의 최근 논문이 제공하고 있다. McIntosh(1997)는 선불교와 사회심리학 간의 관계에 관한 훌륭한 개관을 제공한다. 일반 독자들을 위해서는 Kabat-Zinn(1994)의 『Wherever You Go There You Are: Mindfulness Meditation in Everyday Life(어디를 가든 그곳에 네가 있다: 일상에서의 마음챙김 명상)』가 마음챙김 훈련의 목표와 가치 그리고 세부적인 기법들을 손쉽게 이해할 수 있게 해 준다. 여기에서 마음챙김 명상에 대한 개관은 주로 Kabat-Zinn의 연구에 근거한 것이다. Walsh와 Shapiro(2006)에 따르면, 동양 명상이 다양한 전통을 가지고 있지만 주의집중과 자각(즉 마음챙김)에 초점을 맞춘다는 공통요소를 공유하고 있다. "명상이라는 용어는 일단의 자기관리 훈련을 지칭하며, 이것은 주의집중과 자각을 훈련하는 데 초점을 맞춤으로써 심적 과정을 자발적으로 통제하여 보편적인 심적 웰빙의 발달뿐만 아니라 평정과 명정 그리고 전념과 같은 특정 능력들도 조장하려는 것이다"(p. 228).

마음챙김 명상 훈련이 동양철학과 종교의 총체적 부분이기는 하지만, 서양의 심리학과 문화에서 번역되어 사용되는 것처럼 그 자체가 종교는 아니라는 사실을 지적하는 것이 중요하겠다. Speca와 그의 동료들이 지적하는 바와 같이, "… 명상이 애초에는 본질적으로 종교적이거나 영적인 훈련에서 유래하였으나, 세속적인 목적으로 변용되어 왔다"(Speca, Carlson, Goodey, & Angen, 2000). 명상은 어느 것도 믿을 것을 요구하지 않는다. 예외라면 자기 자신이다. 세속적 형식에서 마음챙김은 자기발견을 통한 자기변화의 도구이지만, 그 목적이 사람들을 특정한 교리로 전환시키려는 것이 아니다. 다양한 종교적 전통의 사람들이 마음챙김을 훈련한다. Kabat-Zinn(1990)은 마음챙김이 신비주의적이거나 영적인 활동이 아니며 "… 모든 삶의 문제에 대한 답도 아니다. 오히려 모든 삶의 문제들을 명정한 마음을 통해서 보다 명료하게 볼 수 있는 것"(p. 26)이라는 사실을 지적한다. 마음챙김 명상은 사실 지극히 현실적인 것이며, 한 수준에서는 단순하기까지 하다. 반복되는 일상생활에서 심각한 변화를 요구하는 모든 것을 포괄하는 활동이 아니다. 매일같이 산보를 한다거나, 종교를 가지고 있다면 기도할 시간을 마련한다거나, 어지러운 삶의 페이스에서 벗어나기 위하여 여유를 찾는 것과 같은 것이다.

마음챙김 명상(mindfulness meditation)의 기본 아이디어는 깨어 있는 의식의 대부분이 검열받지 않은 사고와 감정의 끊임없는 흐름에 의해 주도된다는 사실을 자각하는 것으로 시작한다. 마음이 한 생각에서 다른 생각으로 끊임없이 왔다갔다 하는 것은 심적 에너지를 낭비시키고 한순간에 실제로 일어나고 있는 것이 무엇인지를 알아차리지 못하게 만든다. 우리가 현재에 살고 있다고 하더라도 우리의 마음은 종종 부지중에 과거나 미래에 대한 불안으로 표류한다. 심리적으로 현 시점에서 멀어짐에 따라서 사람들은 자신이 존재할만한 가치가 없다고 생각하기 십상이다. 보다 정확하게 표현하면, 자신의 생각과 현재 실제로 일어나고 있는 것을 구분하지 못한다. 보다 극단적인 측면에서는 사고와 실제의 혼란이 많은 유형의 병리와 불합리한 공포의 원인이 되는데, 그 속에서 사람들의 생각은 세상지각을 개인적으로 고통스러운 방식으로 왜곡시키게 된다. 덜 극단적인 측면에서 보면, 현재를 살아가기보다 생각 속에 함몰되어 살아가는 것이 일상경험의 공통된 부분이다. Kabat-Zinn(1990)은 유별나게 아름다운 석양에 주의를 몰입시키고 있는 사람의 사례를 보여준다. 이 사람은 저물어가는 태양과 현란한 색깔들을 즐기고 받아들이면서 그 순간을 음미하는 대신에, 자신의 감정을 친구에게 이야기하면서 과거에 경험하였던 유사한 석양에 대해서 생각하기 시작한다. 석양을 걸러지지 않은 감각적 사건으로 경험하지 못하고, 자신의 사고와 언어적 설명이라는 필터를 통해서 경험한다. 실제의 석양은 그 석양에 대한 사고 속에서 상실된다. Langer(2002)는 이 사례가 보여주는 것과 마찬가지로 마음챙김에는 "사건은 평가와 함께 일어나는 것이 아니다. 우리의 경험에 그 사건을 부과하는 것이며, 그렇게 함으로써 그 사건의 경험을 만들어 내는 것이다"(p. 219)라는 사실을 이해하는 것이 수반된다고 주장한다. 마음챙김의 요체는 우리가 판단하고 평가하기에 앞서서 세상을 바라다보는 것이며 지각한 것을 예단하지 않은 범주에 집어넣는 것이다.

Kabat-Zinn이 기술한 석양 경험은 환경에 실제로 존재하는 것을 예리하게 '관찰하고' 그것을 포착하는 방법을 찾아내는 숙달된 사진작가나 풍경화가의 경험과 대비시킬 수 있다. Ansel Adams(1985)와 같은 유명한 자연 사진작가는 빛, 그림자, 반사, 그리고 인간 감정의 미묘한 측면들을 포착하는 능력을 가지고 있어서 미숙한 사람들의 스냅사진을 민망한 것으로 만든다. 숙련된 사진작가들은 모든 조건의 올바른 조합을 기다리면서 며칠을 허비하기도 하며, 제대로 된 조망을 확보하고 장면을 '느끼기' 위해서 사진을 찍기에 앞서 위치를 잡는 데 몇 시간을 보내기도 한다. 마찬가지 맥락에서 정통한 스포츠팬은 상당한 지식과 과거의 관찰경험을 통해서 시합이 진행되는 동안에 일어나고 있는 사건들을 보다 많이 보게 된다. 이 책의 첫 번째 저자가 대학원생이었을 때, 열렬한 야구광인 한 교수에게 시합이 늘어질 때는 조금은 지겹게 느껴진다고 말한 적이 있었다. 그 교수의 반응은 "그것은 자네가 게임에 아주 무지하기 때문이야!"라는 것이었다. 교수는 계속해서 각 타자들의 전형적인 히팅 패턴에 따른 내야수와 외야수들의 미묘한 위치변화, 타자의 강점을 무력화시키려는 포수와 투수의 사인 교환, 그리고 타자가 투구 패턴에 따라 다음 투구를 예상하는 방법(이러한 예상은 타자로 하여금 스트라이크존을 벗어난 투구에 헛스윙을 하도록 만들 수도 있다) 등에 대해서 설명하였다. 교수가 설명을 마친 후에 첫 번째 저자는 정말로 무식한 팬이라고 느끼게 되었다. 야구시합 중에 그렇게 많은 일들이 일어나고 있는 것인지에 대해서 알지 못하였던 것이다.

이러한 사례들의 요체는 두 가지이다. 첫째, 마음챙김이 사람들의 경험에서 낯선 것이 아니다. 우리 모두는 매 순간 삶을 경험해 왔으며, 누구나 삶의 몇몇 측면을 관찰하는 데 있어서 다른 사람보다 자신을 보다 집중하고 자각하게 만들어 주는 전문영역이나 지식영역을 가지고 있다. 둘째, 마음챙김 명상의 목표는 위에서 기술하였던 것과 같이 제한한 마음챙김 경험의 맥락을 확장시켜 삶에서 매 순간 주어지는 풍부한 내용과 미묘한 부분들을 보다 명료하게 바라다볼 수 있는 일반화된 능력을 개발하려는 것이다. 개인적 자질로서의 마음챙김이 처음에는 명상이라는 제한된 맥락에서 조금씩 배양된다. 그런 다음에 삶의 다른 측면들로 전이되기 시작한다. 이것은 특정한 활동에 대한 집중적인 공부와 관찰에 몰입하고는, 그 결과로 삶의 다른 영역들도 새로운 방식으로 생각할 수밖에 없다는 사실을 깨닫게 되는 공통된 경험에 유추할 수 있다. 예컨대, 첫 번째 저자는 평생 동안 플라이 낚시를 해 온 사람을 알고 있는데, 이 사람은 단지 스포츠로서의 즐거움과 물고기를 낚고자 하는 열망만으로 송어낚시를 시작하였다. 그렇지만 세월이 지나가면서 경험과 지식이 증가함에 따라 송어낚시는 곤충학, 송어 생태계, 환경파괴, 그리고 환경보호의 필요성 등에 대한 이해로 급속하게 확장되었다. 이에 덧붙여서, 〈A River Runs Through It〉(흐르는 강물처럼, 1992)[2]이라는 제목의 영화가 보여주고 있는 것처럼, 플라이 낚시는 규율, 인내심, 세부사항에 대한 주의집중, 변화하는 환경조건을 유념하는 자각, 그리고 송어 행동의 복잡성 등을 가르쳐 준다. 송어낚시를 하는 여울에서 배운 기술과 태도가 삶의 모든 영역으로 확산되는 것이다.

마음챙김 자각의 속성   명상을 통해서 마음을 보다 잘 챙기게 되려면 어느 정도의 시간(아마도 하루에 15분 내지 45분 정도) 그리고 마음을 가라앉히고 생각이 경험을 통제하는 방법에 대한 통찰을 얻을 수 있는 장소가 필요하다. 많은 형식의 마음챙김 훈련이 있기는 하지만, 좌정하고 호흡을 따라가는 것이 아마도 가장 보편적일 것이다. Kabat-Zinn(1994)은 서구인들을 위한 마음챙김 훈련을 명확하게 기술하고 있다. 쿠션이나 베개 위에 좌정하고 손을 무릎 위에 올려놓거나 아니면 등받이가 곧은 의자에 앉는다. 편안하고 약간은 이완되어야 하지만, 머리와 등 그리고 목이 곧게 정렬시켜서 좋은 자세를 유지하도록 해야 한다. 그런 다음에 호흡을 통제하거나 변화시키려고 하지 않으면서 들숨과 날숨을 따라가면서 주의를 호흡에 집중하지만, 그저 그 흐름을 경험하기만 하면 된다. 주의가 다른 것으로 흐트러질 때는 단지 그 사실을 유념하면서 다시 주의를 호흡으로 되돌린다. 명상 초보자들은 이렇게 단순해 보이는 과제가 얼마나 어려운 것인가를 알게 되기 십상이다. 마음은 혼란스러운 생각의 끊임없는 흐름으로 부풀어 오른다. 불편함, 지루함, 환상, 과거의 기억, 미래의 계획, 배우자, 상사, 직장, 휴가에 대한 생각, 명상 후에 해야 할 일 등 끝이 없다. 우리의 생각은 자체적인 생명을 가지고 있는 것처럼, 지극히 짧은 순간조차도 차단시키기 어려운 끝없는 흐름으로 밀려들어온다. Kabat-Zinn(1990)이 초보 명상 훈련자들에게 말하고 있는 것처럼, 마음이 주의를 끌고 가면 그저 그 사실을 인정하고 내버려두라. 판단하거나 평가하지 말고, 그저 받아들이고 다시 호흡으로 되돌아가라. 기본 아이디어는 자신의 생각을 억누르려고 애쓰지 말고 주시하는 것이다.

Shapiro와 그녀의 동료들이 주장하는 바와 같이, "모든 명상기법들은 주의집중의 배양에 토대를 둔다. 그렇지만 주의집중 그 자체만으로는 충분하지 않다"(Shapiro et al., 2002, p. 639). Kabat-Zinn(1990)은 마음챙김 명상의 목적을 이해하는 데 중요한 일곱 가지 상호관련된 태도를 기술하고 있다. 마음챙김의 목적은 이러한 일곱 가지 자질을 배양하는 것이다. 이것들을 조금씩 훈련하게 되면 일상생활로 전이되기 시작하여 마음챙김의 보편적 수준을 증가시키게 된다.

---

2) 미국 시카고대학교 영문학 교수인 노먼 매클린이 쓴 자전적 소설을 1992년에 로버트 레드포드가 감독을 맡아 제작한 영화. 미국 몬태나 주의 숲과 강을 배경으로 플라이 낚시를 즐기는 노먼 매클린 가족의 이야기를 담은 영화이다.(역주)

1. 무판단

무판단(non-judging)의 기본 아이디어는 우리가 접하는 대부분의 사물과 사건 그리고 사람들이 실제로는 본질적으로 '좋거나' '나쁘지' 않음에도 불구하고 삶에서 그것들을 끊임없이 평가한다는 사실을 인식하는 것이다. Langer(2002)는 "환경에 존재하는 대상들의 좋고 나쁨이 자명하지 않으며, 우리 삶에서 빈번한 가치판단은 우리 마음에 대해서는 많은 것을 알려주지만 세상에 대해서는 아무것도 밝혀주는 것이 없다"는 사실을 지적해 왔다(p. 218). 마음놓음과 마음챙김 자각 간의 한 가지 중요한 차이를 나타내는 것이 바로 이 사실에 대한 자각의 결여이다. 마음챙김 훈련의 요체는 세상에 대한 우리의 끊임없는 평가를 중지하려는 것이 아니라 우리가 그렇게 하고 있다는 것을 자각하려는 것이다. 다시 말해서 "판단하기를 판단하고 스스로 문제를 더욱 복잡하게 만드는 것"은 반생산적인 것이다 (Kabat-Zinn, 1990, p. 34). 무판단의 가치는 우리가 좋아하고 싫어하는 많은 것들이 결코 세상의 본질이 아니라는 사실을 인식함으로써 세상을 보다 명료하게 보게 되는 것이다. 그렇다고 해서 이 말이 선호도를 포기하거나 세상에 대해서 철저하게 중립적인 입장을 견지하려고 애써야만 한다는 것을 의미하지는 않는다. 그러한 시도는 어리석기 짝이 없고 불가능하다. 오히려 비판은 우리의 즉각적 반응이 선호도에 의해서 제한받을 가능성이 있다는 사실을 자각하게 만들어 준다. Langer(1989)의 연구는 마음챙김의 중요한 이득이 사람들로 하여금 삶의 문제를 생각하고 그 문제에 대처하는 새로운 방법에 개방적이게 만들어 주는 것이라는 사실을 보여주고자 노력한 결과이다. 우리가 종종 세상을 자신이 선호하는 조그만 상자에 집어넣으려고 한다는 사실을 자각하게 될 때, 이러한 개방성이 출현한다. 널리 알려진 표어를 사용한다면, 마음챙김은 우리로 하여금 이미 확립되어 있는 사고 패턴이라는 '상자를 벗어나서 생각하도록' 해 준다.

2. 인내심

인내심(patience)이란 사건들이 자신의 페이스에 따라 전개되는 것을 허용하는 것이며, 현재 우리의 욕구에 따라서 그 사건들이 일어나도록 계속해서 압박하거나 소망하거나 작업을 하지 않는다는 것을 의미한다. Kabat-Zinn은 나비가 빨리 출현하도록 도와준다는 생각에 나비의 고치를 절개하는 아동의 예를 제시하고 있다. 물론 아직 충분하게 성숙하지 않았거나 허물을 벗을 준비가 되지 않은 나비에게는 좋은 일이 아니다. 인내심은 자신과 타인 그리고 현재의 순간으로 확장된다. 그 가치는 사람들로 하여금 현재 진행되고 있는 것에 보다 개방적이게 만들어 주며, 대상들이 자신의 페이스에 따라서 발달한다는 생각을 편안하게 받아들일 수 있게 지원해 준다는 데 있다. 밀어붙이기는 일반적으로 곤경을 초래한다.

3. 초심

초심(beginner's mind)이란 '모든 것을 처음처럼 바라다보고자 하는' 개방적 마음을 의미한다(Kabat-Zinn, 1990, p. 35). 지식과 친숙성의 단점은 대상과 행위들을 당연한 것으로 받아들기 시작한다는 데 있다. 이미 보아왔고, 행해 왔으며, 그것들을 이해하고 있다고 생각하기 때문이다. 우리가 알고 있다는 사실이 친숙한 대상들을 새로운 방식으로 바라다보거나 대상들이 변화하는 방식을 포착하는 민감성을 망가뜨릴 수 있다. 이것은 사람, 장소, 행위, 그리고 환경의 제 측면들에서 일어날 수 있다. 여러분은 나무, 빌딩, 특정한 풍경 등을 매일같이 실제로 바라다보지 않은 채 지나쳤다가 어느 날 그것들에서 이례적이거나 흥미를 끄는 무엇인가에 주목하였을 수 있다. 이것이 매우 친숙한 무엇인가를 마치 처음인 것처럼 바라다보게 되는 한 사례이다. 개방적 초심의 가치는 세상을 그저 과거 경험과 이해를 통해서 세상을 보는 것이 아니라 현재의 풍부한 측면을 보게 한다는 데 있다. 초심은 지루함 그리고 '새로운' 대상들을 보고 행하고자 하는 끊임없는 욕구에 대한 해독제이다. 우리는 단지 이 사실을 자각할 필요가 있을 뿐이다.

4. 신뢰

신뢰(trust)는 셰익스피어의 친숙한 표현, "너 자신에게 충실하라"에 잘 나타나 있다. 신뢰는 자기 자신에 대해서 책임을 지는 것을 의미한다. 몇몇 심리학자들은 이것을 진정성으로 표현한다(Harter, 2002). 다른 사람을 흉내 내는 것, 현재의 자신이 아니라 다른 사람이 되려고 애쓰는 것, 그리고 다른 사람의 아이디어에 지나치게 의존하는 것은 모두 자신에 대한 신뢰감이 결여된 것을 나타낸다. 신뢰는 중요한 것이다. 자신의 직관과 감정을 따르는 과정에서 실수를 범하더라도 그 실수는 바로 자신의 것이기 때문이다. 자기를 파악하려면 무엇보다도 타인이 아니라 자기 자신이 되려고 노력하는 것이 필요하다.

5. 비분투

비분투(non-striving)는 포착하기 어려운 개념이다. 마치 명상의 목표가 원망을 제거하거나 사소한 것으로 간주하게 만들거나 자각의 보다 높은 상태에 대한 차단인 것처럼, 원망과 목표의 결여를 의미하는 것으로 받아들이기 십상이기 때문이다. Kabat-Zinn은 마음챙김 명상의 훈련에서 비분투에 초점을 맞추고 있다. 그가 의미하는 것은 마음챙김 명상을 받아들일 때 무슨 일이 일어날 것인가 아니면 일어나야만 할 것인가에 대한 선입견을 갖지 말아야 한다는 것이다. 명상의 특정 결과를 달성하기 위하여 분투하는 것은 일어나고 있는 사건들을 우리가 일어나기를 원하거나 기대하는 것과 계속해서 비교하게 만들어 버린다. 이러한 비교는 실제로 일어나고 있는 것을 발견하는 과정을 왜곡시키고 방해한다. 기대하지 않고 분투하지 않음으로써 마음챙김이 의미하는 것에 대해서 보다 수용적인 태도를 견지하게 만든다.

6. 수용

수용(acceptance)이란 자신을 부정하거나 다른 사람이기를 원하거나 자신이 원하는 사람이 되어 있지 않다고 해서 기분 나쁘게 생각하지 않고 현재의 자신이 되는 것을 의미한다. 수용은 자기 자신 그리고 자기 삶의 측면들을 변화시키고자 하는 원망을 수동적으로 포기하거나 상실하는 것을 의미하지 않는다. 현재의 자신과 되고 싶은 자신 간의 끊임없는 비교가 야기하는 긴장을 털어버리는 것을 의미한다. 자신에 대해서 동정심을 갖는 것도 수용을 받아들이는 한 가지 방법이 된다. 수용의 가치는 "자기위주의 판단과 원망 또는 그러한 판단과 원망의 두려움과 편견으로 인해서 시야가 흐려질 때보다는 실제로 일어나고 있는 것들에 대해 명료한 모습을 볼 수 있을 때, 무엇을 할 것인지를 보다 잘 알 수 있으며 그 행위에 대하여 확신할 가능성이 크다"는 데 있다(Kabat-Zinn, 1990, p. 39). 다시 말해서, 수용은 행위의 근간이지 결코 장애물이 아니다.

7. 놓아줌

놓아줌(letting go)은 비분투나 수용과 마찬가지로, 포기하거나 삶의 목표를 단념하는 것으로 오해하기가 쉽다. 마음챙김 명상에서 '놓아줌'은 현저한 생각과 감정에 집착하지 않는 훈련을 지칭한다. 명상을 할 때 사람들은 특정한 생각과 감정 그리고 경험들이 보다 빈번하게 또는 보다 강력한 정서 강도를 가지고 출현하는 것을 발견하게 된다. 즉 '마음이 붙들고 있기를 원하는 것처럼 보이는' 특정한 대상들이 있다(Kabat-Zinn, 1990, p. 39). 사람들은 즐겁기 때문에 어떤 생각에 집착할 수도 있고 당황스럽기 때문에 다른 생각을 피하고자 할 수도 있다. 명상 훈련에서는 그저 그러한 생각들을 인정하고 주의가 호흡으로 되돌아옴에 따라서 흘러가도록 하면 된다. 명상 속에서 놓아줌은 수용 단계 그리고 특정한 사고나 환상 또는 경험이 우리의 정신적 삶에서 그토록 현저한 이유를 집착하지 않은 채 모색할 수 있게 해 주는 단계를 제공한다. 왜 우리는 특정한 생각이나 과거 경험에 집착하고 있는 것인지를 자문해 보는 것은 도움이 된다. 이것은 자기통찰의 가치 있는 원천이 될 수 있다.

　총체적으로 볼 때, 마음챙김 훈련은 자신의 마음이 작동하는 과정을 무판단적인 외부 관찰자의 조망과 유사한 조망에서 관찰하는 방법이다. 이것은 일상적인 의식적 자각상태와는 전혀 다른 경험이다. 일상적 자각상태에서는 이러한 심적 집착을 자각하지 못한 채 자신의 생각과 감정 그리고 행위에 매몰되어 있기 십상이다. Kabat-Zinn은 자신의 훈련생들

사이에서 마음챙김 명상의 가장 극적인 효과가 자신들은 자신들의 생각과 다르다는 사실을 깨닫는 것이라고 주장한다. "자신의 생각은 단지 생각일 뿐이며 그 생각은 '자신'이나 '실제'가 아니라는 사실을 바라다볼 수 있게 되는 것이 해방감을 느끼게 해 준다는 것은 놀라운 일이다"(Kabat-Zinn, 1990, p. 69). 이러한 깨달음은 사람들로 하여금 자신에 대한 자신의 생각 그리고 자신이 살고 있는 세상에 대해서 어떻게 반응하고 반응하지 않을 것인지를 의식적으로 선택할 수 있게 해 준다. 마음챙김은 실제와 착각을 구분하도록 도와준다. 즉 스스로 생성한 생각을 통해서 경험하는 세계와 실재하는 세계를 구분하게 해 준다. 만일 여러분이 마음챙김 명상을 시도해 보고자 마음먹고 있다면, 경험이 풍부한 전문가의 도움을 받는 것이 중요하다. 대부분의 대도시에는 선(禪)이나 다른 명상센터들이 있으며, 인터넷이 많은 도움을 줄 수 있다. 예컨대, Kabat-Zinn의 웹사이트는 다양한 훈련용 테이프와 인쇄된 자료들을 제공하고 있다.

마음챙김과 긍정심리학 연구

최근의 한 개관(Shapiro et al., 2002)은 상당한 양의 연구들이 Kabat-Zinn이 기술한 유형의 마음챙김 명상이 제공하는 웰빙 이득을 밝히는 데 전념해 왔다는 사실을 지적하고 있다(Walsh & Shapiro, 2006). 초기 연구들의 과학적 엄격성과 시의적절성에 대한 비판이 있기는 하지만, Shapiro와 그녀의 동료들은 자신들이 긍정적 건강과 웰빙을 증진시키는 데 있어서 마음챙김의 가치를 지지하는 희망적인 출발을 대표하고 있다고 믿고 있다. 연구들은 정서적 건강과 신체적 건강(이완 그리고 질병이나 스트레스 또는 통증에 대한 보다 효과적인 대처와 같은)의 이득뿐만 아니라 마음챙김 명상을 자기실현, 즉 긍정적인 통제감, 정서적 성숙과 자율성, 그리고 기민성과 전념 그리고 주의집중의 고양 등과도 연계시켜왔다. Shapiro와 그녀의 동료들은 긍정심리학의 목표와 보다 직접적으로 관련된 것으로써, 5대 성격요인으로 평가해 볼 때 지극히 짧은 기간(1주 내지 6주)의 마음챙김 명상조차도 자존감, 행복감, 일상의 긍정적 감정을 증진시키고 성격을 성장시키는 것으로 나타난다는 사실을 보여주는 연구들을 언급하고 있다. 연구자들은 특히 외향성, 우호성, 경험에의 개방성, 정서적 안정성, 자존감, 행복감, 그리고 일상의 긍정적 감정을 증진시킨다는 결과를 얻어왔다. 또한 마음챙김은 공감과 신뢰와 같은 대인관계 행동의 증진 그리고 영적 관심과 경험에 대한 수용성의 증가와도 관련되어 왔다. 연구자들은 "명상이 생리적, 심리적, 그리고 대인관계적 웰빙을 증진시키는 것으로 보인다. 증진이 관찰된 특정한 내용에는 생리적 안정감과 행복감의 고양, 수용성, 응집감, 스트레스에 대한 저항능력, 공감과 자기조절 등이 포함된다. 따라서 명상은 사람들로 하여금 자신의 잠재력을 확인하고 실현하도록 도와줄 수 있다"고 결론내리고 있다(Shapiro et al., 2002, p. 638). 그렇기는 하지만 이들은 마음챙김을 웰빙의 고양과 연계시켜 주는 기제들에 대한 보다 체계적이고 잘 통제된 탐색이 필요하다는 사실도 지적한다.

Brown과 Ryan(2003, 2004)의 최근 연구는 선행연구들의 제한점들에 대처하기 위해서 요구되는 연구의 유형을 제안하고 있다. 앞에서 마음놓음에 대한 해독제로서 마음챙김을 논의할 때 지적한 바와 같이, Brown과 Ryan은 자기결정 이론의 조망을 가지고 마음챙김에 접근하는데, 특히 자율적이고 자기조절적 행위를 촉진시키는 마음챙김의 능력에 초점을 맞춘다. 이들은 잘 확립되어 있는 측정치들을 사용하여 마음챙김을 명확하게 정의하고 측정을 조작적으로 정의하고 검증하였으며, 잘 통제된 연구를 통해서 마음챙김과 웰빙의 증진 간의 관계를 보여주었다. 마음챙김을 "현재의 순간에 발생하고 있는 것을 개방적이거나 수용적으로 자각하고 그것에 주의를 집중하는 것"으로 정의한다(Brown & Ryan, 2004, p. 116).

Brown과 Ryan은 사람들이 '현재중심'의 자각수준에서 차이가 있을 것이라는 가정에 근거하여 마음챙김에 대해서 개인차 접근을 시도해 왔다. 즉 마음챙김 훈련을 받았었는가의 여부에 관계없이, 어떤 사람은 다른 사람보다 마음을 더 잘 챙길 수 있다. 이들은 일련의 연구에서 마음챙김 주의집중 자각 척도(Mindful Attention Awareness Scale : MAAS)를 개발하여 타당화시켰다. Brown과 Ryan(2003)은 통계학적으로 볼 때, 마음챙김을 측정하는 최선의 방법이 간접적인 것이라는 사실을 밝혀냈다. 아마도 마음챙김 사례보다 마음놓음의 사례가 보다 흔하고 쉽게 구분해 낼 수 있기 때문일 것이다. 다시 말해서 이들은 마음챙김을 마음놓음 행동의 부재를 가지고 측정한다. 이것이 문제일 수도 있겠지만, 타당화 연구들은 MAAS가 실제로 마음챙김의 존재를 측정하고 있다는 사실을 강력하게 시사한다. 참가자들은 마음놓음 사례들에 대해서 자신의 경험빈도를 6점 척도에서 평정한다(1=거의 항상 그리고 6=거의 전혀). 15문항으로 구성된 MAAS의 문항 예를 아래에 제시한다(Brown & Ryan, 2003, p. 826).

- "나는 어떤 정서를 경험하면서 시간이 어느 정도 지날 때까지 그것을 의식하지 못할 수도 있다."
- "나는 현재 일어나고 있는 사건에 계속해서 초점을 맞추고 있기가 어렵다."
- "나는 신체적 긴장이나 불편한 느낌이 실제로 나의 주의를 끌어당기지 않는 한 그것을 깨닫지 못하는 경향이 있다."
- "나는 현재 내가 하고 있는 것을 크게 자각하지 않은 채 '자동적으로 행동하고 있는' 것처럼 보인다."
- "나는 나의 행위에 주의를 실제로 기울이지 않은 채 급하게 빠져든다."

- "나는 달성하고자 원하는 목표에 집중함으로써 그 목표에 도달하기 위해서 지금 무엇을 하고 있는지를 느끼지 못하기도 한다."
- "나는 다른 사람의 이야기를 한쪽 귀를 들으면서 동시에 다른 일을 하고 있는 자신을 발견하곤 한다."
- "나는 미래나 과거에 매달려 있는 자신을 발견하곤 한다."
- "나는 내가 먹고 있는 것을 자각하지 않은 채 음식을 먹곤 한다."

다양한 표본에서 평가한 결과, MAAS는 우수한 검사-재검사 신뢰도를 보여주었으며, 자기의식, 자기모니터링, 반추-회고, 몰두, 경험에의 개방성 등과 같은 관련 경험의 측정치와 유의한 정적 상관과 부적 상관의 패턴을 보여주었다. MAAS는 주의집중, 경험의 명료성, 그리고 삶의 적극적 관여 등을 다루는 다른 척도들과 강력한 정적 상관관계를 보여준다. 마음챙김의 현재중심적 본질과 일치하는 맥락에서 MAAS는 반추(사건과 경험을 되뇌는 것)와 자기의식의 측정치들과는 약하거나 부적으로 상관되었다. 마음챙김은 주관적 웰빙과 행복론적 웰빙의 측정치 모두와 유의하게 정적으로 상관되며, 부정적 감정과는 부적으로 상관되어있다.

자기결정 이론(SDT)이 마음챙김과 자율성 간의 관계를 예언하고 있는 바와 같이, MAAS는 자율성, 유능성, 그리고 관계성의 측정치들과 정적으로 상관되었다. 이에 덧붙여서 마음챙김의 방향으로 고쳐 쓴 항목들로 구성된 동형 MAAS(즉 '그렇다' 반응은 마음챙김의 존재를 나타낸다)도 원래의 MAAS와 높은 정적 상관을 보였다($r = 0.7$). 총체적으로 볼 때, 이러한 결과들은 마음챙김 점수가 높은 사람들이 자신의 내적 경험과 외현적 행동 모두를 보다 잘 자각하며, SDT가 상술한 것과 같은 기본적인 심리적 욕구들의 충족을 보고할 가능성이 크다는 사실을 시사한다. 그렇기 때문에 마음챙김에서 낮은 점수를 받은 사람들보다 높은 수준의 웰빙을 즐기게 된다.

후속된 타당화 연구들을 보면, (1) 선 마음챙김 훈련을 적극적으로 받고 있는 학생들이 지역사회의 대응표본에 비해서 MAAS에서 유의하게 높은 점수를 받았으며, (2) 마음챙김 점수가 높은 사람들이 의식적으로 통제된 외현적 정서반응과 암묵적이고 직관적이며 무의식적인 반응 간에 보다 큰 조화를 보였으며, (3) 나날이 증가하는 마음챙김의 상태가 자율성의 증가와 낮은 수준의 부적 감정과 정적으로 상관되었으며, 그리고 (4) 마음챙김 훈련은 전립선암과 유방암으로 고생하고 있는 사람들에게 있어서 무드의 동요와 스트레스 수준을 감소시켰다는 사실을 알 수 있다. Brown과 Ryan(2003)은 "…마음챙김은 정신건강의 다양한 측면들에서 중차대한 역할을 담당하는 신뢰롭고 타당하게 측정되는 특징이다. 이러한 속성에 대한 후속 연구들은 웰빙 증진을 위한 중요하면서도 새로운 길을 열어줄 수 있다"고 결론 내리고 있다(p. 844).

가장 보편적인 수준에서 볼 때, 마음챙김은 자기이해의 증진에 근거하여 구축한 많은 웰빙 증진 개입 프로그램의 토대로 간주될 수 있다. 많은 개입 프로그램들이 공유하는 것은 사람들로 하여금 자기 자신을 자각하게 만들며, 현재에 초점을 맞추고, 자기 삶의 조건들과 의식적으로 선택한 행위들이 웰빙을 증진시키는 방법을 깨닫게 만드는 마음챙김 자각을 배양하는 능력이다. 예컨대, 사람들에게 감사의 표시를 보이거나, 상대방을 용서하거나, 의미충만한 목표에 대해서 적어보거나, 개인적으로 의미심장한 의도적 행위를 약속하도록 요구할 때, 자기 자신에 대해서 그리고 자신들을 행복하고 건강하게 만들어 주는 것에 대해서 중요한 것을 '발견'하게 된다. 마음챙김은 이러한 '발견'에 보다 수용적이게 되는 유형의 의식을 배양시키는 것이다.

마음챙김과 심리치료

마음챙김의 증가가 웰빙을 증진시키는 이유는 무엇인가? Walsh와 Shapiro(2006)는 명상 훈련이 많은 형태의 심리치료와 공유하고 있는 '정제된 자각'이 일차적 이유라고 주장한다. 이들이 지적하듯이, 고양된 자각은 그 자체로 치료적 자질과 건강을 증진시키는 자질이 된다는 아이디어가 동양의 명상 전통과 서양의 심리치료 모두에서 핵심적인 것이다. 자신을 명료하게 관찰하며 습관과 회고적 정서반응이라는 차단막을 치워버리는 것은 동서양 모두에 있어서 건강 기능의 토대로 간주된다.

심리치료 전문가인 두 번째 저자 Crothers는 마음챙김과 심리치료 간의 밀접한 연계를 한 눈에 알아본다. 삶이 고난이나 괴로운 상황 또는 외상적 경험을 겪을 때, 고통스러운 정서나 대처하고자 몸부림치는 불안에 속박되기가 십상이다. 흔히 '방어기제'에 매달리게 되는데, 방어기제는 위기나 높은 정서적 상황에서 계속해서 기능할 수 있도록 해 주기 때문에 짧은 기간에서는 매우 적응적이다. 그러나 비교적 긴 기간에 걸쳐서 경직된 채로 과도하게 사용하게 되면, 치유를 촉진시키는 직접적인 방식으로 고난에 대처할 기회를 박탈할 수 있다. 자신의 방어를 견지하기 위해서 너무나 많은 에너지를 사용함으로써 보다 직접적인 대처에 가용한 에너지가 거의 남아 있지 않게 된다.

요컨대, 심리치료는 마음챙김을 코치해 주는 방법이다. 내담자는 곤란한 상황의 수렁에 깊이 빠져서 자신의 삶을 붙잡고 있으려고 안간 힘을 쓰고 있는 상태에서 치료를 접할 수 있다. 이러한 상황에 처해 있을 때 사람들은 방어적으로 대처하려는 강한 경향성을 보이면서 어떤 대가를 치루더라도 자신의 감정을 회피하고자 한다. 만일 자신의 감정을 진정으로 느끼도록 내버려두면, 압도당하여 무력하게 될 것을 두려워한다. 자신의 강력한 정서를 무찔러야만 하는 '적'으로 경험한다. 유능한 심리치료자는 내담자가 통제력의 상실을 무서워하지 않으면서 자신의 정서에 당당하게 맞설 수 있다는 확신감을 제공해 준다.

내담자들은 심리치료자에게 전달하려고 시도하기 전까지는 놀라울 정도로 자신의 감정을 자각하지 못하고 있기 십상이다. 때로는 자신이 강력한 정서에 대해 소리 내어 말해 보는 것만으로도 마음챙김이 고양되기도 한다. 많은 경우에는 방어가 견고하기 그지없어서 치료자는 내담자가 자신의 진정한 소리를 듣도록 도와줄 필요가 있다. 이것은 흔히 모든 치료기법에서 가장 기본적이면서 오랜 세월 동안 인정되어 온 반영을 사용함으로써 성취될 수 있다. 심리치료자의 유능성은 의사소통에서 말한 측면과 말하지 않은 측면 모두에 예리하게 주의를 기울이고, 내담자가 자신을 자각할 수 있도록 마치 치료자가 거울을 들고 있는 것처럼 그 내용을 가능한 한 정확하게 되받아 주는 것이다. 이 책의 두 번째 저자 Crothers는 내담자가 마음 깊숙이 숨어 있는 정서적 내용을 정서가 철저하게 메말라 있는 것처럼 들리는 목소리로 말하는 것을 끊임없이 듣는다. 부드럽고 시기적절한 반영은 내담자로 하여금 차단되어 왔던 정서에 직면하도록 만들어 주기 십상이다. 이러한 순간에는 자주 눈물이 쏟아지며, 그러한 순간들은 격렬할 정도로 도전적이며 고통스러울 수가 있다. 그렇지만 이렇게 어려운 순간이야말로 심리치료에서 전환점이 되는 경우가 많다. 일단 진정한 정서를 인정하게 되면, 내담자가 정서를 억누르기 위해서 사용해 왔던 에너지가 치료 작업에 전용될 수 있기 때문이다. 요컨대, 일어난 사건은 심리치료자가 내담자를 마음챙김의 상태, 즉 강력한 정서를 인정하고 수용하며 껴안는 상태로 이끌어간 것이다. 일단 이 상태에 도달하면, 치료자는 내담자가 방어적 자세로 회기하지 않고 '그 감정을 유지하도록' 격려하게 된다. 이렇게 강렬한 마음챙김의 시간을 가진 후에, 내담자는 자신이 정서를 억누르려고 그토록 애를 쓰는 동안에 그 정서로 인해서 무력해지지 않고 그 정서를 꽤나 잘 극복하였고, 지금은 과거에 없었던 안도감과 총체감을 느낀다는 사실을 놀라움과 함께 담담하게 표현하기 십상이다.

Frederick Perls는 게슈탈트 심리치료로 알려진 치료적 접근을 개발하였다(Perls, 1969). 이 접근은 사람들이 부분들로 와해되며 불편하거나 고통스러운 것으로 간주하는 성격특성과 정서들을 자신의 것으로 인정하지 않으려고 할 때, 심리적 문제들이 발생한다는 아이디어에 근거한다. 게슈탈트 치료의 목표는 그동안 자신의 것으로 인정하지 않았던 정서와 성격의 측면들에 대한 내담자의 자각을 고양시켜서 총체감을 회복시키려는 것이다. 이것은 단지 특정한 유형의 고양된 마음챙김을 다르게 표현한 것일 뿐이다.

마음챙김과 심리치료 간의 연계에 대한 마지막 사례로는 우울에 대한 인지적 지원에 관한 Aaron Beck의 고전적 연구 그리고 효과적인 치료법으로서의 인지치료의 개발을 들 수 있다(Beck, 1967; Beck, Rush, Shaw, & Emery, 1979). Beck은 많은 우울증 환자들이 우울한 정서 상태를 부추기도록 자신의 경험을 부정적으로 해석하는 방식에 사로잡혀 있다는 사실을 발견하였다. 연구 결과들을 보면 우울한 사람들이 자신에게 일어나는 나쁜 일들은 모두 자신의 책임이라고 믿는 경향이 있다는 사실을 알 수 있다. 이들은 모든 상황에서 최악의 경우를 상정하며 불쾌한 경험의 발생을 전혀 통제할 수 없다고 느낀다(Abramson, Metalsky, & Alloy, 1989; Alloy & Abramson, 1979; Seligman, 1975). 인지치료는 내담자로 하여금 자신의 경험에 대한 해석(경험 그 자체가 아니라)이 우울에 악영향을 미친다는 것을 알 수 있도록 도와준다. 어떤 경우에는 하루를 지내면서 정서적 사건에 대한 자신이 즉각적인 반응을 기저에 깔려 있는 사고 패턴과 함께 기록하라는 특정한 숙제를 부여하기도 한다. 그런 다음에 덜 위해하고 덜 자기파괴적인 대안적 설명을 생각해 보도록 내담자를 격려한다.

감추려고 애써도 드러나는 정서적 문제의 신호는 사소한 일이 심각한 일이 되어버릴 때 나타난다. 중요한 타인으로부터의 전화를 기대하고 있는 우울한 사람은 전화가 오지 않는 것이 그가 자신에게 관심이 없기 때문이라고 생각할 수 있다. 예컨대, '또 하나의 실패한 관계' 또는 '사람들이 나를 알고 나면 나를 싫어한다' 고 생각할 수 있다. 인지치료의 핵심은 이렇게 비합리적이고 우울을 조장하는 설명을 자각하고, "아마도 일이 늦게 끝났는가 보다" 또는 "내가 전화걸 때를 기다리고 있는지도 몰라"와 같이 보다 합리적인 설명을 생각해 보도록 만드는 것이다. 인지치료를 통해서 보다 잘 자각하게 되는 것은 명상을 통해서 마음을 챙기는 것과 아주 유사하다. 둘은 모두 우리의 생각이 '실제'를 결정할 수 있는 방법에 관한 새로운 통찰로 이끌어간다. 이러한 통찰은 **탈동일시**(disidentification)라고 부르는 과정에서 유래할 수 있는데, 명상 훈련에서 사용하는 용어이지만 인지치료를 비롯한 여러 치료법에도 적용할 수 있는 것으로 보인다(Walsh & Shapiro, 2006). 탈동일시란 자신을 세밀하게 관찰하고 실제가 아니라 자신의 사고와 동일시하는 과정을 중지하는 것이다. 자신의 사고와 탈동일시 함으로써, 사고가 반응을 통제하는 힘을 상실하게 되고 실제로 일어나고 있는 사건과 그 사건에 대한 해석 간의 차이를 보다 명료하게 볼 수 있게 된다.

요컨대, 많은 심리치료 접근법들은 내담자 자각의 정확성을 고양시키고 명료하게 만들며 증진시켜서 내담자로 하여금 자신과 상황을 명확하게 볼 수 있도록 만든다는 목표를 가지고 있다. 명확한 자기이해, 자기수용, 그리고 자신의 온전한 정서경험의 인정과 용납이라는 새로운 입장을 취함으로써, 치료와 성장이 지극히 자연스럽고 자발적으로 발생하기 시작한다.

동양의 명상 훈련은 서양의 심리치료가 초점을 맞추고 있는 특수한 문제들을 넘어서는 것이다. 삶의 웰빙을 총체적으로 증진시키려는 접근을 추구한다(Wallace & Shapiro, 2006; Walsh & Shapiro, 2006). 마음챙김이 건강과 행복을 증진시키는 과정은 우울증에 대한 인지치료적 접근이 보여주는 유형의 기제들과 많은 공통점이 있는 것으로 보인다. 마음챙김이 비록 동양에서 유래하였으며 서양에서는 친숙하지 않은 것이기는 하지만, 처음에 생각하였던 것처럼 '신비주의적'이거나 '낯선' 것은 아니다.

동서양과 긍정심리학

동양 철학과 불교의 명상 전통이 번역되어 서양문화와 심리학에 유입됨에 따라서, 원래의 목적과 맥락의 많은 부분들이 떨어져나갔다. "그 결과로 대부분의 명상 연구에서 보편적이고 반복 가능한 기법으로서의 명상의 내용에 초점이 맞추어져 왔는데, 이것은 역사적으로 볼 때 명상을 포괄하고 있는 종교적 맥락과 철학적 맥락과는 분리된 것이다"(Shapiro et al., 2002, p. 39). 매우 복잡한 형식을 갖추고 있는 불교는 좋은 삶의 이미지 그리고 좋은 삶을 달성하는 방법에 대한 시사점 모두를 제공한다. 불경에는 행복과 균형 잡힌 삶의 의미 그리고 정신건강을 증진시키는 불교의 능력이 장황할 정도로 광범위하게 적혀 있다. 달라이 라마는 "삶의 목표가 행복을 추구하는 것이다"라고 일갈하였다(Dalai Lama in Dalai Lama & Cutler, 1998, p. 15, Wallace & Shapiro, 2006, p. 691에서 인용).

긍정심리학은 최근에 좋은 삶의 의미를 기술하고 정의하는 것에서부터 그것을 달성하는 방법을 탐색하는 쪽으로 이동해 왔다. 동양철학은 좋은 삶의 '내용'과 '방법' 모두에 대한 종합적인 밑그림을 제공한다. 여러 연구자들은 건강과 행복에 대한 동양의 아이디어가 그것을 달성하는 방법과 함께 긍정심리학의 미래를 위한 풍성한 연구주제를 제공할 수 있다고 제안해 왔다(McIntosh, 1997; Shapiro et al., 2002; Wallace & Shapiro, 2006). 웰빙의 마음챙김 접근을 내세우는 몇몇 주창자들은 긍정심리학이 깊이가 결여되어 있으며 웰빙을 증진시키는 단편적이고 간접적인 접근방식을 취하고 있다고 주장한다. 한 비평가가 지적하였듯이, "만일 당신 집의 벽이 무너지고 있다면, 단지 좋게 보이도록 만들기 위해서 새로운 비닐을 덧붙이는 것은 별 의미가 없다"(L. Rappoport, 개인 서신, 2007, 6. 14일). 우선 기본 구조를 살펴보고 수리하는 것이 보다 중요하다. 마음챙김은 자기 자신의 기본구조를 살펴보고 개조함으로써 보다 지속적일 가능성이 큰 탄탄한 토대 위에 개선과 변화를 구축하는 한 가지 방법일 수 있다. 마음챙김은 고전적인 인본주의 심리학 그리고 긍정심리학의 최근 연구들이 기술하고 있는 온전하게 기능하는 사람이 가지고 있는 많은 개인적 자질을 함양시키는 것으로 보인다. 여러 연구자들은 서양 형식과 동양 형식 모두의 마음챙김이 웰빙의 의미에 대한 사고 그리고 웰빙을 달성하는 방법에 대한 중차대한 조망을 제공해 준다고 제안해 왔다(Brown & Ryan, 2003, 2004; Demick, 2000; Kabat-Zinn, 1990, 1994; McIntosh, 1997; Wallace & Shapiro, 2006; Walsh & Shapiro, 2006).

그렇지만 웰빙으로 가는 길은 많다는 것도 의심할 바 없는 사실이다. 불교철학이 시사하는 바와 같이, 만일 부처는 도처에 있는 것이 사실이라면(이 말은 자각을 증진시킬 수 있는 기회는 우리 모두에게 있다는 것이다), 잘 훈련받은 세부적이고 목표가 있는 변화는 증진된 웰빙을 보다 잘 자각할 수 있는 길을 열어줄 수 있다. 자연을 관찰함으로써 보다 큰 삶의 조망에 눈이 뜨인 자연학자와 마찬가지로, 삶의 한 영역에서 집중적인 훈련은 다른 영역으로 확산될 수 있는 것이다.

웰빙에 대한 접근으로서 마음챙김의 한 가지 매혹적인 측면은 우리 모두가 따라 할 수 있는 간단한 처방으로 시작한다는 점이다. 너무나 많은 정보가 우리에게 주어지고 너무나 많은 사람과 활동이 우리의 주의와 시간 그리고 에너지를 끌어들이기 위해서 경쟁하는 오늘날의 문화생활에서 특히 중요한 처방일 수 있다. 좋은 삶에 대한 우리의 아이디어를 의식적으로 추구하기보다는 어지럽기 짝이 없고 광란에 가까운 삶의 페이스에 쉽게 매몰되고 외부의 압력에 떠밀려갈 수 있다. 마음챙김은 조금 속도를 늦추고 우리의 마음과 우리를 둘러싸고 있는 세상에서 진행되고 있는 것을 보다 자각할 것을 생각하게 만들어 준다. 무엇보다도 마음챙김은 주의를 집중할 것을 상기시키고 있는 것이다!

이 장의 요약문제

1. 전통심리학과 달리, '영상의 삶'이라고 기술할 때 행복과 건강의 의미는 무엇인가?

2. Cory Keyes는 어떻게 정신건강의 연속선을 만들어 내고 질병의 부재로 건강을 정의하는 것의 제한점을 극복하였는가?

3. 이 책의 저자들에 따르면, 긍정심리학에서 진정으로 새로운 것은 무엇인가?

4. Seligman에 따르면 '좋은 삶'의 세 가지 요소는 무엇인가? 각 요소들을 간략하게 기술하라.

5. Lyubomirsky와 그의 동료들에 따르면, 행복의 수준을 증진시키는 것을 방해하는 주요 장애물은 무엇인가?

6. a. 의도적 활동과 자기조화적 목표는 어떻게 장기적 행복을 증진시키는 데 도움이 되는가?

   b. '웰빙의 상승' 가능성에 있어서 제한점과 자질은 무엇인가?

7. Seligman과 그의 동료들의 연구에 따르면, 긍정심리치료의 주요 요소는 무엇이며, 우울증을 치료하는 데 있어서 이 접근방법이 얼마나 성공적인가?

8. 웰빙 치료란 무엇이며, 어떻게 심리적 웰빙에 대한 Ryff의 6차원 수정모델에 기초하고 있는 것인가?

9. a. 긴밀한 관계를 '유념'하는 데 수반된 행동과 사고방식은 무엇인가?

   b. 성공적인 '유념하기'에 진정성이 중요한 이유는 무엇인가?

10. 마음놓음을 특징짓는 것은 무엇이며, 자동성은 어떻게 이러한 심적 상태에 영향을 미치는 것인가?

11. 마음챙김 자각은 어떻게 레이더 시스템의 민감도를 증가시킴으로써 비편중되고 무판단적인 입장에서 보다 많은 것을 볼 수 있는 것에 유추할 수 있는 것인가?

12. a. PTG 효과와 테러 대처 이론과 관련된 생자
      필멸 현저성 효과 간의 차이는 무엇인가?

   b. 죽음의 대리적 경험이 PTG 효과와 유사한
      효과를 갖기 위해서는 어떤 조건이 필요한
      것인가?

13. a. 마음챙김 명상의 목적은 무엇인가?

   b. Kabat-Zinn에 따르면, 마음챙김 명상의 일
      곱 가지 주요 속성들은 무엇인가?

14. Brown과 Ryan이 개발한 MAAS에서는 마음챙

김을 어떻게 정의하는가?

15. 자기결정 이론의 조망에서 볼 때, 마음챙김이
    웰빙을 증진시키는 이유는 무엇인가?

16. 마음챙김 훈련과 심리치료가 공통으로 가지고
    있는 것은 무엇인가?

17. 어떻게 동양철학 전통이 좋은 삶의 의미와 수
    단에 대한 긍정심리학의 아이디어를 개선시켜
    주는가?

핵심용어

긍정심리치료

놓아줌

마음놓음

마음챙김

마음챙김 명상

몰두하는 삶

무판단

비분투

생자필멸의 현저성

쇠약

수용

신뢰

온건한 정신건강

융성

의미충만한 삶

인내심

정신질환

죽음 숙고

즐거운 삶

초심

탈동일시

관련 웹사이트

가치실천(VIA) 프로젝트

www.viastrenghs.org/index.aspx?ContentID=1
VIA 프로젝트 웹사이트이다. 링크를 따라서 VIA
측정도구에 들어가면, 등록하고(무료다) 성격강점
검사의 원본이나 축약본을 받아볼 수 있다. 검사
는 당신의 '서명'에 해당하는 성격강점들의 프로

파일을 제공해 줄 것이다. 당신의 인구통계학적
정보를 입력해야 하는데, 그 정보는 성격강점에 관
한 온라인 연구에서 당신의 반응과 함께 사용된다.

진정한 행복

www.authenticphappiness.sas.upenn.edu 펜실

베이니아대학교 Martin Seligman의 웹사이트이다. 위에서 소개한 VIA 프로젝트의 성격강점 측정치들을 이 사이트에서도 찾아볼 수 있다. 또한 당신의 전반적 행복감과 성격강점을 평가해 볼 수 있는 전체 검사 프로파일도 얻을 수 있다. 검사를 받고 그 점수를 보려면 로그인하고 패스워드를 만든 다음에 인구통계학적 정보를 입력해야 한다. 모든 검사의 점수 프로파일이 작성되어 언제든지 확인해볼 수 있다.

마음챙김

마음챙김을 키워드로 집어넣으면, 수많은 유용한 사이트들을 찾아볼 수 있다. 대부분의 사이트들은 동양의 명상훈련과 관련되어 있다. 서양의 이론적 심리학과 연계된 사이트들의 목록이 *www. umass-med. edu/cfm/index. aspx*에 소개되어 있다. 이 사이트는 미국 매사추세츠대학교 의과대학에 있는 마음챙김센터(CFM)의 사이트이다. 마음챙김과 건강증진의 이점을 이해하는 데 있어서 포괄적이고 매우 유용한 사이트이다.

www. umassmed. edu/behavmed/faculty/kabat-zinn. cfm 이 사이트도 매사추세츠대학교 의과대학에 있는 Kabat-Zinn의 사이트이다. Kabart-Zinn의 선구자적인 연구들 그리고 마음챙김 명상의 치료적 사용에 관한 정보들이 들어 있다.

읽을거리

Brown, W. K., & Ryan, R. M. (2003). The benefits of being present: Mindfulness and its role in psychological well-being. *Journal of Personality and Social Psychology, 84,* 822-848.

Harvey, J. H., & Omarzu, J. (1999). *Minding the close relationship: A theory of relationship enhancement.* New York: Cambridge University Press.

Kabat-Zinn, J. (1990). *Full catastrophe living: Using the wisdom of your body and mind to face stress, pain, and illness.* New York, Delacourt.

Kabat-Zinn, J. (1994). *Wherever you go there you are: Mindfulness meditation in everyday life.* New York: Hyperion.

Keyes, C. L. M. (2005). Mental illness and/or mental health? Investigating the axioms of the complete state of mental health. *Journal of Counseling and Clinical Psychology, 73,* 539-548.

Keyes, C. L. M. (2007). Promoting and protecting mental health and flourishing: A complementary strategy for improving national mental health. *American Psychologist, 62,* 95-108.

Langer, E. J. (1989). Mindfulness. Reading, MA: Addison-Wesley.

Lyubomirsky, S., Sheldon, K. M., & Schkade, D. (2005). Pursuing happiness: The architecture of sustainable change. *Review of General Psychology, 9,* 111-131.

Ryff, C. D., & Singer, B. (1998). The contours of positive human health. *Psychological Inquiry, 9*, 1-28.

Seligman, M. E. P., Steen, T. A., Park, N., & Peterson, C. (2005). Positive psychology progress: Empirical validation of interventions. *American Psychologist, 60*, 410-421.

Wallace, B. A., & Shapiro, S. L. (2006). Mental balance and well-being: Building bridges between Buddhism and Western psychology. *American Psychologist, 61*, 690-701.

Walsh, R., & Shapiro, S. L. (2006). The meeting of meditative disciplines and Western psychology. *American Psychologist, 61*, 227-239.

참고문헌

Abramson, L. Y., Metalsky, G. I., & Alloy, L. B. (1989). Hopelessness depression: A theory-based subtype of depression. *Psychological Review, 96*, 358–372.

Abramson, L. Y., Seligman, M. E. P., & Teasdale, J. D. (1978). Learned Helplessness in humans: Critique and reformulation. *Journal of Abnormal Psychology, 87*, 49–74.

Adams, A. (1985). *Ansel Adams: An autobiography.* Boston: Little, Brown.

Affleck, G., & Tennen, H. (1996). Construing benefits from adversity: Adaptational significance and dispositional underpinnings. *Journal of Personality, 64*, 899–902.

Affleck, G., Tennen, H., & Apter, A. (2002). Optimism, pessimism, and daily life with chronic illness. In E. C. Chang (Ed.), *Optimism & pessimism: Implications for theory, research, and practice* (pp. 147–168). Washington, DC: American Psychological Association.

Ainsworth, M. D. S. (1989). Attachments beyond infancy. *American Psychologist, 44*, 709–716.

Ainsworth, M. D. S., Blehar, M. C., Waters, E., & Wall, S. (1978). *Patterns of attachment: A psychological study of the strange situation.* Hillsdale, NJ: Lawrence Erlbaum.

Allgeier, E. R., & Wiederman, M. W. (1991). Love and mate selection in the 1990s. *Free Inquiry, 11*, 25–27.

Alloy, L. B., & Abramson, L. Y. (1979). Judgment of contingency in depressed and nondepressed students: Sadder but wiser? *Journal of Experimental Psychology: General, 108*, 441–485.

Allport, G. W. (1937). *Personality: A psychological interpretation.* New York: Holt.

Allport, G. W. (1958). *The nature of prejudice* (abridged). Garden City, NY: Anchor Books.

Allport, G. W., & Ross, J. M. (1967). Personal religious orientation and prejudice. *Journal of Personality and Social Psychology, 5,* 432–443.

Altman, I. (1973). Reciprocity of interpersonal exchange. *Journal for the Theory of Social Behavior, 3*, 249–261.

Altman, I., & Taylor, D. A. (1973). *Social penetration: The development of interpersonal relationships.* New York: Holt Rinehart & Winston.

Amato, P. R., & Previti, D. (2003). People's reasons for divorcing: Gender, social class, the life course, and adjustment. *Journal of Family Issues, 24*, 602–624.

American Psychiatric Association (2000). *Diagnostic and statistical manual of mental disorders* (4th ed., Text Rev.). Washington, DC: Author.

Ames, E. W. (1997). *The development of Romanian orphanage children adopted to Canada* (Final report to the National Welfare Grants Program: Human Resources Development Canada). Burnaby, British Columbia, Canada: Simon Fraser University.

Andrews, F. M., & Robinson, J. P. (1992). Measures of subjective well-being. In J. P. Robinson, P. R. Shaver, & L. S. Wrightsman (Eds.), *Measures of personality and social psychological attitudes* (pp. 61–114). San Diego, CA: Academic Press.

Andrews, F. M., & Withey, S. B. (1976). *Social indicators of well-being: Americans' perception of life quality.* New York: Plenum Press.

Antonucci, T., & Jackson, J. (1983). Physical health and self-esteem. *Family and Community Health, 6*, 1–9.

Archer, J. (2005). Are women or men the more aggressive sex? In S. Fein, G. R. Goethals, & M. J. Sanderstrom (Eds.), *Gender and aggression: Interdisciplinary perspectives.* Mahwah, NJ: Lawrence Erlbaum.

Archer, J., & Coyne, S. M. (2005). An integrated review of indirect, relational, and social aggression. *Personality and Social Psychology Review, 9*, 212–230.

Arendt, H. (1963). *Eichman in Jerusalem: A report on the banality of evil.* New York: Viking Press.

Argyle, M. (1999). Causes and correlates of happiness. In D. Kahneman, E. Diener, & F. Strack (Eds.), *Well-being: The foundations of hedonic psychology* (pp. 353–373). New York: Russell Sage Foundation.

Argyle, M. (2001). *The psychology of happiness* (2nd ed.). Great Britain: Routledge.

Argyle, M., & Henderson, M. (1984). The rules of friendship. *Journal of Social and Personal Relationships, 1*, 211–237.

Argyle, M., & Henderson, M. (1985). *The anatomy of relationships.* London: Penguin Books.

Aron, A., Aron, E. N., & Smollan, D. (1992). Inclusion of Other in the Self Scale and the structure of interpersonal closeness. *Journal of Personality and Social Psychology, 63*, 596–612.

Aron, A., Melinat, E., Aron, E. N., Vallone, R. D., & Bator, R. (1997). The experimental generation of interpersonal closeness: A procedure and some preliminary findings. *Personality and Social Psychology Bulletin, 23*, 363–377.

Aron, A., Norman, C. C., Aron, E. N., McKenna, C., & Heyman, R. E. (2000). Couples' shared participation in novel and arousing activities and experienced relationship quality. *Journal of Personality and Social Psychology, 78*, 273–284.

Aron, A., & Westbay, L. (1996). Dimensions of the prototype of love. *Journal of Personality and Social Psychology, 70*, 535–551.

Arroyo, C. G., & Zigler, E. (1995). Racial identity, academic achievement, and the psychological well-being of economically disadvantaged adolescents. *Journal of Personality and Social Psychology, 69*, 903–914.

Aspinwall, L. G. (1998). Rethinking the role of positive affect in self-regulation. *Motivation and Emotion, 22*, 1–32.

Aspinwall, L. G., Richter, L., & Hoffman-III, R. R. (2002). Understanding how optimism works: An examination of optimists' adaptive moderation of belief and behavior. In E. C. Chang (Ed.), *Optimism & pessimism: Implications for theory, research, and practice* (pp. 217–238). Washington, DC: American Psychological Association.

Aspinwall, L. G., & Staudinger, U. M. (Eds.). (2003). *A psychology of human strengths: Fundamental questions and future directions for a positive psychology.* Washington, DC: American Psychological Association.

Aspinwall, L. G., & Taylor, S. E. (1992). Modeling cognitive adaptation: A longitudinal investigation of the impact of individual differences and coping on college adjustment and performance. *Journal of Personality and Social Psychology, 63*, 989–1003.

Aspinwall, L. G., & Taylor, S. E. (1997). A stitch in time: Self-regulation and proactive coping. *Psychological Bulletin, 99*, 229–246.

Austin, J. T., & Vancouver, J. B. (1996). Goal constructs in psychology: Structure, process, and content. *Psychological Bulletin, 120*, 338–375.

Baltes, P. B. (1993). The aging mind: Potential and limits. *Gerontologist, 33*, 580–594.

Baltes, P. B. (1997). On the incomplete architecture of human ontogeny: Selection, optimization, and compensation as foundation of developmental theory. *American Psychologist, 52*, 366–380.

Baltes, P. B., & Baltes, M. M. (Eds.). (1990). *Successful aging: Perspectives from the behavioral sciences.* New York: Cambridge University Press.

Baltes, P. B., & Freund, A. M. (2003a). Human strengths as the orchestration of wisdom and selective optimization with compensation. In L. G. Aspinwall & U. M. Staudinger (Eds.), *A psychology of human strengths: Fundamental questions and future directions for a positive psychology* (pp. 23–35). Washington, DC: American Psychological Association.

Baltes, P. B., & Freund, A. M. (2003b). The intermarriage of wisdom and selective optimization with compensation: Two meta-heuristics guiding the conduct of life. In C. L. M. Keyes & J. Haidt (Eds.), *Flourishing: Positive psychology and the life well-lived* (pp. 249–273). Washington, DC: American Psychological Association.

Baltes, P. B., Gluck, J., & Kunzman, U. (2002). Wisdom: Its structure and function in regulating successful life span development. In C. R. Snyder & S. J. Lopez (Eds.), *Handbook of positive psychology* (pp. 327–346). New York: Oxford University Press.

Baltes, P. B., & Smith, J. (1990). The psychology of wisdom and its ontogenesis. In R. J. Sternberg (Ed.), *Wisdom: Its nature, origins and development* (pp. 8–120). New York: Cambridge University Press.

Baltes, P. B., & Staudinger, U. M. (2000). Wisdom: A meta-heuristic (pragmatic) to orchestrate mind and virtue towards excellence. *American Psychologist, 55*, 122–136.

Bandura, A. (1977). Self-efficacy: Toward a unifying theory of behavioral change. *Psychological Review, 84*, 191–215.

Bandura, A. (1997). *Self-efficacy: The exercise of control.* New York: W.H. Freeman.

Bandura, A. (1999). A sociocognitive analysis of substance abuse: An agentic perspective. *Psychological Science, 10*, 214–218.

Bargh, J. A. (1996). Principles of automaticity. In E. T. Higgins & A. Kruglanski (Eds.), *Social psychology: Handbook of basic principles* (pp. 169–183). New York: Guilford Press.

Bargh, J. A., & Chartrand, T. L. (1999). The unbearable automaticity of being. *American Psychologist, 54*, 462–479.

Barrett, L. M. (2006). Solving the emotion paradox: Categorization and the experience of emotions. *Personality and Social Psychology Review, 10*, 20–46.

Bartholomew, K. (1990). Avoidance of intimacy: An attachment perspective. *Journal of Personal and Social Relationships, 7*, 147–178.

Bartholomew, K., & Horowitz, L. M. (1991). Attachment styles among young adults: A test of a four-category model. *Journal of Personality and Social Psychology, 61*, 226–244.

Bartholomew, K., & Shaver, P. R. (1998). Measures of attachment: Do they converge? In J. A. Simpson & W. S. Rholes (Eds.), *Attachment theory and close relationships* (pp. 25–45). New York: Guildford Press.

Batson, C. D., Schoenrade, P., & Ventis, W. L. (1993). *Religion and the individual: A social-psychological perspective.* New York: Oxford University Press.

Baumeister, R. F. (1990). Suicide as escape from self. *Psychological Review, 97*, 90–113.

Baumeister, R. F. (1991). *Meanings of life.* New York: Guilford Press.

Baumeister, R. F. (1992). *Self-esteem: The puzzle of low self-regard.* New York: Plenum Press.

Baumeister, R. F. (1998). The self. In D. T. Gilbert, S. T. Fiske, & G. Lindzey (Eds.), *The handbook of social psychology* (4th ed., Vol. 1, pp. 680–740). New York: McGraw-Hill.

Baumeister, R. F. (Ed.). (1999). *The self in social psychology.* Philadelphia, PA: Psychology Press.

Baumeister, R. F., & Bratslavsky, E. (1999). Passion, intimacy and time: Passionate love as a function of change in intimacy. *Personality and Social Psychology Review, 3*, 49–67.

Baumeister, R. F., Bratslavsky, E., Finkenauer, C., & Vohs, K. D. (2001). The bad is stronger than the good. *Review of General Psychology, 5*, 323–370.

Baumeister, R. F., Bratslavsky, E., Muraven, M., & Tice, D. M. (1998). Ego-depletion: Is the active self a limited resource? *Journal of Personality and Social Psychology, 74*, 1252–1265.

Baumeister, R. F., Campbell, J. D., Krueger, J. I., & Vohs, K. D. (2003). Does high self-esteem cause better performance, interpersonal success, happiness, or healthier lifestyles? *Psychological Science in the Public Interest, 4*, 1–44.

Baumeister, R. F., Campbell, J. D., Krueger, J. I., & Vohs, K. D. (2005). Exploding the self-esteem myth. *Scientific American, 292*, 84–91.

Baumeister, R. F., & Exline, J. J. (1999). Virtue, personality, and social relations: Self-control as a moral muscle. *Journal of Personality, 67*, 1165–1194.

Baumeister, R. F., Heatherton, T. F., & Tice, D. M. (1994). *Losing control: How and why people fail at self-regulation.* San Diego, CA: Academic Press.

Baumeister, R., & Leary, M. R. (1995). The need to belong: Desire for interpersonal attachments as a fundamental human motivation. *Psychological Bulletin, 117*, 497–529.

Baumeister, R. F., Tice, D. M., & Hutton, D. G. (1989). Self-presentational motivations and personality differences in self-esteem. *Journal of Personality and Social Psychology, 57*, 547–579.

Baumeister, R., & Vohs, K. D. (2002). The pursuit of meaningfulness in life. In C. R. Snyder & S. J. Lopez (Eds.), *Handbook of positive psychology* (pp. 608–617). New York: Oxford University Press.

Baumgardner, S. R. (1989). *College and jobs: Conversations with recent graduates.* New York: Human Sciences Press.

Baumgardner, S. R. (2001). Multiplicity at work: Reinventing the self in the new economy. Paper presented at meeting of the International Society for Theoretical Psychology, Calgary, Alberta.

Baxter, L. A. (1986). Gender differences on the heterosexual relationship rules embedded in break-up accounts. *Journal of Social and Personal Relationships, 3*, 289–306.

Beck, A. T. (1967). *Cognitive therapy and the emotional disorders.* New York: Meridian.

Beck, A. T., Rush, A. J., Shaw, B. F., & Emery, G. (1979). *Cognitive therapy of depression.* New York: Guilford Press.

Becker, E. (1973). *The denial of death.* New York: Free Press.

Berkman, L. F., & Syme, S. L. (1979). Social networks, host resistance, and mortality. *American Journal of Epidemiology, 109*, 186–204.

Berscheid, E. (2003). The human's greatest strength: Other humans. In L. G. Aspinwall & U. M. Staudinger (Eds.), *A psychology of human strengths: Fundamental questions and future directions for a positive psychology* (pp. 37–48). Washington, DC: American Psychological Association.

Berscheid, E., & Campbell, B. (1981). The changing longevity of heterosexual close relationships: A commentary and forecast. In M. J. Lerner & S. C. Lerner (Eds.), *The justice motive in social behavior* (pp. 31–60). New York: Academic Press.

Berscheid, E., & Reis, H. T. (1998). Attraction and close relationships. In D. T. Gilbert, S. T. Fiske, & G. Lindzey (Eds.), *The handbook of social psychology* (4th ed., Vol. 2, pp. 193–281). New York: McGraw-Hill.

Berscheid, E., & Walster, E. (1978). *Interpersonal attraction* (2nd ed.). Reading, MA: Addison-Wesley.

Betancourt, H., & Lopez, S. R. (1993). The study of culture, ethnicity, and race in American psychology. *American Psychologist, 48*, 629–637.

Bettencourt, B. A., & Miller, N. (1996). Sex differences in aggression as a function of provocation: A meta-analysis. *Psychological Bulletin, 119*, 442–447.

Birgegard, A., & Granqvist, P. (2004). The correspondence between attachment to parents and God: Three experiments using subliminal separation cues. *Personality and Social Psychology Bulletin, 30*, 1122–1135.

Bishop, S. R. (2002). What do we really know about mindfulness-based stress reduction? *Psychosomatic Medicine, 64*, 71–84.

Biswas-Diener, R., & Diener, E. (2001). Making less of a bad situation: Satisfaction in the slums of Calcutta. *Social Indicators Research, 55*, 329–352.

Blatt, S. J. (1995). The destructiveness of perfectionism: Implications for the treatment of depression. *American Psychologist, 50*, 1003–1020.

Block, J. H., & Block, J. (1980). The role of ego-control and ego-resiliency in the organization of behavior. In W. A. Collins (Ed.), *Development of cognition, affect and social relations: The Minnesota Symposium on Child Development* (Vol. 13, pp. 39–101). Hillsdale, NJ: Lawrence Erlbaum.

Bogart, L. M., & Helgeson, V. S. (2000). Social comparisons among women with breast cancer: A longitudinal investigation. *Journal of Applied Social Psychology, 30*, 547–575.

Boldero, J., & Francis, J. (2002). Goals, standards, and the self: Reference values serving different functions. *Personality and Social Psychology Review, 6*, 232–241.

Bonanno, G. A. (2004). Loss, trauma and human resilience: Have we underestimated the human capacity to thrive after extremely aversive events? *American Psychologist, 59*, 20–28.

Bonanno, G. A., & Keltner, D. (1997). Facial expressions of emotion and the course of conjugal bereavement. *Journal of Abnormal Psychology, 106*, 126–137.

Bond, M. H., & Cheung, T. (1983). College students' spontaneous self-concept: The effect of culture among respondents in Hong Kong, Japan and the United States. *Journal of Cross-Cultural Psychology, 14*, 153–171.

Bono, G., Emmons, R. A., & McCullough, M. E. (2004). Gratitude in practice and the practice of gratitude.

In P. A. Linley & S. Joseph (Eds.), *Positive psychology in practice* (pp. 464–481). Hoboken, NJ: John Wiley & Sons.

Borges, M. A., & Dutton, L. J. (1976). Attitudes toward aging. *The Gerontologist, 16,* 220–224.

Bouchard, T. J. (2004). Genetic influence on human psychological traits: A survey. *Current Directions in Psychological Science, 13,* 148–151.

Bowlby, J. (1988). *A secure base: Parent-child attachment and healthy development.* London, UK: Basic Books.

Bradburn, N. M. (1969). *The structure of psychological well-being.* Chicago: Aldine.

Bradbury, T. N. (Ed.). (1998). *The developmental course of marital dysfunction.* Cambridge, England: Cambridge University Press.

Bradbury, T. N., & Fincham, F. D. (1990). Attributions in marriage: Review and critique. *Psychological Bulletin, 107,* 3–33.

Brandstatter, V., Lengfelder, A., & Gollwitzer, P. M. (2001). Implementation intentions and efficient action initiation. *Journal of Personality and Social Psychology, 81,* 946–960.

Brennan, K. A., Clark, C. L., & Shaver, P. R. (1998). Self-report measures of adult attachment: An integrative overview. In J. A. Simpson & W. S. Rholes (Eds.), *Attachment theory and close relationships* (pp. 46–76). New York: Guilford Press.

Brickman, P. (1987). *Commitment, conflict and caring.* Englewood Cliffs, NJ: Prentice-Hall.

Brickman, P., & Campbell, D. (1971). Hedonic relativism and planning the good society. In M. H. Appley (Ed.), *Adaptation-level theory: A symposium* (pp. 287–302). New York: Academic Press.

Brickman, P. D., Coates, D., & Janoff-Bulman, R. (1978). Lottery winners and accident victims: Is happiness relative? *Journal of Personality and Social Psychology, 36,* 917–927.

Brief, A. P., Butcher, A. H., George, J. M., & Link, K. E. (1993). Integrating bottom-up and top-down theories of subjective well-being: The case of health. *Journal of Personality and Social Psychology, 64,* 646–653.

Brody, L. R., & Hall, J. A. (1993). Gender and emotion. In M. Lewis & J. M. Haviland (Eds.), *Handbook of emotions* (pp. 447–460). New York: Guilford Press.

Brown, K. W., & Ryan, R. M. (2003). The benefits of being present: Mindfulness and its role in psychological well-being. *Journal of Personality and Social Psychology, 84,* 822–848.

Brown, K. W., & Ryan, R. M. (2004). Fostering healthy self-regulation from within and without: A self-determination theory perspective. In P. A. Linley & S. Joseph (Eds.), *Positive psychology in practice* (pp. 105–124). New York: John Wiley & Sons.

Brumbaugh, C. C., & Fraley, R. C. (2006). Transference and attachment: How do attachment patterns get carried forward from one relationship to the next? *Personality and Social Psychology Bulletin, 32,* 552–560.

Bruner, J. (1990). Culture and human development: A new look. *Human Development, 33,* 344–355.

Brunstein, J. C. (1993). Personal goals and subjective well-being: A longitudinal study. *Journal of Personality and Social Psychology, 65,* 1061–1070.

Brunstein, J. C., Schultheiss, O. C., & Grassman, R. (1998). Personal goals and emotional well-being: The moderating role of motive dispositions. *Journal of Personality and Social Psychology, 75,* 494–508.

Bryant, C. M., Bolland, J. M., Burton, L. M., Hurt, T., & Bryant, B. M. (2006). The changing social context of relationships. In P. Noller & J. A. Feeney (Eds.), *Close relationships: Functions, forms and processes* (pp. 25–47). New York: Psychology Press.

Bryant, F. B., & Verhoff, J. (1982). The structure of psychological well-being: A sociohistorical analysis. *Journal of Personality and Social Psychology, 43,* 653–673.

Bryant, F. B., & Verhoff, J. (2007). *Savoring: A new model of positive experience.* Mahwah, NJ: Lawrence Erlbaum.

Buckner, J. C., Mezzacappa, E., & Beardslee, W. R. (2003). Characteristics of resilient youths living in poverty: The role of self-regulatory processes. *Development and Psychopathology, 15,* 139–162.

Buss, D. M. (1994). *The evolution of desire.* New York: Basic Books.

Cacioppo, J. T., Berntson, G. G., Larsen, J. T., Poehlmann, K. M., & Ito, T. A. (2000). The psychophysiology of emotions. In M. Lewis & J. M. Haviland-Jones (Eds.), *Handbook of emotions* (2nd ed., pp. 173–191). New York: Guilford Press.

California Task Force to Promote Self-Esteem and Personal and Social Responsibility (1990). *Toward a state of self-esteem.* Sacramento, CA: California State Department of Education.

Campbell, A., Converse, P. E., & Rodgers, W. L. (1976). *The quality of American life.* New York: Russell Sage Foundation.

Campbell, J. (1988). *The power of myth.* New York: Doubleday.

Campbell, J. (1993). *Myths to live by.* New York: Viking Penguin.

Campbell, J. D., Chew, B., & Scratchley, L. S. (1991). Cognitive and emotional reactions to daily events: The effects of self-esteem and self-complexity. *Journal of Personality, 59,* 473–493.

Campbell, L., Lackenbauer, S. D., & Muise, A. (2006). When is being known or adored by romantic partners beneficial? Self-perceptions, relationship length, and responses to partner's verifying and enhancing appraisal. *Personality and Social Psychology Bulletin, 32,* 1283–1294.

Cantor, N. (1990). From thought to behavior: "Having" and "doing" in the study of personality and cognition. *American Psychologist, 45,* 735–750.

Cantor, N., & Sanderson, C. A. (1999). Life task participation and well-being: The importance of taking part in daily life. In D. Kahneman, E. Diener, & N. Schwarz (Eds.), *Well-being: The foundations of hedonic psychology* (pp. 230–243). New York: Russell Sage Foundation.

Cantor, N., & Zirkel, S. (1990). Personality, cognition, and purposive behavior. In L. A. Pervin (Ed.), *Handbook of personality: Theory and research* (pp. 135–164). New York: Guilford Press.

Carlson, E. A., Sroufe, L. A., & Egeland, B. (2004). The construction of experience: A longitudinal study of representation and behavior. *Child Development, 75,* 66–83.

Carstensen, L. L. (1992). Social and emotional patterns in adulthood: Support for socioemotional selectivity theory. *Psychology and Aging, 7,* 331–338.

Carstensen, L. L. (1998). A life-span approach to motivation. In J. Heckhausen & C. S. Dweck (Eds.), *Motivation and self-regulation across the life span* (pp. 341–364). New York: Cambridge University Press.

Carstensen, L. L., & Charles, S. T. (2003). Human aging: Why is even the good news taken as bad? In L. G. Aspinwall & U. M. Staudinger (Eds.), *A psychology of human strengths: Fundamental questions and future directions for a positive psychology* (pp. 75–86). Washington, DC: American Psychological Association.

Carstensen, L. L., & Freund, A. (1994). The resilience of the aging self. *Developmental Review, 14,* 81–92.

Carstensen, L. L., Graff, J., Levenson, R. W., & Gottman, J. M. (1996). Affect in intimate relationships: A developmental course of marriage. In C. Magai & S. H. McFadden (Eds.), *Handbook of emotion, adult development, and aging* (pp. 227–247). New York: Academic Press.

Carstensen, L. L., Gross, J. J., & Fung, H. (1998). The social context of emotional experience. In K. W. Schaie & M. P. Lawton (Eds.), *Annual Review of Gerontology and Geriatrics: Vol. 17. Focus on emotion and development* (pp. 325–352). New York: Springer.

Carstensen, L. L., Isaacowitz, D. M., & Charles, S. T. (1999). Taking time seriously: A theory of socioemotional selectivity. *American Psychologist, 54,* 165–181.

Carstensen, L. L., Pasupathi, P., Mayr, U., & Nesselroade, J. R. (2000). Emotional experience in everyday life across the adult life span. *Journal of Personality and Social Psychology, 79,* 644–655.

Carter, C. S. (1998). Neuroendocrine perspectives on social attachment and love. *Psychoneuroendocrinology, 23,* 779–818.

Carvallo, M., & Gabriel, S. (2006). No man is an island: The need to belong and dismissing avoidant attachment style. *Personality and Social Psychology Bulletin, 32,* 697–709.

Carver, C. S. (2005). Impulse and constraint: Perspectives from personality psychology, convergence with theory in other areas, and potential integration. *Personality and Social Psychology Review, 9,* 312–333.

Carver, C. S., & Baird, E. (1998). The American dream revisited: Is it what you want or why you want it that matters? *Psychological Science, 9,* 289–292.

Carver, C. S., & Gaines, J. G. (1987). Optimism, pessimism and postpartum depression. *Cognitive Therapy and Research, 11,* 449–462.

Carver, C. S., Pozo, C., Harris, S. D., Noriega, V., Scheier, M. F., Robinson, D. S., Ketcham, A. S., Moffat, F. L., & Clark, K. C. (1993). How coping mediates the effects of optimism on distress: A study of women with early stage breast cancer. *Journal of Personality and Social Psychology, 65,* 375–390.

Carver, C. S., & Scheier, M. F. (1982). Control theory: A useful conceptual framework for personality-social, clinical, and health psychology. *Psychological Bulletin, 42,* 111–135.

Carver, C. S., & Scheier, M. F. (1998). *On the self-regulation of behavior.* New York: Cambridge University Press.

Carver, C. S., & Scheier, M. (2002a). Optimism. In S. J. Lopez & C. R. Snyder (Eds.), *Positive psychological assessment: A handbook of models and measures* (pp. 75–90). Washington, DC: American Psychological Association.

Carver, C. S., & Scheier, M. F. (2002b). Optimism, pessimism and self-regulation. In E. C. Chang (Ed.), *Optimism & pessimism: Implications for theory, research, and practice* (pp. 31–51). Washington, DC: American Psychological Association.

Carver, C. S., & Scheier, M. F. (2002c). Control processes and self-organization as complementary principles underlying behavior. *Personality and Social Psychology Review, 6,* 304–315.

Carver, C. S., & Scheier, M. F. (2003). Three human strengths. In L. G. Aspinwall & U. M. Staudinger (Eds.), *A psychology of human strengths: Fundamental questions and future directions for a positive psychology* (pp. 87–102). Washington, DC: American Psychological Association.

Carver, C. S., Sutton, S. K., & Scheier, M. F. (2000). Action, emotion and personality: Emerging conceptual integration. *Personality and Social Psychology Bulletin, 26,* 741–751.

Carver, C. S., & White, T. L. (1994). Behavioral inhibition, behavioral activation, and affective responses to impending reward and punishment: The BIS/BAS scales. *Journal of Personality and Social Psychology, 67,* 319–333.

Cassidy, J., & Shaver, P. R. (Eds.). (1999). *Handbook of attachment: Theory, research and clinical applications.* New York: Guilford Press.

Center for Family Development (2004). Romanian orphanages and children. Retrieved January 10, 2004, at http://www.center4familydevelop.com/helpromanian.htm.

Chang, E. C. (Ed.). (2002a). *Optimism and pessimism: Implications for theory, research and practice*. Washington, DC: American Psychological Association.

Chang, E. C. (2002b). Cultural influences on optimism and pessimism: Differences in Western and Eastern construals of the self. In E. C. Chang (Ed.), *Optimism and pessimism: Implications for theory, research and practice* (pp. 257–280). Washington, DC: American Psychological Association.

Charles, S. T., Reynolds, C. A., & Gatz, M. (2001). Age-related differences and change in positive and negative affect over 23 years. *Journal of Personality and Social Psychology, 80*, 136–151.

Chatzisarantis, N. L. D., & Hagger, M. S. (2007). Mindfulness and the intention-behavior relationship within the theory of planned behavior. *Personality and Social Psychology Bulletin, 33*, 663–676.

Christensen, A., & Heavey, C. L. (1993). Gender differences in marital conflict: The demand/withdraw interaction pattern. In S. Oskamp & M. Costanzo (Eds.), *Gender issues in contemporary society* (pp. 113–141). Newbury Park, CA: Sage Publications.

Cicchetti, D., & Garmezy, N. (Eds.). (1993). Milestones in the development of resilience (Special Issue). *Development and Psychopathology, 5*, 497–574.

Clark, A. E., & Oswald, A. J. (1996). Satisfaction and comparison income. *Journal of Public Economics, 61*, 359–381.

Clark, M. S. (1984). Record keeping in two types of relationships. *Journal of Personality and Social Psychology, 47*, 549–577.

Clark, M. S., & Mills, J. (1979). Interpersonal attraction in exchange and communal relationships. *Journal of Personality and Social Psychology, 37*, 12–24.

Clark, M. S., & Mills, J. (1993). The difference between communal and exchange relationships: What it is and is not. *Personality and Social Psychology Bulletin, 15*, 684–691.

Cohen, S. (2002). Psychosocial stress, social networks, and susceptibility to infection. In H. G. Koenig & H. J. Cohen (Eds.), *The link between religion and health: Psychoneuroimmunology and the faith factor* (pp. 101–123). New York: Oxford University Press.

Cohen, S., Doyle, W. J., Skoner, D. P., Fireman, P., Gwaltney, J. M., & Newsom, J. T. (1995). State and trait negative affect as predictors of objective and subjective symptoms of respiratory virus infections. *Journal of Personality and Social Psychology, 68*, 159–169.

Cohen, S., & Rodriguez, M. S. (1995). Pathways linking affective disturbance and physical disorders. *Health Psychology, 14*, 374–380.

Cohen, S., Underwood, L. G., & Gottlieb, B. H. (Eds.). (2000). *Social support measurement and intervention: A guide for health and social scientists*. New York: Oxford University Press.

Collins, N. L., & Feeney, B. C. (2000). A safe haven: An attachment theory perspective on support-seeking and caregiving in adult romantic relationships. *Journal of Personality and Social Psychology, 58*, 644–663.

Collins, N. L., & Miller, L. C. (1994). Self-disclosure and liking: A meta-analytic review. *Psychological Bulletin, 116*, 457–475.

Compton, W. C., Smith, M. L., Cornish, K. A., & Qualls, D. L. (1996). Factor structure of mental health measures. *Journal of Personality and Social Psychology, 71*, 406–413.

Coopersmith, S. (1967). *The antecedents of self-esteem*. San Francisco: Freeman.

Costa, P. T., & McCrae, R. R. (1988). Personality in adulthood: A six year longitudinal study of self-reports and spouse ratings on the NEO Personality Inventory. *Journal of Personality and Social Psychology, 54*, 853–863.

Costa, P. T., Jr., & McCrae, R. R. (1992). *The NEO-PI-R Professional Manual*. Odessa, FL: Psychological Assessment Resources.

Costa, P. T., McCrae, R. R., & Zonderman, A. B. (1987). Environmental and dispositional influences on well-being: Longitudinal follow-up of an American national sample. *British Journal of Psychology, 78*, 299–306.

Costa, P. T., Zonderman, A. B., McCrae, R. R., Cornoni-Huntley, J., Locke, B. Z., & Barbano, H. E. (1987). Longitudinal analyses of psychological well-being in a national sample: Stability of mean levels. *Journal of Gerontology, 42*, 50–55.

Cousins, N. (1979). *Anatomy of an illness*. New York: Norton.

Cousins, S. D. (1989). Culture and self-perception in Japan and the United States. *Journal of Personality and Social Psychology, 56*, 124–131.

Covert, M. D., & Reeder, G. D. (1990). Negativity effects in impression formation: The role of unit information and schematic expectancies. *Journal of Experimental Social Psychology, 26*, 49–62.

Cozzolino, P. J., Staples, D. A., Meyers, L. S., & Samboceti, J. (2004). Greed, death and values: From terror management to transcendence management theory. *Personality and Social Psychology Bulletin, 30*, 278–292.

Crocker, J., & Luthanen, R. K. (2003). Level of self-esteem and contingencies of self-worth: Unique effects on academic, social, and financial problems in college students. *Personality and Social Psychology Bulletin, 29*, 701–712.

Crocker, J., Luthanen, R. K., Cooper, M. L., & Bouvrette, A. (2003). Contingencies of self-worth in college students: Theory and measurement. *Journal of Personality and Social Psychology, 5*, 894–908.

Crocker, J., Major, B., & Steele, C. (1998). Social stigma. In D. T. Gilbert, S. T. Fiske, & G. Lindzey (Eds.), *The handbook of social psychology* (4th ed., Vol. 2, pp. 504–553). New York: McGraw-Hill.

Crocker, J., & Park, L. E. (2004). The costly pursuit of self-esteem. *Psychological Bulletin, 130*, 392–414.

Crocker, J., & Wolfe, C. T. (2001). Contingencies of self-worth. *Psychological Review, 108*, 593–623.

Cross-National Collaborative Group (1992). The changing rate of major depression: Cross-national comparisons. *Journal of the American Medical Association, 268*, 3098–3195.

Csikszentmihalyi, M. (1990). *Flow: The psychology of optimal experience.* New York: HarperCollins.

Csikszentmihalyi, M. (1997). *Finding flow.* New York: Basic Books.

Csikszentmihalyi, M. (1999). If we are so rich, why aren't we happy? *American Psychologist, 54*, 821–827.

Csikszentmihalyi, M., & Larsen, R. (1984). *Being adolescent: Conflict and growth in the teenage years.* New York: Basic Books.

Csikszentmihalyi, M., & Rathunde, K. (1990). The psychology of wisdom: An evolutionary interpretation. In R. J. Sternberg (Ed.), *Wisdom: Its nature, origins, and development* (pp. 25–51). New York: Cambridge University Press.

Csikszentmihalyi, M., & Schneider, B. (2000). *Becoming adult: How teenagers prepare for the world of work.* New York: Basic Books.

Cushman, P. (1990). Why the self is empty: Toward a historically situated psychology. *American Psychologist, 45*, 599–611.

Dalai Lama, & Cutler, H. C. (1998). *The art of happiness: A handbook for living.* New York: Riverhead Books.

Danner, D., Snowdon, D., & Friesen, W. (2001). Positive emotions in early life and longevity: Findings from the nun study. *Journal of Personality and Social Psychology, 80*, 804–813.

Davis, C. G., Nolen-Hoeksema, S., & Larson, J. (1998). Making sense of loss and benefiting from the experience: Two construals of meaning. *Journal of Personality and Social Psychology, 75*, 561–574.

Dawes, R. M. (1994). *House of cards: Psychology and psychotherapy built on myth.* New York: Free Press.

deCharms, R. (1968). *The internal affective determinants of behavior.* New York: Academic Press.

Deci, E. L., & Ryan, R. M. (1991). A motivational approach to self: Integration in personality. In R. Dienstbier (Ed.), *Nebraska symposium on motivation: Vol. 38. Perspectives on motivation* (pp. 237–288). Lincoln: University of Nebraska Press.

Deci, E. L., & Ryan, R. M. (1995). Human autonomy: The basis for true self-esteem. In M. H. Kernis (Ed.), *Efficacy, agency, and self-esteem* (pp. 31–49). New York: Plenum Press.

Deci, E. L., & Ryan, R. M. (2000). The "what" and the "why" of goal pursuits: Human needs and the self-determination of behavior. *Psychological Inquiry, 11*, 227–268.

Demick, J. (2000). Toward a mindful psychological science: Theory and application. *Journal of Social Issues, 56*, 141–159.

DeNeve, K. M. (1999). Happy as an extraverted clam? The role of personality for subjective well-being. *Current Directions in Psychological Science, 8*, 141–144.

DeNeve, K. M., & Cooper, H. (1998). The happy personality: A meta-analysis of 137 personality traits and subjective well-being. *Psychological Bulletin, 124*, 197–229.

Derlega, V. J., Metts, S., Petronio, S., & Margulis, S. T. (1993). *Self-disclosure.* Newbury Park: CA: Sage Publications.

Derlega, V. J., Wilson, M., & Chaikin, A. J. (1976). Friendship disclosure reciprocity. *Journal of Personality and Social Psychology, 34*, 578–587.

Diener, E. (1984). Subjective well-being. *Psychological Bulletin, 95*, 542–575.

Diener, E. (1993). Assessing subjective well-being: Progress and opportunities. *Social Indicators Research, 31*, 103–157.

Diener, E. (1995). A value-based index for measuring national quality of life. *Social Indicators Research, 36*, 107–127.

Diener, E. (2000). Subjective well-being: The science of happiness and a proposal for a national index. *American Psychologist, 55*, 34–43.

Diener, E., & Biswas-Diener, R. (2002). Will money increase subjective well-being? A literature review and guide to needed research. *Social Indicators Research, 57*, 119–169.

Diener, E., & Clifton, D. (2002). Life satisfaction and religiosity in broad probability samples. *Psychological Inquiry, 13*, 206–209.

Diener, E., & Diener, C. (1996). Most people are happy. *Psychological Science, 7*, 181–185.

Diener, E., & Diener, M. (1995). Cross-cultural correlates of life satisfaction and self-esteem. *Journal of Personality and Social Psychology, 68*, 653–663.

Diener, E., Diener, M., & Diener, C. (1995). Factors predicting the subjective well-being of nations. *Journal of Personality and Social Psychology, 69*, 851–864.

Diener, E., & Emmons, R. A. (1984). The independence of positive and negative affect. *Journal of Personality and Social Psychology, 47*, 1105–1117.

Diener, E., Emmons, R. A., Larsen, R. J., & Griffen, S. (1985). The satisfaction with life scale. *Journal of Personality Assessment, 49*, 71–75.

Diener, E., & Fujita, F. (1995). Resources, personal strivings, and subjective well-being: A nomothetic and idiographic approach. *Journal of Personality and Social Psychology, 68*, 926–935.

Diener, E., Horwitz, J., & Emmons, R. A. (1985). Happiness of the very wealthy. *Social Indicators Research, 16*, 263–274.

Diener, E., & Larsen, R. J. (1984). Temporal stability and cross-situational consistency of affective, behavioral, and cognitive responses. *Journal of Personality and Social Psychology, 47*, 580–592.

Diener, E., & Lucas, R. E. (1999). Personality and subjective well-being. In D. Kahneman, D. Diener, & N. Schwarz (Eds.), *Well-being: The foundations of hedonic psychology* (pp. 213–229). New York: Russell Sage Foundation.

Diener, E., & Lucas, R. E. (2000). Subjective emotional well-being. In M. Lewis & J. M. Haviland (Eds.), *Handbook of Emotions* (2nd ed., pp. 325–337). New York: Guilford Press.

Diener, E., Lucas, R. E., & Oishi, S. (2002). Subjective well-being: The science of happiness and life satisfaction. In C. R. Snyder & S. J. Lopez (Eds.), *Handbook of positive psychology* (pp. 63–73). New York: Oxford University Press.

Diener, E., Lucas, R. E., & Scollon, C. N. (2006). Beyond the hedonic treadmill: Revising the adaptation theory of well-being. *American Psychologist, 61*, 305–314.

Diener, E., Nickerson, C., Lucas, R. E., & Sandvik, E. (2002). Dispositional affect and job outcomes. *Social Indicators Research, 59*, 229–259.

Diener, E., & Oishi, S. (2000). Money and happiness: Income and subjective well-being across nations. In E. Diener & E. M. Suh (Eds.), *Culture and subjective well-being* (pp. 185–218). Cambridge, MA: MIT Press.

Diener, E., & Oishi, S. (2005). Target article: The nonobvious social psychology of happiness. *Psychological Inquiry, 16*, 162–167.

Diener, E., Oishi, S., & Lucas, R. E. (2003). Personality, culture, and subjective well-being: Emotional and cognitive evaluations of life. *Annual Review of Psychology, 54*, 403–425.

Diener, E., Sandvik, E., & Larsen, R. J. (1985). Age and sex effects for emotional intensity. *Developmental Psychology, 21*, 542–546.

Diener, E., Sandvik, E., & Pavot, W. (1991). Happiness is the frequency, not the intensity, of positive versus negative affect. In F. Strack, M. Argyle, & N. Schwarz (Eds.), *Subjective well-being: An interdisciplinary perspective* (pp. 119–139). New York: Pergamon.

Diener, E., Sandvik, E., Seidlitz, L., & Diener, M. (1993). The relationship between income and subjective well-being: Relative or absolute? *Social Indicators Research, 28*, 195–223.

Diener, E., Sapyta, J. J., & Suh, E. (1998). Subjective well-being is essential to well-being. *Psychological Inquiry, 9*, 33–37.

Diener, E., Scollon, C. N., & Lucas, R. E. (2004). The evolving concept of subjective well-being: The multifaceted nature of happiness. In P. T. Costa & I. C. Siegler (Eds.), *Advances in cell aging and gerontology* (Vol. 15, pp. 187–220). Amsterdam: Elsevier.

Diener, E., & Seligman, M. (2004). Beyond money: Toward an economy of well-being. *Psychology in the Public Interest, 5*, 1–31.

Diener, E., & Suh, E. M. (1997). Measuring quality of life: Economic, social and subjective indicators. *Social Indicators Research, 40*, 189–216.

Diener, E., & Suh, E. M. (1998). Subjective well-being and age: An international analysis. In K. W. Schaie & M. P. Lawton (Eds.), *Annual review of gerontology and geriatrics: Vol. 17. Focus on emotion and adult development* (pp. 304–324). New York: Springer.

Diener, E., & Suh, E. M. (Eds.). (2000a). *Culture and subjective well-being.* Cambridge: MIT Press.

Diener, E., & Suh, E. M. (Eds.). (2000b). Measuring subjective well-being to compare the quality of life of cultures. In E. Diener & E. M. Suh (Eds.), *Culture and subjective well-being* (pp. 3–12). Cambridge, MA: MIT Press.

Diener, E., Suh, E. M., Lucas, R. E., & Smith, H. L. (1999). Subjective well-being: Three decades of progress. *Psychological Bulletin, 125*, 276–302.

Diener, E., Suh, E. M., Smith, H. L., & Shao, L. (1995). National differences in subjective well-being: Why do they occur? *Social Indicators Research, 34*, 7–32.

Dienstbier, R. A., & Pytlik Zillig, L. M. (2002). Toughness. In C. R. Snyder & S. J. Lopez (Eds.), *Handbook of positive psychology* (pp. 515–527). New York: Oxford University Press.

Dillon, K. M., Minchoff, B., & Baker, K. H. (1985). Positive emotional states and enhancement of the immune system. *International Journal of Psychiatry in Medicine, 15*, 13–17.

DiPorta, L. (1977). *Zen running.* New York: Everest House.

Dunn, E. W., Wilson, T. D., & Gilbert, D. T. (2003). Location, location, location: The misperception of satisfaction in housing lotteries. *Personality and Social Psychology Bulletin, 29*, 1421–1432.

Eagly, A. H., & Steffen, V. J. (1986). Gender and aggressive behavior: A meta-analytic review of the social psychological literature. *Psychological Bulletin, 100*, 309–330.

Easterbrook, G. (2003). *The progress paradox: How life gets better while people feel worse.* New York: Random House.

Egeland, J., & Hostetter, A. (1983). Amish study, I: Affective disorders among the Amish. *American Journal of Psychiatry, 140*, 56–61.

Egloff, B., Tausch, A., Kohlmann, C. W., & Krohne, H. W. (1995). Relationships between time of day, day of the week, and positive mood: Exploring the role of the mood measure. *Motivation and Emotion, 19*, 99–110.

Eid, M., & Diener, E. (1999). Intraindividual variability in affect: Reliability, validity, and personality correlates. *Journal of Personality and Social Psychology, 76*, 662–676.

Ekman, P., & Friesen, W. (1976). Measuring facial movement. *Journal of Environmental Psychology and Nonverbal Behavior, 1*, 56–75.

Ekman, P., & Friesen, W. (1978). *Facial action coding system: A technique for the measurement of facial movement.* Palo Alto, CA: Consulting Psychologists Press.

Eldridge, K. A., & Christensen, A. (2002). Demand-withdraw communication during couple conflict: A review and analysis. In P. Noller & J. A. Feeney (Eds.), *Understanding marriage: Developments in the study of couple interaction* (pp. 289–322). Cambridge, UK: Cambridge University Press.

Elliot, A. J., & Church, M. A. (1997). A hierarchical model of approach and avoidance achievement motivation. *Journal of Personality and Social Psychology, 72*, 218–232.

Elliot, A. J., & Church, M. A. (2002). Client-articulated avoidance goals in the therapy context. *Journal of Counseling Psychology, 49*, 243–254.

Elliot, A. J., Gable, S. L., & Mapes, R. R. (2006). Approach and avoidance motivation in the social domain. *Personality and Social Psychology Bulletin, 32*, 376–391.

Elliot, A. J., & Sheldon, K. M. (1997). Avoidance achievement motivation: A personal goal analysis. *Journal of Personality and Social Psychology, 73*, 171–185.

Elliot, A. J., & Sheldon, K. M. (1998). Avoidance personal goals and the personality-illness relationship. *Journal of Personality and Social Psychology, 75*, 1282–1299.

Elliot, A. J., Sheldon, K., & Church, M. A. (1997). Avoidance personal goals and subjective well-being. *Personality and Social Psychology Bulletin, 23*, 915–927.

Emmons, R. A. (1986). Personal strivings: An approach to personality and subjective well-being. *Journal of Personality and Social Psychology, 51*, 1058–1068.

Emmons, R. A. (1992). Abstract versus concrete goals: Personal striving level, physical illness, and psychological well-being. *Journal of Personality and Social Psychology, 62*, 292–300.

Emmons, R. A. (1996). Striving and feeling: Personal goals and subjective well-being. In P. M. Gollwitzer & J. A. Bargh (Eds.), *The psychology of action: Linking cognition and motivation of behavior* (pp. 313–337). New York: Guilford Press.

Emmons, R. A. (1999a). Religion in the psychology of personality: An introduction. *Journal of Personality, 67*, 873–888.

Emmons, R. A. (1999b). *The psychology of ultimate concerns: Motivation and spirituality in personality.* New York: Guilford Press.

Emmons, R. A. (2003). Personal goals, life meaning, and virtue: Wellsprings of positive life. In C. L. M. Keyes & J. Haidt (Eds.), *Flourishing: Positive psychology and the life well-lived* (pp. 105–128). Washington, DC: American Psychological Association.

Emmons, R. A., Cheung, C., & Tehrani, K. (1998). Assessing spirituality through personal goals: Implications for research on religion and subjective well-being. *Social Indicators Research, 45*, 391–422.

Emmons, R. A., & Kaiser, H. (1996). Goal orientation and emotional well-being: Linking goals and affect through the self. In A. Tesser & L. Martin (Eds.), *Striving and feeling: Interactions among goals, affect, and self-regulation* (pp. 79–98). New York: Plenum Press.

Emmons, R. A., & King, L. A. (1988). Conflict among personal strivings: Immediate and long-term implications for psychological and physical well-being. *Journal of Personality and Social Psychology, 54*, 1040–1048.

Emmons, R. A., & McCullough, M. E. (2003). Counting blessings versus burdens: An experimental investigation of gratitude and subjective well-being in daily life. *Journal of Personality and Social Psychology, 84*, 377–389.

Emmons, R. A., & McCullough, M. E. (2004). *The psychology of gratitude.* New York: Oxford University Press.

Emmons, R. A., & Shelton, C. M. (2002). Gratitude in the science of positive psychology. In C. R. Snyder & S. J. Lopez (Eds.), *Handbook of positive psychology* (pp. 459–471). New York: Oxford University Press.

Enright, R. D., & Coyle, C. T. (1998). Researching the process model of forgiveness within psychological interventions. In E. L. Worthington, Jr. (Ed.), *Dimensions of forgiveness: Psychological research and theological perspectives* (pp. 139–161). Philadelphia: Templeton Foundation Press.

Esterling, B. A., L'Abate, L., Murray, E. J., & Pennebaker, J. W. (1999). Empirical foundations for writing in prevention and psychotherapy: Mental and physical health outcomes. *Clinical Psychology Review, 19*, 79–96.

Estrada, C. A., Isen, A. M., & Young, M. J. (1997). Positive affect facilitates integration of information and decreases anchoring in reasoning among physicians. *Organizational Behavior and Human Decision Processes, 72*, 117–135.

Exline, J. J. (2002). Stumbling blocks on the religious road: Fractured relationships, nagging voices, and the inner struggle to believe. *Psychological Inquiry, 13*, 182–189.

Fabes, R. A., & Martin, C. J. (1991). Gender and age stereotypes of emotionality. *Personality and Social Psychology Bulletin, 17*, 532–540.

Feeney, J. A. (1999). Adult romantic attachment and couples relationships. In J. Cassidy & P. R. Shaver (Eds.), *Handbook of attachment: Theory, research, and clinical implications* (pp. 267–299). New York: Guilford Press.

Fehr, B. (1988). Prototype analysis of the concepts of love and commitment. *Journal of Personality and Social Psychology, 55*, 557–579.

Fehr, B. (1996). *Friendship processes.* Thousand Oaks, CA: Sage Publications.

Feingold, A. (1994). Gender differences in personality: A meta-analysis. *Psychological Bulletin, 116*, 429–456.

Feldman Barrett, L., Robin, L., Pietromonaco, P. R., & Eyssell, K. M. (1998). Are women the "more emotional" sex? Evidence from emotional experiences in social context. *Cognition and Emotion, 12*, 555–578.

Fincham, F. D., & Beach, S. R. (2004). Forgiveness in marriage: Implications for psychological aggression and constructive communication. *Personal Relationships, 9*, 239–251.

Fincham, F. D., Beach, S. R., & Davila, J. (2004). Forgiveness and conflict resolution in marriage. *Journal of Family Psychology, 18*, 72–81.

Fincham, F. D., Harold, G. T., & Gano-Phillips, S. (2000). The longitudinal association between attributions and marital satisfaction: Direction of effects and role of efficacy expectations. *Journal of Family Psychology, 14*, 267–285.

Fincham, F. D., & Kashdan, T. D. (2004). Facilitating forgiveness: Developing group and community interventions. In P. A. Linley & S. Joseph (Eds.), *Positive psychology in practice* (pp. 617–637). Hoboken, NJ: John Wiley & Sons.

Fineburg, A. C. (2004). Introducing positive psychology to the introductory psychology student. In P. A. Linley & S. Joseph (Eds.), *Positive psychology in practice* (pp. 197–209). New York: John Wiley & Sons.

Finkel, E. J., Rusbult, C. E., Kumashiro, M., & Hannon, P. A. (2002). Dealing with betrayal in close relationships: Does commitment promote forgiveness? *Journal of Personality and Social Psychology, 82*, 956–974.

Fishbach, A., & Shah, J. Y. (2006). Self-control in action: Implicit dispositions toward goals and away from temptations. *Journal of Personality and Social Psychology, 90*, 820–832.

Fiske, A. P., Kitayama, S., Markus, H. R., & Nisbett, R. E. (1998). The cultural matrix of social psychology. In D. T. Gilbert, S. T. Fiske, & G. Lindzey (Eds.), *The handbook of social psychology* (4th ed., Vol. 2, pp. 915–981). New York: McGraw-Hill.

Fiske, A. P., & Taylor, S. F. (1991). *Social cognition.* New York: McGraw-Hill.

Fitness, J. (2006). Emotion and cognition in close relationships. In P. Noller & J. A. Feeney (Eds.), *Close relationships: Functions, forms and processes* (pp. 285–303). New York: Psychology Press.

Fitzgerald, T. E., Tennen, H., Affleck, G., & Pransky, G. (1993). The relative importance of dispositional optimism and control appraisals in quality of life after coronary artery bypass surgery. *Journal of Behavioral Medicine, 16*, 25–43.

Fitzsimons, G. M., & Kay, A. C. (2004). Language and interpersonal cognition: Causal effects of variations in pronoun usage on perception of closeness. *Personality and Social Psychology Bulletin, 30*, 547–557.

Folkman, S., & Tedlie Moskowitz, J. (2000). Positive affect and the other side of coping. *American Psychologist, 55*, 647–654.

Fontaine, K. R., & Jones, L. C. (1997). Self-esteem, optimism, and postpartum depression. *Journal of Clinical Psychology, 53*, 59–63.

Fordyce, M. (1977). Development of a program to increase personal happiness. *Journal of Counseling Psychology, 24*, 511–520.

Fordyce, M. (1983). A program to increase happiness: Further studies. *Journal of Counseling Psychology, 30*, 483–498.

Fowers, B. J., & Tjeltveit, A. C. (2003). Virtue obscured and retrieved: Character, community and practices in behavioral science. *The American Behavioral Scientist, 47*, 387–394.

Fraley, R. C. (2002). Attachment stability from infancy to adulthood: Meta-analysis and dynamic modeling of developmental mechanisms. *Personality and Social Psychology Review, 6*, 123–151.

Fraley, B., & Aron, A. (2004). The effect of shared humorous experiences on closeness in initial encounters. *Personal Relationships, 11*, 61–78.

Fraley, R. C., & Waller, N. G. (1998). Adult attachment patterns: A test of the typological model. In J. A. Simpson & W. S. Rholes (Eds.), *Attachment theory and close relationships* (pp. 77–144). New York: Guilford Press.

Frankl, V. E. (1976). *Man's search for meaning: An introduction to Logotherapy* (3rd ed.). New York: Pocket. (Original work published in 1959.)

Frederick, S., & Lowenstein, G. (1999). Hedonic adaptation. In D. Kahneman, D. Diener, & N. Schwarz (Eds.), *Well-being: The foundations of hedonic psychology* (pp. 302–329). New York: Russell Sage Foundation.

Fredrickson, B. L. (2001). The role of positive emotions in positive psychology: The broaden-and-build theory of positive emotions. *American Psychologist, 56*, 218–226.

Fredrickson, B. L. (2002). Positive emotions. In C. R. Snyder & S. J. Lopez (Eds.), *Handbook of positive psychology* (pp. 120–134). New York: Oxford University Press.

Fredrickson, B. L., & Kahneman, D. (1993). Duration neglect in retrospective evaluations of affective episodes. *Journal of Personality and Social Psychology, 65*, 45–55.

Fredrickson, B. L., & Losada, M. F. (2005). Positive affect and the complex dynamic of human flourishing. *American Psychologist, 60*, 678–686.

Freedman, J. L. (1978). *Happy people.* San Diego: Harcourt Brace Jovanovich.

Freud, S. (1961). *Civilization and its discontents.* New York: W.W. Norton.

Freund, A., & Baltes, P. B. (2002). Life-management strategies of selection, optimization, and compensation: Measurement by self-report and construct validity.

Journal of Personality and Social Psychology, 82, 642–662.

Friedman, H. S., & Booth-Kewley, S. (1987). The "disease-prone personality:" A meta-analytic view of the construct. *American Psychologist, 42,* 539–555.

Friedman, M., & Rosenman, R. H. (1974). *Type A behavior and your heart.* New York: Knopf.

Frijda, N. C. (1999). Emotions and hedonic experience. In D. Kahneman, D. Diener, & N. Schwarz, (Eds.), *Well-being: The foundations of hedonic psychology* (pp. 190–210). New York: Russell Sage Foundation.

Frodi, A., Macaulay, J., & Thomas, P. R. (1977). Are women always less aggressive than men? A review of the experimental literature. *Psychological Bulletin, 84,* 634–660.

Frontline (2002). The lost children of Rockdale County. Retrieved September, 2004, at http://www.pbs.org/wgbh/pages/frontline/shows/georgu/etc/script.html.

Fujita, F., & Diener, E. (2005). Life satisfaction set point: Stability and change. *Journal of Personality and Social Psychology, 88,* 158–164.

Fujita, F., Diener, E., & Sandvik, E. (1991). Gender differences in negative affect and well-being: The case for emotional intensity. *Journal of Personality and Social Psychology, 61,* 427–434.

Fujita, K., Trope, Y., Liberman, N., & Levin-Sagi, M. (2006). Construal levels and self-control. *Journal of Personality and Social Psychology, 90,* 351–367.

Gable, S. L. (2006). Approach and avoidance social motives and goals. *Journal of Personality, 74,* 175–222.

Gable, S. L., & Haidt, J. (2005). What (and why) is positive psychology? *Review of General Psychology, 9,* 103–110.

Gable, S. L., Reis, H. T., Impett, E. A., & Asher, E. R. (2004). What do you do when things go right? The intrapersonal and interpersonal benefits of sharing positive events. *Journal of Personality and Social Psychology, 87,* 228–245.

Gabriel, S., & Gardner, W. L. (1999). Are there "his" and "hers" types of interdependence? The implications of gender differences in collective versus relational interdependence for affect, behavior and cognition. *Journal of Personality and Social Psychology, 77,* 642–655.

Gailliot, M. T., Baumeister, R. F., DeWall, N. C., Maner, J. K., Plant, E. A., Tice, D. M., et al. (2007). Self-control relies on glucose as a limited energy source: Willpower is more than a metaphor. *Journal of Personality and Social Psychology, 92,* 325–336.

Gallup, G., Jr., & Lindsay, D. M. (1999). *Surveying the religious landscape: Trends in U.S. beliefs.* Harrisburg, PA: Morehouse.

Garmezy, N. (1991). Resiliency and vulnerability of adverse developmental outcomes associated with poverty. *American Behavioral Scientist, 34,* 416–430.

Geen, R. G., (1998). Aggression and antisocial behavior. In D. T. Gilbert, S. T. Fiske, & G. Lindzey (Eds.), *The handbook of social psychology* (4th ed., Vol. 2, pp. 317–356). New York: McGraw-Hill.

George, L. L., Ellison, C. G., & Larson, D. B. (2002). Explaining the relationship between religious involvement and health. *Psychological Inquiry, 13,* 190–200.

Gilbert, D. T. (1998). Ordinary personology. In D. T. Gilbert, S. T. Fiske, & G. Lindzey (Eds.), *The handbook of social psychology* (4th ed., Vol. 2, pp. 89–150). New York: McGraw-Hill.

Gilbert, D. T., Driver-Linn, E., & Wilson, T. D. (2002). The trouble with Vronsky: Impact bias in the forecasting of future affective states. In P. Salovey & L. Feldman-Barrett (Eds.), *The wisdom of feeling* (pp. 144–146). New York: Guilford Press.

Gilbert, D. T., Morewedge, C. L., Risen, J. L., & Wilson, T. D. (2004). Looking forward to looking backward: The misdirection of regret. *Psychological Science, 15,* 346–350.

Gilbert, D. T., Pinel, E. C., Wilson, T. D., Blumberg, S. J., & Wheatley, T. (1998). Immune neglect: A source of durability bias in affective forecasting. *Journal of Personality and Social Psychology, 75,* 617–638.

Gilligan, C., Lyons, N. P., & Hammer, T. J. (Eds.). (1999). *Making connections: The relational worlds of adolescent girls at Emma Willard School.* Cambridge, MA: Harvard University Press.

Given, C. W., Stommel, M., Given, B., Osuch, L., Kurtz, M. E., & Kurtz, J. C. (1993). The influence of cancer patients' symptoms and functional states on patients' depression and family caregivers' reactions and depression. *Health Psychology, 12,* 277–285.

Glenn, N. D. (1991). The recent trend in marital success in the United States. *Journal of Marriage and the Family, 53,* 261–270.

Glenn, N. D. (1996). Values, attitudes and the state of American marriage. In D. Popenoe, J. B. Elshtain, & D. Blankenhorn (Eds.), *Promises to keep: Decline and renewal of marriage in America* (pp. 15–33). Lanham, MD: Rowan and Littlefield.

Glenn, N. D., & Weaver, C. N. (1988). The changing relationship of marital status to reported happiness. *Journal of Marriage and Family Relations, 50,* 317–324.

Goldstein, J. R., & Kenney, C. (2001). Marriage delayed or marriage forgone? New cohort forecasts of first marriage for U.S. women. *American Sociological Review, 66,* 506–519.

Goleman, D. (1995). *Emotional intelligence.* New York: Bantam Books.

Goleman, D. (1998). *Working with emotional intelligence.* New York: Bantam Books.

Gollwitzer, P. M. (1999). Implementation intentions: Strong effects of simple plans. *American Psychologist, 54,* 493–503.

Gollwitzer, P. M., & Brandstatter, V. (1997). Implementation intentions and effective goal pursuit. *Journal of Personality and Social Psychology, 73,* 186–199.

Gorsuch, R. L., & McPherson, S. E. (1989). Intrinsic/Extrinsic measurement: I/E-revised and single-item scales. *Journal for the Scientific Study of Religion, 42,* 43–55.

Gottfredson, M. R., & Hirschi, T. (1990). *A general theory of crime.* Stanford, CA: Stanford University Press.

Gottman, J. M. (1994). *What predicts divorce? The relationship between marital processes and marital outcomes.* Hillsdale, NJ: Lawrence Erlbaum.

Gottman, J. M. (1998). Psychology and the study of marital processes. *Annual Review of Psychology, 49,* 169–197.

Gottman, J. M. (1999). *The marriage clinic: A scientific-based marital therapy.* New York: W.W. Norton.

Gottman, J. M., & Krokoff, L. J. (1989). Marital interaction and satisfaction: A longitudinal view. *Journal of Counseling and Clinical Psychology, 57,* 47–52.

Gottman, J. M., & Levenson, R. W. (1992). Marital processes predictive of later dissolution: Behavior, physiology, and health. *Journal of Personality and Social Psychology, 78,* 1135–1149.

Gottman, J. M., & Silver, N. (1999). *The seven principles for making marriage work.* New York: Crown.

Gove, W. R., Hughes, M., & Style, C. B. (1983). Does marriage have positive effects on the psychological well-being of the individual? *Journal of Health and Social Behavior, 24,* 122–131.

Gramzow, R. H., Sedikides, C., Panter, A. T., & Insko, C. A. (2000). Aspects of self-regulation and self-structure as predictors of perceived emotional distress. *Personality and Social Psychology Bulletin, 26,* 188–205.

Granqvist, P. (2002). Attachment and religiosity in adolescence: Cross-sectional and longitudinal evaluations. *Personality and Social Psychology Bulletin, 28,* 260–270.

Gray-Little, B., & Hafdahl, A. R. (2000). Factors influencing racial comparisons of self-esteem: A quantitative review. *Psychological Bulletin, 126,* 26–54.

Greeley, A. (1991). *Faithful attraction.* New York: Tor Books.

Greenberg, J. L., Solomon, S., & Pyszczynski, T. (1999). Terror management theory of self-esteem and cultural worldviews: Empirical assessments and conceptual refinements. In M. P. Zanna (Ed.), *Advances in experimental social psychology* (Vol. 29, pp. 61–139). Orlando, FL: Academic Press.

Grey, J. A. (1990). Brain systems that mediate both emotion and cognition. *Cognition and Emotion, 4,* 269–288.

Gross, J. J., Carstenson, L. L., Pasupathi, M., Tsai, J., Skorpen, C. G., & Hsu, A. Y. C. (1997). Emotion and aging: Experience, expression and control. *Psychology and Aging, 12,* 590–599.

Grossman, M., & Wood, W. (1993). Sex differences in intensity of emotional experience: A social role interpretation. *Journal of Personality and Social Psychology, 65,* 1010–1022.

Grouzet, F. M. E., Kasser, T., Ahuvia, A., Dols, J. M. F., Kim, Y., Lau, S., et al. (2005). The structure of goal contents across 15 cultures. *Journal of Personality and Social Psychology, 89,* 800–816.

Hacker, A. (1979). *Divorce à la mode. The New York Review of Books,* May 3, pp. 23–27.

Halberstadt, A. G., & Saitta, M. B. (1987). Gender, nonverbal behavior and perceived dominance: A test of the theory. *Journal of Personality and Social Psychology, 54,* 257–272.

Hall, J. A. (1984). *Nonverbal sex differences: Communication accuracy and expressive style.* Baltimore: John Hopkins University Press.

Hammersla, J. F., & Frease-McMahan, L. (1990). University students' priorities versus life goals: Life goals versus relationships. *Sex Roles, 23,* 1–14.

Harackiewicz, J. M., & Sansone, C. (1991). Goals and intrinsic motivation: You can get there from here. In M. L. Maehr & P. R. Pintrich (Eds.), *Advances in motivation and achievement* (Vol. 7, pp. 21–49). Greenwich, CT: JAI Press.

Haring, M. J., Stock, W. A., & Okun, M. A. (1984). A research synthesis of gender and social class correlates of subjective well-being. *Human Relations, 37,* 645–657.

Haring-Hidore, M., Stock, W. A., Okun, M. A., & Witter, R. A. (1985). Marital status and subjective well-being: A research synthesis. *Journal of Marriage and the Family, 47,* 947–953.

Harker, L., & Keltner, D. (2001). Expressions of positive emotion in women's college yearbook pictures and their relationship to personality and life outcomes across adulthood. *Journal of Personality and Social Psychology, 80,* 112–124.

Harlow, R. E., & Cantor, N. (1996). Still participating after all these years: A study of life task participation in later life. *Journal of Personality and Social Psychology, 71,* 1235–1249.

Harter, S. (2002). Authenticity. In C. R. Snyder & S. J. Lopez (Eds.), *Handbook of positive psychology* (pp. 382–394). New York: Oxford University Press.

Harvey, J. H., & Omarzu, J. (1997). Minding the close relationship. *Personality and Social Psychology Review, 1,* 224–240.

Harvey, J. H., & Omarzu, J. (1999). *Minding the close relationship: A theory of relationship enhancement.* New York: Cambridge University Press.

Harvey, J. H. Pauwels, B. G., & Zickmund, S. (2002). Relationship connection: The role of minding in the enhancement of closeness. In C. R. Snyder & S. J. Lopez (Eds.), *Handbook of positive psychology* (pp. 423–433). New York: Oxford University Press.

Harvey, J. H., & Weber, A. L. (2002). *Odyssey of the heart: Close relationships in the 21st century* (2nd ed.). Mahwa, NJ: Lawrence Erlbaum.

Haslam, N., Bain, P., & Neal, D. (2004). The implicit structure of positive characteristics. *Personality and Social Psychology Bulletin, 30,* 529–541.

Hatfield, E. (1988). Passionate and companionate love. In R. J. Sternberg & M. L. Barnes (Eds.), *The psychology of love* (pp. 191–217). New Haven, CT: Yale University Press.

Hatfield, E., & Rapson, R. L. (2006). Passionate love, sexual desire, mate selection: Cross-cultural and historical perspectives. In P. Noller & J. A. Feeney (Eds.), *Close relationships: Functions, forms and processes* (pp. 227–243). New York: Psychology Press.

Hatfield, E., & Sprecher, S. (1986). Measuring passionate love in intimate relations. *Journal of Adolescence, 9,* 383–410.

Hazan, C., Campa, M., & Gur-Yaish, N. (2006). Attachment across the life-span. In P. Noller & J. A. Feeney (Eds.), *Close relationships: Functions, forms and processes* (pp. 189–209). New York: Psychology Press.

Hazan, C., & Shaver, P. R. (1987). Romantic love conceptualized as an attachment process. *Journal of Personality and Social Psychology, 52,* 511–524.

Headey, B., & Wearing, A. (1989). Personality, life events, and subjective well-being. Toward a dynamic equilibrium model. *Journal of Personality and Social Psychology, 57,* 731–739.

Headey, B., & Wearing, A. (1991). Subjective well-being: A stocks and flows framework. In F. Strack, M. Argyle, & N. Schwarz (Eds.), *Subjective well-being: An interdisciplinary perspective.* Oxford: Pergamon Press.

Headey, B., & Wearing, A. (1992). *Understanding happiness: A theory of subjective life satisfaction.* Melbourne, Australia: Longman Cheshire.

Heatherton, T. F., & Polivy, J. (1991). Development and validation of a scale for measuring state self-esteem. *Journal of Personality and Social Psychology, 60,* 895–910.

Heine, S. J., Lehman, D. R., Markus, H. R., & Kitayama, S. (1999). Is there a universal need for positive regard? *Psychological Review, 106,* 766–794.

Heine, S. J., Takata, T., & Lehman, D. R. (2000). Beyond self-presentation: Evidence for self-criticism among Japanese. *Personality and Social Psychology Bulletin, 26,* 71–78.

Helson, H. (1964). *Adaptation-level theory.* New York: Harper & Row.

Hendrick, S. S., & Hendrick, C. (1993). Lovers as friends. *Journal of Social and Personal Relationships, 10,* 459–466.

Hendrick, S. S., & Hendrick, C. (2002). Love. In C. R. Snyder & S. J. Lopez (Eds.), *Handbook of positive psychology* (pp. 472–484). New York: Oxford University Press.

Hendrick, S. S., & Hendrick, C. (2003). Romantic love: Measuring Cupid's arrow. In S. J. Lopez & C. R. Snyder (Eds.), *Positive psychology assessment: A handbook of models and measures.* Washington, DC: American Psychological Association.

Herbert, T. B., & Cohen, S. (1993). Depression and immunity: A meta-analytic review. *Psychological Bulletin, 113,* 472–486.

Herek, G. M. (1987). Religious orientation and prejudice: A comparison of racial and sexual attitudes. *Personality and Social Psychology Bulletin, 13,* 34–44.

Hermans, H. J. M., & Kempen, H. J. G. (1998). Moving cultures: The perilous problems of cultural dichotomies in a globalizing society. *American Psychologist, 53,* 111–120.

Hetherington, E. M., Bridges, M., & Insabella, G. M. (1998). What matters? What does not? Five perspectives on the association between marital transitions and children's adjustment. *American Psychologist, 53,* 167–184.

Hewitt, J. P. (1998). *The myth of self-esteem: Finding happiness and solving problems in America.* New York: St. Martin's Press.

Higgins, E. T. (1987). Self-discrepancy: A theory relating self and affect. *Psychological Review, 94,* 319–340.

Higgins, E. T. (1996). The "self digest:" Self-knowledge serving self-regulation functions. *Journal of Personality and Social Psychology, 71,* 1062–1083.

Higgins, E. T. (1997). Beyond pleasure and pain. *American Psychologist, 52,* 1280–1300.

Higgins, E. T. (1998). Promotion and prevention: Regulatory focus as a motivational principle. In M. Zanna (Ed.), *Advances in experimental social psychology* (Vol. 30, pp. 1–46). San Diego, CA: Academic Press.

Hill, P. C., & Pargament, K. I. (2003). Advances in the conceptualization and measurement of religion and spirituality. *American Psychologist, 58,* 64–74.

Hill, P. C., Pargament, K. I., Hood, R. W., Jr., McCullough, M. E., Swyers, J. P., Larson, D. B., et al. (2000). Conceptualizing religion and spirituality: Points of commonality, points of departure. *Journal for the Theory of Social Behavior, 30,* 51–77.

Hobfoll, S. E. F. (1989). Conservation of resources: A new attempt at conceptualizing stress. *American Psychologist, 44,* 513–524.

Hobfoll, S., & Lieberman, J. (1987). Personality and social resources in immediate and continued stress resistance among women. *Journal of Personality and Social Psychology, 52,* 18–26.

Hoge, D. R. (1972). A validated intrinsic motivation scale. *Journal for the Scientific Study of Religion, 11,* 369–376.

Hong, Y. Y., Morris, M. W., Chiu, C. Y., & Benet-Martinez, V. (2000). Multicultural minds: A dynamic constructivist approach to culture and cognition. *American Psychologist, 55,* 709–720.

Hooker, K., Monahan, D., Shifren, K., & Hutchinson, C. (1992). Mental and physical health of spouse caregivers: The role of personality. *Psychology and Aging, 7,* 367–375.

Horwitz, A. V., White, H. R., & Howell-White, S. (1996a). Becoming married and mental health: A longitudinal study of a cohort of young adults. *Journal of Marriage and the Family, 58*, 895–907.

Horwitz, A. V., White, H. R., & Howell-White, S. (1996b). The use of multiple outcomes in stress research: A case study of gender differences in responses to marital dissolution. *Journal of Health and Social Behavior, 37*, 278–291.

House, J. S., Landis, K. R., & Umberson, D. (1988). Social relationships and health. *Science, 241*, 540–545.

Huang, S. T., & Enright, R. D. (2000). Forgiveness and anger-related emotions in Taiwan: Implications for therapy. *Psychotherapy, 37*, 71–79.

Huston, T. L., Caughlin, J. P., Houts, R. M., Smith, S. E., & George, L. J. (2001). The connubial crucible: Newlywed years as predictors of marital delight, distress and divorce. *Journal of Personality and Social Psychology, 80*, 237–252.

Huston, T. L., Niehuis, S., & Smith, S. E. (2001). The early marital roots of conjugal distress and divorce. *Current Directions in Psychological Science, 10*, 116–119.

Inglehart, R. (1990). *Cultural shift in advanced industrial society*. Princeton, NJ: Princeton University Press.

Inglehart, R. (1997). *Modernization and postmodernization: Cultural, economic and political change in society*. Princeton, NJ: Princeton University Press.

Inglehart, R., & Klingemann, H. D. (2000). Genes, culture, democracy and happiness. In E. Diener & E. M. Suh (Eds.), *Culture and subjective well-being* (pp. 165–184). Cambridge, MA: MIT Press.

Isen, A. M. (2002). A role for neuropsychology in understanding the facilitating influence of positive affect on social behavior and cognitive processes. In C. R. Snyder & S. J. Lopez (Eds.), *Handbook of positive psychology* (pp. 528–540). New York: Oxford University Press.

Isen, A. M. (2003). Positive affect as a source of human strength. In L. G. Aspinwall & U. M. Staudinger (Eds.), *A psychology of human strengths: Fundamental questions and future directions for positive psychology*. Washington, DC: American Psychological Association.

Jahoda, M. (1958). *Current conceptions of positive mental health*. New York: Basic Books.

James, S. A., Storgatz, D. S., Wing, S. B., & Ramsey, D. L. (1987). Socioeconomic status, John Henryism, and hypertension in blacks and whites. *American Journal of Epidemiology, 126*, 664–673.

James, W. (1985). *The varieties of religious experience*. Cambridge, MA: Harvard University Press. (Original work published in 1902.)

Jankowiak, W. (Ed.). (1995). *Romantic passion: A universal experience?* New York, NY: Columbia University Press.

Janoff-Bulman, R. (1992). *Shattered assumptions: Towards a new psychology of trauma*. New York: Free Press.

Janoff-Bulman, R., & Frieze, I. R. (1983). A theoretical perspective for understanding reactions to victimization. *Journal of Social Issues, 39*, 1–18.

John, O. P., & Srivastava, S. (1999). The Big Five trait taxonomy: History, measurement, and theoretical perspectives. In L. A. Pervin & O. P. John (Eds.), *Handbook of personality: Theory and research* (Vol. 2, pp. 102–138). New York: Guilford Press.

Johnson, D. R., & Wu, J. (2002). An empirical test of crisis, social selection, and role explanations of the relationship between marital disruption and psychological distress: A pooled time-series analysis of four-wave panel data. *Journal of Marriage and the Family, 64*, 211–224.

Jones, W. H., Crouch, L. L., & Scott, S. (1997). Trust and betrayal: The psychology of trust violations. In R. Hogan, J. Johnson, & S. R. Briggs (Eds.), *Handbook of personality psychology* (pp. 466–482). New York: Academic Press.

Kabat-Zinn, J. (1990). *Full catastrophe living: Using the wisdom of your body and mind to face stress, pain and illness*. New York: Delacourt.

Kabat-Zinn, J. (1994). *Wherever you go, there you are: Mindfulness meditation in everyday life*. New York: Hyperion.

Kagan, J. (1994). *Galen's prophecy: Temperament in human nature*. New York: Basic Books.

Kagan, J., & Snidman, N. (2004). *The long shadow of temperament*. Cambridge, MA: Belknap Press.

Kahneman, D. (1999). Objective happiness. In D. Kahneman, E. Diener, & N. Schwarz (Eds.), *Well-being: The foundations of hedonic psychology* (pp. 3–25). New York: Russell Sage Foundation.

Kahneman, D., Diener, E., & Schwarz, N. (Eds.). (1999). *Well-being: The foundations of hedonic psychology*. New York: Russell Sage Foundation.

Kahneman, D., Fredrickson, B. L., Schreiber, C. A., & Redelmeir, D. A. (1993). When more pain is preferred to less: Adding a better ending. *Psychological Science, 4*, 401–405.

Kahneman, D., Krueger, A. B., Schkade, D. A., Schwarz, N., & Stone, A. A. (2004). A survey method for characterizing daily life experience: The day reconstruction method. *Science, 306*, 1776–1780.

Kantz, J. E. (2000). How do people conceptualize and use forgiveness? The Forgiveness Attitudes Questionnaire. *Counseling and Values, 44*, 174–186.

Kaprio, J., Koskenvuo, M., & Rita, H. (1987). Mortality after bereavement: A prospective study of 95,647 widowed persons. *American Journal of Public Health, 77*, 283–287.

Karney, B. R., & Bradbury, T. N. (1995). The longitudinal course of marital quality and stability: A review of theory, methods and research. *Psychological Bulletin, 118*, 3–34.

Karney, B. R., & Bradbury, T. N. (2000). Attributions in marriage: Trait or state? A growth curve analysis. *Journal of Personality and Social Psychology, 78*, 295–309.

Karolyi, P. (1999). A goal systems-self-regulatory perspective on personality, psychopathology, and change. *Review of General Psychology, 3*, 264–291.

Kasser, T. (2002). *The high price of materialism.* Cambridge: MIT Press.

Kasser, T. (2004). The good life or the goods life? Positive psychology and personal well-being in the culture of consumption. In P. A. Linley & S. Joseph (Eds.), *Positive psychology in practice.* Hoboken, NJ: John Wiley & Sons.

Kasser, T., & Kanner, A. D. (Eds.). (2004). *Psychology and consumer culture: The struggle for a good life in a materialistic world.* Washington, DC: American Psychological Association.

Kasser, T., & Ryan, R. M. (1993). A dark side of the American dream: Correlates of financial success as a central life aspiration. *Journal of Personality and Social Psychology, 65*, 410–422.

Kasser, T., & Ryan, R. M. (1996). Further examining the American dream: Differential correlates of intrinsic and extrinsic goals. *Personality and Social Psychology Bulletin, 22*, 280–287.

Kasser, T., Ryan, R. M., Couchman, C. E., & Sheldon, K. M. (2004). In T. Kasser & A. D. Kanner (Eds.), *Psychology and consumer culture: The struggle for a good life in a materialistic world* (pp. 11–28). Washington, DC: American Psychological Association.

Kasser, R., & Sheldon, K. M. (2000). Of wealth and death: Materialism, mortality salience, and consumption behavior. *Psychological Science, 11*, 352–355.

Kearns, J. N., & Fincham, F. D. (2004). A prototype analysis of forgiveness. *Personality and Social Psychology Bulletin, 30*, 838–855.

Kelley, H. H. (1979). *Personal relationships: Their structure and processes.* Hillsdale, NJ: Lawrence Erlbaum.

Kelley, H. H., & Thibaut, J. W. (1978). *Interpersonal relationships: A theory of interdependence.* New York: John Wiley & Sons.

Keltner, D., Capps, L., Kring, A. M., Young, R. C., & Heerey, E. A. (2001). Just teasing: A conceptual analysis and empirical review. *Psychological Bulletin, 127*, 229–248.

Keltner, D., Young, R. C., Heerey, E. A., & Oemig, C. (1998). Teasing in hierarchical and intimate relations. *Journal of Personality and Social Psychology, 75*, 1231–1247.

Kernis, M. H. (2003a). High self-esteem: A differentiated perspective. In E. C. Chang & L. J. Sanna (Eds.), *Virtue, vice and personality: The complexity of behavior.* Washington, DC: American Psychological Association.

Kernis, M. H. (2003b). Toward a conceptualization of optimal self-esteem. *Psychological Inquiry, 14*, 1–26.

Kessler, R. C., & Frank, R. G. (1997). The impact of psychiatric disorders on work loss days. *Psychological Medicine, 27*, 861–873.

Kessler, R. C., McGonagle, K. A., Zhao, S., Nelson, C. B., Hughes, M., Eshleman, S., et al. (1994). Lifetime and 12 month prevalence of DSM-III-R psychiatric disorders in the United States. *Archives of General Psychiatry, 51*, 8–19.

Keyes, C. L. M. (1998). Social well-being. *Social Psychology Quarterly, 61*, 121–140.

Keyes, C. L. M. (2002). The mental health continuum: From languishing to flourishing in life. *Journal of Health and Social Behavior, 43*, 207–222.

Keyes, C. L. M. (2003). Complete mental health: An agenda for the 21st century. In C. L. M. Keyes & J. Haidt (Eds.), *Flourishing: Positive psychology and the life well-lived* (pp. 293–312). Washington, DC: American Psychological Association.

Keyes, C. L. M. (2005). Mental illness and/or mental health? Investigating the axioms of the complete state of mental health. *Journal of Consulting and Clinical Psychology, 73*, 539–548.

Keyes, C. L. M. (2007). Promoting and protecting mental health and flourishing: A complementary strategy for improving national mental health. *American Psychologist, 62*, 95–108.

Keyes, C. L. M., & Haidt, J. (Eds.). (2003). *Flourishing: Positive psychology and the life well-lived.* Washington, DC: American Psychological Association.

Keyes, C. L. M., & Lopez, S. J. (2002). Toward a science of mental health: Positive directions in diagnosis and intervention. In C. R. Snyder & S. J. Lopez (Eds.), *Handbook of positive psychology* (pp. 45–59). New York: Oxford University Press.

Keyes, C. L. M., & Magyar-Moe, J. L. (2003). The measurement and utility of adult subjective well-being. In S. J. Lopez & C. R. Snyder (Eds.), *Positive psychological assessment: A handbook of models and measures* (pp. 411–425). Washington, DC: American Psychological Association.

Keyes, C. L. M., & Ryff, C. D. (2000). Subjective change and mental health: A self concept theory. *Social Psychology Quarterly, 63*, 264–279.

Keyes, C. L. M., Shmotkin, D., & Ryff, C. D. (2002). Optimizing well-being: The empirical encounter of two traditions. *Journal of Personality and Social Psychology, 82*, 1007–1022.

Kiecolt-Glaser, J. K., & Glaser, R. (1987). Psychosocial moderators of immune function. *Annals of Behavioral Medicine, 9*, 16–20.

King, L. A. (2001). The health benefits of writing about life goals. *Personality and Social Psychology Bulletin, 27*, 798–807.

King, L. A., & Emmons, R. A. (1991). Psychological, physical, and interpersonal correlates of emotional expressiveness, conflict, and control. *European Journal of Personality, 5,* 131–150.

King, L. A., Hicks, J. A., Krull, J. L., & Del Gaiso, A. K. (2006). Positive affect and the experience of meaning in life. *Journal of Personality and Social Psychology, 90,* 179–196.

King, L. A., & Napa, C. K. (1998). What makes a life good? *Journal of Personality and Social Psychology, 75,* 156–165.

Kirkpatrick, L. A. (1992). An attachment-theoretical approach to the psychology of religion. *International Journal for the Psychology of Religion, 2,* 3–28.

Kirkpatrick, L. A., & Shaver, P. R. (1990). Attachment theory and religion: Childhood attachments, religious beliefs and conversions. *Journal for the Scientific Study of Religion, 29,* 315–334.

Kirkpatrick, L. A., & Shaver, P. R. (1992). An attachment-theoretical approach to romantic love and religious belief. *Personality and Social Psychology Bulletin, 18,* 266–275.

Kitayama, S., & Markus, H. R. (2000). The pursuit of happiness and the realization of sympathy: Cultural patterns of self, social relations, and well-being. In E. Diener & E. M. Suh (Eds.), *Culture and subjective well-being* (pp. 113–162). Cambridge, MA: MIT Press.

Kitayama, S., Markus, H. R., & Kurokawa, M. (2000). Culture, emotion, and well-being: Good feelings in Japan and the United States. *Cognition and Emotion, 14,* 93–124.

Klinger, E. (1977). *Meaning and void: Inner experience and the incentives in people's lives.* Minneapolis, MN: University of Minnesota Press.

Klinger, E. (1998). The search for meaning in evolutionary perspective and its clinical applications. In P. T. P. Wong & P. S. Fry (Eds.), *The human quest for meaning* (pp. 27–50). Mahway, NJ: Erlbaum.

Knee, C. R. (1998). Implicit theories of relationships: Assessment and prediction of romantic relationship initiation, coping, and longevity. *Journal of Personality and Social Psychology, 74,* 360–370.

Knee, C. R., Nanayakkar, A., Vietor, N. A., & Neighbors, C. (2002). Implicit theories of relationships: Who cares if romantic partners are less than ideal? *Personality and Social Psychology Bulletin, 27,* 808–819.

Knee, C. R., Patrick, H., & Lonsbary, C. (2003). Implicit theories of relationships: Orientations towards evaluation & cultivation. *Personality and Social Psychology Review, 7,* 41–55.

Knee, C. R., Patrick, H., Vietor, N. A., Nanayakkar, A., & Neighbors, C. (2002). Self-determination as growth motivation in romantic relationships. *Personality and Social Psychology Bulletin, 28,* 609–619.

Knee, C. R., Patrick, H., Vietor, N. A., & Neighbors, C. (2004). Implicit theories of relationships: Moderators of the link between conflict and commitment. *Personality and Social Psychology Bulletin, 30,* 617–628.

Kobasa, S. C., Maddi, S. R., & Kahn, S. (1982). Hardiness and health: A prospective study. *Journal of Personality and Social Psychology, 42,* 168–177.

Koenig, H. G., & Cohen, H. J. (Eds.). (2002). *The link between religion and health: Psychoneuroimmunology and the faith factor.* New York: Oxford University Press.

Koenig, H. G., McCullough, M. E., & Larson, D. B. (2001). *Handbook of religion and health.* New York: Oxford University Press.

Krakovsky, M. (2000). The science of lasting happiness. *Scientific American, 296,* 36–38.

Kramer, D. A. (2000). Wisdom as a classical source of human strength: Conceptualization and empirical inquiry. *Journal of Social and Clinical Psychology, 19,* 83–101.

Kubzansky, L. D., Kubzansky, P. E., & Maselko, J. (2004). Optimism and pessimism in the context of health: Bipolar opposites or separate constructs? *Personality and Social Psychology Bulletin, 30,* 943–956.

Kubzansky, L. D., Sparrow, D., Vokonas, P., & Kwachi, I. (2001). Is the glass half empty or half full? A prospective study of optimism and coronary heart disease in the Normative Aging Study. *Psychosomatic Medicine, 63,* 910–916.

Kunzmann, U. (2004). Approaches to a good life: The emotional-motivational side to wisdom. In P. A. Linley & S. Joseph (Eds.), *Positive psychology in practice* (pp. 504–517). Hoboken, NJ: John Wiley & Sons.

Kunzmann, U., & Baltes, P. B. (2003). Wisdom-related knowledge: Affective, motivational, and interpersonal correlates. *Personality and Social Psychology Bulletin, 29,* 1104–1119.

Kunzmann, U., Little, T. D., & Smith, J. (2000). Is age-related stability of subjective well-being a paradox? Cross-sectional and longitudinal evidence from the Berlin Aging Study. *Psychology of Aging, 15,* 511–526.

Kunzmann, U., Stange, A., & Jordan, J. (2005). Positive affectivity and lifestyle in adulthood: Do you do what you feel? *Personality and Social Psychology Bulletin, 31,* 574–588.

Kurdek, L. A. (1991). The relations between reported well-being and divorce history, availability of a proximate adult, and gender. *Journal of Marriage and Family Relations, 53,* 71–78.

Kurdek, L. A. (1999). The nature and predictors of the trajectory of change in marital quality for husbands and wives over the first 10 years of marriage. *Developmental Psychology, 35,* 1283–1296.

Langer, E. J. (1989). *Mindfulness.* Reading, MA: Addison-Wesley.

Langer, E. J. (2002). Well-being: Mindfulness versus positive psychology. In C. R. Snyder & S. J. Lopez (Eds.), *Handbook of positive psychology* (pp. 214–230). New York: Oxford University Press.

Langer, E. J., & Moldoveanu, M. (2000). The construct of mindfulness. *Journal of Social Issues, 56,* 1–9.

Larsen, R. J., & Fredrickson, B. L. (1999). Measurement issues in emotion research. In D. Kahneman, E. Diener, & N. Schwarz (Eds.), *Well-being: The foundations of hedonic psychology.* New York: Russell Sage Foundation.

Larsen, J. T., Hemenover, S. H., Norris, C. J., & Cacioppo, J. T. (2003). Turning adversity to advantage: On the coactivation of positive and negative emotions. In L. G. Aspinwall & U. M. Staudinger (Eds.), *A psychology of human strengths: Fundamental questions and future directions for a positive psychology* (pp. 211–225). Washington, DC: American Psychological Association.

Larsen, R. J., & Kasimatis, M. (1990). Individual differences in entrainment of mood to the weekly calendar. *Journal of Personality and Social Psychology, 58,* 164–171.

Lauer, R. H., & Lauer, R. (1985, June). Marriages made to last. *Psychology Today,* pp. 22–26.

Lauer, R. H., Lauer, R., & Kerr, S. T. (1990). The long-term marriage: Perceptions of stability and satisfaction. *International Journal of Aging and Human Development, 31,* 189–195.

Laurenceau, J. P., Barrett, L. F., & Pietromonaco, P. R. (1998). Intimacy as an interpersonal process: The importance of self-disclosure, partner disclosure, and perceived partner responsiveness in interpersonal exchanges. *Journal of Personality and Social Psychology, 74,* 1238–1251.

Lawton, M. P. (2001). Emotion in later life. *Current Directions in Psychological Science, 10,* 120–123.

Lawton, M. P., Kleban, M. H., & Dean, J. (1993). Affect and age: Cross-sectional comparisons of structure and prevalence. *Psychology and Aging, 7,* 172–184.

Layard, R. (2005). *Happiness: Lessons from a new science.* New York: Penguin Press.

Lazarus, R. S. (2000). Toward better research on stress and coping. *American Psychologist, 55,* 665–673.

Lazarus, R. S., & Folkman, S. (1984). *Stress, appraisal and coping.* New York: Springer.

Leary, M. R., & Baumeister, R. F. (2000). The nature and function of self-esteem: Sociometer theory. In M. P. Zanna (Ed.), *Advances in Experimental Social Psychology* (Vol. 32, pp. 1–62). San Diego, CA: Academic Press.

Leary, M. R., & Kowalski, R. (1995). *Social anxiety.* New York: Guilford Press.

Leary, M. R., Tambor, E. S., Terdal, S. K., & Downs, D. L. (1995). Self-esteem as an interpersonal monitor: The sociometer hypothesis. *Journal of Personality and Social Psychology, 68,* 518–530.

Lee, G. R., Seccombe, K., & Shehan, C. L. (1991). Marital status and personal happiness: An analysis of trend data. *Journal of Marriage and the Family, 53,* 839–844.

Lee, J. A. (1988). Love styles. In R. J. Sternberg & M. L. Barnes (Eds.), *The psychology of love.* New Haven: Yale University Press.

Lefcourt, H. M. (2002). Humor. In C. R. Snyder & S. J. Lopez (Eds.), *Handbook of positive psychology* (pp. 619–631). New York: Oxford University Press.

Lefcourt, H. M., Davidson, K., & Kueneman, K. (1990). Humor and immune system functioning. *Humor—International Journal of Humor Research, 3,* 305–321.

LeFrance, M., Hecht, M. A., & Paluck, E. L. (2003). The contingent smile: A meta-analysis of sex differences in smiling. *Psychological Bulletin, 129,* 305–334.

Lengfelder, A., & Gollwitzer, P. M. (2001). Reflective and reflexive action control in patients with frontal lobe lesions. *Neuropsychology, 15,* 80–100.

Lent, R. W. (2004). Toward a unifying theoretical and practical perspective on well-being and psychosocial adjustment. *Journal of Counseling Psychology, 51,* 482–509.

Lerner, M. J. (1980). *The belief in a just world.* New York: Plenum Press.

Levenson, R. W., Carstensen, L. L., & Gottman, J. M. (1993). Long-term marriage: Age, gender and satisfaction. *Psychology and Aging, 8,* 301–313.

Levenson, R. W., Carstensen, L. L., & Gottman, J. M. (1994). Influence of age and gender on affect, physiology, and their interactions: A study of long-term marriages. *Journal of Personality and Social Psychology, 67,* 56–68.

Levin, D. E., & Linn, S. (2004). The commercialization of childhood. In T. Kasser & A. D. Kanner (Eds.), *Psychology and consumer culture: The struggle for a good life in a materialistic world* (pp. 213–232). Washington, DC: American Psychological Association.

Levine, R., Sato, S., Hashimoto, T., & Verma, J. (1995). Love and marriage in eleven cultures. *Journal of Cross-Cultural Psychology, 26,* 554–571.

Levinger, G. (1976). A social psychological perspective on marital dissolution. *Journal of Social Issues, 32,* 21–47.

Levinger, G., & Levinger, A. (2003). Winds of time and place: How context has affected a 50-year marriage. *Personal Relationships, 10,* 285–306.

Levinson, D. J. (1978). *The seasons of a man's life.* New York: Ballantine.

Levy, B. R., Slade, M. D., Kunkel, S. R., & Kasl, S. V. (2002). Longevity increased by positive self-perceptions of aging. *Journal of Personality and Social Psychology, 83,* 261–270.

Linley, P. A., & Joseph, S. (2004). *Positive psychology in practice.* Hoboken, NJ: John Wiley & Sons.

Little, B. R. (1989). Personal projects analysis: Trivial pursuits, magnificent obsessions, and the search for coherence, In D. Buss & N. Cantor (Eds.), *Personality psychology: Recent trends and emerging directions* (pp. 15–31). New York: Springer-Verlag.

Little, B. R. (1993). Personal projects and the distributed self: Aspects of conative psychology. In J. Suls (Ed.), *Psychological perspectives on the self* (Vol. 4, pp. 157–181). Hillsdale, NJ: Lawrence Erlbaum.

Little, B. R., Salmela-Aro, K., & Phillips, S. D. (2007). *Personal project pursuit: Goal action and human flourishing.* Mahway, NJ: Lawrence Erlbaum.

Locke, E. A., & Latham, G. P. (1990). *A theory of goal setting and task performance.* Englewood Cliffs, NJ: Prentice-Hall.

Locke, E. A., & Latham, G. P. (2002). Building a practically useful theory of goal setting and task motivation: A 35 year odyssey. *American Psychologist, 57,* 705–717.

Loehlin, J. C. (1992). *Genes and environment in personality development.* Newbury Park, CA: Sage Publications.

Loehlin, J. C., McCrae, R. R., Costa, P. T., Jr., & John, O. P. (1998). Heritability of common and measure specific components of the Big Five personality factors. *Journal of Research in Personality, 32,* 431–453.

Lopez, S. J., & Snyder, C. R. (Eds.). (2003). *Positive psychological assessment: A handbook of models and measures.* Washington, DC: American Psychological Association.

Lucas, R. E., Clark, A. E., Georgellis, Y., & Diener, E. (2003). Reexamining adaptation and the set point model of happiness: Reactions to changes in marital status. *Journal of Personality and Social Psychology, 84,* 527–539.

Lucas, R. E., Clark, A. E., Georgellis, Y., & Diener, E. (2004). Unemployment alters the set point for life satisfaction. *Psychological Science, 15,* 8–13.

Lucas, R. E., Diener, E., & Larsen, R. J. (2003). Measuring positive emotions. In S. J. Lopez & C. R. Snyder (Eds.), *Positive psychological assessment: A handbook of models and measures* (pp. 201–218). Washington, DC: American Psychological Association.

Lucas, R. E., Diener, E., & Suh, E. (1996). Discriminant validity of well-being measures. *Journal of Personality and Social Psychology, 71,* 616–628.

Lucas, R. E., & Gohm, C. L. (2000). Age and sex differences in subjective well-being across cultures. In E. Diener & E. M. Suh (Eds.), *Culture and subjective well-being* (pp. 291–317). Cambridge MA: MIT Press.

Luthar, S. S. (1999). *Poverty and children's adjustment.* Thousand Oaks, CA: Sage Publications.

Luthar, S. S. (2003). The culture of affluence: Psychological costs of material wealth. *Child Development, 74,* 1581–1593.

Luthar, S. S., & D'Advanzo, K. (1999). Contextual factors in substance abuse: A study of suburban and inner city adolescents. *Development and Psychopathology, 11,* 845–867.

Luthar, S. S., & Zigler, E. (1991). Vulnerability and competence: A review of research on resilience in childhood. *Journal of American Orthopsychiatry, 61,* 6–22.

Lykins, L. B. E., Segerstrom, S. C., Averill, A. J., Evans, D. R., & Kemeny, M. E. (2007). Goal shifts following reminders of mortality: Reconciling posttraumatic growth and terror management theory. *Personality and Social Psychology Bulletin, 33,* 1088–1099.

Lykken, D. (1999). *Happiness: The nature and nurture of joy and contentment.* New York: St. Martin Press.

Lykken, D., & Tellegen, A. (1996). Happiness is a stochastic phenomenon. *Psychological Science, 7,* 186–189.

Lyubomirsky, S. (2001). Why are some people happier than others? The role of cognitive and motivational processes in well-being. *American Psychologist, 56,* 239–249.

Lyubomirsky, S., King, L., & Diener, E. (2005). The benefits of frequent positive affect. *Psychological Bulletin, 131,* 803–855.

Lyubomirsky, S., & Lepper, S. H. (1999). A measure of subjective happiness: Preliminary reliability and construct validation. *Social Indicators Research, 46,* 137–155.

Lyubomirsky, S., Sheldon, K. M., & Schkade, D. (2005). Pursuing happiness: The architecture of sustainable change. *Review of General Psychology, 9,* 111–131.

Maddux, J. E. (1995). *Self-efficacy, adaptation, and adjustment: Theory, research, and application.* New York: Pearson.

Maddux, J. E. (2002). Self-efficacy: The power of believing you can. In C. R. Snyder & S. J. Lopez (Eds.), *Handbook of positive psychology* (pp. 277–287). New York: Oxford University Press.

Mahoney, A., Pargament, K. I., Jewell, T., Swank, A. B., Scott, E., Emery, E., & Rye, M. (1999). Marriage and the spiritual realm: The role of proximal and distal religious constructs in marital functioning. *Journal of Family Psychology, 13,* 321–338.

Maier, S. F., Watkins, L. R., & Fleshner, M. (1994). The interface between behavior, brain, and immunity. *American Psychologist, 49,* 1004–1017.

Manstead, A. S. R. (1992). Gender differences in emotion. In A. Gale & M. W. Eyesenck (Eds.), *Handbook of individual differences: Biological perspectives* (pp. 355–387). New York: John Wiley & Sons.

Markus, H. R., & Kitayama, S. (1991). Culture and the self: Implications for cognition, emotion and motivation. *Psychological Review, 98,* 224–253.

Markus, H., & Nurius, P. S. (1986). Possible selves. *American Psychologist, 41,* 954–969.

Markus, H., & Wurf, E. (1987). The dynamic self-concept: A social psychological perspective. *Annual Review of Psychology, 38,* 299–337.

Martin, R. A. (2007). *The psychology of humor: An integrative approach.* Burlington, MA: Elsevier Academic Press.

Maruta, T., Colligan, R. C., Malinchoe, M., & Offord, K. P. (2000). Optimism versus pessimism: Survival rate among medical patients over a 30-year period. *Mayo Clinic Proceedings, 75,* 140–143.

Maslow, A. (1943). A theory of human motivation. *Psychological Review, 50,* 370–396.

Maslow, A. H. (1954). *Motivation and personality.* New York: Harper & Row.

Maslow, A. H. (1968). *Toward a psychology of being* (2nd ed.). Princeton, NJ: Van Nostrand.

Mastekaasa, A. (1992). Marriage and psychological well-being: Some evidence on selection into marriage. *Journal of Marriage and Family, 54,* 901–911.

Mastekaasa, A. (1993). Marital status and psychological well-being: A changing relationship? *Social Indicators Research, 29,* 249–276.

Masten, A. S. (2001). Ordinary magic: Resilience processes in development. *American Psychologist, 56,* 227–238.

Masten, A. S., Best, K., & Garmezy, N. (1990). Resilience and development: Contributions from the study of children who overcame adversity. *Development and Psychopathology, 2,* 425–444.

Masten, A. S., & Coatsworth, J. D. (1998). The development of competence in favorable and unfavorable environments: Lessons from research on successful children. *American Psychologist, 53,* 205–220.

Masten, A. S., & Reed, M. J. (2002). Resilience in development. In C. R. Snyder & S. J. Lopez (Eds.), *Handbook of positive psychology* (pp. 74–88). New York: Oxford University Press.

Matsumoto, D. (1997). *Culture and modern life.* Pacific Grove, CA: Brooks/Cole.

McAdams, D. P. (1995). What do we know when we know a person? *Journal of Personality, 63,* 365–396.

McAdams, D. P. (1996). Personality, modernity and the storied self: A contemporary framework for studying persons. *Psychological Inquiry, 7,* 295–321.

McCrae, R. R., & Allik, J. (Eds.). (2002). *The Five Factor model of personality across cultures.* New York: Klewer Academic/Plenum Press.

McCrae, R. R., & Costa, P. T., Jr. (1990). *Personality in adulthood.* New York: Guilford Press.

McCrae, R. R., & Costa, P. T., Jr. (1991). Adding *Liebe und Arbeit:* The full Five-Factor model and well-being. *Personality and Social Psychology Bulletin, 17,* 227–232.

McCrae, R. R., & Costa, P. T., Jr. (1997). Personality trait structure as a human universal. *American Psychologist, 52,* 509–516.

McCrae, R. R., Costa, P. T., Jr., & Martin, T. A. (2005). The NEO-PI-3: A more readable revised NEO personality inventory. *Journal of Personality Assessment, 84,* 261–270.

McCrae, R. R., Costa, P. T., Jr., Ostendorf, F., Angleitner, A., Hrebickova, M., Avia, M. D., et al. (2000). Nature over nurture: Temperament, personality, and life span development. *Journal of Personality and Social Psychology, 78,* 173–186.

McCrae, R. R., & Terracciano, A. (2005). Universal features of personality traits from the observer's perspective: Data from 50 cultures. *Journal of Personality and Social Psychology, 88,* 547–561.

McCullough, M. E. (Ed.). (1999). *Forgiveness: Theory, research and practice.* New York: Guilford Press.

McCullough, M. E., Kilpatrick, S., Emmons, R. A., & Larson, D. (2001). Gratitude as moral affect. *Psychological Bulletin, 127,* 249–266.

McCullough, M. E., & Laurenceau, J. P. (2005). Religiousness and the trajectory of self-rated health across adulthood. *Personality and Social Psychology Bulletin, 31,* 560–573.

McCullough, M. E., Pargament, K. I., & Thoresen, C. E. (Eds.). (2000). *Forgiveness: Theory, research and practice.* New York: Guilford Press.

McCullough, M. E., Rachal, K. C., Sandage, S. J., Worthington, E. L., Jr., Brown, S. W., & Hight, T. L. (1998). Interpersonal forgiving in close relationships: II. Theoretical elaboration and measurement. *Journal of Personality and Social Psychology, 75,* 1586–1603.

McCullough, M. E, & Witvliet, C. V. (2002). The psychology of forgiveness. In C. R. Snyder & S. J. Lopez (Eds.), *Handbook of positive psychology* (pp. 446–458). New York: Oxford University Press.

McCullough, M. E., & Worthington, E. L., Jr. (1997). Interpersonal forgiving in close relationships. *Journal of Personality and Social Psychology, 73,* 321–336.

McFarlin, D. B., & Blascovich, J. (1981). Effects of self-esteem and performance feedback on future affective preferences and cognitive expectations. *Journal of Personality and Social Psychology, 40,* 521–531.

McGregor, I., & Little, P. (1998). Personal projects, happiness and meaning: On doing well and being yourself. *Journal of Personality and Social Psychology, 74,* 494–512.

McIntosh, D. N., & Spilka, B. (1990). Religion and physical health: The role of personal faith and control. In M. L. Lynn & D. O. Moberg (Eds.), *Research in the social scientific study of religion* (Vol. 2, pp. 167–194). Greenwich, CT: JAI Press.

McIntosh, W. D. (1997). East meets West: Parallels between Zen Buddhism and social psychology. *International Journal for the Psychology of Religion, 7,* 37–52.

McLoyd, V. C. (1998). Socioeconomic disadvantage and child development. *American Psychologist, 53,* 185–204.

Mecca, A. M., Smelsor, N. J., & Vasconcellos, J. (1989). *The social importance of self-esteem.* Berkeley: University of California Press.

Meehl, P. E. (1975). Hedonic capacity: Some conjectures. *Bulletin of the Menninger Clinic, 39,* 295–307.

Metcalfe, J., & Mischel, W. (1999). A hot/cool system analysis of delay of gratification: Dynamics of willpower. *Psychological Review, 106*, 3–19.

Meyers, S. A., & Berscheid, E. (1997). The language of love: The difference a preposition makes. *Personality and Social Psychology Bulletin, 23*, 347–362.

Michalos, A. C. (1991). *Life satisfaction and happiness: Global report on student well-being: Vol. 1.* New York: Springer-Verlag.

Mickelson, K. D., Kessler, R. C., & Shaver, P. R. (1997). Adult attachment in a national representative sample. *Journal of Personality and Social Psychology, 73*, 1092–1106.

Milgram, S. (1974). *Obedience to authority.* New York: Harper & Row.

Miller, L. C. (1990). Intimacy and liking: Mutual influence and the role of unique relationships. *Journal of Personality and Social Psychology, 59*, 50–60.

Miller, L. C., & Read, S. J. (1987). Why am I telling you this? Self-disclosure in a goal-based model of personality. In V. J. Derlega & J. Berg (Eds.), *Self-disclosure: Theory, research, and therapy.* New York: Plenum Press.

Miller, R. S., Perlman, D., & Brehm, S. (2007). *Intimate relationships* (4th ed.). New York: McGraw-Hill.

Miller, W. R., & Thoresen, C. E. (2003). Spirituality, religion and health: An emerging research field. *American Psychologist, 58*, 24–35.

Mills, J., & Clark, M. S. (2001). Viewing close romantic relationships as communal relationships: Implications for maintenance and enhancement. In J. H. Harvey & A. Wenzel (Eds.), *Close romantic relationships: Maintenance and enhancement* (pp. 13–25). Mahwah, NJ: Lawrence Erlbaum.

Mischel, W. (1974). Processes in delay of gratification. In Berkowitz (Ed.), *Advances in experimental psychology* (Vol. 7, pp. 249–292). New York: Academic Press.

Mischel, W., Ebbesen, E. B., & Zeiss, A. (1972). Cognitive and attentional mechanisms in the delay of gratification. *Journal of Personality and Social Psychology, 28*, 172–179.

Mischel, W., & Mendoza-Denton, R. (2003). Harnessing willpower and socioemotional intelligence to enhance human agency and potential. In L. G. Aspinwall & U. M. Staudinger (Eds.), *A psychology of human strengths: Fundamental questions and future directions for a positive psychology* (pp. 245–256). Washington, DC: American Psychological Association.

Moller, A. C., Deci, E. L., & Ryan, R. M. (2006). Choice and ego-depletion: The moderating role of autonomy. *Personality and Social Psychology Bulletin, 32*, 1024–1036.

Mroczek, D. K., & Almeida, D. M. (2004). The effects of daily stress, age, and personality on daily negative affect. *Journal of Personality, 72*, 354–378.

Mroczek, D. K., & Avron, S., III (2005). Change in life satisfaction during adulthood: Findings from the Veterans Affairs Normative Aging Study. *Journal of Personality and Social Psychology, 88*, 189–202.

Mroczek, D. K., & Kolarz, C. M. (1998). The effect of age on positive and negative affect: A developmental perspective on happiness. *Journal of Personality and Social Psychology, 75*, 1333–1349.

Muraven, M., & Baumeister, R. F. (2000). Self-regulation and depletion of limited resources: Does self-control resemble a muscle? *Psychological Bulletin, 126*, 247–259.

Muraven, M., & Slessareva, E. (2003). Mechanisms of self-control failure: Motivation and limited resources. *Personality and Social Psychology Bulletin, 29*, 894–906.

Murray, A. L., Holmes, J. G., & Griffin, D. W. (1996a). The benefits of positive illusions: Idealization and the construction of satisfaction in close relationships. *Journal of Personality and Social Psychology, 70*, 79–98.

Murray, A. L., Holmes, J. G., & Griffin, D. W. (1996b). The self-fulfilling nature of positive illusions in romantic relationships: Love is not blind, but prescient. *Journal of Personality and Social Psychology, 71*, 155–180.

Myers, D. G. (1992). *The pursuit of happiness.* New York: Avon Books.

Myers, D. G. (1999). Close relationships and quality of life. In D. Kahneman, E. Diener, & N. Schwarz (Eds.), *Well-being: The foundations of hedonic psychology* (pp. 374–391). New York: Russell Sage Foundation.

Myers, D. G. (2000a). The funds, friends, and faith of happy people. *American Psychologist, 55*, 56–67.

Myers, D. G. (2000b). *The American paradox: Spiritual hunger in an age of plenty.* New Haven: Yale University Press.

Myers, D. G., & Diener, E. (1995). Who is happy? *Psychological Science, 6*, 10–19.

Nakamura, J., & Csikszentmihalyi, M. (2002). The concept of flow. In C. R. Snyder & S. J. Lopez (Eds.), *Handbook of positive psychology* (pp. 89–105). New York: Oxford University Press.

Nakamura, J., & Csikszentmihalyi, M. (2003). The construction of meaning through vital engagement. In C. L. M. Keyes & J. Haidt (Eds.), *Flourishing: Positive psychology and the life well-lived* (pp. 83–104). Washington, DC: American Psychological Association.

Neff, L. A., & Karney, B. R. (2005). To know you is to love you: The implications of global adoration and specific accuracy for marital relationships. *Journal of Personality and Social Psychology, 88*, 480–497.

Ness, L. S., & Segerstrom, S. C. (2006). Dispositional optimism and coping: A meta-analytic review. *Personality and Social Psychology Review, 10*, 235–251.

Nolen-Hoeksema, S. (1995). Epidemiology and theories of sex differences in depression. In M. Seeman (Ed.),

Gender and psychopathology (pp. 63–87). Washington, DC: American Psychiatric Association Press.

Nolen-Hoeksema, S., & Davis, C. G. (2002). Positive responses to loss: Perceiving benefits and growth. In C. R. Snyder & S. J. Lopez (Eds.), *Handbook of positive psychology* (pp. 598–607). New York: Oxford University Press.

Nolen-Hoeksema, S., & Rusting, C. L. (1999). Gender differences in well-being. In D. Kahneman, E. Diener, & N. Schwarz (Eds.), *Well-being: The foundations of hedonic psychology* (pp. 330–350). New York: Russell Sage Foundation.

Noller, P. (2006). Marital relationships. In P. Noller & J. A. Feeney (Eds.), *Close relationships: Functions, forms and processes* (pp. 67–88). New York: Psychology Press.

Noller, P., & Feeney, J. A. (Eds.). (2006). *Close relationships: Functions, forms and processes*. New York: Psychology Press.

Norem, J. K. (2001). *The positive power of negative thinking: Using defensive pessimism to harness anxiety and perform at your peak*. New York: Basic Books.

Norem, J. K. (2002). Defensive pessimism, optimism and pessimism. In E. C. Chang (Ed.), *Optimism & pessimism: Implications for theory, research, and practice* (pp. 77–100). Washington, DC: American Psychological Association.

Norem, J. K., & Cantor, N. (1986). Defensive pessimism: Harnessing anxiety as motivation. *Journal of Personality and Social Psychology, 51*, 1208–1217.

Norem, J. K., & Chang, E. C. (2002). The positive psychology of negative thinking. *Journal of Clinical Psychology, 58*, 993–1001.

Oishi, S. (2000). Goals as cornerstones of subjective well-being: Linking individuals and cultures. In E. Diener & E. M. Suh (Eds.), *Culture and subjective well-being* (pp. 87–112). Cambridge, MA: MIT Press.

Oishi, S., & Diener, E. (2001). Goals, culture, and subjective well-being. *Personality and Social Psychology Bulletin, 27*, 1674–1682.

Oishi, S., Diener, E., Lucas, R. E., & Suh, E. M. (1999). Cross-cultural variations in predictors of life satisfaction: Perspectives from needs and values. *Personality and Social Psychology Bulletin, 25*, 980–990.

Oishi, S., Diener, E., Suh, E., & Lucas, R. E. (1999). Value as moderator in subjective well-being. *Journal of Personality, 67*, 157–184.

Okun, M. A., Stock, W. A., Haring, M. J., & Witter, R. A. (1984). The social activity/subjective relationship: A quantitative synthesis. *Research on Aging, 6*, 45–65.

Ornstein, R. E. (1973). *The nature of human consciousness*. San Francisco, CA: W.H. Freeman.

Oyserman, D., Coon, H. M., & Kemmelmeier, M. (2002). Rethinking individualism and collectivism: Evaluation of theoretical assumptions and meta-analysis. *Psychological Bulletin, 128*, 3–72.

Paleari, E. G., Regalia, C., & Fincham, F. (2005). Marital quality, forgiveness, empathy, and rumination: A longitudinal study. *Personality and Social Psychology Bulletin, 31*, 368–378.

Palys, T. S., & Little, B. R. (1983). Perceived life satisfaction and the organization of personal project systems. *Journal of Personality and Social Psychology, 44*, 1221–1230.

Pargament, K. I. (1997). *The psychology of religion and coping: Theory, research and practice*. New York: Guilford Press.

Pargament, K. I. (1999). The psychology of religion *and* spirituality? Yes and no. *International Journal for the Psychology of Religion, 9*, 3–16.

Pargament, K. I. (2002). The bitter and the sweet: An evaluation of the costs and benefits of religiousness. *Psychological Inquiry, 13*, 168–181.

Pargament, K. I., Kennell, J., Hathaway, W., Grevengoed, N., Newman, J., & Jones, W. (1988). Religion and the problem-solving process: Three styles of coping. *Journal for the Scientific Study of Religion, 27*, 90–104.

Pargament, K. I., & Mahoney, A. (2002). Spirituality: Discovering and conserving the sacred. In C. R. Snyder & S. J. Lopez (Eds.), *Handbook of positive psychology* (pp. 646–659). New York: Oxford University Press.

Pargament, K. I., Smith, B. W., Koenig, H. G., & Perez, L. (1998). Patterns of positive and negative religious coping with major life events. *Journal for the Scientific Study of Religion, 37*, 710–724.

Pargament, K. I., Tarakeshwar, N., Ellison, C. G., & Wulff, K. W. (2001). Religious coping among the religious: The relationship between religious coping and well-being in a national sample of Presbyterian clergy, elders and members. *Journal for the Scientific Study of Religion, 40*, 496–513.

Park, C. L. (1998). Implications of posttraumatic growth for individuals. In R. G. Tedeschi, C. L. Park, & L. G. Calhoun (Eds.), *Posttraumatic growth: Positive changes in the aftermath of crisis* (pp. 153–178). Mahwah, NJ: Lawrence Erlbaum.

Park, L. E., & Crocker, J. (2005). Interpersonal consequences of seeking self-esteem. *Personality and Social Psychology Bulletin, 31*, 1587–1598.

Park, C. L., Moore, P. J., Turner, R. A., & Adler, N. E. (1997). The roles of constructive thinking and optimism in psychological and behavioral adjustment during pregnancy. *Journal of Personality and Social Psychology, 73*, 584–592.

Paterson, M. (2006). *Consumption and everyday life*. London/New York: Routledge.

Paulus, D. L., Wehr, P., Harms, P. D., & Strasser, D. H. (2002). Use of exemplars to reveal implicit types of intelligence. *Personality and Social Psychology Bulletin, 28*, 1051–1062.

Pavot, W., & Diener, E. (1993). Review of the Satisfaction with Life Scale. *Psychological Assessment, 5,* 164–172.

Peele, S. (1989). *The diseasing of America.* New York: Houghton Mifflin.

Pennebaker, J. W. (1993). Putting stress into words: Health, linguistic, and therapeutic implications. *Behavioral Research and Therapy, 31,* 539–548.

Pennebaker, J. W., & Beall, S. K. (1986). Confronting a traumatic event: Toward an understanding of inhibition and disease. *Journal of Abnormal Psychology, 95,* 275–281.

Pennebaker, J. W., Colder, M., & Sharp, L. K. (1990). Accelerating the coping process. *Journal of Personality and Social Psychology, 58,* 528–537.

Pennebaker, J. W., Kiecolt-Glaser, J. K., & Glaser, R. (1988). Disclosure of traumas and immune function: Health implications for psychotherapy. *Journal of Consulting and Clinical Psychology, 56,* 239–245.

Pennebaker, J. W., & O'Heeron, R. C. (1984). Confiding in others and illness rate among spouses of suicide and accidental death victims. *Journal of Abnormal Psychology, 93,* 473–476.

Perloff, L. S. (1983). Perceptions of invulnerability to victimization. *Journal of Social Issues, 39,* 41–62.

Perls, F. S. (1969). *Gestalt Therapy Verbatim.* Lafayette, CA: Real People Press.

Peterson, C. (1991). Meaning and measurement of explanatory style. *Psychological Inquiry, 2,* 1–10.

Peterson, C. (2000). The future of optimism. *American Psychologist, 55,* 44–55.

Peterson, C. (2006). *A primer in positive psychology.* New York: Oxford University Press.

Peterson, C., Bettes, B. A., & Seligman, M. E. P. (1985). Depressive symptoms and unprompted causal attributions: Content analysis. *Behavior Research and Therapy, 23,* 379–382.

Peterson, C., & Bosio, L. M. (1991). *Health and optimism.* New York: Free Press.

Petersen, C., & Bosio, L. M. (2002). Optimism and physical well-being. In E. C. Chang (Ed.), *Optimism & pessimism: Implications for theory, research, and practice* (pp. 127–145). Washington, DC: American Psychological Association.

Peterson, C., & Chang, E. C. (2003). Optimism and flourishing. In C. L. M. Keyes & J. Haidt (Eds.), *Flourishing: Positive psychology and the life well-lived* (pp. 55–75). Washington, DC: American Psychological Association.

Peterson, C., & Park, C. (1998). Learned helplessness and explanatory style. In D. F. Bourne, V. B. Van Hasselt, & M. Hersen (Eds.), *Advanced personality* (pp. 287–310). New York: Plenum Press.

Peterson, C., Semmel, A., von Baeyer, C., Abramson, L. Y., Metalsky, G. I., & Seligman, M. E. P. (1982). The Attributional Style Questionnaire. *Cognitive Therapy and Research, 6,* 287–299.

Peterson, C., & Seligman, M. E. P. (2004). *Character strengths and virtues: A handbook of classification.* Washington, DC: American Psychological Association/ New York: Oxford University Press.

Peterson, C., Seligman, M. E. P., & Vaillant, G. E. (1988). Pessimistic explanatory style is a risk factor for physical illness: A 35-year longitudinal study. *Journal of Personality and Social Psychology, 55,* 23–27.

Peterson, C., & Villanova, P. (1988). An Expanded Attributional Style Questionnaire. *Journal of Abnormal Psychology, 97,* 87–89.

Phillips, R. (1988). *Putting asunder: A history of divorce in Western society.* Cambridge: Cambridge University Press.

Pinquart, M. (2001). Age differences in perceived positive affect, negative affect, and affect balance in middle and old age. *Journal of Happiness Studies, 2,* 375–405.

Pittman, T. S. (1998). Motivation. In D. T. Gilbert, S. T. Fiske, & G. Lindzey (Eds.), *The handbook of social psychology* (4th ed., Vol. 1, pp. 549–590). New York: McGraw-Hill.

Popenoe, D., & Whitehead, B. (2004). *The state of our unions.* Piscataway, NJ: The National Marriage Project.

Powell, L. H., Shahabi, L., & Thoresen, C. E. (2003). Religion and spirituality: Linkages to physical health. *American Psychologist, 58,* 36–52.

Power, M. J. (2003). Quality of life. In C. R. Snyder & S. J. Lopez (Eds.), *Handbook of positive psychology* (pp. 427–441). New York: Oxford University Press.

Pratto, F., & John, O. P. (1991). Automatic vigilance: The attention-grabbing power of negative social information. *Journal of Personality and Social Psychology, 61,* 380–391.

Pressman, S. D., & Cohen, S. (2005). Does positive affect influence health? *Psychological Bulletin, 131,* 925–971.

Putnam, R. D. (2000). *Bowling alone: The collapse and revival of American community.* New York: Simon & Schuster.

Rabin, B. S. (2002). Understanding how stress affects the physical body. In H. G. Koenig & H. J. Cohen (Eds.), *The link between religion and health: Psychoneuroimmunology and the faith factor* (pp. 43–68). New York: Oxford University Press.

Rappoport, L. (2005). *Punchlines: The case for racial, ethnic and gender humor.* Westport, CT: Praeger.

Ray, O. (2004). How the mind hurts and heals the body. *American Psychologist, 59,* 29–40.

Read, S. J., & Miller, L. C. (1998). On the dynamic construction of meaning: An interactive activation and competition model of social perception. In S. J. Read & L. C. Miller (Eds.), *Connectionist models of social reasoning and behavior.* Mahwah, NJ: Lawrence Erlbaum.

Read, S. J., & Miller, L. C. (2002). Virtual personalities: A neural network model of personality. *Personality and Social Psychology Review, 6,* 357–369.

Redelmeir, D., & Kahneman, D. (1996). Patients' memories of painful medical treatments: Real-time and retrospective evaluations of two minimally invasive procedures. *Pain, 116*, 3–8.

Regier, D. A., Boyd, H. J., Burke, J. D., Rae, D. S., Myers, J. K., Kramer, M., et al. (1988). One month prevalence of mental disorders in the United States. *Archives of General Psychiatry, 45*, 977–986.

Reis, H. T., & Gable, S. L. (2003). Toward a positive psychology of relationships. In C. L. M. Keyes & J. Haidt (Eds.), *Flourishing: Positive psychology and the life well-lived* (pp. 129–159). Washington, DC: American Psychological Association.

Reis, H. T., & Patrick, B. C. (1996). Attachment and intimacy: Component processes. In E. T. Higgins & A. Kruglanski (Eds.), *Social psychology: Handbook of basic principles* (pp. 523–563). New York: Guilford Press.

Reis, H. T., & Shaver, P. (1988). Intimacy as an interpersonal process. In S. Duck (Ed.), *Handbook of personal relationships: Theory, relationships and interventions* (pp. 367–389). London: John Wiley & Sons.

Reis, H. T., Sheldon, K. M., Gable, S. L., Roscoe, J., & Ryan, R. M. (2000). Daily well-being: The role of autonomy, competence, and relatedness. *Personality and Social Psychology Bulletin, 26*, 419–435.

Reivich, K., & Gillham, J. (2003). Learned optimism: The measurement of explanatory style. In S. J. Lopez & C. R. Snyder (Eds.), *Positive psychological assessment: A handbook of models and measures* (pp. 57–74). Washington, DC: American Psychological Association.

Reivich, K., & Shatte, A. (2002). *The resilience factor.* New York: Broadway Books.

Rhee, E., Uleman, J., Lee, H., & Roman, R. (1995). Spontaneous self-descriptions and ethnic identities in individualistic and collectivist cultures. *Journal of Personality and Social Psychology, 69*, 142–152.

Rhodes, S. R. (1983). Age-related differences in work attitudes and behavior: A review and conceptual analysis. *Psychological Bulletin, 93*, 328–367.

Riediger, M., & Freund, A. M. (2004). Interference and facilitation among differential associations with subjective well-being and persistent goal pursuit. *Personality and Social Psychology Bulletin, 30*, 1511–1523.

Roberts, B. W., & DelVecchio, W. F. (2000). The rank-order consistency of personality traits from childhood to old age: A quantitative review of longitudinal studies. *Psychological Bulletin, 126*, 3–25.

Roberts, B. W., Wilson, K. E., & Bogg, T. (2005). Conscientiousness and health across the life course. *Review of General Psychology, 9*, 156–168.

Robinson, D. N. (1990). Wisdom through the ages. In R. J. Sternberg (Ed.), *Wisdom: Its nature, origins, and development* (pp. 13–24). New York: Cambridge University Press.

Robinson, M. D., & Clore, G. L. (2002). Belief and feeling: Evidence for an accessibility model of emotional self-report. *Psychological Bulletin, 128*, 934–960.

Robinson, M. D., & Johnson, J. T. (1997). Is it emotion or is it stress? Gender stereotypes and the perception of subjective experience. *Sex Roles, 36*, 235–258.

Robinson, M. D., Johnson, J. T., & Shields, S. A. (1998). The gender heuristic and the database: Factors affecting the perception of gender-related differences in the experience and display of emotions. *Basic and Applied Social Psychology, 20*, 206–219.

Robinson-Whelen, S., Kim, C., MacCallum, R. C., & Kiecolt-Glaser, J. K. (1997). Distinguishing optimism from pessimism in older adults: Is it more important to be optimistic or not to be pessimistic? *Journal of Personality and Social Psychology, 73*(6), 1345–1353.

Rogers, C. R. (1961). *On becoming a person.* Boston: Houghton Mifflin.

Rogers, S. J., & Amato, P. R. (2000). Have changes in gender relations affected marital quality? *Social Forces, 79*, 731–753.

Rohan, M. J. (2000). A rose by any name? The value construct. *Personality and Social Psychology Review, 4*, 255–277.

Rokeach, M. (1973). *The nature of human values.* San Francisco: Jossey-Bass.

Rosenberg, M. (1965). *Society and the adolescent self-image.* Princeton, NJ: Princeton University Press.

Rothbart, M. K., Ahadi, S. A., & Evans, D. E. (2000). Temperament and personality: Origins and outcomes. *Journal of Personality Social Psychology, 78*, 122–135.

Rothbaum, F., Weisz, J., Pott, M., Miyake, K., & Morelli, G. (2000). Attachment and culture: Security in the United States and Japan. *American Psychologist, 55*, 1093–1104.

Rothbaum, F., Weisz, J. R., & Snyder, S. S. (1982). Changing the world and changing the self: A two process model of perceived control. *Journal of Personality and Social Psychology, 42*, 5–37.

Rowe, J. W., & Kahn, R. L. (1987). Human aging: Usual and successful. *Science, 237*, 143–149.

Rowe, J. W., & Kahn, R. L. (1998). *Successful aging.* New York: Pantheon.

Rozin, P., & Royzman, E. B. (2001). Negativity bias, negativity dominance, and contagion. *Personality and Social Psychology Review, 5*, 296–320.

Rubin, Z. (1973). *Liking and loving.* New York: Holt Rinehart & Winston.

Ruini, C., & Fava, G. A. (2004). Clinical applications of well-being therapy. In P. A. Linley & S. Joseph (Eds.), *Positive Psychology in practice* (pp. 371–387). New York: John Wiley & Sons.

Rusbult, C. E. (1983). A longitudinal test of the investment model: The development (and deterioration) of satisfaction and commitment in heterosexual involvements. *Journal of Personality and Social Psychology, 45*, 101–117.

Rutter, M. (1985). Resilience in the face of adversity: Protective factors and resistance to psychiatric disorder. *British Journal of Psychiatry, 147*, 598–611.

Rutter, M., & The English and Romanian Adoptees (ERA) Study Team (1998). Developmental catch-up and deficit, following adoption after severe global early privation. *Journal of Child Psychology and Psychiatry, 39*, 465–476.

Ryan, R. M. (2002). Foreword to Kasser, T. *The high price of materialism* (pp. ix–xiii). Cambridge, MA: MIT Press.

Ryan, R. M., & Deci, E. L. (2000). Self-determination theory and the facilitation of intrinsic motivation, social development, and well-being. *American Psychologist, 55*, 68–78.

Ryan, R. M., & Deci, E. L. (2001). On happiness and human potentials: A review of research on hedonic and eudaimonic well-being. *Annual Review of Psychology, 52*, 141–166.

Rybash, J. M., Roodin, P. A., & Hoyer, H. J. (1995). *Adult development and aging* (3rd ed.). Dubuque, IA: Brown & Benchmark.

Ryff, C. D. (1989). Happiness is everything, or is it? Explorations on the meaning of psychological well-being. *Journal of Personality and Social Psychology, 57*, 1069–1081.

Ryff, C. D., & Keyes, C. L. M. (1995). The structure of psychological well-being revisited. *Journal of Personality and Social Psychology, 57*, 1069–1081.

Ryff, C. D., & Singer, B. (1998). The contours of positive human health. *Psychological Inquiry, 9*, 1–28.

Ryff, C. D., & Singer, B. (2000). Interpersonal flourishing: A positive health agenda for the new millennium. *Personality and Social Psychology Review, 4*, 30–44.

Ryff, C. D., & Singer, B. (2002). From social structure to biology: Integrative science in the pursuit of human health and well-being. In C. R. Snyder & S. J. Lopez (Eds.), *Handbook of Positive Psychology* (pp. 541–555). New York: Oxford University Press.

Ryff, C. D., & Singer, B. (2003a). Flourishing under fire: Resilience as a prototype of challenged thriving. In C. L. M. Keyes & J. Haidt (Eds.), *Flourishing: Positive psychology and the life well-lived* (pp. 15–36). Washington, DC: American Psychological Association.

Ryff, C. D., & Singer, B. (2003b). Ironies of the human condition: Well-being and health on the way to mortality. In L. G. Aspinwall & U. M. Staudinger (Eds.), *A psychology of human strengths: Fundamental questions and future directions for a positive psychology* (pp. 271–288). Washington, DC: American Psychological Association.

Sagiv, L., & Schwartz, S. H. (1995). Value priorities and readiness for out-group social contact. *Journal of Personality and Social Psychology, 69*, 437–448.

Salovey, P., Mayer, J. D., & Caruso, D. (2002). The positive psychology of emotional intelligence. In C. R. Snyder & S. J. Lopez (Eds.), *Handbook of Positive Psychology* (pp. 159–171). New York: Oxford University Press.

Salovey, P., Rothman, A. J., Detweiler, J. B., & Steward, W. T. (2000). Emotional states and health. *American Psychologist, 55*, 110–121.

Salovey, P., Rothman, A. J., & Rodin, J. (1998). Health behavior. In D. T. Gilbert, S. T. Fiske, & G. Lindzey (Eds.), *The handbook of social psychology* (4th ed., Vol. 2, pp. 633–683). New York: McGraw-Hill.

Salsman, J. M., Brown, T. L., Brechting, E. H., & Carlson, C. R. (2005). The link between religion and spirituality and psychological adjustment: The mediating role of optimism and social support. *Personality and Social Psychology Bulletin, 31*, 522–535.

Sanderson, C. A., & Cantor, N. (1995). Social dating goals in late adolescence: Implications for safer sexual activity. *Journal of Personality and Social Psychology, 68*, 1121–1134.

Sandvik, E., Diener, E., & Seidlitz, L. (1993). Subjective well-being: The convergence and stability of self-report and non-self-report measures. *Journal of Personality, 61*, 317–342.

Saucier, G., & Skrzypinska, K. (2006). Spiritual but not religious? Evidence for two independent dispositions. *Journal of Personality, 74*, 1257–1292.

Scheier, M. F., & Carver, C. S. (1985). Optimism, coping and health: Assessment and implications of generalized expectancy on health. *Health Psychology, 4*, 219–247.

Scheier, M. F., & Carver, C. S. (1992). Effects of optimism on psychological and physical well-being: Theoretical overview and empirical update. *Cognitive Therapy and Research, 16*, 201–228.

Scheier, M. F., Carver, C. S., & Bridges, M. W. (1994). Distinguishing optimism from neuroticism (and trait anxiety, self-mastery, and self-esteem): A reevaluation of the Life Orientation Test. *Journal of Personality and Social Psychology, 67*, 1063–1078.

Scheier, M. F., Carver, C. S., & Bridges, M. W. (2002). Optimism, pessimism, and psychological well-being. In E. C. Chang (Ed.), *Optimism and pessimism: Implications for theory, research and practice* (pp. 189–216). Washington, DC: American Psychological Association.

Scheier, M. F., Matthews, K. A., Owens, J. F., Magovern, G. J., Lefebvre, R. C., Abbott, R. A., et al. (1989). Dispositional optimism and recovery from coronary artery bypass surgery: The beneficial effects on physical and psychological well-being. *Journal of Personality and Social Psychology, 57*, 1024–1040.

Schimmack, U., & Diener, E. (1997). Affect intensity: Separating intensity and frequency in repeatedly measured affect. *Journal of Personality and Social Psychology, 73*, 1313–1329.

Schkade, D. A., & Kahneman, D. (1998). Does living in California make people happy? A focusing illusion in judgments of life satisfaction. *Psychological Science, 9*, 340–346.

Schlenker, B. R., Pontari, B. A., & Christopher, A. N. (2001). Excuses and character: Personal and social implications of excuses. *Personality and Social Psychology Review, 5*, 15–32.

Schmutte, P. S., & Ryff, C. D. (1997). Personality and well-being: Reexamining methods and meanings. *Journal of Personality and Social Psychology, 73*, 549–559.

Schneider, B. H., Atkinson, L., & Tardiff, C. (2001). Child-parent attachment and children's peer relations: A quantitative review. *Developmental Psychology, 37*, 86–100.

Schneider, S. (2001). In search of realistic optimism: Meaning, knowledge, and warm fuzziness. *American Psychologist, 56*, 259–263.

Schulz, R., Bookwala, J., Knapp, J. E., Scheier, M., & Williamson, G. M. (1996). Pessimism, age, and cancer mortality. *Psychology and Aging, 11*, 304–309.

Schwartz, B. (2004). *The paradox of choice: Why more is less.* New York: Ecco Press.

Schwartz, B., & Ward, A. (2004). Doing better but feeling worse: The paradox of choice. In P. A. Linley & S. Joseph (Eds.), *Positive psychology in practice* (pp. 86–104). New York: John Wiley & Sons.

Schwartz, S. H. (1992). Universals in the content and structure of values: Theoretical advances and empirical tests in 20 countries. In M. P. Zanna (Ed.), *Advances in experimental social psychology* (Vol. 24, pp. 1–65). San Diego: Academic Press.

Schwartz, S. H. (1994). Are there universal aspects in the content and structure of values? *Journal of Social Issues, 50*, 19–45.

Schwartz, S. H., & Bilsky, W. (1987). Toward a universal psychological structure of human values. *Journal of Personality and Social Psychology, 53*, 550–562.

Schwartz, S. H., & Bilsky, W. (1990). Toward a theory of the universal content and structure of values: Extensions and cross-cultural replications. *Journal of Personality and Social Psychology, 58*, 878–891.

Schwartz, S. H., & Sagiv, L. (1995). Identifying cultural specifics in the content and structure of values. *Journal of Cross-Cultural Psychology, 26*, 92–116.

Schwarz, N. (1990). Feelings as information: Informational and motivational functions of affective states. In E. T. Higgins & R. M. Sorrentino (Eds.), *Handbook of motivation and cognition* (Vol. 2, pp. 527–561). New York: Guilford Press.

Schwarz, N., & Strack, F. (1999). Reports of subjective well-being: Judgmental processes and their methodological implications. In D. Kahneman, E. Diener, & N. Schwarz (Eds.), *Well-being: The foundations of hedonic psychology* (pp. 61–84). New York: Russell Sage Foundation.

Sears, R. R. (1977). Sources of life satisfaction of the Terman gifted men. *American Psychologist, 32*, 119–128.

Seeman, T. E., Dubin, L. F., & Seeman, M. (2003). Religiosity/spirituality and health: A critical review of the evidence for biological pathways. *American Psychologist, 58*, 53–63.

Segall, M. H., Lonner, W. J., & Berry, J. W. (1998). Cross-cultural psychology as a scholarly discipline: On the flowering of culture in behavioral research. *American Psychologist, 53*, 1101–1110.

Segerstrom, S. C., Taylor, S. E., Kemeny, M. E., & Fahey, J. L. (1998). Optimism is associated with mood, coping and immune change in response to stress. *Journal of Personality and Social Psychology, 74*, 1646–1655.

Seidlitz, L., Wyer, R. S., & Diener, E. (1997). Cognitive correlates of subjective well-being: The processing of valenced life events by happy and unhappy persons. *Journal of Research in Personality, 31*, 240–256.

Seligman, M. E. P. (1975). *Helplessness: On depression, development, and death.* San Francisco: Freeman.

Seligman, M. E. P. (1990). *Learned optimism.* New York: Pocket Books.

Seligman, M. E. P. (1998, April). Positive social science. *APA Monitor, 29*(4), 2, 5.

Seligman, M. E. P. (2002a). *Authentic happiness: Using the new positive psychology to realize your potential for lasting fulfillment.* New York: Free Press.

Seligman, M. E. P. (2002b). Positive psychology, positive prevention, and positive therapy. In C. R. Snyder & S. J. Lopez (Eds.), *Handbook of positive psychology* (pp. 515–527). New York: Oxford University Press.

Seligman, M. E. P. (2003). Foreword: The past and future of positive psychology. In C. L. M. Keyes & J. Haidt (Eds.), *Flourishing: Positive psychology and the life well-lived* (pp. xi–xx). Washington, DC: American Psychological Association.

Seligman, M. E. P., & Csikszentmihalyi, M. (2000). Positive psychology: An Introduction. *American Psychologist, 55*, 5–14.

Seligman, M. E. P., & Csikszentmihalyi, M. (2001). Reply to comments. *American Psychologist, 56*, 89–90.

Seligman, M. E. P., Rashid, T., & Parks, A. C. (2006). Positive psychotherapy. *American Psychologist, 61*, 774–788.

Seligman, M. E. P., Steen, T. A., Park, N., & Peterson, C. (2005). Positive psychology progress: Empirical validation of interventions. *American Psychologist, 60*, 410–421.

Shapiro, D. H., Schwartz, C. E., & Astin, J. A. (1996). Controlling ourselves, controlling our world: Psychology's role in understanding positive and negative consequences of seeking and gaining control. *American Psychologist, 51*, 1213–1230.

Shapiro, S. L., Schwartz, G. E. R., & Santerre, C. (2002). Meditation and positive psychology. In C. R. Snyder

& S. J. Lopez (Eds.), *Handbook of positive psychology* (pp. 632–645). New York: Oxford University Press.

Sheldon, K. M., & Elliot, A. J. (1998). Not all personal goals are personal: Comparing autonomous and controlled reasons as predictors of effort and attainment. *Personality and Social Psychology Bulletin, 24*, 546–557.

Sheldon, K. M., & Elliot, A. J. (1999). Goal striving, need satisfaction, and longitudinal well-being: The self-concordance model. *Journal of Personality and Social Psychology, 76*, 482–497.

Sheldon, K. M., Elliot, A. J., Kim, Y., & Kasser, T. (2001). What is satisfying about satisfying events? Testing 10 candidate psychological needs. *Journal of Personality and Social Psychology, 80*, 325–339.

Sheldon, K. M., & Houser-Marko, L. (2001). Self-concordance, goal attainment, and the pursuit of happiness: Can there be an upward spiral? *Journal of Personality and Social Psychology, 80*, 152–165.

Sheldon, K. M., & Kasser, T. (1995). Coherence and congruence: Two aspects of personality integration. *Journal of Personality and Social Psychology, 68*, 531–543.

Sheldon, K. M., Kasser, T., Smith, K., & Share, T. (2002). Personal goals and psychological growth: Testing an intervention to enhance goal-attainment and personality integration. *Journal of Personality, 70*, 5–31.

Sheldon, K. M., & King, L. (2001). Why positive psychology is necessary. *American Psychologist, 56*, 216–217.

Sheldon, K. M., & Lyubomirsky, S. (2004). Achieving sustainable new happiness: Prospects, practices, and prescriptions. In P. A. Linley & S. Joseph (Eds.), *Positive psychology in practice* (pp. 127–145). New York: John Wiley & Sons.

Sheldon, K. M., Ryan, R. M., Deci, E. L., & Kasser, T. (2004). The independent effects of goal contents and motives on well-being: It's both what you pursue and why you pursue it. *Personality and Social Psychology Bulletin, 30*, 475–486.

Sheldon, K. M., Ryan, R. M., Rawsthorne, L. J., & Ilardi, B. (1997). Trait self and true self: Cross-role variation in the Big-Five personality traits and its relations with psychological authenticity and subjective well-being. *Journal of Personality and Social Psychology, 73*, 1380–1393.

Shweder, R. A., & Bourne, E. J. (1984). Does the concept of the person vary cross-culturally? In R. A. Shweder & R. A. LeVine (Eds.), *Culture theory: Essays on mind, self and emotion* (pp. 158–199). New York: Cambridge University Press.

Silver, R. L. (1982). *Coping with an undesirable life event: A study of early reactions to physical disability.* Unpublished doctoral dissertation, Northwestern University, Evanston, IL.

Simonton, D. K., & Baumeister, R. F. (2005). Positive psychology at the summit. *Review of General Psychology, 9*, 99–102.

Simpson, J. A., Campbell, B., & Berscheid, E. (1986). The association between romantic love and marriage: Kephart (1967) twice revisited. *Personality and Social Psychology Bulletin, 12*, 363–372.

Smith, E. R., & DeCoster, J. (2000). Dual processes models in social and cognitive psychology: Conceptual integration and links to memory systems. *Personality and Social Psychology Review, 4*, 108–131.

Snyder, C. R. (1994). *The psychology of hope: You can get there from here.* New York: Free Press.

Snyder, C. R. (1995). Conceptualizing, measuring, and nurturing hope. *Journal of Counseling and Development, 73*, 355–360.

Snyder, C. R. (Ed.). (2000). *Handbook of hope: Theory, measures, and applications.* San Diego, CA: Academic Press.

Snyder, C. R., Harris, C., Anderson, J. R., Holleran, S. A., Irving, L. M., Sigmon S. T., et al. (1991). The will and the ways: Development and validation of an individual difference measure of hope. *Journal of Personality and Social Psychology, 60*, 570–585.

Snyder, C. R., & Higgins, R. L. (1988). Excuses: Their effective role in the negotiation of reality. *Psychological Bulletin, 104*, 23–35.

Snyder, C. R., & Lopez, S. J. (Eds.). (2002). *Handbook of positive psychology.* New York: Oxford University Press.

Snyder, C. R., Rand, K. L., & Sigmon, D. R. (2002). Hope theory: A member of the positive psychology family. In C. R. Snyder & S. J. Lopez (Eds.), *Handbook of positive psychology* (pp. 257–276). New York: Oxford University Press.

Solberg, E. G., Diener, E., & Robinson, M. D. (2004). Why are materialists less satisfied? In T. Kasser & A. D. Kanner (Eds.), *Psychology and consumer culture: The struggle for a good life in a materialistic world* (pp. 29–48). Washington, DC: American Psychological Association.

Solomon, S., Greenberg, J. L., & Pyszczynski, T. A. (1991). A terror management theory of social behavior: The psychological functions of self-esteem and cultural worldviews. In M. P. Zanna (Ed.), *Advances in experimental social psychology* (Vol. 24, pp. 91–159). Orlando, FL: Academic Press.

Solomon, S., Greenberg, J. L., & Pyszczynski, T. A. (2004). Lethal consumption: Death-denying materialism. In T. Kasser & A. D. Kanner (Eds.), *Psychology and consumer culture: The struggle for a good life in a materialistic world* (pp. 127–146). Washington, DC: American Psychological Association.

Somerfield, M. S., & McCrae, R. R. (2000). Stress and coping research: Methodological challenges, theoretical advances, and clinical applications. *American Psychologist, 55*, 620–625.

Speca, M., Carlson, L. E., Goodey, E., & Angen, M. (2000). A randomized wait-list controlled clinical trail: The effect of mindfulness meditation-based stress reduction programs on mood and symptoms of stress in cancer outpatients. *Psychosomatic Medicine, 62,* 613–622.

Spiegel, D., & Fawzy, I. F. (2002). Psychosocial interventions and prognosis in cancer. In H. G. Koenig & H. J. Cohen (Eds.), *The link between religion and health: Psychoneuroimmunology and the faith factor* (pp. 84–100). New York: Oxford University Press.

Spilka, B., Hood, R. W., Jr., Hunsberger, B., & Gorsuch, R. (2003). *The psychology of religion: An empirical approach.* New York: Guilford Press.

Sprecher, S., Aron, A., Hatfield, E., Cortese, A., Potapova, E., & Levitskaya, A. (1994). Love: American style, Russian style, and Japanese style. *Personal Relationships, 1,* 349–369.

Sprecher, S., & Regan, P. C. (2002). Liking some things (in some people) more than others: Partner preferences in romantic relationships and friendships. *Journal of Social and Personal Relationships, 19,* 463–481.

Srivastava, A., Locke, E. A., & Bartol, K. M. (2001). Money and subjective well-being: It's not the money, it's the motives. *Journal of Personality and Social Psychology, 80,* 959–971.

Srivastava, S., & Beer, J. S. (2005). How self-evaluations relate to being liked by others: Integrating sociometer and attachment perspectives. *Journal of Personality and Social Psychology, 89,* 966–977.

Stacey, C. A., & Gatz, M. (1991). Cross-sectional age differences and longitudinal change on the Bradburn Affect Balance Scale. *Journal of Gerontology: Psychological Sciences, 46,* 76–78.

Steele, C. M. (1988). The psychology of self-affirmation: Sustaining the integrity of the self. In L. Berkowitz (Ed.), *Advances in experimental social psychology: Vol. 21.* Orlando, FL: Academic Press.

Steele, C. M. (1997). A threat in the air: How stereotypes shape intellectual identity and performance. *American Psychologist, 52,* 613–629.

Steinberg, L., Dornbusch, S. M., & Brown, B. B. (1992). Ethnic differences in adolescent achievement: An ecological perspective. *American Psychologist, 47,* 723–729.

Sternberg, R. (1985). Implicit theories of intelligence, creativity, and wisdom. *Journal of Personality and social Psychology, 49,* 607–627.

Sternberg, R. J. (1986). A triangular theory of love. *Psychological Review, 93,* 119–135.

Sternberg, R. J. (1987). *The triangle of love: Intimacy, passion, commitment.* New York: Basic Books.

Sternberg, R. (Ed.). (1990). *Wisdom: Its nature, origins, and development.* New York: Cambridge University Press.

Sternberg, R. (1998a). A balance theory of wisdom. *Review of General Psychology, 2,* 347–365.

Sternberg, R. J. (1998b). *Cupid's arrow: The course of love through time.* New York: Cambridge University Press.

Sternberg, R. J., & Barnes, M. L. (Eds.). (1988). *The psychology of love.* New Haven: Yale University Press.

Stone, A. A., Neale, J. M., Cox, D. S., Napoli, A., Valdimarsdottir, H., & Kennedy-Moore, E. (1994). Daily events are associated with a secretory immune response to an oral antigen in men. *Health Psychology, 13,* 440–446.

Stone, A. A., Shiffman, S. S., & DeVries, M. W. (1999). Ecological momentary assessment. In D. Kahneman, E. Diener, & N. Schwarz (Eds.), *Well-being: The foundations of hedonic psychology* (pp. 26–39). New York: Russell Sage Foundation.

Storey, J. (1999). *Cultural consumption and everyday life.* New York: Oxford University Press.

Strack, F., & Deutsch, R. (2004). Reflective and impulsive determinants of social behavior. *Personality and Social Psychology Review, 8,* 220–247.

Strawbridge, W. J., Cohen, R. D., Shema, S. J., & Kaplan, G. A. (1997). Frequent attendance at religious services and mortality over 28 years. *American Journal of Public Health, 87,* 957–961.

Stroebe, M. S., & Stroebe, W. (1993). The mortality of bereavement: A review. In M. S. Stroebe, W. Stroebe, & R. O. Hansson (Eds.), *Handbook of bereavement: Theory, research and intervention* (pp. 175–195). Cambridge: Cambridge University Press.

Stroebe, M. S., & Stroebe, W. (1996). The social psychology of social support. In E. Higgins & A. Kruglanski (Eds.), *Social psychology: Handbook of basic principles* (pp. 597–621). New York: Guilford Press.

Suh, E. (2000). Self, the hyphen between culture and subjective well-being. In E. Diener & E. M. Suh (Eds.), *Culture and subjective well-being* (pp. 63–86). Cambridge, MA: MIT Press.

Suh, E., Diener, E., & Fujita, F. (1996). Events and subjective well-being: Only recent events matter. *Journal of Personality and Social Psychology, 70,* 1091–1102.

Suh, E., Diener, E., Oishi, S., & Triandis, H. C. (1998). The shifting basis of life satisfaction judgments across cultures: Emotion versus norms. *Journal of Personality and Social Psychology, 74,* 482–493.

Swann, W. B., Jr. (1983). Self-verification: Bringing social reality into harmony with the self. In J. Suls & A. G. Greenwald (Eds.), *Social psychological perspectives on the self* (Vol. 2, pp. 33–66). Hillsdale, NJ: Lawrence Erlbaum.

Swann, W. B., Jr. (1987). Identity negotiation: Where two roads meet. *Journal of Personality and Social Psychology, 53,* 1038–1051.

Swann, W. B., Jr. (1990). To be adored or to be known: The interplay of self-enhancement and self-verification. In R. M. Sorrentino & E. T. Higgins (Eds.), *Foundations of social behavior* (Vol. 2, pp. 408–448). New York: Guilford Press.

Swann, W. B., Jr., Chang-Schneider, C., & McClarty, L. K. (2007). Do people's self-views matter? Self-concept and self-esteem in everyday life. *American Psychologist, 62,* 84–94.

Swann, W. B., Jr., De La Ronde, C., & Hixon, J. G. (1994). Authenticity and positive strivings in marriage and courtship. *Journal of Personality and Social Psychology, 66,* 857–869.

Swindle, R., Heller, K., Pescosolido, B., & Kikuzawa, S. (2000). Responses to nervous breakdowns in Americans over a 40-year period: Mental health policy implications. *American Psychologist, 55,* 740–749.

Tajfel, H. (1982). Social psychology of intergroup relations. *Annual Review of Psychology, 33,* 1–39.

Tamres, L. K., Janicki, D., & Helgeson, V. C. (2002). Sex differences in coping behavior: A meta-analytic review and an examination of relative coping. *Personality and Social Psychology Review, 6,* 2–30.

Taylor, S. E. (1989). *Positive illusions: Creative self-deception and the healthy mind.* New York: Basic Books.

Taylor, S. E. (1999). *Health psychology* (4th ed.). Boston: McGraw-Hill.

Taylor, S. E., & Armor, D. A. (1996). Positive illusions and coping with adversity. *Journal of Personality, 64,* 873–898.

Taylor, S. E., & Brown, J. D. (1988). Illusions and well-being: A social psychological perspective on mental health. *Psychological Bulletin, 103,* 193–210.

Taylor, S. E., Dickerson, S. S., & Cousino Klein, L. (2002). Toward a biology of social support. In C. R. Snyder & S. J. Lopez (Eds.), *Handbook of positive psychology* (pp. 556–569). New York: Oxford University Press.

Taylor, S. E., Kemeney, M. E., Reed, G. M., Bower, J. E., & Gruenewald, T. L. (2000). Psychological resources, positive illusions and health. *American Psychologist, 55,* 99–109.

Taylor, S. E., Klein, L. A., Lewis, B. P, Gruenewald, T. L., Gurung, R. A. R., & Updegraff, J. A. (2000). Biobehavioral responses to stress in females: Tend-and-befriend, not fight-or-flight. *Psychological Review, 107,* 411–429.

Taylor, S. E., Lerner, J. S., Sherman, D. K., Sage, R. M., & McDowell, N. K. (2003). Are self-enhancing cognitions associated with healthy or unhealthy biological profiles? *Journal of Personality and Social Psychology, 85,* 605–615.

Taylor, S. E., Repetti, R. L., & Seeman, T. (1997). Health psychology: What is an unhealthy environment and how does it get under our skin? *Annual Review of Psychology, 48,* 411–447.

Taylor, S. E., & Sherman, D. K. (2004). Positive psychology and health psychology: A fruitful liaison. In P. A. Linley & S. Joseph (Eds.), *Positive psychology in practice* (pp. 305–319). New York: John Wiley & Sons.

Tedeschi, R. G., & Calhoun, L. G. (Eds.). (1995). *Trauma and transformation: Growing in the aftermath of suffering.* Thousand Oaks, CA: Sage Publications.

Tedeschi, R. G., Park, C. L., & Calhoun, L. G. (Eds.). (1998). *Posttraumatic growth: Positive changes in the aftermath of crisis.* Mahwah, NJ: Lawrence Erlbaum.

Tellegen, A., Lykken, D., Bouchard, T. J., Wilcox, K. J., Segal, N. J., & Rich, S. (1988). Personality similarity in twins reared apart and together. *Journal of Personality and Social Psychology, 54,* 1031–1039.

Tennen, H., & Affleck, G. (2002). Benefit-finding and benefit-reminding. In C. R. Snyder & S. J. Lopez (Eds.), *Handbook of positive psychology* (pp. 584–597). New York: Oxford University Press.

Terman, L. M. (1939). The gifted student and his academic environment. *School and Society, 49,* 65–73.

Terman, L. M., Buttenwieser, P., Ferguson, L. W., Johnson, W. B., & Wilson, D. P. (1938). *Psychological factors in marital happiness.* New York: McGraw-Hill.

Terracciano, A., Costa, P. T., Jr., & McCrae, R. R. (2006). Personality plasticity after age 30. *Personality and Social Psychology Bulletin, 32,* 999–1009.

Tesser, A. (1988). Toward a self-evaluation maintenance model of social behavior. In L. Berkowitz (Ed.), *Advances in experimental social psychology* (Vol. 21, pp. 181–227). San Diego, CA: Academic Press.

Thomas, D., & Diener, E. (1990). Memory accuracy in the recall of emotions. *Journal of Personality and Social Psychology, 59,* 291–297.

Thompson, L. Y., & Snyder, C. R. (2003). Measuring forgiveness. In S. J. Lopez & C. R. Snyder (Eds.), *Positive psychological assessment: A handbook of models and measures* (pp. 301–341). Washington, DC: American Psychological Association.

Thornton, A. (1989). Changing attitudes toward family issues in the United States. *Journal of Marriage and the Family, 51,* 873–893.

Tice, D. M., & Baumeister, R. F. (1997). Longitudinal study of procrastination, performance, stress and health: The costs and benefits of dawdling. *Psychological Science, 8,* 454–458.

Tjeltveit, A. C. (2003). Implicit virtues, divergent goods, multiple communities: Explicitly addressing virtues in the behavioral sciences. *The American Behavioral Scientist, 47,* 395–414.

Trafimow, D., Triandis, H. C., & Gotto, S. G. (1991). Some tests of the distinction between private self and collective self. *Journal of Personality and Social Psychology, 60,* 649–655.

Triandis, H. C. (1989). Self and social behavior in different cultural contexts. *Psychological Review, 96,* 269–289.

Triandis, H. C. (2000). Cultural syndromes and subjective well-being. In E. Diener & E. M. Suh (Eds.), *Culture and subjective well-being* (pp. 13–36). Cambridge, MA: MIT Press.

Trope, Y., & Pomerantz, E. M. (1998). Resolving conflicts among self-evaluation motives: Positive experiences as a resource for overcoming defensiveness. *Motivation and Emotion, 22,* 53–72.

Trzesniewski, K. H., Donnellan, M. B., & Robins, R. W. (2003). Stability of self-esteem across the life span. *Journal of Personality and Social Psychology, 84,* 205–220.

Tsang, J. A., & McCullough, M. E. (2003). Measuring religious constructs: A hierarchical approach to construct organization and scale selection. In S. J. Lopez & C. R. Snyder (Eds.), *Positive psychological assessment: A handbook of models and measures* (pp. 345–360). Washington, DC: American Psychological Association.

Tyler, T. R., & Smith, H. J. (1998). Social justice and social movements. In D. T. Gilbert, S. T. Fiske, & G. Lindzey (Eds.), *The handbook of social psychology* (4th ed., Vol. 2, pp. 595–629). New York: McGraw-Hill.

Twenge, J. M., & Crocker, J. (2002). Race and self-esteem: Meta-analysis comparing Whites, Blacks, Hispanics, Asians and American Indians, *Psychological Bulletin, 128,* 371–408.

Uchino, B. N., Cacioppo, J. T., & Kiecolt-Glaser, J. K. (1996). The relationship between social support and physiological responses: A review with emphasis on underlying mechanisms and implications for health. *Psychological Bulletin, 119,* 488–531.

Updegraff, J. A., Gable, S. L., & Taylor, S. E. (2004). What makes experiences satisfying? The interaction of approach-avoidance motivations and emotions in well-being. *Journal of Personality and Social Psychology, 86,* 496–504.

U.S. Bureau of Census (1999). *Poverty in the United States: 1998* (Current Population Reports, Series P60–207). Washington, DC: U.S. Government Printing Office.

Uvnas-Moberg, K. (1997). Physiological and endocrine effects of social contact. In I. Lederhendler & S. Carter (Eds.), *The integrative neurobiology of affiliation* (pp. 146–163). New York: New York Academy of Sciences.

Uvnas-Moberg, K. (1998). Oxytocin may mediate the benefits of positive social interaction and emotions. *Psychoneuroendocrinology, 23,* 819–835.

Vaillant, G. E. (1997). *Adaptation to life.* Boston: Little Brown.

Vaillant, G. E. (2000). Adaptive mental mechanisms: Their role in positive psychology. *American Psychologist, 55,* 89–98.

Vallacher, R. R., & Wegner, D. M. (1987). What do people think they're doing? Action identification and human behavior. *Psychological Review, 94,* 3–15.

Van Boven, L. (2005). Experientialism, materialism, and the pursuit of happiness. *Review of General Psychology, 9,* 132–142.

Van Boven, L., & Gilovich, T. (2003). To do or to have? That is the question. *Journal of Personality and Social Psychology, 85,* 1193–1202.

Vandello, J. A., & Cohen, D. (1999). Patterns of individualism and collectivism in the United States. *Journal of Personality and Social Psychology, 77,* 279–292.

Vangelisti, A. L. (2006). Relationship dissolution: Antecedents, processes and consequences. In P. Noller & J. A. Feeney (Eds.), *Close relationships: Functions, forms and processes* (pp. 353–374). New York: Psychology Press.

Vaux, A., & Meddin, J. (1987). Positive and negative life changes and positive and negative affect among the rural elderly. *Journal of Community Psychology, 15,* 447–458.

Veenhoven, R. (1988). The utility of happiness. *Social Indicators Research, 20,* 333–353.

Veenhoven, R. (1995). The cross-national pattern of happiness. Test of predictions implied in three theories of happiness. *Social Indicators Research, 34,* 33–68.

Veenhoven, R. (2000). Freedom and happiness: A comparative study in forty-four nations in the early 1990s. In E. Diener & E. M. Suh (Eds.), *Culture and subjective well-being* (pp. 165–184). Cambridge, MA: MIT Press.

Veroff, J., Douvan, E., & Kulka, R. A. (1981). *Mental health in America: Patterns of help-seeking from 1957–1976.* New York: Basic Books.

Visintainer, M., & Seligman, M. (1983). The hope factor. *American Health, 2,* 58–61.

Vohs, K. D., Mead, N. L., & Goode, M. R. (2006). The psychological consequences of money. *Science, 314,* 1154–1156.

Waite, L. J., & Gallagher, M. (2000). *The case for marriage.* New York: Broadway Books.

Wallace, B. A. (2005). *Genuine happiness; Meditation as the path to fulfillment.* Hoboken, NJ: John Wiley & Sons.

Wallace, B. A. (2006). *The attention revolution: Unlocking the power of the focused mind.* Hoboken, NJ: John Wiley & Sons.

Wallace, B. A., & Fisher, L. E. (1983). *Consciousness and behavior.* Newton, MA: Allyn & Bacon.

Wallace, B. A., & Shapiro, S. L. (2006). Mental balance and well-being: Building bridges between Buddhism and Western psychology. *American Psychologist, 61*(7), 690–701.

Walsh, R., & Shapiro, S. L. (2006). The meeting of meditative disciplines and Western psychology. *American Psychologist, 61*(3), 227–239.

Walster, E., & Walster, G. W. (1978). *A new look at love.* Reading, MA: Addison-Wesley.

Warr, P. (1992). Age and occupational well-being. *Psychology and Aging, 7,* 37–45.

Waterman, A. S. (1990). Personal expressiveness: Philosophical and psychological foundations. *Journal of Mind and Behavior, 11*, 47–74.

Waterman, A. S. (1993). Two conceptions of happiness: Contrast of personal expressiveness (eudaimonia) and hedonic enjoyment. *Journal of Personality and Social Psychology, 64*, 678–691.

Waterman, A. S., Schwartz, S. H., Goldbacher, E., Green, H., Miller, C., & Philip, S. (2003). Predicting the subjective experience of intrinsic motivation: The roles of self-determination, the balance of challenge and skills, and self-realization of values. *Personality and Social Psychology Bulletin, 11*, 1447–1458.

Watson, D. (2002). Positive affectivity: The disposition to experience pleasurable emotional states. In C. R. Snyder & S. J. Lopez (Eds.), *Handbook of positive psychology* (pp. 106–119). New York: Oxford University Press.

Watson, D., & Clark, L. A. (1991). Self versus peer ratings of specific emotional traits: Evidence of convergent and discriminant validity. *Journal of Personality and Social Psychology, 60*, 927–940.

Watson, D., & Clark, L. A. (1992). On traits and temperament: General and specific factors of emotional experience and their relation to the Five Factor model. *Journal of Personality, 60*, 441–476.

Watson, D., Clark, L. A., & Tellegen, A. (1988). Development and validation of brief measures of positive and negative affect: The PANAS scales. *Journal of Personality and Social Psychology, 54*, 1063–1070.

Watson, D., & Tellegen, A. (1985). Toward a consensual structure of mood. *Psychological Bulletin, 98*, 219–235.

Watson, D., & Walker, L. M. (1996). The long-term stability and predictive validity of trait measures of affect. *Journal of Personality and Social Psychology, 70*, 567–577.

Watson, D., Wiese, D., Vaidya, J., & Tellegen, A. (1999). The two general activation systems of affect: Structural findings, evolutionary considerations, and psychobiological evidence. *Journal of Personality and Social Psychology, 76*, 820–838.

Wegner, D. M. (1989). *White bears and other unwanted thoughts.* New York: Vintage.

Wegner, D. M. (1994). Ironic processes of mental control. *Psychological Review, 101*, 34–52.

Wegner, D. M. (1997). When the antidote is the poison. *Psychological Science, 8*, 148–153.

Wegner, D. M., Ansfield, M., & Pilloff, D. (1998). The putt and the pendulum: Ironic effects of mental control of action. *Psychological Science, 9*, 196–199.

Wegner, D. M., & Bargh, J. A. (1998). Control and automaticity in social life. In D. T. Gilbert, S. T. Fiske, & G. Lindzey (Eds.), *The handbook of social psychology* (4th ed., Vol. 1, pp. 446–496). New York: McGraw-Hill.

Wegner, D. M., Schneider, D., Carter, S. R., & White, T. L. (1987). Paradoxical effects of thought suppression. *Journal of Personality and Social Psychology, 53*, 5–13.

Wegner, D. M., Shortt, J. W., Blake, A. W., & Paige, M. S. (1990). The suppression of exciting thoughts. *Journal of Personality and Social Psychology, 58*, 409–418.

Weinstein, N. D. (1980). Unrealistic optimism about future life events. *Journal of Personality and Social Psychology, 39*, 806–820.

Weinstein, N. D. (1982). Unrealistic optimism about susceptibility to health problems. *Journal of Behavioral Medicine, 5*, 441–460.

Weinstein, N. D. (1989). Optimistic biases about personal risks. *Science, 246*, 1232–1233.

Weinstein, N. D., & Klein, W. M. (1996). Unrealistic optimism: Present and future. *Journal of Social and Clinical Psychology, 15*, 1–8.

Wenzlaff, R. M., Wegner, D. M., & Roper, D. W. (1988). Depression and mental control: The resurgence of unwanted negative thoughts. *Journal of Personality and Social Psychology, 55*, 882–892.

Werner, E. E., & Smith, R. S. (1982). *Vulnerable but invincible: A study of resilient children.* New York: McGraw-Hill.

Werner, E. E., & Smith, R. S. (1992). *Overcoming the odds: High-risk children from birth to adulthood.* Ithaca, NY: Cornell University Press.

Weston, D. (1999). *Psychology: Mind, brain, and culture* (2nd ed.). New York: John Wiley & Sons.

Wethington, E., Cooper, H., & Holmes, C. S. (1997). Turning points in midlife. In I. H. Gotlib & B. Wethington (Eds.), *Stress and adversity over the life course: Trajectories and turning points* (pp. 215–231). Cambridge, England: Cambridge University Press.

Wheeler, L., & Miyake, K. (1992). Social comparison in everyday life. *Journal of Personality and Social Psychology, 62*, 760–773.

Wicklund, R. A., & Gollwitzer, P. M. (1982). *Symbolic self-completion.* Hillsdale, NJ: Lawrence Erlbaum.

Williamson, G. M. (2002). Aging well: Outlook for the 21st century. In C. R. Snyder & S. J. Lopez (Eds.), *Handbook of positive psychology* (pp. 676–686). New York: Oxford University Press.

Wills, T. A. Weiss, R. L., & Patterson, G. R. (1974). A behavioral analysis of the determinants of marital satisfaction. *Journal of Consulting and Clinical Psychology, 42*, 802–811.

Wilson, C. L., Rholes, W. S., Simpson, J. A., & Tran, S. (2007). Labor, delivery, and early parenthood: An attachment perspective. *Personality and Social Psychology Bulletin, 33*, 505–518.

Wilson, T. D., & Gilbert, D. T. (2003). Affective forecasting. *Advances in Experimental Social Psychology, 35*, 345–411.

Wilson, T. D., Meyers, J., & Gilbert, D. T. (2001). Lessons from the past: Do people learn from experiences that emotional reactions are short-lived? *Personality and Social Psychology Bulletin, 27*, 1648–1661.

Wilson, W. (1967). Correlates of avowed happiness. *Psychological Bulletin, 67*, 294–306.

Winter, L., Lawton, M. P., Casten, R. J., & Sando, R. L. (1999). The relationship between external events and affect states in older people. *International Journal of Human Development and Aging, 50*, 1–12.

Winter, D. G., John, O. P., Stewart, A. J., Klohnen, E. C., & Duncan, L. E. (1998). Traits and motives: Toward an integration of two traditions in personality research. *Psychological Review, 105*, 230–250.

Witness (2004). The journey home: A Romanian adoption. Canadian Broadcasting Corporation. Retrieved October 14, 2004, at http://www/tv.cbc.ca/witness/rom/romhis.htm.

Witvliet, C. V. O., Ludwig, T., & Vander Laan, K. (2001). Granting forgiveness or harboring grudges: Implications for emotion, physiology and health. *Psychological Science, 121*, 117–123.

Wolfe, R. N., & Johnson, S. D. (1995). Personality as a predictor of college performance. *Educational and Psychological Measurement, 55*, 177–185.

Woods, W., Rhodes, N., & Whelan, M. (1989). Sex differences in positive well-being: A consideration of emotional style and marital status. *Psychological Bulletin, 106*, 249–264.

World Bank (1992). *World Development Report 1992*. New York: Oxford University Press.

World Health Organization (1948). World Health Organization constitution. In *Basic documents*. Geneva: Author.

World Value Survey Study Group (1994). *World Values Survey, 1981–1984 and 1990–1993*. ICPSR. Ann Arbor, MI: Institute for Social Research.

Worthington, E. L., Jr. (1998). *Dimensions of forgiveness: Psychological research and theological perspectives* (pp. 139–161). Philadelphia: Templeton Foundation Press.

Worthington, E. L., Jr., Kurusu, T. A., McCullough, M. E., & Sandage, S. J. (1996). Empirical research on religion and psychotherapeutic processes and outcomes: A 10-year review and research prospectus. *Psychological Bulletin, 119*, 448–487.

Wrosch, C., Scheier, M. F., Miller, G. E., Schulz, R., & Carver, C. S. (2003). Adaptive self-regulation of unattainable goals: Goal disengagement, goal reengagement, and subjective well-being. *Personality and Social Psychology Bulletin, 29*, 1494–1508.

Wulf, D. M. (1997). *Psychology of religion: Classic and contemporary views* (2nd ed.). New York: John Wiley & Sons.

Yamagata, S., Suzuki, A., Ando, J., Ono, Y., Kijima, N., Yoshimura, K., et al. (2006). Is the genetic structure of human personality universal? A cross-cultural twin study from North America, Europe and Asia. *Journal of Personality and Social Psychology, 90*, 987–998.

Yang, S. (2001). Conceptions of wisdom among Taiwanese Chinese. *Journal of Cross-Cultural Psychology, 32*, 662–680.

Yik, M. S. M., Bond, M. H., & Paulhaus, D. L. (1998). Do Chinese self-enhance or self-efface? It's a matter of domain. *Personality and Social Psychology Bulletin, 24*, 399–406.

Yinger, J. M. (1967). Pluralism, religion, and secularism. *Journal for the Scientific Study of Religion, 6*, 17–28.

Zajonc, R. B. (1998). Emotions. In D. T. Gilbert, S. T. Fiske, & G. Lindzey (Eds.), *The handbook of social psychology* (4th ed., Vol. 1, pp. 591–632). New York: McGraw-Hill.

Zautra, A. J., Potter, P. T., & Reich, J. W. (1997). The independence of affects is context-dependent: An integrative model of the relationship of positive and negative affect. In K. W. Schaie & M. P. Lawton (Eds.), *Annual review of gerontology and geriatrics* (Vol. 17, pp. 75–103). New York: Springer.

Zinnbauer, B. J., Pargament, K. I., Cole, B., Rye, M., Butter, E. M., Belavich, T. G., et al. (1997). Religion and spirituality: Unfuzzying the fuzzy. *Journal for the Scientific Study of Religion, 36*, 549–564.

Zinnbauer, B. J., Pargament, K. I., & Scott, A. B. (1999). *Journal of Personality, 67*, 889–919.

Zirkel, S., & Cantor, N. (1990). Personal construal of life tasks: Those who struggle for independence. *Journal of Personality and Social Psychology, 58*, 172–185.

찾아보기